D1666913

Weiterführend empfehlen wir:

Vermögen international anlegen
ISBN 978-3-8029-3424-7

Asset Protection
ISBN 978-3-8029-3455-1

Profi-Handbuch Investmentfonds
ISBN 978-3-8029-3365-3

Profi-Handbuch Wertermittlung von Immobilien
ISBN 978-3-8029-3556-5

Profi-Handbuch für Wohnungseigentümer
ISBN 978-3-8029-3358-5

Ruiniert statt reich? Kapitalanlagen
ISBN 978-3-8029-3904-4

Haftung und Versicherung von Managern
ISBN 978-3-8029-1546-8

Wir freuen uns über Ihr Interesse an diesem Buch. Gerne stellen wir Ihnen zusätzliche Informationen zu diesem Programmsegment zur Verfügung.

Bitte sprechen Sie uns an:

E-Mail: WALHALLA@WALHALLA.de
http://www.WALHALLA.de

Walhalla Fachverlag · Haus an der Eisernen Brücke · 93042 Regensburg
Telefon (09 41) 56 84-0 · Telefax (09 41) 56 84-111

Hans-Lothar Merten

STEUEROASEN

Ausgabe 2014

Wandel in der Offshore-Welt

- Offshore-Leaks
- Ende der Anonymität – richtig handeln
- Länder im Steuerwettbewerb

WALHALLA FACHVERLAG

Bibliografische Information der Deutschen Nationalbibliothek
Die Deutsche Nationalbibliothek verzeichnet diese Publikation in der Deutschen National-
bibliografie; detaillierte bibliografische Daten sind im Internet über http://dnb.dnb.de abrufbar.

Zitiervorschlag:
Hans-Lothar Merten, Steueroasen Ausgabe 2014
Walhalla Fachverlag, Regensburg 2013

Hinweis: Unsere Werke sind stets bemüht, Sie nach bestem Wissen zu informieren.
Die vorliegende Ausgabe beruht auf dem Stand von Juli 2013. Sollten Sie Fragen haben,
so wenden Sie sich an Ihren Rechtsanwalt oder Steuerberater.

E-Book inklusive: Der Erwerb dieses Fachbuches umfasst den kostenlosen Download des
E-Books. Nähere Informationen dazu finden Sie am Ende des Buches.

© Walhalla u. Praetoria Verlag GmbH & Co. KG, Regensburg
  Alle Rechte, insbesondere das Recht der Vervielfältigung und Verbreitung
  sowie der Übersetzung, vorbehalten. Kein Teil des Werkes darf in irgendeiner Form
  (durch Fotokopie, Datenübertragung oder ein anderes Verfahren) ohne schriftliche
  Genehmigung des Verlages reproduziert oder unter Verwendung elektronischer
  Systeme gespeichert, verarbeitet, vervielfältigt oder verbreitet werden.
  Produktion: Walhalla Fachverlag, 93042 Regensburg
  Umschlaggestaltung: grubergrafik, Augsburg
  Druck und Bindung: Westermann Druck Zwickau GmbH
  Printed in Germany
  ISBN 978-3-8029-3877-1

WIN-WDZ-0713-18072-O

Nutzen Sie das Inhaltsmenü:
Die Schnellübersicht führt Sie zu Ihrem Thema.
Die Kapitelübersichten führen Sie zur Lösung.

Schnellübersicht

Abkürzungen

ADB	Asiatische Entwicklungsbank
AET	Accumulated Earnings Tax
AG	Aktiengesellschaft
AO	Abgabenordnung
APEC	Asia-Pacific Economic Cooperation
Art.	Artikel
ART	Alternativer Risiko Transfer
ASEAN	Verband Südostasiatischer Nationen
AStG	Außensteuergesetz
Attac	Association pour la taxation des transactions financières et pour l'action citoyenne
BAFin	Bundesanstalt für Finanzdienstleistungen
BFH	Bundesfinanzhof
BGB	Bürgerliches Gesetzbuch
BGH	Bundesgerichtshof
BIP	Bruttoinlandsprodukt
BIZ	Bank für internationalen Zahlungsausgleich
BMF	Bundesministerium der Finanzen
BND	Bundesnachrichtendienst
BP	Betriebsprüfung
BStBl	Bundessteuerblatt
B.V.I.	British Virgin Islands
CARICOM	Gemeinschaft karibischer Staaten
CEPA	Closer Economic Partnership Arrangement
CER	Zentrum für Europäische Reform
CHF	Schweizer Franken
DBA	Doppelbesteuerungsabkommen
DEG	Deutsche Investitions- und Entwicklungsgesellschaft
DIHK	Deutscher Industrie- und Handelskammertag
DISC	Domestic International Sales Corporation
DIW	Deutsches Institut für Wirtschaftsforschung
EDV	Elektronische Datenverarbeitung
EGAHiG	EG-Amtshilfegesetz
EGBGB	Europäisches Bürgerliches Gesetzbuch
EIB	Europäische Investitionsbank
ErbSt	Erbschaftsteuer
ErbStG	Erbschaftsteuer- und Schenkungssteuergesetz
EStG	Einkommensteuergesetz
EStR	Einkommensteuer-Richtlinien
EUR	Euro
EuGH	Europäischer Gerichtshof
EvB	Erklärung von Bern
EWR	Europäischer Wirtschaftsraum
EWU	Europäische Währungsunion
EZB	Europäische Zentralbank
FAO	Food and Agriculture Organization
FATCA	Foreign Account Tax Compliance Act
FATF	Financial Action Task Force
FED	Federal Reserve System (US-amerikanisches Notenbanksystem)
FHA	Freihandelsabkommen
FINMA	Eidgenössische Finanzmarktaufsicht
FM	Finanzministerium
FTAAP	Free Trade Area of the Asia-Pacific
FTZ	Free Trade Zone
GATT	General Agreement on Tariffs and Trade

Abkürzungen

GbR	Gesellschaft bürgerlichen Rechts
GCC	Gulf Cooperation Council
GFI	Global Financial Integrity
GmbH	Gesellschaft mit beschränkter Haftung
GUS	Gemeinschaft Unabhängiger Staaten
HGB	Handelsgesetzbuch
HIS	Institut für Höhere Studien
IBC	International Business Company
IDA	Irische Handelsstelle
IER	Internationales Erbrecht
IFC	International Finance Corporation
IGW	Institut für Weltwirtschaft
IHC	International Headquarter Company
IIF	Internationaler Bankenverband
IMF	International Monetary Fund
IPR	Internationales Privatrecht
IT	Informationstechnik
ITZ	International Trade Zone
IWF	Internationaler Währungsfonds
IZA	Informationszentrale für steuerliche Auslandsbeziehung
KESt	Kapitalertragsteuer
KG	Kommanditgesellschaft
KKS	Kaufkraftstandard
KMU	Kleine und mittlere Unternehmen
KStG	Körperschaftsteuergesetz
LFIP	La Fundáción de Interés Privado (Panama Stiftung)
LLC	Limited Liability Company
Ltd.	Limited Company
Mercosur	Mercado Común del Cono Sur (Gemeinsamer Markt Südamerikas; Mitglieder: Argentinien, Brasilien, Paraguay, Uruguay, Venezuela; assoziierte Mitglieder: Chile, Bolivien, Ecuador, Kolumbien, Peru)
NAFTA	North American Free Trade Agreement (Freihandelszone)
OECD	Organization for Economic Cooperation and Development
OeNB	Österreichische Notenbank
OFC	Offshore Finance Centre
OHG	Offene Handelsgesellschaft
OHQ	Operational Headquarter
p. a.	per anno
PGR	Personen- und Gesellschaftsrecht
PO	Prozessordnung
PSG	Privatstiftungsgesetz (Österreich)
qkm	Quadratkilometer
SE	Societas Europaea (Die Europäische Aktiengesellschaft)
SRL	Society with Restricted Liability
StEntlG	Steuerentlastungsgesetz
StGB	Strafgesetzbuch
TIEA	Tax Information Exchange Agreement
TJN	Tax Justice Network
UmwStG	Umwandlungssteuergesetz
Unctad	Konferenz der Vereinten Nationen für Handel und Entwicklung
USD	US-Dollar
VAE	Vereinigte Arabische Emirate
VO	Verordnung
Wifo	Österreichisches Institut für Wirtschaftsforschung
WIIW	Wiener Institut für Internationale Wirtschaftsvergleiche
WTO	Welthandelsorganisation
ZEW	Zentrum für Europäische Wirtschaftsforschung
ZGB	Zivilgesetzbuch (Schweiz)
ZollVG	Zollverwaltungsgesetz

Vertreibung aus dem Paradies?

Oase – das klingt nach Palmen, türkisblauem Wasser und weißem Sandstrand, kurz gesagt: nach paradiesischen Zuständen. Steueroasen sind aber kein Teil der Schöpfung, sondern Teil des Kalküls des internationalen Finanzkapitalismus. Der Schein trügt. Die paradiesische Idylle ist eine willkommene Tarnung für das schwarze Geschäft, das häufig in den Oasen blüht. Sie verklärt die Geldbunker auf den meist kleinen Territorien der Offshore-Paradiese. Doch diese Verklärung verharmlost. Denn die, die es dort hinzieht, interessieren sich nicht für weiße Strände und türkisblaues Wasser. Für sie zählen vor allem Tresore, Trusts und Nullsteuern. Diese Verklärung der Steueroasen hilft auch den palmenlosen, unromantischen, aber geldreichen Paradiesen, die mitten in **Europa** liegen.

Die weitgehend regulierungsfreien Finanz- und Steueroasen wirken wie Geldmagneten. Sie ziehen gewaltige Geldströme an, die anderswo erwirtschaftet wurden. Rund um den Globus stecken bis zu 32 Billionen Dollar in Steueroasen. Sie sind Ankerplätze für flüchtiges Kapital, Bollwerke gegen nationale Steuerbehörden und Kapitalverkehrskontrollen. Nicht Palmen und Strände zeichnen sie aus, sondern niedrige oder gar nicht vorhandene Steuern – und ein nicht vorhandener Informationsaustausch mit jenen Hochsteuerländern, in denen die Paradiesbesucher zu Hause sind.

Mit der „Offshore-Leaks"-Affäre Anfang April 2013 hat die Jagd auf die Reichen, die sich in den Steueroasen tummeln, zugenommen. Gleichzeitig hat sich der internationale Druck auf die Steueroasen erhöht, bei Steuerhinterziehung und Steuerbetrug mit Hochsteuerländern zusammenzuarbeiten. Statt Anonymität und Bankgeheimnis soll künftig Informationsaustausch angesagt sein.

Zu lange haben die Paradiesbesucher auf die ihnen in den Steueroasen zugesagten Offshore-Eigenschaften Anonymität und Bankgeheimnis vertraut. Ein unvorsichtiges Unterfangen, wie sich mit „Offshore-Leaks" herausgestellt hat. Denn bekannt wurde nicht nur, wem welche Gesellschaften in Steueroasen gehören. Aufgedeckt wurden auch diejenigen, die Land und Immobilien oder Yachten gekauft haben. Dagegen sind die Daten auf den von den Finanzbehörden angekauften Bank-CDs Peanuts. Dabei hatten diese in **Deutschland** schon zu Steuermehreinnahmen in Milliardenhöhe und rund 50 000 Selbstanzeigen geführt.

Doch es sind keineswegs nur Steuerflüchtlinge, die den diskreten Service der Steueroasen suchen. Milliarden fließen aus den **USA** und dem übrigen **Amerika** dorthin, neuerdings auch aus den **Schwellenländern** und der **Dritten Welt**. Russische Oligarchen steuern dort ihr Imperium über Offshore-Firmen und reiche Südeuropäer suchen Schutz vor dem Zerfall des Euro – und vor dem Zugriff des Fiskus ihrer Heimatländer. Auch Drogen- und andere kriminelle Gelder werden hier versteckt und gewaschen und dunkle Geschäfte eingefädelt. Von hier agieren Hedgefonds, deren Spekulationen das Finanzsystem erneut erschüttern können.

So ist in den vergangenen Jahrzehnten ein weltumspannendes Schattenreich entstanden, mit Stützpunkten auf allen Kontinenten. Eine Parallelökonomie, die sich jeder Kontrolle entzieht. Und von der viele profitieren: Banken, die Fluchthilfe leisten, Anwälte und Treuhandfirmen, die sich trickreiche Firmen-Konstruktionen ausdenken, um den Weg des Geldes zu verschleiern. Gab es vor ein paar Jahrzehnten allenfalls eine Handvoll solcher Steueroasen, sind es jetzt 50, 60 oder mehr. Manche dieser Länder waren vor Jahren noch bettelarm – bis sie beschlossen, auf Gelder, die ins Land kamen, kaum oder keinerlei Steuern zu erheben und deren Eigentümer über Offshore-Konstruktionen wie Trusts Anonymität zu garantieren. Im Gegenzug verdienen sie an den Gebühren, die für die Offshore-Firmen anfallen.

Dabei ist es völlig legal, über Trusts oder Stiftungen in Steueroasen Firmen in **Großbritannien** zu gründen, Immobilien in **Florida** zu halten oder Geld in **Singapur** zu investieren und dort verwalten zu lassen. Nur: Dass viele Vermögende sich – zumindest virtuell – eigens in eine Tausende Kilometer entfernte Steueroase begeben, um dort „Geschäfte" zu machen, das werden sie nach dem Auftauchen des „Offshore-Leaks"-Materials im Einzelfall gegenüber ihren Finanzbehörden in der Heimat wohl erklären müssen. Denn in den Steueroasen können sie mit ihrem Geld legal Dinge tun, die ihnen zu Hause gesetzlich nicht erlaubt sind – wie etwa Erbausschlagungen oder Haftungsbeschränkungen.

Und dann gibt es da noch die vielen legalen Steuertricks, die sich vor allem international operierende Unternehmen zunutze machen – nicht nur *Apple* und *Google*, auch die *Deutsche Bank* oder *Siemens*. Das Ergebnis sind Milliarden-Gewinnverkürzungen und Gewinnverlagerungen, denen die internationale Staatengemeinschaft nun zu Leibe rücken will.

Für manche Steueroasen-Klassiker, etwa die der **Karibik**, wird es nun nach dem Auftauchen des „Offshore-Leaks"-Materials heißen, die Rechnung für die Sünden der Vergangenheit zu zahlen und dem Geschäftsmodell *„Ausländern auf Basis von Anonymität, Bankgeheimnis, Diskretion und Steuerfreiheiten Beihilfe zu Steuerhinterziehung und Steuerbetrug"* abzuschwören. Hingegen werden sich vor allem Finanzoasen wie beispielsweise die **Schweiz** wohl künftig nicht weiter über Steuertricksereien definieren wollen. Denn sie haben für Vermögende und Unternehmen mehr zu bieten.

Dabei geht es in der Offshore-Welt nur indirekt auch um Steuern, vorrangig zählt das Geschäft. Sind dann bei geschäftlichen Transaktionen zwei oder mehr Steueroasen „im Spiel", wird es für ausländische Finanzbehörden schwer, herauszufinden, was bei den Gesellschaften tatsächlich vorgeht, wer von den abgewickelten Geschäften profitiert und wo die Gewinne eigentlich erwirtschaftet wurden. Denn die Akteure sind in der Regel nicht in den Offshore-Staaten tätig, über die Geschäfte zwecks Verschleierung abgewickelt werden. Sie generieren ihre Mehrwerte in Hochsteuerländern.

Im Kern besteht das Offshore-Geschäft darin, den Weg, den Kapital über Ländergrenzen hinweg nimmt, zu manipulieren beziehungsweise zu verschleiern. Offshore ist wie eine Werkstatt, in der statt Motoren Bilanzen frisiert werden. Dabei darf man Steueroasen nie gesondert betrachten. Offshore existiert immer nur in Verbindung mit etwas, das anderswo passiert. Steuergesetze in Hochsteuerländern gehören dazu. Dass die sich so sehr dafür einsetzen, ausländische Einkünfte ihrer Bürger und Großkonzerne zu besteuern, ist vor allem der desolaten Haushaltslage geschuldet – sie brauchen Geld.

Steueroasen 2014 liefert (bereits im 19. Jahr!) einen aktuellen Überblick über den internationalen Steuerwettbewerb. Eine nüchterne Betrachtung, die zeigt, dass der Trend zu schärferem Zugriff und intensiverem Informationsaustausch zwischen Staaten geht – mit dem Ziel, international tätige Unternehmen und Steuerflüchtlinge effizienter zu besteuern.

Die Neubearbeitung macht deutlich, wie sich die Offshore-Welt auf die verstärkten Kontrollmechanismen der letzten Jahre eingestellt hat und wie sich die Welt der Steueroasen nach „Offshore-Leaks" verändern wird. Sie zeigt auf, was einzelne Steueroasen Vermögenden und Unternehmen auch weiterhin legal zu offerieren haben. Denn jedes Land hat das Recht, eigene Steuersätze festzulegen – und die können in Steueroasen sehr niedrig sein. Ob die aktuellen Steueroasen-Lecks die Steuervermeidungsstrategien von Privatpersonen und Unternehmen verändern werden, ist derzeit noch völlig offen.

Steueroasen 2014 ist ein Guide durch den internationalen Steuerdschungel. Er soll Steuerpflichtigen in turbulenten Zeiten helfen, unliebsame Überraschungen in der Offshore-Welt, aber auch mit den Finanzbehörden in der Heimat, zu vermeiden. Steuersünder, die sich im internationalen Steuergestrüpp verheddert haben, erfahren, wie Steuerfahnder ihnen auf die Schliche kommen – und wie sie ihnen zuvorkommen, um mit den Finanzbehörden noch rechtzeitig „reinen Tisch" machen zu können.

München, im Sommer 2013
Hans-Lothar Merten

Einleitung

1

1. Offshore-Leaks

Der 4. April 2013 wird in die Annalen der Offshore-Welt eingehen. Nicht als Datum, aber als Ereignis. Der Tag, an dem 260 Gigabyte äußerst heiklen Materials an die Öffentlichkeit gelangten. Eine gewaltige Datenmenge, 2,5 Millionen Dokumente mit 120 000 Firmen, über 130 000 Namen, Millionen Bankeinträgen, Urkunden, Verträgen und E-Mails aus dem Innenleben vieler Steueroasen. Dokumente, die zeigen, wie Vermögende und ihre Helfershelfer mit dem Einsatz von Offshore-Gesellschaften in Steueroasen profitieren. Daten, die nachweisen, wie Millionen von einer Gesellschaft zur anderen, von einem Konto zum anderen, von einer Steueroase zur anderen rund um die Welt bewegt werden.

Die meist idyllischen Steueroasen sind das ideale Schlupfloch für Waffenschieber, Drogenhändler, Finanzjongleure und vermögende Steuersünder. Diese verstecken sich hinter Offshore-Firmen, erfundenen Geschäftsführern und einem nahezu perfekten Steuergeheimnis. Dabei sind die Finanzbehörden ihrer Heimatländer (noch) machtlos. Denn um eine Steuerhinterziehung nachzuweisen, brauchen sie Bankkonten, Kontonummern und die Namen der Verdächtigen – ein nahezu aussichtsloses Unterfangen in einer Steueroase.

Doch seit dem 4. April ist alles anders. Die Daten Zehntausender Offshore-Firmen sind nun an die Öffentlichkeit gelangt. Und mit ihnen die wahren Hintermänner sowie ihre Bankkonten. Das größte Datenleck in der Offshore-Geschichte bringt damit etliche Steueroasen in Turbulenzen. Denn die Dateien belegen, auf welchen geheimen Wegen Vermögende, Kriminelle und Steuerflüchtlinge Briefkastenfirmen und Trusts nutzen, um große Vermögen zu verstecken und häufig zweifelhafte Geschäfte zu verschleiern.

Nicht die Namen der Steuersünder waren das Besondere an „Offshore-Leaks", sondern die schiere Masse der Daten. Erstmals war es möglich, den blickdichten Vorhang der Anonymität zu lüften, hinter der sich die Welt der Steueroasen verbirgt. Einen Blick zu werfen auf die helfende Hand der Banken, auf die Rundumbetreuung der spezialisierten Anwälte und die Abgeklärtheit aufseiten aller Beteiligten, die auf jahrzehntelanger Duldung dieser Geschäfte gründet – nicht nur bei illegaler Steuerhinterziehung, auch beim legalen Minimieren der Steuerlast über komplizierte Konstruktionen.

Die verräterischen Informationen stammen von der *Commonwealth Trust Limited (CTL)* und der *Portcullis TrustNet (PT)* auf den **British Virgin Islands**. Treuhandfirmen, die im Auftrag ihrer meist wohlbetuchten Klienten die anonymen Trusts und Offshore-Firmen errichten und verwalten. Dabei werden statt der tatsächlichen Eigentümer Strohmänner als vermeintliche Gesellschafter und Geschäftsführer der Firmen eingesetzt. Treuhandverträge zwischen Kunden und Treuhänder sorgen dafür, dass die in den Firmen geparkten Gelder auch im Sinne des Kunden verwaltet werden.

Seit zwei Jahrzehnten versuchen *EU* und *OECD* wieder und wieder, diese Steuersümpfe auszutrocknen. Jedoch ließen unterschiedliche nationale Interessen der Mitgliedsländer wirksame internationale Vereinbarungen bisher kaum zu. Im Kampf um internationales Kapital und Arbeitsplätze gehen die Auffassungen, wo der legitime Steuerwettbewerb aufhört und die unfaire Konkurrenz beginnt, auseinander. Das könnte sich jetzt ändern. „Offshore-Leaks" kommt für die Finanzbehörden zur rechten Zeit. Die Entschlossenheit, die Missstände anzugehen, ist in den **USA** wie in **Europa** vor allem wegen der desolaten Haushaltslage und Schuldenberge erkennbar gewachsen.

Die hochverschuldeten Staaten der westlichen Welt können es sich nicht länger leisten, dass ihnen Steuereinnahmen in solch gewaltigen Dimensionen entzogen werden. Zudem fehlt in der Bevölkerung jedes Verständnis dafür, dass sich ein Teil der Vermögenden und große international aufgestellte Unternehmen ihrer Verantwortung für den Staat mittels Steuerflucht und Gewinnverlagerung ins Ausland entziehen. Und dass die Euro-Länder mit dem Geld der Steuerzahler Banken retten, während Banken gleichzeitig denen helfen, die ihr Geld vor dem Fiskus in Sicherheit bringen.

Einleitung

Da kommt eine neue 2,5-Zoll-Festplatte mit rund 260 Millionen Ein- und Auszahlungen auf Steueroasen-Konten wie gerufen. Denn obwohl die Daten anfangs von den Medien unter Verschluss gehalten wurden, erhielten die Finanzbehörden in den **USA**, **Großbritannien** und **Australien** Zugriff auf die Geschäfte in Steueroasen. Im Rahmen der internationalen Zusammenarbeit in Steuerfragen können auch **Deutschland** und andere *EU*-Länder auf das Datenmaterial zugreifen. Damit lassen sich nicht nur Steuerhinterzieher enttarnen, mithilfe dieser Datensätze wird es den Finanzbehörden auch möglich sein, Strategien und Modelle aufzudecken und entsprechend zu bekämpfen. Das wird zu einer ernsten Bedrohung für Steuerhinterzieher und ihre Helfershelfer. Denn Ländergrenzen und Entfernungen von Tausenden Kilometern auch zu entlegenen Steueroasen verlieren für den Fiskus jede Bedeutung.

Doch nicht alles, was anrüchig wirkt, ist verboten. Auch ist Reichtum allein keine Schande. Ebenso widersinnig wäre es, in einer globalisierten Welt mit offenen Grenzen ein Verbot durchsetzen zu wollen, Geld offshore zu investieren, es über Grenzen laufen zu lassen, Anwälte und Treuhänder zu beschäftigen, die das Geschäft beherrschen. Was dagegen verboten war, ist und bleiben muss, ist der Gesetzesverstoß. Der Ruf nach einer deutschen Bundesfinanzpolizei wird nicht viel bringen. Denn das Problem sind weniger die Ermittlungen hierzulande, sondern vielmehr die Regeln in den Zielländern des Geldes.

Steueroasen sind souveräne Staaten. Wer Steueroasen austrocknen will, wird den mühsamen Weg weitergehen müssen, den die *OECD* seit einigen Jahren – mit wachsendem Erfolg – beschreitet: Land für Land zu Vereinbarungen zu kommen, die es den Geldgebern und ihren Verwaltern zunehmend schwer und unattraktiv machen, dort ihr Geld anzulegen. Dazu gehört aber auch, im Einzelfall nationale Steuergesetze in Hochsteuerländern auf den Prüfstand zu stellen.

Geld ist flüchtig, Schwarzgeld sowieso. Die moderne Datentechnik bringt, wie im Fall „Offshore-Leaks", nicht nur Licht in das Dunkel der Steueroasen-Welt, sie lässt Geld auch noch flüchtiger werden. Wer wirklich etwas verbessern will, muss beim Bewusstsein derer ansetzen, die das Geld haben oder verwalten.

2. Steueroasen – die schwarzen Löcher der Weltwirtschaft

Wer in den letzten Jahren auf politischer Ebene geglaubt hatte, nach grauen und schwarzen Listen mit neuen Steuerabkommen und der Abschaffung des Bankgeheimnisses für Ausländer den Steueroasen den Garaus machen zu können, der unterlag einem Irrtum. Zwar hat es im Einzelfall Veränderungen und regionale Verschiebungen in der Offshore-Welt gegeben – am Offshore-Geschäftszweck, über den Umweg Steueroasen und Offshore-Finanzzentren Steuern einzusparen, hat das aber wenig geändert.

Für Privatpersonen, vor allem in den westlichen Industrieländern, ist es aufgrund verstärkter internationaler Kontrollen zwar schwieriger geworden, den Finanzbehörden in den jeweiligen Heimatländern ein Schnippchen zu schlagen, Vermögenswerte außer Landes zu schaffen und diese in Offshore-Zentren steuerfrei zu parken. Die Offshore-Industrie war aber kreativ genug, sich schnell auf die Veränderungen in der Offshore-Welt mit neuen Steuersparkonstrukten und neuen Offshore-Destinationen einzustellen. Ganz abgesehen davon, dass viele der neuen Steuerabkommen lückenhaft sind und zahlreiche, legale Steuerschlupflöcher aufweisen. Für international aufgestellte Unternehmen ist in der Offshore-Welt ohnehin alles beim Alten geblieben.

Aktuelle Studien bestätigen diese Entwicklung. So kommt etwa die Organisation *Tax Justice Network (TJN)* zu dem Ergebnis, dass bis zu 32 Billionen Dollar in Steueroasen gebunkert sind. Bei der Ermittlung ihrer Daten gehen die Experten von *TJN* davon aus, dass viele Billionen an privaten Vermögen bisher nicht in Berechnungen von Einkommens- und Vermögensdaten einbezogen wurden, da diese zu großen Teilen in Trusts, Stiftungen und anderen Offshore-Konstrukten in Steueroasen angelegt sind und somit bisher für statistische Daten nicht herangezogen werden konnten. Den Heimatländern dieser schwarzen Vermögen entgehen dadurch nach TJN-Berechnungen pro Jahr rund 200 Milliarden Steuereinnahmen.

Angesichts hoher Staatsschulden in den Industriestaaten und fehlender Mittel für Investitionen in Bildung, Gesundheit und Infrastruktur in den Schwellen- und Entwicklungsländern ist Schwarzgeld global ins Visier der Finanzbehörden geraten.

Dem Schwarzgeld auf der Spur

Doch die Finanzminister sind nicht zu beneiden. So versuchen beispielsweise in **Deutschland** *Waigel, Steinbrück* und *Schäuble* seit Jahrzehnten, die Deutschen zur Steuerehrlichkeit zu erziehen. Mit zweifelhaftem Erfolg: Mitte 2013 lagern immer noch rund 400 Milliarden Euro Schwarzgeld in **Luxemburg**, **Österreich**, der **Schweiz** und anderen Offshore-Finanzzentren wie **Singapur**. Vermögen, auf das in der Heimat keine Steuern gezahlt werden. Was haben die Kassenwarte nicht alles versucht: Quellensteuer, Amnestie, Abgeltungsteuer oder die Möglichkeit zur Selbstanzeige. Das Ergebnis ist überschaubar, die Schwarzgeldkonten und -depots im Ausland bleiben prall gefüllt. Und wäre Ende 2012 das deutsch-schweizerische Steuerabkommen verabschiedet worden, wären Steuersünder künftig auch noch anonym geblieben.

Doch nicht nur in **Deutschland** schaffen die Reichen und Vermögenden ihr unversteuertes Geld ins Ausland. Briten, Franzosen, Griechen, Italiener, Österreicher, Russen, Spanier und Schweizer tun es ebenfalls. Während sie ihr Schwarzgeld in der Regel zu den Banken in den Nachbarländern schaffen, bevorzugen Amerikaner aus Nord und Süd die Offshore-Zentren der **Karibik**. Kam das Schwarzgeld früher aus den Industrieländern, kommt es heute vor allem aus **Asien**. Die asiatischen Entwicklungsländer stehen heute nach Berechnungen der amerikanischen Organisation *Global Financial Integrity (GFI)* für 61 Prozent des gesamten globalen Schwarzgeldaufkommens. Den asiatischen Entwicklungsländern wurden 2010 so rund 1,15 Billionen Dollar Schwarzgeld entzogen.

Weit vorne liegt dabei die Volksrepublik **China** mit 2,74 Billionen Dollar in der Dekade zwischen 2001 und 2010. Allein im Jahr 2010 waren es 420 Milliarden Dollar. Unter den Ländern mit den höchsten illegalen Geldtransfers folgen **Mexiko** (476 Mrd. Dollar), **Malaysia** (285), **Saudi-Arabien** (210), **Russland** (152), **Philippinen** (138), **Nigeria** (129), **Indien** (123), **Indonesien** (109) und die **Vereinigten Arabischen Emirate** (107). Vor allem wegen der enormen Ausflüsse aus **China** stehen die zehn führenden Schwarzgeldländer für rund 80 Prozent des gesamten illegalen Geldtransfers aus Entwicklungsländern. Im Vergleich dazu hat das Problem abfließenden Schwarzgeldes in den westlichen Industrienationen eine deutlich geringere Dimension (15,6 Prozent) – gemessen am Bruttoinlandsprodukt auch eine sichtlich geringere als etwa in **Afrika** und **Osteuropa**.

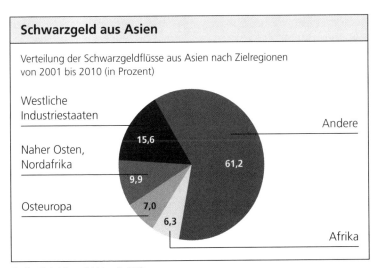

Schwarzgeld aus Asien

Verteilung der Schwarzgeldflüsse aus Asien nach Zielregionen von 2001 bis 2010 (in Prozent)

Westliche Industriestaaten — 15,6

Naher Osten, Nordafrika — 9,9

Osteuropa — 7,0

6,3

Andere — 61,2

Afrika

Quelle: Global Financial Integrity (GFI)

Die Zehnjahresperspektive offenbart zudem einen langfristigen Aufwärtstrend. So lagen die gesamten globalen Schwarzgeldabflüsse 2010 um rund 10 Prozent höher als im Jahr zuvor. Gegenüber 2001 stiegen sie sogar um 260 Prozent. Alles in allem kamen in diesem Jahrzehnt 5,86 Billionen Dollar abhanden. Die Schätzungen beruhen auf der Analyse von Fehlbeträgen in Zahlungsbilanzen und offiziellen Handelsstatistiken. Das Schwarzgeld gelangt in erster Linie über Steuerhinterziehung und illegale Preismanipulationen bei Handelswaren, Korruption, Geldwäsche oder Drogenhandel in die Steueroasen.

Gefälschte Handelsbilanzen sind vor allem in **China** weit verbreitet und Hauptgrund für die massiven Kapitalabflüsse. Bei Ausfuhren werden Preise niedriger angesetzt, die Preisdifferenz dann auf Konten im Ausland überwiesen. Bei Importen zahlen chinesische Unternehmen überhöhte Preise, die Preisdifferenz wird dann vom Lieferanten ebenfalls auf ein Konto im Ausland überwiesen. Das Schwarzgeld fließt vor allem in die Finanzzentren **London**, **New York** und die **Schweiz** – aber auch nach **Hongkong**, **Singapur** oder in die Offshore-Zentren der **Karibik**. Ähnlich werden Schwarzgeldgeschäfte von Indern und Pakistanis über die Steueroase **Dubai** abgewickelt.

Wie sich Steuersünder vor dem Fiskus verstecken

Reiche Deutsche mit einem Konto in der **Schweiz** gründen derzeit gern Firmen. Besonders beliebt sind Gesellschaften wie die Sociedad Anónima oder die Limited, vorzugsweise mit Sitz in Steueroasen der **Karibik** oder in **Panama**. Dort taucht nicht der Name des Eigentümers im Handelsregister auf, sondern der eines verschwiegenen Treuhänders.

Anleger, die ihr Vermögen auf die Gesellschaft übertragen, können dafür sorgen, dass ihr Name nicht bei ihrer Schweizer Bank registriert wird. In den Unterlagen erscheint nur der des Bevollmächtigten. Eine Kontoanfrage deutscher Steuerfahnder läuft ins Leere, auch die im Rahmen des umstrittenen deutsch-schweizerischen Steuerabkommens vorgesehene Strafsteuer von bis zu 41 Prozent würde nicht fäl-

---

Fortsetzung: Wie sich Steuersünder vor dem Fiskus verstecken

lig. Zwar sind Banken in der **Schweiz** und anderswo verpflichtet, den „wirtschaftlich Berechtigten", sprich: den wahren Kontoeigentümer zu erfassen. Aber: Wenn ein Treuhänder ein Konto eröffnet und behauptet, er sei der wirtschaftlich Berechtigte, haben die Finanzinstitute kaum eine Chance zu überprüfen, ob das auch stimmt.

Mancher betuchte Steuerhinterzieher zahlt gern ein paar Tausend Euro Verwaltungsgebühren im Jahr, um weiter steuerfreie Kapitalerträge einzustreichen. Doch die Gefahr aufzufliegen wird in Zukunft stark zunehmen. So hat die *Financial Action Task Force* Anfang 2012 strenge Vorgaben verabschiedet. Danach sollen Banken künftig akribisch nachforschen, wer tatsächlich hinter einer Gesellschaft steckt.

Anlegern, die mindestens siebenstellige Beträge verstecken, empfehlen Berater gern, sich an einer Gesellschaft von außerhalb **Europas** zu beteiligen, die dann vor Ort ein Konto eröffnet. Beliebte Destinationen dafür sind **Dubai** und **Singapur**, wo man ohne großen Aufwand eine Limited oder eine Stiftung gründen kann.

Das Versteckspiel geht weiter
Wie Steuerhinterzieher ihr Vermögen abschirmen

Quelle: Global Financial Integrity (GFI)

Die Höhe der Fluchtgelder in einzelne Länder kann nur geschätzt werden. Die Organisation *Erklärung von Bern (EvB)* geht davon aus, dass allein auf Konten und Depots in der **Schweiz** Steuerfluchtgelder aus Schwellen- und Entwicklungsländern von bis zu 1,2 Billionen Euro gehortet werden. Insgesamt haben Ausländer nach Angaben der *Schweizerischen Bankiervereinigung* Mitte 2013 über 2,2 Billionen Euro in der **Schweiz** angelegt – ein Großteil davon schwarz. Laut einer Studie der *Boston Consulting Group* stammten 2011 bereits 980 Milliarden Dollar im Schweizer Offshore-Private Banking von außerhalb **Europas** und der **USA** – aus **Asien**, **Lateinamerika**, dem **Nahen Osten** und **Afrika**. Bei einem Schwarzgeldanteil von 50 Prozent, der für diese Länder eher zu tief sein dürfte, ergäbe das 490 Milliarden Dollar Steuerfluchtgelder allein aus Entwicklungs- und Schwellenländern! Aus den Erträgen dieser Vermögen entgehen den Entwicklungsländern damit nach Berechnungen der *EvB* (*Erklärung von Bern*) mindestens 7,35 Milliarden Dollar.

Die **Schweiz** war und ist immer noch ein Hort für Schwarzgeld. Daran ändert auch die jetzt von Regierung und Banken propagierte „Weißgeldstrategie" nichts. Trotz aller Beteuerungen von Schweizer Seite haben vermögende Deutsche dort immer noch rund 150 Milliarden Euro gebunkert, Griechen rund 200 Milliarden, Italiener 160 Milliarden, Briten über 30 Milliarden, obwohl sich diesen zusätzlich die Fluchtpunkte **Channel Islands** und **Karibik** bieten, aber auch Franzosen, Spanier und Russen lassen grüßen. Das Land trägt wesentlich zur internationalen Steuerflucht bei:

- Die **Schweiz** ist der weltweit wichtigste Finanzplatz des Offshore-Private Banking, das heißt der grenzüberschreitenden Vermögensverwaltung mit größtenteils nicht versteuerten Geldern.

- Die **Schweiz** bietet Unternehmen, deren Einkommen ganz oder mehrheitlich aus dem Ausland stammt, steuerliche Sonderregelungen, was von der *OECD* als unfairer Steuerwettbewerb eingestuft wird.

- Die **Schweiz** ist mit einem Marktanteil von 27 Prozent weltweit der wichtigste Finanzplatz für die grenzüberschreitende Vermögensverwaltung. Hier kommen die Steuergesetze des Herkunftslandes des Kapitals nicht zur Anwendung.

Die **Schweiz** ist in den letzten Jahren nicht deswegen unter internationalen Druck geraten, weil ihr Bankgeheimnis die Privatsphäre der Auslandskunden schützt. Sie ist in die Kritik geraten, weil sie den Herkunftsländern systematisch alle Informationen für die korrekte Besteuerung ihrer Bürger vorenthalten hat. Damit leistet die **Schweiz** Beihilfe zur Steuerhinterziehung. Die jetzt von Regierung und Banken eingeläutete Strategie *„Weißgeld aus den OECD-Ländern und weiterhin Schwarzgeld vom Rest der Welt"* wird nach Ansicht von *Oswald Grübel*, dem früheren CEO von *Credit Suisse* und *UBS*, jedoch nicht funktionieren.

Doch welche Möglichkeiten bieten sich für Staaten, dem Schwarzgeld national und international auf die Spur zu kommen und Steuerhinterziehung zu unterbinden?

Immer mehr Länder verlangen, Geschäfte nur gegen Rechnung abzuwickeln. Dabei ist auf den Rechnungen die Umsatzsteuer-Identifikationsnummer der Rechnungssteller Pflicht. Daneben gelten zunehmend Verbote von Bargeldgeschäften. In **Italien** sind diese beispielsweise nur noch bis zur Höhe von knapp 1000 Euro erlaubt, in **Spanien** bis maximal 2500 Euro. Ausnahmen (bis maximal 15000 Euro) gelten im Einzelfall für natürliche Personen, deren Steuersitz nicht im Land liegt und deren Geschäft rein privat veranlasst ist. Betroffen davon sind auch Touristen. Experten schätzen, dass mehr als ein Viertel aller Einkünfte der spanischen Elite und des Mittelstandes nicht versteuert werden. Dem spanischen Fiskus entgehen dadurch jährlich Milliarden. Das Haushaltsdefizit betrug 2012 trotz verstärkter Steuerfahndungsaktionen 7,3 Prozent.

Spanische Steuerfahnder haben daher in den letzten Monaten Zehntausenden Gewerbe- und Ferienimmobilien Besuche abgestattet. Letzteres betrifft vor allem ausländische Ferienhausbesitzer. Denn wenn diese eine angebliche Ferienimmobilie mehr als sechs Monate bewohnen, obwohl sie in ihrem Heimatland gemeldet sind, sind sie mit ihrem gesamten Einkommen in **Spanien** steuerpflichtig. Doch auch Ausländer, die weniger als sechs Monate im Jahr in **Spanien** leben, müssen eine Steuererklärung abgeben, sobald sie Einnahmen aus ihren Immobilien erzielen (Stichwort „Vermietung"). Um das zu überprüfen, erhalten die Finanzämter von den Stromlieferanten die Abrechnungen. Neuerdings verhängen die Finanzämter empfindliche Strafen für ausbleibende Steuererklärungen.

Schluss auch mit Dolce Vita in **Italien**. Vorbei die ausgedehnten Shoppingtouren und Restaurantbesuche der reichen Italiener in den noblen Urlaubsorten. Nunmehr kontrollieren hier Steuerfahnder Geschäfte und Restaurants. Gleichzeitig wurde eine Reichensteuer für alle mit einem Einkommen ab 300 000 Euro und eine Luxussteuer auf den Besitz von Yachten, Privatflugzeugen und Luxusautos eingeführt. Opfer sind die Händler neuer wie auch gebrauchter Luxuskarossen. So hat beispielsweise *Ferrari* 2012 weniger als die Hälfte Autos in **Italien** abgesetzt wie im Jahr zuvor. Und der Gebrauchtwagenmarkt für Luxuskarossen ächzt unter den hohen Preisabschlägen. Statt in *Ferraris*, *Lamborghinis* und *Maseratis* zu investieren, kaufen die Reichen verstärkt Pelze.

In **Griechenland** macht der Fiskus Jagd auf über 2000 Steuersünder, deren Namen auf einer Steuer-CD der Schweizer *HSBC-Bank* stehen, die 2010 von **Frankreich** angekauft worden war. Im Land selbst weisen viele Selbstständige bemerkenswert niedrige Einkünfte aus. Das Geld ist angelegt in Londoner und Berliner Immobilien, ein großer Teil liegt auf Konten bei Schweizer Banken. Die Berufe, welche die vermögenden Kontoinhaber bei der *HSBC* angegeben haben, verraten einiges: 187 Hausfrauen. Allein zwischen 2009 und 2011 flossen mehr als 20 Milliarden Euro aus **Griechenland** in die **Schweiz**. Die griechische Oberschicht will ihrem korrupten, unfähigen Staat kein Geld geben. Mit einem Steuerabkommen sollen jetzt bis zu 9 Milliarden wieder ins Land fließen. Auch haben die *EU*-Aufseher der griechischen Regierung klargemacht, dass sie Steuerhinterzieher nicht einfach gegen einen geringen Obolus amnestieren darf, wenn diese ihr Schwarzgeld aus der **Schweiz** zurückbringen.

Als Schwarzgeld-Paradies für Russen hat sich in den letzten Jahren **Zypern** entwickelt. Rund 15 000 Russen leben mittlerweile permanent im griechischen Teil der Insel. Sie wertschätzen, dass hier bislang niemand nachgefragt hat, woher ihr angelegtes Kapital ursprünglich stammt. Laut *Bundesnachrichtendienst (BND)* haben sie vor allem mittels Holdinggesellschaften bei den Banken über 20 Milliarden Euro Schwarzgeld angelegt. Hinzu kommen die von weiteren Zehntausenden Holdings verwalteten Vermögen, die zu einem großen Teil aus Schwarzgeldquellen stammen – allen voran ebenfalls aus **Russland** (s. S. 335).

Dass dem wohl so ist, zeigt eine Untersuchung der russischen Nationalbank. Danach haben *„Unternehmen, Banken und Privatpersonen 2012 auf Basis illegaler Geschäfte umgerechnet 49 Milliarden Dollar ins Ausland überwiesen."* Und weiter stellt die Nationalbank fest: *„**Zypern** ist dabei eines der wichtigsten Ziele des russischen Kapitalexports. Eine weitere Rettung des Inselstaats mit russischem Staatsgeld passt da nicht ins Bild."*

Die zyprischen Finanzinstitute erzielten Ende 2012 eine Bilanzsumme von etwa 150 Milliarden Euro und damit das Neunfache des Bruttoinlandsprodukts. Im Verhältnis zur Volkswirtschaft ein völlig überdimensionierter Finanzsektor. Und um den maroden Bankensektor zu retten, sollen nun Steuergelder der *EU* Hilfe bringen. Hilfe für ein Land, das Geldwäscher hofiert und mit Mini-Steuersätzen westeuropäische Unternehmen anlockt. **Zypern** – das neue **Liechtenstein**? Europas Steuerzahler haben dafür kein Verständnis mehr.

Ungewöhnlich ist auch das zyprische Staatsbürgerrecht. Danach hat jeder Ausländer, der jährlich mindestens 10 Millionen Euro direkt auf der Insel investiert oder 15 Millionen über fünf Jahre anlegt oder dem Land ungewöhnlich hohe Einnahmen über Erfindungen beschert, das Recht, einen Pass zu beantragen. Und dann ist da noch das britische Unternehmensrecht, das auf **Zypern** gilt. Dies macht es Geschäftsleuten sehr leicht, Unternehmen zu gründen und Geschäfte zu machen, ohne angeben zu müssen, wer tatsächlich der profitierende Eigentümer des Unternehmens ist. Genau deshalb ist es vergleichsweise einfach, die wahre Herkunft des Geldes zu verschleiern. Ein besseres Versteck für Schwarzgeld ließ sich bis zur Zypern-Krise in **Europa** kaum finden.

Daneben hat sich die Insel in den letzten Jahren auch auf den Transit von Schmiergeldern spezialisiert. Boten sich früher vor allem **Liechtenstein** und die **Schweiz** für solche Geschäfte an, führt die Spur in vielen großen Schmiergeldskandalen der vergangenen Jahre (u. a. *Siemens, MAN*) zu Kanzleien auf der Insel im östlichen Mittelmeer. Die bieten einen Rundum-Service und fragen nicht groß nach der Herkunft, dem Bestimmungszweck und den Empfängern der Millionen. Dass **Zypern** heute das neue **Liechtenstein** ist, wissen alle, die solche Geldtransfers organisieren. Auf der Insel ist über Jahre hinweg eine Branche entstanden, die meist aus Anwaltskanzleien heraus das Geld transferiert.

Über Firmen mit schönen Messingschildern an der Tür, bei denen kein Außenstehender mitbekommt, welchem Zweck sie wirklich dienen. Und bei denen die zypriotischen Behörden gar nicht wissen wollen, was sie alles treiben – kurz gesagt: die perfekten Mittler. Wie beispielsweise jenes Treuhandbüro in der Hauptstadt **Nikosia**, das sich die Millionentransfers pauschal mit 25 000 Euro und einem Promille des „weiterzuüberweisenden Betrags" honorieren lässt. Doch im Gegensatz zu den Anwälten seinerzeit in **Liechtenstein** kann man den Mittlern auf der Sonneninsel vertrauen. Dort ist bislang kein Cent vom Schwarzgeld verloren gegangen.

China ist im letzten Jahrzehnt von Steuerhinterziehern um knapp 3 Billionen Dollar erleichtert worden. Nach Berechnungen des Forschungszentrums *Global Financial Integrity* schafften Chinesen allein 2011 über 470 Milliarden Dollar ins Ausland. Zielhäfen für das chinesische Schwarzgeld waren vor allem **Singapur**, **Großbritannien**, **Kanada**, die **USA**, **Australien** und **Neuseeland**. Nicht ohne Grund: Beim Einsatz einiger Hunderttausend Dollar winken den chinesischen Steuersündern sogenannte Investorenvisa.

Für Auslandsvermögen von natürlichen und juristischen Personen, die ihren Sitz im jeweiligen Besteuerungsland haben, gilt – wie beispielsweise in **Spanien** – jedoch zunehmend eine Offenlegungspflicht für Vermögenswerte oder -rechte, deren Inhaber sie sind. Ausgenommen davon sind solche Güter oder Rechte, deren daraus resultierenden Einnahmen bereits im Heimatland deklariert worden sind oder Zeiträume betreffen, in denen der Angabepflichtige im Land nicht steuerpflichtig war. Ein weiteres Instrument sind nach wie vor die von einzelnen Ländern immer wieder praktizierten zeitlich befristeten Amnestieregelungen.

Mit internationalen Abkommen versuchen *EU, OECD* und andere internationale Organisationen nun, die Kapitalflucht in den Griff zu bekommen.

Doppelbesteuerungsabkommen

Seitdem sich **Liechtenstein**, die **Schweiz** und andere Steueroasen zu größerer Steuertransparenz verpflichtet haben, wurden zwar viele neue oder revidierte Doppelbesteuerungsabkommen (DBA) unterzeichnet, die in Sachen Informationsaustausch dem *OECD*-Mindeststandard entsprechen. Das heißt: Bei einem begründeten Verdacht auf Steuerhinterziehung sehen die Abkommen die Internationale Amtshilfe vor. Einfache Steuerinformationsabkommen (TIEA), die einen solchen Informationsaustausch auf Anfrage ebenfalls regeln könnten, sind dagegen in der Regel Fehlanzeige. Auch sucht man Länder mit tiefem Einkommen auf den Listen der Steueroasen-DBA mit erweiterter Amtshilfe vergebens. Von den neuen Abkommen haben bis jetzt vor allem reiche Industrieländer und eine Handvoll Schwellenländer profitiert.

Das Problem von Doppelbesteuerungsabkommen besteht darin, dass sie nicht in erster Linie die Amtshilfe regeln. Stattdessen beschränken sie vor allem die Höhe der Quellensteuern, welche die Partnerländer erheben dürfen, wenn Unternehmen aus Industrieländern von ihren in Entwicklungs- und Schwellenländern ansässigen Tochtergesellschaften Lizenzgebühren, Zinszahlungen auf konzerninterne Kredite oder Dividenden erhalten. Für die Entwicklungsländer bringen solche Steuern jedoch wichtige öffentliche Einnahmen, auf die sie nicht verzichten können. Auch stellt der *Internationale Währungsfonds (IWF)* fest, dass Quellensteuern auf Zinsen und Lizenzgebühren einen wichtigen Schutzwall gegen missbräuchliche Gewinnverschiebung bilden: Sie mindern den Anreiz für multinationale Konzerne, ihre Gewinne über künstlich aufgeblähte interne Lizenzzahlungen und Zinsen ins steuerbegünstigte Ausland zu verlagern und so in den Entwicklungsländern die Gewinnsteuern zu reduzieren oder ganz zu umgehen.

Ärmere Länder haben daher Interesse an, möglichst hohe Quellensteuern auf die Einkünfte ausländischer Investoren zu erheben. Tatsächlich aber liegen in vielen DBA, die seit 2008 mit Entwicklungsländern unterzeichnet wurden, die Quellensteuersätze für Lizenzgebühren und Zinsen unter den Sätzen, die sonst im Partnerland für solche Steuern vorgesehen sind.

Insgesamt macht es für Entwicklungsländer kaum Sinn, von Steueroasen neue oder revidierte Doppelbesteuerungsabkommen zu verlangen, um zur Amtshilfe gegen die Steuerhinterziehung zu gelangen:

- Zum einen ist die Amtshilfe auf Anfrage eine recht stumpfe Waffe im Kampf gegen Steuerhinterziehung.

- Zum anderen kann die Beschränkung der Quellensteuer, die mit solchen DBA einhergeht, für ärmere Länder zu beträchtlichen Steuereinbußen führen.

Die Annahme, dass dafür mehr Direktinvestitionen in diese Länder fließen, ist falsch. Eine Untersuchung der *London School of Economics* zeigt, dass DBA mit reichen Industrieländern nur den Schwellenländern einen Mehrzufluss an ausländischen Investitionen bringen. Den ärmeren Ländern hingegen bleiben statt erhoffter Direktinvestitionen nur Einnahmeverluste bei den Quellensteuern. (s. S. 88)

Einfache Steuerinformationsabkommen (TIEA)

Im Gegensatz zu Doppelbesteuerungsabkommen regeln TIEA ausschließlich den Informationsaustausch in Steuerfragen. International anerkannte Musterabkommen, die von der *OECD* entwickelt wurden, um Ländern ohne DBA dennoch ein Instrument gegen internationale Steuerhinterziehung an die Hand zu geben. Die Bestimmungen bei Amtshilfegesuchen entsprechen Artikel 26 DBA-Mustervertrag der *OECD*. Vorteil eines TIEA gegenüber einem DBA ist die vergleichsweise leichte Umsetzung.

Quellenbesteuerung – mit oder ohne Abgeltung

Die Amtshilfe auf Anfrage ist ein wichtiger Schritt hin zu größerer Steuertransparenz. Sie bietet den Ländern jedoch keine Garantie, dass nicht deklarierte Vermögen in Steueroasen und Offshore-Finanzzentren tatsächlich entdeckt und besteuert werden können. Bis die Offshore-Finanzzentren bereit sind, einen automatischen Informationsaustausch einzuführen, braucht es für diese Länder daher eine zusätzliche steuerpolitische Hilfestellung: einen vorsorglichen Steuerrückbehalt auf nicht deklarierte Vermögenserträge. So, wie sie beispielsweise die **Schweiz** 2005 durch das Zinsbesteuerungsabkommen mit der *EU* getroffen hat.

Seitdem erheben Banken und Vermögensverwalter auf Zinseinkünfte *EU*-Steuerpflichtiger eine Quellensteuer von aktuell 35 Prozent. Drei Viertel der Einnahmen werden dem jeweiligen Wohnsitzland übermittelt, das restliche Viertel behält die **Schweiz** für sich. 2011 flossen so insgesamt 275 Millionen Euro an die *EU*-Staaten zurück. Analoge Abkommen mit anderen Ländern wären sinnvoll. Sie hätten zwei wesentliche Vorteile:

- Das Steuereinkommen würde direkt in die Staatskasse der betroffenen Länder fließen, ohne dass dafür aufwendige Amtshilfegesuche gestellt werden müssten. Die Vermögenswerte selbst würden allerdings unbesteuert bleiben, ebenso wie nicht deklarierte Einkommen, die zum Aufbau des Vermögens geführt haben. Die Quellenbesteuerung der Erträge wäre deshalb auch kein Ersatz für den Informationsaustausch.

- Aufgrund der übermittelten Steuereinnahmen hätten die betroffenen Länder erstmals die Möglichkeit, den Umfang der nicht deklarierten Vermögensbestände in der jeweiligen Steueroase realistisch einzuschätzen.

Beim Zinsbesteuerungsabkommen zwischen der **Schweiz** und der *EU* können die ausländischen Steuerpflichtigen ihre Vermögenserträge freiwillig offenlegen. Damit fällt der Steuerrückbehalt für ehrliche Steuerbürger weg. Von der Quellensteuer sind daher nur Erträge auf nicht deklarierte Vermögen betroffen.

Die Abgeltungssteuerabkommen, welche die **Schweiz** inzwischen mit verschiedenen europäischen Ländern vereinbart hat (u. a. **Großbritannien**, **Österreich**), haben gegenüber dem Zinsbesteuerungsabkommen mit der *EU* zwei wesentliche Vorteile:

- Einerseits gelten sie nicht nur für Zinseinkünfte, sondern auch für andere Vermögenserträge.

- Andererseits erlauben sie auch eine rückwirkende Besteuerung nicht deklarierter Vermögen aus der Vergangenheit. Gleichzeitig sehen sie aber auch vor, dass undeklarierte Vermögen und Erträge damit als steuerlich abgegolten, sprich: „weißgewaschen" gelten sollen. Daran ist Ende 2012 letztlich das deutsch-schweizerische Steuerabkommen gescheitert.

Die derzeit laufende Revision der *EU*-Zinsrichtlinie wird dafür sorgen, dass künftig neben den Zinseinkommen natürlicher Personen auch andere Vermögenserträge sowie gewisse juristische Konstruktionen (z. B. Trusts, Stiftungen) erfasst werden.

Automatischer Informationsaustausch

Der automatische Informationsaustausch ist das einzige System, welches garantiert, dass im Ausland angelegte Vermögen nach den Regeln, Steuersätzen und der Progression des Herkunftslandes besteuert werden können. Dabei bleibt das Steuergeheimnis gewahrt, da der Austausch nur zwischen den Steuerbehörden erfolgt.

In der *EU* ist mit der Zinsbesteuerungsrichtlinie der automatische Informationsaustausch für alle Länder Realität (für **Österreich** und **Luxemburg** gilt noch eine Übergangsregelung). Hier findet der Informationsaustausch über ein verschlüsseltes E-Mail-System mindestens zweimal jährlich statt. Sämtliche Informationen werden nicht zentral gespeichert, der Informationsaustausch erfolgt bilateral. Doch der automatische Informationsaustausch wird auch außerhalb der *EU* praktiziert:

- Zur EU-Zinsrichtlinie gehören Verträge mit 15 Drittstaaten, von denen sieben den automatischen Informationsaustausch enthalten (**Anguilla**, **Aruba**, **British Virgin Islands**, **Guernsey**, **Isle of Man**, **Cayman Islands**, **Montserrat**).

- Seit 1991 besteht zwischen **Dänemark**, **Finnland**, **Island**, **Norwegen** und **Schweden** eine multilaterale Konvention zur Amtshilfe in Steuerfragen, die den automatischen Austausch von Informationen über Dividenden, Zinsen, Immobilieneigentum, Lizenzgebühren, Löhne und Gehälter, Honorare, Pensionen und Versicherungen beinhaltet.

- **Mexiko** und Kanada bzw. **Mexiko** und die **USA** tauschen automatisch Angaben über Dividendeneinkommen aus. Die Abkommen sollen auf Drängen **Mexikos** auch auf Zinserträge von Privatpersonen ausgeweitet werden.

- Die **USA** haben mit dem *Foreign Account Tax Compliance Act (FACTA)* unilateral den automatischen Informationsaustausch eingeführt.

- **Deutschland**, **Frankreich**, **Großbritannien**, **Italien** und die **Niederlande** haben 2012 mit den **USA** ein multilaterales Informationsaustauschsystem vereinbart.

Nicht nur für die Industriestaaten, auch für Entwicklungs- und Schwellenländer ist der automatische Informationsaustausch das wirksamste Mittel gegen Steuerflucht von Privatpersonen.

„Die G-20-Länder sollten vorangehen und den automatischen Informationsaustausch untereinander beschließen, und zwar unabhängig von künstlichen vergangenen oder gegenwärtigen Unterscheidungen zwischen Steuerbetrug und Steuerhinterziehung", forderte 2011 der indische Premierminister *Manmohan Singh* auf dem G-20-Gipfel in **London**. Derzeit bemüht sich die indische

Regierung, indisches Schwarzgeld aus dem Ausland zurückzuholen. Bis zu 1400 Milliarden Dollar werden dort vermutet.

Wie internationale Unternehmen legal Steuern minimieren

Eines der Merkmale des heutigen Wirtschafts- und Steuersystems besteht darin, dass Unternehmen ihre Steuerlast international optimieren. 40 bis 60 Prozent des Welthandels werden nicht zwischen unabhängigen Unternehmen abgewickelt, sondern innerhalb multinationaler Konzerne. Das geht vor allem über „Transfer Pricing" vonstatten.

Der Begriff „Transfer Pricing" meint die normale Festsetzung von Preisen für diesen konzerninternen Handel. Er wird häufig aber auch verwendet, um die Manipulation solcher Preise zu bezeichnen (auch Transfer Mispricing). Ziel dieser Manipulationen ist es, Erträge zu vermindern oder Kosten aufzublasen, um so Steuern zu vermeiden. Hinweise darauf finden sich gelegentlich in den Handelsstatistiken – hier beispielhaft zwischen den **USA** und **Nigeria**:

- Beim Export von Cashewnüssen aus **Nigeria** in die **USA** wird das Kilo zu 50 Cent in Rechnung gestellt, während ihr tatsächlicher Wert 5 Dollar beträgt.

- Glasfaserkabel im Wert von 6 Dollar je Meter wurden für 1372 Dollar nach **Nigeria** importiert.

Wird bei solchen Transaktionen eine Tochtergesellschaft in einer Steueroase zwischengeschaltet, so fällt der Großteil des Gewinns damit steuerfrei an. Im Jahresbericht der Unternehmens heißt es dann lapidar: *„Das Unternehmen erzielt kein in den* **USA** *steuerpflichtiges Einkommen. Das zu versteuernde Einkommen des Unternehmens stammt zum größten Teil aus dem ausländischen Geschäftsbetrieb, der in den Ländern besteuert wird, in denen der effektive Steuersatz geringer ist als der gesetzliche Steuersatz in den* **USA**.*"* So beispielsweise zu lesen im Quartalsbericht vom Mai 2009 bei der börsennotierten *Chiquita Brands International Inc.*

Weltkonzerne haben in der Regel keine Schwierigkeiten, ihre Steuerbelastung mittels Offshore auf null herunterzufahren. Das Transfer Mispricing ist ein wesentlicher Grund, warum multinational aufgestellte Unternehmen überhaupt multinational sind. Doch weil inzwischen immer mehr Steuerbehörden verlangen, dass für konzerninterne Transaktionen Marktpreise verrechnet werden, wird die Profitverlagerung mittels Preismanipulationen von Handelsgütern zunehmend schwieriger.

Konzerne haben aber eine Reihe weiterer Möglichkeiten, Gewinne in Steueroasen anfallen zu lassen. Dazu gehören u. a. Zahlungen für Patente und Markenrechte, für die es keinen freien Markt und deshalb auch keine Vergleichspreise gibt. Ein Expertenbericht des **US**-Repräsentantenhauses summiert das Verhalten der Unternehmen wie folgt: *„Diese Firmen haben eine Konzentration der profitableren Aktivitäten in ausländischen Rechtsräumen, in denen der durchschnittliche Steuersatz gering ist, und eine Konzentration ihrer weniger profitablen Aktivitäten in Rechtsräumen, in denen der durchschnittliche Steuersatz höher ist."* (House Committee on Ways and Means, 2010)

Übersicht: Aktivitäten in niedrig und normal besteuerten Gebieten		
	Niedrige/keine Steuern	**Normale Unternehmenssteuern**
Konzernstruktur	Holding	Tochtergesellschaft
Finanzierung	Vergabe von Krediten, konzerninterne Finanzierungen	Kreditnehmer, konzerninterne Schulden
Patente	Besitz von Patentrechten	Nutzung von Patentrechten
Markenrechte	Besitz von Markenrechten	Nutzung von Markenrechten
Leasing	Leasinggeber	Leasingnehmer
Management-dienstleistungen	Anbieter von Management-dienstleistungen	Nutzung von Management-dienstleistungen
(Rück-)Versicherung „Captive Insurance"	Anbieter von konzerninternen Versicherungsleistungen	Versicherungsnehmer

Quelle: Erklärung von Bern

Einleitung

Zur Steuervermeidung im Unternehmensbereich werden vor allem Holdings in Steueroasen eingesetzt, die Einkommen sowie Einkünfte aus Fremdquellen nicht oder nur gering besteuern und bei bestimmten Aktivitäten hohe Steuervorteile gewähren. Holdings werden u. a. als Drehscheibe eingesetzt, um Finanzmittel zu reinvestieren, die dann ihrerseits steuerfreie Erträge abwerfen sollen. Holdings dienen aber auch zur „Kreditgewährung". Dabei werden die Erträge der Holding dem Inhaber nicht in Form einer zu versteuernden Dividende, sondern als „Kredit" ausgeschüttet. Mit dem Vorteil, dass vom „Kreditnehmer" gezahlte Zinsen an die Holding im Heimatland steuerlich angesetzt werden können, wohingegen die Zinseinnahmen bei der Holding – weil aus Fremdquellen – nicht versteuert werden müssen. Können dann auch noch bestehende DBA genutzt werden, wird die Steuerersparnis für Unternehmen schier grenzenlos.

Die genaue Kenntnis des Netzwerks aus weltweit über 3000 Doppelbesteuerungsabkommen zwischen Ländern vorausgesetzt, können Unternehmen beispielsweise Einnahmen, die im Land A entstehen, durch Land B schleusen, um sie von dort nach Land C zu transferieren. Erhebt Land A dann hohe Quellensteuern auf Zahlungen an Land C, jedoch geringe Steuern auf Zahlungen an Land B, kann dieser Umweg geldwert sein. Um den reibungslosen Ablauf zu gewährleisten zu können, wird eine Zwischengesellschaft installiert. Damit die der Körperschaftsteuer entgeht, werden Zahlung an ein steuerbefreites Unternehmen überwiesen. Auch darf die Zwischengesellschaft keiner Quellensteuer unterliegen. Von Unternehmen bevorzugte Steuersparländer für Ableger oder Holdings sind u. a. die **Cayman Islands**, **Großbritannien**, **Irland**, die **USA**, **Dänemark**, die **Niederlande**, die **Bermudas**, **Panama** oder die **Schweiz**.

Mithilfe kunstvoller Steuervehikel mit appetitlich klingenden Namen wie „Double Irish" oder „Dutch Sandwich" lassen sich die beispielsweise in **Irland** ohnehin niedrige Unternehmenssteuersätze von 12,5 Prozent weiter senken. Dazu werden etwa die Gewinne aus dem Europageschäft von **Dublin** über die **Niederlande** in die Steueroase **Bermuda** in der **Karibik** geschleust – dort ist Körperschaftsteuer ein Fremdwort.

Doch hinter den obskuren Namen verbergen sich ausgefeilte Finanzkonstrukte. So hatte etwa die *Google Ireland Ltd.* 2009 einen horrenden Verwaltungsaufwand von 5,5 Milliarden Euro ausgewiesen. Grund: Die Europa-Sparte zahlt konzernintern hohe Lizenzgebühren an eine zweite irische Tochtergesellschaft für die Nutzung von Patenten, die der Konzern dorthin auslagert – daher der Name „Double Irish". Diese zweite Gesellschaft ist zwar in **Irland** registriert, wird aber von den **Bermudas** aus gesteuert. Nach irischem Recht ist sie daher in **Irland** nicht steuerpflichtig. *Google* und andere Konzerne wie *Apple* oder *Microsoft* lenken so einen großen Teil ihrer europäischen und asiatischen Gewinne legal am Fiskus vorbei in die karibische Steueroase. Dort bleiben sie steuerfrei. Doch damit nicht genug: Um zusätzlich irische Quellensteuer zu vermeiden, leitet *Google* das Geld nicht direkt nach **Bermuda**. Es nimmt einen Umweg über die **Niederlande**. Dort ist zur Quellensteuervermeidung eine weitere *Google*-Gesellschaft zwischengeschaltet – das „Dutch Sandwich".

Auch *Apple* versteht es, über ein Netzwerk von Niederlassungen in Steueroasen und Offshore-Finanzzentren den im Ausland angefallenen Gewinn zu minimieren. Etwa 2011, als ein Gewinn in Höhe von 24 Milliarden Dollar in den **USA** mit nur 3,2 Prozent besteuert wurde – im Jahr zuvor lag die Steuerquote sogar bei lediglich 2,2 Prozent. Wären die im Ausland gezahlten Steuern entsprechend dem tatsächlichen Aufwandsschlüssel zwischen diesen Ländern und den **USA** geteilt worden, hätten allein die **USA** 2,4 Milliarden an Steuereinnahmen mehr erzielen müssen.

Amazon erwirtschaftete 2011 in **Großbritannien** 4 Milliarden Euro. Doch da der britische Ableger des weltweit größten Online-Versandhauses als reiner Auslieferungsbetrieb deklariert ist, fließen die Gewinne ins Großherzogtum **Luxemburg**, wo diese nur gering besteuert werden. Das *Tax Justice Network* geht davon aus, dass 13 Prozent des Geldes, das weltweit in Steueroasen versteckt ist, in **Luxemburg** lagert.

Die Internetriesen sind die ersten wirklich globalen Unternehmen. Sie haben, anders als *Siemens*, *Coca-Cola* oder *Toyota*, keine Nationalitäten mehr. Gegenüber einem Gebilde wie dem eines Staates empfinden sie offenkundig keinerlei Verantwortung. Dies ist der Grund, warum sie glauben, sich über Bestimmungen dieser Staaten hinwegsetzen zu können. Das gesamte Geld der Konzerne liegt nun in **Dublin**, **Amsterdam** oder auf den **Bermudas**. Auf 430 Milliarden Dollar wird allein das Auslandsvermögen der 30 größten **US**-Technologiefirmen geschätzt. Sie pokern nun mit der **US**-Regierung um einen Deal, der es ihnen ermöglicht, ihre Gewinne in die Heimat zu holen – steuerschonend natürlich.

Doch nicht nur amerikanische Konzerne haben die unterschiedlichen internationalen Regeln zur Lizenzbesteuerung als Renditequelle entdeckt. Auch der schwedische Möbelriese *Ikea* steigert auf diese Weise den Gewinn. So muss die deutsche Tochter des Einrichtungsmultis einen Teil ihrer Verkaufserlöse für die Nutzung des Firmennamens an einen Konzern in den **Niederlanden** abführen. Das schmälert den Gewinn in **Deutschland**. Dem Staat entgehen dadurch Dutzende Millionen Euro an Einnahmen pro Jahr. Gleichzeitig zahlt *Ikea* in den **Niederlanden** kaum Steuern. Ähnlich verhält es sich beim Handelskonzern *Metro*. Hier zahlen die Auslandsniederlassungen für die Namensnutzung eine Gebühr nach **Zug** in der Steueroase **Schweiz**.

Doch all diese Konzerne handeln nicht illegal. Die Unternehmen nutzen vielmehr die Möglichkeiten aus, die bestehende Steuerabkommen bieten. Die Doppelbesteuerungsabkommen, mithilfe derer ursprünglich die doppelte Besteuerung internationaler Konzerne verhindert werden sollte, haben sich zu „Doppel-Nichtbesteuerungsabkommen" entwickelt. Das Volumen der weltweiten Steuervermeidung durch international tätige Unternehmen lässt sich nicht exakt ermitteln. Doch einer Analyse ausgewählter **US**-Unternehmen der *OECD* zufolge zahlt *Apple* gerade einmal 1 Prozent Steuern auf seine im Ausland erwirtschafteten Gewinne, *Google* 3 Prozent sowie *Amgen* und *Cisco* je 5 Prozent. Mit 11 Prozent zahlt *Microsoft* zwar mehr, aber immer noch deutlich weniger als sonst üblich. Unterdurchschnittliche Abgabensätze gelten auch für *Intel*, *Coca-Cola*, *Pfizer* und *Oracle*.

Aus Sicht der Finanzbehörden ist nicht alles, was rechtlich legal ist, auch steuerlich legitim. Sie halten die zunehmend aggressive Steuergestaltung einiger Multis für nicht tragbar. Aus *OECD*-Sicht darf es nicht sein, dass *„multinationale Unternehmen Gewinne künstlich verlagern können und so keinen fairen Beitrag am Steueraufkommen der Staaten leisten. Wirtschaftliche Tätigkeit in einem Land müssen auch dort besteuert werden.“*

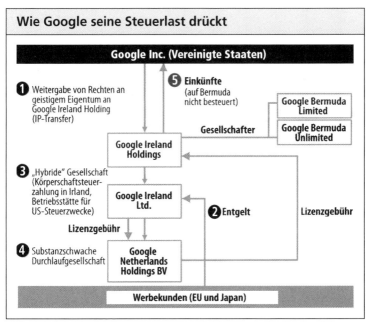

Quelle: Reimar Pinkernell, Zeitschrift Steuer und Wirtschaft 4/2012

Bei den Steuersparmodellen spielen drei Länder eine entscheidende Rolle: Die **Bermudas**, **Irland** und die **Niederlande**. Hinweise auf Steuerschlupflöcher für Unternehmen lassen sich auch aus Daten der ausländischen Direktinvestitionen ziehen. So haben im Jahr 2010 **Barbados**, **Bermuda** und die **British Virgin Islands** mehr Investitionen angezogen als **Deutschland** oder **Japan** und entsprechend auch stärker im Ausland investiert. Genauere Analysen der Finanzströme dort agierender Unternehmen könnten offenlegen, inwieweit Investitionen dazu dienen, die Steuerlast zu senken. Je stärker sich die Wirtschaft von einer materiellen Basis hin zu mobilen Informationstechnologien bewegt, desto leichter fällt es Unternehmen, Operationen und Gewinne an Standorte mit niedrigen Steuern zu verlagern.

Nicht nur in der **Karibik** buhlen Offshore-Plätze mit Steuersparangeboten international um Unternehmen. Von **Andorra** bis **Zypern** hat selbst die *Europäische Union* viel zu bieten. Die *EU*-Kommission schätzt die dadurch entstehenden Steuerausfälle auf rund 1 Billion Euro jährlich. Einnahmeverluste, die vor allem den hochverschuldeten Krisenstaaten bei ihrem Bemühen um Stabilität in den Staatshaushalten fehlen. Doch besonders in der Steuerpolitik zeigt sich, wie sehr **Europa** zerstritten ist. **Irland**, **Malta** und **Zypern** sind mit ihren Niedrigsteuersätzen für Unternehmen ein Beispiel dafür.

Nicht zu vergessen **Belgien**, das sich ein besonderes Instrument zur Steuerminimierung ausgedacht hat, um ausländische Konzerne anzulocken. Dort können Unternehmen etwas steuerlich geltend machen, was es eigentlich gar nicht gibt: Zinsen auf das Eigenkapital des Unternehmens. Damit besteht auch für deutsche Konzerne ein hoher Anreiz, möglichst viel Eigenkapital in die unternehmenseigenen Finanzierungsgesellschaften nach **Belgien** zu schaffen, weil es dort Abgaben mindert. Später können die Gewinne dann steuerfrei nach **Deutschland** zurückgeschleust werden.

Größter deutscher Steuersparer in **Belgien** ist der Chemiekonzern *BASF*, der gleich mehrere Steuersparmöglichkeiten im belgischen Steuerrecht nutzt. Sein Coordination Center in **Antwerpen** wurde mit Eigenkapital in Höhe von über 14 Milliarden Euro ausgestattet, um internationale Konzernaktivitäten beispielsweise in den **USA** zu finanzieren. Ziel des Umwegs über **Belgien**: Beim Fiskus können hohe fiktive Zinsen geltend gemacht werden.

So konnte das Coordination Center 2011 eine Dividende von 116 Millionen Euro an die Schwesterfirma *BASF Antwerpen* überweisen. Dort blieb die Dividende nach belgischem Recht zu 95 Prozent steuerfrei. Komplett steuerfrei bleibt der Gewinn von 488 Millionen Euro, der der belgischen *BASF*-Gesellschaft durch den Verkauf einer Tochter zufließt.

Von Steuervereinheitlichung also keine Spur. Im Gegenteil: Länder wie **Irland**, **Bulgarien**, die **Slowakei** oder **Zypern** lehnen jede Vereinheitlichung ab – würde das doch ihr Geschäftsmodell als Billigsteuerländer gefährden.

Im Visier der *EU* befinden sich vor allem die kantonalen Sonderregelungen der **Schweiz**. Die Kantone bieten internationalen Konzernen maßgeschneiderte günstige Steuerregelungen für die Minimierung ihrer weltweiten Zahlungen (Holdings und Domizilgesellschaften) an. Durch den Beteiligungsabzug wird bei den Erträgen der ausländischen Tochtergesellschaften von Holdings auch die Bundessteuer reduziert. Dies führt zu einer fast vollständigen Steuerbefreiung. Die Bedingungen mit effektiven Steuersätzen von 1,5 bis maximal 10 Prozent sind so attraktiv, dass seit 2003 über 300 große Auslandsunternehmen ihr Hauptquartier in die **Schweiz** verlegt haben.

Rein steuerlich kann den Unternehmen keine Steuerhinterziehung nachgewiesen werden. Das unfaire Verhalten der Unternehmen unterminiert „nur" die Steuermoral. Doch da die weltweiten Umsätze multinationaler Konzerne vor allem aus Werbung und nicht aus greifbaren Produkten bestehen, fällt es den Steuerbehörden schwer, überhaupt einen Ort für die Besteuerung zu identifizieren. Überall dort, wo die Wertschöpfung auf immateriellen Wirtschaftsgütern – Patenten, Lizenzen, Markenrechten – beruht, haben Konzerne die ganz legale Steueroptimierung besonders weit entwickelt. Sie verstehen es meisterlich, unterschiedliche Rechtssysteme und Körperschaftsteuersätze so gewinnbringend für sich zu nutzen, um für ihr Auslandsgeschäft kaum noch Steuern zahlen zu müssen.

Ob Bananen aus **Honduras**, Textilien aus **Indien** oder Flachbildfernseher aus **Taiwan** – ein Großteil unserer Nahrungsmittel, Kleider, Möbel oder Elektronikartikel hat eine Reise durch die Offshore-Welt hinter sich, wenn sie bei uns vom Handel angeboten werden. Dabei finden rund zwei Drittel des weltweit grenzüberschreitenden Handels innerhalb multinationaler Unternehmen statt. Diese betreiben vielfach über Steueroasen ein „Transfer Pricing", um die Steuerbelastung am Unternehmenssitz herunterzufahren – häufig sogar auf null (s. Info-Kasten „Die Steuertricks der Konzerne"). Das Transfer Pricing ist ein wesentlicher Grund, warum multinationale Unternehmen so international aufgestellt sind. Es ist aber auch der Grund, warum diese Unternehmen in der Regel schneller wachsen als die nur national aufgestellte Konkurrenz.

Unternehmensbesteuerung ausgewählter Länder im Vergleich in Prozent			
Zypern, Bulgarien	10,0	Portugal	26,5
Irland	12,5	Großbritannien, Norwegen	28,0
Litauen, Lettland	15,0	Luxemburg	28,59
Rumänien	16,0	**Deutschland**	29,53
Tschechien, Slowakei, Polen	19,0	Spanien, Kanada	30,0
Slowenien	20,0	Italien	31,4
Ungarn	20,62	Belgien	33,99
Schweiz	20,65	Frankreich	34,43
Estland	21,0	Malta	35,0
Österreich, Dänemark	25,0	Japan	39,55
Niederlande	25,5	USA	39,62
Finnland	26,0	Griechenland	40,0
Schweden	26,3		

Quelle: BMF

Damit das so bleibt, entwickeln international operierende Steuer-, Wirtschaftsprüfungs- und Anwaltskanzleien immer diffizilere Steuersparkonstrukte für ihre Unternehmensklientel. Die werden von den Steuerexperten dann liebevoll „Double Irish", „Dutch Sandwich" etc. genannt. Während die Steuerberater mit der Entwicklung solcher Steuersparkonstrukte prächtig verdienen, schauen die Finanzbehörden in die Röhre, obwohl die Unternehmen in ihren Ländern ordentliche Geschäfte machen.

Die Steuertricks der Konzerne

- Das „*Google*-Modell" konzentriert sich darauf, die Wertschöpfung in einem Niedrigsteuerland zu bündeln. Das geht, weil bei Umsätzen aus Werbung und Lizenzen schwer auszumachen ist, wo welcher Umsatz und Gewinn entstanden ist. Am Ende wird der Gewinn auf den **Bermudas**, einer Null-Steueroase, gebündelt.

- Die Regeln in den Steuer- und Rechtssystemen unterscheiden sich von Land zu Land. Ein Konzern vergibt aus einem Niedrigsteuerland – etwa **Irland** mit 12,5 Prozent Steuersatz – einen Kredit an die Schwester in einem Hochsteuerland – beispielsweise **Deutschland** mit knapp 30 Prozent Unternehmenssteuersatz. In **Deutschland** sind die Zinsen, die an **Irland** fließen, Kosten und schmälern den Steuergewinn in **Irland**.

- Innerhalb von Konzernen werden Dienstleistungen oder Vorprodukte unter den Tochtergesellschaften so mit Preisen versehen, dass hohe Kosten den Gewinn in den Hochsteuerländern schmälern. In **Deutschland** ist das aber wegen der starken Kontrollen der Finanzämter kaum noch möglich.

- Dieses Modell funktioniert auch bei Patent- oder Lizenzgebühren sowie Nutzungsgebühren für Markenrechte. Bei Patenten kommt hinzu, dass **Irland** und die **Niederlande** sogenannte „Patentboxen" anbieten: Gewinne darin bleiben steuerfrei.

- Auch die Gründung von Finanzierungsgesellschaften kann sich lohnen, weil sich die Definition von Dividenden und Zinsen von Land zu Land unterscheidet – etwa in **Belgien**.

- Fast auf null drücken lassen sich die Steuern über die Kombination mehrerer Länder, was sich dann etwa auch „Double Irish" oder „Dutch Sandwich" (s. o.) nennt.

Einleitung

Ein wesentlicher Grund, weshalb Konzerne wie *Apple*, *Google*, *Amazon*, *Microsoft* etc. ihre Steuerlast am Konzernsitz erheblich reduzieren können, ist, dass sie neben Einnahmen aus dem Produkt- und Dienstleistungsverkauf auch Einnahmen aus Rechten und Lizenzen kassieren. Diese Einnahmen fallen vertraglich gesteuert jedoch in Steueroasen an. Dadurch bleiben etwa bei *Apple* rund 70 Prozent der im Ausland anfallenden Gewinne unversteuert. Multis geben in ihren Konzernbilanzen zwar an, welchen Steuerbetrag sie insgesamt gezahlt haben. Sie veröffentlichen jedoch nicht, wie viele Steuern im Einzelfall bei den Niederlassungen rund um die Welt im jeweiligen Sitzland angefallen sind – geschweige denn, in welchen Ländern keine oder nur geringe Steuern gezahlt wurden. Kein Gewinn, keine Steuern, so einfach ist das.

Die Tricks, mit denen es die Multis vermeiden, Gewinne, die sie beispielsweise auch in den Hochsteuerländern **Europas** erwirtschaften, zu versteuern, sind zwischenzeitlich bekannt. Was das etwa für den deutschen Fiskus bedeutet, zeigt das Beispiel *Starbucks*. Demzufolge verschiebt das Unternehmen seine deutschen Gewinne so lange ins Ausland, bis auf dem Papier nichts mehr übrig bleibt. So stand 2011 bei einem Umsatz von 117 Millionen Euro unter dem Strich sogar ein Verlust von 5,3 Millionen. Zustande kam das Minus durch zwei Buchungstricks:

- Zum einen zahlte *Starbucks Deutschland* gut 7 Millionen Euro Lizenzgebühren an eine Muttergesellschaft in den **Niederlanden**. Mit dem Geld sollte die Nutzung der Marke *Starbucks* sowie die Konzernsteuerung abgegolten werden. Hinzu kommen Zinszahlungen für Kredite der Schweizer Mutter.

- Zum anderen hat *Starbucks Deutschland* einen Aufschlag von 20 Prozent auf Kaffee-Lieferungen von einer Schweizer Schwestergesellschaft gezahlt.

Würde *Starbucks* seine Gewinne hingegen in **Deutschland** bilanzieren, hätte das Unternehmen in den vergangenen Jahren jeweils zwischen 5 und 10 Millionen Euro Profit gemacht. In **Deutschland** würde das eine jährliche Steuerzahlung von 1,5 bis 3 Millionen Euro bedeuten. Geld, das in deutschen Kassen fehlt.

Bei jedem *Apple*-Kauf, bei jedem Download eines Songs, Films, einer Fernsehshow oder einer App irgendwo auf der Welt fällt gleichzeitig bei der *Apple*-Tochter *iTunes S.a.r.l.* in **Luxemburg** eine Lizenzeinnahme in Höhe von 20 Prozent an. 2011 beliefen sich diese Einnahmen auf mehr als 1 Milliarde Dollar. Diese werden in **Luxemburg** nur gering besteuert – im Gegensatz zu Ländern wie **Großbritannien**, **Frankreich** oder den **USA**, wo der Kauf oder das Herunterladen erfolgte und somit eigentlich auch dort hätte besteuert werden müssen.

Apple zählte zu den ersten Unternehmen, die Vertriebspartner im Ausland mit dem Status eines „Kommissionärs" und nicht eines „Händlers" belegten. Da Kommissionäre steuertechnisch gesehen aber zu keiner Zeit im Besitz einer Ware sind, fallen bei ihnen auch keine oder kaum Steuern an. Das erlaubt beispielsweise dem Vertriebspartner – der *Apple*-Tochter –, im Hochsteuerland **Deutschland** das Geschäft virtuell über die Steueroase **Singapur** abzuwickeln. Der Großteil des Gewinns aus dieser Transaktion wird damit nicht in **Deutschland**, sondern zu den günstigen beziehungsweise Nullsätzen in **Singapur** besteuert.

Über ein Netzwerk von Niederlassungen in Steueroasen und Off-shore-Finanzzentren hat es *Apple* 2011 verstanden, auf den im Ausland angefallenen Gewinn in Höhe von 24 Milliarden Dollar – was 70 Prozent des Gesamtunternehmensgewinns entspricht – nur 3,2 Prozent Steuern zu zahlen, im Jahr 2010 lag die Steuerquote bei 2,2 Prozent. Und das, obwohl mindestens 50 Prozent der Produktherstellung, Patententwicklung und des Marketings in **Kalifornien** erfolgen. Würden die im Ausland gezahlten Steuern entsprechend dem tatsächlichen Aufwandsschlüssel zwischen diesen Ländern und den **USA** geteilt, hätten die **USA** 2,4 Milliarden Dollar an Steuereinnahmen mehr erzielen müssen.

So wie *Apple* verstehen es auch andere internationale Konzerne, legale Möglichkeiten in den internationalen Steuersystemen zu nutzen, um große Teile ihres Gewinns außerhalb ihrer Heimatländer (in den **USA** auch Bundesstaaten) anfallen zu lassen und damit die dort hohen Steuersätze zu umgehen.

Die Heimatländer wissen das. Doch was können oder sollen sie dagegen unternehmen? Würde *Apple* in den **USA** verstärkt zur Steuerkasse gebeten, droht der Konzern mit Wegzug aus **Kalifornien**. **Cupertino** verlöre dann nicht nur seinen größten Arbeitgeber, es erhielte jährlich auch 8 Millionen Dollar weniger Grundsteuer. Und letztlich stünden 47 000 Beschäftigte mit ihrer Kaufkraft für die Stadt auf dem Spiel.

Hohe Unternehmensrenditen von 20 und mehr Prozent im Jahr sind ohne Steuereinsparungen über den Umweg von Steueroasen und Offshore-Finanzzentren kaum möglich. Das zeigt auch das Beispiel *Deutsche Bank*, dessen Ex-Chef *Josef Ackermann* noch kurz vor der Finanzkrise seinen Aktionären Jahresrenditen von 25 Prozent und mehr in Aussicht stellte. Mit dem normalen Kundengeschäft allein wäre dies nicht machbar gewesen. Und mit dem Investmentbanking nur deshalb, weil große Teile dieser Aktivitäten über Offshore-Finanzzentren wie **Delaware** abgewickelt wurden.

Nach einer *Attac*-Recherche hatte das deutsche Geldinstitut zu dieser Zeit über die Hälfte (51,35 Prozent) seiner Tochter- und Zweckgesellschaften sowie assoziierte Unternehmen in Steueroasen und Offshore-Finanzzentren angesiedelt. Dem deutschen Staat gehen dadurch Milliardenbeträge an Steuern verloren – völlig legal.

Wer will es Unternehmenslenkern schon verdenken, wenn sie sich bei ihrem Ziel, Gewinne für ihre Anteilseigner zu optimieren, Steuerunterschiede zwischen einzelnen Ländern zunutze machen. Bei aller Kritik am Geschäftsgebaren von Steueroasen und Offshore-Finanzplätzen – solange es Steuerunterschiede gibt, werden diese von Unternehmen und Investoren auch genutzt werden. Doppelbesteuerungsabkommen der Industriestaaten helfen ihnen dabei, beispielsweise über das sogenannte Treaty Shopping die Steuerlast bei Investitionen in anderen Ländern zu optimieren.

Beteiligung eines deutschen Unternehmens in Indien über Umweg Mauritius

Mauritius hat als einer von weltweit fünf Staaten mit **Deutschland** ein vorteilhaftes DBA im Hinblick auf Veräußerungsgewinne und Ausschüttungen bei Kapitalgesellschaften abgeschlossen. Die Kombination aus günstiger innerstaatlicher Besteuerung in **Mauritius** und dem DBA ermöglicht eine steueroptimierte Unternehmensstruktur. Dabei wird unterstellt, dass die indische Gesellschaft nicht den Regelungen des deutschen Außensteuergesetzes unterliegt:

- Variante 1: Die Investition in **Indien** erfolgt direkt über eine deutsche Kapitalgesellschaft.

- Variante 2: Die Investition in **Indien** erfolgt über eine Zwischengesellschaft auf **Mauritius**.

Variante 1: Bei einer Beteiligungsveräußerung unterliegt der Gewinn der indischen Ertragsteuer, da das Besteuerungsrecht im DBA mit **Deutschland** bei **Indien** liegt *(Art. 13 Abs. 4)*. Die Steuer beträgt für den Fall, dass die Beteiligung unter einem Jahr gehalten wurde, 41,82 Prozent. Wurde sie länger gehalten, 20,91 Prozent. In **Deutschland** wird der Veräußerungsgewinn zu 100 Prozent freigestellt. Folge: Die gezahlte indische Steuer kann in **Deutschland** nicht auf die Steuerschuld angerechnet werden, die Belastung aus der indischen Steuer bleibt somit in voller Höhe bestehen.

Variante 2: Im Fall einer Veräußerung der indischen Beteiligung über eine Zwischengesellschaft in **Mauritius** bleibt der Veräußerungsgewinn hingegen steuerfrei, da das DBA zwischen **Indien** und **Mauritius** dem indischen Staat kein Besteuerungsrecht einräumt, **Mauritius** den Veräußerungsgewinn trotz Besteuerungsrecht aber nicht besteuert. Die steuerfreien Gewinne aus der mauritischen Zwischengesellschaft müssen zur Weiterleitung nach **Deutschland** ausgeschüttet werden. Das DBA **Deutschland – Mauritius** sieht vor, dass von **Mauritius** 5 Prozent Quellensteuer einbehalten werden. Das Besteuerungsrecht für diese Ausschüttung liegt grundsätzlich bei **Deutschland**, das diese Ausschüttung von der Körperschaftsteuer freistellt und die mauritische Quellensteuer nicht anrechnet.

Ergebnis: Die steuerliche Vorbelastung der Gewinne auf Ebene der deutschen Gesellschaft beträgt im ersten Fall 41,82 beziehungsweise

Fortsetzung: Beteiligung eines deutschen Unternehmens in Indien über Umweg Mauritius

20,91 Prozent, bei der zweiten Variante 5 Prozent. Für ein deutsches Unternehmen ist eine Unternehmensbeteiligung in **Indien** über den Umweg **Mauritius** somit immer eine Überlegung wert. Um nicht zu sagen sträflich, wenn ein Unternehmensvorstand diese Möglichkeit zur Steueroptimierung nicht nutzen würde.

Investition über	Steuer-belastung Indien	Steuer-belastung Mauritius	Steuer-belastung gesamt
Deutschland direkt	20,91–41,82 %	–	20,91–41,82 %
via Mauritius	–	5 %	5 %

Das Offshore-System subventioniert multinational aufgestellte Unternehmen, indem es ihnen bei der Minimierung der Steuerrechnung hilft und so ihr Wachstum beschleunigt. Dadurch wird es für kleinere Konkurrenzfirmen schwieriger, mitzuhalten. Und wenn die Multis ihre Einnahmen und Gewinne offshore lagern, können sie die Steuern auf unbestimmte Zeit hinausschieben. Doch aufgeschobene Steuern sind im Prinzip ein zinsfreier Kredit vom Staat, ohne Rückzahlungstermin.

Für die Finanzminister ist das kein akzeptabler Zustand. Über die *OECD* versuchen sie seit Jahren zu erreichen, dass jeder Staat seinen fairen Anteil am Gewinn multinationaler Konzerne erhält. Jetzt müssen sie aber feststellen, dass der Steuerkuchen, der geteilt werden könnte, immer kleiner wird. Der Großteil des Gewinns wird von den Konzernen ganz gezielt in Länder mit äußerst niedrigen Steuersätzen oder in Steueroasen wie die **Bermudas** verschoben. Diese Möglichkeiten soll die *OECD* nun trockenlegen.

Vollends absurd ist, dass auch *EU*-Länder Steuerdumping betreiben, gleichzeitig ihre Entwicklung aber mit Brüsseler Subventionsmilliarden finanzieren, weil sie ja scheinbar „so arm" sind. In Wahrheit heißt das: Statt Unternehmen zu besteuern und so selbst das nötige Geld für ihre Ausgaben zu beschaffen, lassen sich die Länder von ihren *EU*-Nachbarn aushalten. Von jenen, denen sie gleichzeitig die Firmensteuern entziehen. Musterfall für dieses Steuerdumping ist **Irland**, das sich seit seinem *EU*-Beitritt vor 40 Jahren von den europäischen Partnern finanzieren lässt und gleichzeitig Konzerne mit niedrigen Steuern anlockt. Nach der Finanzkrise fielen die Iren wegen ihres überdimensionierten und unregulierten Bankensektors auch noch den Euro-Partnern zur Last, die das Land bis heute unterstützen. Damals beim irischen Hilfsantrag wurde die erste Chance verpasst, die irischen Dumpingsteuern zu verbieten. Keine Mindeststeuer, keine Hilfe. Auch heute ist es noch nicht zu spät, um den Iren ihre Steuerdumping-Methode zu entziehen. 2013 brauchte **Zypern** finanzielle Milliardenhilfen. Im Gegenzug musste das Land den Unternehmensteuersatz auf 12,5 Prozent erhöhen – im *EU*-Vergleich immer noch Steuerdumping.

Die *EU* sollte endlich eine Union werden: Eine Gemeinschaft von Staaten, die sich nicht gegenseitig nötige Steuereinnahmen zur Finanzierung ihrer Ausgaben wegkonkurriert. Dazu gehört die Vereinbarung von Mindeststeuern. Damit nicht **Europas** Bürger durch zusätzliche Steuern oder Schulden die Lücken füllen müssen, die Geschenke für die Aktionäre von *Google*, *Amazon*, *BMW*, *Siemens* oder anderen Konzernen aufreißen. Wer Gewinne macht, soll Steuern zahlen. Nicht nur in **Europa**, sondern weltweit. Doch um die extreme Steuergestaltung eindämmen zu können, bedarf es eines international abgestimmten Vorgehens. Bislang ist es sehr unwahrscheinlich, dass Steueroasen dazu bereit sind.

Auch muss international geklärt werden, welche Teile des Gesamtgewinns ein Unternehmen an die Staaten abführen muss, in denen es mit Niederlassungen vertreten ist – auch in Steueroasen. DBA sind nur ein Teil davon, multilaterale Vereinbarungen beispielsweise innerhalb der *EU* ein anderer. Doch international gilt trotz aller Bemühungen immer noch, dass die Regierungen die Steuerhoheit und damit die Steuersätze im Buhlen um ausländische Unternehmen gezielt zum eigenen Vorteil einsetzen. Solange das der

Fall ist, werden international ausgerichtete Unternehmen die großen und kleinen Unterschiede in den nationalen Steuergesetzen
und Steuersätzen für sich nutzen, um über Steuerminimierung Unternehmensgewinne im Interesse ihrer Eigentümer zu maximieren.
Dazu sind sie ihnen gegenüber sogar verpflichtet.

Das kann, wie eine aktuelle Studie des *Deutschen Instituts der
Wirtschaft (DIW)* zeigt, auch zur Steuererosion der inländischen
Steuerbasis führen. Danach fließen *„in das deutsche Bruttoinlandsprodukt pro Jahr rund 90 Milliarden Euro mehr Unternehmensgewinne ein, als tatsächlich versteuert werden."* Damit zahlen die
deutschen Unternehmen *„im Durchschnitt nur etwa 21 Prozent
Steuern auf ihre Gewinne und damit deutlich weniger als vom Gesetzgeber vorgesehen."* Die Steuergestaltungsmöglichkeiten für
Unternehmen sind groß, nicht nur über den Umweg Steueroase,
auch in **Deutschland** selbst.

So können, wie das *DIW* aufzeigt, beispielsweise *„drohende Verluste sofort über Rückstellungen geltend gemacht werden. Wert-
zuwächse müssen hingegen erst bei der Realisierung versteuert
werden. Dadurch entstehen in den Steuerbilanzen stille Reserven,
die bei nur teilweiser Besteuerung von Veräußerungsgewinnen
steuerschonend realisiert werden können."* Und weiter stellen die
Berliner Experten fest: *„Internationalisierte Unternehmensstruktu-
ren bieten vielfältige Möglichkeiten, die Gewinne auf ausländische
Standorte auszulagern, an denen weniger Steuern gezahlt werden
müssen."*

Die Gestaltungsmöglichkeiten vor allem international tätiger Unternehmen sind mannigfach. Von Vorteil sind dabei die zunehmende Mobilität der Unternehmen und die Möglichkeit, immaterielle Güter und Finanzmittel in Länder mit einer Niedrig- oder
Nullbesteuerung zu verlagern. Davon profitieren vor allem Steueroasen. Beispielsweise **Belgien**, das ausländischen Unternehmen
ein besonderes Instrument zur Steuerminimierung anbietet, was es
eigentlich gar nicht gibt: *„Zinsen auf das Eigenkapital des Unternehmens".* So besteht auch für deutsche Konzerne ein Anreiz,

möglichst viel Eigenkapital in eine unternehmenseigene Finanzierungsgesellschaft in **Belgien** zu verlagern, weil es dort Abgaben mindert. Später können die Gewinne dann aufgrund des DBAs steuerfrei nach **Deutschland** zurückgeschleust werden. Während der belgische Unternehmenssteuersatz eigentlich bei 33,99 Prozent liegt, lag die Steuerlast beispielsweise der dort ansässigen *Volkswagen Group* nach Berechnungen der *Belgischen Nationalbank* im Jahr 2011 bei Null Prozent.

Steuervermeidung über das Ausland: Ein schwieriges Unterfangen für deutsche Unternehmen

Nach dem Außensteuergesetz müssen deutsche Unternehmen Gewinne dort versteuern, wo sie anfallen. Im Klartext heißt das: Dort, wo die Wertschöpfung erbracht wird, sind auch die Gewinne zu versteuern. Ertragsteuern fallen somit dort an, wo auch der Ertrag anfällt. Während die Steuerquote von Unternehmen, die lediglich in **Deutschland** aktiv sind, bei rund 37 Prozent liegt, können international tätige deutsche Konzerne mithilfe ihrer Tätigkeiten im Ausland ihre Gesamtsteuerbelastung auf 25 bis 33 Prozent reduzieren.

Anders als es beispielsweise für **US**-amerikanische Firmen möglich ist, setzt das deutsche Außensteuerrecht einer Gewinnverlagerung deutscher Unternehmen ins Ausland jedoch Grenzen. Fallen also Gewinne bei einer ausländischen Offshore-Gesellschaft an, die einzig dem Zweck der Steuervermeidung beziehungsweise -umgehung dient, werden diese vom Fiskus der deutschen Muttergesellschaft zugerechnet und in **Deutschland** steuerlich erfasst. Sprich dort, wo auch die Wertschöpfung erfolgt.

Bei Produktionsunternehmen etwa ist das dort, wo auch die Fabriken stehen. *BMW* oder *Volkswagen* können demnach ihre Konzerngewinne nicht komplett ins steuerfreundliche Ausland schieben, weil in **Deutschland** ein Großteil ihres Konzerngewinns anfällt. Dennoch gelingt es ihnen, über ihre Auslandstöchter in Niedrigsteuerländern die Steuerbelastung des Konzerns auf rund 30 Prozent abzusenken.

Anders sieht das aber bei Unternehmen aus, die größtenteils von der Lizenzvergabe leben. Diese werden dann in der Regel über Niederlassungen in Niedrigsteuerländern abgewickelt. **Irland** etwa hat davon in den letzten 20 Jahren gut gelebt. Der Körperschaftsteuersatz von 12,5 Prozent ist attraktiv und kann mittels Zwischenschalten weiterer Niederlassungen nochmals bis auf null reduziert werden.

Vor allem amerikanische Unternehmen haben das in den letzten Jahren genutzt. Andere Länder, wie etwa die **Niederlande** oder **Österreich**, lassen zudem die Verrechnung von Gewinnen mit Verlusten zu, die in anderen Ländern angefallen sind. Das ist auch der Grund, warum vor allem internationale Holdings in den letzten Jahren verstärkt ihren Sitz in die **Niederlande** verlegt haben.

Doch im Gegensatz zur aktuellen Diskussion über die Steuervermeidung vor allem **US-**amerikanischer Konzerne werden deutsche Unternehmen weniger wegen Steuervermeidung denn wegen Produktionsverlagerung ins Ausland angeprangert. Steuern spielen da meist eine untergeordnete Rolle. Denn auf die Körperschaftsteuer haben Unternehmen nur Einfluss, wenn sie Gewinne im Ausland anfallen lassen. Dabei spielt bei international operierenden Unternehmen vor allem der grenzüberschreitende Warenverkehr eine Rolle.

Während dieser bei materiellen Gütern durch den Vergleich von Verrechnungspreisen nur noch stark eingeschränkt möglich ist, eröffnen sich bei immateriellen Gütern, das heißt bei Markenrechten, Lizenzen etc., zahlreiche Möglichkeiten der Preisgestaltung, da diese vergleichend nur schwer einzuschätzen sind. Und damit auch Möglichkeiten der Gewinnverschiebung und Steuervermeidung.

Während es im Bereich des grenzüberschreitenden Warenverkehrs häufig sogar zu Doppelbesteuerungen kommt, werden bei länderübergreifenden Gewinnausschüttungen Steuern eher vermieden. Immer dann, wenn eine Dividende bei der ausländischen Tochtergesellschaft in Deutschland – etwa wegen Doppelbesteuerungsabkommen – nicht der Besteuerung unterliegt. Und im Ausland bleibt die Dividende steuerfrei, weil das Sitzland der Niederlassung den Betrag als Kapitalzins abzugsfähig einstuft.

Das deutsche Außensteuerrecht versucht zwar, die Steuereinsparungen von Unternehmen über den Umweg Ausland einzudämmen. Doch verhindern kann es das letztlich nicht. Wie viel Steuereinnahmen dem Fiskus durch Auslandsaktivitäten von Unternehmen verloren gehen, lässt sich nur schwer ermitteln. Das wird erst dann exakt möglich sein, wenn Unternehmen Gewinne und Steuerzahlungen länderbezogen in ihren Bilanzen ausweisen.

Bisher jedenfalls hat die Bundesregierung alle Initiativen zur länderbezogenen Berichterstattung ignoriert oder sogar abgelehnt. Erst der massive Druck nach „Offshore-Leaks" und der Beschluss der Staats- und Regierungschefs der *G-8-Staaten*, künftig Konzernen nach Ländern aufgeschlüsselte Informationen über ihre Gewinne und Steuerzahlungen abzuverlangen, hat auch **Deutschland** veranlasst, auf den Zug aufzuspringen. Viel zu lange wurde versäumt, das Thema national und international anzugehen.

Wie Banken die Offshore-Welt nutzen

Wie Unternehmen waren auch Banken vor der Finanzkrise besonders geschickt, ihr Wachstum über Steueroasen und Offshore-Finanzplätze anzuheizen: Indem sie sich vor Steuern drückten, Mindestreservevorschriften und andere Regulierungsbestimmungen über den Umweg „Offshore" umgingen und dort noch mehr Kredite aufnahmen, als es ihnen in der Heimat erlaubt war. Banken erzielten so nach Berechnungen der *Bank of England* zwischen 1986 und 2007 eine jährliche Rendite von durchschnittlich 16 Prozent. Einige besonders geschickt operierende Finanzhäuser wie etwa die *Deutsche Bank* sogar 25 und mehr Prozent.

Die „Zusatzerträge" kommen aus dem Offshore-Geschäft, über das vor allem die Investmentdeals laufen und Hedge- und Offshorefonds wegen der niedrigen Steuern und dem in der Regel unkomplizierten Gesellschaftsrecht ihren Sitz haben. So sind allein auf den **Cayman Islands** rund 11 000 Hedgefonds registriert. Aber auch der **US**-Staat **Delaware** ist ein bevorzugter Sitz für Offshorefonds ausländischer Banken. Darunter auch die *Deutsche Bank*. Die ist dort nach einer *Attac*-Recherche an mehr Offshore-Gesellschaften beteiligt als an Unternehmen in Deutschland. Mehr als die Hälfte (51,35 Prozent) ihrer Tochter- und Zweckgesellschaften sowie assoziierte Unternehmen hat das deutsche Geldhaus in Steueroasen angesiedelt. Gefolgt von der mittlerweile ebenfalls zur *Deutschen Bank* gehörenden Postbank (22,33 Prozent) und der *Commerzbank* (23,43 Prozent).

Mit ihren Niederlassungen in Offshore-Finanzplätzen entziehen die Banken dem Staat Steuern in Milliardenhöhe. Ganz so, als hätten sie seit 2008 – mit Ausnahme der *Deutschen Bank* – nie von den staatlichen Milliarden zur Bankenrettung profitiert. Das *Tax Justice Network* bezeichnet **Delaware** denn auch als *„den undurchsichtigsten Finanzplatz der Welt"*.

Dieses durch die Offshore-Welt begünstigte Wachstum hatte zur Folge, dass die Finanzinstitute heute groß genug sind, um uns alle zu erpressen. „Too big to fail" – wenn ihnen Politiker und Steuerzahler nicht geben, was sie wollen, werden sie ins finanzielle Unglück gestürzt. Die zum Überleben der Institute seit Beginn der Finanzkrise gezahlten Milliardenhilfen aus Steuergeldern müssten dann endgültig abgeschrieben werden.

Geldwäscheparadies Deutschland

Nicht nur Steueroasen und Offshore-Finanzzentren bieten Steuersündern Hilfestellung beim Verstecken von Schwarzgeld. Auch **Deutschland** hat sich in den letzten Jahren zu einem Paradies für Geldwäscher entwickelt. Jährlich werden hier rund 50 Milliarden Euro Schwarzgeld in legale Kanäle umgeleitet. Schuld sind mangelnde Kontrollen. Dem organisierten Verbrechen und Steuersündern aus dem Ausland bieten sich in **Deutschland** traumhafte Bedingungen, ihre illegalen Erlöse reinzuwaschen. Kriminelle Vereinigungen wie die russische *Ismailowskaja* oder die italienische *'Ndrangheta* fühlen sich wegen laxer Kontrollen angezogen.

Fortsetzung: Geldwäscheparadies Deutschland

Das musste Ende 2012 auch *Jörg Ziercke*, der Chef des Bundeskriminalamts, bei einer gemeinsamen Pressekonferenz mit dem Chef der Finanzaufsichtsbehörde *BaFin*, *Jochen Sanio*, einräumen. *„Wir stellen fest, dass die Modi Operandi immer komplexer werden. Geld wird zunehmend über fiktive Handels- und Warengeschäfte abgewickelt, wobei internationale Tätergruppierungen und Gesellschaften mit Sitz im Ausland im Mittelpunkt stehen."* „Insbesondere im Nichtbankensektor versagt das Instrument der Geldwäscheanzeigen", klagt *Klaus Jansen*, Präsident der *Berufsverbände der Kriminalpolizei*. Bereits Anfang 2010 stellte die *Financial Action Task Force (FATF)*, eine Unterorganisation der *OECD*, **Deutschland** ein miserables Zeugnis aus. Sie hat die zögerliche Meldung von Verdachtsfällen nicht nur bei den Steuerkanzleien, sondern im gesamten Nichtfinanzsektor ausgemacht.

Das neue Geldwäschegesetz zieht nun die Zügel an, auch bei den Steuerberatern. Die müssen jetzt prüfen, wer genau hinter einem Unternehmen steckt. Dafür haben sie den Handelsregisterauszug einzufordern und den Eigentümer festzustellen. Gibt es Verdachtsfälle, etwa weil der angebliche Unternehmer für ein Treuhandbüro in der **Karibik** arbeitet, muss der Berater weitere Nachforschungen anstellen. Um im Kampf gegen Geldwäsche und Schwarzgeld weiterzukommen, sind Kanzleien ab 30 Beratern heute verpflichtet, einen Geldwäschebeauftragten zu benennen.

Bevorzugte Einrichtungen für die Geldwäsche wie Spielbanken, Immobilienfirmen, Edelstein- und Edelmetallhandel, bargeldintensive Kleinbetriebe und vor allem das Internet liegen jedoch fern jeder staatlichen Überwachung oder Kontrolle. Nicht zu vergessen die vielen Gebrauchtwagenhändler, die in der Regel nur noch Bargeschäfte verzeichnen. Auch von Deutschen, die ihr Schwarzgeld zuvor aus dem Ausland – vor allem aus **Österreich** und der **Schweiz** – in bar zurückgeholt haben.

Angesichts der Billionen Staatsschulden in den Industrieländern und des fehlenden Kapitals für Aufbaumaßnahmen in den Entwicklungs- und Schwellenländern besteht dringender Handlungsbedarf, der Steuer- und Kapitalflucht in die Offshore-Zentren Einhalt zu gebieten. Solange das nicht ernsthaft angegangen wird, wird es auch weiterhin Steueroasen als Fluchtziel geben. Aufgrund des geschickten Ausnutzens von Lücken in bilateralen Abkommen lassen diese sich für Reiche und Unternehmen auch ganz legal nutzen. Dazu bietet ihnen rund um den Globus eine ganze Armada von Rechts- und Steuerberatern sowie Bankern mit immer ausgefeilteren Rechts- und Steuerkonstrukten ihre Hilfe an.

3. Euro-Schuldenkrise – Integration oder Auflösung?

Der Euro-Raum befindet sich derzeit in einem Zustand trügerischer Ruhe. Das notfalls unbegrenzte Ankaufen von Staatsanleihen durch die *Europäische Zentralbank* hat die Märkte zwar zunächst stabilisiert und die Gefahr eines Auseinanderbrechens des Euro vorerst gebannt. An den tiefer liegenden Problemen hat dies jedoch wenig geändert. Nach wie vor ist zu befürchten, dass der Währungsraum noch tiefer in die Rezession abgleitet. Neben zahlreichen Peripherieländern ist jetzt auch das Kernland **Frankreich** davon betroffen.

Natürlich gibt es Lichtblicke. Die Leistungsbilanzdefizite konnten in allen Problemländern deutlich zurückgeführt werden. Nicht nur durch konjunkturbedingt schrumpfende Importe, sondern auch mittels steigender Exporte. Aber die Verbesserung der Wettbewerbsfähigkeit bringt nur dann dauerhaft Erfolg, wenn der Euroraum insgesamt wieder auf einen Wachstumspfad zurückfindet.

Wenn die Mitgliedsländer am Sparkurs festhalten, wird das kaum gelingen. Eine solch prozyklische Politik führt immer tiefer in die Rezession und lässt die schon hohe Arbeitslosenquote im Euro-Raum von 18,8 Prozent Anfang 2013 weiter steigen. Die Lage der Banken wird sich damit ebenso verschlechtern wie die der öffentlichen Finanzen. Auch für die Wettbewerbsfähigkeit bedeutet das nichts Gutes: Das Humankapital arbeitsloser Menschen wird entwertet, private und öffentliche Investitionen werden zurückgefahren. Und der Versuch einzelner Länder, über Lohnsenkungen wettbewerbsfähiger zu werden, löst deflationäre Tendenzen aus, die die Verschuldungsprobleme des privaten Sektors noch verschärfen.

Dass solche Entwicklungen nicht zwangsläufig sind, zeigt das Beispiel der **USA**. Dort ist es mithilfe einer expansiven Fiskalpolitik gelungen, den fiskalischen Entzug so lange zu strecken, bis sich der Immobilienmarkt wieder stabilisiert hat und es dem Privatsektor gelungen ist, seine durch die Finanzkrise beschädigten Bilanzen zumindest teilweise zu reparieren. In welchem Zustand würden sich die amerikanische Wirtschaft und die Weltwirtschaft befinden, wenn das **US**-Haushaltsdefizit derzeit nicht bei rund 9 Prozent, sondern bei den 3 Prozent des Euro-Raums liegen würde?

Ohne einen grundlegenden Strategiewechsel wird der Euro die nächsten Jahre deshalb weder ökonomisch noch politisch überleben. Die Währungsunion hat nur dann eine Chance, wenn die Mitgliedsländer die Krise als gemeinsame Herausforderung ansehen und nicht nur als eine Kulmination nationaler Defizite bei der Wettbewerbsfähigkeit. Bei einer solchen ganzheitlichen Sicht gäbe es keine Zweifel, dass Sparmaßnahmen so lange aufgeschoben werden müssen, bis die Rezession des Euro-Raums vorüber ist, und dass in der Zwischenzeit auftretende höhere Defizite gemeinschaftlich finanziert werden müssen. Und wenn ein solcher Strategiewechsel nicht als Blankoscheck für eine unsolide Haushaltspolitik verstanden werden soll, müsste er eingebettet sein in eine klare Verpflichtung aller Teilnehmer, möglichst rasch die Voraussetzungen für eine weitergehende politische Integration zu schaffen.

Auf europäischer Ebene wäre es wünschenswert, wenn wirksame Disziplinierungsmechanismen für die nationale Fiskalpolitik etabliert würden. Konkret wäre an einen vom *europäischen Parlament* legitimierten europäischen Finanzminister zu denken, der zum einen dafür sorgt, dass die im Euro-Raum insgesamt betriebene Fiskalpolitik konjunkturgerecht ist, und zum anderen über Durchgriffsrechte gegenüber Mitgliedsländern verfügt, die eine unsolide Fiskalpolitik betreiben.

Ohne politische Union wird die Währungsunion nicht funktionieren. Wenn es den Regierungen dazu an Kraft oder Mut fehlt, ist es besser und kostengünstiger, zu einem **Europa** nationaler Währungen zurückzukehren. Bei einem „Durchwursteln" ist zu befürchten, dass der Euro-Raum in eine immer tiefere Rezession gerät – mit gravierenden wirtschaftlichen Konsequenzen. Eine geordnete Auflösung der Währungsunion wäre in diesem Fall der bessere Weg.

So oder so steht dem Euro-Raum eine Phase schwieriger Anpassungen für die Länder **Südeuropas** und **Frankreichs** bevor. Sie werden die Gesellschaftssysteme dieser Länder erheblich belasten, wenn nicht gar vor eine Zerreißprobe stellen. Denn um überhaupt wettbewerbsfähig zu sein, müssten die Preise in den Südländern gegenüber dem Eurozonen-Durchschnitt nach Berechnungen des *Ifo-Instituts* um 30 Prozent und diejenigen **Frankreichs** um 20 Prozent sinken.

Die Euro-Krise hat so manche wirtschaftliche Wahrheit an den Tag gebracht. Folglich dürfte sich die *EU* in den kommenden Jahren gehörig verändern. Wahrscheinlich zerfällt sie endgültig in eine Zweiklassengesellschaft, in der die einfache *EU*-Mitgliedschaft kaum mehr sein wird als die Mitgliedschaft in einem Handelsverein, während die Eurozone womöglich weitere Schritte in Richtung Staatlichkeit macht. Anfang 2013 waren die Briten das erste Volk, das seinen Platz in der *EU* neu definieren will. Andere werden folgen. **Großbritanniens** Überlegungen, das Volk über den Verbleib des Landes in der *EU* abstimmen zu lassen, birgt politische Sprengkraft. Der Vorgang könnte Auswirkungen auf die öffentliche Debatte in anderen Mitgliedstaaten haben. Denn nicht nur in den Zahlerländern des Nordens, auch im überschuldeten Süden fragen sich die Leute, ob sie in der *EU* noch gut aufgehoben sind.

4. Schutzschild Fiskalunion

Die Schuldenkrise in der *Eurozone* hat deutlich gemacht, dass die Währungsunion ein Gebilde aus einzelnen Volkswirtschaften mit unterschiedlicher Wirtschaftskraft ist. Das Fehlen einer zentral integrierten Steuerung schwächt das gesamte Konstrukt. Mit einem Fiskalpakt soll nun ein Grundstein für eine echte Fiskalunion gelegt werden. Doch nach wie vor sind die Mitgliedstaaten der *EU* mehrheitlich nicht dazu bereit, ihre nationale Souveränität aufzugeben. *„Solange es aber keine zentralen Durchgriffsrechte bei fortgesetztem fiskalischen Fehlverhalten gibt, ist eine Vergemeinschaftung der Haftung für Schulden nicht zu rechtfertigen"*, so der Präsident der *Deutschen Bundesbank*, *Jens Weidmann*.

Die *Brüsseler Beschlüsse* vom März 2012 setzen daher eher ein politisches Signal:

- Bis auf Weiteres räumen alle *EU*-Staaten (außer **Großbritannien**) einer soliden Haushaltspolitik Priorität ein.

- Bis auf Weiteres akzeptieren besagte Staaten eine Brüsseler Aufsicht über ihr finanzpolitisches Gebaren.

Dieser gemeinschaftliche Konsens beruht freilich nicht auf der allgemeinen Einsicht in die Notwendigkeit eines Brüsseler „Spardiktats", sondern ist aus der Not geboren, genauer gesagt: aus dem Urteil der Finanzmärkte. Schon als 2005 der Stabilitätspakt weichgespült wurde, galt es als ausgemacht, dass nur spürbar höhere Zinsen auf Staatsanleihen die betroffenen Länder auf den Weg der haushaltspolitischen Tugend zurückführen würden. Die mit diesen Risikoaufschlägen verbundenen Verwerfungen hat damals allerdings niemand vorausgesehen.

Aber nur mit diesen Verwerfungen ist das Tempo zu erklären, mit dem der Fiskalpakt in einen Vertragstext gegossen wurde. Nicht zuletzt die Abstrafung etlicher Euro-Staaten durch die Ratingagenturen hat Zeitdruck verursacht. Dieser Beschluss bewirkte zudem eine Aufstockung des *Euro-Krisenfonds ESM*.

Einleitung

Die wichtigste Neuerung des Fiskalpakts besteht in der Selbstverpflichtung der Unterzeichnerstaaten, eine Schuldenbremse im nationalen Recht – möglichst in der Verfassung – zu verankern. Mittelfristiges Ziel soll sein, das strukturelle, sprich konjunkturbedingte Staatsdefizit, auf 0,5 Prozent des Bruttoinlandsprodukts zu begrenzen. Das ist weniger strikt als die deutsche Schuldenbremse. Doch die *EU-Kommission* erhält nicht das Recht, jene Länder, welche die Schuldenbremse nicht adäquat im nationalen Recht verankern, vor dem *Europäischen Gerichtshof (EuGH)* zu verklagen.

Zweifellos wäre es wünschenswert, wenn sich die mit dem Fiskalpakt beschlossene Schuldenbremse überall im nationalen Recht verankern ließe. In einem Land wie **Griechenland** könnte das jedoch keine schnelle Wirkung erzielen. Auch bleibt unklar, nach welchen Kriterien die *EU-Kommission* künftig feststellen soll, ob die Schuldenbremse im Einzelfall national ungenügend verankert ist. Bleibende Wirkung wird der Fiskalpakt nur dann erzielen, wenn seine politischen Bekenntnisse so schnell wie möglich in durchsetzbares Europa-Recht überführt werden. An einer Fiskalunion kommt die *Europäische Union* nicht vorbei.

Hauptmerkmale einer Fiskalunion:

- Gemeinsame Behörde für Finanzstabilität
- Gewisse fiskalische Unabhängigkeit
- Transfer von wachstumsstärkeren an wachstumsschwächere Mitglieder
- Rettungsschirmmechanismus für Krisen, die einige Mitglieder stärker betreffen als andere
- sogenannte No-Bailout-Klausel, die es der zentralen Behörde untersagt, die Schulden verschwenderischer Mitgliedsländer zu übernehmen

Denn eine glaubwürdige No-Bailout-Klausel zwingt die Mitgliedstaaten, verbindliche Finanzregeln anzuwenden. Und sie verhindert Unbesonnenheit.

Mit einer Fiskalunion würde sich kurzfristig zwar nicht viel ändern, da die hoch verschuldeten Länder zunächst ihre Staatsfinanzen konsolidieren oder ausstehende Schulden umstrukturieren müssten. Irgendwann aber hätten sie viel mehr Steuereinnahmen an die europäische Finanzbehörde zu übertragen. Sie würden damit einen großen Teil ihrer Steuerautonomie einbüßen und damit kurzfristig keine hohen Defizite mehr anhäufen können.

Die einzigen erfolgreichen – nationalen – Währungsunionen gingen mit einer Fiskalunion einher. Ein solches Beispiel sind die **USA**. Die *Europäische Währungsunion* hingegen war ein politisches Projekt, das den wirtschaftlichen Gesetzen trotzte. Vor der Schaffung des Euro erklärten viele, eine Währungsunion ohne Fiskalunion sei nicht möglich. Doch die Politik setzte sich durch, da die meisten Länder nicht zugunsten einer echten Fiskalunion auf Souveränität verzichten wollten. Die Gründerländer übersahen, dass es am politischen Willen zu einer stärkeren Integration mangelte. Und so gestatteten sie wirtschaftlich schwächeren Peripherieländern, Teil einer Währungsunion mit den stärkeren Ländern **Westeuropas** zu sein.

Die Geschichte zeigt, was in der Vergangenheit unter ähnlichen Umständen wie heute geschah. Noch zögern die *EU*-Mitgliedstaaten, zugunsten einer zentralen Finanzbehörde auf Souveränität zu verzichten. Vielleicht braucht die aktuelle Krise deshalb einen entscheidenden Moment, damit etwas wirklich Bedeutendes geschieht. Soll der Euro weiter existieren, wird es eine erkennbare europäische Fiskalunion geben müssen. Die Dummen, die Steuerzahler, haben diese Entwicklung längst im Blick.

5. Steuerzahler im Netz des globalisierten Fiskus

Was ein Staat auf legitime Weise besteuern darf, hat sich in den vergangenen hundert Jahren weltweit zunehmend zulasten der Bürger entwickelt. Die traditionelle Art der Besteuerung ist das **Territorialprinzip**, dessen Wurzeln im Wesentlichen auf die Französische Revolution zurückgehen. Der Staat belastet dabei die Steuerquellen in seinem Territorium: dort, wo konsumiert wird, wo Löhne ausbezahlt, Gewinne aus Realkapital oder Finanzkapital erwirtschaftet oder Immobilienmieten und -pachten erzielt werden. Vermögensinhaber und ihre Banken, die internationale Vermögen verwalten und Steuern optimieren, bleiben im legalen Bereich, da diese Vermögen schon besteuert sind oder im Rahmen der Bankdienstleistung am Ort noch besteuert werden. Es entstehen keinerlei Konflikte mit ausländischen Steuerbehörden.

Fiskalischer Imperialismus entsteht jedoch, wenn Staaten versuchen, vom Territorialprinzip der Besteuerung auf das Wohnsitzprinzip überzugehen, das heißt, vom Bürger verlangen, seine aus weltweiten Quellen erzielten Erträge offenzulegen und der nationalen Besteuerung zu unterwerfen. Mit dem Wohnsitzprinzip greift der Fiskus über die Staatsgrenzen hinaus. Er wendet nationales Recht exterritorial an, um Steuererträge aus anderen Staaten zu vereinnahmen. Bei Konsum und Arbeit kommt das selten vor. Bei Kapital, insbesondere von Banken verwaltetem Finanzkapital, entsteht jedoch eine Lücke zwischen Produktions- und Wohnort. Die Steuer nach dem Produktionsort wird vergleichsweise niedrig, die nach dem Wohnort oft hoch sein. Meldet ein Bankkunde infolgedessen seine Steuerdaten nicht an das Finanzamt des Wohnsitzes, lässt sich das Wohnsitzprinzip nicht durchsetzen. Stabilität erhalten Wohnsitzstaatssysteme erst dadurch, dass ihre Regierungen untereinander Doppelbesteuerungsabkommen (DBA) abschließen.

Doppelbesteuerungsabkommen auf dem Prüfstand

Bisher galt es als Zeichen einer gewissen gleichberechtigten Anerkennung zwischen souveränen Staaten, wenn das wirtschaftliche Ergebnis, das die Beteiligten dieser Staaten länderübergreifend erzielten, für die Besteuerung nach einer gemeinsam verabschiedeten Vereinbarung untereinander aufgeteilt wurde, um den Beteiligten eine einigermaßen verlässliche steuerliche Planung ihrer Tätigkeit zu ermöglichen und eine doppelte Besteuerung des gleichen Sachverhalts in den beteiligten Ländern zu vermeiden. Einzelne Regelungen der DBA

Fortsetzung: Doppelbesteuerungsabkommen auf dem Prüfstand

konnten zwar von diesen Grundregeln abweichen, für einige Grundsachverhalte gab es aber einen „Common Sense", sodass beispielsweise Gewinne, die in einer Betriebsstätte oder mit einer Immobilie erzielt werden, ausschließlich dem Staat zustehen, in dem die Betriebsstätte unterhalten wird oder die Immobilie belegen ist.

Deutschland hat in den letzten drei Jahren über die Neuverhandlung der bestehenden DBA versucht, die steuerlichen Regelungen anderer Staaten dadurch zu beeinflussen, dass das Besteuerungsrecht erheblich zugunsten **Deutschlands** ausgeweitet wird. Mit Erfolg, denn hätte sich der Vertragspartner geweigert, die vorgeschlagenen Regelungen der neuen Abkommen oder eine Änderung seiner inländischen Besteuerung zu akzeptieren, wäre mit Kündigung der DBA gedroht worden. Im Kündigungsfall hätte **Deutschland** dann wieder das uneingeschränkte Besteuerungsrecht.

Die Zahl der Abkommen, die von einer Überprüfung und Neuverhandlung betroffen sein können, lässt sich nicht abschätzen, da potenziell jedes Abkommen infrage kommt, in dem eine steuerliche Begünstigung gegenüber der deutschen Besteuerungslage besteht. Nur im Einzelfall werden die beabsichtigten Abkommensverhandlungen eine Veranlassung durch Änderungen in der deutschen Besteuerung aufweisen können, wie etwa die Änderung des spanischen Abkommens, um **Deutschland** das Besteuerungsrecht für die nachgelagerte Rentenbesteuerung in **Spanien** ansässiger deutscher Rentner einzuräumen.

So ist denn auch die offizielle Begründung der deutschen Regierung, man wolle schließlich nur das deutsche Steuersubstrat sichern, letztlich ein Lippenbekenntnis. Denn mit Staaten, mit denen „besondere bilaterale Beziehungen" bestehen, wurden bereits ausgelaufene ungünstige DBA noch verlängert, um die wirtschaftlichen Interessen **Deutschlands** nachhaltig abzusichern (z.B. **Vereinigte Arabische Emirate**).

So wurde die *Fortgeltung* bestehender DBA unter anderem mit **Armenien**, **Bosnien** und **Herzegowina**, **Kosovo**, **Moldau**, **Montenegro**, **Serbien**, der **Slowakischen Republik**, **Taiwan** und **Tschechien** geschlossen. Das DBA mit der **VR China** ist für **Hongkong** und **Macao** nicht gültig, mit diesen beiden chinesischen Sonderzonen wird ein getrenntes DBA getroffen. Neu abgeschlossen wurden auf

Fortsetzung: Doppelbesteuerungsabkommen auf dem Prüfstand

dem Gebiet der *Steuern von Einkommen und Vermögen* Abkommen mit: **Albanien, Bulgarien, Irland, Jersey, Liechtenstein, Luxemburg, Malaysia, Malta, Mexiko,** der **Schweiz, Syrien, Ungarn, Uruguay,** den **Vereinigten Arabischen Emiraten, Großbritannien** und **Zypern.** Abkommen auf dem Gebiet der *Amtshilfe und des Auskunftsaustauschs* wurden geschlossen mit **Andorra, Antigua & Barbuda, Aruba, Bahrain, Barbados, Bermuda, Brunei, Dominica, Grenada, Macao, Montserrat,** den **Niederländischen Antillen, St. Kitts & Nevis** sowie **Lucia.** Neue Abkommen auf dem Gebiet der *Rechts- und Amtshilfe und des Auskunftsaustauschs* gibt es mit **Anguilla,** den **Bahamas,** den **British Virgin Islands, Gibraltar, Guernsey,** der **Isle of Man, Jersey, Liechtenstein,** den **Cayman Islands, Monaco, San Marino, St. Vincent** und den **Grenadinen,** den **Turks & Caicos Islands** und der **Schweiz.**

Abkommen mit Steueroasen wurden vorrangig geschlossen, um der Steuerflucht einen Riegel vorzuschieben. Das geplante Steuerabkommen mit der **Schweiz**, mit dem deutsches Schwarzgeld ab 2013 mit 21 bis 41 Prozent hätte besteuert werden sollen, ist Ende 2012 im Bundesrat gescheitert. Ein neuer Anlauf ist von beiden Seiten (noch) nicht in Sicht. Deutsche Steuersünder müssen also weiterhin auf der Hut sein. Vor allem dann, wenn von den Finanzbehörden weitere Steuer-CDs angekauft werden. Auch können im Einzelfall Erbfolgeregelungen ins Haus stehen, die für Enttarnung sorgen.

Für Steuersünder wird das Netz in jedem Fall enger. Wer sein Konto/Depot in der **Schweiz** auflösen will, hat gleich mehrere Klippen zu überwinden: Zum einen zahlen immer mehr Schweizer Banken Guthaben nicht aus, zum anderen müssen die Vermögenswerte über die Grenze geschafft werden, was bei Bargeld angesichts immer schärferer Grenzkontrollen ein erhöhtes Entdeckungsrisiko mit sich bringt. Und werden Vermögenswerte ins Ausland transferiert – etwa nach **Singapur** – wird der Weg des Geldes von den Schweizer Banken festgehalten und im Verdachtsfall gegenüber den deutschen Finanzbehörden offengelegt.

Eine zweite Klippe ist die von Schweizer Banken im Zuge der Weißgeldstrategie seit Ende 2012 verstärkt eingeforderte Selbstdeklaration der Schwarzgeldkunden bei ihren Steuerbehörden in der Heimat.

Fortsetzung: Doppelbesteuerungsabkommen auf dem Prüfstand

Kann die nicht nachgewiesen werden, werden die Kunden gezwungen, ihre Konten/Depots aufzulösen. Doch wohin dann mit dem Schwarzgeld?

Das in den letzten Jahren von Schweizer Banken propagierte Schlupfloch **Singapur** ist in der Regel verschlossen. Schweizer Bankberater bieten zukünftig keine weitere Unterstützung bei der Kontoeröffnung oder einem Geldtransfer. Und unter 5 Millionen Dollar bekommen Ausländer bei den Banken im südostasiatischen Stadtstaat sowieso kein Konto mehr. Hinzu kommt, dass zwischen **Deutschland** und **Singapur** ein neues DBA vor der Ratifizierung steht. Damit droht der Anonymität und dem Bankgeheimnis auch am einst für deutsche Steuersünder sichersten Finanzplatz **Asiens** das endgültige Aus.

6. Volles Risiko – Steuerflüchtlinge leben gefährlich

Bevor Bochumer Staatsanwälte an einem Montag im November 2012 aufbrachen, um eine weitere Razzia gegen mutmaßliche Steuerhinterzieher zu starten, die von einer CD mit Kundendaten der Schweizer Großbank *UBS* stammen, besprachen sie mit Steuerfahndern einige Eventualitäten. Beispielsweise wurde diskutiert, was man tun müsse, falls Medien vor Ort seien. War doch vor einigen Jahren die Durchsuchungsaktion gegen den damaligen *Post*-Chef *Klaus Zumwinkel* live im Fernsehen gezeigt worden. Am besten sei es, so die Antwort, dann mit der Durchsuchung zu warten und einige Stunden später wiederzukommen.

Doch als die Fahnder dann am darauffolgenden Montagmorgen das Haus des millionenschweren Modeunternehmers *Albert Eickhoff* in **Düsseldorf** verließen, warteten draußen Fotografen und Reporter. *Eickhoff* hatte vor 35 Jahren bei der Schweizer Großbank eine heimliche Stiftung errichtet. Zur gleichen Zeit durchsuchten Fahnder im Großraum **Frankfurt** 14 Häuser des verstorbenen „Bierkönigs" und Ehrenbürgers *Bruno H. Schubert*. Dabei stellten sie einen Computer sicher, auf dem sich Aufzeichnungen über Gespräche mit dem Finanzberater bei der *Credit Suisse* in Zürich fanden und Belege, die zu einer Stiftung in **Liechtenstein** führten. So wie bei diesen Fällen standen an jenem Montagmorgen in ganz **Deutschland** bei rund 500 Kunden Schweizer Großbanken Steuerfahnder an der Haustür und begehrten Einlass.

Eine erste Bilanz der Fahnder fiel einige Tage später positiv aus. Nirgendwo hatte es bei den Durchsuchungen von Wohnungen und Büros Ärger gegeben. Einige der mutmaßlichen Steuerhinterzieher hätten erklärt, mit dem Besuch der Fahnder gerechnet zu haben. Ein älteres Paar soll gesagt haben: „Wir haben Sie schon erwartet. Gut, dass das mit dem Schweizer Konto jetzt aufhört."

Nichts ist seltsamer als der gewöhnliche Steuerhinterzieher. Was hat er nicht alles überstanden, unbedingt überstehen wollen?

- In den 1990er-Jahren gab es die großen Razzien in den Banken. Damals kam zunächst die Steuerflucht nach **Luxemburg** ans Tageslicht.

- Dann ließen die Steuerflüchtlinge die von 2003 bis 2005 geltende Steueramnestie verstreichen. Respekt einflößende Gründer und Macher wie der Schraubenfabrikant *Reinhold Würth* wurden wegen Steuerhinterziehung verurteilt, aber sie blieben Ehrenmänner.

- Anschließend tauchte die erste CD mit Daten von Konten der Fürstenbank *LGT Treuhand* in **Vaduz** und der Hinweis auf deren Kunden *Klaus Zumwinkel* auf.

- Ab 2010 folgten immer mehr CDs, und sie brachen den Damm: Inzwischen ist die Steuerfeste **Liechtenstein** geknackt, die **Schweiz** wankt, Tausende Ermittlungsverfahren wurden eingeleitet, über 50 000 Selbstanzeigen gingen bis Mitte 2013 bei deutschen Finanzämtern ein.

- Ende 2012 sind nicht nur Kunden der *UBS* und *Credit Suisse* an der Reihe, auch Ermittlungen gegen Kunden von *Julius Bär*, *Merrill Lynch* und der *Coutts Bank* wurden eingeleitet.

Wie können Steuerhinterzieher noch ernsthaft glauben oder hoffen, dass morgens bei ihnen nicht der Steuerfahnder klingelt? Warum erstatten sie keine Selbstanzeige beim Finanzamt? Weil sie meinen, nicht erwischt zu werden. So wie der folgende Fall zeigt.

Beispiel:

*Klaus Roth** aus dem Schwarzwald und sein in den **USA** lebende Stiefbruder haben vor fünf Jahren jeweils 1,45 Millionen Euro geerbt – schwarz versteht sich. Das Geld lag Ende 2012 bei einer österreichischen Bank in der **Schweiz** – unversteuert. Denn Erbschaftsteuer will er nicht zahlen. Doch Ende 2012 will die Bank sein Geld im Zuge der Schweizer Weißgeldstrategie nicht mehr haben. Verschwinden soll er damit, möglichst schnell. „Wir wollen keinen Cent Schwarzgeld mehr", sagte Ende 2012 *Patrick Odier*, Präsident der *Schweizerischen Bankiervereinigung.* Doch wohin mit dem Schwarzgeld?

Wo immer er in den Folgewochen in den Nachbarländern anklopft: Fehlanzeige. Sollte er nicht lieber nach **Gibraltar, Malta, Zypern** … oder doch nach **Singapur**? Für Steuerhinterzieher gibt es immer weniger Steueroasen. Und je weiter vermeintlich sichere Verstecke für das ererbte Schwarzgeld sind, desto schwieriger wird es für Erben. Sie kennen in den Steueroasen dieser Welt in der Regel niemanden, dem sie vertrauen können. Wie soll man da eine Bank für ein sicheres Schwarzgeldversteck finden? Vorbei die Zeiten, als die Berater bei den Schweizer Banken an der Bahnhofstrasse nur auf den Knopf ihres Computers drücken mussten, um das bei den Banken lagernde Schwarzgeld ihrer Auslandskunden nach **Singapur** oder anderswo zu transferieren. Für Schwarzgeld-Erben nehmen die schlaflosen Nächte zu. Jeder weitere Ankauf von CDs mit Bankdaten von Steuerhinterziehern verstärkt dies zusätzlich. Und ein Steuerabkommen zwischen **Deutschland** und der **Schweiz** ist nicht in Sicht. Doch wer dann 1 Million

Euro in der **Schweiz** liegen hat, zahlt 250 000 Euro. Rund 95 Prozent aller Hinterzieher zahlen dann mehr als bei einer Selbstanzeige.

Waren das noch Zeiten, als sein Stiefvater mit Rohstoffimporten aus den damaligen Ostblockländern für namhafte deutsche Konzerne geräuschlos sein Schwarzgeld machen konnte. Auf der politischen Bonner Bühne war er ein gern gesehener Gesprächspartner. Traf sich auch schon mal mit *Friedrich Karl Flick* im Restaurant *Le Pirat* auf **Cap Martin** in **Südfrankreich** oder besuchte mit seiner Yacht *Helmut Horten* auf den **Bahamas**. Hatte die Getränkehersteller *Eckes* und *Underberg* oder auch mal *Harald Juhnke* an Deck, wenn im Sommer an der **Côte d'Azur** Party angesagt war. Die war bei den Reichen in den 1970er-Jahren beliebt. Oder er bekam in seiner Villa in **Südfrankreich** Besuch vom damaligen polnischen KP-Chef *Edward Gierek,* der mit der Bahn anreiste, um nicht erkannt zu werden.

* Name geändert

Oft denken Väter, während sie noch voll im Leben stehen, gar nicht daran, was sie ihren Kindern im Erbfall mit ihrem angehäuften Schwarzgeld antun. Häufig wissen sie auch nicht, warum sie überhaupt Geld im Ausland verstecken. Über die Gründe der Steuerhinterzieher gibt es bislang keine wissenschaftliche Studie. Aus Gesprächen mit Fahndern, Steuerberatern, Anwälten und Soziologen lässt sich aber eine Art Typologie der Hinterziehung in Umrissen erstellen:

- Ganz zu Beginn war es die Angst vor den Russen, die viele dazu brachte, ihr Geld in die **Schweiz** oder nach **Liechtenstein** zu schaffen – damals meist noch bar im Aktenkoffer. Das Geld hinter den Bergen war der Notgroschen für den Fall, dass „der Laden in die Luft flog", die Ehe schiefging oder die Kinder unersättlich waren.

■ Aber natürlich spielte auch damals schon die Gier eine entscheidende Rolle. Wer versteuertes Geld in die **Schweiz** schaffte und auch noch Vermögensteuer zahlen musste, hatte lange Zeit kein Unrechtsbewusstsein.

■ Wenn es hart auf hart kommt, haftet man schließlich mit dem Privatvermögen. Und für solche Fälle wollte man irgendwo noch Geld „auf Reserve" haben.

Man kann solchen Leuten einerseits ein Bewusstsein für Vorsorge bescheinigen, aber auch für ganz viel Abgebrühtheit. Manchmal ist für den feinen Grat dazwischen die Zeit wichtig, in der sich die Aktionen abspiel(t)en.

Der Wirtschaftsethiker *Josef Wieland* hat vier Tätertypen von Wirtschaftskriminellen beschrieben. Diese Beschreibung hilft auch bei Steuerkriminellen:

■ Typus Nr. 1, der Zyniker: Er weiß, dass das, was er tut, falsch ist, aber zieht es dennoch durch.

■ Typus Nr. 2: Er sagt, das stehe ihm zu. Schließlich arbeite er hart und opfere viel Zeit.

■ Typus Nr. 3: Er glaubt, dass er über dem Recht stehe.

■ Typus Nr. 4: Er ist der eigentlich interessante, der Spieler. Er weiß, dass er früher oder später erwischt wird, aber er braucht das Risiko.

Klaus Roth aus obigem Beispiel ist so einer. Er weiß genau, dass er Erbschaftsteuern hinterzieht. Für ihn ein Spiel auf Zeit, bis der Erbfall verjährt ist. Bis es so weit ist, will er sich in einem tibetischen Kloster zum Geistheiler ausbilden lassen. Vorausgesetzt, er findet noch vor der geplanten Abreise in den Himalaya die Bank für sein Schwarzgeld.

Es gibt keine genauen Statistiken über die Steuerhinterzieher. Aber viele von ihnen werden vermutlich älter als 60 Jahre alt sein. Anwälte berichten, es komme häufig vor, dass die jüngere Generation die Älteren zur Selbstanzeige überrede. Viele Erben wollten ehrlich leben. Wer einfach so weiterlebt wie der Vater, macht sich nicht nur wegen der hinterzogenen Zinssteuern strafbar, sondern auch wegen einer falschen Erbschaftsteuererklärung. Für viele der Jüngeren ist Steuerhinterziehung auch kein Kavaliersdelikt mehr.

Die sich aufdrängende Frage, warum im CD-Zeitalter immer noch Steuerhinterzieher auf eine Selbstanzeige verzichten, beantwortet ein Anwalt so: Einige, wie beispielsweise der Aufsichtsrat des FC Bayern, Uli Hoeneß, hätten auf das Steuerabkommen mit der **Schweiz** gesetzt. Viele haben Angst davor, dass die Selbstanzeige unzureichend sei und dann ein Prozess drohe, eventuell sogar eine Haftstrafe. Nun, für die Erstellung einer Selbstanzeige gibt es Spezialisten. Diese wissen, wie sie ihre Mandanten vor dem Gefängnisaufenthalt bewahren.

Dabei lohnt sich das nervige Hinterziehen in der Regel nicht. Besonders in den vergangenen zehn Jahren waren viele Auslandsdepots tief in den Miesen. *„Es tut mir leid, so viel Ärger für so wenig Zinsen"*, sprach der wegen Steuerhinterziehung in Millionenhöhe überführte Unternehmer *Albert Eickhoff* nach Abzug der Steuerfahnder in die Mikrofone der wartenden Reporter. Eine Selbstanzeige habe er versäumt.

Banken so löchrig wie Schweizer Käse

Die Datenlecks der Banken werden trotz aller Kontrollmaßnahmen immer gravierender. So hat der Datendieb der *UBS*-CD das IT-Sicherheitssystem der Bank, welches das Kopieren oder Ausdrucken von Daten automatisch meldet und ein Absaugen mit einem Datenstick oder einer CD unmöglich macht, mit einem einfachen Trick überlistet: Er hat schlicht und ergreifend den Bildschirm abfotografiert und die Fotos später zu Hause am Computer zusammengestellt.

Auch was den Kontakt zu den Steuerbehörden angeht, hat der Datendieb aus früheren Fällen gelernt. Der *UBS*-Mitarbeiter trat selbst nicht in Erscheinung. Der Kontakt zu den deutschen Behörden wurde über einen Anwalt hergestellt. Somit blieb die Anonymität des Bankmitarbeiters gewahrt. Das Geld für die Daten wurde auf ein deutsches Konto bei einer deutschen Bank überwiesen, um keine Spur zum Täter zu legen. Zwei Jahre zuvor war ein Datendieb bei der *Credit Suisse* aufgeflogen, weil eine internationale Überweisung mit dem Kaufgeld für die CD zu einem Geldwäscheverdacht geführt hatte.

7. Steuerhinterziehung – Steuervermeidung

In allen demokratischen Rechtssystemen ist Steuerhinterziehung eine Straftat, Steuervermeidung dagegen nicht. Wenn ein Steuerpflichtiger in der Lage ist, seinen Hauptwohnsitz von **Deutschland** etwa nach **Belgien** oder nach **Großbritannien** zu verlegen und in Deutschland auch tatsächlich weniger als 183 Tage im Jahr verbringt, besteht durchaus die Möglichkeit, sein Konto in **Liechtenstein**, der **Schweiz** oder auf den **Cayman Islands** völlig offen und legal zu führen. Wer in **Belgien** als „Expatriate" anerkannt ist, muss seine ausländischen Einkünfte nicht einmal angeben. In **Großbritannien** sind für sogenannte „Non-Doms" unter Beachtung einer Reihe von Regeln ebenfalls nur die Einkünfte zu versteuern, die nach **Großbritannien** transferiert werden (s. S. 230). Wer die Qual auf sich nimmt, 180 Tage im Jahr in **Monte Carlo** zu verbringen, braucht überhaupt keine Steuern zu zahlen.

Solange die Grenzsteuersätze in **Deutschland** so hoch wie derzeit sind, werden Steuerpflichtige trotz aller staatlichen Gegenmaßnahmen Fantasie entwickeln, Steuern zu hinterziehen oder zu vermeiden.

National geht **Deutschland** beispielsweise mit dem *Steuerhinterziehungsbekämpfungsgesetz* gegen Steuersünder vor. Doch seit Anfang 2013 geht man diesen auch international verstärkt an den Kragen. Dazu haben 2012 **Deutschland**, **Frankreich**, **Großbritannien**, **Italien**, **Spanien** und die **USA** bilaterale Abkommen geschlossen. Mit den neuen Vorschriften sollen im Ausland versteckte Vermögen von Steuerpflichtigen aufgedeckt werden. Dazu werden die Länder regelmäßig für die Besteuerung relevante Informationen erheben und automatisch austauschen. Im Verdachtsfall sollen die nationalen Finanzbehörden beweiskräftige Daten über mögliche Steuerhinterzieher aus dem Ausland liefern. Die Finanzminister erhoffen sich darüber hinaus zusätzliche Steuereinnahmen in Milliardenhöhe.

Nutznießer sind im bilateralen Datenaustausch zwischen **Europa** und **Amerika** derzeit aber wohl nur die **USA**. Denn die **US**-Steuerbehörde verfügt ihrerseits über keine Daten über verzinsliche Anlagen von Europäern. Die **US**-amerikanischen Banken müssen der Behörde (noch) keine Zinszahlungen an Ausländer melden. Die Finanzlobby hat bisher solche Regelungen erfolgreich bekämpft. Die **US**-Steuerbehörde braucht somit neue Gesetze, will sie ihren Vertragspartnern gleichwertiges Datenmaterial anbieten. Das enorme Volumen ausländischer Anlagen im **US**-Kapitalmarkt macht dies zu einem heiklen Thema.

Unternehmer müssen sich seitdem sicher sein, dass der Staat, mit dem zusammengearbeitet wird, tatsächlich kooperiert. Auch müssen sie nachweisen können, wo ihre Geschäftspartner sitzen. Denn der Gesetzgeber verlangt, dass Unternehmen die hinter ihren Geschäftspartnern stehenden Anteilseigner kennen und die Beteiligungskette im Einzelfall bis zum ultimativen Inhaber nachverfolgt. Dabei vergisst der Gesetzgeber, dass in vielen Fällen derartige Auskünfte gar nicht erhältlich sind.

„Kooperativ" im Sinne des Gesetzes sind Staaten, die mit **Deutschland** ein DBA mit einer „großen Auskunftsklausel" nach Standard der *OECD* vereinbart haben. Während mittlerweile mit Steueroasen wie **Gibraltar**, **Liechtenstein**, **Malta** etc. (s. S. 63 ff.) entsprechende Regelungen vereinbart wurden, bleiben viele wichtige Industrienationen wie **China** oder **Indien** außen vor. Die mit diesen Ländern geschlossenen Abkommen stammen aus der Zeit vor 2005. Damit drohen gerade bei wichtigen internationalen Handelspartnern deutscher Unternehmen erhebliche Steuerausfälle. Für sie ist der internationale Geschäftsverkehr ein Vabanquespiel. Wer die Spielregeln des deutschen Fiskus nicht einhält, steht sehr schnell unter Generalverdacht.

Das Steuerhinterziehungsbekämpfungsgesetz

Verweigern Staaten dem deutschen Fiskus Auskünfte, hat das negative Folgen. Damit werden der Geschäftsverkehr mit unkooperativen Ländern sowie die dortige Kapitalanlage erschwert.

Das Gesetz zur Bekämpfung schädlicher Steuerpraktiken und der Steuerhinterziehung ermöglicht es der Bundesregierung, den Abzug von Betriebsausgaben und Werbungskosten einzuschränken oder ganz zu versagen oder von der Erfüllung erhöhter Nachweispflichten abhängig zu machen. Diese Einschränkungen gelten, wenn entsprechende Zahlungen an Personen oder Vereinigungen mit Sitz oder Geschäftsleitung in einem anderen Staat geleistet werden, mit dem kein Auskunftsaustausch nach den Standards der *OECD* möglich ist.

Um dem entgegenzuwirken, wurden verschiedene Maßnahmen erlassen:

- Einschränkung bestimmter steuerlicher Regelungen bei Geschäftsbeziehungen zu Staaten oder Gebieten, die schädlichen Steuerwettbewerb betreiben
- Erweiterte Mitwirkungs- und Aufbewahrungspflichten natürlicher Personen in Bezug auf Kapitalanlagen im Ausland
- Erweiterte Prüfungsrechte der Finanzbehörden

Ausgabenkürzungen

Der Abzug von Betriebsausgaben/Werbungskosten kann eingeschränkt, ganz versagt oder von der Erfüllung erhöhter Nachweispflichten abhängig gemacht werden, wenn die entsprechenden Zahlungen an Personen/Personenvereinigungen mit Sitz oder Geschäftsleitung in einem Staat ohne Auskunftsaustausch nach den Standards der *OECD* geleistet werden *(§ 51 Abs. 1 Nr. 1f EStG-E)*.

Kapitaleinnahmen

- Nach *§ 51 Abs. 1 Nr. 1g EStG-E* erhält die Bundesregierung die Möglichkeit, ausländischen Gesellschaften die Entlastung von Kapitalertrag- oder Abzugsteuer ganz oder teilweise zu versagen,

Fortsetzung: Das Steuerhinterziehungsbekämpfungsgesetz

wenn an der ausländischen Gesellschaft Personen oder Personenvereinigungen beteiligt sind, deren Sitz oder Geschäftsleitung sich in einem Staat ohne Auskunftsaustausch befindet.

■ Abgeltungsteuer beziehungsweise Teileinkünfteverfahren werden ganz oder teilweise ausgeschlossen, sofern die Einnahmen von Gesellschaften aus solchen Staaten bezogen werden *(§ 51 Abs. 1 Nr. 1h EStG-E).*

■ Sofern Dividenden unmittelbar oder mittelbar aus solchen Staaten zufließen, werden die von der Steuerbefreiung nach *§ 8b Abs. 1 Satz 1* und *§ 8b Abs. 2 Satz 1 KStG* sowie vergleichbare Vorschriften in DBA ganz oder teilweise ausgeschlossen *(§ 33 Abs. 1 Nr. 2e KStG-E)*, sofern die hinter der Beteiligung stehende Gesellschaft in einem solchen Staat sitzt. Dadurch soll einerseits den eingeschränkten Ermittlungsmöglichkeiten der Finanzbehörden Rechnung getragen und andererseits der Anreiz für den jeweiligen Staat erhöht werden, mit **Deutschland** effektiven Auskunftsaustausch zu vereinbaren.

■ Steuerpflichtigen wird ein amtlicher Vordruck mit Fragen über Art und Inhalt der Geschäftsbeziehungen zugesandt *(§ 90 Abs. 3 Satz 3 und 4 AO)*. Diese Aufforderung kommt in Betracht, wenn Anhaltspunkte für Geschäftsbeziehungen zu Finanzinstituten in solchen Staaten oder Gebieten vorliegen. Dabei ist kein begründeter Verdacht erforderlich. Es genügt, wenn aufgrund konkreter Anhaltspunkte oder allgemeiner Erfahrungen eine weitere Aufklärung des steuerlichen Sachverhalts angezeigt ist.

■ Dabei hat der Steuerpflichtige die Kreditinstitute von der Verschwiegenheitspflicht gegenüber der Finanzbehörde zu entbinden. Macht er das trotz Aufforderung nicht, ist gemäß *§ 162 Abs. 2 Satz 3 AO* eine Schätzung vorzunehmen. Dabei kann der Rahmen zulasten des Steuerpflichtigen ausgeschöpft werden. Denn es wird vermutet, dass er über Kapitaleinkünfte im Ausland verfügt.

Sanktionen

■ Die Finanzbehörde kann die Abgabe einer eidesstattlichen Versicherung in Bezug auf die Angaben verlangen. Dabei wird die Falschaussage mit Freiheitsstrafe bis zu drei Jahren oder Geldstrafe bestraft *(§ 156 StGB)*.

Fortsetzung: Das Steuerhinterziehungsbekämpfungsgesetz

- Kommt der Steuerpflichtige den Mitwirkungspflichten nicht nach oder sind seine Angaben im Wesentlichen nicht verwertbar, kann ein Ordnungsgeld von bis zu 5000 Euro festgesetzt werden.

Kontrollen

- *§ 147 AO* sieht eine neue Aufbewahrungspflicht von sechs Jahren bei den Überschusseinkünften vor, sofern die Summe der positiven Überschusseinkünfte mehr als 500 000 Euro im Jahr beträgt. Eine Saldierung mit negativen Einkünften findet dabei nicht statt. Die Regelung erfasst auch den Datenzugriff *(§ 147 Abs. 2 Nr. 2, Abs. 6 AO)*. Diese Pflicht entfällt wieder, wenn in fünf aufeinander folgenden Kalenderjahren der Schwellenwert von 500 000 Euro nicht erreicht wird.

- Eine Außenprüfung wird generell zulässig, wenn die Summe der positiven Überschusseinkünfte mehr als 500 000 Euro im Kalenderjahr beträgt *(§ 193 Abs. 1 AO)*.

- Nach *§ 193 Abs. 2 Nr. 3 AO* kann die Finanzbehörde auch dann eine Betriebsprüfung anordnen, wenn der erhöhten Mitwirkungspflichten nach *§ 90 Abs. 2 Satz 3 AO* nicht nachgekommen wird. Diese Prüfungsbefugnis ermöglicht der Finanzbehörde effizientere steuerliche Beurteilungen von Sachverhalten mit Auslandsbezug.

- Die Zollkontrollen werden über die Barmittel hinaus auf Verdachtsmomente der Steuerhinterziehung sowie Betrug zum Nachteil der Sozialleistungsträger ergänzt *(§ 12a Abs. 5 ZollVG)*. Damit können auch Kontounterlagen zur Durchführung der weiteren Ermittlungen weitergeleitet werden.

Die Einschränkungen bestimmter steuerlicher Regelungen bei Geschäftsbeziehungen zu Staaten kann dazu führen, dass die Kapitalverkehrs- und Niederlassungsfreiheit des EG-Vertrags eingeschränkt wird. Die Bundesregierung hält dies zur Gewährleistung wirksamer Steueraufsicht, zur Vermeidung von Steuerflucht und zur Aufrechterhaltung der verfassungsrechtlich gebotenen Gleichmäßigkeit der Besteuerung für unverzichtbar und zulässig.

Einblicke in die Offshore-Welt

2

1. Steueroasen – eine Definition

Als Vorläufer der Steueroasen gelten die **US**-Bundesstaaten **New Jersey** und **Delaware**. Bereits im 19. Jahrhundert lockten sie Unternehmen aus wohlhabenden Regionen mit Steuervergünstigungen. Anfang des 20. Jahrhunderts gab es dann die ersten Fälle grenzüberschreitender Steuervermeidung: Vermögende Engländer nutzten die im britischen Gesetz vorgesehene Unterscheidung zwischen Wohnsitz und Steuerdomizil, indem sie ihre Firmen beispielsweise auf den **Channel Islands** ansiedelten.

In den 1920er-Jahren schufen britische Richter eine weitere Möglichkeit der Steuervermeidung für Personen, die sich internationale Mobilität leisten konnten. Sie entschieden, dass ein in **Großbritannien** eingetragenes Unternehmen von der Steuer befreit sei, solange der Vorstand seine Sitzungen im Ausland abhalte und die Geschäftstätigkeit ebenfalls vollständig im Ausland stattfinde. Damit entstand die räumliche Trennung zwischen Firmen- und Steuersitz eines Unternehmens. Dieses Konzept bildet bis heute die Grundlage der meisten Steueroasen.

Als Zufluchtsort vor Steuern sind diese Länder sichere Häfen, auch im nautischen Sinne. Ihre Reputation ist unterschiedlich:

- Das eine Extrem bildet der steuerfreie **Vatikanstaat**, der sich in göttlicher Zustimmung sonnt.

- Das andere Extrem sind Staaten wie **Nauru** im Pazifik, deren laxe Gesetze und Rahmenbedingungen Kriminelle und Steuerbetrüger aus aller Welt anlocken.

Die traditionsreichste Steueroase ist ganz eindeutig die **Schweiz**. Schon lange vor Ausbruch des Zweiten Weltkrieges verzeichneten die Schweizer Banken einen regen Kapitalzufluss aus Staaten, die von politischen und sozialen Unruhen geprägt waren. Politische Neutralität und Währungsstabilität galten für Vermögensinhaber als Garanten für den Kapitalerhalt. Steuersparen und Renditechancen waren zu jener Zeit Nebensache.

Nach dem Krieg tauchten neue Steueroasen auf. Vor allem als Zufluchtsorte vor hoher Besteuerung:

- Für einige, wie das marokkanische **Tanger**, erwies sich der Status als Steueroase nur als eine kurzlebige, aber abwechslungsreiche Episode der Geschichte. Bis 1956 war die *„Internationale Zone Tanger"* ein steuerfreies Sammelbecken für Millionäre, Jetsetter und Glücksritter. Mit umfangreichen Steuervergünstigungen versucht **Marokko** jetzt erneut, an die steuerfreie Zeit anzuknüpfen und Kapital nach **Tanger** zu locken.

- Für andere Länder, wie **Liberia** oder **Liechtenstein**, wurde der Status als Steueroase Grundlage für ein lukratives Geschäft. Im Schifffahrtsregister **Liberias** wird heute die zweitgrößte Handelsflotte der Welt geführt. Die Schiffseigner sind steuerbefreit. In **Liechtenstein** steuert die Finanzindustrie über 30 Prozent zum Wirtschaftswachstum des Landes bei. Jahrzehntelang wurde im Fürstentum Steuerbetrugskriminalität von Ausländern geduldet und bewusst gefördert.

- Für eine dritte Gruppe entwickelten sich Steueroasen zur *Raison d'être* – man denke nur an die Länder der **Karibik**.

Obwohl die Welt in den letzten zwei, drei Jahrzehnten aufgrund von Kommunikationsnetzwerken, Informationstechnologien, multinationalen Geschäften und koordinierten Finanzvorschriften enger zusammengerückt ist, sind Steueroasen auch heute noch Zufluchtsorte für Kapital aus von Währungsturbulenzen gebeutelten Regionen. Waren es zunächst **Jugoslawien**, **Russland** oder Länder in **Lateinamerika**, sind es heute **Griechenland**, **Italien** oder **Spanien** und besonders **Indien** und **China** (im asiatischen Raum).

Steueroasen behielten ihre Rolle aber auch als Schutz vor zu hoher Steuerbelastung. Denn erhöhen sich beispielsweise in den Industrieländern die Spitzensteuersätze für Unternehmen um einen Prozentpunkt, erhöht sich der Kapitalfluss in die Offshore-Zentren um 5 Prozent – in die Offshore-Zentren der **Karibik** sogar um bis zu 19 Prozent.

Gleichzeitig haben Steueroasen die Rahmenbedingungen für ein breites Spektrum von Geschäftsfeldern drastisch verbessert, um Finanzgeschäfte zu erleichtern. Dazu schufen sie moderne und zielgerichtete Gesetze zur Behandlung von Trusts und international verflochtenen Konzernen sowie sektorspezifische Regulierungen. Ihre Niedrig-Steuer-Systeme konnten sich behaupten und verschafften diesen Jurisdiktionen den Vorteil fiskalischer Transparenz verglichen mit dem verzwickten Zusammenspiel von konkurrierenden steuerlichen Anreizen, die in den Hochsteuerländern innerhalb der *OECD* weit verbreitet sind. Länder wie die **Bahamas**, die **Cayman Islands** oder **Mauritius** haben sich in den letzten beiden Jahrzehnten zu ähnlich effektiven Standorten entwickelt wie die **Channel Islands**, **Luxemburg** oder **Hongkong** – unabhängig davon, ob sie als Steueroasen oder Offshore-Finanzzentren bezeichnet werden.

Doch Steueroasen bieten auch die Möglichkeit, den Gesetzen und Regeln anderer Länder – vor allem Hochsteuerländer – zu entrinnen. Sie ermöglichen Privatpersonen und Unternehmen Fluchtwege, um Steuern, Finanzmarktregulierung, Erbschaftsgesetze oder das Strafrecht in ihren Heimatländern zu umgehen oder gar auszuhebeln. Für Nichtansässige gelten häufig Nullsteuern. Markant ist in diesen Gebieten der Finanzsektor.

In den letzten Jahrzehnten sind Versuche der Industriestaaten, der Steuerflucht ihrer Bürger und Unternehmen in die Steueroasen einen Riegel vorzuschieben, meist gescheitert. Erst die Schuldenkrise 2008 hat dazu geführt, Steueroasen weltweit an den Pranger zu stellen. In den letzten vier Jahren wurden zahlreiche internationale Informationsaustauschabkommen zwischen den Ländern von *OECD* und *EU* mit den Steueroasen geschlossen, um Steuerbetrug und Steuerhinterziehung zu unterbinden. Dazu kommen weltweit über 3000 Doppelbesteuerungsabkommen. Doch wer glaubt, das Offshore-System sei damit zerschlagen, irrt. Das Offshore-System wächst weiter – im Einzelfall nur etwas anders, wie der nachfolgende Steueroasen-Check zeigt. Das geschickte Ausnutzen von

Doppelbesteuerungsabkommen unter Einschalten von Offshore-Zentren spielt dabei eine zentrale Rolle.

Ausgewählte Offshore-Fakten

- Aufgrund der Steueroasen gehen jährlich weltweit rund 255 Millionen Dollar Steuereinnahmen verloren.

- Durch Steueroasen fließt buchmäßig mehr als die Hälfte des Welthandels.

- In den Offshore-Finanzzentren wird über die Hälfte aller Bankvermögen verwaltet.

- Über Steueroasen fließt ein Drittel aller weltweiten Direktinvestitionen multinationaler Unternehmen.

- Über die Offshore-Zone werden mehr als 80 Prozent aller internationalen Bankgeschäfte und Anleiheemissionen gesteuert.

- In den Offshore-Finanzzentren liegen rund 14 Billionen Dollar Privatvermögen.

- Das Bilanzvolumen der Offshore-Finanzzentren entspricht einem Drittel des weltweiten Bruttoinlandsprodukts.

- Rund die Hälfte des südamerikanischen Barvermögens ist bei Banken in der **Karibik** und in den **US**-Steueroasen **Miami** und **Delaware** angelegt.

- Über 70 Prozent aller Geldvermögen aus der Region **Nahost/Golfstaaten** wird in den Offshore-Finanzzentren in der **Schweiz, Großbritannien,** Hongkong und **Singapur** verwaltet.

- Die 100 größten Unternehmen in **Frankreich, Großbritannien** und den **Niederlanden** haben Tochtergesellschaften in Steueroasen.

- 83 der größten 100 **US**-Unternehmen unterhalten Niederlassungen in Steueroasen.

- Die fünf größten deutschen Banken unterhalten rund 1700 Tochtergesellschaften in Steueroasen.

- Die sechs größten Schweizer Banken haben über 40 Prozent ihrer Tochtergesellschaften in Steueroasen registriert.

- In der Steueroase **Cayman Islands** sind über 11 000 Hedgefonds mit einem verwalteten Vermögen von über 2 Billionen Dollar ansässig.

Einblicke in die Offshore-Welt

Fortsetzung: Ausgewählte Offshore-Fakten

- In der Steueroase **Luxemburg** verwalten rund 3700 Fonds über 2 Billionen Euro.
- In der **US**-Steueroase **Delaware** sind über 700 000 Offshore-Gesellschaften registriert, in der Steueroase **British Virgin Islands** sogar über 800 000.
- Unter der Flagge **Panamas** fahren 25 Prozent der weltweiten Handelsflotte (12 000 Schiffe).

Doch in der Steueroasenwelt zählt vorrangig das Geschäft, nicht der steuerliche Aspekt. Vor allem Entwicklungsländer leiden darunter, dass Unternehmen Gelder über Steueroasen leiten und wieder abziehen. Dabei sind die klassischen Steueroasen in vielerlei Hinsicht ein fiktiver Raum. Sie existieren zwar als geographisches Gebiet mit eigenem Namen. Die Tätigkeiten, die durch sie ermöglicht werden, gleichen sich jedoch meist in einer Hinsicht: Auch wenn ein Unternehmen in einer Steueroase eingetragen ist, ist es ihm satzungsmäßig untersagt, vor Ort geschäftlich tätig zu werden.

Die größten Offshore-Steueroasen der Welt

In Billionen Dollar Vermögen*; in Klammer Prozent der Gesamtsumme

Schweiz	(29%)
Großbritannien, Kanalinseln	(20%)
Luxemburg	(12%)
Cayman Islands, Bahamas, Bermuda	(10%)
USA	(8%)
Singapur	(8%)
Hongkong	(4%)
Andere	(9%)

0   0,5   1,0   1,5   2,0

* Gelder von Kunden mit mehr als 1 Mio Dollar verfügbarem Vermögen

Quelle: Oliver Wyman/ECONOMIST

Es scheint also nur so, als sei die Gesellschaft aktiv. Hinzu kommt, dass eine in einer Steueroase registrierte ausländische Gesellschaft den örtlichen Behörden fast keine Informationen liefern muss. Auch wenn Namen und Adressen der Anteilseigner und Direktoren heute wegen der Geldwäschevorschriften angezeigt werden müssen, wird vor Ort so gut wie nie darauf bestehen, dass diese auch der Öffentlichkeit zugänglich gemacht werden. Zudem ist die Einsetzung von Treuhändern möglich, die mit der eigentlichen Geschäftätigkeit der Steueroasen-Gesellschaft nichts zu tun haben. Treuhänder treten für die Offshore-Gesellschaften nach Außen auf, die tatsächlichen Akteure bleiben jedoch im Hintergrund.

Überhaupt zeichnet Intransparenz die Steueroasen-Welt aus. Vor allem, weil viele Gesellschaften von Stiftungen oder Trusts gehalten werden. Diese sind selbst wiederum in Offshore-Gebieten registriert, doch häufig nicht in der gleichen Steueroase wie das abhängige Unternehmen. Die Treuhänder solcher Stiftungen und Trusts, die meist nur die Funktion von Strohmännern übernehmen, sitzen in der Regel in dritten Steueroasen. Dabei baut die Steuervermeidungsindustrie auf folgende Erkenntnis: Wenn drei verschiedene Steueroasen „im Spiel" sind, werden ausländische Steuerbehörden es sehr schwer haben herauszufinden,

- was bei den einzelnen Gesellschaften wirklich vor sich geht,

- wie Geschäftstransaktionen zusammenhängen und

- wer davon im Einzelfall profitiert.

Daneben gibt es einen weiteren Vorteil für die Akteure: Offiziell sitzen die Gesellschaft, die Stiftung/der Trust und die Treuhänder in verschiedenen Hoheitsgebieten. Damit kann gleichzeitig jeder einzelne Akteur behaupten, nicht in dem Land tätig zu sein, in dem die Gesellschaft ihren Sitz hat. Die Geschäftsaktivität, die in einer Steueroase vor sich geht, findet also scheinbar im Nirgendwo statt.

In der Steueroasen-Welt können also Strukturen geschaffen werden, die zwar in der realen Welt eine tatsächliche Funktion haben.

Sie nehmen dabei jedoch keine transparente juristische Form an. Somit muss man ihre Existenz oder ihre Aktivitäten nicht offenlegen. Dies ermöglicht auch eine Vielzahl illegaler Aktivitäten:

- Steuervermeidung bleibt größtenteils unentdeckt.

- Kapitalflucht wird vereinfacht.

- Finanzaktivitäten aus Geldwäsche, Drogen- und Menschenhandel, Prostitution etc. bleiben größtenteils unaufgedeckt.

> **Hinweis:** Der Begriff Steueroase hat sich in den letzten Jahren zu einem umstrittenen Ausdruck entwickelt. Der Einfachheit halber werden hier steuerlich attraktive Standorte als Steueroase bezeichnet. Die Verwendung des Begriffs soll keinerlei Beurteilung jedweder Art der Integrität irgendeines bestimmten Steuerregimes implizieren.

2. Was eine Steueroase bieten muss

Weltweit buhlen rund 70 Steueroasen und Offshore-Finanzzentren um die Milliarden der Reichen und Geschäftstransaktionen international ausgerichteter Unternehmen. Jede dieser Destinationen hat ihre Eigenheiten und speziellen Vorzüge. Doch um im internationalen Geschäft überhaupt bestehen zu können, müssen folgende Faktoren gegeben sein:

Politische und wirtschaftliche Stabilität

Wichtigstes Kriterium bei der Wahl einer Steueroase sollte ihre politische und wirtschaftliche Stabilität sein. Denn Null-Steuern verpuffen, wenn das investierte Kapital dort zum Beispiel auf politischem Wege enteignet werden kann – siehe **Zypern** Erforderlich sind:

- ein reifes, parlamentarisch demokratisches System

- ein Staatsgebiet, das nicht von anderen Nationen beansprucht wird, marktwirtschaftlich orientierte Wirtschaftspolitik

- ein das Eigentum Nichtansässiger schützendes Rechtssystem

Diktaturen sollten daher besser gemieden werden

Geltendes Steuersystem

Inländische natürliche Personen, die einen Wohnsitz oder ihren gewöhnlichen Aufenthalt in **Deutschland** haben, oder juristische Personen, deren Geschäftsleitung oder Sitz in **Deutschland** liegt, haben grundsätzlich keinen Vorteil aus dem zwischen einer Steueroase und **Deutschland** bestehenden Steuergefälle, da sie nach dem Welteinkommensprinzip als unbeschränkt Steuerpflichtige ihr gesamtes – somit auch ihr im Ausland erzieltes – Einkommen hierzulande versteuern müssen. **Ausnahme:** Es bestehen DBA zwischen der Steueroase und **Deutschland**. Das in der Steueroase geltende Steuersystem ist somit das zentrale Kriterium bei der Auswahl eines geeigneten Geld-Hafens.

Damit Steuerhinterzieher nicht dem Welteinkommensprinzip unterliegen, sprich: im Heimatland auch das im Ausland erzielte Einkommen versteuern müssen, gründen sie eine Offshore-Gesellschaft. Steueroasen räumen ihnen dafür in der Regel einen „Exempt- und „Non-Resident-Status" ein. Im ersten Fall erhalten die Anteilseigner der Gesellschaft diese Rechte ausnahmslos – auch wenn sie im Ausland sitzen. Der zweite Status gestattet es Steuerflüchtlingen, die Geschäfte ihrer Gesellschaft vom Ausland aus zu führen.

Check-up: Steuersystem

Besteht zwischen **Deutschland** und der Steueroase ein DBA? Wird geregelt, dass Einkünfte aus Gewerbebetrieb, selbstständiger Tätigkeit im Rahmen einer festen Einrichtung, nicht selbstständiger Tätigkeit (von mehr als 183 Tagen/Jahr) sowie aus unbeweglichem Vermögen nur in dem Land zu besteuern sind, wo der Aufenthalt beziehungsweise die Betriebsstätte liegt (Freistellungsmethode)? Kann die DBA-Steueroase auch für nicht gewerbliche Zwecke eingesetzt werden, um Unternehmensanteile zu halten, Vermögen zu anonymisieren oder Patente, Urheberrechte und Lizenzen zu verwerten?

Keinen Steuerspareffekt erzielen Steuerpflichtige bei Einkünften aus Dividenden, Zinsen und Lizenzen, da diese der Anrechnungsmethode unterliegen. Folge: Das Besteuerungsrecht steht in der Regel **Deutschland** zu. Dabei werden im Ausland erhobene Steuern bei den in **Deutschland** zu zahlenden Steuern angerechnet beziehungsweise vom Gesamtbetrag der ausländischen Einkünfte abgezogen.

Welcher Kategorie wird die DBA-Steueroase zugeordnet?

- Einer niedrig besteuernden Oase, die natürliche und juristische Personen in der Regel mit weniger als 15 Prozent besteuert?

- Einem „Special-Tax-Haven", der als Hochsteuerland für bestimmte förderungswürdige Branchen, Projekte oder Unternehmen spezielle gesellschafts- und steuerrechtliche Vergünstigungen offeriert?

- Enthält das DBA einen Progressionsvorbehalt, um eine niedrigere Quellenbesteuerung der Einkünfte zu erzielen?

Wenn kein DBA besteht, handelt es sich um eine Null-Steuer-Oase (No-Tax Haven) oder um eine Null-Steuer-Oase für Fremdeinkommen (No-Tax on Foreign Incom Haven)? Das Nicht-Vorhandensein eines DBA garantiert, dass kein wechselseitiger, rechtsverbindlicher Steuerauskunftsverkehr und keine fiskalischen Auslieferungsabkommen mit anderen Staaten bestehen. Bei einer Null-Steuer-Oase für Fremdeinkünfte ist zu prüfen:

- Erlaubt die Oase einer Gesellschaft, einer Geschäftstätigkeit sowohl im In- als auch im Ausland nachzugehen, wobei nur die inländischen Einkünfte besteuert werden?

Fortsetzung: Check-up: Steuersystem

- Kann die Gesellschaft mit Sitz im Inland nur ausländischer Tätigkeit nachgehen, wobei die Einkünfte daraus in der Oase nicht besteuert werden?
- Welche gesellschaftsrechtlichen Voraussetzungen müssen erfüllt werden, um die Steuerbefreiung ausländischer Einkünfte zu erreichen?
- Wird der „Exempt-Status" eingeräumt, bei dem der Sitz der Gesellschaft in der Oase liegt, deren Anteilseigner jedoch ausnahmslos Nichtansässige (aus Sicht der Oase) sein müssen?
- Wird der „Non-Resident-Status" eingeräumt, bei dem die Geschäftsführungstätigkeit der Gesellschaft nur von außerhalb der Oase ausgeübt werden kann und auch hier Gesellschaftsanteile nur von Nichtansässigen gehalten werden dürfen?

Gesellschaftsrechtliche Bestimmungen

Wenn das Gesellschaftsrecht den Anteilseignern Anonymität gewährt, ist das ein großes Plus für die Steueroase. Die Anteilseigner können dann beispielsweise einen Anwalt oder Notar zwischenschalten, um selbst im Hintergrund zu bleiben. Interessant ist zudem die Gewährung eines unlimitierten Gesellschaftszwecks durch die örtlichen Behörden. Bei der Gründung ist es dann irrelevant, in welchem Geschäftsbereich sie später tätig sind.

Nachfolgende Punkte sollten Sie im Vorfeld prüfen.

Check-up: Gesellschaftsrecht

- Wird ein gewerblicher oder nicht gewerblicher Unternehmenszweck vorgeschrieben?
- Ist der Unternehmenszweck unlimitiert, mit Ausnahme jener Geschäftsbereiche, die besondere Lizensierungspflichten aufweisen, beispielsweise für Banken, Versicherungen?
- Welche Rechtsformen sind für Gesellschaften mit gewerblichem Zweck möglich: Private Company, Public Company, Private Company Limited by Shares, International Business Company?

Fortsetzung: Check-up: Gesellschaftsrecht

- Welche Rechtsformen sind für nicht gewerbliche Zwecke möglich: Holding, Anstalt, Stiftung, Trust, Hybrid Company?

- Gibt es Beschränkungen bei der Namensgebung der Gesellschaft, zum Beispiel bei Zusätzen wie „Banking" oder „Investment"?

- Müssen Geschäftsführung und Buchhaltung von der Oase ausgeübt werden? Reicht für die Ausübung der Geschäftsführung ein Registered Agent als Zustellungsbevollmächtigter?

- Wie steht es mit der Anonymität der Anteilseigner und der Direktoren? Müssen diese im Handelsregister veröffentlicht werden? Oder kann die Anonymität für Anteilseigner und Direktoren durch Einschalten eines Treuhänders, Anwalts oder Notars als Nominee Shareholder oder Nominee Director erreicht werden?

- Welche Kosten fallen bei Gesellschaftsgründung sowie der laufenden Betreuung der Gesellschaft an?

Bankverbindung

Es sollte sichergestellt sein, dass die Steueroase keine Devisenbeschränkungen aufweist.

Check-up: Bankverbindung

- Wird die unbegrenzte Ausfuhr von Fremd- und Oasenwährung garantiert?

- Kann das investierte Kapital ohne Beschränkungen zurücktransferiert werden?

- Können erwirtschaftete Erträge von der Oase uneingeschränkt ins Ausland transferiert werden?

- Welches Dienstleistungsspektrum wird geboten?

- Welcher Vertraulichkeitsschutz wird offeriert?

- Ist die Bank auch international vertreten?

Infrastruktur

Eine perfekte Steueroase muss über eine gute Infrastruktur verfügen. Zudem sollte sie sich durch ein großes Reservoir an erfahrenen Anwälten und Steuerberatern auszeichnen. Ein rigides Bankgeheimnis ist selbstverständlich. Auch der Zugang zum und der Rücktransfer des Kapitals muss uneingeschränkt möglich sein.

Check-up: Infrastruktur

- Ist das Straßennetz ausreichend entwickelt?
- Gibt es eine Anbindung an internationale Frachtwege zu Land, Wasser oder Luft?
- Stehen gut ausgebildete Arbeitskräfte zur Verfügung?
- Ist ein regelmäßiger Besuch der Oase ohne Einreise- und/oder Aufenthaltsbeschränkungen möglich?
- Ist die Oase per Pkw, Bahn, Flugzeug oder Schiff erreichbar?
- Im Falle eines Fluges – gibt es Direktflüge oder müssen Zwischenstopps eingelegt werden?
- Sind am Ort gute Anwälte und Steuerberater vertreten?

Telekommunikationsmöglichkeiten

Je weiter eine Steueroase vom Erstwohnsitz entfernt ist, desto wichtiger sind direkte Kommunikationswege. Das ist heute im Internet-Zeitalter eigentlich kein Problem mehr.

Sachkenntnis

Dazu muss ein Offshore-Zentrum Know-how bieten. Das gilt vor allem für neue Destinationen auf der Offshore-Bühne. Diese können nur bestehen, wenn sie ein besonderes Produkt oder eine Nische anbieten. Aber auch ein gutes, international ausgerichtetes Juristen- und Steuer-Netzwerk ist dafür nötig. Zudem sind für das Offshore-Banking, Fonds- und Versicherungs-Management funktionierende Regulierungs- und Überwachungsmechanismen unerlässlich.

3. Doppelbesteuerungsabkommen vernetzen die Welt

Ein dichtes Netz von Doppelbesteuerungsabkommen (DBA) ist Teil des gesetzlichen Rahmens für internationalen Handel und internationale Kapitalanlagen. Mittlerweile gibt es über 3000 bilaterale Abkommen, die die grenzüberschreitenden Geschäftsmöglichkeiten multinationaler Unternehmen beeinflussen. Inzwischen haben auch Steueroasen derartige Verträge mit Industrieländern geschlossen. Einige gibt es aber schon länger, sie gründen sich auf historische Verbindungen. Beispielsweise die Verträge zwischen den **Niederlanden** und den **Niederländischen Antillen** sowie **Aruba** oder zwischen **Großbritannien** und den **Channel Islands** sowie der **Isle of Man**.

Sowohl die niederländische als auch die britische Regierung haben diese „Abhängigkeitsverträge" so modifiziert, dass niederländische und britische Ortsansässige diese nicht zum Zwecke der Steuervermeidung nutzen können. Die Akzeptanz des *OECD*-Muster-Abkommens über Einkommen und Kapital führte dazu, dass die Abkommen bei der Definition der Begünstigten exakter wurden. So schloss beispielsweise der neu verhandelte Vertrag zwischen **Brasilien** und **Portugal** ausdrücklich Anspruchsteller aus, die von **Madeiras** (s. S. 275) besonderem Steuersystem in **Portugal** oder den Steuererleichterungen in der Freihandelszone im brasilianischen **Manaus** (s. S. 374) profitieren.

DBA-Vorteile

Während Entwicklungs- und Schwellenländer am Abschluss von Doppelbesteuerungsabkommen interessiert sind, um dadurch bei ausländischen Investoren Vertrauen hervorzurufen, gilt das Interesse von Hochsteuerländern dem Abschluss von DBA, weil diese auch als Mittel dienen, um gegen Steuervermeidung und -hinterziehung vorzugehen. Denn Artikel 26 des *OECD*-Muster-Abkommens regelt den Austausch von steuerbezogenen Informationen zwischen Vertrags-

Fortsetzung: DBA-Vorteile

ländern. So haben etwa steuerbegünstigte Unternehmensformen wie die Internationalen Gesellschaften (IBC = International Business Company) in der Regel keinen Zugang zu den Vorteilen der Doppelbesteuerungsabkommen.

Im Bereich der DBA kämpfen die **USA** an vorderster Front gegen Umgehungsmodelle. Dazu gibt es beispielsweise für deutsche Patentinhaber, die Lizenzen an **US**-Unternehmen vergeben haben, aber weder in den **USA** noch in **Deutschland** Steuern zahlen wollen, folgende Steuersparvariante:

■ Erster Schritt: Die Patente werden einer als Anstalt eingetragenen Holding in **Liechtenstein** übertragen.

■ Zweiter Schritt: Die Liechtensteiner Holding reicht die Patente an eine Schweizer Offshore-Gesellschaft weiter, von der die Lizenzen an ein **US**-Unternehmen vergeben werden.

■ Dritter Schritt: Das **US**-Unternehmen zahlt an die Schweizer Gesellschaft Lizenzgebühren. Diese sind aufgrund des Doppelbesteuerungsabkommens zwischen der **Schweiz** und den **USA** von der **US**-Quellensteuer befreit.

■ Vierter Schritt: Die Schweizer Gesellschaft zahlt den Gegenwert an die Liechtensteiner Holding. In der **Schweiz** fällt keine Quellensteuer an und die Schweizer Gesellschaft zahlt keine Gewinnsteuer, da sich Einnahmen und Ausgaben die Waage halten.

■ Fünfter Schritt: Die Liechtensteiner Anstalt zahlt keine Gewinnsteuer, lediglich eine Vermögensteuer von jährlich 0,1 Prozent. Sie verwaltet die Gebühren, bis der deutsche Eigentümer diese abruft.

■ Sechster Schritt: Gehört das **US**-Unternehmen faktisch der deutschen Firma (Niederlassung etc.), muss dafür gesorgt werden, dass der Gebührensatz möglichst hoch ist und auf der **US**-Seite so viel Gewinn wie möglich abgeschöpft wird.

Industriestaaten sind über derartige Vorgehensweisen verständlicherweise wenig erfreut. Viele DBA wurden daher in den letzten Jahren so abgeändert, dass neue Abkommen Klauseln beinhalten, die einen Missbrauch vorbeugen sollen. Diese Klauseln verhindern die Nutzung bilateraler Verträge durch Ansässige in anderen Staaten. So erlauben es beispielsweise die niederländischen Steuerbehörden Ansässigen in Drittstaaten nicht, eine niederländische Holding zu verwenden. Es sei denn, diese wird der jeweiligen nationalen Steuerbehörde gemeldet. Die Vorteile von Doppelbesteuerungsabkommen sollen somit nur tatsächlich Berechtigten zugutekommen.

Neben zahlreichen neuen Abkommen zum Informationsaustausch in Steuerangelegenheiten haben einige Hochsteuerländer Systeme zur Steuervermeidung gekippt, indem sie Transaktionen schlicht ignorieren, die nur dazu dienen, Steuerforderungen zu vermeiden. Vorschriften gegen Gesetzesmissbrauch durch Steuerumgeher gibt es unter anderem in **Australien**, **Belgien**, **Deutschland**, **Frankreich**, **Luxemburg**, den **Niederlanden**, der **Schweiz** und den **USA**.

Um ihren Verpflichtungen aus den bilateralen Informationsaustauschabkommen nachkommen zu können, haben die **USA** aktuell den Banken im Land verordnet, von 2013 an Zinseinkünfte ausländischer Kunden zu melden. Befürchtet wird nun eine Flucht von Auslandskapital aus den **Vereinigten Staaten**. Vor allem aus **Florida**, wo rund 30 Prozent der Bankeinlagen vor allem aus **Lateinamerika** stammen (s. S. 356).

Eingeschränkt wurde in vielen Ländern auch der Missbrauch von Verrechnungspreisen. Die meisten Regelungen über unternehmensinterne Verrechnungspreise folgen den *OECD*-Prinzipien *„Transfer Pricing"* und *„Multinational Enterprises"*. Danach haben die nationalen Steuerbehörden das Recht, konzerninterne Preise zu berichtigen, wenn sie wirtschaftlich abwegig erscheinen. Geprüft wird dabei, ob die Geschäfte zwischen verbundenen Unternehmen wie *„unter fremden Dritten"* abgewickelt wurden (Prinzip der wirtschaftlichen Selbstständigkeit).

4. Verschworene Offshore-Welt

Die Welt der Steueroasen und Offshore-Finanzzentren lässt sich in vier größere Zonen einteilen:

- Europäische Steueroasen und Offshore-Finanzplätze mit der **Schweiz**, **Malta**, **Zypern** etc.

- Britische Zone mit dem Zentrum **London** und den **Channel Islands**, den **Cayman Islands**, **Hongkong** etc., die die ganze Welt umspannt

- Einflusszone mit den **USA** als Mittelpunkt und den Offshore-Plätzen der **Karibik**, dem Geldwaschbecken **Panama** bis hin nach **Liberia** auf dem **afrikanischen Kontinent**

- Steueroasen-Exoten wie **Somalia**, **Uruguay** oder **Vanuatu** im **pazifischen Ozean**

Dieser kurze Überblick zeigt, dass das Steueroasen- und Offshore-System nicht nur aus einer Reihe von unabhängigen Ländern besteht, die Hoheitsrechte geltend machen, um Rechts- und Steuersysteme nach ihren Vorstellungen zu gestalten. Vielmehr handelt es sich auch um netzartig angeordnete Einflusszonen, die von mächtigen Staaten kontrolliert und gesteuert werden – insbesondere von **Großbritannien** und den **USA**. Und jedes dieser Netzwerke ist auf das Engste mit allen anderen verbunden.

Innerhalb des Systems kämpft jede Steueroase dagegen an, im Vergleich zu anderen Offshore-Zentren nicht ins Hintertreffen zu geraten. Dabei nehmen sie häufig auch größere Volkswirtschaften ins Visier, häufig in unmittelbarer Nähe:

- So hatten beispielsweise Finanzdienstleister in der **Schweiz** zunächst reiche Steuerflüchtlinge aus **Deutschland**, **Italien**, **Frankreich** und **Großbritannien** im Visier, ehe sie mit Ablegern in **Singapur** und **Hongkong** auf Kundenfang in **Asien** gingen.

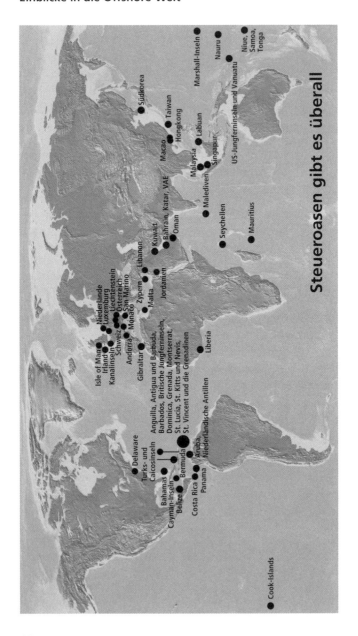

- **Andorra** ist Ziel für reiche Franzosen und Spanier.

- Über **Malta** wickelt die Elite aus **Nordafrika** ihre Geschäfte ab.

- Die Offshore-Zentren der **Karibik** ziehen Reiche und Unternehmen gleichermaßen aus dem nordamerikanischen Raum an.

- **Panama** konzentriert sich heute vorrangig auf Steuerflüchtlinge aus **Südamerika**.

- Auf dem Weg nach **Indien** wickeln Investoren aus **Europa** ihre Transaktionen über **Mauritius** ab.

Einige Zentren wie etwa die **Niederlande** oder **Mauritius** haben sich als reine Durchgangsoasen („conduit havens") spezialisiert, in denen Identität und Eigenschaften von Vermögenswerten verändert werden, bevor man diese dann rund um den Globus weiterleitet. In dieser regellosen Welt werden heute die Hälfte aller Bankgeschäfte und ein Drittel aller Auslandsinvestitionen weltweit abgewickelt.

Reiche halten nach Schätzungen des *Tax Justice Network* rund 14 Billionen Dollar an Vermögen offshore. Rechnet man die Gesamtheit falsch gesetzter Preise internationaler Konzerne hinzu, lässt sich erahnen, wie groß die illegalen grenzüberschreitenden Geldflüsse tatsächlich sind.

Während Vermögende bei ihren Offshore-Aktivitäten zur Verschleierung von Vermögenswerten häufig Stiftungen und Trusts einsetzen, hat sich für unternehmensbezogene Offshore-Aktivitäten die Rechtsform der Holding-Gesellschaft als nützlich erwiesen. Solche und andere Offshore-Strukturen dienen immer Privatpersonen oder Unternehmen, die sich nicht in der Destinations-Oase, sondern an anderen Orten befinden. Deshalb spricht man auch von „offshore". Doch es ist das Offshore-System, das Steuerbetrug erst möglich macht: Weltweit geschätzt 1 Billion Dollar im Jahr!

Weltweites Privatvermögen
ohne Immobilien, nicht-finanzielle Vermögenswerte oder
Unternehmen in Privatbesitz

Kontinent	Gesamtvermögen in Milliarden Dollar	Geschätzte Anlagen in Offshore-Gebieten in Milliarden Dollar
Nordamerika	16,2	1,6
Europa	10,3	2,6
Naher Osten und Asien	10,2	4,1
Lateinamerika	1,3	0,7
Insgesamt	38,0	9,0

Quelle: BIZ, Merrill Lynch/CapGemini, Boston Consulting Group

5. Folgen des internationalen Steuerwettbewerbs

Steuersysteme (etwa mit niedrigen Steuersätzen) sind ein Wettbe-werbselement. Dabei ist der Wettbewerb zwischen Staaten nicht vergleichbar mit dem Wettbewerb, der für ein optimales ökonomi-sches Verhalten von Wirtschaftssubjekten sorgt. Steuerwettbewerb kann vielmehr zu einer Politik führen, die alles andere als optimal ist.

So führt das Verhalten von Steueroasen, die durch niedrige oder gar keine Steuern Kapital und Investitionen anzulocken versuchen, zu Einnahmeverlusten in anderen Staaten. Da diese Staaten aber auf die Einnahmen angewiesen sind, um in den Entwicklungs- und Schwellenländern beispielsweise Armut zu bekämpfen beziehungs-weise in Industrieländern Infrastruktur, Sozialversorgung und neu-erdings auch den Schuldendienst beziehungsweise -abbau sicher-zustellen, kann ein Steuerwettbewerb, der genau das verhindert, wirtschaftlich nicht sinnvoll sein. Ganz abgesehen von den Mög-lichkeiten, die sich über Steueroasen zur strafbehafteten Steuerhin-terziehung anbieten.

Doch um internationale Investitionen ins Land zu holen, konkurrieren die Länder rund um den Globus unter anderem mit

- niedrigen Unternehmenssteuersätzen,

- Steuerfreijahren,

- höheren Abschreibungsmöglichkeiten,

- Subventionen,

- Deregulierung und

- Fortfall der Quellensteuer.

Dieser Wettbewerb stellt eine wesentliche Größe bei der Lenkung von Investitionszuflüssen dar. Dabei geht es weniger um Faktoren wie Lohnkosten, Qualifikationsbasis oder die Nähe zu Beschaffungs- oder Absatzmärkten. Untersuchungen zeigen, dass

- reine Finanzinvestitionen,

- die Einrichtung von Holdings oder

- der Ort, an dem Unternehmen ihre Gewinne ausweisen können,

stark von den Steuersätzen abhängen. Der Steuerwettbewerb schränkt jedoch die staatliche Kontrolle über die Steuerpolitik ein. Durch den Druck, Steuersätze zu senken, reduziert ein Steuerwettbewerb zudem die Fähigkeit eines Staates, öffentliche Dienstleistungen zu finanzieren.

Auch kann Steuerwettbewerb da, wo er um Investitionen herum stattfindet – etwa in Sonderwirtschaftszonen –, einen verzerrenden Einfluss auf Investitionszuflüsse haben. Um Steuern zu sparen, werden dann schnell einmal Ressourcen in Gegenden gelenkt, wo sie nicht sinnvoll verwertet werden können. Die Ineffizienz von Standorten, die beispielsweise weitab von Transportwegen, benötigten Rohstoffvorkommen oder Absatzmärkten liegen, wird nur durch steuerliche Anreize wettgemacht. Profiteure solcher Steuerkonstrukte sind dann Unternehmen, die durch ihre Mobilität Länder gegeneinander ausspielen können, um sich Steuervorteile (und im Einzelfall auch Subventionen) zu sichern.

Gleichzeitig treten immer häufiger indirekte Steuern, das heißt Umsatz- und Verbrauchssteuern an die Stelle von direkten Steuern, insbesondere Unternehmens- und Kapitalertragsteuern. *Weltbank*, *Internationaler Währungsfonds* und Organisationen wie die *EU* setzen sich für Umsatzsteuern ein, da sie diese für eine kosteneffiziente Methode des Steuereinzugs halten – eine völlige Vermeidung ist relativ schwierig, vor allem bei einem Pauschalsatz. Umsatzsteuern benachteiligen jedoch Haushalte im unteren Einkommenssegment, weil sie auf die Ausgaben aller Verbraucher erhoben werden. Doch Haushalte mit geringerem Einkommen geben einen relativ höheren Anteil davon für den Verbrauch aus – und folglich auch für Umsatzsteuern.

Steuerwettbewerb

Die zunehmende Verschiebung hin zur Umsatzsteuer ist eine direkte Reaktion auf den verstärkten Steuerwettbewerb. Unternehmen sind mobil und können den Steuerwettbewerb zu ihrem Vorteil nutzen. Privatpersonen – ausgenommen Reiche – steht diese Möglichkeit kaum offen. Das Ergebnis: Körperschaftszahlungen werden weltweit immer geringer. Insgesamt sind die Steuersysteme deswegen in den letzten zwei, drei Jahrzehnten immer regressiver geworden. Was dadurch an staatlichen Einnahmen verloren geht, wird vielfach mittels einer Erhöhung der Umsatzsteuer wettgemacht.

Während somit Unternehmen und Vermögende über Offshore-Aktivitäten ihre Steuern auf Unternehmensgewinne und Kapitalerträge reduzieren können, müssen gleichzeitig Menschen mit geringerem Einkommen mehr für den täglichen Verbrauch ausgeben und einen größeren Teil ihres Einkommens auf Steuern verwenden. Der Trend zu regressiven Steuersystemen erklärt also zumindest teilweise, warum die Ungleichheit hinsichtlich Einkommen und Vermögen in vielen Gebieten der Welt und auch zwischen verschiedenen Ländern in den letzten Jahrzehnten immer größer geworden ist. Das trifft vor allem für Entwicklungsländer zu. Dort führt Steuerwettbewerb zu einer direkten finanziellen Belastung.

Hinzu kommt Kapitalflucht – nach Schätzungen der *Financial Times* bis zu 500 Milliarden Dollar im Jahr. Der größte Teil dieses Geldes fließt in Steueroasen, wo es in der Regel anonym bleibt.

6. Die Akteure in der Offshore-Welt

Hauptakteure in der Offshore-Welt sind Steuerberater, Wirtschaftsprüfer, Juristen, Banken und Regierungen. Sie schmieden die Steuerkonstrukte, die es Unternehmen und Vermögenden möglich machen, Steuern zu vermeiden. Globalisierung und technischer Fortschritt haben dies zusätzlich erleichtert.

Wirtschaftsprüfer/Steuerberater: Vor allem die Wirtschaftsprüfer haben sich zunehmend zu global tätigen Unternehmen zusammengeschlossen. Sie müssen in der Lage sein, internationale Konzerne, die zu ihren Kunden zählen, nach den Vorschriften verschiedener Industrieländer zu prüfen. Weltweit führend sind: *PricewaterhouseCoopers (PwC)*, *Deloitte Touche Tohmatsu*, *KPMG* sowie *Ernst & Young*. Jede dieser Kanzleien ist zurzeit in mindestens 139 Ländern aktiv. Alle vier Wirtschaftsprüfungsfirmen sind in den wichtigsten Steueroasen vertreten. Jede der vier hat in den letzten Jahrzehnten stark zur Förderung und Entwicklung von Steueroasen und Offshore-Finanzplätzen beigetragen.

Natürlich sind es nicht nur diese Unternehmen, die die Kultur der Steuervermeidung fördern oder die Nutzung von Steueroasen vorschlagen. Ihre Mitglieder dominieren aber die Verwaltung der meisten professionellen Fachverbände von Wirtschaftsprüfungs- und Steuerberatungsfirmen weltweit. Und keiner dieser Fachverbände hat bislang die Nutzung von Steueroasen, die aggressive „Steueroptimierung" oder die Unterstützung regelwidriger Steuervermeidungsmaßnahmen durch Verbandsmitglieder verurteilt.

Juristen: Schlüsselpositionen bei der Schaffung von Steuerkonstrukten nehmen häufig auch Juristen ein. Sie sind beispielsweise in Ministerien tätig, wo Gesetze formuliert werden. Und manche dieser Gesetze schaffen bewusst eine Steuerungerechtigkeit, in der Hoffnung, dem jeweiligen Land einen Vorsprung im internationalen Steuerwettbewerb zu verschaffen – mit dem einfachen Ziel, Unternehmen und Vermögen von Privatpersonen anzuziehen. Daneben sind Juristen von Unternehmen und großen internationalen Anwaltskanzleien ständig darum bemüht, unter Ausnutzung aller noch so legalen Möglichkeiten die Steuerzahlungen von Unternehmen zu reduzieren.

Dazu setzen sie Geschäftsverträge für die Nutzung von Steueroasen auf, verfassen Treuhandverträge und andere Dokumente, mit denen es dann in der Praxis zu Missbrauch kommen kann. Und schließlich agieren sie häufig selbst als Strohmänner, um die Rollen der Vorstände und Anteilseigner der Firmenkonstrukte in Steueroasen auszufüllen.

Banken: Die Welt der Offshore-Finanzzentren und Steueroasen und des damit verbundenen Steuermissbrauchs ist ohne Banken nicht denkbar. Dabei tendieren die Finanzinstitute dazu, sich besonders in Steueroasen anzusiedeln, die in geografischer Nähe zu den Gebieten liegen, in denen sie selbst tätig sind. So ziehen die **Cayman Islands** vor allem südamerikanische Banken an, auf **Bermuda** und den **Bahamas** sind viele **US**-Banken präsent, auf den **Channel Islands** haben vor allem britische und europäische Geldhäuser Niederlassungen, nach **Luxemburg** zieht es besonders deutsche Banken (auch öffentliche), in der **Pazifikregion** sind es meist australische und neuseeländische Banken. Denn Anleger legen in Offshore-Gebieten Geld bei den Banken an, die sie kennen und denen sie vertrauen. Aus diesem Grund spielen die führenden Banken eine der Hauptrollen in der Offshore-Welt.

Von großer Bedeutung ist die Finanzindustrie aber auch bei der aggressiven Steuervermeidung und Steuerhinterziehung. Die Banken der **Schweiz** stehen exemplarisch dafür. Ihre Kundenpolitik war in den letzten ein, zwei Jahrzehnten vor allem auf Steuervermeidung und Steuerhinterziehung ausgerichtet. Den Kunden wurden wissentlich Mittel bereitgestellt, um Steuervermeidungs-Transaktionen überhaupt erst möglich zu machen. Aber auch die *Deutsche Bank* hat in der Vergangenheit bewusst Steuersparprodukte von *KPMG* finanziert. Und *JPMorgan Chase & Co.* und *Citigroup* wurden im *Enron*-Skandal unter anderem beschuldigt, für die Finanzierung der Machenschaften des Konzerns durch eigens für das Kanalisieren von Offshore-Geldern gegründete Zweckgesellschaften (sogenannte Special Purpose Vehicles) verantwortlich zu sein.

Regierungen: Die Regierungen der Steueroasen tragen ebenfalls einen Teil der Verantwortung für die Steuer-Ungerechtigkeit. Sie alle haben auf ihre Art zur Schaffung eines Systems beigetragen, das eine ungleiche Vermögensverteilung in der Welt fördert. Dabei sehen manche Mini-Steueroasen heute keinen Ausweg aus dem Dilemma, das sie selbst geschaffen haben. Auf den **Cayman Islands** oder den **Channel Islands** etwa hängt mehr als die Hälfte der Wirtschaft vom Finanzdienstleistungsgewerbe ab. Müssten diese Destinationen ihre Tätigkeit als Steueroasen einstellen, würde ihre Wirtschaft in kürzester Zeit zusammenbrechen.

In Ländern wie der **Schweiz**, **Großbritannien** oder **Luxemburg** war bislang das zentrale Problem der fehlende Wille der Regierungen wie auch der internationalen Organisationen selbst, etwas zu ändern. Die *OECD* hat zwar Versuche unternommen, gegen Staaten und unabhängige Gebiete mit schädlichen Steuerpraktiken vorzugehen. Doch weder *OECD* noch *EU* haben ihre Mitglieder für die gleichen Tätigkeiten zur Rechenschaft gezogen. Die in den letzten zwei, drei Jahren abgeschlossenen bilateralen Verträge in Sachen Informationsaustausch bei Steuerangelegenheiten sind nur ein Tropfen auf den heißen Stein. Umso mehr, wenn Steuersünder auch unter dem Deckmantel neuer Verträge weiter anonym bleiben. Darüber hinaus hat die *OECD* ihre eigene Definition inzwischen so weit abgeschwächt, dass demnach die Tatsache, keine oder fast keine Steuern zu erheben, ein Land noch längst nicht zur Steueroase macht.

Doch allen Gegenmaßnahmen zum Trotz wird es immer Unternehmen und Vermögende geben, die jede bestehende Gelegenheit zwischen Ländern ausnutzen werden, Steuern zu sparen. Für eben diese Zielgruppe haben viele Länder bewusst ihre Steuern gesenkt. Sie bieten gezielte Steuervorteile, um ausländische Investoren anzulocken. Dabei geht es nicht immer um Investitionen, sondern häufig nur um Finanzkapital, das in ihren Banken angelegt werden soll. Die **Schweiz**, **Großbritannien** oder die **USA** sind Beispiele dafür. Sie haben bereits in den 1980er-Jahren damit begonnen, aktiv die Kapitalflucht aus anderen Ländern zu fördern, indem sie unter anderem auf die Erhebung von Quellensteuern auf Kapitalerträge von Ausländern verzichteten. Außerdem vernachlässigen sie konsequente Maßnahmen gegen Steuerflucht und Steuervermeidung im Inland.

Solange zwischen Ländern Steuerunterschiede bestehen und solange es Staaten gibt, die den Steuerwettbewerb anheizen und Anreize zur Kapitalflucht aus anderen Ländern bieten, wird es auch Steueroasen und Offshore-Finanzzentren geben – ungeachtet aller zwischenstaatlichen Vereinbarungen. Immerhin hat sich durch die Initiative der *OECD* gegen „unkooperative Steueroasen" das Umfeld geändert, in dem Steueroasen ihre Funktion ausüben. War ihre Tätigkeit zuvor scheinbar völlig legitim, stehen sie nun zumindest unter dem moralischen Druck, Informationen an die Heimatländer von Steuerflüchtlingen weiterzugeben – wenn auch nur auf Anfrage. Auch die *EU-Zinsrichtlinie* mit einem zwischenstaatlichen, automatischen Informationsaustausch stellt einen wichtigen Schritt auf dem Weg zu einer globalen Rahmenstruktur für automatischen Informationsaustausch dar. Sie bietet eine Grundlage, die auf alle Bankkonten, juristische Personen und Staaten ausgedehnt werden könnte.

Daneben spielen aber auch die *Vereinten Nationen (UNO)* in Steuerfragen längerfristig eine nicht zu unterschätzende Rolle. Zum einen bestärken sie Staaten bei der Schaffung von Doppelbesteuerungsabkommen, um eine grenzüberschreitende Besteuerung überhaupt erst zu ermöglichen. Darüber hinaus haben sie aber auch einen Ausschuss, der sich als einziges Gremium auf globaler Ebene mit grenzüberschreitenden Steuerangelegenheiten befasst. Dieser Ausschuss hätte das Potenzial, die Basis für eine künftige Weltsteuerbehörde zu bilden. Zudem gibt es Anzeichen dafür, dass Regierungen weltweit den Willen haben, das Problem der Steuerungerechtigkeit anzugehen, zumindest wenn sie dadurch verlorene Steuereinnahmen wieder zurückbekommen könnten. Und diese werden bei den in vielen Ländern aufgetürmten Staatsschulden dringender benötigt denn je.

Derzeit lässt sich somit ein Trend erkennen hin zu

- Gesetzen gegen Steuervermeidung,

- härteren Strafen für Steuervermeidung und -hinterziehung,

- einer Begrenzung der Rechte von Wirtschaftsprüfern, Steuerberatern, Juristen, Banken und anderen, Steuervermeidungs-
produkte zu kreieren und zu verkaufen, ohne dies den Steuerbehörden offenzulegen,

- konsequenterem Vorgehen gegen Missbrauch von Steueroasen,

- internationaler Kooperation, um den Missbrauch anzugehen –
sowohl auf bilateraler als auch auf multilateraler Ebene, etwa
durch *EU* und *OECD*. So arbeiten die Steuerbehörden der
USA, **Großbritanniens**, **Australiens**, **Kanadas**, **Deutschlands**, **Frankreichs**, **Italiens** und **Spaniens** seit Anfang 2012
im Kampf gegen grenzüberschreitende Steuervermeidung zusammen.

Heute werden Offshore-Konstruktionen deutlich kritischer auf den
Prüfstand gestellt als noch vor wenigen Jahren. Die Trends zur Verschärfung im Umgang mit der Offshore-Welt bedeuten aber nicht,
dass Steueroptimierung, die sich im Rahmen der gesetzlichen
Möglichkeiten bewegt, ein für allemal abgeschafft ist. Legale Steuerplanung – auch länderübergreifend – ist legitim.

Multinationale Unternehmen setzen zunehmend auf eine langfris-
tige Steuerplanung, um Kosten und Risiken zu minimieren. Für
heutige Entscheider in Unternehmen ist es nicht mehr ausreichend, sich einzig in einem Steuersystem auszukennen. Sie haben
den Spagat zwischen dem Kostenoptimierungszwang der Anteilseigner und dem nur allzu menschlichen Bedürfnis der Rechtssicherheit im Sinne einer nachhaltigen Unternehmensentwicklung
zu schaffen. Hierzu gehören auch länderübergreifende Steuersparmöglichkeiten.

Gleiches gilt für Vermögende, die international operieren und ihre
Vermögenswerte länderübergreifend selbst verwalten oder verwalten lassen. Das fängt bei Immobilien an und hört bei Unterneh-

mensbeteiligungen nicht auf. Für sie sind mit einem Schritt ins Ausland neben den Möglichkeiten, Steuern zu optimieren, vor allem Sicherheit und Diskretion ausschlaggebend.

Mit mehr Transparenz gegen Steuerflucht

Wüssten Steuerzahler, für welche legalen und illegalen Tricks von Vermögenden und Unternehmen sie aufkommen müssen, wäre die Empörung sicherlich groß. Gegen illegale Steuerhinterziehung und legale Steuervermeidung hilft vor allem Transparenz. Die Ansätze von *EU, OECD* und *G-8-Staaten*, sich gegenseitig über Konten vermögender Privatpersonen und die legalen Steuertricks von Unternehmen zu informieren, gehen jedoch nicht weit genug.

So haben etwa die britischen Überseegebiete im Juni 2013 zwar eingewilligt, Informationen über die bei ihnen registrierten Unternehmen preiszugeben und ein Firmenregister zu führen. Doch weigern sich die britischen Offshore-Zentren bislang, die Firmenregister öffentlich zu machen.

Politikern ist es bisher nicht gelungen, international operierende Unternehmen dazu zu zwingen, offenzulegen, in welchem Land sie welchen Gewinn erzielen und wo sie wie viel Steuern zahlen. Daher bleibt es die Pflicht der Unternehmenschefs (im Interesse ihrer Aktionäre), so wenig Steuern wie möglich zu zahlen.

Der öffentliche Druck nach „Offshore-Leaks" könnte für Regierungen und internationale Institutionen ein Anreiz sein, das globale Steuersystem zu ändern. Doch das Gegenteil scheint der Fall zu sein: So haben etwa die *EU*-Staaten Anfang Juni 2013 eine Chance auf mehr Transparenz im Steuerrecht vertan: Statt es für alle Unternehmen in der *EU* zur Pflicht zu machen, Gewinne und Steuern nach Ländern zu veröffentlichen, gelten diese Regeln nur für die Finanzbranche, Forstwirtschaft und Bergbauindustrie. Es wird wohl noch eine Zeit lang dauern, bis sich ein automatischer Daten- und Informationsaustausch etabliert, um den Staaten die Suche nach Steuerhinterziehern zu erleichtern.

Werfen wir daher einen Blick in die Welt der Steueroasen und Offshore-Finanzzentren. Sehen wir uns an, was weltweit aktuell für Vermögende und Unternehmen trotz aller Gegenmaßnahmen im Angebot ist, um Steuern zu minimieren.

Ausflaggen I: Wohnsitz- und Arbeitsplatzverlagerung ins Ausland

3

1. Leben, wo andere Urlaub machen

Viele Deutsche träumen von einem Leben im Ausland. Sonne, Strand, günstigere Preise und häufig weniger Steuern klingen verlockend. Letzteres ist vor allem für Vermögende attraktiv. Auch Vermögende aus **Frankreich**, **Großbritannien**, **Kanada**, den **Vereinigten Staaten** oder anderen Hochsteuerländern sind weltweit auf der Suche nach Alternativen zu den strengen Steuerregularien in der Heimat. Und sie suchen nach Schutz ihrer Privatsphäre. Da diese aufgrund internationaler Vereinbarungen in den letzten Jahren für Vermögenswerte im Ausland aber immer stärker bröckelt, bleibt als Lösung häufig nur der Wegzug. Doch eine Abwanderung nur der Steuern wegen macht keinen Sinn. Auch scheint im bisweilen harten Alltag anderer Länder nicht jeden Tag die Sonne. Wer seinen Auslandtraum wirklich leben will, sollte sich daher vor einem Wegzug neben Steuerfragen auch um Visum, Versicherungen, Rente und weitere Kriterien kümmern:

Checkliste: Was Wegzügler vor dem Wechsel ins Ausland klären und wissen sollten

- **Infrastruktur:** Wie ist das Verkehrsnetz im Zuzugsland? Welche Straßen-, Zug-, Luft- und Seeverbindungen bestehen zum Ausland? Sind Wasser-, Strom- und Gasanbindung gesichert? Ist das öffentliche Wasser trinkbar? Sind Telekommunikation, Internet und IT-Service gegeben? Befinden sich in der näheren Umgebung Geschäfte, Apotheken, Banken und Post? Gibt es einen modernen Gesundheitsservice mit Ärzten und Kliniken? Ist die persönliche Sicherheit gewährleistet? Gibt es ein funktionierendes Polizei- beziehungsweise Bewachungssystem? Welche Freizeitmöglichkeiten (auch für Kinder) gibt es? Sind Sportmöglichkeiten wie Golf, Tennis, Segeln etc. vorhanden? Wie ist die Qualität der Schulen? Gibt es Betreuungseinrichtungen für Kinder?

- **Landesqualität:** Wo liegt die Zuzugsimmobilie? In einem Landschaftsgebiet oder in der Nähe einer größeren Stadt? Gibt es einen natürlichen Erholungsraum? Gibt es Spannungen zu Nach-

Fortsetzung: Checkliste: Was Wegzügler vor dem Wechsel ins Ausland klären und wissen sollten

barländern, die zu Konflikten führen könnten? Passt das Klima? Wie viel Sonnenstunden, welche Durchschnittstemperatur herrschen im Sommer und Winter? Liegt der Zuzugsort in einer Windzone oder in einem Gebiet stark schwankender Wettereinflüsse? Wie sauber ist die Umgebung bei Luft, Wasser etc.? Ist das Zuzugsgebiet durch Hochwasser, Hurrikans, Erdbeben, Hitze oder heftige Schneefälle gefährdet? Gibt es Kernkraftwerke in der Nähe oder gefährliche Industrieanlagen? Liegt die Zuzugsimmobilie in der Einflugschneise eines benachbarten Flughafens?

- **Wirtschaftliche Situation:** Ist die Währung stabil? Gibt es Devisenein- beziehungsweise -ausfuhrbeschränkungen? Sind politische Lage und Entwicklung stabil? Gibt es häufig Proteste oder Streiks? Wie hoch sind die Lebenshaltungskosten? Gibt es Einfuhrzölle? Sind die Banken international vernetzt? Können die Banken Geschäftsaktivitäten begleiten? Gibt es Handelsein- beziehungsweise -ausfuhrbeschränkungen? Sind Urheber- und Patentrechte gesetzlich geschützt? Ist eine Firmengründung für Ausländer möglich? Gibt es dazu eine vernünftige Rechts- und Steuerinfrastruktur? Sind geschäftliche Aktivitäten ohne Korruption nicht oder kaum möglich?

- **Lebensqualität:** Was ist die Landessprache? Sprechen die Menschen Englisch? Ist die Gesellschaft gegenüber Ausländern offen eingestellt? Sind die Leute freundlich, nicht diskriminierend? Leben einzelne ethnische oder andere Gruppen friedlich zusammen? Welche Religion herrscht vor? Gibt es bei der eigenen Kultur beziehungsweise Religion Einschränkungen? Wie ist der Stand der Frauen in der Gesellschaft? Gibt es Restriktionen im öffentlichen Leben hinsichtlich Abstammung, Religion, sexuelle Ausrichtung etc.? Wie steht es um die persönliche Rechte? Gibt es Sprach-, Religions-, Presse-, Informations- und politische Freiheit? Wie ist die Lebensqualität auf dem Land im Vergleich zu größeren Städten? Wie sieht dieses Verhältnis im internationalen Vergleich aus?

- **Aufenthaltserlaubnis:** Welche Mindestzeit braucht man für eine Aufenthaltserlaubnis? Ist diese Erlaubnis einfach zu bekommen? Sind damit finanzielle Leistungen verbunden? Welche Auf-

Ausflaggen I

Fortsetzung: Checkliste: Was Wegzügler vor dem Wechsel ins Ausland klären und wissen sollten

enthaltszeit ist erforderlich, um eine dauerhafte Aufenthaltsbewilligung zu bekommen? Was kostet das? Hat man als Resident Ausreisevergünstigungen? Kann man Gegenstände zollfrei einführen? Hat man als Resident Anspruch auf die Landes-Sozialleistungen? Unter welchen Umständen kann eine Daueraufenthaltserlaubnis entzogen werden?

- **Staatsbürgerschaft:** Welche Mindestzeit ist für den Erhalt der Staatsbürgerschaft erforderlich? Gibt es strenge Sprach-Erfordernisse? Sind andere Restriktionen vorhanden, wie etwa kulturelle, ethnische etc.? Ist die Reisefreizügigkeit gewährleistet? Welche Kosten sind mit dem Erhalt beziehungsweise welche laufenden Kosten sind mit dem Status der Staatsbürgerschaft verbunden? Welche Verpflichtungen ergeben sich aus der Staatsbürgerschaft – Militärdienst, Steuern etc.? Sind mit der Staatsbürgerschaft nationale oder internationale Benefits verbunden? Unter welchen Umständen kann die Staatsbürgerschaft entzogen werden?

- **Rechts- und Steuersituation:** Wie sieht die Besteuerung für Einkommen, Kapitalerträge, Vermögen, Immobilien, beim Vererben und Verschenken aus? Gibt es Beschränkungen beim Einsatz internationaler Strukturen? Wie hoch liegt die Mehrwertsteuer? Welche Export- und Importzölle bestehen? Ist Heirat im Land möglich? Wie sieht es im Scheidungsfall aus? Welchen Status hat man als Immobilienkäufer – privat/geschäftlich? Ist Kauf auf Pacht möglich? Gibt es Beschränkungen hinsichtlich Lage oder Größe? Gibt es Beschränkungen bei einem späteren Weiterverkauf – zum Beispiel nur an Inländer? Was sehen die Gesetze beim Vererben beziehungsweise bei einer Nachfolgeplanung vor? Sind Trust- oder Stiftungskonstruktionen erlaubt? Welche sonstigen Möglichkeiten sind beim Vererben zulässig? Wie gehe ich bei einer Firmen- beziehungsweise Geschäftsgründung vor? Welche Genehmigungen müssen dazu eingeholt werden? Wie sieht es mit Führerschein und Bootsführerschein aus? Wie effektiv ist die lokale Verwaltung? Wie sicher sind die Landesgesetze? Können Forderungen bei Gericht effektiv eingeklagt werden – auch gegen Inländer?

Quelle: HP Henley & Partners

Unabhängig davon stellen sich bei Wegzüglern – je nach Lebensumständen und eigenen Plänen – ganz unterschiedliche Fragen. Denn nicht alle Auswanderer möchten dauerhaft im Ausland bleiben. Manche wollen während ihres Ruhestandes in der Sonne überwintern, andere im Ausland arbeiten und dann dort bleiben. Weniger vermögende Rentner zieht es in die **Türkei** oder nach **Thailand**, um dort mit ihrer Rente gut leben zu können. Vermögende dagegen bevorzugen der Steuern wegen meist die **Schweiz**. Denn wenn sie dort nicht arbeiten, können sie – eine entsprechende Vermögenshöhe vorausgesetzt – die „Pauschalbesteuerung" beantragen (s. auch S. 292). Die Pauschalsteuer hat schon viele reiche Deutsche angelockt.

Ein Wegzug ins Ausland ist vor allem auch ein emotionales Thema. Im Zuge einer wirtschaftlichen Selbstverteidigung in Zeiten hoher Steuerbelastungen und immer stärkerer gesetzlicher Beschränkungen geht jedoch bei immer mehr Menschen der Blick über die Grenzen Deutschlands hinaus. Doch welche Länder sind wirtschaftlich so gut aufgestellt, dass sie zu lohnenden Zielen für einen zukünftigen Lebensmittelpunkt werden können? Und welche Länder sind so krisensicher, dass man dort auch den wirtschaftlichen Turbulenzen von morgen trotzen kann? Wie ist es dort um die persönlichen Freiheiten bestellt?

Denn in dem Maße, wie Staaten angesichts immer höherer Schuldenberge unter Druck geraten und vor allem ihren sozialen Verpflichtungen nicht mehr nachkommen können, werden diese unter Umständen sogar dazu gezwungen, die Freiheiten des Einzelnen zu beschneiden, Vermögen zu konfiszieren und den Kapitalverkehr zu drosseln. Damit wirken sich mögliche Einschränkungen sowohl auf die private Lebenswelt wie auch auf die Arbeitswelt und nicht zuletzt das Privatvermögen aus.

Neben weichen Faktoren wie beispielsweise dem Zugang zu Bildungseinrichtungen, der Ausstattung des Gesundheitssystems oder kulturellen Hürden müssen auch die harten Rahmenbedingungen passen. Dies ist eng mit dem politischen System als Ganzem verbunden. Arbeitet etwa die Verwaltung effektiv oder ist die regulatorische Qualität sehr ausgeprägt, erzeugt dies ein gewisses Wohlbefinden.

Auch die Bekämpfung der Korruption oder die Stabilität des Regierungsapparates sind Parameter, die es vor einer Umsiedlung zu analysieren gilt. Überhaupt ist das Thema Rechtsstaatlichkeit eines, das in den Überlegungen häufig zu kurz kommt.

Ein Rechtsstaat fußt auf klaren, bestimmten und vor allem beständigen Entscheidungen. Doch in vielen Ländern gilt dieses Gut wenig. Dies dezimiert den Kreis potenzieller Zuzugsländer rasch. Auch zeigt ein Blick in die Historie, ob und in welchem Umfang es in einzelnen Ländern politische Zäsuren gegeben hat. Diese gehören zum politischen System bisweilen dazu, weil viele Regimes es nicht vermögen, einen konsequenten und permanenten Wandel in ihr tägliches Handeln zu integrieren.

Wirtschaftliche Faktoren, wie etwa ein attraktives Steuersystem, kommen hinzu.

Attraktive Auswanderungs-Länder

- In **Europa** sind die **Schweiz** und **Norwegen** erste Wahl. Die Einwanderung ist eng an einen Arbeitsplatz oder Vermögen gebunden. Die Abgabenbelastung verläuft in beiden Staaten moderat, die Freiheiten sind hoch. Allerdings gestaltet sich die Lebenshaltung sehr teuer. Während sich **Norwegen** offener präsentiert, lassen sich in der **Schweiz** nationalistische Tendenzen beobachten.

- In **Amerika** erfüllen **Kanada** und **Uruguay** die meisten Kriterien. In **Kanada** entscheidet ein Punktesystem über eine Einwanderung, in Uruguay gestaltet sich diese schwierig. Kulturelle Nähe ist in beiden Ländern gegeben, die Freiheiten sind hoch. Beide Staaten locken mit niedrigen Steuersätzen und vorteilhafter Demografie.

- Hinsichtlich **Asiens** bieten sich die **Vereinigten Arabischen Emirate** an, in **China** dann **Hongkong** und **Singapur**. Trotz kultureller Ferne ist eine Arbeitserlaubnis mit einem Arbeitsvertrag leicht zu bekommen. Außerdem sind alle drei Länder steuerlich attraktiv.

- Im **Pazifikraum** locken **Australien** und **Neuseeland** mit einfacher Einwanderung, hohen Freiheiten und niedrigen Steuern.

Auf grenzüberschreitende Standortverlagerungen spezialisierte Kanzleien

Antigua & Barbuda

- Henley & Partners Holdings Plc
  Ms. Ulrike Trux
  E-Mail: ulrike.trux@henleyglobal.com

Deutschland

- BEITEN BURKHARDT Rechtsanwaltsgesellschaft mbH
  Westhafen Tower, Westhafenplatz 1, 60327 Frankfurt a.M.
  Tel.: 069-75 60 95 0, Fax: 069-75 60 95 5 12

- Flick Gocke Schaumburg
  Rechtsanwälte, Wirtschaftsprüfer, Steuerberater
  Platz der Einheit 1, 60327 Frankfurt a.M.
  Tel.: 069-71 70 30, Fax: 069-71 70 31 00

- Rödl & Partner
  Wirtschaftsprüfer, Steuerberater, Rechtsanwälte
  Äußere Sulzbacher Straße 100, 90491 Nürnberg
  Tel.: 0911-9 19 30, Fax: 0911-91 93 19 00

- Shearman & Sterling
  Oberanger 28, 80331 München
  Tel.: 089-23 88 82 00, Fax: 089-23 88 82 01

Hongkong

- Henley & Partners Hong Kong Ltd
  Suite 3304 Office Tower, Convention Plaza,
  1 Harbour Road, Wanchai, Hong Kong
  Tel.: 00852-3101 4100, Fax: 00852-3101 4101

Fortsetzung: Auf grenzüberschreitende Standortverlagerungen spezialisierte Kanzleien

Kanada

- Henley & Partners Canada Ltd
  2020 University, Suite 1920, Montreal (Quebec) H3A 2A5
  Tel.: 001-514 288 1997, Fax: 001-514 284 6258

Schweiz

- Henley & Partners AG
  Klosbachstrasse 110, 8024 Zürich
  Tel.: 0041-44 266 22 22, Fax: 0041-44 266 22 23

St. Kitts & Nevis

- Henley & Partners Ltd
  R. L. Bradshaw International Airport Building,
  Basseterre, St. Kitts, West Indies
  Tel.: 001-869 465 0050, Fax: 001-869 465 0051

Vereinigte Arabische Emirate/Dubai

- Henley & Partners Middle East JLT
  Reef Tower, Suite # 1301, P.O. Box 213757, Dubai, UAE
  Tel.: 00971-56 11 50 800, Fax: 00971-4 392 77 33

Grundsätzliche Informationen erhalten Auswanderer unter anderem bei:

- Raphaels-Werk
  Adenauerallee 41, 20097 Hamburg
  Tel.: 040-2 48 44 20, www.raphaels-werk.de

2. Was das Außensteuergesetz regelt

Deutsche, die ihren Wohnsitz ins Ausland verlegen wollen, müssen verschiedene Aspekte des *Außensteuergesetzes (AStG)* berücksichtigen. Es regelt Besteuerungstatbestände für Privatpersonen, die in ein Niedrigsteuergebiet umziehen und ihren bisherigen deutschen Wohnsitz aufgeben. Wird eine dieser Voraussetzungen erfüllt, ist eine erweiterte beschränkte Steuerpflicht des Aussiedlers gegeben. Die Dauer dieser erweiterten beschränkten Steuerpflicht gemäß *§ 2 AStG* beträgt grundsätzlich zehn Jahre. Dieser Zeitraum wird im Einzelfall durch DBA modifiziert. Wichtig ist, dass diese Besteuerung bei jedem Wegzug aus **Deutschland**, das heißt auch bei einem Wegzug in ein Hochsteuerland, zur Anwendung gelangt (beispielsweise nach **Österreich**).

Bei einer Beteiligung an einer deutschen Kapitalgesellschaft in Höhe von mehr als einem Prozent wird gemäß *§ 6 AStG* in Verbindung mit *§ 17 EStG* ein Verkauf fingiert. Den daraus resultierenden (fiktiven) Gewinn besteuert der Fiskus auf Basis des gegenwärtigen Wertes der Anteile (*§ 6 AO*). Allerdings muss die Person sich vor dem Wegzug nicht nur fünf der letzten zehn Jahre in **Deutschland** aufgehalten haben, sondern die letzten vollen zehn Jahre steuerpflichtig in **Deutschland** gewesen sein.

Fazit: Die unbeschränkte Erbschaftsteuerpflicht kann nur verhindert werden, wenn sowohl der Erblasser/Schenker als auch der Erbe/Beschenkte keinen Wohnsitz oder gewöhnlichen Aufenthalt in **Deutschland** hat.

Anwendungsvoraussetzungen des AStG

Es muss eine natürliche Person mit deutscher Staatsangehörigkeit sein. Von den letzten zehn Jahren vor dem Wegzug muss die Person mindestens fünf Jahre in **Deutschland** steuerpflichtig gewesen sein. Der Umzug erfolgt in ein Gebiet mit niedriger Einkommensteuer. Ein Niedrigsteuergebiet wird dort angenommen, wo die Einkommensteuer um ein Drittel geringer ist als in Deutschland. Der Aussiedler behält wesentliche wirtschaftliche Interessen in Deutschland, zum Beispiel:

- Die Beteiligung von mehr als 25 Prozent an einer Personengesellschaft (KG, GbR) mit einer Betriebsstätte in Deutschland.

- Eine Beteiligung von mehr als einem Prozent an einer deutschen Kapitalgesellschaft (AG, GmbH).

- Höhere deutsche (das heißt aus deutschen Quellen stammende) Einkünfte pro Jahr als 62 000 Euro.

- Ein höheres deutsches (dort belegenes) Vermögen als 154 000 Euro.

Deutsche Erbschafts- beziehungsweise Schenkungsbesteuerung

Eine Wohnsitzverlagerung ins Ausland kann aus erbschaftsteuerlichen Gründen vor allem vor dem Hintergrund in Betracht gezogen werden, dass beispielsweise einige Kantone in der **Schweiz** keine Erbschaftsteuer erheben. Bei allen Überlegungen sollte man wissen, dass in **Deutschland** eine nachwirkende Erbschaftsbesteuerung gemäß *§ 2 Abs. 1 Nr. 1b ErbStG* – die sogenannte unbeschränkte Erbschaft- und Schenkungsteuerpflicht – besteht.

Konsequenz: Nach dieser Regelung müssen die Erben des ins Ausland ziehenden Deutschen im Einzelfall noch deutsche Erbschaftsteuer zahlen, ohne Rücksicht darauf, wo sie ansässig sind:

- In den ersten fünf Jahren nach dem Wegzug sind die Erben mit dem gesamten Vermögensanfall in **Deutschland** erbschaftsteuerpflichtig. Erst ab dem sechsten Jahr, das heißt mit Ablauf dieser erweitert unbeschränkten Steuerpflicht, beginnt die aus dem AStG folgende erweitert beschränkte Steuerpflicht für die Erbschaftsteuer. Konsequenz: Der Aussiedler sollte mit seinem Wegzug alle Konten in **Deutschland** auflösen.

- Für ein in **Deutschland** gelegenes Grundstück ist immer Erbschaftsteuer zu zahlen, auch nach Ablauf von zehn Jahren (beschränkte Erbschaftsteuerpflicht). Mögliche Erbschaftsteuern im Zuzugsland sind natürlich anzurechnen.

Das Ziel eines Wohnsitzwechsels – Erbschaft-/Schenkungsteuer zu sparen beziehungsweise zu verhindern – gestaltet sich noch schwieriger als ein Wegzug aus ertragsteuerlichen Gründen. Das beruht zum einen darauf, dass die unbeschränkte Erbschaftsteuerpflicht in **Deutschland** nicht nur an den Erblasser/Schenker anknüpft, sondern eine Erbschaft beziehungsweise Schenkung auch unbeschränkt der deutschen Erbschaftsteuer unterliegt, wenn der Erwerber seinen Wohnsitz oder gewöhnlichen Aufenthalt in **Deutschland** hat.

Auch drohen im Ausland im Einzelfall zusätzliche Erbschaftsteuern – etwa in **Frankreich** oder **Spanien**. Aber auch, weil der Ferienwohnsitz für steuerliche Zwecke eine Rechtsgrundlage für die Besteuerung des Weltvermögens begründen kann. Nämlich dann, wenn das ausländische Erbschaftsteuerrecht den Feriensitz zur Anknüpfung für die Besteuerung des Weltvermögens macht. Dies bedeutet, dass sowohl **Deutschland** als auch der Belegenheitsstaat Erbschaftsteuern erhebt.

3. Wohnsitzverlagerung aus steuerlicher Sicht

Ob ein Wegzug tatsächlich steuerlich vorteilhaft ist, hängt im Wesentlichen von den steuerlichen Verhältnissen im Zuzugsland und der Zusammensetzung des Vermögens des Wegziehenden ab. Dabei kommt es nicht nur auf die laufende steuerliche Belastung bei der Einkommensteuer vor und nach dem Wegzug an, sondern auch auf die Steuerbelastung im Todesfall. Insbesondere, wenn der Wegziehende seinen Lebensabend im Ausland verleben möchte. Ebenso muss die Steuerbelastung des Wegzugs selbst einkalkuliert werden, da dieser zu einer Steuerbelastung führen kann (Wegzugbesteuerung). Das trifft vor allem für die Besteuerung von nicht realisierten Wertsteigerungen in Anteilen an deutschen Kapitalgesellschaften zu, an denen der Wegziehende zu mindestens einem Prozent beteiligt ist.

Da die deutsche Besteuerungspraxis aus *EU*-Sicht nicht dauerhaft haltbar ist, soll die Wegzugbesteuerung gesetzlich geändert werden. Zwar wird die Besteuerung nicht entfallen, die Steuerzahlung wird jedoch bei Wegzügen innerhalb der *EU* und des *EWR* (**Island, Liechtenstein, Norwegen**) zinslos gestundet. Erst wenn die Anteile später tatsächlich veräußert werden, wird die Steuerzahlung in **Deutschland** fällig. Es besteht jedoch das Risiko einer doppelten Besteuerung in **Deutschland** und im Ausland, wenn die Anteile später tatsächlich veräußert werden.

Vorteilhaft ist, dass nach der Neuregelung die Steuer künftig entfällt, wenn der Weggezogene später wieder nach **Deutschland** zurückkehrt. Die Erstattung der Steuer ist zwar auch nach geltendem Recht möglich, jedoch muss bereits zum Zeitpunkt des Wegzugs eine Rückkehrabsicht glaubhaft gemacht werden. Die Rückkehr nach **Deutschland** muss außerdem innerhalb von fünf beziehungsweise bei berufsbedingtem Wegzug innerhalb von zehn Jahren erfolgen. Nach der Neuregelung wäre eine Erstattung der Steuer zeitlich unbegrenzt und ohne vorherige Rückkehrabsicht möglich. Ein erheblicher Nachteil der Neuregelung besteht jedoch darin, dass künftig nicht nur Anteile an deutschen, sondern auch an ausländischen Kapitalgesellschaften von der Regelung erfasst werden sollen.

Für Arbeitnehmer, die nur befristet ins Ausland gehen, ist steuerlich die 183-Tage-Regelung entscheidend. Sie besagt, dass die Einkommensteuer nur dann in dem Land zu entrichten ist, in das der Arbeitnehmer entsandt wurde, wenn die Entsendung 183 Tage überschreitet. Steuerlich wichtig ist daneben auch, ob ein Umzug ins Ausland erfolgt, der Wohnsitz in **Deutschland** beibehalten wird oder auch die Familie mit ins Ausland geht.

Ausflaggen – steuerliche Konsequenzen

Wer seinen Wohnsitz in ein möglichst niedrig besteuertes Land verlagern will, sollte sich über die Folgen im Klaren sein:

Mit der Aufgabe des Wohnsitzes und/oder gewöhnlichen Aufenthaltes in **Deutschland** tritt an die Stelle der unbeschränkten Steuerpflicht die erweitert beschränkte Steuerpflicht der §§ 2 bis 5 AStG, wenn der Auswandernde weiterhin inländische Einkunftsquellen hat.

Zu den Gebieten mit niedriger Besteuerung im Sinne des § 2 Abs. 1 AStG (Steueroasen) zählen:

Gebiete, in denen keine Einkommensteuer besteht oder erhoben wird: Andorra – Bahrain – Campione – Monaco – Bahamas – Bermudas – Turks- & Caicos-Islands – Tonga – Neue Hebriden

Gebiete, in denen unter 31,2 Prozent Steuer erhoben wird (günstiger Tarif): Channel Islands Alderney, Guernsey, Jersey, Sark – Gibraltar – Isle of Man – Liechtenstein – Schweiz (außer in den Kantonen Genf, Neuenburg, Wallis und Waadt sowie in einzelnen Gemeinden der Kantone Aargau, Bern, Luzern, Tessin, Thurgau, Zürich) – Angola – Niederländische Antillen – St. Helena

Gebiete, in denen eine wesentliche Vorzugsbesteuerung besteht: Schweiz (Besteuerung nach dem Verbrauch bei der direkten Bundessteuer) – Panama (steuerfrei sind ausländische Dividenden sowie Einkünfte aus im Ausland abgeschlossenen Geschäften)

---

4. Der Wohnsitzbegriff im deutschen Steuerrecht

„Einen Wohnsitz hat jemand dort, wo er eine Wohnung unter Umständen innehat, die darauf schließen lassen, dass er die Wohnung beibehalten und benutzen wird." (§ 8 AO). Dazu zählt der Beibehalt des deutschen Wohnsitzes auch bei mehrjährigem Auslandsaufenthalt, wenn eine für die Zwecke der eigenen Nutzung ausgestattete inländische Wohnung in einem ständig nutzungsbereiten Zustand beibehalten wird. Auf die tatsächliche Nutzung kommt es nicht an. Auch eine jährlich regelmäßig jeweils zweimal stattfindende Nutzung einer inländischen Wohnung während einiger Wochen begründet beispielsweise aufgrund von Regelmäßigkeit und Gewohnheit einen inländischen Wohnsitz. Keine Wohnung wird begündet durch Hotelzimmer, auch nicht bei längerer Nutzung, oder Zimmer bei Eltern/Verwandten, wenn hierüber keine Verfügungsmacht besteht.

Gewöhnlicher Aufenthalt

Nach *§ 9 AO* ist der gewöhnliche Aufenthaltsort dort, *„wo eine Person sich unter Umständen aufhält, die erkennen lassen, dass sie sich an diesem Ort oder in diesem Gebiet nicht nur vorübergehend aufhält. Dabei kommt es nicht auf den Willen des Steuerpflichtigen, sondern auf den tatsächlichen Aufenthalt an."* Ein gewöhnlicher Aufenthalt in **Deutschland** ist stets gegeben, wenn dieser jährlich insgesamt sechs Monate erreicht *(§ 9 Satz 2 AO)*.

Wohnsitzbegriff in den DBA

Grundsätzlich wird geprüft: Besteht eine unbeschränkte Steuerpflicht nach innerstaatlichem deutschen Recht? Wenn ja, besteht eine unbeschränkte Steuerpflicht nach ausländischem Recht? Wenn ja, wird die DBA-Ansässigkeit geprüft.

Unterschieden wird zwischen persönlichen und wirtschaftlichen Beziehungen:

- **Persönliche Beziehungen** können beispielsweise bestehen aufgrund der privaten Lebensführung, das heißt des familiären, ge-

Fortsetzung: Gewöhnlicher Aufenthalt

> sellschaftlichen, politischen oder kulturellen Umfelds. Der Wohnsitz der Familie ist somit von erheblicher Bedeutung.
>
> - **Wirtschaftliche Beziehungen** bestehen in besonders enger Form zu dem Staat, von wo aus der Arbeit nachgegangen wird und wo die Einkünfte verwaltet werden.

Checkliste: So werden Sie Steuerausländer

Wer als Steuerpflichtiger dem Fiskus in der Heimat entkommen will, sollte folgende Punkte beachten:

- Die Zelte in **Deutschland** müssen – für alle ersichtlich – abgebrochen werden. Dazu gehört eine Abmeldung beim Einwohnermeldeamt sowie eine „Nullstellung" beim Wohnsitzfinanzamt und die Verzichterklärung auf das Wahlrecht in Deutschland.

- Die bisherige Wohnung/das Haus muss aufgegeben werden. Indizien: Miet-/Kaufvertrag mit Fremden, Abmeldung von Telefon, Strom, Wasser.

- Das Auto muss hierzulande ab- und in der neuen Heimat angemeldet werden.

- Der Pass sollte nur im Ausland verlängert werden (am glaubwürdigsten beim nächstgelegenen Konsulat).

- Künftig muss alles vermieden werden, was Rückschlüsse auf Ihren Aufenthalt in **Deutschland** ziehen lässt: Hotel- und Restaurantrechnungen, Mietverträge, Postanschriften, Strafmandate, Einkäufe mit Kreditkarte.

5. Emigration will steuerlich gekonnt sein

Nicht alle Steueroasen sind daran interessiert, Steuerflüchtlingen Schutz zu bieten. In **Europa** erschweren es die **Schweiz** und **Liechtenstein**, aber auch die **Channel Islands** Ausländern, Grundbesitz zu erwerben. Als Voraussetzung müssen Neuankömmlinge in der Regel eine feste Anstellung oder ein beachtli-

116

ches Vermögen nachweisen. Immigrationskontrollen existieren auch in den meisten Ländern, die nicht offiziell als Steueroasen eingestuft werden. Die **USA** etwa haben im Vergleich zu den meisten europäischen Staaten ein mildes Steuersystem, auch können die Lebenshaltungskosten außerhalb der großen Städte erstaunlich niedrig sein – aber ein Visum mit Aufenthaltserlaubnis zu erhalten erfordert gesetzliche, finanzielle und medizinische Voraussetzungen, die kompliziert sind und nur Entschlossene nicht entmutigen.

Eine der größten Errungenschaften der *EU* ist es, dass Bürger ihrer Mitgliedstaaten (fast) frei von einem ins andere Land umziehen können. Dies hat in einem wahren Steuerflüchtlingskarussell Umzüge niederländischer Staatsbürger nach **Großbritannien**, britischer Flüchtlinge nach **Frankreich**, französischer nach **Irland** und deutscher nach **Italien** erleichtert. **Spanien**, **Portugal** und **Griechenland** heißen Immigranten willkommen, die eine Oase für den Ruhestand suchen. Doch so wie **Deutschland** entlassen auch andere Industrieländer Emigranten nicht ohne Weiteres aus ihren fiskalischen Pflichten. Steuerbehörden nehmen eine „wohlwollende" Haltung ein, wenn Steuerpflichtige, die zeitweise im Ausland arbeiten oder Geld im Ausland investieren, ihre Einkünfte mit in die Heimat bringen: In **Deutschland** und **Dänemark** etwa unterliegt das Einkommen aus dem Ausland einem Progressionsvorbehalt; **Frankreich** befreit Auslandseinkommen von der Steuer, wenn der Arbeitnehmer im Ausland wenigstens zwei Drittel der entsprechenden französischen Steuer zahlt; die **Niederlande** wenden eine Befreiung von der progressiven Besteuerung mit einigen Unterschieden an: Sie wird nur dann gewährt, wenn im Ausland Steuern erhoben werden und die in einem Land mit DBA verbrachte Zeit mindestens 183 Tage des Steuerjahres beträgt oder drei aufeinanderfolgende Monate, wenn kein DBA besteht. Andere Länder, die sonst das weltweite Einkommen besteuern, haben Sonderregelungen für Auslandsverdienste, die als Devisen in die Heimat überwiesen werden. Dazu zählen **Indien**, **Nigeria**, **Pakistan**, die **Philippinen** und **Singapur**.

Emigranten sollten aber nie vergessen, dass im Ausland nicht nur Steuerersparnisse locken. In vielen Steueroasen erwarten sie auch hohe Lebenshaltungskosten, das gilt vor allem für Wohnkosten, beispielsweise in **Monaco** oder der **Schweiz**.

Fiskalische Pflichten trotz einer Auswanderung

- **Großbritannien**

  So kümmert sich beispielsweise die britische Finanzbehörde nicht darum, ob Auswanderer offiziell als Ansässige anderer Staaten gelten. Betroffene müssen selbst aufwendig nachweisen, dass sich nicht nur ihr Wohnsitz, sondern auch ihr „gewöhnlicher" Aufenthalt geändert hat. Ist das der Fall, werden britische Emigranten mit Sitz im Ausland in den ersten drei Jahren so behandelt, als hätten sie ihr Domizil nach wie vor in **Großbritannien**. Während dieser Zeit unterliegt ihr Vermögen auch der Erbschaftsteuer. Ein früher Tod kann für Erben somit steuerliche Folgen haben. Der „non-domiciled Residents"-Status garantierte mobilen Wohlhabenden, dass ihre ausländischen Einkünfte unversteuert blieben. Das wurde im April 2009 gesetzlich abgeschafft: Nach sieben Jahren Ansässigkeit in **Großbritannien** müssen die Non-Doms nun entweder nach britischem Recht Steuern für ihre Auslandseinkünfte zahlen oder eine Jahrespauschale von 30 000 GBP abführen.

- **USA**

  Für die Steuerpflicht in den **USA** spielt die Staatsbürgerschaft eine wichtigere Rolle als Wohnsitz oder Domizil. Denn Bürger der **USA** müssen ihr weltweites Einkommen ohne Rücksicht auf den Wohnsitz versteuern. Nur Einkünfte aus Auslandsquellen können zum Teil von der Steuer befreit werden, wenn der Bürger dauernd oder zeitweise im Ausland lebt. Zwar können im Ausland gezahlte Steuern in den **USA** in Abzug gebracht werden, davon ausgenommen sind Steuerzahlungen in **Kuba**, **Irak** und **Libyen**.

- **Italien**

  Italiens Steuerbehörden sind gnadenlos. Ein neuer Artikel im Einkommensteuerkodex führte die grundsätzliche Annahme ein, dass ein italienischer Staatsbürger in **Italien** ansässig bleibt, wenn er in eine Steueroase emigriert – selbst, wenn der Name des Emigranten aus dem italienischen Bürgerregister entfernt wurde. Die Beweis-

Fortsetzung: Fiskalische Pflichten trotz einer Auswanderung

last der Ansässigkeit außerhalb Italiens wurde voll auf den Emigranten abgewälzt.

- **Kanada**
  Wegzüglern wird eine „Abreisesteuer" auferlegt. Mit einigen Ausnahmen werden Emigranten so behandelt, als hätten sie ihr ganzes Vermögen zu einem fairen Marktwert verkauft. Die Zahlung der Abreisesteuer kann durch Hinterlegung von Sicherheiten bei den Steuerbehörden verschoben werden. Kapitalerträge aus diesen hinterlegten Sicherheiten unterliegen während dieser Zeit weiter der kanadischen Einkommensteuer.

- **Niederlande**
  Ein ähnliches System gibt es in den Niederlanden. Emigranten, die wesentliche Aktienanteile an einer ansässigen niederländischen Gesellschaft haben, müssen eine „Wegzugsteuer" zahlen, wenn der Aktienanteil innerhalb von zehn Jahren nach Auswanderung verkauft wird. Ein vergleichbares Stundungsmodell soll in **Deutschland** eingeführt werden.

- **Dänemark**
  Der Staat erhebt eine Steuer in Höhe von 30 Prozent auf an Emigranten gezahlte Zinsen, die mindestens fünf von zehn der Abreise vorausgegangenen Jahre ortsansässig waren.

- **Spanien**
  Spanier, die ihren steuerlichen Wohnsitz aufgeben, werden noch vier Jahre nach Aussiedlung so besteuert, als ob sie in Spanien ansässig wären, wenn sie in eine Steueroase ziehen.

6. Ökonomische Staatsbürgerschaft – Zweitpass

Rund um den Globus sind immer mehr Investoren, Unternehmer und Vermögende an einer zweiten Staatsbürgerschaft oder an einem Zweitpass interessiert. So, wie sie ihre Vermögen in den letzten Jahren zunehmend international diversifiziert haben, versuchen sie auch, ihre persönlichen Verhältnisse stärker international auszurichten. Immobilien im Ausland, verbunden mit einer Aufenthaltsbewilligung und häufig auch einer zweiten Staatsbürgerschaft gehören dazu. Vor allem Vermögende versuchen auf diese Weise, Risiken zu minimieren.

Sie alle sind im Visier jener Länder, die rund um den Globus mit „ökonomischen Staatsbürgerschaften" und Zweitpässen locken. Häufig sind das Steueroasen, die für die im Fokus stehende Zielgruppe auch steuerlich attraktive Rahmenbedingungen bieten. Vor allem dann, wenn bei den Zuzüglern Vermögen und Erträge von außerhalb des Landes kommen beziehungsweise im Ausland entstehen. Wichtig für die Zielgruppe ist aber, welche Reputation diese Länder im Einzelfall haben und ob eine Ein- und Ausreise für sie dauerhaft uneingeschränkt möglich ist.

Staatsbürgerschaften: Je attraktiver der Pass, desto größer der finanzielle Einsatz

- **Kanada**, die **USA** (50 000 Green Cards jährlich) und mehrere **EU**-Staaten haben Einbürgerungsprogramme, die die Höhe der möglichen Investitionen zur Bedingung machen. Dazu zählen **Belgien**, **Gibraltar**, **Großbritannien**, **Kroatien**, **Litauen**, **Polen**, **Portugal**, die **Schweiz**, **Serbien**, die **Slowakei**, **Spanien** und **Ungarn**.

Einige Entwicklungsländer bieten Zweitpässe an, deren Kosten in umgekehrter Relation zum internationalen Ansehen des jeweiligen Landes stehen:

- **Tschad** und **Sierra Leone** verlangen 5 000 Euro

- **Panama** fordert 40 000 Euro Gebühr und eine Investition im Land von mindestens 200 000 US-Dollar

- **Belize** 20 000 Euro und zusätzlich rund 35 000 Euro für ein „Economic Citizenship Investment Programme"

- **Kiribati** 7 500 Euro

- **Tonga** 35 000 Euro

Karibische Inseln, die die „ökonomische Staatsbürgerschaft" anboten, haben auf Druck der **USA** und **Kanadas** weitgehend den Verkauf von Pässen an Nichteinheimische eingestellt. Das System ermög-

---

120

Fortsetzung: Staatsbürgerschaften: Je attraktiver der Pass, desto größer der finanzielle Einsatz

lichte den mit neuen Pässen ausgestatteten Einzelpersonen, den nordamerikanischen Immigrationskontrollen weitgehend auszuweichen.

- **Antigua** (20 000 Euro) oder **St. Kitts and Nevis** (100 000 Euro) lassen aber mit sich reden.

- Staatsbürgerschaften bieten in der Karibik auch **Dominica** (fünf bis 14 Monate Bearbeitungsdauer), die **Dominikanische Republik** (50 000 US-Dollar) und **Grenada** (zwei bis drei Monate Bearbeitungsdauer).

- Neu auf der weltweiten Zweitpass-Bühne ist **Antigua & Barbuda** in der **Karibik** mit seinem Citizenship-by-Investment-Programm, das seit April 2013 in Kraft ist. Voraussetzung dafür ist eine Mindestinvestition von 400 000 Dollar in eine Immobilie oder 250 000 Dollar in den *National Development Fund*.

  Weitere Informationen dazu:
  Government of Antigua and Barbuda
  Citizenship-by-Investment Task Force
  Mr. Fritzmaurice Christian
  E-Mail: fchristian@antigua.gov.ag

- In **Europa** plant **Ungarn** gegen eine Investitionssumme von 250 000 Euro in Anleihen des Landes über mindestens fünf Jahre eine Investorenstaatsbürgerschaft, wie es sie in **Kanada** bereits gibt. **Ungarn** setzt dabei vor allem auf chinesische Investoren. Diese würden mit dem Erhalt der ungarischen Staatsangehörigkeit dann auch *EU*-Bürger.

In **Afrika** ist **Mauritius** zu nennen, das für ein Permanent Resident Scheme (PRS) eine Mindestinvestition von 500 000 US-Dollar und eine vorausgegangene Mindestaufenthaltsdauer von zwei Jahren voraussetzt.

Doch nicht alle Staaten erlauben ihren Bürgern den Besitz einer zweiten Staatsbürgerschaft. Dazu gehören u. a.: **Aserbaidschan, Brunei, Chile, China, Dänemark, Ecuador,** die **Fidschi Islands, Indien, Indonesien, Japan, Kasachstan, Kenia, Kiribati, Kuwait, Malaysia, Mauritius, Myanmar, Nepal, Norwegen, Papua Neu Guinea, Peru, Polen, Portugal, Rumänien, Saudi-Arabien, Singapur,** die

Ausflaggen I

Fortsetzung: Staatsbürgerschaften: Je attraktiver der Pass, desto größer der finanzielle Einsatz

Solomon Islands, **Spanien**, **Südafrika**, die **Tschechische Republik**, die **Türkei** und **Venezuela**.

Demgegenüber akzeptieren **Ägypten**, **Australien**, **Bangladesch**, **Barbados**, **Belgien**, **Belize**, **Brasilien**, **Deutschland**, **Dominica**, die **Dominikanische Republik**, **El Salvador**, **Finnland**, **Frankreich**, **Grenada**, **Griechenland**, **Großbritannien**, **Island**, der **Iran** und **Irak**, **Irland**, **Israel**, **Italien**, **Jordanien**, **Lettland**, der **Libanon**, **Litauen**, **Kanada**, **Kolumbien**, **Malta**, **Mazedonien**, **Montenegro**, **Neuseeland**, **Österreich**, **Pakistan**, die **Philippinen**, **Russland**, **Serbien**, **Spanien**, **Sri Lanka**, **St. Lucia**, **St. Kitts and Nevis**, **Schweden**, die **Schweiz**, **Syrien**, **Ungarn**, die **USA**, **Vietnam**, **Western Samoa** und **Zypern** die zweite Staatsangehörigkeit und damit verbunden auch den Besitz eines Zweitpasses.

Weitere Informationen unter: www.henleyglobal.com

Die attraktivsten Investitionsstandorte der Welt

Die *Europäische Union* krankt. Auslandsinvestoren reagieren auf die politischen Signale. So hat **Frankreich** beispielsweise 2012 so wenige industrielle Investitionsobjekte angezogen wie seit neun Jahren nicht mehr, berichtet die Unternehmensberatung *Ernst & Young* in ihrer jüngsten Studie über ausländische Direktinvestitionen in **Europa**. Von dieser Entwicklung profitiert vor allem **Deutschland**. Der Abstand zu **Frankreich** (471 Objekte) wächst und mit einem Marktanteil von 16,4 Prozent (624 Investitionsobjekte) aller ausländischen Direktinvestitionen fordert **Deutschland** jetzt **Großbritannien** heraus (697 Projekte).

Ausflaggen II:
Auf in neue Märkte –
Unternehmensverlagerung
ins Ausland

4

1. Auf in neue Märkte

Der Gang in aufstrebende Länder gilt heute für viele Unternehmen als adäquates Mittel, um Wachstumsmärkte zu erschließen und die eigene Wettbewerbsposition zu stärken. Nicht nur große, auch immer mehr mittelständische Unternehmen sehen darin eine zukunftsträchtige Strategie. Firmen investieren nach einer Untersuchung des *Deutschen Industrie- und Handelskammertags (DIHK)* vor allem deshalb im Ausland, um

- den Marktzugang zu sichern,
- in Kundennähe zu sein und
- neue Märkte durch die Produktion vor Ort zu erschließen.

Auslandsstandorte können zudem dazu beitragen,

- Wechselkursrisiken abzumildern und
- Handelsbeschränkungen zu vermeiden.

Eine deutlich geringere Rolle spielt für Unternehmen hingegen das Motiv, mittels Produktion im Ausland Kosten zu sparen.

Gründe von Industrieunternehmen für Auslandsinvestitionen

– in Prozent; Mehrfachnennungen möglich –

Kundennähe	90
Handelshemmnisse beim Export in Zielregion	22
Absicherung gegen Wechselkursrisiken	18
Lieferantennähe	15
Sicherung Energie-/ Rohstoffbezug	9
Bessere Verfügbarkeit von Fachkräften in Zielregion	7
Technologiezugang	4

Quelle: DIHK-Umfrage – Auslandsinvestitionen in der Industrie 2011

www.WALHALLA.de

Die anhaltende wirtschaftliche Dynamik in vielen Schwellenländern, die auch von den schwierigen Entwicklungen in den westlichen Industrieländern nur wenig tangiert sind, führt dazu, dass gerade asiatische und lateinamerikanische Märkte stärker in den Fokus der Aufmerksamkeit deutscher und europäischer Unternehmen rücken.

Ganz vorn liegen dabei große Volkswirtschaften wie **China** und **Brasilien**. Aber auch Länder wie **Indonesien**, **Vietnam** oder **Chile** werden zunehmend interessant. Direktinvestitionen in solchen Märkten sind für viele Unternehmen ein probater Weg, um

■ Absatzrisiken zu streuen und

■ Wachstumsziele zu erreichen.

Unternehmen, die in aufstrebenden Ländern investieren, sollten sich aber schon bei der Planung ihrer Investition mit den Rahmenbedingungen auseinandersetzen und die möglichen Risiken ab-

Zielregionen der deutschen Auslandsinvestitionen (Industrie)

– in Prozent –

China 47 / 43
EU15 35 / 40
Asien ohne China 29 / 27
Nordamerika 27 / 26
Russland etc. 23 / 25
EU-Mitglied seit 2004 22 / 24
Südamerika 21 / 21

■ Unternehmen mit steigenden Auslandsinvestitionen
▪ Unternehmen, die Auslandsinvestitionen tätigen

Quelle: DIHK-Umfrage – Auslandsinvestitionen in der Industrie 2011

schätzen: Ein langer Atem, ausreichende personelle sowie finanzielle Ressourcen und möglichst umfassende Kenntnisse der Gegebenheiten im Investitionsland bis hin zu kulturellen Gepflogenheiten sind wesentliche Erfolgsfaktoren.

Gerade für mittelständische Unternehmen kann es ratsam sein, mit erfahrenen Partnern zusammenzuarbeiten, um etwa

- politische Unwägbarkeiten oder Rechtsrisiken besser einschätzen zu können,

- Fehlentscheidungen zu vermeiden und

- finanzielle Risiken zu teilen.

Die die Auslandsinvestition finanzierende Bank sollte immer nachweislich Erfahrung mit Projektstrukturierung und -finanzierung haben.

Risiken von Auslandsinvestitionen

Das Finanzierungsrisiko wird bei Auslandsengagements generell zu wenig beachtet. Die Möglichkeiten der Fremdkapitalaufnahme etwa können durch Verwerfungen an den Finanzmärkten eingeschränkt oder teurer werden. Auch hier lässt sich ein gewisses Risiko von den Unternehmen mittels Streuung verringern. Diese kann zum Beispiel über die Wahl der Finanzierungsinstrumente erfolgen – Unternehmensanleihen oder auch Mezzanine-Finanzierungen lauten hier die Stichworte – oder aber mithilfe einer regional diversifizierten Kreditaufnahme.

So wird es Unternehmen ermöglicht, die Finanzierung ihrer Tochtergesellschaft etwa in **China** oder **Indien** nicht über die Muttergesellschaft, sondern lokal zu kanalisieren, um die dortigen Vermögenswerte als Sicherheiten zu nutzen und die deutsche Bilanz zu entlasten. Die Finanzierung auf deutsches Risiko mag der einfachste Weg sein, solange die Lage des Unternehmens und der Finanzmärkte im Heimatland günstig ist. Wenn sich jedoch die Situation der Muttergesellschaft oder der Kreditmärkte in **Deutschland** verschlechtern sollte, kann es rasch teuer werden.

Fortsetzung: Risiken von Auslandsinvestitionen

Aber auch bei einer lokalen Finanzierung gibt es Herausforderungen, die zu gewichten und abzuwägen sind: Neben fremden Rechtslagen und bürokratischen Hemmnissen mangelt es vor Ort oft an Krediten mit langen Laufzeiten. Doch über Entwicklungsfinanzierer wie die *Deutsche Investitions- und Entwicklungsgesellschaft (DEG)* ist die direkte Finanzierung von Tochtergesellschaften und Joint Ventures auch von **Deutschland** aus möglich.

2. Grenzüberschreitende Umwandlung von Unternehmen

Multinationale Konzerne zeigen, wie man um den Standort **Deutschland** steuerlich einen großen Bogen macht: *§ 23 UmwStG* heißt die Zauberformel. Sie ist Ergebnis der *EU*-Fusionsrichtlinie. Deren Grundidee: Unternehmen sollen sich im Binnenmarkt ohne Steuerhürden zusammenschließen können. Dieser Weg steht allerdings nur Kapital-, nicht aber Personengesellschaften offen. Letztere müssen somit vorher umgewandelt werden.

Wichtig ist, dass die ausländische Gesellschaft unmittelbar die Mehrheit der Stimmrechte an der deutschen Gesellschaft hat. Sonst schlägt der Fiskus zu! Dieser Weg ist allerdings nur ein Aufschub der Reservenbesteuerung. Der Fiskus greift zu, wenn die übertragenen Aktiva versilbert werden. Auch ein späterer Verkauf der Anteile ist wieder steuerpflichtig.

Optimale Standorte für die aufnehmende Gesellschaft sind **Großbritannien** (Körperschaftsteuersatz 30 Prozent) und die **Niederlande** (34,5 Prozent). Darüber hinaus kann durch die Etablierung einer vorgeschalteten Holding auf den **Niederländischen Antillen** erreicht werden, dass die Steuersätze für die Vergabe von weltweiten Patenten, Lizenzen, Konzerndarlehen etc. auf effektive 0,8 Prozent abgesenkt werden.

3. Offshoring von Unternehmen

Offshoring beziehungsweise die Verlagerung von Prozessen ins Ausland ist für Unternehmen verlockend, die Logik ist einfach. Wo die Arbeitskosten sehr hoch sind, siedelt man arbeitsintensive Prozesse im günstigeren Ausland an. Auf zwischen 20 und 40 Prozent schätzen Studien übereinstimmend die zu erzielenden Einsparpotenziale. Unternehmen, die sich mit Offshoring beschäftigen, müssen sich fragen: Was soll wohin verlagert werden? In einer weltweiten Befragung der Unternehmensberatung *Booz Allen Hamilton* lagen IT-Prozesse an erster Stelle, gefolgt von Finanzen und Einkauf.

Die Frage nach dem interessantesten Zielland liefert die Unternehmensberatung *A.T. Kearney*; sie hat einen Index entwickelt, der einzelne Länder nach ihrer Eignung als Offshore-Standort bewer-

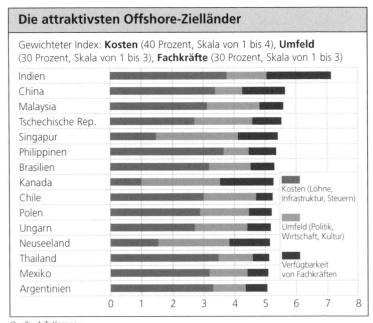

Die attraktivsten Offshore-Zielländer

Gewichteter Index: **Kosten** (40 Prozent, Skala von 1 bis 4), **Umfeld** (30 Prozent, Skala von 1 bis 3), **Fachkräfte** (30 Prozent, Skala von 1 bis 3)

Quelle: A.T. Kearney

tet. **Indien** belegt den ersten Platz, gefolgt von **China**. Da sich der Index nicht nur an der Kostensituation der Länder orientiert, zählt auch **Kanada** dank seiner Infrastruktur und Qualität des politischen Umfelds zu den ersten Adressen.

Standort-Kriterien: Unternehmensprozesse ins Ausland zu verlagern, erfordert auch Kenntnis der ökonomischen und politischen Bedingungen sowie der Qualifikation der Arbeitskräfte. Zu viele Unternehmen machen ihre Entscheidung für ein Offshoring vor allem an den Kosten fest. Doch schließlich machen in vielen Branchen – beispielsweise in der Zulieferindustrie – die direkten Lohnkosten nur 20 Prozent der Gesamtkosten aus. Dabei sind Qualitäts- und Logistikkosten, die im Zuge des Offshoring anfallen, noch nicht berücksichtigt. Sie machen so manchen Kostenvorteil zunichte.

4. Wegzugsteuer bei Unternehmen

In international tätigen Unternehmen werden Wirtschaftsgüter laufend über Staatsgrenzen verbracht. Weil der Fiskus dabei das Besteuerungsrecht an den Empfängerstaat verliert, nimmt er für jede Verlagerung einen fiktiven Verkauf der Vermögenswerte an. Er besteuert diese unmittelbar bei Grenzübertritt. Nach einem aktuellen Urteil des *Gerichtshofs der Europäischen Union (EuGH)* verstößt dies gegen die Niederlassungsfreiheit *(Az.: C-371/10)*.

Unternehmern müsse es möglich sein, *„die auf die grenzüberschreitende Übertragung anfallende Steuer zinspflichtig stunden zu lassen, statt sie sofort zu begleichen."* Allerdings muss dann jährlich nachgewiesen werden, dass für das überführte Wirtschaftsgut im Ausland kein Realisationsakt – beispielsweise ein Verkauf – stattgefunden hat. Maßgeblich für die Steuerhöhe ist der Wert zum Zeitpunkt der Verlagerung ins Ausland. Eine spätere Wertentwicklung bleibt unbeachtet.

Für deutsche Unternehmen hat das Urteil weitreichende Konsequenzen: Bislang werden die noch nicht versteuerten Wertsteigerungen eines Vermögensgegenstands (stille Reserven) sofort besteuert, wenn er aus der deutschen Steuerhoheit ausscheidet und der Fiskus damit das Besteuerungsrecht verliert. Wird z. B. ein Vorprodukt in eine Betriebsstätte nach **Frankreich** zur Endmontage verlagert, muss der Wert des Produkts versteuert werden. Und dies, obwohl es nur unternehmensintern bewegt wurde, ein Verkauf noch gar nicht erfolgt ist. Auch wenn immaterielle Wirtschaftsgüter wie Marken, Patente oder Kundenbeziehungen an eine Betriebsstätte im Ausland übertragen werden, wird die Wegzugsteuer sofort fällig. Für Unternehmen kann das eine große Belastung darstellen, ohne dass materiell ein Wertgegenstand das Land verlässt.

Indem der *EuGH* hier nun eine Stundung zulässt, gewinnen Unternehmen wieder den Spielraum für wirtschaftlich sinnvolle Gestaltungen zurück. Allerdings fordert er im Gegenzug *„umfangreiche Mitwirkungs- und Nachweispflichten"*. So kann der Staat, der das Vermögen abgibt, die Stundung von einer Bankgarantie abhängig machen. Doch die Bundesregierung wird nicht umhin kommen, als Folge des *EuGH*-Urteils die Wegzugsteuer für Unternehmen zu reformieren. Unternehmen können dann mit mehr Planungssicherheit rechnen.

5. Wie Auslandseinkünfte deutscher Unternehmen besteuert werden

Wenn deutsche GmbHs oder Aktiengesellschaften Anteile an ausländischen Kapitalgesellschaften halten, werden Dividenden und Veräußerungsgewinne steuerfrei gestellt. Werden die Gewinne an deutsche Anteilseigner ausgeschüttet, unterliegen sie dem Halbeinkünfteverfahren. Damit werden die Gestaltungsmöglichkeiten bei Auslandstochtergesellschaften deutscher GmbHs und AGs deutlich erweitert. Dies gilt auch für OHGs, KGs und Einzelunternehmen, wenn diese nach dem Optionsmodell eine Besteuerung wie bei einer Kapitalgesellschaft wählen.

GmbHs und AGs, die Filialen im Ausland unterhalten, sollten prüfen, ob es vorteilhaft ist, diese in selbstständige Tochtergesellschaften umzuwandeln. Besteht für diese allerdings keine Steuerfreiheit für Gewinne aus Auslandsniederlassungen, kann sich die Umwandlung in eine Tochtergesellschaft lohnen. Für Auslandsinvestitionen deutscher OHGs, KGs oder Einzelunternehmen gilt: Gehören zum Privatvermögen Beteiligungen an Auslands-Kapitalgesellschaften, werden deren Ausschüttungen bei den deutschen Beteiligten nur zur Hälfte steuerpflichtig. Einkommen aus Auslandsbetrieben bleiben in der Regel steuerfrei. Gewinne ausländischer Töchter deutscher Firmen sind in **Deutschland** steuerpflichtig, selbst wenn sie nicht ausgeschüttet werden. Voraussetzungen dafür sind:

■ Die Gewinne der ausländischen Gesellschaften sind in ihrem Land mit einer Steuer von weniger als 25 Prozent belastet.

■ Die Anteile der Auslandsgesellschaft müssen zu mehr als zehn Prozent deutschen Privaten oder Unternehmen gehören.

■ Die ausländische Gesellschaft muss sogenannte passive Einkünfte erwirtschaften (wenn sie nicht aktiv am Markt teilnimmt oder wenn sie Beteiligungen hält). Partnergesellschaften fallen hierunter, aber auch Auslandsgesellschaften, die nur für verbundene Unternehmen tätig sind.

■ „Unverdächtig" sind produzierende Gewerbe und Gesellschaften mit eigenem Betrieb.

Folgen der Hinzurechnungsbesteuerung

Sind die Voraussetzungen für die Hinzurechnungsbesteuerung gegeben, werden die Gewinne der Auslandsgesellschaften den Einkünften der deutschen Anteilseigner zugerechnet. Das heißt, bei den GmbHs und AGs werden sie mit 25 Prozent Körperschaftsteuer und bei OHGs, KGs und Einzelunternehmen mit Einkommensteuer (halber Hinzurechnungsbetrag) belastet.

Soweit die Auslandsgesellschaften auf die Gewinne vor Ort bereits Steuern gezahlt haben, werden diese auf die deutsche Steuer angerechnet. Wenn die Auslandsgesellschaften jedoch in DBA-Ländern liegen, kann die Hinzurechnungsbesteuerung entfallen, falls die Beteiligung von deutschen GmbHs oder AGs gehalten wird.

---

6. EU-Steuerspezialitäten im Überblick

Einige EU-Mitgliedstaaten haben spezielle Verbindungen zu Offshore-Finanzzentren und Steueroasen in **Europa**. Diese Verbindungen lassen sich für Unternehmen nutzen:

Vollmitgliedschaft

Madeira und die **Azoren** sind autonome portugiesische Provinzen und als solche integraler Bestandteil der *EU*. Sie erhalten staatliche Beihilfen, um die wirtschaftliche Entwicklung in Regionen mit unterdurchschnittlichem Lebensstandard durch Steueranreize fördern zu können. Einzelpersonen und Unternehmen, die in den Gebieten ansässig sind, genießen alle Vorteile aus den Steuerabkommen **Portugals**.

Die **Kanarischen Inseln** haben einen ähnlichen Status, da sie zu Spanien gehören und somit *EU*-Mitglied sind.

Für **Gibraltar** regelt *Art. 28* des *Beitrittsabkommens*, dass es nicht dem Gemeinsamen Zolltarif, der Gemeinsamen Agrarpolitik und der Harmonisierung der Umsatzsteuern unterliegt. In **Gibraltar** gibt es keine Mehrwertsteuer. Gleiches gilt für **Aland**, eine halb-autonome Inselprovinz **Finnlands**.

Europäische Hoheitsgebiete, deren auswärtige Beziehungen ein Mitgliedstaat wahrnimmt (*Art. 299 Römische Verträge*)

Dieser Artikel gilt für die **Channel Islands** und die **Isle of Man**, die im Rahmen der Zollunion nur dem gemeinsamen Außenhandelszoll und bestimmten Agrarabgaben unterliegen. Die Inseln müssen keine Mehrwertsteuer erheben und profitieren nicht von den britischen Steuerabkommen.

Besonderheiten

Andorra gehört zwar nicht der *EU* an, hat jedoch mit ihr eine Zollunion.

Monaco regelt seine äußeren Angelegenheiten selbst, deshalb gelten die *Römischen Verträge* für das Fürstentum nicht. Gleichwohl wird **Monaco** dem Zollgebiet der *EU* zugeordnet; zudem erhebt es keine Mehrwertsteuer. **Monaco** hat zwar mit **Frankreich** ein Steuerabkommen, aber seine Ansässigen profitieren nur vom Netz der französischen Steuerabkommen, wenn ein französisches Unternehmen eingeschaltet ist.

Fortsetzung: Vollmitgliedschaft

Die Republik **San Marino** hat ein Zollabkommen mit der *EU*. Die Einwohner **San Marinos** sind von den italienischen Steuerabkommen ausgeschlossen.

Campione gehört zum Zollgebiet der **Schweiz**, ist aber ein Teil **Italiens** und somit der *EU*. Schweizer Steuerabkommen gelten für **Campione** nicht, wohl aber die italienischen. Allerdings lässt **Campione** keine Holdings zu, sodass auch kein Bedarf für den Schutz durch Steuerabkommen besteht.

7. Fremde Welt: Verrechnungspreise fordern international operierende Unternehmen heraus

Seit 2003 müssen Unternehmen bei Betriebsprüfungen genaue Angaben zu allen Liefer- und Leistungsbeziehungen mit verbundenen Unternehmen im Ausland vorlegen. Neben der exakten Darlegung einzelner Sachverhalte sind auch Wahl, Anwendung und Angemessenheit der gewählten Verrechnungsmethoden zu begründen. Firmengruppen, deren Entgelte fünf Millionen Euro für Warenlieferungen zwischen verbundenen Unternehmen und von 0,5 Millionen Euro für Lieferungen anderer Leistungen nicht übersteigen, sind von den Dokumentationspflichten weitestgehend befreit.

Ökonomisch betrachtet haben Verrechnungspreise zweierlei Bedeutung: Zum einen erfüllen sie eine Lenkungsfunktion und dienen der gezielten Unternehmenssteuerung. Transferpreise erlauben eine Gewinnzuordnung auf die einzelnen Beteiligungsgesellschaften. Dadurch können international verzweigte Unternehmen Unterschiede in der Höhe der Steuerbelastung verschiedener Länder ausnutzen, indem sie Gewinne in Standorte verlagern, die einer geringeren steuerlichen Belastung unterliegen. Erzielt aber ein Standort eine positive Marge, ein anderer jedoch negative Erträge, liegt für die Betriebsprüfer ein Verdachtsmoment vor. Steigt zudem die Umsatzrendite in einer der Auslandsvertriebsgesellschaften auf über zehn Prozent, gehen bei den Betriebsprüfern die Warnleuchten an. Erschwerend kommt für deutsche Unternehmen hinzu, dass sie bei grenzüberschreitenden Produktionsverlagerungen den Wert der übertragenen Wirtschaftsgüter wie Maschinen oder Kundenstamm sowie aller erbrachten Dienstleistungen ermitteln müssen.

Steuersätze, Vorlagefristen und Sanktionen ausgewählter Länder

Länder	Effektiver Unternehmenssteuersatz	Vorlagefristen	Sanktionen
Brasilien	34 %	20 Tage nach Anforderung	▪ keine speziellen Vorschriften. ▪ bis zu 225 % des Mehrergebnisses
China	25 %	Innerhalb von 20 Tagen nach Anforderung	▪ bei Nichtvorlage max. 20 000 RMB (ca. 2000 EUR) ▪ bei Steuerkorrekturen erhöhte Verzugszinsen
Deutschland	30–33 %	60 Tage nach Aufforderung (30 Tage bei außergewöhnlichen Geschäftsvorfällen)	▪ bei verspäteter Vorlage min. 100 EUR/Tag ▪ bei Nichtvorlage 5–10 % des Mehrergebnisses
Großbritannien	28 %	30 Tage nach Aufforderung	bis zu 100 % des Steuermehrbetrags
Indien	42,2 %	▪ 30 Tage nach Anforderung ▪ einmalige Verlängerung um 30 Tage möglich	100 %–300 % des Steuermehrbetrags
Mexiko	30 %	nach Anforderung	▪ keine speziellen Vorschriften ▪ 40 % bis 75 % des Mehrergebnisses
Niederlande	25,5 %	▪ nach Anforderung ▪ evtl. Fristverlängerung möglich	▪ keine speziellen Vorschriften ▪ max. 100 % bei böswilliger Absicht
Polen	19 %	7 Tage	▪ Strafsteuersatz auf Korrekturen 50 % ▪ potenziell weitere Strafen bis hin zu Haft
Russland	20 %	▪ innerhalb von 10 Tagen nach Anforderung ▪ keine gesetzliche Fristenregelung	▪ keine speziellen Vorschriften ▪ Verzugszinsen und Strafzuschlag (max. 20 %)
Ungarn	10 %	Erstellung spätestens mit der Steuererklärung, Vorlage unmittelbar nach Aufforderung	▪ bei Nichtvorlage max. 2 Mio. HUF (rund 7000 EUR) ▪ für Steuerkorrekturen greifen die üblichen Sanktionsnormen
USA	39,5 %	30 Tage nach Anforderung	20 %–40 % des Mehrergebnisses

Quelle: Deloitte, Rödl & Partner

Steuerfahnder auf der Jagd

5

1. Vorbild Italien?

Der italienische Staat besitzt finanzpolitisch zwar nicht den allerbesten Ruf. Er verfügt jedoch über eine Finanzpolizei, die zu den besten der Welt gehört. Die *Guardia di Finanza* hat über 60 000 Beamte, ist gefürchtet und streng militärisch aufgebaut. Sie bearbeitet Delikte, die von Steuerflucht bis zu schwarzen Mafiakonten reichen.

So wie etwa bei den Modeschöpfern *Dolce & Gabbana*, die durch den Verkauf ihrer Marke an die in **Luxemburg** ansässige Holding *Gado* Steuern auf Lizenzeinnahmen von rund einer Milliarde Euro umgingen. Die Steuerbehörden werfen ihnen vor, dass der Verkaufspreis für die Markenrechte zu niedrig gelegen sei. Zudem sei die Luxemburger Gesellschaft faktisch von **Italien** aus geführt worden. Nachzuzahlen sind jetzt 200 Millionen Euro Steuern.

Eine effizientere Steuerfahndung könnte auch **Deutschland** gebrauchen. Die Idee einer Bundesfinanzpolizei wird seit einiger Zeit von der *Gewerkschaft der Polizei (GdP)* propagiert, sie hat auch im *Bundestag* Anhänger. Statt die Steuerfahndung den Bundesländern zu überlassen, wäre eine starke Zentralinstitution, bei der die Fäden zusammenlaufen, in der globalisierten Welt der „Offshore-Leaks" womöglich besser aufgestellt. Sie hätte bei grenzüberschreitenden Ermittlungsverfahren viel größere Möglichkeiten. Mit dem Zoll gäbe es bereits eine Bundesbehörde, die in der einschlägigen Kriminalitätsbekämpfung arbeitet.

Der deutsche Staat gibt einiges an Geld aus, um Steuer-CDs aus nebulösen Quellen zu kaufen. Er wollte ein zweifelhaftes Steuerabkommen mit der **Schweiz** durchsetzen. Er bittet Medien, die Identität einschlägiger Informanten den Finanzbehörden preiszugeben. Aber zu einer effizienteren Verfolgung von Steuer- und Finanzbetrug ist er bislang nicht bereit. So wurde es versäumt, die Steuerfahndung aufzustocken. Vielen Bundesländern fehlt zudem der Anreiz, unterschlagene Steuermillionen aufzuspüren. Die Mehrgewinne müssten sie über den Finanzausgleich ohnehin teils weiterleiten. Da wäre eine **Bundesfinanzpolizei** eigentlich die richtige Antwort auf die Steuerflucht. Bis es so weit ist, gelten nachfolgende Ausführungen.

2. Steuersündern auf der Spur

Die Finanzbehörden verfügen über immer mehr Möglichkeiten, Geld- und Warenströme zu kontrollieren. Die Überwachungsinstrumente greifen diesseits und jenseits der Grenze und werden effektiver:

- **Grenzkontrolle:** Bürger müssen bei einem Grenzübertritt mitgeführte Barmittel ab 10 000 Euro selbstständig deklarieren, wenn sie aus der EU aus- oder einreisen. Die schriftliche Auflistung umfasst Bares, Wertpapiere, Schecks sowie die Erklärung, woher die Mittel stammen und an welchen Empfänger sie gehen sollen. Gleiches gilt bei Reisen innerhalb der EU bei Straßenkontrollen von Zoll oder Bundespolizei.

- **Kontenabruf:** Finanzbeamte dürfen bundesweit danach suchen, bei welchen heimischen Banken Bürger Konten und Depots unterhalten oder in den vergangenen drei Jahren aufgelöst haben. Im Jahr 2011 erfolgten über 54 000 Kontenabrufe, 230 pro Tag. Dabei geht es aktuell meist nicht mehr darum, Steuersünder aufzutreiben, sondern darum, ausstehende Forderungen des Fiskus zu vollstrecken. Denn wenn ein Steuerschuldner behauptet, er habe kein Geld, nutzen die Vollstreckungsstellen der Finanzämter das Instrument der Kontoabfrage häufig dazu, versteckte Konten aufzuspüren, auf denen Geld des Schuldners geparkt worden sein könnte. Denn die Abfrage fördert nicht nur die eigenen Konten des Betroffenen zutage, sondern auch all diejenigen, über die er verfügungsberechtigt ist.

- **Jahresbescheinigung:** Banken müssen eine Liste zu Kapitaleinnahmen und Spekulationsgeschäften erstellen. Diese muss nicht zwingend der Steuererklärung beigefügt werden, Finanzbeamte fordern sie jedoch häufig für ihre Akten an.

- **Auslandsgeld:** Seit Mitte 2005 gilt die EU-Zinsrichtlinie mittlerweile in rund 50 Ländern.

- **Informationsaustausch:** Seit 2006 werden innerhalb der EU Auskünfte zur Durchführung von Steuerstrafverfahren erteilt. Die EU-Staaten müssen bei grenzüberschreitenden Anfragen alle Bankverbindungen im Land zügig ermitteln, wenn heimische Beamte wegen Steuerhinterziehung nachfragen. Durch neue Abkommen haben sich in den letzten drei Jahren zahlreiche Drittstaaten wie **Liechtenstein** oder die **Schweiz** sowie abhängige oder assoziierte Gebiete wie **Guernsey** und **Jersey** oder die **Turks & Caicos Islands** dem Verfahren angeschlossen. Insgesamt erteilen mittlerweile über 75 Länder dem deutschen Fiskus Auskünfte in Steuerangelegenheiten.

■ **Steuernummer:** Seit Mai 2008 gibt es die bundeseinheitliche Steuernummer. Diese Kennziffer müssen Anleger auch angeben, wenn sie ein Konto im Ausland besitzen. Das sorgt innerbehördlich und grenzüberschreitend für einen reibungslosen Datenabgleich und ist auch für weitere geplante Kontrollen nutzbar.

■ **Geldwäsche:** EU-weit unterliegen immer mehr Institutionen und Berufsgruppen Meldepflichten im Kampf gegen Geldwäsche. Banken müssen selbst bei Nummernkonten Kundenidentität und Bareinzahlungen festhalten. Da Steuerhinterziehung einbezogen ist, sind auch Finanzintermediäre, Rechtsanwälte, Notare, Wirtschaftsprüfer, Steuerberater, Immobilienmakler und Unternehmer betroffen, die Bares ab 15 000 Euro erhalten.

■ **Internet-Scanning:** Deutsche Finanzämter durchforsten mit einer lernfähigen Suchmaschine täglich rund 100 000 Seiten im Internet nach Steuersündern. Aufgespürt werden sollen vor allem gewerbliche Internet-Händler auf Plattformen wie *ebay*, die ihre Gewinne vor dem Fiskus verheimlichen.

Steuersünder, die darauf vertrauen, nicht geprüft zu werden, gehen ein hohes Risiko ein. Moderne Datenverarbeitung und immer mehr Angaben auf elektronischem Weg tragen verstärkt dazu bei, dass Betriebsprüfer schneller auf Abweichungen aufmerksam werden.

Informationszentrale für steuerliche Auslandsbeziehung (IZA)

Geht es um steuerlich interessante Auslandsthemen, können Finanzbeamte, Betriebsprüfer oder Fahnder auf umfassendes Datenmaterial einer nahezu unbekannten Sammelstelle zugreifen: *Die Informationszentrale für steuerliche Auslandsbeziehung (IZA)* unterstützt die Finanzbeamten durch Hinweise und laufende Beobachtung, welche aktuellen Entwicklungen sich grenzüberschreitend abzeichnen. Die *IZA* hortet zentral alle Unterlagen, die steuerlich relevant sein könnten, und stellt eigene Ermittlungen an. Besonderes Augenmerk richtet sie dabei auf Briefkasten- und Domizilgesellschaften, Steueroasen und Anlagen in geschlossenen Auslandsfonds. Zur Datenerfassung gehören auch die vom Zoll im täglichen Einsatz gesammelten Daten.

3. Steuerfahnder – die Elitetruppe des Fiskus

Neben 115 000 Finanzbeamten und 14 000 Betriebsprüfern gibt es derzeit rund 2600 Steuerfahnder – die Elitetruppe des deutschen Fiskus. Sie hat kein Gesicht, zumindest nicht in der Öffentlichkeit. Die Steuerbürger wissen zwar, dass es sie gibt, aber die wenigsten haben sie je zu Gesicht bekommen.

Steuerfahnder sind Hilfspolizisten der Staatsanwaltschaft – nur ohne Waffen. Sie warten oft tagelang auf entlassene Manager, misstrauische Buchhalter, frustrierte Ehefrauen, verbitterte Geliebte, Hinweise vom Zoll und auf den Zufall. Haben sie dann eine Spur, kommen die Fahnder aus der Deckung und nehmen die potenzielle Beute genauer ins Visier. Dabei machen sie keinen Unterschied zwischen „normalen" Steuerpflichtigen, Konzernchefs oder führenden Politikern. Auf der Jagd nach hinterzogenen Steuern leisten sie ganze Arbeit. Und sind sie erst einmal fündig geworden, stehen sie irgendwann früh morgens unangemeldet vor der Haustür – ohne Rücksicht auf das gesellschaftliche Ansehen des potenziellen Steuersünders.

> **Arbeit nach den Regeln der Strafprozessordnung:**
>
> Fahnder dürfen Beweismittel beschlagnahmen, Wohnungen und Büros durchsuchen und Verdächtige vorläufig festnehmen. Sie sind außerdem befugt, im Umfeld des Verdächtigen zu ermitteln, bei Freunden, Lieferanten und Banken. Wirklich schützen kann sich vor den Durchsuchungsaktionen der Steuerfahnder niemand.

4. Wenn Steuerfahnder zur Durchsuchung kommen

Um die größtmögliche Wirkung zu erzielen, wird eine Durchsuchung nicht angekündigt. Doch wie soll man sich gegenüber ungebetenen Gästen verhalten? Wie lässt sich die Rechtmäßigkeit eines richterlichen Durchsuchungsbeschlusses überprüfen? Und wie die richterliche Durchsuchungsanordnung bei Gefahr im Verzug? Die folgenden Checklisten sollen Betroffenen und ihren Beratern helfen, sich im „Notfall" richtig zu verhalten.

Checkliste: Richtiges Verhalten bei einer Durchsuchung

1. Keine Verdunklungshandlungen vornehmen: Wenn Polizei, Steuerfahndung oder Staatsanwaltschaft einmal da ist, wird man sie mit keinem juristischen „Kniff" wieder los. Selbst wenn die Durchsuchung rechtswidrig wäre, würde man sie durch Verdunklungshandlungen schlimmstenfalls wieder legitimieren. Mit Verdunklungshandlungen kann man sich strafbar machen und läuft Gefahr, Haftgründe zu schaffen, die den Erlass eines Haftbefehls gegen einzelne Beschuldigte rechtfertigen.

2. Durchsuchung in geordnete Bahnen lenken:

■ **Ansprechpartner auf beiden Seiten benennen**

Auf Durchsuchungsseite ist der Durchsuchungsleiter erster Ansprechpartner für alle Fragen. Ihm sollte von Betroffenenseite ein Ansprechpartner benannt werden. Dabei empfiehlt es sich, einen mit der Durchführung von Durchsuchungen vertrauten Juristen zu beauftragen. Der Beschuldigte hat jederzeit das Recht, einen Rechtsanwalt hinzuzuziehen oder anzurufen.

■ **Durchsuchungsbeschluss aushändigen lassen**

Ermächtigungsgrundlage für eine Durchsuchung ist ein schriftlicher richterlicher Durchsuchungsbeschluss. Bei Gefahr im Verzug kann darauf im Einzelfall verzichtet werden. Beide Maßnahmen müssen auf ihre Rechtmäßigkeit geprüft werden.

■ **Durchsuchung räumlich und inhaltlich begrenzen**

Die Durchführung der Durchsuchung muss kontrolliert und begleitet werden. Dabei ist vor allem darauf zu achten, dass sie räumlich und inhaltlich nur so weit ausgedehnt wird, wie es der Durchsuchungsbeschluss ausdrücklich zulässt. Allen weiteren Maßnahmen ist zu widersprechen. Der Widerspruch muss dokumentiert werden. Am besten wird er im Anschluss an die Durchsuchung noch einmal unverzüglich schriftlich begründet und zu den Akten gereicht.

Fortsetzung: Checkliste: Richtiges Verhalten bei einer Durchsuchung

- **Kontrolliert kooperieren**

  Die negativen Auswirkungen einer Durchsuchung werden durch eine kontrollierte Kooperation eingeschränkt. Es empfiehlt sich, den Beamten eigene Räumlichkeiten zur Verfügung zu stellen. Dadurch wird die Aufmerksamkeit reduziert, ungewollte Kontakte zu Mitarbeitern unterbunden und ein „zielloses" Herumstöbern in Unterlagen verhindert, die nicht Gegenstand des Durchsuchungsbeschlusses sind. Für den Betroffenen besteht bei einer Durchsuchung keine Mitwirkungspflicht. Es empfiehlt sich jedoch eine stellenweise Kooperation. Beispielsweise die Nennung von EDV-Passwörtern. Dabei kann man sich darauf verständigen, dass die einschlägigen Dateien kopiert werden, die EDV aber – im Unternehmensfall – für den weiteren Geschäftsbetrieb zur Verfügung steht. Wird nach einzelnen Dokumenten gesucht, sollte im Sicherungsprotokoll vermerkt werden, dass der Betroffene mit der Herausgabe nicht einverstanden ist. Der Beschlagnahme sämtlicher Gegenstände sollte widersprochen werden, damit keine Rechtsverluste erlitten werden. Ein Widerspruch kann immer noch zurückgenommen werden.

3. Den Informationsfluss kontrollieren

Wenn die Durchsuchung schon nicht verhindert werden kann, darf später kein Zweifel bestehen, welche Informationen die Ermittlungsbehörden erhalten haben.

- **Beschlagnahmte Unterlagen kopieren**

  Alle sichergestellten oder beschlagnahmten Dokumente müssen exakt erfasst und bei Bedarf kopiert werden. Das darf von den Durchsuchungsbeamten nicht verboten werden. Sie sind zudem verpflichtet, ein genaues Sicherstellungsprotokoll zu erstellen, das eine Identifizierung der mitgenommenen Unterlagen verwechslungsfrei ermöglicht. Notfalls müssen Dokumente versiegelt werden, bis eine richterliche Entscheidung herbeigeführt wurde.

- **Keine Vernehmungen vor Ort**

  Die Durchsuchung dient dem Auffinden von Beweismitteln, sie soll keine Vernehmung vor Ort ermöglichen. Das Hausrecht bleibt insoweit unangetastet. Vernehmungen sollten grundsätzlich anwaltlich begleitet werden. Vor Ort sollte sich niemand zur Sache äußern.

Fortsetzung: Checkliste: Richtiges Verhalten bei einer Durchsuchung

- **Durchsuchung eigenständig dokumentieren**

  Die Durchsuchung sollte nachbereitet werden. Dazu müssen alle Beschuldigten erfasst und die Verteidigungsverhältnisse geordnet werden. Sodann ist zu prüfen, ob bei in Rede stehenden Steuerstraftaten noch Zeit und Anlass für eine Selbstanzeige besteht. Bei öffentlichkeitswirksamen Durchsuchungen sollte die Außendarstellung gegenüber Medien, Kunden, Lieferanten etc. überprüft und angepasst werden. Entschieden werden muss, ob gegen die Durchsuchung Rechtsbehelfe eingelegt werden sollen.

Checkliste: Rechtmäßigkeit des Durchsuchungsbeschlusses

1. Liegt ein schriftlicher Durchsuchungsbeschluss vor bzw. in welcher Form ergeht die Durchsuchungsanordnung?

Ein richterlicher Beschluss ist nicht zwingend schriftlich. Wurde dieser nur mündlich gegenüber der Staatsanwaltschaft erlassen, und die Anordnung an die ausführenden Beamten auch nur mündlich weitergegeben, sind die Ausführungen des Beamten wörtlich schriftlich festzuhalten bzw. mittels Tonaufnahme aufzuzeichnen.

2. Welches Gericht hat den Beschluss angeordnet bzw. war der anordnende Richter zuständig und wer hat den Beschluss beantragt?

Zuständig ist i. d. R. der Amtsrichter als Ermittlungsrichter des Gerichts, in dessen Bezirk die antragstellende Staatsanwaltschaft ihren Sitz hat. Der Richter wird nur auf Antrag der Staatsanwaltschaft tätig. Die Polizei darf keinen Antrag auf Durchsuchung stellen. Gleiches gilt für die Steuer- und Zollfahndung. Dies gilt dagegen nicht für die Straf- und Bußgeldsachenstelle der Finanzbehörde (§ 386 Abs. 1 Satz 2 AO), sofern sie im Steuerstrafverfahren das Ermittlungsverfahren nach § 386 Abs. 2 AO selbstständig durchführt. Sie nimmt dann die Rechte und Pflichten der Staatsanwaltschaft wahr und ist antragsbefugt.

Fortsetzung: Checkliste: Rechtmäßigkeit des Durchsuchungsbeschlusses

3. Enthält der Beschluss ein Datum bzw. wie lange liegt die Anordnung zurück?

Eine richterliche Anordnung verliert nach Ablauf eines halben Jahres ihre die Durchsuchung rechtfertigende Wirkung.

4. Spricht der Beschluss den Beschuldigten konkret an?

Grundsätzlich muss der Beschuldigte so konkret wie möglich aufgeführt werden. Nur in Ausnahmefällen ist bei Durchsuchung von Unternehmen ein Beschluss gegen „namentlich nicht bekannte Mitarbeiter und Kunden" zulässig.

5. Wird der Tatvorwurf in rechtlicher und tatsächlicher Hinsicht hinreichend konkretisiert?

Der Beschluss muss die Straftat in rechtlicher Hinsicht so genau bezeichnen, wie es ohne Gefährdung des Untersuchungszwecks und nach dem Stand der Ermittlungen möglich ist. Dieser Strafbarkeitsvorwurf ist anschließend mit aussagekräftigen Tatsachenangaben zu füllen, die konkret genug sind, um eine Subsumtion unter den aufgeworfenen Straftatbestand zu ermöglichen. Der Betroffene muss wissen, welches Verhalten ihm vorgeworfen wird. Dabei ist die Tat – ohne Gefährdung des Untersuchungszwecks – so genau als möglich zu bezeichnen.

6. Sind die Durchsuchungsobjekte hinreichend genau beschrieben?

Die Durchsuchungsobjekte müssen so konkret wie möglich aufgezählt und bezeichnet werden, um die Grenzen auch für den die Durchsuchung durchführenden Beamten eindeutig erkennbar zu machen. Bei Wohnungen genügt i. d. R. die Nennung der Wohnanschrift, bei Unternehmen die der Firmenanschrift. Bei mehreren zu durchsuchenden Niederlassungen eines Unternehmens sind diese genau zu bezeichnen. Bei Unternehmen, die sich mit weiteren Firmen Büroräumlichkeiten teilen, muss anhand des Beschlusses eine klare Abgrenzung vor Ort möglich sein. Sofern „andere", „besondere" Räumlichkeiten (z. B. ein Kfz) durchsucht werden sollen, sind diese genau zu bezeichnen. Die Klausel „und andere Räume" reicht nicht aus.

Fortsetzung: Checkliste: Rechtmäßigkeit des Durchsuchungsbeschlusses

7. Sind der Durchsuchungszweck und die sicherzustellenden Beweismittel angegeben?

Der Durchsuchungszweck muss ersichtlich werden. Dient die Durchsuchung dem „Auffinden von Beweismitteln", stellt deren Konkretisierung eine Begrenzung des Durchsuchungsbeschlusses dar. Ist eine genaue Bezeichnung nicht möglich, sind sie zumindest nach Art- oder Gruppenmerkmalen näher zu bezeichnen. Die Klausel „sämtliche als Beweismittel in Betracht kommenden Gegenstände" ist unzulässig.

8. Inwiefern muss der Beschluss Ausführungen zur Verhältnismäßigkeit enthalten?

Der Beschluss muss nur dann Ausführungen zur Verhältnismäßigkeit enthalten, wenn diese durch die Durchsuchung naheliegend erscheint (z. B. schwacher Tatvorwurf, geringe Erfolgswahrscheinlichkeit, Durchsuchung bei Angehörigen geschützter Berufe).

Checkliste: Gefahr im Verzug

[Anmerkung: Hier sollte geprüft werden, ob wirklich ein Eilfall vorliegt.]

1. Liegt ein schriftlicher Durchsuchungsbeschluss vor bzw. in welcher Form ergeht die Anordnung?

Auch in Eilfällen ergeht i. d. R. eine schriftliche Durchsuchungsanordnung der Staatsanwaltschaft oder des Leiters der Durchsuchung. Sie ist jedoch nicht zwingend. Insbesondere wenn sich im Lauf des Vollzugs einer ersten Durchsuchung eine weitere Durchsuchung als erforderlich erweist, kann es zu einer nur mündlichen Anordnung kommen. Sofern das der Fall ist, gelten die oben gemachten Ausführungen. Mündliche Ausführungen sind aufzuzeichnen. Sollte die Anordnung lediglich mittels konkludenten Handelns erfolgen, sind die nachfolgenden Punkte ausdrücklich zu erfragen – wobei die Rechtmäßigkeit eines solchen Vorgehens zwar höchstrichterlich ungeklärt, aber wohl unzulässig sein dürfte.

2. Wer hat den Beschluss angeordnet bzw. wer ist zuständig?

Die Eilkompetenz obliegt der Staatsanwaltschaft und ihren Ermittlungspersonen (Polizei). Die Polizei darf jedoch nur anordnen, wenn sie die Staatsanwaltschaft nicht erreichen konnte oder bereits durch den bloßen Versuch ein Beweismittelverlust droht. Sofern die Finanzbe-

Fortsetzung: Checkliste: Gefahr im Verzug

hörde das Ermittlungsverfahren im Steuerstrafverfahren nach § 386 Abs. 2 AO selbstständig durchführt, obliegt die Anordnungskompetenz im Eilfall sowohl den Beamten der Finanzbehörde als auch der Steuer- und Zollfahndung.

3. Wie wird der Eilfall begründet bzw. welche Tatsachen werden hierfür vorgetragen?

Ein Eilfall liegt vor, wenn die richterliche Anordnung nicht eingeholt werden kann, ohne dass durch die hiermit verbundene zeitliche Verzögerung der Zweck der Durchsuchung gefährdet wird. Es müssen konkrete, einzelfallbezogene Tatsachen vorliegen, die ein sofortiges Tätigwerden rechtfertigen, sprich: der Durchsuchungserfolg durch eine zeitliche Verzögerung vereitelt wird. Sie müssen im Beschluss oder in der mündlichen Anordnung dargelegt worden sein. Im Steuerstrafverfahren ist es zudem nicht zulässig, die Gefahr im Verzug damit zu begründen, es drohe ansonsten eine Selbstanzeige.

4. Wurde der Versuch einer – gegebenenfalls telefonischen – Kontaktaufnahme mit dem Gericht bzw. der Staatsanwaltschaft unternommen und was wurde entschieden?

Verzichtbar wird der Versuch einer Kontaktaufnahme zum Gericht bzw. zur Staatsanwaltschaft erst dann, wenn die Eilbedürftigkeit so hoch ist, dass durch den Versuch selbst bereits ein Beweismittelverlust droht. Wurde der Richter zwar erreicht, sieht sich aufgrund der Umstände (z. B. keine Ermittlungsakte) aber nicht zu einer Entscheidung in der Lage, kann sich die Staatsanwaltschaft auf Gefahr im Verzug stützen. Dies gilt allerdings nicht, wenn der Richter sich inhaltlich gegen die Durchsuchung entscheidet, das heißt deren Anordnung ablehnt.

5. Insoweit die beiden letztgenannten Punkte nicht aus der Durchsuchungsanordnung hervorgehen, gilt die Dokumentationspflicht (z. B. Vermerk).

Dokumentiert werden müssen die Gründe der Eilbedürftigkeit. Auch muss festgehalten werden, wann und wie der Versuch unternommen wurde, einen Richter bzw. Staatsanwalt zu kontaktieren bzw. weshalb davon Abstand genommen wurde. Und ist die Sachlage unklar, müssen der Tatvorwurf in rechtlicher und tatsächlicher Hinsicht sowie die sicherzustellenden Beweismittel in einem Vermerk aufgenommen werden.

Quelle: Kanzlei Friedrich Graf von Westphalen

5. Was Steuerfahnder bei Auslandskontakten interessiert

Liegen beim Steuerpflichtigen Rechts- oder Geschäftsbeziehungen zu Domizil-, Briefkasten-, Sitz- und Beteiligungsgesellschaften oder zu funktionslosen Holdings im Ausland – vorrangig in Niedrigsteuerländern – vor, sind Steuerpflichtige dazu verpflichtet, entsprechende Hintergrundinformationen zu beschaffen. Denn viele Auslandsgesellschaften werden nur treuhänderisch gehalten und dienen ausschließlich der Gewinn-, Einkunfts- oder Vermögensverlagerung. Geprüft wird daher vor allem, ob bloße Scheingeschäfte oder Scheinhandlungen getätigt wurden, ob die ausländische Gesellschaft tatsächlich rechtlich existiert, ob Zahlungsvorgänge belegt werden können, ob vom Zahlungsempfänger tatsächlich eine Leistung erbracht wurde oder ob die erbrachte Leistung als angemessen erscheint.

Die Fahnder stellen aber auch allgemeine Fragen zu den grenzüberschreitenden Geschäftsbeziehungen sowie zur gesellschaftsrechtlichen Struktur und internen Organisation der ausländischen Gesellschaft. Dabei geht es unter anderem um die Frage:

Liegt im Inland eine Betriebsstätte oder der Mittelpunkt der Geschäftsleitung vor, damit Einkünfte in **Deutschland** versteuert werden müssen?

Dann kommt es nämlich zur sogenannten Doppelansässigkeit. Die ausländische Gesellschaft ist in einem solchen Fall sowohl in Deutschland als auch im ausländischen Sitzstaat steuerpflichtig. Das gilt natürlich auch umgekehrt für die nach deutschem Recht gegründete Gesellschaft mit Sitz im Inland, Geschäftsleitung aber im Ausland.

Anzutreffen sind solche Konstellationen besonders dann, wenn es sich bei einer Tochter- oder Schwestergesellschaft um Domizil-, Sitz- und Beteiligungsgesellschaften sowie funktionslose Holdings, vorrangig in Niedrigsteuerländern/-gebieten, handelt.

6. Was Fahnder und Betriebsprüfer wissen wollen

Der Betriebsprüfer fragt zunächst nach dem konkreten Niederlassungsort der ausländischen Firma. Nehmen wir als Beispiel die **Schweiz**. Aus dem Regionenbuch erfahren Betriebsprüfer für diese Firma den handelsrechtlichen Domizilvermerk („c/o" oder „bei"), der nach den Schweizerischen Handelsamtregistervorschriften anzeigt, dass diese Gesellschaft gar kein eigenes Büro unterhält.

Die nächste Frage gilt den in der Firma tätigen Verwaltungsräten. Diese lassen sich leicht aus dem alphabetischen Handbuch der Verwaltungsräte heraussuchen. Und, siehe da, meist sind sie Multifunktionäre, die keiner aktiven Geschäftsführertätigkeit nachgehen.

Weiter wird geforscht, ob die Gesellschaft kundiges Personal beschäftigt, das in der Lage ist, den offiziellen Gesellschaftszweck zu erfüllen; ob beispielsweise Marketingfachleute bei einer Marketinggesellschaft beschäftigt sind. Häufig lautet das Ergebnis: Fehlanzeige.

Die Finanzverwaltung in **Frankfurt/Main** sammelt zusätzlich Material, das die typischen Maschen einzelner inländischer und ausländischer Berater aufzeigt und so zum Risikofaktor für deren Klienten wird. Der nächste Schritt der deutschen Finanzverwaltung bei der Aufklärung von sogenannten Auslandssachverhalten ist die Einholung einer internationalen Handelsauskunft. Diese kommt regelmäßig mit Bemerkungen wie „Domizilgesellschaft", „Auskünfte werden verweigert", „keine eigenen Angestellten" zurück. Auch das gibt ein schwaches Bild für den Steuerpflichtigen ab. Insbesondere dieser Ermittlungsweg und die Frage nach der kompetenten Geschäftsführung scheinen die Künstler-Konstruktionen über die **Niederlande** und die **Niederländischen Antillen** aufzubrechen.

Oft führt der Steuerpflichtige Anteilseigner oder Einheimische an, die einen normalen Geschäftszweck vortäuschen sollen. Die Existenz dieser Personen wird von der Finanzverwaltung mit einem ausführlichen standardisierten Fragebogen nach den Treuhandverhältnissen und anderen feinsinnigen Umwegkonstruktionen penetrant überprüft.

Auch die in der Not als Letztes vorgelegten Bilanzen sowie Gewinn- und Verlustrechnungen der Oasengesellschaften sind für die Finanzbeamten in vielen Fällen sehr aufschlussreich. Häufig zeigt ein Blick auf die Aufwandsseite, dass der Steuerpflichtige besonders „sparsam" ist. Manchmal fallen nicht einmal Telefonkosten an.

Auf der Ertragsseite ergibt sich oft genug, dass die ausländische Gesellschaft – voller Misstrauen – nur mit dem Steuerpflichtigen selbst und niemandem sonst Geschäfte macht.

Nervös geworden durch die Nachforschungen, kappt mancher Steuerpflichtige die Wirtschaftsbeziehungen zur Steueroase – ein Vorgehen, das jeder unabhängige Dritte bei einem solch lukrativen Geschäft niemals hingenommen hätte: ein weiterer Sargnagel.

Aber auch legale Gestaltungen, die an den Bestimmungen des Außensteuergesetzes ausgerichtet wurden, sind bei allen beteiligten Steuerverwaltungen streitanfällig. Das gilt für internationale Verrechnungspreise genauso wie für ausgelagerte Finanzierungsinstitute.

Fehlender Expertenrat kann teuer werden

Oft fehlt es bei diesen Konstruktionen an der notwendigen Überwachung durch Sachverständige. Die Folge ist, dass aus einstmals aktiven Gesellschaften durch Zinseinkünfte infolge Gewinnthesaurierung passive Auslandsgesellschaften werden. Weil sie dann diese Einkünfte nicht innerhalb von fünf Jahren ausgeschüttet haben, werden sie sowohl bei Thesaurierung als auch bei Ausschüttung voll in **Deutschland** besteuert (bis zu 100 Prozent).

Gewinnverlagerungen ins niedrig besteuernde Ausland geschehen meist aus Gefühlsaufwallungen. Werden die Gewinne zum Anteilseigner zurückgeholt, erhöhen sie letztlich die laufende Gesamtsteuerlast erheblich, provozieren zusätzlich vorzeitige Gewinnrealisierungen ohne Liquiditätszufluss, führen zu erhöhtem Verwaltungsaufwand und sind häufig kaum zurückzudrehen. Internationale Geschäftsbeziehungen setzen daher eine sorgfältige Spezialberatung und laufende Dokumentation voraus.

---

7. Internationale Amtshilfe

Intensiv wie selten zuvor durchsuchen deutsche Finanzämter derzeit Geschäfte mit Auslandsbezug, sogenannte Auslandssachverhalte. Ob Tomaten aus **Holland** eingeführt werden sollen, Autos aus **Tschechien** oder ein ganzer Maschinenpark aus **Lettland** – in der Regel wird vorab geprüft, ob der Lieferant überhaupt existiert, eine Umsatzsteuer-Identifikationsnummer besitzt und die Zollpapiere echt sind. Auf diese Weise versuchen die Steuerbehörden, Scheinfirmen aufzudecken. Sie spielen bei den Umsatzsteuerkarussells eine zentrale Rolle.

Zuerst waren es Autos, dann Kaffee und Wein, zwischendurch Teppiche, schließlich Computer und Handys. Jahrelang kauften und verkauften Wirtschaftskriminelle aus halb **Europa** Waren aller Art so lange im Kreis herum, bis der Fiskus draufzahlte. Dann entdeckten die Betrüger den Handel mit Verschmutzungsrechten, bei dem dies alles noch viel einfacher vonstatten ging. Schließlich mussten keine Tomaten, Pkw oder Mobiltelefone mehr hin- und hergeschickt werden, sondern nur noch Emissions-Zertifikate.

Inzwischen haben die Drahtzieher dieser Schiebereien das Stromgeschäft für sich entdeckt. Megawattstunden werden in Umsatzsteuer-Karussellen so lange im Kreis veräußert, bis den Finanzbehörden ganz schwindelig ist. Firmen aus dem In- und Ausland kassieren Steuererstattungen und verschwinden anschließend noch schneller, als sie aufgetaucht sind. Wenn sich der Staat am Ende der Lieferkette die ausbezahlten Gelder zurückholen will, ist meist nichts mehr da – weder Firmen noch Geld.

EU-Mehrwertsteuerbetrug – ein Karussellgeschäft

Allein dem deutschen Fiskus gehen nach Schätzungen des *ifo Instituts* jährlich durch Umsatzsteuerbetrug rund 17 Milliarden Euro verloren, davon entfallen rund zwei Milliarden auf den grenzüberschreitenden Karussellbetrug. Europaweit liegen die Verluste durch Mehrwertsteuerbetrug sogar bei 100 Milliarden Euro. Doch am richtigen Weg zur

Steuerfahnder auf der Jagd

Fortsetzung: EU-Mehrwertsteuerbetrug – ein Karussellgeschäft

Bekämpfung des Umsatzsteuerbetrugs scheiden sich innerhalb der EU die Geister. Die einen mahnen eine konsequentere Kontrolle und Strafverfolgung in den Mitgliedstaaten an, die anderen fordern mehr *EU*-Kompetenzen in der Betrugsbekämpfung, wieder andere sehen das Heil in einem Systemwechsel bei der Umsatzsteuererhebung.

Attraktiv ist diese Form des Betrugs, weil er wenig Aufwand erfordert, die Gewinne hoch und die Entdeckungsrisiken gering sind. **Deutschland** ist von den Betrügereien überdurchschnittlich betroffen, weil die Steuerbehörden im Vergleich zu den romanischen Ländern die Steuer schneller erstatten und es Betrügern damit erleichtern, abzutauchen und Nachprüfungen zu entgehen. Bei allen Unterschieden in der Verfolgung haben die *EU*-Mitgliedstaaten eines gemeinsam: Sie hüten ihre steuerpolitischen Kompetenzen. Das erschwert die grenzüberschreitende Betrugsbekämpfung.

Das Geschäft auf Kosten des Fiskus lässt sich beliebig wiederholen, indem Waren mehrfach im Kreis über die Grenze geschleust werden, bis ein konkurrenzlos niedriger Preis sowohl einen ordentlichen Profit als auch eine marktbeherrschende Stellung garantiert. Die Umsatzsteuer-Karusselle profitieren dabei von den komplizierten Gesetzen, der Zersplitterung der Steuerverwaltung und davon, dass die Zuständigkeiten der Strafverfolger unklar sind. Bis sich die Staatsanwaltschaft eines Falles annimmt, vergehen oft mehrere Monate, zuweilen Jahre.

Wie der Karussellbetrug funktioniert

Betrüger nutzen den Umstand, dass Lieferungen über die *EU*-Binnengrenze umsatzsteuerfrei sind. Sie bauen grenzüberschreitende Lieferketten, vor allem mit hochwertigen Waren auf. Dabei liefert eine „Zwischengesellschaft" Waren steuerbefreit an eine in einem anderen *EU*-Staat beheimatete Scheinfirma (Missing Trader). Diese liefert die Waren im Inland an den Drahtzieher des Betrugs (Broker) oder andere zwischengeschaltete Mittelsmänner weiter und meldet die Umsatzsteuer für diese Lieferung an, führt diese jedoch nicht ab. Das Finanzamt zahlt die Vorsteuer aus, ohne die der Vorsteuer entsprechende Umsatzsteuer vom inzwischen untergetauchten oder zahlungsunfähig gewordenen Missing Trader einziehen zu können. Dieses Geschäft lässt sich immer weiter betreiben: Anschließend kann der Broker wieder eine steuerbefreite Lieferung an die Zwischengesellschaft anmelden, der Betrug beginnt von vorne.

Fortsetzung: EU-Mehrwertsteuerbetrug – ein Karussellgeschäft

Das ist möglich, da nach dem gegenwärtigen *EU*-Steuersystem die Mehrwertsteuer nicht im Ursprungs-, sondern im Bestimmungsland der Ware und Dienstleistung entrichtet werden muss. Den Steuerbehörden entgeht der Betrug, weil sich die Zusammensetzung der beteiligten Unternehmen oft rasch ändert und dieser im Rahmen langer, komplizierter und grenzüberschreitender Umsatzketten stattfindet.

Eine Änderung der Erhebungsverfahren soll hier Abhilfe schaffen. **Österreich** hat in **Brüssel** einen Antrag eingereicht, das geltende System mit Vorsteuerabzugsmöglichkeit für Umsätze zwischen den Unternehmen durch das „Reverse-Charge-Modell" zu ersetzen. Bei diesem Verfahren wird die Steuerschuld für einen steuerpflichtigen Umsatz in der Unternehmenskette auf den Empfänger der Ware oder Dienstleistung übertragen. Noch zeigt sich die *EU-Kommission* reserviert, sie hat juristische und wirtschaftliche Bedenken. Solange der Streit innerhalb der *EU* über den Systemwechsel und eine strengere Strafverfolgung weitergeht, kann auch der lukrative Karussellbetrug weitergehen.

Karussellbetrug in der Europäischen Union

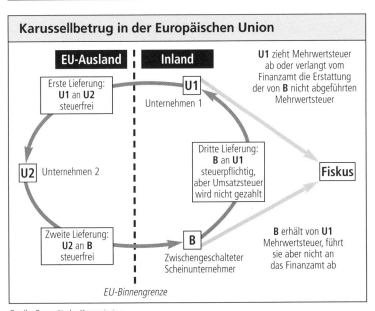

Quelle: Europäische Kommission

Welche Dimension das annimmt, hat das dem *Bundesfinanzministerium* unterstellte *Bundesamt für Steuern* in Zusammenarbeit mit *Interpol* ermittelt: Beim Emissionshandel entstand innerhalb weniger Monate in **Europa** ein Schaden von 5 Milliarden Euro. Die Akteure stammen aus halb **Europa**, von **Zypern** über **Dänemark** bis **Spanien**. Die Hintermänner sitzen am **Persischen Golf**, in **Singapur** und **Hongkong**. Nachdem allein der deutsche Fiskus beim Emissionshandel rund 1 Milliarde Euro verloren hat, haben die Behörden dem kriminellen Treiben inzwischen Einhalt geboten. Der Fiskus erstattet keine Umsatzsteuer mehr.

Doch was bei der Umsatzsteuer künftig nicht mehr geht, ist bei der Körperschaftsteuer noch immer möglich. Anfang 2012 wurden in **Frankfurt/Main** zwei Männer festgenommen, die zusammen mit Komplizen 450 Millionen Euro Körperschaftsteuer hinterzogen haben sollen. Doch nicht nur das – den Männern wird von der *Generalstaatsanwaltschaft Frankfurt* auch Geldwäsche vorgeworfen. Die Bande hat seit 2004 mit Firmenanteilen gehandelt. Der Betrug lief so: Die beiden Männer hatten als Sitz ihrer Gesellschaft die Steueroase **Zypern** angegeben. Dort fällt keine Körperschaftsteuer an (s. S. 335). Tatsächlich wurden die Geschäfte aber in **Frankfurt** getätigt. Deshalb hätten diese auch in **Deutschland** bei der Steuererklärung angegeben werden müssen, was jedoch nie geschah.

Bei einem Körperschaftsteuersatz von 15 Prozent ist der Steuerschaden von 450 Millionen Euro gewaltig: Die Betrugsfirmen müssen in nur wenigen Jahren Gewinne von 3 Milliarden Euro erzielt haben.

Doch die internationale Zusammenarbeit bei der Bekämpfung grenzüberschreitender Steuerbetrügereien wird immer enger. Mittlerweile gibt es in **Europa** kaum noch Schlupflöcher. Immer häufiger versorgen auch deutsche Steuerfahnder ihre ausländischen Kollegen mit Unterlagen. Sie handeln nach dem *EG-Amtshilfegesetz (EGAHiG)*, welches den länderübergreifenden Informationsaustausch zwischen Mitgliedern der *EU* regelt. Dabei gehen sie bis an die Grenzen der Legalität – manchmal sogar darüber hinaus.

8. Was Steuersünder erwartet

Wer Steuerhinterziehung in Millionenhöhe begeht, muss ins Gefängnis. Werden Steuern von über einer Million Euro hinterzogen, sind Gefängnisstrafen von mehr als zwei Jahren fällig – eine Aussetzung zur Bewährung scheidet aus. Bereits bei Beträgen ab 10 000 Euro müssen laut *BGH* in der Regel Freiheitsstrafen verhängt werden. Bei bis zu 50 000 Euro hinterzogene Steuern sind im Normalfall Geldstrafen fällig, bis 10 000 Euro kommt es auf den Einzelfall an. Bei Millionenbeträgen ist zudem üblicherweise eine öffentliche Hauptverhandlung zwingend. Damit wird künftig eine außergerichtliche Beilegung von Steuerfällen kaum noch möglich sein. Jenseits der Millionengrenze ist nach einem *BFH*-Urteil von Anfang 2012 eine Freiheitsstrafe von mehr als zwei Jahren angemessen, die dann nicht mehr zur Bewährung ausgesetzt werden darf. Und wer wegen Steuerhinterziehung zu 91 Tagessätzen und mehr verurteilt wird, ist vorbestraft.

Das Steuerhinterziehungsbekämpfungsgesetz

Das 2009 in **Deutschland** in Kraft getretene *Gesetz zur Bekämpfung schädlicher Steuerpraktiken und der Steuerhinterziehung* entfaltet bei Steuerpflichtigen seine abschreckende Wirkung. Vor allem bei jenen, die über Auslandsvermögen verfügen, das bislang gegenüber dem Fiskus geheim gehalten wurde.

Das Gesetz enthält nicht nur erweiterte Möglichkeiten der Finanzbehörden zur Aufklärung ausländischer Sachverhalte. Zentraler „Knackpunkt" ist die Regelung, dass Steuerpflichtige – sofern aufgrund objektiver und konkret erkennbarer Anhaltspunkte Anlass zur Vermutung besteht, dass diese Geschäftsbeziehung zu Finanzinstituten in Ländern, die als Steueroasen gelten, unterhalten – nach Aufforderung der Finanzbehörde die Richtigkeit und Vollständigkeit der Angaben in ihrer Steuererklärung an Eides statt versichern müssen. Verweigert der Steuerpflichtige das, drohen hohe Steuerschätzungen.

Fortsetzung: Das Steuerhinterziehungsbekämpfungsgesetz

Was Steuerhinterzieher erwartet

Grundsätzlich:

- Nachversteuerung für den Hinterziehungszeitraum
- Sechs Prozent Hinterziehungszinsen p.a.
- Eintragung der Strafe in das Bundeszentralregister

Was hinzu kommt:

- Hinterzogene Steuern p.a. bis 50 000 Euro: im Normalfall Geldstrafe
- Hinterzogene Steuern p.a. ab 50 001 Euro: gilt als besonders schwerer Fall, Geldstrafe
- Hinterzogene Steuern p.a. ab 100 000 Euro: Geldstrafe, in der Regel Haftstrafe auf Bewährung
- Hinterzogene Steuern p.a. ab einer Million Euro: Geldstrafe, in der Regel Haftstrafe **ohne** Bewährung

9. Steuerpflichtige zwischen legaler Steuergestaltung und Hinterziehung

Die Veröffentlichung von Daten aus Steueroasen vergrößert bei Steuerpflichtigen die Unsicherheit darüber, was im Steuerrecht strafbar und was erlaubt ist. Beispielsweise wie einfach das deutsche Steuerrecht mithilfe der Zwischenschaltung einer „Panama-Gesellschaft" oder der Anonymisierung einer Kontobeziehung zu umgehen ist – legal wie illegal.

Auf die Frage „*Wo fängt geschickte, aber legale Steuergestaltung an, und wo geht es um reine Steuerbeziehung?*" gibt das deutsche Steuerrecht Antworten. Die Grundregel lautet, dass „*eine Steuergestaltung dann nicht als strafbare Steuerhinterziehung geahndet werden kann, wenn der Steuerpflichtige den zu beurteilenden Sachverhalt dem Finanzamt offengelegt hat*". Dabei steht es dem Steuerpflichtigen frei, auch eine abweichende Rechtsauffassung zu vertreten, wenn er die Tatsachenbasis nur offenlegt. In diesen Fällen ist es erforderlich, dass der Steuerpflichtige eine Anlage zur Steuererklärung anfertigt und den Sachverhalt derart vollständig schildert, dass das Finanzamt den Fall – mitunter auch abweichend – würdigen kann.

Steuerlich wird eine Gestaltung dann nicht anerkannt, wenn sie allein der Steuervermeidung dient und aus wirtschaftlicher Sicht keinen Sinn macht. Wer demnach eine Offshore-Gesellschaft gründet, die wirtschaftlich inaktiv ist und nur auf dem Papier existiert, kann keine Gewinnverlagerung erreichen. Ohnehin darf sich derjenige, der dem langen Arm des Fiskus legal entgehen möchte, keine allzu großen Hoffnungen machen. Wer **Deutschland** verlässt und etwa in die **Schweiz** verzieht, unterliegt der sogenannten Wegzugbesteuerung (s. S. 114). Das bedeutet, dass zum Beispiel stille Reserven einer Kapitalgesellschaft ermittelt und versteuert werden.

Übersehen wird auch, dass für Schenkungen im Ausland das deutsche Steuerrecht nach dem Wegzug noch Anwendung finden kann. Problematisch kann es werden, wenn der Wegzügler sich weiterhin in **Deutschland** aufhält (s. S. 115). Der gewöhnliche Aufenthalt verlangt eine Anwesenheit von mehr als 183 Tagen. Er ist unter Umständen aber auch dann unbeschränkt einkommensteuerpflichtig, wenn er nur eine Wohnung innehat. Auf die Verweildauer kommt es dann nicht mehr an. Es gibt weitere Regelungen im Außensteuerrecht, die über eine Form der Hinzurechnungsbesteuerung deutsche Steueransprüche sichern.

Immer dann, wenn im Rahmen einer steuerlichen Betriebsprüfung dubiose Zahlungen enttarnt werden, sind die Finanzbehörden verpflichtet, die Staatsanwaltschaft einzuschalten. Eine Zahlung an eine Offshore-Gesellschaft würde die Ermittler auf den Plan rufen. Weil bei Briefkastenfirmen gezielt eine Verschleierung der tatsächlichen Verhältnisse erreicht werden soll, kann dies aus Gründen der Untreue (Stichwort: „Schwarze Kasse"), der Steuerhinterziehung oder der Korruption erfolgt sein. Auch verfügt das *Bundeszentral-*

amt für Steuern über große Dateien, in der Erkenntnisse über solche Gesellschaften gesammelt und ausgewertet werden. Zudem lässt das Steuerrecht Zahlungen dann nicht zum Betriebsausgabenabzug zu, wenn der sogenannte Endempfänger nicht benannt werden kann. Ist daher nicht transparent, wer eine Zahlung erhalten hat, werden die Betriebsausgaben nicht anerkannt. Offshore-Gesellschaften haben deshalb im eigentlichen Steuerrecht ihre Bedeutung verloren.

Bei den Enthüllungen von „Offshore-Leaks" geht es demnach weniger um wirtschaftlich tätige Unternehmungen als um privates Vermögen, das schlicht der Besteuerung entzogen werden soll. Wer eine solche Gesellschaft zwischengeschaltet hat, vergrößert sein Entdeckerrisiko eher als es zu mindern. Wenn etwa eine Offshore-Gesellschaft als Inhaberin eines Bankkontos auftreten soll, weil in den Aufzeichnungen der Bank die natürliche Person, die hinter dem Konstrukt steht, ebenfalls dokumentiert wird.

Noch größer wird das Risiko, wenn das Konstrukt aus Stiftungen und Offshore-Gesellschaften besteht. Dann sind an drei Stellen Spuren vorhanden:

- bei der kontoführenden Bank
- bei den Verwaltern der Stiftung oder Offshore-Gesellschaft
- bei den Verantwortlichen der Offshore-Gesellschaften

Es war daher eigentlich nur eine Frage der Zeit, wann neben Daten-CDs von Banken und Stiftungsunterlagen aus **Liechtenstein** auch Informationen von Offshore-Verwaltern auftauchen.

Freude daran haben nur die Strafverfolger. So wie etwa Mitte April 2013, als die Finanzbehörden den Ankauf einer weiteren Steuer-CD mit rund 10 000 Kundennamen bei Schweizer Banken meldeten. Darüber hinaus werden Steuermehreinnahmen von etwa 500 Millionen Euro sowie weitere Selbstanzeigen erwartet.

10. Was Steuersündern bleibt

Die Flucht vor dem Fiskus macht blind: Viele auf den ersten Blick attraktive Steuersparmöglichkeiten im In- und Ausland werden ungeprüft ergriffen, sofern damit nur ein „Steuervorteil" gesichert werden kann. Steuerflüchtlinge sollten sich ernsthaft fragen, wofür ein „schwarzes" Vermögen im Ausland überhaupt nützt:

- Ein- und Auszahlungen auf dem elektronischen Weg hinterlassen Spuren und scheiden damit aus.
- Der Erwerb einer Immobilie in **Deutschland** wirft die Frage nach der Mittelherkunft auf.
- Beim Erwerb einer Auslandsimmobilie erfolgt in vielen Ländern eine Kontrollmitteilung an den Fiskus im Heimatstaat.
- Bleibt nur der Luxusurlaub, der bar im Ausland beglichen wird – in **Deutschland** erfolgt bei einer Reisebüro-Betriebsprüfung bei gebuchten Luxusreisen in der Regel eine Kontrollmitteilung.

Ob diese Perspektive das steuerstrafrechtliche Risiko aufwiegt, mag zu bezweifeln sein. Dies gilt auch für andere Modelle wie

- das Umschichten schwarzer Konten oder Depots in **Liechtensteiner** oder **Luxemburger Lebensversicherungen** – diese müssen das biometrische Risiko abdecken (Todesfall),
- das Parken von Schwarzgeld in **Zero-Bonds** – häufig nur kurze Laufzeiten, vorzeitige Kündigung, Emittenten-Ausfall,
- **Schließfach-Lösungen** – die Bank muss Buch führen, mögliche Zwangsleerung angesichts der hohen Staatsverschuldung, Währungswechsel,
- **Gold im Schließfach** oder **Gold Trades** – Inflationsrisiko, Entdeckungsrisiko, Marktrisiken, Schließfachgebühren,
- **Kauf effektiver Stücke** – das ist ohne eine bereits bestehende Bankverbindung in Europa nicht mehr möglich,
- **Offshore-Gesellschaften**, **Stiftungen & Trusts** – zunehmend strengere internationale Kontrollen und Informationsaustauschabkommen. Denn bleibt der Investor in **Deutschland**, müssen diese Alternativen mindestens zehn (besser zwölf) Jahre Verjährungsfrist

überstehen. Dafür bedarf es bei Steuersündern starker Nerven. Als vernünftige Optionen bleiben da nur der Schwarzgeldeinsatz in **thesaurierende deutsche Fonds** oder der **Wegzug ins Ausland**.

- **Thesaurierende Fonds:** Sie führen die Abgeltungsteuer bereits auf Fondsebene ab – egal ob die Fondsanteile bei einer Bank in **Deutschland** oder im Ausland deponiert sind. Anleger brauchen die Steuer auf Zinsen und Dividenden somit nicht in ihrer Jahressteuererklärung deklarieren. Damit wird Schwarzgeld weiß. Darüber hinaus wird der Steuersünder über die Abgeltungsteuer aus dem Schwarzgeld-Dilemma entlassen. Aber auch hier gilt für das eingesetzte Schwarzgeld die zehnjährige Verjährungsfrist.

- **Wegzug:** Der Wegzug in ein anderes Land mit Abgeltungsteuer ist die eleganteste Lösung. Denn die Frage nach der Herkunft des dabei transferierten Geldes aus dem Ausland wird bei einem Steuerwechsel kein Thema sein. Auf laufende Erträge sind im Zuzugsland sofort Steuern zu zahlen. Zwar bleibt – aus deutscher Sicht – die zehnjährige Verjährungsfrist bestehen, es erfolgt jedoch die sofortige Wandlung von Schwarzgeld in Weißgeld. Das kann dann vom Ex-Steuersünder in jedweder Form investiert werden (auch in **Deutschland**).

Ansonsten bleibt für Steuersünder auf dem Weg zurück in die Steuerehrlichkeit nur die **Selbstanzeige**. Davon haben Steuersünder vor allem nach den Ankäufen der Steuer-CDs mit Kundendaten Schweizer und Liechtensteiner Banken reichlich Gebrauch gemacht. Über 50 000 Selbstanzeigen wurden in den letzten drei Jahren verzeichnet.

Der Weg zurück in die Steuerehrlichkeit

6

1. Schärfere Regeln für strafbefreiende Selbstanzeigen

Nicht erst seit der „Offshore-Leaks"-Affäre nimmt das Tempo im Kampf gegen Steuerhinterziehung zu, und die Betroffenen geraten unter Zugzwang. Nachdem das Steuerabkommen mit der **Schweiz** Ende 2012 gescheitert ist, stellt sich für viele die Frage, wie es weitergehen soll. Eine Selbstanzeige kann grundsätzlich helfen, sie ist eine kleine Amnestieregelung. Ihr Vorteil liegt darin, dass sie die Strafbarkeit der Vergangenheit beseitigt, unter Wahrung des Steuergeheimnisses abgewickelt wird und grundsätzlich zu der Steuerbelastung führt, die der Steuerpflichtige in den letzten zehn Jahren geschuldet hat – von ein paar Nachzahlungen einmal abgesehen.

Doch greift eine Selbstanzeige auch für die „Offshore-Leaks"-Fälle? Im Gegensatz zu den Steuer-CDs ist das Datenmaterial hier verschiedenen Medienhäusern bekannt, den Ermittlungsbehörden aber (noch) nicht. Das bedeutet, dass die Ermittlungsbehörden derzeit auch noch keine konkreten Ermittlungsmaßnahmen gegen einzelne Steuersünder einleiten können. Nun stellt sich die Frage, ob eine Selbstanzeige deswegen nicht möglich sein könnte, weil die Betroffenen mit ihrer Tatentdeckung jetzt rechnen müssen und dies bereits ausreicht, um die Selbstanzeige auszuschließen.

Hiergegen spricht zum einen der Gesetzeswortlaut, der kumulativ die objektive Tatentdeckung durch die Ermittlungsbehörden voraussetzt. Zum anderen der Umstand, dass derzeit zu wenig Fakten bekannt sind und ungewiss ist, ob und welche Daten überhaupt in den Besitz der Ermittlungsorgane gelangen. Das darf jedoch nicht darüber hinwegtäuschen, dass zu dieser Frage keine Rechtsprechung bekannt ist und insofern Unsicherheit besteht. Das Rennen um die Erlangung der Straflosigkeit hat also begonnen – ein Rennen gegen die Sanduhr. Wie sagte ein Steuerfahnder kürzlich: *„Wer mit der Selbstanzeige die weiße Flagge hisst, wird von uns* *mit offenen Armen aufgenommen. Derjenige, den wir aufspüren müssen, kann bestenfalls mit offenem Vollzug rechnen."*

Schwarzgeld und Steuerhinterziehung werden in **Deutschland** energisch bekämpft. Dafür wurde die Form der strafbefreienden Selbstanzeige 2011 und 2012 verschärft. Eine Strafbefreiung ist nur noch möglich, wenn der Steuersünder auf den Weg der Steuerehrlichkeit zurückkehrt. Jetzt reicht es nicht mehr, mehrere heimliche Auslandskonten zu offenbaren, deren Aufdeckung man gerade fürchtet. Stattdessen müssen alle Konten bekannt gegeben werden.

Die Verschärfung lässt sich dadurch erklären, dass dem Fiskus inzwischen taugliche Waffen in die Hand gegeben sind. Mit neuen Doppelbesteuerungsabkommen ist eine hinreichende Möglichkeit des Informationsaustausches geschaffen worden. Damit besteht kein Bedürfnis mehr, Steuerhinterzieher mit Samthandschuhen anzufassen. Hinzu kamen seit 2008 ständig neu auftauchende Daten-CDs. Bis heute haben sich über 50 000 Steuersünder bei den Finanzbehörden aus Angst vor Enttarnung selbst angezeigt, über drei Milliarden Euro nachdeklarierter Steuern flossen in die Staatskasse.

Ein Taktieren wird für Steuerhinterzieher künftig sinnlos. Das Motto lautet daher: Selbstanzeige – vollständig oder gar nicht. Die hohen Verzugszinsen sind dann Strafe genug.

Selbstanzeige

Ziel einer Selbstanzeige ist es, Straffreiheit zu sichern. Gleichzeitig beseitigt sie steuerliche Verfehlungen der Vergangenheit, ohne dass eine Strafe verhängt wird. Doch auch die hat ihren Preis. Auf der steuerlichen Seite erfolgt im Rahmen der Selbstanzeige eine Nachveranlagung der letzten zehn Jahre. Dabei wird der Zustand hergestellt, der bestünde, wenn der Steuerpflichtige seinerzeit korrekte Steuererklärungen abgegeben hätte. Für die Jahre, die vor der Verjährungsfrist von zehn Jahren liegen, greift die Verjährung.

> **Vorsicht:** Häufig betrauen reuige Steuersünder ihren bisherigen Steuerberater mit der Bearbeitung ihres Steuerproblems. Dabei wissen sie nicht, dass so der Schritt zur Selbstanzeige zwingend und eine alternative Beratung nicht mehr möglich ist. Der Berater darf das Mandat nur weiterführen, wenn tatsächlich eine Selbstanzeige gestellt wird. Erfolgt diese nicht, muss der „Alt-Berater" zwingend sein Gesamtmandat niederlegen. Sinnvoll ist es daher, in die Vorüberlegungen zur und mit der späteren Erstellung der Selbstanzeige einen neutralen Experten zu beauftragen.

2. Wann ist eine Selbstanzeige im CD-Fall wegen Tatentdeckung ausgeschlossen?

Der Ankauf von CDs mit Daten von Bankkunden hält an. Damit stellt sich auch künftig für alle Betroffenen die Frage, ob sie eine strafbefreiende Selbstanzeige (§ 371 AO) erstatten sollen. Neben dem Erfordernis, sogleich eine vollständige Nachmeldung abzugeben, müssen bestimmte Ausschlussgründe beachtet werden, die auf den Ausschlussgrund der Tatentdeckung abstellen.

Nach § 371 Abs. 2 AO gibt es vier Sperrgründe. Drei Ausschlussgründe bereiten in der Praxis keine besonderen Probleme: Wenn für den Steuerpflichtigen und dessen Berater eindeutig erkennbar ist, ob

- eine Prüfungsanordnung ergangen ist (§ 371 Abs. 2 Nr. 1a AO),

- ein Strafverfahren bekannt gegeben wurde (§ 371 Abs. 2 Nr. 1b AO) oder

- ein Prüfer erschienen ist (§ 371 Abs. 2 Nr. 1c AO).

Delikat ist allerdings der Ausschlussgrund der Tatentdeckung nach § 371 Abs. 2 Nr. 2 AO. Brisanz entsteht aufgrund von Meldungen, wonach die Finanzverwaltung zunehmend die Wirkung von Selbstanzeigen in Frage stellt. Es ist aber keineswegs ausgemacht, dass Tatentdeckung eintritt und eine Selbstanzeige schon dann verspätet ist, wenn Medien über bestimmte CD-Ankäufe berichten oder die ausländische Bank ihre Kunden über den Datenverlust informiert.

Für den Ausschlussgrund der Tatentdeckung sind zwei Punkte erforderlich:

- Objektiv muss eine der (angezeigten) Steuerstraftaten ganz oder zum Teil entdeckt sein.

- Hinzu kommt als subjektives Element, dass der Täter mit der Entdeckung rechnen muss. Dies trifft zu, wenn er definitiv davon wusste und damit rechnen musste.

Der Zeitpunkt der Entdeckung ist eine verwaltungsinterne Maßnahme, die der Steuerpflichtige nicht erfahren kann. Insofern besteht hierbei immer eine Unwägbarkeit. Die Unsicherheit ist erst mit Bekanntgabe eines Strafverfahrens vorbei.

Entdeckung besteht immer aus zwei Komponenten:

- Information an die Allgemeinheit der Bankkunden oder Berichterstattung

- Aktenkundige Abgleichung mit den Steuerakten (nur in Ausnahmekonstellationen wie etwa kriminellen Handlungen kann eine Entdeckung ohne Abgleich angenommen werden)

Ob diese im Einzelfall vorliegen, lässt sich kaum im Vorfeld beurteilen. Auch das Wissen oder „Damit-Rechnen-Müssen" der Tatentdeckung muss zweifelsfrei bestehen. Selbst bei befürchteter Tatentdeckung kann eine Selbstanzeige sinnvoll sein. Denn auch eine verspätete Selbstanzeige führt in der Regel immer zur Strafmilderung. Und sie erspart die oft unangenehmen Besuche der Steuerfahndung. Im Streitfall entscheiden Strafgerichte und nicht die Finanzverwaltung über das Kriterium der Tatentdeckung.

Quelle: RA Dr. Oliver Löwe-Krahl

3. Schwarzes Erbe legalisieren

Immer wieder stehen Erben vor dem Problem, dass sie nicht wissen, wie sie mit schwarzem Erbvermögen umgehen sollen. Aber auch Steuersünder wollen zunehmend „sauberes" Erbe hinterlassen und suchen nach geeigneten Wegen. Wird nach einem Erbfall bekannt, dass schwarzes Vermögen vorhanden ist, stehen die Erben oft vor einem unlösbaren Problem. Einerseits möchten sie das Erbe antreten, andererseits haben sie vielfach kein Interesse daran, die Last des illegalen Vermögens zu tragen. Insbesondere wenn es sich um eine Erbengemeinschaft handelt, sind die Risiken der Entdeckung hoch. Die Erfahrung zeigt, dass es gerade in Erbengemeinschaften mindestens einen gibt, der nichts mit Schwarzgeld zu tun haben will. Folge: Die Erbengemeinschaft muss sich einigen und einen gemeinsamen Weg finden.

Für solche Fälle gibt es eine vorteilhafte juristische Sonderregelung: Findet sich in einem Nachlass unversteuertes Vermögen, müssen die Erben kein Steuerstrafverfahren fürchten, da sie nicht für die Steuerhinterziehung des Erblassers verantwortlich waren und demnach auch nicht belangt werden können. Allerdings haften die Erben grundsätzlich für die aus der Steuerhinterziehung zu entrichtenden Steuerschulden. Ab dem Zeitpunkt, zu dem Erben geerbte Vermögenswerte wie bisher fortführen, werden sie automatisch selbst zu Steuerhinterziehern, mit allen juristischen und finanziellen Konsequenzen.

Erben müssen deshalb schnell entscheiden, ob das Geld zu diesem juristisch günstigen Zeitpunkt legalisiert werden soll:

■ Die Überlegung, das Erbe auszuschlagen, kann dabei eine Rolle spielen, wird aber in den meisten Fällen keine Vorteile bringen. Schlagen die Erben die Erbschaft aus, müssen sie auch auf das legale Vermögen verzichten. Ein Ausschluss nur illegaler Teile ist nicht möglich.

■ Entschließen sich die Erben, das Vermächtnis anzunehmen, müssen sie das Nachlassvermögen nachdeklarieren und die hinterzogenen Steuern des Erblassers nachzahlen. Dazu reicht in der Regel eine Berichtigungserklärung, eine Selbstanzeige ist nicht erforderlich. Bei der Richtigstellungserklärung müssen die hinterzogenen Steuern des Erblassers, die der Erben sowie die entstandene Erbschaftsteuer nachversteuert werden.

4. Besonderheiten bei Erbschaft- und Schenkungsteuer

Für hinterzogene Erbschaft- und Schenkungsteuer gelten verlängerte Verjährungszeiträume:

- Im Erbfall beginnt die Festsetzungsfrist nicht vor Ablauf des Kalenderjahres, in dem der Rechtsnachfolger von seinem Erbe Kenntnis erlangt hat. Dies kann erhebliche Zeit nach dem Todesfall liegen, etwa im Fall eines hinterlegten Testaments.

- Bei Schenkungen beginnt die Festsetzungsfrist nicht vor Ablauf des Kalenderjahres, in dem der Schenker gestorben ist oder die Finanzbehörde über die vollzogene Schenkung Kenntnis erlangt hat. Bei verschenktem Schwarzgeldvermögen wird naturgemäß weder eine Erwerbsanzeige erstattet noch eine Steuererklärung abgegeben, sodass die Verjährungsfrist erst nach dem Tod des Schenkers beginnt. Die Festsetzungsfrist beträgt vier Jahre, verlängert sich aber bei leichtfertiger Steuerverkürzung auf fünf beziehungsweise zehn Jahre, wenn es infolge des Unterlassens einer Erwerbsanzeige zu einer Steuerhinterziehung gekommen ist.

Schwieriger wird es, wenn unversteuertes Vermögen von Familienunternehmern vererbt wird. Den Alleinerben fehlen dann häufig die Finanzmittel, um die Steuerschulden und Zinsen zu bezahlen. Müssen deshalb Unternehmensanteile veräußert werden, entfällt die Vergünstigung der Erbschaftsteuer.

Ist es einem Unternehmer nicht möglich, unversteuertes Vermögen vor seinem Tod zu legalisieren, sollte dies bei der Vermögensverteilung berücksichtigt werden. Der Erblasser hinterlässt in diesem Fall dem Unternehmenserben zusätzliche Finanzmittel als Liquiditäts-puffer. Offenbart sich der Unternehmer gegenüber den Finanzbe-hörden, könnte er ebenfalls bedachte Geschwister in Bedrängnis bringen. Den Erben droht dann nicht nur eine Nachzahlung hinter-zogener Einkommensteuer auf Zinsen, sondern auch eine Nach-zahlung von Erbschaftsteuer aus dem ursprünglichen Erwerb des Schwarzgeldes durch den Erblasser, falls diese noch nicht verjährt sein sollte. Diese müssen dann ebenfalls nachversteuert werden.

Neben steuerlichen drohen aber auch strafrechtliche Konsequen-zen. Besonders unangenehm wird es, wenn während einer Be-triebsprüfung schwarze Konten auffliegen. Der Unternehmens-erbe kann dann wegen der Sperrwirkung der Prüfung keine Selbstanzeige mehr abgeben. Geschwister, die sich in einer sol-chen Phase noch rechtzeitig dem Finanzamt offenbaren, können ihn sogar ins Gefängnis bringen, wenn der Unternehmenserbe vom Schwarzgeld wusste.

Böse Überraschungen wie diese lassen sich vermeiden, indem der Un-ternehmensnachfolger entgegen der üblichen Vorgehensweise nicht als Erbe, sondern als Vermächtnisnehmer eingesetzt wird. Alle mit dem Unternehmen nicht in Zusammenhang stehenden Verbindlich-keiten gehen dann nicht auf ihn über.

---

5. Testamentsänderung nach einer Selbstanzeige nicht vergessen

Mit der Selbstanzeige wird es regelmäßig erforderlich, das vorhan-dene Testament zu überprüfen und an die neue Situation anzu-passen, denn der Vermögensinhaber erhält einen Vermögensge-genstand, der bisher zwar existierte, aber nur eingeschränkt disponibel war. Mit der Selbstanzeige ist insgesamt ein legales Ver-mögen vorhanden.

Der Vermögensinhaber muss sich die Frage stellen, ob dieses Ver-mögen ganz normal zwischen Ehepartnern und Kindern verteilt oder einzelnen Personen zugewiesen wird oder ob man mit diesem Vermögen schon die Enkel begünstigt. Mit der Selbstanzeige befreit man die Erben in jedem Fall von der Bürde, die Familiengemeinschaft zur Hinterziehungsgemeinschaft und sich darüber hinaus wechselseitig erpressbar zu machen. Die Selbstanzeige ist daher auch ein nachfolgeplanerischer Befreiungsschlag.

6. Selbstanzeige-Tücken bei Stiftungsstrukturen

Viele Vermögen, die vor dem deutschen Fiskus etwa in der **Schweiz** versteckt liegen, sind in Stiftungen oder Trusts nach britischem Vorbild angelegt. Das Problem: Bei einer Selbstanzeige kann zusätzlich zu den anderen Verpflichtungen noch Schenkungsteuer fällig werden: 30 Prozent für Vermögen bis zu sechs Millionen Euro, 50 Prozent bei höheren Beträgen.

7. Was für eine Selbstanzeige spricht

Für Steuersünder weist die Selbstanzeige drei große Vorteile auf:

- Sie ist günstig.
- Sie wird unter Wahrung des Steuergeheimnisses abgewickelt.
- Sie verschafft Straffreiheit bzw. ein Absehen von Strafverfolgung.

Das größte Hemmnis für eine Selbstanzeige ist meist der psychologische Vorbehalt des Steuerhinterziehers, die Selbstanzeige werde zu einem Ansehensverlust bei der Finanzbehörde führen. Das ist nicht der Fall. Die Finanzbehörden gehen sachgerecht mit der Abarbeitung entsprechender Nacherklärungen um und unterstützen den Weg in die Steuerehrlichkeit.

Ein weiterer Vorteil der Selbstanzeige ist, dass mit dieser Form der Regulierung auch eine endgültige Beilegung der Steuerangelegenheiten erreicht werden kann. Sollten nach der Selbstanzeige entsprechende CD-Datenträger auftauchen, die den Steuersünder in Verbindung mit Auslandsvermögen bringen, so wird er nicht in den Strudel von Ermittlungen hineingerissen, weil bei der Überprüfung seiner Steuerakte festgestellt werden kann, dass er die Versäumnisse der Vergangenheit beseitigt hat.

Das ist im Übrigen ein großes Problem bei bilateralen Steuerabkommen. Wer dann als Steuersünder von der anonymen Abführung der Abgeltungsteuer Gebrauch macht, kann nicht davon ausgehen, nicht doch in spätere Ermittlungen verwickelt zu werden.

Entwarnung für Steuersünder

In einem *BFH*-Urteil vom 28. Juni 2007 *(Az.: II R 21/05)* wird zwischen selbstständigen Vermögensmassen und verdeckten Treuhandverhältnissen unterschieden. Dazu stellt die im Bereich Selbstanzeigen aufgestellte Rechtsanwaltskanzlei *Dr. Mutter* in **Frankfurt/Main** (Metzlerstraße 21, 60594 Frankfurt, Tel.: 069-6612400, E-Mail: info@ mutter-rechtsanwaelte.com) fest: Nach Auffassung des *BFH* liegt keine schenkungsteuerlich relevante Vermögensübertragung in solchen Fällen vor, in denen sich der Stifter Zugriffsrechte auf die Vermögenswerte vorbehält, das heißt, wenn die Befugnis zur Verfügung über das übertragene Vermögen tatsächlich beim Stifter verbleibt.

Dafür sind vier Kriterien wichtig:

- Der verwaltende Treuhänder ist bei Ausschüttungen an die Weisungen des Gründers gebunden.
- Der Stifter kann einen Treuhänder oder Verwalter nach eigenem Ermessen ablösen.
- Der Stifter kann die Vermögensübertragung jederzeit rückgängig machen.
- Der Stifter kann zu Lebzeiten jederzeit über das Stiftungsvermögen verfügen. Er ist somit dem Inhaber eines Bankkontos beziehungsweise -depots gleichgestellt.

Wollen Steuersünder Schenkungsteuer künftig vermeiden, muss eine Stiftung den Stifter begünstigen, nicht dessen mögliche Erben. Das gilt natürlich auch rückwirkend.

Internationales Vermögen vererben

7

International hat sich viel verändert. Daher macht es Sinn, die Nachfolge für im Ausland angelegtes Vermögen zu überprüfen. Dies gilt sowohl zivil- als auch steuerrechtlich. Und trifft man Investitionsentscheidungen, sollte man diese sowohl rechtlich als auch steuerlich nachvollziehen. Zu überprüfen ist unter anderem, ob im Erbfall das bisherige handschriftliche deutsche Testament überhaupt in einer bestimmten ausländischen Jurisdiktion anerkannt wird und welche Verfahren dort einzuhalten sind. Überprüfen sollte man aber auch, ob es nicht einfachere Strukturen gibt, um dieses Vermögen eines Tages auf den/die Nachfolger übertragen zu können, ohne dass man aufwendige ausländische Nachlassverfahren, Übersetzer und ausländische Berater im Erbfall einschalten muss.

1. Europäische Erbrechtsverordnung

Ein zivilrechtlicher Meilenstein ist die Verabschiedung der Europäischen Erbrechtsverordnung, die das deutsche internationale Erbrecht ab August 2015 auf neue Füße stellt. Die Verordnung ändert das anwendbare Erbrecht in internationalen Fällen. Nicht mehr die Staatsangehörigkeit wird maßgebend sein, sondern das Erbrecht am gewöhnlichen Aufenthaltsort. Auch wird es die sogenannte Nachlassspaltung für Immobilienvermögen in Europa nicht mehr geben.

2. Immobilien als Erbvermögen

Wer beispielsweise eine Ferienimmobilie in **Frankreich** besitzt, muss seine deutsch-französische Testamentsgestaltung überdenken. So wird sich die französische Immobilie eines Deutschen künftig auch aus französischer Sicht nicht mehr nach französischem Erbrecht vererben. Die Erbrechtsverordnung regelt nur zivilrechtliche Fragen. Aufgrund einer Entscheidung des *Bundesfinanzhofs (BFH)* aus dem Sommer 2012 lohnt es sich aber auch steuerlich, die

deutsch-französische Nachfolgegestaltung für französische Immobilien zu überprüfen, da der *BFH* eine bislang praktizierte Steuergestaltung für französischen Grundbesitz verworfen hat.

Dabei sollte durch die partielle Vereinbarung einer französischen
Gütergemeinschaft die französische Immobilie nach französischem
Erbschaftsteuerrecht auf den überlebenden Ehepartner steuerfrei
übergeleitet werden. Der *BFH* hat entschieden, dass der Übergang
der Immobilie in der französischen Gütergemeinschaft auf den
überlebenden Ehegatten nichts anderes als eine besondere Form
eines Erbgangs ist und wie gewohnt der deutschen Erbschaftsteuer unterliegt. Dadurch entsteht in vielen Fällen Nachjustie-
rungs- und Beratungsbedarf. Dies gilt ohnehin bei französischen
Immobilien von Deutschen, weil die französische Steuerbelastung
seit Anfang 2013 massiv nach oben gegangen ist und auch andere
praktizierte Strukturen wie etwa das Halten über Personengesellschaften mit Gesellschafterdarlehen, um den Wert der französischen Immobilie zu reduzieren, von französischer Seite nicht mehr
akzeptiert werden.

Ähnliches hat sich auch aufgrund des neuen Einkommensteuer-
Doppelbesteuerungsabkommens mit **Spanien** ergeben. Insbeson-
dere für Immobilieneigentümer, die ihre spanische Immobilie über
Kapitalgesellschaften halten. Dort ist der spanische Besteuerungs-
zugriff erweitert worden. Das kann, je nach Wertentwicklung der
Immobilie, Restrukturierungsbedarf auslösen.

Deutsche mit Immobilienbesitz in den **USA** profitieren vom Haus-
haltskompromiss, den Präsident *Obama* Ende 2012 im American
Tax Payer Relief Act 2012 mit dem *Kongress* erreichen konnte. Im
Kompromiss zwischen *Kongress* und *Weißem Haus* wurde vereinbart, dass der **US**-Bundeserbschaft- und Schenkungsteuersatz
zwar von 35 auf 40 Prozent erhöht wird. Gleichzeitig wurde aber
der Nachlassbetrag für das Jahr 2013 auf 5 250 000 Dollar festgelegt. Aufgrund der komplizierten Vorschriften des deutsch-amerikanischen Erbschaftsteuer-Doppelbesteuerungsabkommens partizipieren auch deutsche Immobilieneigentümer an dieser Regelung.

Denn im deutsch-amerikanischen DBA ist angeordnet, dass, wenn eine **US**-Immobilie eines Deutschen auf seine deutsche Ehefrau übergeht, nur die Hälfte der Immobilie in den **USA** steuerpflichtig ist und gleichzeitig dieser besondere Freibetrag von 5 250 000 Dollar anzuwenden ist. Damit lassen sich ganz beachtliche **US**-Immobilienwerte übertragen, ohne dass komplizierte Strukturen benötigt werden. Zudem kann man sich durch den Einkauf von Todesfallversicherungen vor der erbschaftsteuerlichen Mehrbelastung schützen – was in internationalen Strukturplanungen immer wieder zum klassischen Programm gehört.

Dies einige Beispiele, die zeigen, dass es bei Immobilienbesitz im Ausland im Verhältnis zu vielen Staaten aktuellen Anpassungsbedarf gibt. Eine Nachjustierung sollte dabei klar strukturiert, praktisch handhabbar und nicht kompliziert sein.

3. Tickende Zeitbomben: Nicht deklarierte Erbschaften

Da eine Regulierung über ein Steuerabkommen **Deutschland – Schweiz** nicht möglich ist, bleibt für viele Erben die Frage, ob über nicht deklarierte Erbschaften im Ausland weiter Gras wachsen soll oder ob eine proaktive Herangehensweise über eine Selbstanzeige angesichts steigender Entdeckungsrisiken doch vorzuziehen ist. Denn aus strafrechtlicher Sicht sind diese Erbenfallen höchst gefährlich:

- Einerseits ist strafrechtliche Verjährung in vielen Fällen noch nicht eingetreten.

- Andererseits sind die strafrechtlichen Volumina so hoch, dass ernstzunehmende Sanktionen drohen.

Hinsichtlich der strafrechtlichen Verjährung wird oft übersehen, dass diese im Fall der einfachen Steuerhinterziehung fünf Jahre beträgt, aber durchaus auch zehn Jahre ausmachen kann, wenn es sich um einen sogenannten Fall der besonders schwere Steuerhinterziehung handelt. Denn ist das Hinterziehungsvolumen größer als 50 000 bzw. 100 000 Euro, greift die verlängerte Verjährung, sodass auch Erbschaften aus den Jahren 2003 und 2004 strafrechtlich verfolgt werden können. Die Hinterziehung der Erbschaftsteuer ist allerdings nur eines der strafrechtlichen Probleme. Die Erben sind darüber hinaus verpflichtet, die Versäumnisse des Erblassers zu korrigieren.

Hat dieser vor seinem Ableben die Erträge aus dem Auslandsvermögen nicht versteuert – was natürlich dann regelmäßig der Fall war –, sind die Erben verpflichtet, dies nachzuholen. Tun sie das nicht, machen sie sich wiederum selbst strafbar, weil sie dieser Korrekturverpflichtung nicht nachgekommen sind. Schlussendlich besteht neben all dem Vorgenannten eine Strafbarkeit für die nicht nach dem Erbfall deklarierten eigenen Einkommensteuern.

Auf steuerlicher Seite droht ein Nachzahlungsvolumen zwischen 40 und 60 Prozent des heutigen vorhandenen Vermögens – natürlich abhängig von den individuellen Verhältnissen. Die erbschaftsteuerlichen Sätze variieren je nach Höhe des steuerlichen Erwerbs. Gleiches gilt für die einkommensteuerliche Belastung. Dabei kann es vorkommen, dass aufgrund zweier erbschaftsteuerlicher Erwerbe innerhalb der letzten zehn Jahre nahezu das gesamte Auslandsvermögen der Erben aufgezehrt wird.

Risiko Erbengemeinschaft

Neben dem Risiko, dass auch künftig Daten-CDs die Fahnder auf die Spur der Erbengemeinschaft bringen, ist diese häufig selbst Auslöser für strafrechtliche Ermittlungen. Sind sich die Erben uneinig oder fühlen sich einige benachteiligt, weil aus ihrer Sicht die Erbzuteilung ungerecht gewesen ist oder werden Erben von angeheirateten Lebenspartnern angestachelt, kann der Alleingang eines Mitglieds der Erbengemeinschaft zur Katastrophe für die anderen werden. Denkbar ist dann der Fall, dass ein Mitglied der

Erbengemeinschaft eine Selbstanzeige an die Finanzbehörden abgibt und damit Straffreiheit genießt, während es die anderen aber ans Messer liefert.

Suchen die Mitglieder der Erbengemeinschaft hingegen eine einvernehmliche Lösung, so kommt es darauf an, dass auch alle Mitglieder der Erbengemeinschaft eine Selbstanzeige abgeben können. Läuft bei einem eine Betriebsprüfung oder aus anderen Gründen eine steuerstrafrechtliche Ermittlung, ist die Erbengemeinschaft insgesamt handlungsunfähig.

Schenkungen

Weiterhin spielen neben Erbfällen auch Schenkungen eine Rolle. Hier muss auf eine Besonderheit hingewiesen werden:

> Werden Schenkungen aus nicht deklarierten Konten getätigt, so verjähren diese Tatbestände steuerrechtlich faktisch nie.

Für Schenkungen gilt, dass diese im Fall der Hinterziehung zehn Jahre rückwirkend noch erfasst werden können. Allerdings ist entscheidend, wann diese Zehn-Jahres-Frist zu laufen beginnt. Hierfür bestimmt die *Abgabenordnung (AO)*, dass der Fall der Finanzbehörde bekannt sein muss oder aber der Schenker verstorben ist. De facto bedeutet das, dass auch Schenkungen aus den 90er-Jahren heute noch relevant sein können, sofern der Schenker zwischenzeitlich nicht verstorben ist. Im Gegensatz dazu sind Erbschaften vor dem Jahr 2000 heute steuerlich nicht mehr relevant. Es sind nur die Erträge der letzten zehn Jahre nachzudeklarieren.

Für den gesamten Komplex gilt, dass dieser grundsätzlich über eine Selbstanzeige reguliert werden kann – besonders jetzt, nachdem das bilaterale Steuerabkommen mit der **Schweiz** nicht abgeschlossen wurde.

Steueroasen auf dem Prüfstand: Was der Globus zu bieten hat

8

Zentral- und Südamerika

Belize – Brasilien – Costa Rica – Panama – Paraguay – Uruguay

Karibik

Anguilla – Antigua und Barbuda – Bahamas – Barbados – British Virgin Islands
– Cayman Islands – Dominikanische Republik – Grenada – Guadeloupe und
Martinique – Jamaika – Montserrat – Niederländische Antillen und Aruba –
Puerto Rico – St. Kitts und Nevis – St. Lucia – St. Vincent und Grenadinen –
Trinidad und Tobago – Turks- und Caicos-Islands – US-Virgin Islands

Vor- und Nachteile ausgewählter Offshore-Plätze in der Karibik
und auf den Bermudas

Asiens Schwellenländer rücken zusammen
Ausgewählte asiatische Destinationen im Steuervergleich
Auf dem Sprung: Die Länder Zentralasiens
Kasachstan – Kirgistan – Tadschikistan – Turkmenistan – Usbekistan

1. Europa

Europa im Schulden-Dilemma

Fünf Jahre nach Ausbruch hat die Finanzkrise **Europa** noch immer voll im Griff. Addierten sich die Schulden der Euroländer bei Ausbruch 2008 auf knapp 6,5 Billionen Euro, erreicht die Verschuldung Mitte 2013 bereits rund 9 Billionen – mehr als 100 Prozent der gesamten europäischen Wirtschaftsleistung. Gleichzeitig erreicht der Zinsendienst für die Staatsschulden immer neuer Rekordmarken. Im aktuellen Bundeshaushalt sind die Zinsausgaben mit 32,98 Milliarden Euro der drittgrößte Posten. Und während auch im wirtschaftlich florierenden **Deutschland** mittlerweile jede dritte Kommune ihre Schulden nicht mehr aus eigener Kraft tilgen kann, entscheiden die Finanzmärkte in **Griechenland, Italien, Portugal** und **Spanien** heute indirekt über Planstellen, Löhne und Renten.

Es scheint, als würden heute die Finanzmärkte Richtung und Tempo der europäischen Integration bestimmen: Zusammengestrichene Staatshaushalte quer durch **Europa**, Arbeitsmarktreformen, immer größere Rettungsschirme, Absicherung von Forderungen, unbegrenzter Ankauf von Staatsanleihen durch die *EZB* – Europas Regierungen sind zu Getriebenen der Finanzmärkte verkommen. Um handlungsfähig zu bleiben, werden selbst demokratische Grundregeln außer Kraft gesetzt. Dazu kommt ein Misstrauen der Regierenden untereinander. Sie trauen den Finanzmärkten mehr als den Regierungen in den Krisenstaaten.

Um Regierungen auch für die Schulden ihrer Vorgänger verantwortlich zu machen, gibt es nationale Schuldenbremsen. So legt das deutsche Grundgesetz fest, dass die Summe der Kredite die Summe der Investitionen nicht überschreiten darf. Und europaweit bestimmt der *Maastricht-Vertrag*, dass Schulden nur bis zu 60 Prozent des BIP angehäuft werden dürfen. Bisher haben solche Schuldenbremsen aber in keinem europäischen Land funktioniert. In **Italien**, **Portugal** oder **Spanien** wird nicht nur das Defizitziel verfehlt, es entflammt auch Widerstand gegen eine Begrenzung der Neuverschuldung.

Doch Haushaltskürzungen, Strukturreformen, Lohn- und Rentensenkungen lassen vor allem in den Krisenländern **Südeuropas** die private und öffentliche Nachfrage einbrechen und die Wirtschaft schrumpfen. Mehr Arbeitslose, weniger Steuereinnahmen und eine höhere Verschuldung sind die Folgen. **Europa** befindet sich wirtschaftlich in einer Abwärtsspirale. Lag das Wirtschaftswachstum 2011 noch bei 1,4 Prozent, werden für 2013 minus 0,4 Prozent erwartet. Gleichzeitig hat die Arbeitslosenzahl mit über 20 Millionen einen traurigen Höchststand erreicht – bei den Jugendlichen sieht die Lage auf dem Arbeitsmarkt noch weit schlimmer aus: In einigen Südländern erreicht die Arbeitslosenquote bis zu 50 Prozent.

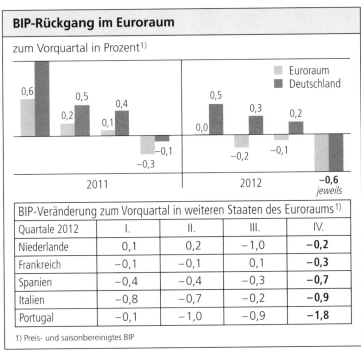

BIP-Rückgang im Euroraum

zum Vorquartal in Prozent[1]

Euroraum
Deutschland

2011   2012   −0,6
jeweils

BIP-Veränderung zum Vorquartal in weiteren Staaten des Euroraums[1]				
Quartale 2012	I.	II.	III.	IV.
Niederlande	0,1	0,2	−1,0	**−0,2**
Frankreich	−0,1	−0,1	0,1	**−0,3**
Spanien	−0,4	−0,4	−0,3	**−0,7**
Italien	−0,8	−0,7	−0,2	**−0,9**
Portugal	−0,1	−1,0	−0,9	**−1,8**

1) Preis- und saisonbereinigtes BIP

Quelle: Eurostat

Die Finanz- und Wirtschaftskrise hat vor allem in den südeuropäischen Krisenländern eine starke Wettbewerbsschwäche deutlich gemacht, die in den Jahren zuvor mithilfe von Bau- und Konsum-boom auf Kredit kaschiert worden war. Während die griechische Wirtschaft seit 2008 im freien Fall ist, stecken **Italien, Portugal** und **Spanien** tief in der Rezession. Einzig **Irland** ist es bisher gelungen, nach einer schweren Rezession wirtschaftlich wieder Wachstumswerte vorzuweisen. Doch Wachstum ist für verschuldete Länder ein wesentlicher Schlüssel, sich zu entschulden. Kürzungen der öffentlichen Haushalte und Steuererhöhungen gehören dazu. Nicht zu vergessen den Abbau von Schulden durch Inflation und Schuldenschnitt.

Da sich die Regierungen innerhalb der *EU* aber uneins über den richtigen Weg zum Schuldenabbau sind, hat sich die *EZB* entschlossen, Staatsanleihen europäischer Krisenländer in unbegrenzter Höhe anzukaufen. Hunderte Milliarden Euro werden eingesetzt, die gleichzeitig den Schuldenberg in **Europa** weiter wachsen lassen.

Doch statt dass die Milliarden in die Realwirtschaft fließen, werden damit die Schulden fälliger Alt-Staatsanleihen bezahlt und immer wieder – wie das Beispiel **Spanien** zeigt – Banken mit frischem Geld vor dem Ruin gerettet. Banken, die trotz aller Besserungsversprechen immer noch systembedrohend sind. Auch fünf Jahre nach Ausbruch der Finanzkrise ist es den Regierungen nicht gelungen, die Finanzmärkte und ihre Akteure in ihre Schranken zu verweisen. Stattdessen werden Risiken vergesellschaftet, Staaten weiter verschuldet und in die Unmündigkeit geführt. Regierungen, die in der Vergangenheit die Einnahmen der Zukunft verpfändet haben. Das macht es in **Europa** nun so schwierig, Gegenwart und Zukunft zu gestalten. **Europa** steckt nicht nur in einer Schuldenkrise, einer Finanzkrise, einer Euro-Krise – **Europa** steckt vor allem in einem Transformationsprozess.

Wie lange scheuen sich Regierungen eigentlich noch, eine Sanierung der Banken zu erzwingen, die den Finanzsektor und damit ganze Volkswirtschaften stabilisieren würde? Die Zurückhaltung erklärt sich auch daraus, dass Regierungen von den Banken abhängig sind: Die nationalen Geldhäuser kaufen Staatsanleihen, die andere Investoren verschmähen. Sie stellen so beispielsweise die Finanzie-

rung **Spaniens** oder **Italiens** sicher. Doch diese Käufe machen an-
geschlagene Banken noch schwächer, weil sich die Krisenanleihen
in ihren Bilanzen zu faulen Krediten und anderen Lasten addieren.
Nur: Es verweigert sich keine Bank einer Regierung mit Anleihekäu-
fen, von der sie im Zweifel vor der Pleite gerettet werden will.

So überträgt jeder seine Schwächen auf den anderen, statt dass
beide Seiten gemeinsam versuchen, Probleme zu lösen. Die Sucht
nach frischem Geld überlagert alles andere. Die Euro-Rettungspo-
litik hat diese Abhängigkeit zusätzlich verstärkt. Doch die Krisenstaaten sind so lange auf die Anleihekäufe ihrer nationalen Banken
angewiesen, bis sie mittels ihrer Reformen wieder reif für den Ka-
pitalmarkt sind.

Ausgewählte europäische Schuldenberge

Bis zum Ausbruch der Finanzkrise im Jahr 2007 galten in **Europa
Großbritannien** sowie die Euro-Mitgliedsländer **Spanien** und **Irland**
in finanzpolitischer Hinsicht nahezu als Musterknaben. Ihr Bestand an
Staatsschulden lag deutlich unter der im *Maastricht-Vertrag* festge-
legten Höchstmarke von 60 Prozent. Heute befinden sich die drei Länder in einer schweren Krise, die noch mehrere Jahre andauern kann.
Ihre Volkswirtschaften sind Opfer eines kreditfinanzierten Booms am
Immobilienmarkt in den Jahren vor der Krise, der damals die Konjunktur stützte und die Staatsverschuldung unter Kontrolle hielt, aber
mit einer kräftigen Zunahme der Verschuldung von Privathaushalten
und Unternehmen einherging.

Land	Verschuldung von Privat-personen und Unternehmen in Prozent des PIP		Staatsverschuldung in Prozent des BIP	
	2007	**2011**	**2007**	**2011**
Deutschland	122	128	65	81
Frankreich	142	160	64	86
Griechenland	107	129	107	171
Großbritannien	206	206	44	85
Irland	224	309	25	106
Italien	118	129	103	121
Spanien	215	218	36	69

Quelle: Eurostat

Europa im Währungs-Dilemma

Nach Jahren der auseinandergedrifteten Wettbewerbsfähigkeit leidet die europäische Währungsunion unter intern stark verzerrten Wechselkursen. Für Länder aus dem Süden **Europas** ist der Außenwert des Euro zu hoch, für das exportstarke **Deutschland** könnte er zu niedrig sein. Volkswirte der Bank *Morgan Stanley* haben Anfang 2013 Schätzungen der „fairen Eurokurse" berechnet: Für **Frankreich** kamen sie auf 1,23 Dollar – somit knapp 10 Cent unter dem Kurs im Februar 2013. Für **Deutschland** aber wäre ein Kurs von 1,53 Dollar angemessen – das wären 20 Cent mehr als der damalige Wechselkurs von 1,33 Dollar. Aus Sicht von **Frankreich** wäre der Euro damit um rund 8 Prozent überbewertet, aus deutscher Sicht 13 Prozent unterbewertet.

Es *„gibt eine große Divergenz der fairen Werte innerhalb der Währungsunion"*, stellen die *Morgan-Stanley*-Ökonomen fest. Für das in einer extremen Rezession kämpfende **Griechenland** errechnen sie einen angemessenen Eurokurs von nur 1,07 Dollar, der Euro steht somit für die Hellenen um fast ein Viertel zu hoch. Für **Italien** errechnen sie 1,19 Dollar als angemessenen Kurs, für **Spanien** kommen sie auf 1,26 Dollar. Lediglich **Österreich, Irland,** vor allem aber **Deutschland** mit seinem sehr hohen Leistungsbilanzüberschuss können einen höheren Wechselkurs vertragen.

Basis der Berechnungen sind Schätzungen zur Kaufkraftparität sowie zur Entwicklung der Wettbewerbsfähigkeit der verschiedenen Euro-Länder. Dafür wurden drei Indikatoren herangezogen: die relativen Wachstumsraten, Lohnstückkosten und Exportzuwächse. Eigentlich müssten sich die Preisniveaus in verschiedenen Ländern anpassen, indem Wechselkurse in „zu teuren" Ländern sinken – das heißt in den südeuropäischen Krisenländern, deren Produkte sich auf dem Weltmarkt nicht gut verkaufen lassen. Der Wechselkurs eines preislich sehr wettbewerbsfähigen Landes wie **Deutschland** müsste aufwerten.

Das Ventil einer Wechselkursänderung ist in der Währungsunion jedoch verstopft. Deshalb müssen die Länder intern abwerten,

Löhne und Preise kürzen. Nach den Berechnungen der Volkswirte von *Morgan Stanley* müssten die Griechen somit bei den Löhnen und Preisen um mehr als 20 Prozent real abwerten, um ein außenwirtschaftliches Gleichgewicht herzustellen. Auch **Portugal** und **Spanien** müssten so stark abwerten. Die sozialen Spannungen einer solchen Deflation sind kaum vorstellbar. Es gibt Ökonomen, die einen Euroexit als die weniger schmerzhafte Option empfehlen. Die Mehrheit der Europolitiker hingegen will den Euroraum zusammenhalten – koste es, was es wolle. Doch ein gegenüber anderen Währungen aufwertender Euro wird alle Reformbemühungen der Krisenländer für mehr Wettbewerbsfähigkeit zunichtemachen, da ihre Exportaussichten bei höherem Wechselkurs sinken.

Ein Streit über Wechselkurse ist da absehbar. Klagen über einen „Währungskrieg" kamen schon 2011 auf. Damals waren es Schwellenländer, allen voran **Brasilien**, die den **Vereinigten Staaten** ein Dollar-Dumping vorwarfen, als die amerikanische Notenbank die Märkte mit frischem Geld flutete. Die scharfe Abwertung des zuvor starken Yen durch die japanische Notenbank hat Anfang 2013 neue Sorgen über einen Abwertungswettlauf geschürt. Denn eine expansive Geldpolitik gilt als wirksame Waffe in einem Währungskrieg.

Noch gibt es diesen Krieg nicht. Auch wenn der französische Präsident *François Hollande* Anfang 2013 und andere Politiker die *EZB* gern in die Schlacht schicken wollten, damit **Europas** Unternehmen mit einer günstigen Währung fremde Märkte erobern können. Ein Spiel mit dem Feuer. Denn wer seinen Wechselkurs willkürlich nach unten drückt, riskiert eine höhere Inflation. Er verschafft sich Wettbewerbsvorteile auf Kosten anderer Staaten. Versuchen diese dann, ihre Währungen ebenfalls zu schwächen, droht ein Kampf, der am Ende nur Verlierer kennt. Gegenmaßnahmen sind da unausweichlich. Dazu gehören Kapitalverkehrskontrollen ebenso wie Handelsschranken. Ganz abgesehen davon, dass die Krise in **Europa** ohne einen stabilen Euro längst eskaliert und die Euro-Zone wohl in eine Depression gefallen wäre.

Steueroasen auf dem Prüfstand

Doch die Euro-Krise ist noch nicht überwunden, eine zeitweise Beruhigung der Kapitalmärkte und eine Stärke des Euro ist noch lange kein Vertrauensbeweis. Dies ist vor allem drei Ursachen geschuldet:

- drastischen Kürzungen, vor allem in den hochverschuldeten Krisenländern
- der Ankündigung der *EZB*, im Notfall Staatsanleihen von Krisenstaaten unbegrenzt aufzukaufen
- dem Ausbau des *Europäischen Stabilitätsmechanismus (ESM)*, um europäische Banken im Ernstfall direkt mit Kapital zu versorgen

Aber ganz ohne Reformen wird es in **Europa** nicht gehen. Reformen auf dem Weg zur Fiskalunion, bei der Bankenunion und der politischen Integration sind unausweichlich. Und auf Ebene der Mitgliedsländer sind Strukturreformen notwendig, damit die Arbeitsmärkte effizienter werden und die Wirtschaft in diesen Ländern wettbewerbsfähig wird. Und es müssen Entscheidungen getroffen werden. Will man den Weg in Richtung einer langjährigen Subventionierung bestimmter Länder der Europeripherie einschlagen oder den Weg in Richtung einer kleineren, weniger unvollkommenen Währungsunion? Entscheidungen, die Folgen für ganz **Europa** haben werden.

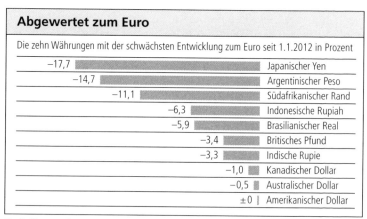

Abgewertet zum Euro

Die zehn Währungen mit der schwächsten Entwicklung zum Euro seit 1.1.2012 in Prozent

−17,7	Japanischer Yen
−14,7	Argentinischer Peso
−11,1	Südafrikanischer Rand
−6,3	Indonesische Rupiah
−5,9	Brasilianischer Real
−3,4	Britisches Pfund
−3,3	Indische Rupie
−1,0	Kanadischer Dollar
−0,5	Australischer Dollar
±0	Amerikanischer Dollar

Quelle: Thomson Reuters

Die Zentralbanken der Schwellen- und Entwicklungsländer haben daraus erste Konsequenzen gezogen: 2012 wurden ihre Eurodevisenreserven um etwa 34 Milliarden Euro reduziert – rund 6 Prozent ihrer gesamten Währungsreserven in Euro, die sich Anfang 2013 auf noch 510 Milliarden beliefen.

Wichtigste Devise bleibt nach wie vor der Dollar, das geht aus Zahlen des *IWF* hervor: Danach werden etwa 60 Prozent der Währungsreserven in der amerikanischen Leitwährung gehalten. Vor zehn Jahren waren es noch 70 Prozent. Mit einem Anteil von heute noch 24 Prozent ist es dem Euro nicht gelungen, in diese Lücke zu stoßen. Dafür werden der chinesische Yuan oder der australische Dollar immer bedeutender. Während vor zehn Jahren nur etwa 1 Prozent der Währungsreserven in sogenannten Alternativwährungen gehalten wurde, sind es heute etwa 8 Prozent. Auch global verringert sich der Anteil des Euro an den Währungsreserven.

Damit rückt ein zentrales Ziel der Währungsunion, den Euro zu einer Reservewährung zum US-Dollar aufzubauen, keinen Schritt näher. Offenbar vertrauen zwar die Industrieländer dem Euro noch, aber die Schwellen- und Entwicklungsländer setzen zunehmend auf andere Währungen. Die Euro-Krise ruht, sie ist aber nicht tot!

Steueroasen in Europa

Was dem einen als Steueroase erscheint, kann für den anderen zur Steuerfalle geraten. Trotz neuer Informationsaustauschabkommen, Kontrollmitteilungen und international verstärkter Maßnahmen gegen Steuervermeidung und Steuerflucht finden flexible Steuerzahler immer noch eine Fülle von Möglichkeiten, ihre Steuerlast auch in **Europa** zu senken.

Europa ist 2013 trotz *EWG, EG* und *EU* steuerpolitisch immer noch zersplittert. Zwischen den 27 Mitgliedstaaten – mit **Kroatien** dann 28 – gibt es 280 Doppelbesteuerungsabkommen. Selbst der Versuch, wenigstens eine gemeinsame Bemessungsgrundlage zur Besteuerung von Unternehmen (GKKB) zu finden, lief 2012 ins

Leere. **Deutschland** etwa wollte nicht auf die Gewerbesteuer verzichten.

Daneben bieten die Steueroasen in **Europa** weitere Vorteile, beispielsweise Rechtssicherheit. Ein Pluspunkt, der außerhalb der *EU* nicht gelten muss. Aber welche europäische Steueroase ist für wen geeignet? Welche Anstrengung ist notwendig, um Steuervorteile zu erzielen?

- Wer Erbschaftsteuer sparen möchte, muss seinen ersten Wohnsitz in der Steueroase nehmen. Dies gilt nicht nur für den Erblasser, sondern in der Regel auch für die Erben.

- Vorzüge kann ein Umzug nach **Großbritannien, Campione**, auf die **Channel Islands**, nach **Liechtenstein** oder **Madeira** bringen. Diese Oasen verzichten nicht nur auf die Erbschaftsteuer, sondern erheben teilweise sogar gar keine Steuern. Doch der Teufel steckt dort im Detail. **Großbritannien** bietet die Vergünstigungen dem, der nicht für immer auf der Insel leben will. Auf den **Channel Islands** muss das Mindesteinkommen für eine Zuzugsbewilligung 150 000 Pfund betragen.

- Wird eine Einkommensteuer-Oase gesucht, ist eine radikale Trennung von **Deutschland** erforderlich. Während für Zwecke der Erbschaftsteuer ein Zweitwohnsitz in **Deutschland** nicht schädlich sein muss, macht ein Wohnsitz in **Deutschland** viele Modelle zunichte, mit denen Einkommensteuer gespart werden soll. In diesem Fall werden die im Ausland gezahlten Steuern oft nur auf die deutsche Einkommensteuer angerechnet. Im Ergebnis ist daher mindestens die deutsche Einkommensteuer zu zahlen. Dies wurde schon manchem Sportler zum Verhängnis, der glaubte, in **Monaco** seine Schäfchen im Trockenen zu haben.

- Wenn es um die Verlagerung von Unternehmenseinkünften geht, sind Steuersätze von zehn bis 25 Prozent für Unternehmen in vielen Staaten der *EU* die Regel. Zu nennen sind etwa **Irland, Niederlande, Österreich, Estland, Lettland, Litauen, Polen,** die **Slowakische Republik** sowie **Slowenien** und die **Tschechische Republik**. Zur Nutzung der Steueroase ist in diesem Fall die Gründung einer Kapitalgesellschaft oder Niederlassung in dem betreffenden Land erforderlich. Steuerlich anerkannt werden Gesellschaften aber nur, wenn diese ihre Tätigkeit auch im Ausland ausüben. Erfolgt die Geschäftsführung von **Deutschland** aus, unterliegt sie in vollem Umfang der deutschen Körperschaftsteuer. Sinnvoll sind diese Gestaltungen daher nur, wenn tatsächliche, operative Tätigkeiten ins Ausland verlagert werden.

Sind die Gewinne im Ausland steuerfrei vereinnahmt, ist das nächste Problem, die Gewinne auch steuerfrei nach **Deutschland** zu transferieren. Viele Staaten in der *EU* sehen vor, dass bei Ausschüttungen ins Ausland Quellensteuer einzubehalten ist. Dies gilt insbesondere auch für die beliebte **Schweiz**. Die Kunst besteht hier, durch Ausnutzung der DBA und richtige Kombination der eingeschalteten Steueroasen die Quellensteuer zu vermeiden. Beispielsweise bietet hier **Dänemark** interessante Vorteile. Die Nutzung von Steueroasen erfordert somit nicht nur steuerrechtliches Know-how, sondern auch logistischen Aufwand und Konsequenz.

Europäischer Steuerstress

Was für Unternehmen traumhaft ist, ist für Finanzminister ein Albtraum: Die Esten nutzen die Möglichkeiten, die ihnen der Standortwettbewerb bietet, geschickt aus. Sie besteuern Unternehmen nicht, solange diese den Gewinn nicht auskehren. Der Steuersatz auf reinvestierte Gewinne ist Null. Damit haben die Esten auf die Spitze getrieben, was die Iren vorgemacht haben: Der grünen Insel ist es mit einem attraktiven Steuersatz gelungen, weit in die Gruppe der reichen *EU*-Länder vorzustoßen. Diese Strategie hat unter den Beitrittsstaaten zwischenzeitlich zahlreiche Nachahmer gefunden. Doch auch etablierte Mitglieder des einst rein westeuropäischen Clubs, etwa **Österreich**, haben die Steuern gesenkt.

Die Unternehmen stellen sich darauf ein: Sie investieren im Osten unter anderem deshalb, weil sie dort weniger Steuern zahlen und versuchen, Gewinne in Tochtergesellschaften zu verlagern, die in Niedrigsteuerländern liegen, indem sie Verrechnungspreise, Lizenzentgelte oder Finanzierungen entsprechend gestalten.

Unterstützung erhalten sie dabei vom *EuGH*. Die Richter in **Luxemburg** zeigen sich in den letzten Jahren entschlossen, die grenzenlose Freiheit für Kapital, Unternehmen, Dienstleistungen und Bürger in der *EU* durchzusetzen. Mit immer neuen Urteilen schießen sie steuerrechtliche Barrieren der Freizügigkeit weg. Zu Recht: Es ist nicht einzusehen, warum ein Unternehmer in **Karlsruhe**, der im benachbarten **Straßburg** wohnen möchte, anders behandelt wird, als wenn er nach **Stuttgart** zieht. Bisher musste er seine gesamten stillen Reserven versteuern, wenn er seinen Wohnsitz über die Grenze verlegte.

Besteuerung nach dem Sitzlandprinzip

Die Besteuerung nach dem Sitzlandprinzip wäre wohl am schnellsten zu beschließen. Eine einheitliche *EU*-Körperschaftsteuer käme jedoch einer Selbstentleibung der Neu-Mitglieder gleich, ihnen würde ein wichtiges Instrument im Aufholwettbewerb genommen. Realistisch erscheint daher, dass sich die Kommission zunächst darauf konzentrieren wird, die Gewinnermittlungsvorschriften anzugleichen. Das ist angesichts der unterschiedlichen nationalen Steuertraditionen nicht leicht. Befürworter bauen jedoch auf die *EU*-Klausel der „verstärkten Zusammenarbeit". Sie erlaubt es acht Mitgliedstaaten, in bestimmten Bereichen enger zusammenzuarbeiten.

Wäre das Ziel einer Harmonisierung tatsächlich nur die Offenlegung bisher verdeckter Belastungsunterschiede, ließe sich dagegen wenig einwenden: Transparenz fördert den Wettbewerb.

Es geht um mehr: Sind die Belastungsunterschiede bekannt, wird das nicht nur die Debatte über Mindeststeuersätze beflügeln.

Schon gibt es Gedankenspiele, den Gewinn von Konzernmutter und Tochtergesellschaft zu konsolidieren, um ihn auf die Mitgliedstaaten zu verteilen, die dann mit ihren Sätzen besteuern könnten. Damit stünde die Steuerautonomie der *EU*-Staaten auf dem Spiel.

Den Richtern ist auch zuzutrauen, dass sie in Kürze den Konzernen den Weg freimachen, Gewinne in einem EU-Mitgliedstaat direkt mit Verlusten in anderen Ländern zu verrechnen. Mehrere Länder – zum Beispiel **Österreich** – praktizieren das bereits mit Erfolg.

Ruf nach Steuerharmonisierung

Der Ruf nach einer Steuerharmonisierung oder einer Mindestbesteuerung in der *EU* wird immer wieder laut, vor allem von Ländern wie **Deutschland** oder **Frankreich**, in denen die Steuerbelastung für Unternehmen besonders hoch ist. Die *EU-Kommission* ist diesem Begehren gegenüber nicht abgeneigt.

Steuerwettbewerb der EU-Standorte

Die Mitgliedstaaten der *EU* haben auf die wirtschaftliche Entwicklung der letzten Jahre vielfach reagiert und dadurch ihre Wettbewerbssituation beeinflusst. Die Maßnahmen betreffen Steuersätze genauso wie die Verschärfungen oder Vergünstigungen in der Bemessungsgrundlage oder auch Abschaffung und Einführung ganzer Steuerarten. Zusammenfassend lässt sich Folgendes feststellen:

- **Körperschaftsteuer:** Im Durchschnitt der 27 *EU*-Mitgliedsstaaten fiel die Höchstbelastung zwischen 2007 und 2012 von 24,5 auf 23,5 Prozent, in der *Eurozone* von 26,8 auf 26,1 Prozent. Die **Tschechische Republik, Deutschland, Italien** und **Großbritannien** haben die Körperschaftsteuer mit 5 Prozentpunkten oder mehr besonders deutlich abgesenkt. Ebenfalls nachgegeben haben **Estland, Spanien, Litauen, Luxemburg, Ungarn**, die **Niederlande, Slowenien, Finnland** und **Schweden. Griechenland** und **Portugal** haben die Körperschaftsteuer jeweils um 5 Prozent erhöht. Ebenfalls erhöht haben **Frankreich** und **Zypern.**

- **Einkommensteuer:** In der Einkommensteuer fiel der durchschnittliche Spitzensatz in der *EU* von 39,2 in 2007 auf 38,1 Ende 2012. In der *Eurozone* stieg er im gleichen Zeitraum von

41 auf 43,1 Prozent. Der Trend geht zu höheren Spitzensteuersätzen. **Bulgarien,** die **Tschechische Republik, Dänemark, Litauen, Ungarn** und **Polen** haben gegenüber 2007 deutlich abgesenkt. Weniger deutlich sanken die Spitzensätze in **Estland** und **Finnland. Bulgarien** und die **Tschechische Republik** haben die Einkommensteuer auf eine Flat-Tax von 10 bzw. 15 Prozent umgestellt. Deutlich angehoben haben im Vergleichszeitraum **Großbritannien** (10 Prozent), **Griechenland** und **Spanien** (jeweils 9 Prozent). Es folgen **Zypern** (8,5 Prozent) und **Portugal** (7 Prozent). In geringerem Maße angehoben haben **Frankreich** und **Luxemburg.**

- **Umsatzsteuer:** Die Umsatzsteuer wirkt nicht direkt, sondern erst über das Konsumverhalten auf die Wettbewerbssituation eines Landes. Hier ist die durchschnittliche Belastung in der *EU 27* zwischen 2007 und Ende 2012 von 19,5 auf 21 Prozent gestiegen.

- **EU-Krisenländer: Griechenland** und **Portugal** haben in allen drei Steuerarten die Belastung von 2007 auf Ende 2012 deutlich erhöht. Bei der Körperschaftsteuer je 5 Prozentpunkte, bei der Einkommensteuer **Griechenland** 9 Prozent, **Portugal** 7 Prozent, bei der Umsatzsteuer **Griechenland** 4 Prozent und **Portugal** 2 Prozent. **Spanien** hat die Körperschaftsteuer um 2,5 Prozent zurückgenommen. Der Einkommensteuersatz stieg um 9 Prozent, die Umsatzsteuer wurde um 2 Prozent angehoben. **Italien** sank die Körperschaftsteuer deutlich um 5,9 Prozent, der Einkommensteuer-Spitzensatz blieb stabil, die Umsatzsteuer wurde um 1 Prozent angehoben. **Zypern** hat 2013 seine Körperschaftsteuer um 2,5 Prozent erhöht.

- **Vermögensteuer, Finanztransaktionssteuer:** Bei den vermögensbezogenen Steuern zeichnet sich ein verstärkter staatlicher Zugriff vor allem auf größere Vermögen ab. So hat **Spanien** die Vermögensteuer wieder eingeführt. **Frankreich** strebt mittels breiterer Bemessungsgrundlage und höherer Steuersätze eine Verdoppelung des Aufkommens seiner Vermögensteuer (2011 4,3 Mrd. EUR) an. 2012 hat **Frankreich** zudem eine Finanztransaktionssteuer von 0,2 Prozent eingeführt, die vor allem den Aktienhandel betrifft. Bisher haben sich zehn Länder zu einer verstärkten Zusammenarbeit zur Einführung der Finanztransaktionssteuer zusammengefunden: **Deutschland, Frankreich, Italien, Spanien, Österreich, Belgien, Portugal, Slowenien, Griechenland** und **Zypern.**

Mehrwertsteuersätze in der EU

Land	Normalsatz	Steuersätze in Prozent ermäßigte Sätze [1]	Nullsatz [2]
Belgien	21	6; 12	ja
Bulgarien	20	7	–
Dänemark	25	–	ja [3]
Deutschland	19	7	–
Estland	18	5	ja
Finnland	22	8;17	ja
Frankreich	19,6	2,1; 5,5	–
Griechenland	19	4,5; 9	–
Irland	21,5 [4]	4,8; 13,5	ja
Italien	20	4; 10	ja
Lettland	18	5	–
Litauen	18	5; 9	–
Luxemburg	15	3; 6; 12	–
Malta	18	5	ja
Niederlande	19	6	–
Österreich	20	10; 12	–
Polen	22	3; 7	ja
Portugal	20	5; 12	–
Rumänien	19	9	–
Schweden	25	6; 12	ja
Slowakei	19	10	–
Slowenien	20	8,5	–
Spanien	21	–	–
Tschechien	19	9	–
Ungarn	20	5	–
Vereinigtes Königreich	20 [5]	5	ja
Zypern [6]	15	5; 8	ja

1) Insbesondere für bestimmte Warengruppen des lebensnotwendigen Bedarfs und für bestimmte Dienstleistungen im Sozial- und Kulturbereich; 2) Nullsatz = Steuerbefreiung mit Vorsteuerabzug; wird hier nur erwähnt, sofern er außer für Ausfuhrumsätze auch für bestimmte Inlandsumsätze gilt; 3) Für Zeitungen; 4) Der Normalsatz wurde zum 1.12.2008 von bisher 21 v.H. um 0,5 v.H. erhöht; 5) Der Mehrwertsteuersatz wurde zum 1.1.2011 auf 20 v. H. erhöht; 6) Nur griechischsprachiger Teil.

Quelle: Bundesfinanzministerium

EU-Mehrwertsteuer-Reform

Kern der EU-Mehrwertsteuerreform ist die Besteuerung von Dienstleistungen nach dem Bestimmungslandprinzip. Künftig soll der Ort der Besteuerung das Land sein, in dem die Nutzung erfolgt (Land des Kunden) – bis dahin war es der Sitzstaat (Land des Anbieters). Bislang führten die national unterschiedlichen Steuersätze dazu, dass sich Firmen, die zum Beispiel Mobilfunk, Pay-TV oder Internet-Telefonie anbieten, gezielt in Staaten mit niedrigem Steuersatz angesiedelt hatten. Davon profitierte innerhalb der *EU* vor allem **Luxemburg**. Die neue Steuerregelung wird sukzessive seit 2010 bis 2019 umgesetzt. Der Sitzstaat des Unternehmens muss auch weiterhin die Steuern eintreiben. Bei der Steuerbeitreibung ist jener Satz anzuwenden, der im Land des Konsumenten gilt.

Populäre Flat-Rate-Tax

Der Siegeszug der Flat-Rate-Tax in **Osteuropa** und auf dem **Balkan** hält an. Eine solche Einheitssteuer kennt nur einen proportionalen Steuersatz für sämtliche Einkommensarten. Kombiniert wird er in der Regel mit einem steuerfreien Grundeinkommen.

Damit wirkt eine solche Steuer immer noch progressiv, weil Bezieher höherer Einkommen einen relativ größeren Teil ihrer Einkünfte an den Fiskus abführen müssen.

Lange hatten nur **Hongkong** und die **Channel Islands** eine Flat-Rate-Tax. Doch seit dem Fall des Eisernen Vorhangs hat ein osteuropäisches Land nach dem anderen dieses Steuerinstrument eingeführt.

Für die Flat-Rate-Tax mit einem geringen Steuersatz und einer breiten Bemessungsgrundlage sprechen vor allem zwei Günde:

- Erstens kann sie zu einer Vereinfachung des Steuersystems führen. Das senkt die Verwaltungskosten, und es werden weniger Steuern hinterzogen. So konnte etwa **Russland** nach Einführung der Flat-Rate-Tax seine Einnahmen aus der Einkommensteuer um 25 Prozent erhöhen, obwohl der Einheitssatz in der Nähe des niedrigsten Tarifs vor der Reform festgesetzt wurde.

- Zweitens animiert ein niedriger Steuersatz dazu, mehr zu arbeiten und zu investieren.

Flat-Tax in Europa

Land	Flat-Tax-Rate	Land	Flat-Tax-Rate
Bulgarien	10	Rumänien	16
Mazedonien	10	Estland	21
Russland	13	Litauen	24
Tschechien	15		

Quelle: Eurostat

So hatte beispielsweise die Flat-Tax von 19 Prozent wesentlich zum Ruf der **Slowakei** als Unternehmerparadies beigetragen und mit dem 2004 erfolgten *EU*-Beitritt einen Investitionsboom ausgelöst. Doch um das im Zuge der Finanzkrise aufgelaufene Haushaltsdefizit von 5 Prozent auf unter 3 Prozent zu drücken, wurde die Flat Tax zum 1. Januar 2013 abgeschafft. Für Besserverdiener gilt seitdem ein Steuersatz von 25 Prozent, Unternehmen zahlen 23 Prozent.

Die Steueroasen im „alten" Europa

Andorra

- Fläche: 468 qkm
- Hauptstadt: Andorra la Vella
- BIP je Einwohner: 46 400 USD
- Arbeitslosigkeit: 2,9 Prozent
- Abkommen: Amtshilfe- und Auskunftsaustausch

- Einwohner: 86 200
- Sprache: Katalanisch
- Währung: Euro
- Inflation: 1,6 Prozent
- Staatsverschuldung: 31,3 Prozent

Das Fürstentum steht seit 1278 unter gemeinsamer Schutzherrschaft von **Frankreich** und **Spanien** und liegt in den Ost-Pyrenäen zwischen diesen beiden Ländern. Das Land ist sehr gebirgig, mehr als ein Drittel **Andorras** liegt oberhalb der Waldgrenze. 65 Berggipfel übersteigen die 2000-Meter-Grenze, höchster Berg ist der Como Pedrosa (2946 m). Das Land verfügt – von Wasser abgesehen – über keine Naturressourcen, es lebt heute vor allem vom Tourismus (13 Millionen Besucher jährlich, ca. 80 Prozent des BIP). Ein weiterer bedeutender Wirtschaftsbereich ist der Finanzsektor mit einem BIP-Anteil von 16 Prozent. **Andorra** gewährt seinen Einwohnern weitgehend Steuerfreiheit. Die niedrige Mehrwertsteuer (vier Prozent) macht **Andorra** für Luxusartikel attraktiv (Gold, Schmuck, Lederwaren, Bekleidung, Kosmetika). Die Hauptstadt **Andorra la Vella** hat sich zum größten Duty-free-Shop Europas entwickelt, bekommt 2012/2013 aber die verschlechterte Wirtschaftslage in **Frankreich** und **Spanien** zu spüren.

Der Zwergstaat ist für seine fremdenfeindliche Einstellung bekannt. Dort ansässige Ausländer klagen über eine gewisse Rechtlosigkeit gegenüber den nur 30 000 „echten" Andorranern.

Wer als Ausländer eine Aufenthaltserlaubnis in **Andorra** haben will, muss eine zinsfreie Einlage als Sicherheit hinterlegen, in **Andorra** eine Immobilie besitzen oder mieten und seinen ersten Wohnsitz dorthin verlegen. Ausländer dürfen Grundstücke bis zu 1000 qm erwerben.

Gesellschaften: Für Ausländer besteht nur die Möglichkeit, für einen horrenden Preis von bis zu 15000 Euro eine bestehende Firma zu kaufen und – glücklichenfalls – dabei auch die Mehrheit zu behalten, denn der andorranische Patron behält sich eine Zwei-

---

Steueroase Andorra

Es gibt keine direkte Besteuerung. Das Fürstentum erhebt weder von natürlichen noch von juristischen Personen Einkommen-, Körperschaft-, Kapitalertrag-, Grund- oder Erbschaftsteuern, lediglich indirekte Abgaben auf Bankeinlagen (0,25 Prozent), Versicherungsprämien (0,5 Prozent) und Hotelkosten. Zur Sicherung der Staatseinkünfte wird eine Mehrwertsteuer von vier Prozent erhoben. Importe

---

Fortsetzung: Steueroase Andorra

werden zwischen drei Prozent (wichtige Rohmaterialien) und 25 Prozent (Luxusgüter) besteuert. Gesellschaften werden jährlich pauschal besteuert: GmbHs mit 735 Euro, AGs mit 808 Euro. Bei Neugründung fällt eine einmalige Einschreibgebühr von 661 Euro für beide Gesellschaftsformen an. Die einzige Steuer, die von den Bürgern eingefordert wird, ist eine Wohnsteuer, die bei maximal 80 Euro pro Jahr liegt. Der Höchstsatz bei den Sozialabgaben liegt bei nur sechs Prozent des Arbeitseinkommens. Geplant sind die Einführung einer indirekten Steuer auf Dienstleistungen sowie einer Ökosteuer zum Schutze der Umwelt.

Im Fürstentum gibt es keine Erbschaftsteuer. Doch anders als beispielsweise in **Deutschland** besteht kein gesetzliches Erbrecht für den überlebenden Ehegatten. Während die Kinder des Erblassers automatisch am Nachlass beteiligt werden, geht der Ehepartner leer aus. Wer das verhindern will, muss beim Notar ein Testament hinterlegen, in dem bestimmt wird, dass der Ehegatte ein Erbteil erhält. Somit eine echte Steueroase für solche, die dort wohnen, als Andorraner oder ausländischer Resident. Bei Steuerausländern wird auf Druck der *EU* allerdings seit 2005 eine Quellensteuer auf Zinserträge erhoben – seit Juli 2011 sind das 35 Prozent.

Das OECD-Informationsabkommen bei Steuerhinterziehung und -betrug wird umgesetzt, das Bankgeheimnis weitgehend preisgegeben. Mit **Frankreich** und **Spanien** wurden Vereinbarungen über einen Informationsaustausch über Kontendaten geschlossen.

Rechtssystem: katalanisches Recht, Verträge durch zwei Notare beurkundet

Patentschutz: entsprechend den französischen internationalen Verträgen

Wohnsitznahme: zurückhaltend

Doppelbesteuerungsabkommen: keine

Lebenshaltungskosten: entsprechen dem Niveau **Spaniens**, jedoch hohe Immobilienpreise

Verkehrsverbindungen: Auto: über Barcelona; Bahn: über La Tour/Frankreich; Flug: über Barcelona, dann zum Regionalflughafen La Seu d'Urgel

Drittel-Beteiligung vor. Ausländer selbst dürfen keine Posten bekleiden. Der Verwaltungsratspräsident muss Andorraner sein oder einer der wenigen Ausländer, die es mindestens 20 Jahre dort ausgehalten haben.

Gängige Gesellschaftsform ist die spanische S.A. oder S.L., die weltweit tätig sein kann. Derzeit werden allerdings nur Firmengründungen mit ausländischer Beteiligung genehmigt, wenn diese auch tatsächlich im Land aktiv tätig wird.

Eine Firmengründung im Fürstentum erfordert generell mehr Aufwand und Kosten als etwa in **Gibraltar** oder **Panama**. Man muss einen Antrag auf Gründung beim *Department für Wirtschaft* stellen. Auch gibt es in **Andorra** keine reinen Offshore-Gesellschaften mehr. Bei der Abwicklung von internationalen Geschäften ist das von Vorteil, da eine Andorra-Firma bei den Finanzämtern im Ausland weniger aufstößt als etwa eine Gesellschaft in **Gibraltar** oder **Liechtenstein**.

Ob es angesichts der neuen Rechtslage Sinn macht, Aktivitäten in **Andorra** zu planen, hängt vom Einzelfall ab. Der Vorteil des Fürstentums ist, dass es sich nicht nur als Geschäftssitz, sondern auch als Wohnsitz anbietet. Wer dann eine Firma hat, kann sich dort anstellen, was wiederum zum Aufenthalt im Land berechtigt.

Wichtig: In Verträgen mit der *EU* – der **Andorra** nicht angehört – wurde der steuerliche Sonderstatus festgeschrieben.

Weitere Informationen und Ansprechpartner:

Botschaft von Andorra
Rue de la Montagne 10
BTE 1, B-1000 Brüssel
Tel.: 0032-2-5 13 28 06
Fax: 0032-2-5 13 07 41
Botschaft in Belgien ist auch
für Deutschland akkreditiert

Ministeri de Finances
Govern d'Andorra
Carrer Prat de la Creu, 62–64
AD 500 Andorra la Vella
Tel.: 00376-87 57 00
www.finances.ad

Internet: http://visitandorra.com/en/; www.andorra-intern.com

Belgien

- Fläche: 32 528 qkm
- Einwohner: 11,0 Millionen
  (darunter 5,9 Millionen Flamen,
  3,3 Millionen Wallonen,
  70 000 Einwohner deutschen
  Ursprungs)
- Hauptstadt: Brüssel
- Abkommen: DBA Einkommen
  und Vermögen

- Sprachen: Niederländisch,
  Französisch, Deutsch
- BIP je Einwohner: 45 270 USD
- Währung: Euro
- Arbeitslosigkeit: 7,9 Prozent
- Inflation: 1,2 Prozent
- Staatsverschuldung: 101 Prozent

Angesichts einer Verschuldungsquote von 100 Prozent will **Belgien** sparen. Selbst vor der Monarchie macht das Land nicht mehr halt: *Königin Fabiola* erhält seit 2013 eine um ein Drittel auf 922 000 Euro gekürzte Apanage. Um den öffentlichen Schuldenberg zu verringern, hat sich die Regierung auf staatliche Minderbelastungen von jährlich 18 Milliarden Euro verständigt – mit dem Ziel, die Neuverschuldung 2013 auf 2,25 Prozent des BIP zu begrenzen und 2015 einen ausgeglichenen Etat aufzuweisen. Dabei ist es der Regierung bislang gelungen, die Kaufkraft der meisten Haushalte, trotz Abstriche am Arbeitslosengeld, den Anstieg des Mindestalters für den vorzeitigen Ruhestand von 55 auf 60 Jahre, aber auch höhere Steuern auf Kapitalerträge und Tabakwaren, weitgehend zu erhalten. Eine Anhebung der Mehrwertsteuer von derzeit 21 Prozent blieb aus. Auch der Grundsatz, Löhne und Gehälter an die Inflationsrate zu koppeln, wurde nicht angetastet. Zu den Schwächen **Belgiens** zählt, dass die Zahl der Staatsdiener seit dem Jahr 2000 um mehr als 100 000 auf 840 000 gestiegen ist. In der *EU* leistet sich nur **Zypern** einen ähnlich aufgeblähten Verwaltungsapparat.

Sachliche Argumente sollen Investoren überzeugen, **Belgien** die Treue zu halten. Beispielsweise vergehen nur drei Tage, ehe in **Belgien** ein Unternehmen gegründet und seine Tätigkeit aufnehmen kann. Neben der auch kulinarisch begründeten Lebensqualität werden als weitere Trümpfe die sprachlichen und fachlichen Fähigkeiten der Arbeitskräfte angeführt. Außerdem lockt das Land

mit einem durch diverse Anreize gespickten „intelligenten Steuersystem". Dazu gehört eine Regelung, die es Unternehmen gestattet, fiktive Zinsen auf investiertes Eigenkapital von der Steuer
abzusetzen – ein für Investoren attraktiver, aber für den Staat teurer Spaß.

„Coordinations Center"

Vorteile bietet **Belgien** vor allem deutschen Unternehmen, die dort
ein sogenanntes Coordinations Center gründen, um darüber Aktivitäten in anderen Ländern zu koordinieren und zu finanzieren. Da diese
Gesellschaften nicht der 39-prozentigen belgischen Körperschaftsteuer unterliegen und nicht der Gewinn, sondern nur ein bestimmter
Prozentsatz der belgischen Betriebskosten besteuert wird, sinkt die
Steuerbelastung auf normalerweise 10 oder weniger Prozent.

Die dort erzielten Gewinne können so abgabenfrei nach **Deutschland** transferiert werden. **Belgien** akzeptiert den Abzug von Eigen-
kapitalzinsen vom zu versteuernden Gewinn.

Gesellschaftsrecht: Als Offshore-Gesellschaften bieten sich Coordination Centers an. Dabei handelt es sich um Aktiengesellschaften oder GmbHs, die reinen Holding-Charakter haben und hauptsächlich mit Finanzgeschäften für ihre Auslands-Mütter beschäftigt
sind. Ziel: Steuerpflichtige Gewinne von der in einem Hochsteuerland ansässigen Mutter abzuziehen und in **Belgien** mit einem
Steuersatz zu versteuern, der nahe null liegt.

Ausländer mit festem Wohnsitz in **Belgien** zahlen 15 Prozent
Spitzensteuersatz, wenn sie ihren Beruf im Ausland ausüben.

Fiskalische Auslieferungsabkommen: Belgien leistet umfassende Rechts- und Amtshilfe, das *OECD*-Informationsaustauschab-
kommen bei Steuerhinterziehung und -betrug wird umgesetzt.
Seit 2011 werden ausländischen Finanzverwaltungen Kapitalerträge anonym mitgeteilt.

Weitere Informationen und Ansprechpartner:

Botschaft des Königreichs Belgien
Handelsabteilung
Jägerstraße 52–53, D-10117 Berlin
Tel.: 030-2 06 42-0
Fax: 030-2 06 42-2 00

Internet: www.fed-parl.be

Deutsch-Belgisch-Luxemburgische
Handelskammer
Cäcilienstraße 46, D-50667 Köln
Tel.: 0221-2 57 54 77
Fax: 0221-2 57 54 66

Campione

- Staat: Italien
- Einwohner: 2150
- Inflation: 1,5 Prozent
- Abkommen (Italien): DBA; OECD-Informations- und Austauschabkommen

- Fläche: 2,6 qkm
- Arbeitslosigkeit: 12,0 Prozent
- Staatsverschuldung (Italien): 130 Prozent

Für Deutsche ist die **Schweiz** eine Steueroase, doch ganz im Süden des **Tessins** gibt es eine „Super"-Oase: Die nur 2,62 qkm große italienische Enklave am Luganer See „Campione d'Italia", ein ehemaliges Fischerdorf. Sie hat knapp 3 000 Einwohner und gehört staatsrechtlich zu **Italien**. Um von **Italien** aus **Campione** zu erreichen, muss man durch die **Schweiz** reisen.

Rechtlich gehört die Enklave mitten im **Tessin** zur *EU*. Deutsche brauchen daher keine Genehmigung, um ihren Wohnort in das Spielbankdorf zu verlegen. Seit den 1960er-Jahren haben sich über 800 „Landsleute" dort niedergelassen. Die ausländischen Einwohner sind beim Finanzamt in **Como** registriert und sollen auch italienische Steuern zahlen: Doch seit *Napoleon* darf es in **Campione** keine Banken geben. Die Campionesen führen deshalb ihre Konten und Depots in der Regel in der **Schweiz**, meist bei Banken in **Lugano**. Ausländische Residenten zahlen eine Steuerpauschale, deren Höhe sich nach dem Lebensstil richtet. Mangels registrierter Daueraufenthalte bleibt die steuerliche Situation ungeprüft, denn **Italien** hat **Campione** keinerlei Steuervorteile eingeräumt. Ein Fehler der deutschen Steuerverwaltung, **Campione** wegen seiner „Vorzugsbesteuerung" in die Liste der nach dem Außensteuergesetz behandelten Länder aufzunehmen. Wirtschaftlich ist es stark in die **Schweiz** integriert.

Die Lebenshaltungskosten entsprechen denen der **Schweiz** und zählen damit zu den höchsten **Europas**. Die Arbeitslosenquote ist mit 12,0 Prozent im Vergleich zum Mutterland Italien (10,8 Prozent) hoch, betroffen sind vor allem Jugendliche. Beim Erwerb von Immobilien wird eine Grunderwerbsteuer (vier Prozent) und beim Verkauf eine Veräußerungssteuer fällig. Als Gesellschaftsform bietet sich die Domizilgesellschaft an, die aus steuerlichen Gründen in der **Schweiz** ansässig sein sollte.

Was Campione bietet

Es werden weder Mehrwert- und Erbschaftsteuern noch kommunale Abgaben erhoben. Die „fehlenden" Einnahmen werden durch das örtliche Spielcasino – das größte Europas – erwirtschaftet. Faktisch gilt ein Fast-Nullsteuersatz. Obwohl Italienisch Amtssprache ist, wird überall Deutsch verstanden. Problemlose Wohnsitznahme. Die Immobilienpreise sind wegen der Seelage teuer, Mietwohnungen kaum zu haben. Deutsche, die nach **Campione** umsiedeln wollen, sollten die deutsche Wegzugbesteuerung beachten.

Interessant ist der zollrechtliche Status: **Campione** gehört nicht zum Zollgebiet der **Europäischen Union**, sondern zur **Schweiz**. Andererseits gibt es – im Gegensatz zu **Liechtenstein** – keinen Staatsvertrag über die Einbindung des Ortes ins Schweizer Zollgebiet. Zur **Schweiz** gibt es daher keine Zollkontrollen.

Doch das Paradies am **Luganer See** verzeichnet Abgänge, vorwiegend von Deutschen, die **Campione** wieder verlassen. Sie zieht es in die Schweizer Kantone, denn die bieten vermögenden Ausländern den Pauschalisten-Status. Doch so mancher ausländischer Rückwanderer behält sein Domizil in **Campione** bei. Er kann dies der italienischen Steuerbehörde gegenüber als „Zweitwohnung" deklarieren. Damit wird er automatisch auch in **Italien** steuerfrei gestellt.

Die Umsetzung des *OECD*-Informationsaustauschabkommens bei Steuerhinterziehung und -betrug seitens **Italiens** gilt natürlich auch für **Campione**. Doch wegen der fehlenden Banken ist die Exklave nicht direkt davon betroffen. Das würde sich mit einem Steuerabkommen **Deutschland – Schweiz** natürlich ändern.

Weitere Informationen und Ansprechpartner:

Botschaft der Italienischen Republik
Hiroshimastraße 1–7, D-10785 Berlin
Tel.: 030-2 54 40-0, Fax: 030-2 54 40-1 16

Immobilien Wehner, Campione
Tel.: 0041-7 96 20 60 80

Internet: www.parlamento.it, www.mycampione.com

Deutsch-Italienische Handelskammer
Via Gustavo Fara 26, I-20124 Mailand
Tel.: 0039-02-67 91 31, Fax: 0039-02-66 98 09 64
www.ahk-italien.it

Channel Islands mit Guernsey und Jersey

- Gesamtfläche: 198 qkm
  davon Guernsey: 65 qkm
  Jersey: 116,2 qkm
  Alderney: 7,9 qkm
  Sark: 5,5 qkm – Herm: 2 qkm
  Jethou: 0,2 qkm
- Währung: Pfund Sterling –
  eigene Geldzeichen im Umlauf
- Arbeitslosigkeit: 5,4 Prozent
- Abkommen: DBA mit Großbritannien,
  Rechts- und Amtshilfe und Auskunfts-
  austausch

- Einwohner: 160 000
  davon Guernsey: 63 400
  Jersey: 98 000
  Alderney: 2 500 – Sark: 700
- Sprache: Englisch
- Hauptstadt:
  Guernsey: St. Peter Port
  Jersey: St. Helier
- Inflation: 3,3 Prozent

Jersey, Guernsey, Alderney, Sark und ein paar weitere, zum Teil unbewohnte Eilande zählen zu einer insgesamt 198 qkm großen Inselgruppe, von der aus an klaren Tagen die Küste **Frankreichs** deutlich zu sehen ist. Die Inseln sind politisch unabhängig, selbst **Jersey** und **Guernsey** zusammen mit **Alderney, Sark** und **Herm** sind voneinander unabhängige Staaten mit eigenem Geld und eigenen Verkehrsregeln. Was alle Inseln miteinander verbindet, ist neben der englischen Sprache die Loyalität zur englischen Krone. Da **London** den Insulanern seit Jahrhunderten die Steuerhoheit garantiert, gehören diese heute zu den reichsten Bewohnern unseres Erdballs. Aufgrund ihrer Nähe zu den Finanzzentren **London** und **Paris** konnten sich die Inseln **Jersey** und **Guernsey** zu einem Zentrum für Offshore-Aktivitäten entwickeln. Die **Channel Islands** sind zwar keine Mitglieder der **EU**, gehören aber dem Zollgebiet der Gemeinschaft an.

Auf **Jersey** und **Guernsey** haben sich mittlerweile knapp 45 000 Gesellschaften niedergelassen, davon über 20 000, denen die Vorteile von Offshore-Gesellschaften eingeräumt wurden. Ihr Beitrag zum Bruttosozialprodukt liegt heute auf **Jersey** bei 55 Prozent und auf **Guernsey** bereits bei 59 Prozent. Sie machen sich Privilegien zunutze, die 1972 bei den *EG*-Beitrittsverhandlungen **Großbritanniens** von den übrigen *EG*-Mitgliedern in einem Zusatzprotokoll ausdrücklich akzeptiert wurden: keine Erbschaft-, Umsatz- oder Einkommensteuer für Ausländer. Eine Quellensteuer auf Zinserträge wird jedoch einbehalten. Seit 2011 sehen die mit **Großbritannien** und der *EU* neu ausgehandelten Abkommen zudem einen Informationsaustausch mit *EU*-Staaten vor. Die ehemaligen Seeräuber-Inseln leisten Rechtshilfe in internationalen Steuerfahndungsverfahren. Das *OECD*-Informationsaustauschabkommen bei Steuerhinterziehung und -betrug wird umgesetzt.

Erfolgsstory im Ärmelkanal

Das Finanzgeschäft wurde zur Erfolgsstory der **Channel Islands**. Während sie vor 20 Jahren noch mit Steuerkonzessionen locken mussten, ist heute Fachwissen ausschlaggebend. 76 Banken haben sich allein auf **Guernsey** niedergelassen, nur ein paar weniger als auf der größeren Nachbarinsel **Jersey** (insgesamt rund 100 Finanzinstitute). Hinzu kommen 352 Versicherungsunternehmen. Damit liegt **Guernsey** weltweit nach den **Bermudas** und den **Cayman Islands** an dritter Stelle.

Um unter diesem Druck die Firmen zu halten, von denen man längst ökonomisch abhängig ist, wurde die Körperschaftsteuer auf zehn Prozent für Finanzfirmen gesenkt, auf null Prozent für alle anderen. Zudem wurde eine Mehrwertsteuer von fünf Prozent eingeführt.

Gesellschaften: Jersey und **Guernsey** kennen zwei Gesellschaftsformen: zum einen die von den Inseln aus kontrollierte Local Company, die der zehnprozentigen Steuer unterliegt, zum anderen die Exempted Company, die nicht auf den Inseln ansässig sein darf. Sie bezahlt eine Pauschalsteuer. Die Gesellschaften können als Holding-, Handels- oder Investment-Gesellschaften eingesetzt werden: Mindestaktienkapital 100 Pfund; Gründungsdauer ein bis zwei Wochen; Gründungskosten 600 bis 700 Pfund einschließlich einer 0,5-prozentigen Stempelgebühr auf das Kapital; laufende Kosten Registriergebühr von 100 Pfund sowie Pauschalsteuer von 650 Pfund für Exempted Companies plus 300 bis 700 Pfund für ein Registered Office. Für die Gründung steuerpauschalierter Oasenfirmen sind die Inseln ein Magnet. Das gilt insbesondere für die Einrichtung von Vermögenstrusts auf **Jersey**.

Beträchtlichen Unmut hat sich **Sark** zugezogen. Denn *EU* und *OECD* halten Mini-Territorien wie **Sark** mitverantwortlich dafür, dass geschäftstüchtige Unternehmen dort ihre Gewinne vor dem Fiskus in Sicherheit bringen können. Auf dem Papier ist das ländliche **Sark** ein internationales Unternehmenszentrum von Rang: Nachgewiesenermaßen geben mindestens 15 000 Firmen einen Einwohner von **Sark** als ihren Direktor an. Dabei sind diese Gesellschaften überwiegend auf der **Isle of Man**, in **Irland**, auf den **British Virgin Islands** oder in **Panama** registriert.

Neue Inselgesetze auf **Guernsey** und **Sark** schreiben fest, dass Direktoren die wahren Eigentümer ihrer Firmen sowie deren Geschäfte und die Herkunft der Gelder kennen müssen. Sie sind darüber hinaus verpflichtet, „sicherzustellen, dass eine Firma keinen unrechtmäßigen Handel treibt oder auf andere Art Gesetze bricht".

Trusts haben für die Entwicklung des Finanzwesens auf den **Channel Islands** in den letzten Jahren eine wichtige Rolle gespielt. **Jerseys** Trustgesetz von 1984 wurde mit Erweiterungen in das Trustrecht von **Guernsey** übernommen.

Rechtssystem: Das Rechtssystem lehnt sich an das britische Common-Law-System an, hat jedoch viel vom alten Gewohnheitsrecht der Normandie übernommen.

Patentschutz: Jersey: Patent Law von 1957 und das Tradework Law von 1958; **Guernsey:** Loi Ayant Rapport Aux Patentes, Dessins et Marques de Fabrique von 1922 sowie das Patents, Designs and Trade Marke Law von 1959

Wohnsitznahme: Praktisch kaum möglich, auch nicht empfehlenswert, da das mit einem jährlichen Mindesteinkommen von 150 000 Pfund und mehr beziehungsweise einem Vermögen von mindestens einer Million Pfund verbunden ist. Auch ist das Angebot für den internationalen Markt sehr gering; die Immobilienpreise haben – trotz der Immobilienkrise in **England** – astronomische Höhen erreicht.

Steuern: Natürliche Personen und Gesellschaften, die auf den Inseln geschäftlich tätig sind und von dort kontrolliert und verwaltet werden, unterliegen einer zehnprozentigen Einkommen- beziehungsweise Körperschaftsteuer. Corporate Tax Companies (Offshore), die von außerhalb der Inseln kontrolliert und verwaltet werden, zahlen pauschal jährlich 300 Pfund (345 Euro). Tausende Briten machen sich das zunutze. Sie haben Milliarden steuerfrei auf den **Channel Islands** geparkt. Den britischen Finanzbehörden ist das ein Dorn im Auge. Über Razzien bei den Muttergesellschaften in **Großbritannien** versuchen sie an die Adressen der Konto- und Depotinhaber bei deren Niederlassungen auf den Kanalinseln zu kommen.

Im Gefolge seiner desolaten Haushaltslage hat das Mutterland **Großbritannien** die **Channel Islands** im April 2013 gezwungen, künftig automatisch Informationen zu den Inhabern von Bankkonten sowie zum Umgang damit bereitzustellen. Informationen, die auch den *EU*-Ländern **Deutschland, Frankreich, Italien** und **Spanien** zugänglich gemacht werden. Auch sollen die Besitzverhältnisse der über 45 000 auf **Guernsey, Jersey** und **Sark** registrierten Offshore-Gesellschaften offengelegt werden. Die britische

Regierung steht wegen des ständig zunehmenden Defizits unter enormem innenpolitischen Druck. Da lässt es sich nicht mehr rechtfertigen, dass Bürger ihr Schwarzgeld in Steueroasen horten.

Die Insel **Sark** kennt weder Besteuerung noch ein Gesellschaftsrecht. Obwohl es auf **Jersey** keine Erbschaft- und Schenkungsteuern gibt, muss bei einem Todesfall eine Testamentsgebühr von maximal 500 Pfund entrichtet werden.

Quellensteuer: 20 Prozent auf Dividenden

Doppelbesteuerungsabkommen: die Inseln untereinander und separate Abkommen mit **Großbritannien**

Lebenshaltungskosten: etwas höher als in **Großbritannien**

Weitere Informationen und Ansprechpartner:

Jersey Financial Services
Commission
P.O. Box 267
14–18 Castle Steet, St. Helier
Jersey JE4 8TP
Channel Islands
Tel.: 0044-15 34-82 20 00
www.jerseyfsc.org

Guernsey Financial Services
Commission
P.O. Box 128
Glategny Court, Glategny
St. Peter Port, Guernsey GY1 3HQ
Channel Islands
Tel.: 0044-14 81 71 27 06
Fax: 0044-14 81 71 20 10
www.gfsc.gg

Dänemark mit Färöer-Inseln und Grönland

- Fläche: 43 094 qkm
- Hauptstadt: Kopenhagen
- BIP je Einwohner: 57 570 USD
- Arbeitslosigkeit: 7,9 Prozent
- Abkommen: DBA, Rechts- und Amtshilfe und Auskunftsaustausch
- Einwohner: 5,6 Millionen
- Sprache: Dänisch
- Währung: Dänische Krone
- Inflation: 1,2 Prozent
- Staatsverschuldung: 46,6 Prozent

Nach Jahren der Hochkonjunktur hatte sich auch die dänische Wirtschaft infolge der globalen Finanz- und Wirtschaftskrise spürbar abgekühlt. Das BIP schrumpfte 2008 um 1,2, 2009 um 4,9 und 2010 um 1,7 Prozent. Seit 2011 steigt das BIP jedoch wieder um jährlich 1,3 Prozent. Nach einem historischen Tiefstand der Arbeitslosenquote von 1,7 Prozent 2008 ist diese infolge der Krise auf derzeit 7,9 Prozent gestiegen.

Dänemark ist nach **Russland** und **Norwegen** der drittgrößte Ölproduzent **Europas**. Und die dänische Schifffahrt schreibt Erfolgsgeschichte. Vor allem in der Containerfracht sind die Dänen mit Abstand Weltmarktführer.

Die globale Erderwärmung könnte der Insel **Grönland** und damit **Dänemark** schon bald zu einer zusätzlichen Einnahmequelle verhelfen – ergänzt um attraktive Null- beziehungsweise Niedrigsteuern für ausländische Investoren. Im Meer vor **Nordwestgrönland** werden Ölvorkommen im Umfang von bis zu 110 Milliarden Barrel Öl vermutet. Das wären die viertgrößten Vorkommen der Welt. Außerdem erwarten die Geologen umfangreiche Erdgas-Lagerstätten in dem Gebiet.

Durch die steigenden Temparaturen ist das Eis in den dortigen Gewässern in den vergangenen fünf Jahren so rapide zurückgegangen, dass Rohstoffvorkommen einfacher erschlossen werden können. **Dänemarks** Finanzpolitik wird durch die reichlich fließenden Steuereinnahmen aus der Erdölförderung auf Grönland genährt. Dazu kommen seit Anfang 2013 zusätzliche Steuereinnahmen aus dem Abbau Seltener Erden (s. S. 209).

Die größten Ölvorkommen der Welt	
nachgewiesene Vorkommen, in Milliarden Barrel	
Saudi-Arabien	262,7
Iran	132,5
Irak	115,0
Grönland	110,0 (vermutete Vorkommen)
Vereinigte Arabische Emirate	97,8

Quelle: BP

Was das Königreich ausländischen Investoren bietet

Seit 1999 ist in unserem nördlichen Nachbarland ein Gesetz in Kraft, das es auch deutschen Unternehmen erlaubt, Gewinne steuerfrei über eine dänische Holdinggesellschaft auszuschütten. So kann zum Beispiel eine deutsche GmbH eine dänische Holding-GmbH gründen, die als Muttergesellschaft mindestens 25 Prozent an der deutschen Tochtergesellschaft hält. Die deutsche Produktions-GmbH schüttet die Gewinne an die dänische Holdinggesellschaft aus. Nach dem DBA zwischen **Deutschland** und **Dänemark** bleibt die Gewinnausschüttung steuerfrei. Die dänische Holding kann ihrerseits wiederum von einer ausländischen Muttergesellschaft beherrscht werden. Die Muttergesellschaft der Holding-GmbH kann ihren Sitz ebenfalls im Land der Produktions-GmbH haben. Auch dieser Ausschüttungsvorgang beurteilt sich nach dem jeweiligen DBA, sodass Gewinnausschüttungen in der Regel steuerfrei bleiben.

Abgerundet werden die günstigen steuerlichen Rahmenbedingungen für Holdinggesellschaften in **Dänemark** durch ein dichtes Netz abgeschlossener DBA und dem Fehlen einer Transaktionssteuer, wie es sie beispielsweise in den **Niederlanden** gibt. Aber auch die Einnahmen aus dem Verkauf von Aktien oder Anteilen unterliegen gleichermaßen den Steuerfreistellungsvorschriften. Einbehaltene deutsche Quellensteuer fällt entweder nicht an oder kann zurückverlangt werden. Grundkapital der dänischen Holding-Gesellschaft in der Rechtsform der GmbH: 15 000 Euro. Dauer der Gesellschaftsgründung: wenige Wochen.

Dänemark erkennt eine grenzüberschreitende Organschaft an. Infolgedessen können Verluste ausländischer Tochtergesellschaften die körperschaftsteuerliche Bemessungsgrundlage und damit die Steuerbelastung der dänischen Muttergesellschaft vermindern, während spätere Gewinne grundsätzlich zu einer Nachversteuerung führen.

Das *OECD*-Informationsaustauschabkommen bei Steuerhinterziehung und -betrug wird von **Gesamt-Dänemark** umgesetzt.

Weitere Informationen und Ansprechpartner:

Botschaft des Königreichs Dänemark
Rauchstraße 1
D-10787 Berlin
Tel.: 030-50 50 20 00
Fax: 030-50 50 21 50

Jyske Bank Kopenhagen
Vesterbrogade 9
DK-1780 Kopenhagen
Tel.: 0045-89 89 00 10
Fax: 0045-89 89 00 11

Internet: www.stm.dk; www.ft.dk

Färöer-Inseln

- Fläche: 1396 qkm,
  18 Inseln, davon 17 bewohnt
- Sprachen: Färöisch, Dänisch
- Inflation: 2,3 Prozent
- Arbeitslosigkeit: 1,3 Prozent

- Einwohner: 48 600
- Hauptstadt: Tórshavn
- Währung: Färörische Krone
- BIP je Einwohner: 40 503 USD
- Staatsverschuldung: k. A.

Die 18 **Färöer-Inseln** im Nordmeer zwischen **Schottland** und **Island** (430 km südlich) gehören zu **Dänemark**, verwalten sich aber selbst. Es gibt etwa 70 000 Schafe, aber nur knapp 49 000 Menschen auf den gras- und regenreichen Schafinseln, die im neunten Jahrhundert von **Norwegen** aus besiedelt wurden. Haupteinnahmequellen sind Fischfang und -verarbeitung. Die **Färöer-Inseln** haben mit über 40 000 USD eines der höchsten Bruttoinlandsprodukte weltweit.

Steuerlich bieten sie bei der Einkommen- und Körperschaftsteuer Sätze von 15 bis 25 Prozent. Darüber hinaus können Unternehmen

Färöer – neue Steueroase im Nordatlantik?

Die **Färöer** liebäugeln damit, sich völlig von **Kopenhagen** loszulösen. Die **Färöer** planen, sich – wie **Liechtenstein** – als Steueroase innerhalb der *EU* und *EFTA* zu etablieren. Bereits seit 2006 bildet die Inselgruppe einen gemeinsamen Wirtschaftsraum mit **Island**. Eigene Handelsabkommen wurden mit der *EU*, **Norwegen** und der **Schweiz** abgeschlossen. Die Region war zuletzt bei der Steueroasen-Diskussion ins Bewusstsein der Politik gerückt. Denn die **Färöer** sind als nahezu einzige Region des Kontinents nicht von der europäischen Zinsbesteuerung betroffen. Noch ist Fisch praktisch das einzige Exportprodukt.

auf den **Färöer-Inseln** und **Grönland** die Vorteile der vom königlichen Mutterland geschlossenen DBA in vollem Umfang nutzen. Dem stehen weite Wege und die frostigen Temperaturen vor Ort entgegen – sie lassen sehr schnell selbst kühnste Steuerersparnis-Konstruktionen abkühlen.

Weitere Informationen und Ansprechpartner:

Botschaft des Königreichs Dänemark
Rauchstraße 1
D-10787 Berlin
Tel.: 030-5 05 02 00-0, Fax: 030-50 50 21 50

Internet: www.folketinget.dk

Grönland

- Fläche: 2 166 086 qkm
- Hauptstadt: Nuuk
- BIP je Einwohner: 32 500 EUR
- Arbeitslosigkeit: 4,2 Prozent
- Staatsverschuldung: 18 Prozent
- Einwohner: 57 000
- Sprache: Inuit, Dänisch
- Währung: Dänische Krone
- Inflation: 2,8 Prozent

Nach fast 300 Jahren unter dänischer Herrschaft ist **Grönland** seit Juli 2009 unabhängig. Das Land regelt – bis auf die Außenpolitik – alle Angelegenheiten selbst und kann eigenständig über seine Bodenschätze verfügen. Allein Grönlands Ölvorkommen sollen bis 1000 Milliarden Euro wert sein. **Grönland** profitiert vom Klimawandel. Die Erwärmung wird den Zugang zu bestimmten Gegenden erleichtern, so kann dort besser gefischt und vor allem nach Öl und Gas gesucht werden. Der *US Geological Survey* erwartet die größten ungenutzten Ölreservoire der Erde in der Grönländischen See. Sollten die laufenden Probebohrungen erfolgreich sein, wird **Grönland** schon bald seine volle Autonomie erhalten. Bis aus dem Ölreservoir Erträge fließen – sie werden zwischen dem Mutterland und **Grönland** aufgeteilt – wird **Dänemark** weiter seine jährlichen finanziellen Zuwendungen von derzeit 430 Millionen Euro leisten. Doch es soll noch besser kommen. Auf der Arktisinsel wurden reiche Vorkommen an den für die IT-Industrie wichtigen

Seltenen Erden entdeckt. In drei bis vier Jahren soll mit dem Abbau begonnen werden. Experten erwarten eine jährliche Ausbeute von 40 000 Tonnen, etwa die Hälfte dessen, was **China** fördert. **Grönlands** Vorräte reichen aus, um den gegenwärtigen Weltbedarf für 150 Jahre zu decken, stellt die *Bundesanstalt für Geowissenschaften und Rohstoffe* fest. Doch der Abbau wird riskant und teuer sein. Rund 150 Bergbaulizenzen sind inzwischen vergeben.

Nordeuropa – Oase des Wohlstands

Dänemark, Schweden, Finnland, Norwegen – im krisengeschüttelten Westen und Süden **Europas** erscheint die Region wie eine Oase der Ruhe und des Wohlstands. Das lässt sich auch mit Zahlen untermauern: Egal ob Wachstum, Innovationskraft oder ganz allgemein die Zufriedenheit verglichen werden – in internationalen Untersuchungen liegen die nordischen Länder fast immer vorn. Vor allem beeindruckt, dass sie es geschafft haben, gut ausgebaute Sozialsysteme mit solider Haushaltsführung zu vereinbaren. Die Staatsverschuldung in allen vier Ländern liegt deutlich unter 50 Prozent der jeweiligen Wirtschaftsleistung. Zum Vergleich: Der *EU*-Durchschnitt liegt bei über 80 Prozent.

Dabei war die Region, insbesondere **Schweden** und **Finnland**, Anfang der 1990er-Jahre in eine tiefe Wirtschaftskrise geschlittert. Die Folgen: Arbeitslosigkeit, sinkende Steuereinnahmen, steigende Staatsverschuldung. Das zwang die Politiker zu einer Reihe von Sparmaßnahmen. Damals hat der Norden **Europas** eine schmerzhafte Lektion gelernt. Die Reformen selbst waren nicht originell: Leistungskürzungen, Privatisierungen, Anhebung des Rentenalters. Die Länder haben gespart wie andere auch – nur konsequenter.

Natürlich ist der heutige Erfolg nicht allein Verdienst der Politik. Ohne die Steuereinnahmen aus einer produktiven und innovationsfreudigen Privatwirtschaft können keine Überschüsse erwirtschaftet werden. Erstaunlich ist aber nicht nur die Entschlossenheit, mit der die nordischen Länder ihre Haushalte saniert haben. Erstaunlich ist auch, dass sie ihre Wohlfahrtssysteme trotz aller Sparpakete so bewahren konnten, dass sie immer noch als modellhaft gelten. Doch bei aller Ähnlichkeit haben die nordischen Länder dabei teils sehr unterschiedliche Wege genommen.

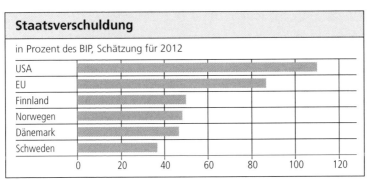

Staatsverschuldung

in Prozent des BIP, Schätzung für 2012

Quelle: IMF

Deutschlands Steuer-Besonderheiten

Deutschland ist ein Hochsteuerland. So liegt etwa die Steuerlast für Unternehmen unter Einschluss der versteckten Lasten über dem Durchschnitt der **Welt** und noch deutlicher über dem Mittelwert in **Europa.** Das zeigt der Bericht *Paying Taxes 2013* der Wirtschaftsprüfungsgesellschaft *PWC,* der *Weltbank* und der *International Finance Corporation.* Die deutsche Gesamtsteuerbelastung beträgt demnach 46,8 Prozent. Im Vergleich dazu liegt der globale Durchschnittswert bei 44,7 Prozent und der europäische Mittelwert bei 42,6 Prozent. Dennoch gibt es einige steuerliche Besonderheiten, die helfen, die Steuerlast zu minimieren – etwa bei Kapitalgesellschaften.

Um im internationalen Steuerwettbewerb konkurrenzfähig zu werden, wurde beispielsweise der Körperschaftsteuersatz 2008 auf 15 Prozent zuzüglich 0,8 Prozent Solidaritätszuschlag auf insgesamt 15,8 Prozent gesenkt. Betrachtet man die Körperschaftsteuer isoliert, drängt sich der Eindruck auf, **Deutschland** wäre im internationalen Steuervergleich neben der **Schweiz**, **Bulgarien** oder **Irland** eine Steueroase für Kapitalgesellschaften und somit ein idealer Investitionsstandort oder in Verbindung mit weiteren Faktoren ein steuerlich attraktiver Standort für internationale Holdinggesellschaften. Doch diese Betrachtung greift für die Steuerbelastung der Kapitalgesellschaften in **Deutschland** zu kurz. Für Investitionsentscheidungen und letztlich auch für die Shareholder ist nicht der Körperschaftsteuersatz, sondern die Gesamtsteuerbelastung auf die Erträge maßgeblich. In **Deutschland** tritt zur

Steueroasen auf dem Prüfstand

Fortsetzung: Deutschlands Steuer-Besonderheiten

Körperschaftsteuerbelastung die Gewerbesteuerabgabe hinzu. Sie liegt – regional unterschiedlich – zwischen 14 bis 15 Prozent.

In weiten Teilen des Landes hat die deutsche Politik somit ihr Ziel, die Steuerbelastung für Kapitalgesellschaften unter die Marke von 30 Prozent zu senken, erreicht. Wurde aber auch das Ziel, international wettbewerbsfähiger zu werden, erreicht? Im internationalen Vergleich korrigiert sich das Bild, wenn die gesamte Steuerbelastung auf Einkommen und Erträge ermittelt wird. Das Prädikat „Steueroase" bleibt **Deutschland** somit auf den zweiten Blick verwehrt.

Ausländische Investoren können unangenehme Überraschungen vermeiden, wenn sie ihren Businessplan für deutsche Tochterunternehmen oder Investitionsvorhaben vor der Investitionsentscheidung von einem Steuerexperten prüfen lassen. Das deutsche Steuerrecht kennt zahlreiche Ausnahme- und Sondertatbestände, die betriebliche Ausgaben von der Berücksichtigung im Rahmen der Ermittlung der Besteuerungsbasis ausschließen. Was nach deutschem Handelsrecht Aufwand darstellt, muss steuerlich nicht Betriebsausgabe sein. Durch Hinzurechnungsvorschriften bei der Gewerbesteuer oder bei der Körperschaftsteuer, die sich von Unternehmen zu Unternehmen höchst unterschiedlich auswirken, kann die effektive Steuerbelastung vieler Unternehmen wesentlich höher ausfallen. Vergleicht man die Steuerbelastung mit dem handelsrechtlichen Jahresüberschuss vor Steuern, kann die Zielmarke von 30 Prozent schnell überschritten sein. Außerdem gibt die deutsche Finanzverwaltung im Rahmen von Abschreibungen auf Investitionen Abschreibungssätze vor, die im Vergleich mit den Abschreibungssätzen anderer Länder, etwa der **Schweiz**, zu einer vorverlagerten Besteuerung der Erträge aus Investitionen führt.

Seit der Unternehmenssteuerreform 2008 bietet **Deutschland** die Möglichkeit, Betriebsvermögen erbschaftsteuerfrei zu schenken oder zu vererben. Die Verschonungsregel soll Familienunternehmen beim Übergang von einer Generation auf die nächste nicht schwächen. Über eine sogenannte Cash-GmbH lässt sich aber auch privates Geld-, Immobilien- oder Aktienvermögen am Fiskus vorbeischleusen.

Deutsche Gewerbesteueroasen

In der gesamten Republik konkurrieren Kommunen untereinander mit niedrigen Gewerbesteuersätzen um Unternehmen. Doch fast nir-

Fortsetzung: Deutschlands Steuer-Besonderheiten

gends ist das Gefälle so groß wie im Großraum **München**. Vor allem im Süden der Landeshauptstadt sollen extrem niedrige Tarife Betriebe anlocken. Manche von ihnen erweisen sich als reine Briefkastenfirmen, denen sogar eine Scheune im Wald als Firmensitz reicht. In den Nachbargemeinden klagen die Kommunalpolitiker dann gerne über das vermeintliche Steuerdumping.

Erfolgreiches Steuerdumping betreiben unter anderem auch:

■ **Ebersberg:** Im **Ebersberger Forst** im Osten **Münchens** residieren viele Briefkastenfirmen. Als einer von ganz wenigen Landkreisen verfügt **Ebersberg** mit dem Forst über ein „außermärkisches Gebiet", das heißt über eigene Flächen, die zu keiner Gemeinde gehören. Dort kann es theoretisch Betriebe ansiedeln und Gewerbesteuer kassieren. Hier gedeiht unter anderem ein Ableger der globalen Finanzwelt: Geschlossene Fondsgesellschaften der *Unicredit*-Tochter *Wealthcap* für Geldanlagen in Flugzeugen oder Einkaufszentren, auch wenn der Euro andernorts rollt. Für jeden Fonds wird eine eigene Gesellschaft gegründet, deshalb die vielen Namensschilder. Diese Gesellschaften sind äußerst mobil, brauchen kaum Infrastruktur und können dorthin gehen, wo wenig Steuern zu zahlen sind. Der Hebesatz von **Ebersberg** liegt mit 200 Prozent an der zulässigen Mindestgrenze.

■ **Weitere Destinationen: Grünwald** – Hebesatz 240, **Gräfelfing** – Hebesatz 250, **Pullach** – Hebesatz 260, **Holzkirchen** – Hebesatz 240, **Zossen/Berlin** – Hebesatz 200

■ Ein weiteres erfolgreiches Beispiel für Steuerdumping in **Deutschland** ist **Norderfriedrichskoog**.

Die 55 Einwohner zählende Gemeinde **Norderfriedrichskoog** liegt an der Westküste Schleswig-Holsteins nahe **Husum**. Sie macht mit ihrem vollständigen Verzicht auf kommunale Steuern bereits seit 1993 deutschlandweit Furore. Das hatte historische Gründe: Einnahmen infolge eines Deichbaus im Jahr 1969 sorgen dafür, dass die Gemeindekasse stets gut gefüllt ist. In der Folgezeit siedelten sich bereits über 500 Unternehmen an.

Das Gewerbesteueränderungsgesetz 2003 verpflichtete auch **Norderfriedrichskoog**, den Hebesatz in Höhe von 200 Prozent einzuführen. Im Bundesvergleich hat Norderfriedrichskoog damit aber nach wie vor den niedrigsten Gewerbesteuersatz.

Steueroasen auf dem Prüfstand

Fortsetzung: Deutschlands Steuer-Besonderheiten

Den deutschen „Steueroasen" bringen die niedrigen Sätze viel Geld.

- Fläche: 357 123 qkm
- Hauptstadt: Berlin
- BIP je Einwohner: 42 430 USD
- Arbeitslosigkeit: 6,9 Prozent
- Abkommen: DBA, OECD-Informations- und Austausch-abkommen

- Einwohner: 80,2 Millionen
- Sprache: Deutsch
- Währung: Euro
- Inflation: 2,0 Prozent
- Staatsverschuldung: 81,5 Prozent

Steuereinnahmen erreichen Rekorde

Die Steuereinnahmen erreichten in **Deutschland** 2012 mit über 600 Milliarden Euro einen neuen Höchststand. Die Steuerquote stieg auf 23,4 Prozent. Dennoch wird diskutiert, Vermögende, Erben und Besserverdiener stärker zu besteuern. Doch wie die Entwicklung zeigt (s. Abb.), bedarf es keiner höheren Steuersätze, um auf eine höhere Steuerquote zu kommen. Die Steuersätze waren noch nie so niedrig wie heute. Dass der Staat, bezogen auf die Wirtschaftskraft, einen größeren Anteil erhält, liegt zum einen daran, dass Ausnahmen weniger und Steuerschlupflöcher kleiner wurden. Und daran, dass mit wachsender Beschäftigung das Steueraufkommen überproportional zunimmt.

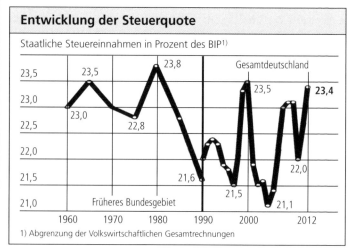

Entwicklung der Steuerquote

Staatliche Steuereinnahmen in Prozent des BIP[1]

Quelle: Bundesfinanzministerium

Fortsetzung: Deutschlands Steuer-Besonderheiten

Deutschlands Wirtschaft in der Welt

Eine von der *OECD* Ende 2012 vorgelegte Studie kommt zu dem Ergebnis, dass **Deutschland** im internationalen Vergleich in den nächsten 50 Jahren stark an wirtschaftlicher Bedeutung verlieren wird. Nimmt es als Wirtschaftsnation 2013 noch den fünften Rang ein, wird **Deutschland** 2060 auf den zehnten Platz abgesackt sein. Als Grund dafür nennt die Studie die Alterung der Bevölkerung, die nicht mit Zuwanderung ausgeglichen werden kann. Demgegenüber wird **China** – trotz seiner aktuellen Schwächephase – noch 2013 wirtschaftlich am Euroraum vorbeiziehen. Gleiches erwartet man für **Indien** in 20 Jahren.

Gemeinsam werden die beiden Riesenländer 2060 mit ihrer Wirtschaftskraft alle derzeit 34 *OECD*-Länder übertreffen. Im Vergleich der jährlichen Wachstumsraten kommt die Studie zu dem Ergebnis, dass **Indien** und **Indonesien** bereits 2020 **China** übertreffen. Insgesamt wird die Aufholjagd der Schwellenländer jedoch abnehmen. Statt in den letzten Jahren durchschnittlich 7 Prozent, soll sich das jährliche BIP-Wachstum auf rund 2,5 Prozent verringern.

Wachstum des realen BIP

in 2011 bis 2060 (Jahresdurchschnitt in Prozent)[1]

Indien	4,9
China	3,9
Mexiko	2,9
Brasilien	2,8
Australien	2,5
Vereinigte Staaten	2,1
Großbritannien	2,0
Russland	1,9
Frankreich	1,6
Japan	1,3
Deutschland	1,1

1) Nach Wachstumsszenarien der OECD; ausgewählte Länder

Quelle: OECD

Frankreich mit Korsika

- Fläche: 543 965 qkm
- Hauptstadt: Paris
- BIP je Einwohner: 36 200 USD
- Arbeitslosigkeit: 11,0 Prozent
- Abkommen: DBA, OECD-Informations- und Austauschabkommen

- Einwohner: 63,4 Millionen
- Sprache: Französisch
- Währung: Euro
- Inflation: 1,4 Prozent
- Staatsverschuldung: 94,0 Prozent
- Steuern- und Sozialabgaben: 46,5 Prozent des BIP

Auf den ersten Blick strotzt **Frankreich** nur so vor Selbstvertrauen. Die Bevölkerung wächst doppelt so stark wie durchschnittlich ganz **Europa**. Doch abseits der Glitzerstraßen von **Paris** füllen sich die Armenküchen und immer mehr Menschen fluten zu den Arbeitsämtern. **Frankreich** wird 2013 einen Arbeitslosenrekord von 11 Prozent erreichen. Die Lage ist zwar noch nicht so schlimm wie in den südeuropäischen Staaten, doch die Wirtschaft dümpelt 2013 ohne Kraft und Vertrauen vor sich hin. Aufgrund einer Steuererhöhung ziehen sich immer mehr Reiche zurück. Sie gehen nach **Belgien, Luxemburg**, **London** oder **Russland.** Doch damit nicht genug, will **Frankreich** auch seine Reichen in der Schweiz besteuern. Dort werden rund 2000 Millionäre aus **Frankreich** nicht nach ihrem in **Frankreich** erzielten Einkommen, sondern pauschal besteuert.

In diesem Umfeld halten Unternehmen und Verbraucher ihre Ausgaben zurück. Für 2013 rechnet man daher mit einem BIP-Rückgang von 0,5 Prozent. Doch die Konkurrenten stehen nicht still – vor allem nicht jene in **Südeuropa**. Während **Spanien** seit der Euro-Krise seine Lohnstückkosten gesenkt hat, steigen diese in **Frankreich** weiterhin. **Frankreichs** internationale Wettbewerbsfähigkeit befindet sich im freien Fall. Seit 1991 halbierte sich der Anteil am Welthandel auf 3,9 Prozent. In den letzten zehn Jahren sank der Export in die Euro-Zone von 16 auf 12,6 Prozent. Dagegen stiegen die Löhne französischer Industriearbeiter in den letzten zwölf Jahren um 53 Prozent, die deutschen vergleichsweise nur um die Hälfte – und die englischen sanken sogar. Französische Produkte sind zu teuer. Das Land muss deshalb für 70 Milliarden Euro mehr importieren als exportieren – ein Rekorddefizit!

Ländervergleich

Veränderung gegenüber 1999 in Prozent

Quelle: Europäische Zentralbank

Nicht nur Wohlhabende, auch Betriebe überlegen, ob sie weiterhin in **Frankreich** bleiben sollen. Viele machen dicht, um sich in **Südeuropa** anzusiedeln. Die französische Industrie steigt somit weiter ab, zumal **Frankreich** nur über wenige Branchen mit weltweiter Marktführerschaft verfügt. Die Regierung zeigt sich gegenüber dem Wettbewerb hilflos. Stattdessen will sie den Wegzug von Unternehmen steuerlich erschweren. Nichtrealisierte Kapitalerträge sollen beim Wegzug besteuert werden. Unternehmensverlagerungen können somit teuer werden. Steuerentlastungen von 20 Milliarden Euro sollen Unternehmen zum Bleiben animieren, doch im Gegenzug steigt die Mehrwertsteuer ab 2014 von 19,6 auf 20 Prozent.

Doch wenn die französische Wirtschaft stagniert, hat dies für das Land zwei Folgen: Weil in **Frankreich** in der Regel erst mit rund 1 Prozent Wachstum auch zusätzliche Beschäftigung entsteht, wird sich die Hoffnung auf eine Trendumkehr bei der Arbeitslosigkeit Ende 2013 voraussichtlich nicht erfüllen. Zudem fehlen bei einem Null-Wachstum dem Staat rund 40 Milliarden Euro an Steuereinnahmen. Aus dem Abbau der Neuverschuldung von 4,5 auf 3 Prozent wird damit voraussichtlich auch nichts.

Frankreichs Krise treibt auch deutschen Politikern Sorgenfalten auf die Stirn. Denn **Deutschland** braucht **Frankreich** wie auch umgekehrt. Die Euro-Krise ist ohne die Franzosen nicht zu lösen. Sollte **Frankreich** zu einem Krisenfall südeuropäischer Größenordnung werden, wären alle Rettungsversuche aussichtslos, bereits geleistete Milliardenhilfen in den Sand gesetzt. Und aufgrund der mannigfaltigen Verflechtungen trifft die Schwäche des Nachbarlandes die deutsche Wirtschaft unmittelbar. Gemessen an den Aus- und Einfuhren, ist **Frankreich** nach wie vor **Deutschlands** größter Handelspartner – vor den **Niederlanden** und **China.** Doch allen Negativmeldungen zum Trotz hat **Frankreich** 2012 etwa gleich hohe Auslandsinvestitionen angezogen wie im Vorjahr.

Urlaubsland Frankreich

Frankreichs Charme ist Ausländern nicht entgangen, denn es ist das begehrteste Urlaubsland der Welt – noch vor **Spanien.** Da es problemlos möglich ist, Chalets, Appartements oder alte Bauernhäuser zu kaufen, erlebt das Nachbarland eine friedliche Invasion von Engländern, Niederländern, Skandinaviern, Schweizern und Deutschen. Dabei können die Neuankömmlinge, selbst wenn sie eine Immobilie besitzen, in den ersten beiden Jahren als nicht ansässig behandelt werden. Nach französischem Recht gelten Ausländer erst dann als ansässig, wenn sie ihr Domizil in **Frankreich** haben, dort überwiegend ihre Einkünfte verdienen oder **Frankreich** das Zentrum ihrer Wirtschaftsinteressen ist.

Steueroptimierter Immobilienkauf

Oft ist es vorteilhaft, die Immobilie durch eine sogenannte „Société Civile Immobilière (SCI)" zu halten. Damit vermeidet man im Todesfall eine Splittung der Erbschaft, wie es bei ausländischem Immobilienbesitz sonst vorkommt. Da in **Frankreich** solche Gesellschaften eine sehr große Vertragsfreiheit zulassen, können zahlreiche Vorkehrungen in der Satzung geregelt werden. So kann man beispielsweise sich und seine Ehefrau als unwiderrufbare Geschäftsführer dieser Gesellschaft ernennen, sodass Kinder oder Personen, die man im Todesfall begünstigen möchte, schon zu Lebzeiten über Anteile der Gesellschaft verfügen können. Es ist sogar möglich, die Mehrheit der Gesell-

Fortsetzung: Steueroptimierter Immobilienkauf

schaftsanteile zu übertragen, ohne dass die Geschäftsführung das Sagen über die Immobilie verliert. Eine progressive Übertragung der Anteile ermöglicht zudem, von den verschiedenen Steuerermäßigungen und Reduzierungen zu profitieren, die alle zehn Jahre in **Frankreich** neu aufgebraucht werden können. Eine sukzessive Übertragung zu Lebzeiten kann somit zu erheblichen Steuerersparnissen führen.

Wie Ausländer besteuert werden

Ausländer mit Wohnsitz und Domizil in **Frankreich** müssen ihr weltweites Einkommen dort versteuern und genießen somit die Vorteile des Splitting. Die Einkommen des Steuerpflichtigen, seiner Frau und Kinder werden addiert und durch einen bestimmten Faktor dividiert – Ehepaar Faktor 2, für jedes abhängige Kind zuzüglich 0,5. Die anfallende Steuer wird mit der Gesamtzahl multipliziert, woraus sich die tatsächliche Steuerlast zwischen fünf und maximal 54 Prozent ergibt. Privatpersonen mit Grundbesitz unterliegen einer lokalen Grundsteuer, die anteilsweise auf dem Einkommen basiert. Daneben gibt es für Ansässige seit 1989 eine Vermögensteuer. Hier kommen für Nichtansässige nur französische Werte in Betracht, die einen Grundfreibetrag von 720 000 Euro übersteigen. Dann: 0,55 bis 1,8 Prozent. Für Nichtansässige gibt es weitere Ausnahmen:

- Betriebsvermögen oder Anteile an Personengesellschaften, sofern der Steuerpflichtige/Teilhaber vorrangig für die Gesellschaft arbeitet; Anteile an Kapitalgesellschaften sind befreit, wenn dem Steuerpflichtigen mindestens 25 Prozent des Kapitals gehören und er im Unternehmen tätig ist

- Antiquitäten, Kunstobjekte, Patente, Urheberrechte, Renten, Pensionen sowie langfristig gepachtete Forst- und Agrarflächen

- Finanzanlagen, außer Aktien von Gesellschaften, deren Vermögen zu über 50 Prozent aus inländischen Immobilien besteht

- Immobilienbesitz in bestimmten Staaten, mit denen Steuerabkommen bestehen

Beim Immobilienkauf wird eine Grunderwerbsteuer fällig. Diese beträgt für privat genutzte Immobilien maximal 6,33 Prozent, für ge-

Fortsetzung: Wie Ausländer besteuert werden

werbliche Immobilien 4,89 Prozent. Bei Neubauten entfällt die Grunderwerbsteuer, dagegen wird eine Mehrwertsteuer von fünf Prozent fällig.

Frankreich erhebt in der Praxis für Ausländer, auch wenn sie dort ansässig sind, nicht so hohe Steuern, wie viele meinen. Daher ist es zur Wohnsitznahme – auch als Alterssitz – unbedingt empfehlenswert. Doch bei länderübergreifenden Schenkungen und Erbschaften mit Vermögenswerten in **Frankreich** kommt es immer wieder zur Doppelbesteuerung in **Deutschland**:

- Doppelte unbeschränkte Steuerpflicht: Bei der erweiterten unbeschränkten Steuerpflicht kann ein deutscher Staatsangehöriger, der sich in Frankreich niedergelassen hat, einer unbeschränkten Steuerpflicht in beiden Ländern für die Dauer von fünf Jahren unterworfen sein.

- Nicht-Anrechnung in voller Höhe der im Ausland gezahlten Steuer: Im Ausland gezahlte Steuer kann in **Deutschland** nicht in voller Höhe abgesetzt werden. Die Steuer kann nur angerechnet werden, wenn diese auf einem Vermögenswert errechnet wird, der nach dem deutschen Steuerrecht als „Auslandsvermögen" gilt. Seit 2012 werden Zweitwohnungen von Ausländern mit 20 Prozent auf den theoretischen Mietwert besteuert. Davon betroffen sind alle Ausländer, die nicht dauerhaft in **Frankreich** ansässig sind.

- In **Frankreich** wirken sich die rasant gestiegenen Immobilienpreise nachteilig für die Wettbewerbsfähigkeit des Landes aus. Im Zeitraum 1996 bis 2012 zogen die Preise im Vergleich zu **Gesamt-Europa** am stärksten an. Aktuell liegen Kaufpreise trotz Krise um 40 bis 60 Prozent und die Mieten bis zu 20 Prozent über den Vergleichswerten in **Deutschland.** Doch dem französischen Immobilienmarkt droht Ungemach. Die Belastungen aufgrund von Rezession sowie Steuererhöhungen und Subventionskürzungen zur Haushaltssanierung werden aus Analystensicht zu einem Preisrückgang auf dem Immobilienmarkt von 30 bis 40 Prozent innerhalb der nächsten fünf bis zehn Jahre führen. Auch bremsen die alternde Bevölkerung und strengere Vorschriften bei Hypotheken die Nachfrage. Um den Wohnungsbau zu stützen soll die Mehrwertsteuer daher von derzeit 7 auf 5 Prozent gesenkt werden.

Hinterlässt ein deutscher Steuerpflichtiger Bankkonten oder Forderungen, deren Schuldner in **Frankreich** ansässig ist, können die Erben die in Frankreich für die Übertragung dieser Güter bezahlten Steuern in **Deutschland** nicht absetzen. Zudem ist die Anrechnung nur auf die in **Deutschland** für dieses Auslandsvermögen geschuldete Steuer möglich. Ein Erbschaft-DBA zwischen **Deutschland** und **Frankreich** soll diesem steuerlichen Unsinn jetzt ein Ende setzen. Das DBA enthält eine Informationsaustauschklausel sowie eine Klausel zur Kooperation bei Steuerforderungen.

Weitere Informationen:
Hohl & Associés, Avocats à la Cour
58, avenue d'léna, F-75116 Paris
Tel.: 0033-1-53 64 60 00, Fax: 0033-1-53 64 60 09, www.hohl-avocats.com

Umfangreiche Steuerreform

Der Steuersatz für Veräußerungsgewinne wurde auf 19 Prozent erhöht, die Besteuerung von Dividenden und Einkünften aus Obligationen wurde um ein Prozent heraufgesetzt, die Veräußerungsgewinnsteuer bei Immobilien um ein Prozent erhöht, Darlehenskosten können nicht mehr abgesetzt werden, die Einkommensteuer wurde von 40 auf 41 Prozent erhöht und Steuervergünstigungen wurden um 20 Prozent gemindert. Besonders hart erwischt es **Frankreichs** Reiche mit einem Jahreseinkommen ab 1 Million Euro. Diese sollen mit 75 Prozent besteuert werden. Immer mehr Reiche nehmen dies zum Anlass dem Land den Rücken zu kehren und sich in Nachbarländern niederzulassen. Die Steuerobergrenze, welche die Gesamtbelastung der direkten Steuern auf maximal 50 Prozent des Einkommens beschränkte, wurde abgeschafft, die Vermögensteuer im Gegenzug gesenkt. Denn durch die gestiegenen Immobilienpreise werden heute viele Franzosen von der Steuer erfasst, ohne dass sie über Barmittel zur Begleichung der Steuerschuld verfügen.

Frankreichs Steueroasen-Sicht

Frankreich hat eine eigene Meinung zum Thema Steueroasen. Französische Unternehmen, die eine Niederlassung in solchen Ländern haben, unterliegen einer Quellensteuer von bis zu 50 Prozent. Den Höchstsatz erhebt **Paris** auf Dividenden, Zinsen und Gebühren. Bis dahin waren Ausschüttungen einer Tochtergesellschaft an den Mutterkonzern zu 95 Prozent von der Steuer befreit. Die Banken des Landes hatte **Frankreich** zuvor bereits verpflichtet, ihre Filialen in Steueroasen zu schließen.

Steueroase Korsika?

Die meisten Niedrigsteuergebiete innerhalb der *Europäischen Union* sind steuerlich autonom. Die übrigen, wie die **Channel Islands** oder **Madeira**, erhielten von ihren Mutterländern eine besonders günstige Steuerregelung zugesprochen, um die wirtschaftliche Entwicklung innerhalb des Rahmens der *EU*-Regionalpolitik zu fördern. In einem letzten Versuch, die Autonomiebestrebungen der Mittelmeerinsel **Korsika** zu beschwichtigen, schlug **Frankreich** in den neunziger Jahren Steuerfreiheit für die Insel vor. Hätte die *EU*-Kommission zugestimmt, wäre **Korsika** 1996 eine Nullsteuerzone geworden. Die zuvor gegründeten Unternehmen profitierten bereits von einer Befreiung von der Ertragssteuer sowie einer reduzierten Mehrwertsteuer. Die *Europäische Kommission* verwarf jedoch eine „Freihandelszone Korsika", da sich diese *„nicht mit den Prinzipien der praktizierten europäischen Regionalpolitik"* vereinbaren ließ. Die Kommission wollte keinen Präzedenzfall für andere Inseln innerhalb der **EU** schaffen. Eine Steueroase **Korsika** war damit endgültig besiegelt. Steuervorteile gibt es lediglich für bereits existierende Unternehmen. Diese wurden auf heute 20 Prozent abgebaut.

Frankreich: Stärken und Schwächen

Stärken	Schwächen
+ zukunftsorientierte Industriepolitik	– komplizierte Steuerpolitik
+ hohe ausländische Direkt-investitionen	– unzureichende Export-performance
+ gute Verkehrsinfrastruktur und Logistik	– rigider Arbeitsmarkt, niedrige Arbeitszeit
	– hohes Haushaltsdefizit

Weitere Informationen und Ansprechpartner:

Internet: www.senat.fr

Botschaft der Französischen Republik
Handelsabteilung
Pariser Platz 5, D-10117 Berlin
Tel.: 030-5 90 03 90 00, Fax: 030-5 90 03 91 71
www.ambafrance-de.org

Deutsch-Französische Industrie- und Handelskammer
18, rue Balard, F-75015 Paris
Tel.: 0033-1-40 58 35 35, Fax: 0033-1-45 75 47 39

Spezialisten für Steuerrecht sowie französisches und internationales Erbrecht:
Hohl & Associés, Avocats à la Cour
58, avenue d'Iéna, F-75116 Paris
Tel.: 0033-1-53 64 60 00, Fax: 0033-1-53 64 60 09
E-Mail: contact@hohl-avocats.com

Gibraltar

- Fläche: 6,5 qkm
- Hauptstadt: City of Gibraltar
- BIP je Einwohner: 60 940 USD
- Arbeitslosigkeit: 3,0 Prozent
- Abkommen: Rechts- und Amts-
  hilfe und Auskunftsaustausch

- Einwohner: 32 000
- Sprachen: Englisch, Spanisch
- Währung: Gibraltar Pfund
- Inflation: 2,8 Prozent
- Staatsverschuldung: 7,5 Prozent
- Anlagegesellschaften: 4000

Der kleine Staat im Süden der Iberischen Halbinsel gehört seit über 300 Jahren als Kronkolonie zu **Großbritannien**. Er hat für das Innere eine Selbstverwaltung, für Verteidigung und Außenpolitik ist **London** zuständig. Nach wie vor müssen jedoch alle vom *Council of Ministers* erlassenen Gesetze von der englischen Königin bestätigt werden, um in **Gibraltar** rechtskräftig zu werden. Die Kolonie zählt mittlerweile 20 Banken und rund 75 000 Offshore-Gesellschaften, die sich vornehmlich aus dem englischen und asiatischen Raum dort niedergelassen haben. **Gibraltar** bietet vor allem Investoren aus **Asien** die Möglichkeit, sich über die Kronkolonie den Zugang zum **EU**-Binnenmarkt zu verschaffen. **Gibraltar** erfüllt die OECD- und FATF-Standards und setzt das *OECD*-Informationsaustauschabkommen bei Steuerhinterziehung und -betrug um.

Weitere Vorteile: 300 Sonnentage im Jahr, 60 Golfanlagen, Mittelmeer- und Atlantikküste, anhaltender Immobilienboom, sechs Millionen Besucher, mehrere internationale Flughäfen (Gibraltar, Malaga, Jerez, Sevilla)

Fiskalische Auslieferungsabkommen: Keine

Politische Risiken: Derzeit keine, **Spanien** erhebt jedoch Hoheitsansprüche.

Rechtssystem: Englisches Common Law, ergänzt durch lokale Verordnungen.

Patentschutz: Muss über **Großbritannien** registriert werden.

Wohnsitznahme: Alle EU-Einwohner zunächst sechs Monate, dann kann um fünf Jahre beziehungsweise unbeschränkt verlängert werden.

Steuern: Nicht ansässige Personen: Keine Steuern auf Kapitalanlagen. Limited Company: Pauschal 225 Pfund (IGIP = 1 £ = 1,40 Euro) jährlich.

Inhabern größerer Vermögen bietet sich **Gibraltar** als Steuerwohnsitz an (High Network Individual Tax Status). Gegen Zahlung einer jährlichen Pauschale zwischen 14 000 bis 20 000 Pfund, dem Nachweis eines persönlichen Gesamtvermögens von mindestens zwei Millionen Pfund, einem Wohnsitz in **Gibraltar** (Miete oder Kauf) und einem Aufenthalt von 30 Tagen jährlich fallen keine weiteren Steuerbelastungen bei Einkommen, Erträgen, bei Erbschaften oder beim Vererben und Schenken an. Einmalige Gebühr für den „Individual Status": 1000 Pfund. Über 1000 vermögende Weltbürger haben bereits den Gibraltar-Pass. Exempted Company: Steuer- und konzessionsfrei, wenn sie in **Gibraltar** nur mit außerhalb der Kronkolonie angelegten Vermögenswerten handelt oder diese verwaltet. Generell gilt: Keine Kapitalertrag-, Erbschaft-, Vermögen- und Mehrwertsteuer.

Weitere Informationen:

- Finance Centre Department
  Tel.: 00350-20 05 00 11, Fax: 00350-20 05 18 18
  E-Mail: info@financecentre.gov.gi, www.gibraltar.gov.gi

- Credit Suisse (Gibraltar) Limited
  Tel.: 00350-20 00 40 00, Fax: 00350-20 00 49 00
  www.credit-suisse.com/gi

Doppelbesteuerungsabkommen: keine

Lebenshaltungskosten: Niveau wie **Großbritannien**, teurer Immobilienmarkt.

Gibraltar gesellschaftsrechtlich

Für ausländische Investoren ist die Exempted Company die einzig sinnvolle Gesellschaftsform. Sie ist von Steuern und Konzessionen befreit, wenn sie im Inland nur mit außerhalb der Kronkolonie angelegten Vermögenswerten handelt oder diese verwaltet.

Voraussetzungen für die Exempted Company: Staatsbürger Gibraltars oder Ansässige dürfen keine Anteilseigner sein. Es dürfen keine Geschäfte in **Gibraltar** oder mit in **Gibraltar** Ansässigen getätigt werden. Zudem sind Anteilsübertragungen ohne vorliegende Genehmigung untersagt.

Die Exempted Company kann durch zwei Personen, von denen jede mindestens einen Gesellschaftsanteil halten muss, gebildet werden. Die Gründung selbst wird über einen Barrister oder Solicitor of the Supreme Court abgewickelt. Die Namen der Gesellschafter müssen offengelegt und alle späteren Anteilsverkäufe behördlich genehmigt werden. Diese Gesellschaftsform eignet sich daher insbesondere für Trusts, da die Geheimhaltungsinteressen der Begünstigten gewahrt bleiben.

Gesellschaftskapital: 100 Pfund

Gründungsdauer: eine Woche

Gründungskosten: Registrierung: 1300 Euro; jährliche Verwaltungsgebühr: 950 Euro; Antrag auf Steuerbefreiung: 250 Euro; jährliche Steuer im Voraus: 280 Euro; Generalvollmacht (pro Person): 230 Euro.

Laufende Kosten: jährliche Steuerbefreiungsgebühr: 280 Euro; jährliche Verwaltungsgebühr: 750 bis 1000 Euro; Stellung eines nominellen Direktors: 750 bis 1000 Euro; notarisierte Geschäftsführungsvollmacht: 230 Euro; Treuhänder, falls erforderlich: 1000 Euro.

Um die Direktive 90/435 der EU ausnutzen zu können – sie besagt, dass Dividenden, die eine EU-Tochtergesellschaft an eine EU-Muttergesellschaft entrichtet, nicht der Quellenbesteuerung unterliegen, solange die empfangende Muttergesellschaft keinen steuerbefreiten

Fortsetzung: Gibraltar gesellschaftsrechtlich

Status besitzt –, wurde 1992 die Rechtsform der Holding Company ins Leben gerufen. Sie zahlt seit Anfang 2012 eine Körperschaftsteuer in Höhe von 35 Prozent auf sämtliche Gewinne mit Ausnahme der erhaltenen Dividenden. Dieser Satz gilt für alle in **Gibraltar** tätigen Unternehmen. Für auszuzahlende Dividenden wird eine Quellensteuer von einem Prozent erhoben.

Exempted Companies werden pauschal p.a. mit 450 Pfund besteuert. Sie können sich, insbesondere für Holdinggesellschaften unter anderem in **Belgien, Luxemburg**, den **Niederlanden** oder **Österreich**, auszahlen, da diese auf Erträge, die ihnen von Offshore-Tochtergesellschaften zufließen, erheblich weniger Steuern zahlen, sofern sie nachweisen, dass die Tochtergesellschaft in ihrem Sitzland einer – wenn auch geringeren – Einkommensteuer unterlag. Gänzlich von Steuern befreit sind Non Resident Companies und Trusts. Um nicht als Gründungsgesellschafter im Gründungsregister erfasst zu werden, bietet es sich an, die Gesellschaft über eine dort ansässige Bank gründen und registrieren zu lassen und sich die Anteile dann nach Gründungsvorgang übertragen zu lassen.

Kommen Trusts etwa bei der Nachlassplanung zum Einsatz, fallen bei Begünstigten, die nicht aus **Gibraltar** stammen, keine Steuern an. Die Übertragung der dinglichen Ansprüche kann es dem Trust ermöglichen, die klassischen Nachlass-Probleme (Pflichtteile) von Jurisdiktionen im Zivilrecht zu umgehen. Auch ermöglichen sogenannte „Flee Clauses" einen Vermögenstransfer in eine andere Jurisdiktion.

Spanische Immobilien über Gibraltar finanzieren und verwalten

Wer einen (Zweit-)Wohnsitz in **Südspanien**, beispielsweise an der **Costa del Sol**, hat, für den bietet sich eine Kontoverbindung in **Gibraltar** an. Die Finanzinstitute sind darauf spezialisiert, bei der Errichtung und Verwaltung von Treuhandvermögen über Trusts behilflich zu sein. Auch Offshore-Gesellschaften lassen sich über sie gründen und Immobilienkäufe und -verkäufe abwickeln. Das garantiert dem Eigentümer nicht nur ein Höchstmaß an Vertraulichkeit, er erzielt dadurch zudem Steuervorteile bei der Vermögen-, Grunderwerb-, Wertzuwachs-, Erbschaft- und Schenkungsteuer.

Spanien hat bei der *Europäischen Kommission* eine Beschwerde gegen das neue Steuergesetz **Gibraltars** eingereicht. Es kritisiert, dass beispielsweise die Körperschaftsteuer mittels verschiedener Hilfsmaßnahmen für Unternehmen auf 10 Prozent reduziert wurde, während sie in **Spanien** im Durchschnitt bei 30 Prozent liegt.

Weitere Informationen und Ansprechpartner:

Botschaft des Vereinigten Königreichs
Großbritannien und Nordirland
Wilhelmstraße 70
D-10117 Berlin
Tel.: 030-2 04 57-0
Fax: 030-2 04 57-5 71

Financial Services Commission
P.O. Box 940, Suite 3, Ground Floor
Atlantic Suites
Europort Avenue, Gibraltar
Tel.: 00350-20 04 02 83
Fax: 00350-20 04 02 82
www.fsc.gi

Großbritannien mit Nordirland

- Fläche: 244 108 qkm
- Hauptstadt: London
- BIP je Einwohner: 39 600 USD
- Arbeitslosigkeit: 8,3 Prozent
- Abkommen: DBA, OECD-Informations- und Austauschabkommen
- Einwohner: 62,7 Millionen
- Sprache: Englisch
- Währung: Pfund Sterling
- Inflation: 2,7 Prozent
- Staatsverschuldung: 85,7 Prozent

Europas zweitgrößte Volkswirtschaft kämpft 2013 mit Defiziten. Das Haushaltsdefizit liegt bei 7,5 Prozent des BIP, erst 2017 wird das Wachstum mit 2,8 Prozent wieder solider aussehen. Die Folge sind niedrigere Steuereinnahmen, höhere Sozialausgaben und ein langsamerer Abbau des Haushaltsdefizits. Um das Haushaltsdefizit einzufangen, vermeidet die Regierung Mehrbelastungen für die Normalbevölkerung, die (mit einer Arbeitslosenquote von 8,3 Prozent) ohnehin schon unter den Sparmaßnahmen und der Rezession leidet.

Dennoch wurden im April 2013 umfangreiche Kürzungen im Sozialsystem eingeführt, die Ausgaben von insgesamt 3,3 Milliarden Pfund einsparen sollen: Kürzung des Mietzuschusses für über

650 000 Sozialwohnungen, Begrenzung der Zuwendungen an bedürftige Familien, Verkleinerung des Bezieherheers von Berufsunfähigkeitsrenten um ein Fünftel sowie eine Vereinfachung des Sozialsystems. Gedreht wurde aber auch an der Steuerschraube des Spitzensatzes der Einkommensteuer, der Erbschaftsteuer und der Bankenabgabe. Gleichzeitig hofft die Regierung über ein Steuerabkommen mit der **Schweiz** in den kommenden sechs Jahren rund 5 Milliarden Euro von britischen Steuerflüchtlingen einkassieren zu können.

Während der Bevölkerung noch weitere harte Jahre bevorstehen, frohlocken Unternehmen: **Großbritannien** wird von April 2014 an mit 21 Prozent einen extrem niedrigen Körperschaftsteuersatz haben.

Die gegenwärtige Krise ist nicht nur eine konjunkturelle, sondern vor allem eine strukturelle. Die Briten haben zu sehr auf die Finanzindustrie gesetzt. Wie kaum eine andere EU-Volkswirtschaft hat man in **Großbritannien** während der Hochzeiten des Finanzmarktkapitalismus einer Vision von der Dienstleistungsgesellschaft nachgeeifert. Nun zeigt sich aber, dass die Fundamente des glitzernden Bankbooms in der **Londoner City** brüchig sind. Hunderttausend Arbeitsplätze sind mittlerweile in der Bankenmeile weggefallen. Und diejenigen Banker und Broker, die weiterhin das große Rad drehen, haben ihre Koffer gepackt und sind nach **Paris**, **Zürich**, **Dubai** und **Singapur** gezogen.

Stellenabbau bei britischen Banken	
HSBC	30 000
Lloyds Banking	16 800
Barclays	6 700
Royal Bank of Scotland	5 700
Standard Chartered	800

Die Kehrseite der Dienstleistungsgesellschaft ist ein in starkem Maße deindustrialisierter Norden. Die alten Kohlegruben und

Stahlschmelzen sind verschwunden. Auf den Industriebrachen ist jedoch kaum etwas Neues entstanden. In **Großbritannien** wird zu wenig in Forschung, Ausbildung, Infrastruktur und Produktionskapazitäten investiert. Das Land hinkt mit seiner Wettbewerbsfähigkeit international hinterher. Den Briten fehlt eine „Wachstums-Story". Die Finanzkrise und die nachfolgende Rezession haben gezeigt, wie gefährlich das einseitige Setzen auf die Finanzindustrie ist. Um deren Interessen zu schützen, hat die britische Regierung es sogar auf einen Bruch mit der *EU* ankommen lassen. Jetzt sind die Briten innerhalb **Europas** isoliert. Doch um die Rezession zu überwinden, brauchen die Briten ein wachstumsstarkes **Kontinentaleuropa**.

Während das Land in den kommenden Jahren massiv sparen muss und die privaten Haushalte so stark verschuldet sind wie in keinem anderen Industrieland, hat sich das Vermögen der britischen Superreichen in den letzten beiden Jahren um rund 250 Milliarden Euro erhöht.

Dieser hohe Vermögenszuwachs stößt zunehmend auf Kritik in der Bevölkerung. Zumal die britische Regierung durch die Superreichen nicht annähernd die Steuereinnahmen erhält, die zu erwarten wären. Im Gegenteil: Die Kluft zwischen Arm und Reich wird immer größer. Fast 2,8 Millionen Menschen sind ohne Job. Gerade in den wirtschaftlichen Boomjahren 2002 bis 2008 ging die Einkommensschere im Königreich immer weiter auseinander. So konnte die ökonomische Elite, die lediglich 0,1 Prozent der Einkommensbezieher ausmacht, ihren Wohlstand um 600 Prozent steigern. Gegen Steuerhinterzieher wurden drakonische Maßnahmen auf den Weg gebracht. Zudem ist es künftig Privatpersonen und Unternehmen verboten, aggressive Steuersparmodelle zu nutzen. Teurer wird es für reiche Immobilienkäufer bei Luxusimmobilien ab 2 Millionen Pfund. Für sie gilt künftig eine Immobiliensteuer von 7 Prozent. Steuermodelle zeigen, dass reiche Briten – wenn überhaupt – nur einen Bruchteil ihres Einkommens in **Großbritannien** versteuern. Dennoch hat die britische Regierung neue Visa-

Steueroasen auf dem Prüfstand

Gesetze erlassen, die im April 2011 wirksam wurden. Jeder Ausländer, der fünf Millionen Pfund im Königreich investiert, darf bereits nach drei Jahren eine Aufenthaltsberechtigung beantragen. Jeder Ausländer, der mindestens zehn Millionen Pfund investiert, kann dies schon nach zwei Jahren. **Großbritannien** lockt auch Unternehmer an, die mindestens zehn Arbeitsplätze schaffen oder in drei Jahren einen Umsatz von fünf Millionen Pfund garantieren.

Was Ausländer steuerlich wissen müssen

Wenn alle Konten im Ausland (zum Beispiel in der **Schweiz**) geführt werden, sind nur die nach **Großbritannien** überwiesenen Einkommensteile steuerpflichtig. Alle anderen Vermögenswerte oder Vermögenserträge sind nicht steuerpflichtig.

Weitere Aspekte

Nach 17 von 20 Jahren wird eine ausländische Person mit dem Status „Residence" in **Großbritannien** steuerpflichtig. Dies umgeht man mit der Gründung eines Trusts, in den alle Vermögenswerte eingebracht werden.

Wird in **Großbritannien** eine Immobilie gekauft, sollte diese über einen Trust gehalten werden, um Kapitalgewinnsteuer beim Verkauf und Erbschaftsteuer im Todesfall zu vermeiden. Wer aus **Deutschland** nach **Großbritannien** zieht, sollte nach fünf Jahren einen Trust gründen.

Ausländer sollten steueroptimiert denken

Der Wegzug von **Deutschland** nach **Großbritannien** als legale Steueroptimierung ist unbedingt eine Überlegung wert. Bei guter Beratung durch eine britische Steuerberatungskanzlei ist **Großbritannien** eine Steueroase für Personen, deren „Domicile" außerhalb des Königreichs liegt. Der wesentliche Unterschied zwischen „Residence" und „Domicil" liegt darin, dass „Domicil" voraussetzt, dass ein Ausländer permanent (für immer) in **Großbritannien** bleiben will. Insgesamt gibt es eine Reihe von Abgrenzungskriterien, die im Wesentlichen von der britischen Rechtsprechung fortentwickelt wurden und im Einzelfall äußerst komplex sein können. Fachkundiger Rat sollte also immer eingeholt werden.

Großbritannien für Investoren

Großbritannien lockt ausländische Investoren mit einem milden Investitionsklima. Neben den im *EU*-Vergleich niedrigen Standortkosten und einem stark deregulierten Arbeitsmarkt gilt ein Körperschaftsteuersatz von 21 Prozent ab 2014.

Als Offshore-Gesellschaften eignen sich die Rechtsformen der „Non Resident Company" sowie der „International Headquarter Company" (IHC). Bei einer Non Resident Company müssen Geschäftsführer und Eigentümer in einem Land ansässig sein, mit dem **Großbritannien** ein DBA unterhält. Das kann dann im Einzelfall zu einer Steuerbefreiung sämtlicher ausländischer – „Non-UK" – Einkünfte führen.

Beispiel:

Großbritannien unterhält mit **Portugal** ein DBA. Wird nun eine britische Non Resident Company von **Madeira** aus gesteuert, ist diese weder auf **Madeira** noch in **Großbritannien** steuerpflichtig. Bei einer International Headquarter Company, bei der mindestens 80 Prozent der Unternehmensanteile von Nichtansässigen gehalten werden, werden beispielsweise ausländische Dividendeneinnahmen steuerlich begünstigt, da die im Ausland entrichteten Steuern voll gegen die UK-Steuer angerechnet werden können.

Dennoch, in **Europa** ist **Großbritannien** nach wie vor für Investoren erste Wahl. Warum? Weil **Großbritannien** trotz schwächelnder Konjunktur nicht nur als Absatzmarkt interessant ist, sondern auch verlässliche Rahmenbedingungen und ein positives Umfeld für ausländische Unternehmen bietet. Weniger positiv ist dagegen der Niedergang der britischen Industrie. Der Anteil des verarbeitenden Gewerbes ist seit 1997 von 18,3 Prozent auf unter 10 Prozent 2013 zurückgegangen. Einst weltbekannte Unternehmen wurden von ausländischen Investoren aufgekauft oder existieren nicht mehr.

Großbritannien als Förderer von Steuervermeidung

Während **Großbritannien** sich über die Steuertricks multinationaler Unternehmen wie *Google, Apple* oder *Starbucks* empört, weil die keine Steuern auf ihre Gewinne in Großbritannien zahlen, rollt die Regierung gleichzeitig Unternehmen, die es auf Steuervermeidung abgesehen haben, den roten Teppich aus. Für sie trat im April 2013 ein neues Steuersparmodell in Kraft. Zur Förderung des britischen Wirtschaftsstandorts hat die Regierung eine sogenannte „Patent Box" ersonnen. Unternehmen, die davon Gebrauch machen, zahlen auf Gewinne, die auf Patenten basieren, statt 23 Prozent nur noch 10 Prozent Steuer. Damit bietet die Regierung Unternehmen ganz ähnliche Hilfestellungen zur Steuerminimierung, wie sie sie im *Starbucks*-Fall u. a. geißelt. Der entscheidende Unterschied: Mit der „Patent Box" hoffen die Briten selbst abzusahnen, während im Fall der Kaffeehauskette ausländische Finanzbehörden kassieren.

Internationale Unternehmen können nämlich ihre Patente auf eine steuerbegünstigte britische Tochtergesellschaft übertragen und so Gewinne und Steuereinnahmen legal aus anderen Ländern auf die Insel umleiten. Die britische „Patent Box" ist kein Einzelfall: In den **Niederlanden** können Konzerne mithilfe einer „Innovation Box" ihre Steuerlast senken. Auch **Luxemburg, Frankreich, Spanien** und **Belgien** haben vergleichbare Vehikel geschaffen.

Das Beispiel zeigt, wie tief die Kluft zwischen Lippenbekenntnissen und Taten in der internationalen Steuerdebatte ist. Die Konzerne sollen angeblich mehr Steuern zahlen und bekommen zugleich vom Gesetzgeber in vielen Ländern Tür und Tor geöffnet, um sich vor Steuerzahlungen zu drücken. Hochsteuerländer machen sich so selbst zu Steueroasen, sie begeben sich im Standortwettbewerb in die Konkurrenz mit solchen Niedrigsteuerländern. Nutznießer des Steuerrabattwettlaufs sind international mobile Unternehmen.

Großbritannien hat viele Offshore-Plätze geprägt

Es ist kein Zufall, dass sich viele Offshore-Finanzzentren im Bereich des ehemaligen Britischen Weltreichs befinden. Die Sprache der Finanzmärkte ist Englisch, das britische Rechts- sowie Institutionensystem gilt als sehr zuverlässig, und die Finanzdienstleistungen gehören seit Jahrzehnten zu den wichtigsten Branchen in der englischsprachigen Welt. Mit Blick auf die Geographie kann man drei Kreise ziehen, um die sich die meisten britisch geprägten Offshore-Zentren bewegen:

- Der erste Kreis wird aus Inseln in unmittelbarer Nähe der britischen Hauptinsel gebildet. Zu ihm zählen die **Channel Islands** sowie die **Isle of Man**. Sie alle haben ein eigenes Rechts- und Steuersystem.

- Der zweite Kreis britisch beeinflusster Offshore-Zentren befindet sich in der **Karibik.** Neben den **British Virgin Islands** sind das die **Cayman Islands**, die **Bahamas**, die **Turks- & Caicos Islands** und **Bermuda** im **Atlantik.**

- Im dritten Kreis liegt der wirtschaftliche Schwerpunkt des ehemaligen britischen Weltreichs: **Asien.** Heute wetteifern **Singapur** und **Hongkong** um die Rolle des führenden internationalen Finanzzentrums in **Südostasien.** Dazu gehört aber auch **Neuseeland.**

Doch nun müssen diejenigen, die Steuern vermeiden wollen, um eine Reihe der bislang als sicher geltenden Häfen für ihr Kapital fürchten. Die im britischen Einflussgebiet liegenden europäischen Steueroasen **Channel Islands** sowie die **Isle of Man** und die Offshore-Zentren **Anguilla, Bermuda, British Virgin Islands, Cayman Islands, Montserrat** sowie die **Turks- & Caicos-Islands** in der **Karibik** werden auf Druck der *EU* künftig zur Vermeidung von Steuerflucht enger mit dem Mutterland **Großbritannien** und anderen *EU*-Ländern zusammenarbeiten. Dies kündigte Ende April 2013 das britische Finanzministerium an. Künftig müssen diese britischen Steueroasen automatisch Details zu den Inhabern von

Checkliste: Resident non Domiciled – was muss steuerlich beachtet werden?

Maßnahmen vor Wohnsitznahme in Großbritannien

- Eröffnung eines Offshore-Kontos als Kapitalkonto
- Schließung sämtlicher Konten, auf die Zinserträge geflossen sind und Transferierung auf Kapitalkonto
- Transfer von Geldvermögen anderer laufender Konten auf Kapitalkonto
- Eröffnung eines Kontos für Einkünfte aus nichtselbstständiger Tätigkeit – ausgeübt in Großbritannien
- Für Auslandseinkünfte aus nichtselbstständiger Tätigkeit eigenes Konto eröffnen
- Eröffnung eines Offshore-Kontos für Kapitaleinkünfte
- Eröffnung eines Offshore-Kontos für Kapitalgewinne
- Zinsen, die auf irgendeinem der genannten Konten anfallen, sollten direkt auf das Kapitaleinkünftekonto fließen

Maßnahmen nach Wohnsitznahme in Großbritannien

Überweisung nach **Großbritannien** in folgender Reihenfolge:

- Konto (1) mit in **Großbritannien** steuerbaren Einkünften (Steuersatz Einkommen/Kapitalgewinn ist schnell bei 40 Prozent)
- Reines Kapitalkonto (2)
- Kapitalgewinnkonto (3)
- Kapitaleinkünftekonto (4)

Überweisung von **Großbritannien** ins Ausland: in umgekehrter Reihenfolge

Steuerliche Konsequenz

Es müssen nur zusätzliche Steuern zu Konto (1) gezahlt werden, wenn aus den Konten (3) und (4) Gelder nach **Großbritannien** überwiesen werden. Zahlungen aus dem Konto (2) sind steuerfrei.

Planungsschritte

In **Großbritannien** steuerpflichtige Einkünfte vermeiden, vorrangig aus Kapitalkonto leben. Jedes Jahr aus Konto (3) und (4) wieder Kapital generieren.

Bankkonten sowie zum Umgang damit bereitstellen. Die Informationen werden auch **Deutschland, Frankreich, Italien** und **Spanien** zugänglich gemacht. Darüber hinaus sollen in Unternehmensregistern die Besitzverhältnisse von Offshore-Gesellschaften offengelegt werden. Die sind derzeit jedoch nicht öffentlich.

Damit soll Steuerhinterziehern, aber auch legal agierenden Steuervermeidern wie Unternehmen, die sich bislang trickreich dem Fiskus entziehen konnten, das Handwerk gelegt werden. Hintergrund ist die Verständigung in der *EU,* im Kampf gegen Steuerhinterziehung enger zusammenzuarbeiten. Zuvor hatte sich **Luxemburg** bereiterklärt, künftig Informationen über Bankkonten von Ausländern an die *EU* zu liefern (s. S. 255). Fällt jetzt auch noch **Österreich** (s. S. 268), wären auf einen Schlag alle Schlupflöcher in der *EU* geschlossen. Und da es auch mit der **Schweiz** neue Verhandlungen über ein Steuerabkommen geben wird (s. S. 282), wird es für Steuersünder fast unmöglich, Schwarzgeld in **Europa** noch sicher zu parken.

Die plötzlichen Zugeständnisse der Briten, die sich jahrelang gegen eine Einbeziehung ihrer Steueroasen gesperrt hatten, erklären sich aus der desolaten Kassenlage. Der britische Haushalt ist 2013 noch maroder als in manchen Krisenstaaten. Mehr-Einnahmen aufgrund einer größeren Steuerehrlichkeit – das ist der einzige Weg, um den Staat am Leben zu erhalten. Bei den schmerzhaften Kürzungen und Defiziten in den öffentlichen Kassen lässt sich nicht mehr rechtfertigen, dass Bürger ihr Geld in Steueroasen verfrachten.

Londons Markt für Luxusimmobilien boomt

Während die Briten unter dem striktem Sparregime der Regierung leiden und sich immer weniger Normalverdiener eine Wohnung in der Metropole leisten können, reißen sich wohlhabende Ausländer um **Londons** Luxuswohnungen. Bis zu 7500 Euro für den „square foot" (0,09 Quadratmeter) verlangen Makler. Mit diesen astronomischen Preisen setzt sich die Themse-Metropole immer mehr ab vom Immobilienmarkt in anderen Regionen **Großbritanniens.**

Denn während in Städten wie **Liverpool** und **Manchester** die Preise aufgrund der Krise sinken, verzeichnete **London** im Luxussegment nach Angaben der Immobiliengesellschaft *Knight Frank* seit 2009 einen Preisanstieg um 49 Prozent, in den letzten zwölf Monaten um 13 Prozent. Der Preisauftrieb für britische Immobilien wird wegen der unveränderten ausländischen Nachfrage weitergehen. Hinzu kommt, dass auch Mieten unerschwinglich geworden sind. So stieg die durchschnittliche Miete in **London** Anfang 2013 auf 1450 Euro. Das entspricht einem Plus von 32 Prozent im Vergleich zu Ende 2009. Im restlichen Land stiegen die Mieten im selben Zeitraum um 7 Prozent.

Hintergrund für den starken Preisauftrieb am Londoner Immobilienmarkt sind nicht nur die wohlhabenden Käufer aus **Nahost, Russland** oder **China.** Auch die Euro-Krise zeigt Wirkung. Viele Investoren kommen aus den hochverschuldeten *EU*-Staaten an die Themse, um dort ihr Geld anzulegen. Ausländer investierten 2012 in Londoner Immobilien knapp 6 Milliarden Euro. Besonders gefragt sind die Stadtteile **Knightsbridge, Belgravia** und **Mayfair.** Hier sind die Reichen unter sich. Nirgendwo in **Europa** wird mehr verdient als hier, das Einkommen ist mehr als dreimal so hoch wie im europäischen Durchschnitt.

Nicht zufällig werden viele Luxusobjekte dabei über Firmen gekauft, die ihren Sitz in Steueroasen wie den **British Virgin Islands** oder den Kanalinseln **Guernsey** und **Jersey** haben. Die Eigentümer können dadurch ein Schlupfloch im britischen Steuersystem nutzen, da Gesellschaften nur eine Immobilienerwerbsteuer von 0,5 statt 7 Prozent zahlen. Die Regierung will jetzt dagegen angehen. Künftig sollen Immobilienkäufe über eine Offshore-Gesellschaft mit 15 Prozent besteuert werden. Das dürfte für die Reichen jedoch eine Kleinigkeit sein.

Weitere Informationen für Unternehmen, die den Schritt nach **Großbritannien** planen, bietet die britische Wirtschaftsförderung:

UK Trade & Investment, www.uktradeinvest.gov.uk

Nordirland

- Fläche: 13 843 qkm
- Hauptstadt: Belfast
- Arbeitslosigkeit: 8,0 Prozent
- Inflation: 3,3 Prozent
- Abkommen: s. Großbritannien
- Einwohner: 1,68 Millionen
- Sprachen: Englisch, Irisch-Gälisch, Scots
- BIP je Einwohner: 21 700 USD
- Staatsverschuldung: 85,7 Prozent

Der Nordteil der grünen irischen Insel, die Provinz **Ulster**, gehört zum Vereinigten Königreich **Großbritannien**. Hohe Einkommen- (30 bis 60 Prozent) und Körperschaftsteuern (42 bis 52 Prozent) sowie die nach wie vor instabile Situation zwischen Protestanten und Katholiken machen das Land im Gegensatz zur südlich angrenzenden Republik **Irland** zur Wohnsitznahme nicht empfehlenswert.

Dennoch kann **Nordirland** für Produktionsansiedlungen interessant sein, denn gute Fachkräfte sind ausreichend vorhanden und Produktionsansiedlungen werden massiv gefördert. So gibt es für Fabrikbauten und Produktionsanlagen finanzielle Zuschüsse von bis zu 50 Prozent, Abschreibungen im ersten Jahr von 54 bis 100 Prozent sind zugelassen. Für die Ausbildung von Arbeitern werden wöchentlich pro Person bis zu 30 Pfund gezahlt. Dazu kommen wöchentliche Lohnzuschüsse, Zuschüsse von bis zu 50 Prozent für Forschungs- und Entwicklungsarbeiten, Exportversicherungen sowie eine 50-prozentige Steuerermäßigung für ausländische Arbeitskräfte. Doch trotz aller Anreize ist es – anders als im Süden **Irlands** – nicht gelungen, gut bezahlte Jobs nach **Nordirland** zu holen. Hoffnung macht jetzt die Errichtung einer riesigen Offshore-Windfarm vor der Küste.

Weitere Informationen und Ansprechpartner:

German-British Chamber of
Industry and Commerce
16, Buckingham Gate
GB-London SW1 E 6LB
Tel.: 0044-20 79 76 41 00
Fax: 0044-20 79 76 41 01

Generalkonsulat des Vereinigten König-
reichs Großbritannien und Nordirland
Handelsabteilung
Möhlstraße 5
D-81675 München
Tel.: 089-21 10 90
Fax: 089-21 10 91 44

CSPB Credit Suisse Private Banking
Paradeplatz 8, CH-8070 Zürich
Tel.: 0041-44-3 33 11 11
Fax: 0041-44-3 32 55 55

Ernst & Young, Private Clients Group
Mergenthalerallee 10–12
D-65760 Eschborn/Frankfurt a. M.
Tel.: 06196-99 60
Fax: 06196-99 65 50

Firmengründungen: Hanover Company Services Bristol
Tel.: 0044-117-9 23 84 45, Fax: 0044-117-9 73 68 06
www.hanovercompanyservices.com

Internet: www.parliament.uk

Irland

- Fläche: 70 284 qkm
- Hauptstadt: Dublin
- Währung: Euro
- Inflation: 1,2 Prozent
- Abkommen: DBA, OECD-Informations- und Austauschabkommen

- Einwohner: 4,5 Millionen
- Sprachen: Irisch, Englisch
- Arbeitslosigkeit: 14,6 Prozent
- BIP je Einwohner: 61 245 USD
- Staatsverschuldung: 106,4 Prozent

Irland gilt als Erfolgsgeschichte der Währungsunion in der Krise. Die Grüne Insel im Norden wird den Euro-Krisenländern im Süden als Leuchtturm vorgehalten: Reformen lohnten sich, Anstrengung sei nicht vergebens. Dabei war **Irland** von Anfang an ein Sonderfall. Es handelte sich nicht um ein Land mit lange verschleppten Strukturreformen, sondern um eine wettbewerbsfähige Wirtschaft. Aber auch um ein Land mit viel zu großen Banken und einer aufgeblähten Bauwirtschaft. Als die Banken fielen, fing **Irland** sie auf, was die Staatsschulden in die Höhe trieb. Das Ausmaß der irischen Bankenkrise ist mit keinem anderen Euroland vergleichbar, allenfalls mit **Island. Irland** musste rund 64 Milliarden Euro für die Ban-

---

Wie Ausländer und Investoren besteuert werden

Natürliche Personen werden beim Einkommen progressiv zwischen 20 und 60 Prozent besteuert. Das trifft in der Regel auch auf Ausländer zu, die in **Irland** einen festen Wohnsitz – auch zur Miete – haben. Gänzliche Steuerfreiheit bleibt Schriftstellern, Komponisten, Malern oder Bildhauern vorbehalten. Doch es lohnt sich selten für eine Ein-

Fortsetzung: Wie Ausländer und Investoren besteuert werden

zelperson mit Tantiemeneinkommen, das Tantiemenspiel über Zwischen- oder Briefkastenfirmen zu spielen. Außer es geht um größere Beträge, die die bei Gesellschaftsgründung anfallenden Kosten nicht nur ausgleichen.

Für Gesellschaften bietet **Irland** erhebliche Steuererleichterungen und Steuerfreiheiten bei Ansiedlung neuer Industrien zur Arbeitsplatzbeschaffung, bei Patenteinnahmen sowie für bestimmte Finanz- und Non-Resident-Gesellschaften.

Bis 2025 gilt eine Körperschaftsteuer von 12,5 Prozent. Werden bei Patenten die Entwicklungsarbeiten auf der Insel durchgeführt, sind alle daraus entstehenden Lizenzerlöse steuerfrei. Auch für Finanzgesellschaften gilt bis 2025 ein Steuersatz von 12,5 Prozent. Vorausgesetzt, dass bei einer Gesellschaft das Management und die Aktionäre außerhalb **Irlands** ansässig sind, sämtliche Managemententscheidungen im Ausland getroffen werden und keinerlei geschäftliche oder gewerbliche Tätigkeiten in **Irland** stattfinden, wird sie als Non-Resident-Gesellschaft eingestuft und ist von der Körperschaftsteuer befreit.

Um diese steuerlichen Vorzüge zu nutzen, muss ein Unternehmen in **Irland** ansässig sein, das heißt Geschäftsleitung und Kontrolle müssen sich auf der Insel befinden. In der Praxis wird ein Unternehmen als „steuerlich ansässig" qualifiziert, wenn sich die Unternehmensleitung in Irland befindet. Dabei ist der Ort der Unternehmensgründung ohne Bedeutung.

Unter dem deutsch-irischen DBA sind die Gewinne einer irischen Zweigniederlassung oder Tochtergesellschaft eines deutschen Unternehmens von der deutschen Besteuerung befreit. Diese Steuerbefreiung wird aber nicht an die deutschen Anteilseigner weitergegeben, wenn die Gewinne von der deutschen Muttergesellschaft ausgeschüttet werden. Es ist daher sinnvoll, diese im deutschen Unternehmen zu thesaurieren.

Die Freihandelszone **Shannon** bietet die gleichen Steuererleichterungen auch für Exportgewinne, die nicht nur von Industriebetrieben, sondern auch von Handels- und Dienstleistungsbetrieben erzielt werden.

kenrettung ausgeben, um eine Kernschmelze im Bankensystem zu verhindern.

Für **Irland** waren die Erfahrungen der letzten Jahre bitter. Doch das Land hat nicht allein enorme Fortschritte bei der Wiederherstellung wirtschaftlicher und finanzieller Stabilität geleistet, um aus der Krise zu kommen. **Irland** hat auch Wachstum erzeugt. Und dies hat Arbeitsplätze geschaffen. Aufgrund steigender Exporte und einer verbesserten Wettbewerbsfähigkeit wächst **Irland** seit 2012 wieder.

Irland musste 2009 als erster Krisenstaat unter den Euro-Rettungsschirm. Doch mittlerweile findet das Land wieder Investoren und die *EU* hat 2013 umfangreiche Erleichterungen beim Schuldendienst zugesichert. Der *Internationale Währungsfonds* erwartet, dass **Irland** 2013 zu den Wachstumsspitzenreitern in **Europa** zählt und sich damit gegen die Konjunkturflaute stemmen kann. Die Insel ist auf dem besten Weg, 2015 das Defizitziel von weniger als 3 Prozent des BIP zu erreichen. Auch konnte die Rekapitalisierung der Banken rechtzeitig und mit geringeren Kosten als erwartet durchgeführt werden. Das Beispiel **Irland** zeigt, dass es einen Weg aus der Krise gibt.

Mit entscheidend für das Wirtschaftswachstum ist aus irischer Sicht die Unternehmenssteuer von 12,5 Prozent. Diese wurde gegenüber der *EU*-Kommission auch nicht für das Milliarden-Hilfspaket geopfert. **Irland** bleibt Investoren damit als Steueroase erhalten. Ausländische Unternehmen wie *Dell*, *Google*, *Microsoft* oder *Pfizer* zahlen heute trotz Steuererleichterungen 65 Prozent des gesamten Körperschaftsteueraufkommens im Land. Über 1000 multinationale Unternehmen sind in **Irland** vertreten. Sie alimentieren den irischen Wirtschaftsaufschwung. Große Kostenvorteile bietet **Irland** für Investoren vor allem bei den Sozialversicherungsabgaben für die Belegschaft. Diese sind auf der Grünen Insel viel niedriger als in **Deutschland** oder **Frankreich**.

International operierende Konzerne können also auch künftig Gewinne mithilfe des Steuervehikels „Double Irish" über die Steueroase **Irland** in andere Steueroasen, etwa auf die **Bermudas**, schleusen. Dabei kommt eine Studie der Wirtschaftsprüfer von *PricewaterhouseCoopers (PwC)* in Zusammenarbeit mit der *Weltbank* doch zu überraschenden Ergebnissen: Die tatsächliche Steuerbelastung für Unternehmen in **Irland** liegt nur im europäischen Mittelfeld. In einer ganzen Reihe von *EU*-Ländern – auch in **Frankreich** – kämen die Unternehmen günstiger weg als in **Irland**. In **Luxemburg** werden 100 Euro Gewinn nur mit 4,10 Euro besteuert, in **Belgien** mit 4,80 Euro, in **Frankreich** mit 8,20 Euro. Auch in **Tschechien**, der **Slowakei**, **Rumänien**, **Bulgarien**, **Estland**, **Lettland** und **Litauen** ist die Belastung niedriger als die in **Irland** zu entrichtenden 11,90 Euro.

Deutsche Gewinnsteuer umgehen

Unter bestimmten Umständen werden Gewinne, die in **Irland** der Steuer unterlagen, beim Anteilseigner in **Deutschland** nicht mehr besteuert. Man erreicht das über eine deutsche Personengesellschaft, die als Muttergesellschaft für ein deutsches Unternehmen mit einer irischen Tochtergesellschaft fungiert. Besteht ein Gewinnabführungsvertrag zwischen der Personengesellschaft und der Kapitalgesellschaft, wird das Einkommen der irischen Niederlassung des deutschen Unternehmens den Gesellschaftern der Personengesellschaft so zugerechnet, als ob die Personengesellschaft selbst die Aktivitäten in **Irland** durchführte.

Um sicherzustellen, dass ein Gewinnabführungsvertrag steuerlich anerkannt wird, muss das beherrschte Unternehmen finanziell, wirtschaftlich und organisatorisch in das herrschende Unternehmen eingegliedert sein. Dabei muss gewährleistet sein, dass die Kapitalgesellschaft nach irischem Steuerrecht nicht als in **Irland** ansässig beurteilt wird und die Niederlassung eine aktive Tätigkeit ausübt, die zu aktiven Einkünften führt, oder passive Einkünfte ohne Kapitalanlagecharakter erwirtschaftet, damit die Hinzurechnungssteuer nicht greift.

§12a der deutschen Gewerbeordnung ermöglicht es, dass sich eine irische Non-Resident-Gesellschaft auch von **Deutschland** aus geschäftlich betätigen kann.

Steueroasen auf dem Prüfstand

Doch der Steuersatz dient oftmals nicht als guter Indikator für die zu zahlende Steuer. Wichtig ist auch, worauf diese bezogen werden muss – die Bemessungsgrundlage. In **Frankreich** sind etwa die Abschreibungen für Maschinen günstiger als in **Irland**. Dadurch reduziert sich der steuerliche Gewinn und damit die effektive Belastung mehr als in **Irland**, obwohl der Steuersatz in **Frankreich** viel höher ist.

Irische Immobilien für Schnäppchenjäger

Nicht nur der Bankencrash, auch der Kollaps des irischen Immobilienmarktes hat das ganze Land an den Rand des Ruins gebracht. Mehr als vier Jahre lang kannten die Immobilienpreise nur eine Richtung: die nach unten. Die Preise für Wohnimmobilien zeigen 2013 zwar Anzeichen einer Stabilisierung. Ein weiterer Preisrückgang um 20 Prozent ist aus Sicht der Ratingagenturen aber möglich.

Zeit für Schnäppchenjäger, sich auf der Insel nach geeigneten Kaufobjekten umzusehen – auch im gewerblichen Immobilienbereich. In den sechs Jahren bis Ende 2007 wurden in der kleinen Inselrepublik mit nur 4,5 Millionen Einwohnern fast eine halbe Million Wohnhäuser gebaut. Auch im Geschäft mit Gewerbeimmobilien grassierte die Bauwut. 2008 platzte dann die Blase. Seitdem haben sich die Preise für Wohnhäuser halbiert. In **Dublin** liegen die Mieten heute um 60 Prozent niedriger als 2007. Für Investoren entwickelt sich **Irland** jetzt zu einem hochinteressanten Markt. Das Land ist dabei, seine Wirtschaftskrise zu bewältigen. Damit bieten sich auf dem Immobilienmarkt neue Chancen. Diese sollte man wahrnehmen, und zwar relativ schnell, da die Zyklen immer kürzer werden.

2013 hat die Regierung eine Grundsteuer eingeführt. Sie beträgt im Durchschnitt etwa 300 Euro im Jahr für ein Einfamilienhaus. Menschen in finanzieller Notlage brauchen die Grundsteuer erst beim Verkauf der jeweiligen Wohnimmobilie zu zahlen. *EU* und *Internationaler Währungsfonds* hatten die Einführung der Grundsteuer im Gegenzug zu den Hilfsmaßnahmen verlangt. Vor der Finanzmarktkrise war irischer Grundbesitz nur in Gestalt der Grunderwerbsteuer zur Steuerzahlung herangezogen worden, die heute aber wegen der niedrigen Immobilienpreise und der geringen Transaktionen keine Rolle mehr spielt.

Devisenkontrollen: Ja; für Non Resident Companies, Industrieansiedlungen oder Wohnsitznahmen von Ausländern werden jedoch Sondergenehmigungen erteilt.

Fiskalische Auslieferungsabkommen: keine

Rechtssystem: Basiert auf dem britischen Common Law, mit weiteren nationalen Gesetzen, die seit der Unabhängigkeit im Jahr 1922 erlassen wurden.

Patentrecht: Basiert auf dem britischen Patentrecht. Werden die Entwicklungsarbeiten für ein Patent in **Irland** durchgeführt, bestehen dafür Steuervergünstigungen.

Wohnsitznahme: für *EU*-Angehörige problemloses Aufenthaltsrecht und Arbeitsgenehmigung

Doppelbesteuerungsabkommen: Ja, davon ausgenommen sind Non Resident Companies.

Lebenshaltungskosten: erheblich unter deutschem oder schweizer Niveau

Gesellschaften: Für Ausländer kommt nur die Limited Liability Company und hier die Form der Private Limited Company infrage. Die Aktien können zu 100 Prozent in ausländischem Besitz sein. Die Gesellschaft hat mindestens zwei Direktoren, die im Ausland ansässig sein können.

Minimumaktienkapital: vier Euro; Gründungsdauer: ein bis zwei Tage; Gründungskosten: Stempelgebühr 65 Euro sowie ein Prozent des 6350 Euro übersteigenden Kapitals; Kosten des örtlichen Beraters: 130 bis 3200 Euro; Laufende Kosten: Domizilierungsgebühr: 470 Euro, Berater: 130 bis 3200 Euro.

Weitere Informationen und Ansprechpartner:

Botschaft von Irland
Jägerstraße 51
D-10117 Berlin
Tel.: 030-2 20 72-0
Fax: 030-22 07 22 99

Industrial Development Agency of Ireland
Rahmhofstraße 2–4
D-60313 Frankfurt a.M.
Tel.: 069-70 60 99 14
Fax: 069-70 60 99 70
www.idaireland.de

German-Irish Chamber of Industry
and Commerce
46, Fitzwilliam Square; Dublin 2
Tel.: 00353-16 42 43 00
Fax: 00353-16 42 43 99
Internet: www.irlgov.ie

William Fry Solicitors & Tax advisers
Fitzwilton House
Wilton Place, Dublin 2
Tel.: 00353-16 39 50 00
Fax: 00353-16 39 53 33

Island

- Fläche: 103 125 qkm
- Hauptstadt: Reykjavik
- Währung: Isländ. Krone
- Inflation: 4,8 Prozent
- Abkommen: DBA, OECD-Informations- und Austauschabkommen

- Einwohner: 319 000
- Sprache: Isländisch
- BIP je Einwohner: 40 630 USD
- Arbeitslosigkeit: 5,3 Prozent
- Staatsverschuldung: 98,8 Prozent

Zwei Drittel der Isländer leben in und um **Reykjavik**, der Rest an den Küsten, das Binnenland ist nahezu unbewohnt. Dass ausgerechnet die unwirtliche, einsam gelegene Insel im Nordatlantik gegen den Trend der wohlhabenden Länder immer mehr Einwohner zählt – 2040 sollen es 450 000 sein – liegt einerseits an den hohen Geburtenraten, zum anderen aber auch an einer höheren Zahl der Einwanderung. **Island** ist zwar (noch) nicht Mitglied der *Europäischen Union*, wohl aber des *Schengen-Abkommens*. Es hat seine Grenzen für Arbeitnehmer aus der *EU* geöffnet.

Island ist die kleinste Volkswirtschaft in der *OECD* mit einem BIP von 9,9 Milliarden Euro. Sektoral tragen Dienstleistungen zwei Drittel, Industrie ein Fünftel und Fischerei ein Zehntel zum BIP bei. Das Land ist besonders reich an Meeres- und Energieressourcen. Energiewirtschaft und energieintensive Industrie wurden in den letzten Jahren ausgebaut.

Nach einem beispiellosen von der Finanzwirtschaft betriebenen Boom bis 2008 stellte die Finanzkrise **Island** vor große Herausforderungen: Wiederaufbau des Bankensystems, Begrenzung der Auslandsverschuldung, Stabilisierung der Währung, Konsolidierung der öffentlichen Haushalte, Kontrollen von Inflation und Arbeitslosigkeit, Überwindung der Rezession sowie die Lösung der Verschuldung von Privathaushalten und Unternehmen.

Die Regierung ging dies mit einem umfassenden Stabilisierungs- und Reformprogramm an. Mit Erfolg: Das isländische BIP wächst

---

Islands neues Geschäftsmodell

Nach dem Bankencrash sucht **Island** nach einem neuen Geschäftsmodell. Im Ausland wird die Vulkaninsel schon als „grüne Batterie" angepriesen. Denn in **Islands** Ödnis vermuten Investoren **Islands** Zukunft. Die Insel liegt genau auf der Naht zweier Erdplatten. Hier reiben sich **Europa** und **Amerika** aneinander, mehr als dreißig Vulkane gelten als aktiv. Nimmt die Temperatur in der Erdkruste in der Regel um 30 Grad je Kilometer Tiefe zu, sind es auf Island bis zu 150 Grad je Kilometer. An Erdspalten und heißen Quellen bahnt sich die Wärme ihren Weg an die Oberfläche. Von Menschen genutzt wird sie, seit die Insel vor mehr als tausend Jahren besiedelt wurde.

Jede Gemeinde hat mittlerweile ein eigenes kleines Fernwärmekraftwerk. Islands Wohnungen werden zu 90 Prozent mit Erdwärme beheizt, Elektrizität wird sogar zu 100 Prozent aus erneuerbaren Energien (Wasser, Geothermie) gewonnen. 8,5 Terawattstunden Strom, die Leistung von zwei Kernreaktoren, lassen sich zusätzlich erzeugen. Schon 2020 will **Island** Strom durch ein 700-Megawatt-Unterseekabel exportieren – über **Schottland** in den europäischen Strommarkt. Geothermie wurde vom Staatspräsidenten zur „internationalen Mission" des Landes erklärt.

Von demselben, der bis kurz vor dem Kollaps der Großbanken noch den Mut und die Kreativität der isländischen Finanzbranche in höchsten Tönen gelobt hatte. Dann taumelte **Island** am Rande des Staatsbankrotts. Ausländisches Kapital, rund 8 Milliarden Dollar, wurde per Notgesetz aus isländischen Konten eingefroren. Dort liegt es heute noch. Mit dem eingefrorenen Kapital könnte jetzt die Stromleitung nach **Schottland** finanziert werden.

Ein vergleichbares Projekt zwischen **Norwegen** und **Deutschland** mit einer Investitionssumme von 2 Milliarden Euro hat den Isländern Rückenwind gegeben, obwohl die zu überbrückende Strecke zwischen **Island** und **Schottland** fast doppelt so lang ist und die Kosten entsprechend höher ausfielen.

---

seit 2011 real wieder (2,6 Prozent p. a.), die Arbeitslosenquote ging auf knapp über 5 Prozent zurück, *IWF*-Hilfskredite können frühzeitig zurückgezahlt werden. Die zum Schutz der isländischen Währung (Krone) eingeführten Kapitalverkehrskontrollen sollen bis Ende 2013 abgebaut sein.

Die Liquiditätsenge hat offengelegt, wie verletzlich ein kleines Land mit eigener Währung und international exponierten Banken ist, wenn diese Geschäfte machen, die im Verhältnis zum BIP und zum fiskalischen Spielraum zu umfangreich sind. Die Verpflichtungen der Banken beliefen sich zusammen auf rund 80 Milliarden USD – etwa das Zehnfache der jährlichen Wirtschaftsleistung **Islands**. Der *IWF* erlaubte **Island** 2009, mit beträchtlichen Schulden im Haushalt zu leben: 14 Prozent des BIP, wegen der schrumpfenden Steuerbasis und steigender Ausgaben für Arbeitslose.

Folge: **Island** verhandelt jetzt trotz früherer Skepsis mit der *EU* über einen Beitritt. Die meisten isländischen Gesetze entsprechen ohnehin dem europäischen Regelwerk.

Mit Steuervorteilen lockt **Island** Internationale Handelsgesellschaften (ITCs), denn diese zahlen nur eine Körperschaftsteuer in Höhe von fünf Prozent. Eine ITC kann ausschließlich als Holding-Gesellschaft für ausländische Zweigniederlassungen arbeiten oder immaterielle Güter besitzen und daraus Einkommen erzielen – etwa aus Patenten, Lizenzen und Warenzeichen, die außerhalb Islands registriert sind. Eine ITC eignet sich auch für das Halten von Schiffen und Flugzeugen. Einer der ITC-Gründer muss auf **Island**, im *Europäischen Wirtschaftsraum (EWR)* oder in einem *OECD*-Staat leben. ITCs sind darüber hinaus auch von Vermögensteuern und Verwaltungsgebühren befreit. Dividenden werden mit einem Vorzugssteuersatz von fünf Prozent besteuert.

Der *OECD* ist **Islands** Angebot als Niedrigsteuerland nicht entgangen. Das ITC-Verfahren sei *„potenziell schädlich für die Möglichkeiten anderer OECD-Mitgliedstaaten, Steuern einzukassieren."* Diese Kritik hat die Regierung in **Reykjavik** bislang „kalt" gelassen.

Weitere Informationen und Ansprechpartner:

Botschaft der Republik Island
Rauchstraße 1, D-10787 Berlin
Tel.: 030-50 50 40 00, Fax: 030-50 50 43 00, www.botschaft-island.de

Isle of Man

- Fläche: 572 qkm
- Sprachen: Englisch, Manx
- Währung: Pfund Sterling (eigene Geldzeichen)
- BIP je Einwohner: 45 500 USD
- Abkommen: Rechts- und Amtshilfe und Informationsaustausch

- Einwohner: 83 400
- Hauptstadt: Douglas
- Inflation: 3,1 Prozent
- Arbeitslosigkeit: 1,8 Prozent
- Staatsverschuldung: Die **Isle of Man** hat ein Schuldenverbot

Das Kleinod in der Irischen See zwischen **Irland** und **Großbritannien** steht unter der Schirmherrschaft der britischen Krone. In Fragen der Außenpolitik und Verteidigung verlassen sich die Insulaner auf das knapp 100 Kilometer entfernte britische Festland. Tourismus und Landwirtschaft waren in den 80er- und 90er-Jahren die Haupteinnahmequelle, heute dagegen erwirtschaften rund 50 000 vornehmlich britische Gesellschaften mit ihren Offshore-Aktivitäten 50 Prozent des BIP. Die Regierung setzt daher verstärkt auf den Ausbau der Insel zum Finanzzentrum. Die Banken dort verwalten heute Assets von rund 40 Milliarden Euro. Aber auch das Schifffahrtsregister in **Douglas** kann sich sehen lassen. Steuerfreiheit, niedrige Kosten und eine nur einmalige Anmeldegebühr locken ausländische Reeder an. Steuerliche Vergünstigungen, die Mitgliedschaft im Sterling-Währungsgebiet und gute Verbindungen nach **Großbritannien** sind Motor dieser Entwicklung. Die wirtschaftsfreundlichen Gesetze und Null-Unternehmenssteuern haben die Insel in der **Irischen See** aber nicht nur zu einem attraktiven Offshore-Platz gemacht. Von der Öffentlichkeit kaum wahrgenommen, hat sich die **Isle of Man** in den letzten Jahren auch zu einem der größten Raumfahrtzentren **Europas** entwickelt. Fast alle großen Satellitenkonzerne haben heute Tochterfirmen in **Douglas**, mit denen sie ihr kapitalintensives Geschäft steuerfrei abwickeln.

> **Steuern:** Ansässige zahlen Steuer auf ihr weltweites Einkommen, maximal 18 Prozent. Für sie bestehen keine Vermögen-, Erbschaft-, Schenkung- oder Veräußerungsgewinnsteuern. Falls auf Vermögenswerte von Ansässigen außerhalb der Insel Quellensteuern erhoben werden, können diese auf die Insel-Steuern angerechnet werden. Die Einkommensteuer für ansässige und auf der Insel tätige juristische Personen beträgt 15 bis 20 Prozent des Nettogewinns. Nichtansässige zahlen nur Steuern auf Einkünfte, die sie auf der **Isle of Man** erzielt haben. Non Resident Companies zahlen eine Pauschalsteuer von 20 Prozent auf ihre Gewinne. Die Körperschaftsteuer für Handelsgesellschaften wurde von 18 auf zehn Prozent reduziert. Verluste können ohne zeitliche Begrenzung vorgetragen oder innerhalb einer Gruppe weitergereicht werden. Seit 1984 gilt ein Gesetz über befreite Gesellschaften. Damit gibt man Unternehmen, die bisher nur Offshore-Geschäfte tätigen, zusätzliche Anreize, von der Insel aus Handel zu treiben oder zu investieren. Ausländer müssen sich mit einer Quellensteuer von 15 Prozent auf ihre Zinserträge abfinden. Anders als die **Channel Islands** erhebt die **Isle of Man** eine Mehrwertsteuer von 17,5 Prozent, viele Waren und Dienstleistungen werden jedoch mit einem ermäßigten Satz besteuert.
>
> **Doppelbesteuerungsabkommen:** Nur für natürliche Personen aus **Großbritannien**

Die Insel gehört der *EU*-Freihandelszone an und ist mit Ausnahme der Außenpolitik von allen Aspekten der Römischen Verträge ausgenommen; sie hat das Recht, Steuern selbst festzulegen und einzuteilen. Die Einkommensteuer für Ansässige liegt zwischen 10 und 18 Prozent, Körperschaftsteuer gibt es keine.

Im April 2013 hat **Großbritannien** auf finanziellen Haushaltsdruck hin beschlossen, dass die Insel in der **Irischen See** künftig die Inhaber von Bankkonten und deren Aktivitäten gegenüber dem Mutterland sowie den *EU*-Ländern **Deutschland, Frankreich, Italien und Spanien** offenlegt. Gleiches gilt für die Eigentümer der auf der Insel registrierten über 50 000 Offshore-Gesellschaften.

Rechtssystem: Entspricht dem britischen Common Law, Gesellschafts- und Steuerrecht werden durch die Company Acts von 1931 und 1974 geregelt.

Patentschutz: entspricht den britischen Gesetzen

Wohnsitznahme: Für EU-Angehörige problemlos. Man muss etwa 50 000 Pfund bares Einkommen nachweisen. Gewünschtes Steueraufkommen sind 10 000 Pfund pro Jahr. Jeder Ausländer, der auf der Insel eine Immobilie kauft, muss zusätzlich 50 Prozent des Kaufpreises auf zehn Jahre in unbeleihbaren Regierungsanleihen anlegen. In den letzten Jahren verzeichnet die **Isle of Man**, nicht zuletzt aufgrund des beachtlichen Wirtschaftswachstums, eine spürbare Einwanderungszunahme. Dies hat den Druck auf den Immobilienmarkt und die Infrastruktur erhöht und Spekulationen genährt, wie lange die Insel sich eine praktisch ungehinderte Einwanderung noch leisten kann. Um gegenzusteuern, wurden Einwanderungsbeschränkungen erlassen.

Lebenshaltungskosten: entsprechen dem Niveau **Großbritanniens**

Gesellschaften: Empfehlenswert ist die Gründung einer pauschal besteuerten Non Resident Limited Company. Mindest-Aktienkapital: zwei Pfund, üblich ist ein Aktienkapital von 2000 Pfund, Gründungsdauer: zwei Wochen, Gründungskosten: ca. 1000 Pfund; Regierungssteuer: 600 Pfund, Laufende Kosten: Firmensitz: 500 Pfund; jährliche Regierungssteuer: 600 Pfund; Treuhänder, falls gewünscht: 500 Pfund; Postweiterleitung, Telefon, Fax: 500 Pfund.

In den letzten Jahren hat sich die Insel zu einem der führenden Captive-Zentren weltweit entwickelt. Hoch interessant für Versicherungen, von denen sich – gegen Zahlung einer Lizenzgebühr von jährlich 2000 Pfund und bei völliger Steuerfreiheit – mittlerweile weit über 100 Gesellschaften dort niedergelassen haben. Erwähnenswert sind die im Vergleich zu anderen Steueroasen niedrigen Gebührensätze der örtlichen Berater.

Die **Isle of Man** ist eine gute, aber zugige Alternative zu den teuren **Channel Islands**. Im Gegensatz zu ihnen ist die Auswahl an Immobilien groß, und einige gute Restaurants gibt es mittlerweile auch. Nicht zu vergessen das inseltypische Frühstück mit geräucherten Heringen, den Manx Kippers.

Weitere Informationen und Ansprechpartner:

Generalkonsulat des Vereinigten König-
reichs Großbritannien und Nordirland
Handelsabteilung
Möhlstraße 5
D-81675 München
Tel.: 089-21 10 90
Fax: 089-21 10 91 44

Aston Corporate Trustees Ltd.
Tel.: 0044-16 24-62 65 91
Fax: 0044-16 24-62 51 26

Financial Supervision Commission
P.O. Box 58
Finch Hill House
Douglas
Isle of Man
IM 99 1DT
Tel.: 0044-16 24-68 93 00
Fax: 0044-16 24-68 93 99
www.fsc.gov.im

Liechtenstein

- Fläche: 160,5 qkm
- Hauptstadt: Vaduz
- BIP je Einwohner: ca. 135 000 USD
- Arbeitslosigkeit: 2,2 Prozent
- Abkommen: DBA, OECD-Infor-
  mationsaustausch und Rechtshilfe

- Einwohner: 36 200
- Sprache: Deutsch
- Währung: Schweizer Franken
- Inflation: 0,7 Prozent
- Ausländeranteil: 33,9 Prozent
- Staatsverschuldung: 0 Prozent

Auf Druck von *OECD*, *EU* und vor allem **Deutschland** hat sich der Finanzplatz **Liechtenstein** gewandelt. Bisher bestehende Vorteile, die **Liechtenstein** aufgrund geduldeter Steuerbetrugskriminalität hatte, wurden zwischenzeitlich abgeschafft.

Seit Anfang 2013 gilt zwischen **Deutschland** und **Liechtenstein** ein neues DBA. Neben rein steuerrechtlichen Vereinbarungen zur Vermeidung der Doppelbesteuerung sind in diesem Abkommen auch Regelungen enthalten, die der Bekämpfung der Steuerhinterziehung dienen. Ergänzt wird das Abkommen durch ein besonderes Informationsaustauschabkommen, das bereits seit Oktober 2010 gilt. Beide Abkommen führen im Ergebnis zur Aushebelung des Bankgeheimnisses. Deutsche Ermittlungsorgane können damit Anfragen an **Liechtenstein** richten, um Steuerhinterziehungssachverhalte aufzudecken.

Wer zum Beispiel nicht versteuerte Vermögenswerte in der **Schweiz** im Mantel einer liechtensteinischen Stiftung verwalten lässt, trägt gleich zwei Risiken: Zum einen muss er befürchten, dass Informationen vonseiten der Schweizer Bank abhandenkommen und als Datenträger den deutschen Ermittlungsbehörden zugespielt werden oder, wenn er in einem anderen Zusammenhang in den Fokus der Ermittlungsbehörden gerät, dass eine direkte Anfrage nach **Liechtenstein** auch die Verhältnisse offenlegt. Die Stiftungsakte enthält die Namen und Adressen der wirtschaftlich Berechtigten und natürlich auch Angaben über die Vermögensverhältnisse.

Für Zwecke der Vermeidung der Doppelbesteuerung findet das DBA aktuell auf einkommensteuer-, körperschaftsteuer-, gewerbesteuer- und grundsteuerrelevante Sachverhalte Anwendung. Schenkung- und Erbschaftsteuer zählen hier nicht dazu. Der Informationsaustausch ist dagegen nicht auf Auskünfte zur Durchführung des Abkommens selbst beschränkt, sondern umfasst jedwede Information für Steuern aller Art der beiden Vertragsstaaten. Zur Durchführung des innerstaatlichen Besteuerungsrechts können daher auch Informationen bezüglich Schenkung- und Erbschaftsteuer erlangt werden. Die im Wege des Informationsaustauschs erlangten Informationen können selbstverständlich auch für die Verfolgung von Steuerstraftaten verwendet werden.

Eine Beschränkung auf bestimmte Personengruppen ist im Abkommen nicht enthalten. Als Person gelten daher zum Beispiel auch die hinter der Stiftung stehenden tatsächlich wirtschaftlich Berechtigten. Flankiert werden diese Vorschriften von Regelungen der Vollstreckungshilfe. Es ist daher möglich, einen in **Deutschland** festgesetzten Steueranspruch in **Liechtenstein** zu vollstrecken.

Was man jedoch noch braucht, ist eine Altfallregelung: Eine Legalisierung jener unversteuerten Milliarden deutscher Steuersünder, die 2013 noch unentdeckt im Fürstentum schlummern. Nach der deutschen Ablehnung eines entsprechenden Abkommens mit der **Schweiz** ist die in absehbarer Zeit aber wohl nicht in Sicht.

Auch mit **Österreich** hat **Liechtenstein** Anfang 2013 ein neues DBA geschlossen, um Steuerflucht zu unterbinden. Neue DBA gelten auch für **Großbritannien** und die **USA**. Zwischenzeitlich wurden mit weiteren 20 Staaten Abkommen geschlossen. Damit ist das Geschäftsmodell „Steueroase" für das Fürstentum Geschichte. Jeder Ausländer, der Geld in **Liechtenstein** anlegen will, muss heute nachweisen, dass es sich um versteuertes Geld handelt. Erfolgt das nicht, sind Banken, Vermögensverwalter, Treuhänder und Versicherungen gezwungen, die Kundenbeziehung abzubrechen. Der Zwergstaat erfindet sich als sicheren Hafen für seriöse Anleger neu.

Liechtenstein wird künftig mit der *EU* gegen Steuerbetrug und ähnliche Delikte eng zusammenarbeiten. Das Fürstentum hat sich verpflichtet, für direkte Steuern wie Einkommen- und Unternehmenssteuern in Fällen von Betrug Rechts- und Amtshilfe zu leisten. Für die indirekten Steuern wurde grundsätzlich für alle Deliktarten ein Informationsaustausch vereinbart. Auch in der Bekämpfung von Geldwäsche soll die Zusammenarbeit der nationalen Behörden ausgebaut werden.

Das mit der *EU* vereinbarte Abkommen orientiert sich weitgehend an einem entsprechenden Betrugsbekämpfungsabkommen mit der **Schweiz**. In beiden Fällen beschränkt sich die Kooperation hinsichtlich der direkten Steuern auf Steuerbetrug. Seit 2010 leistet das Fürstentum auch US-Behörden bei der Jagd nach Steuersündern Rechtshilfe.

Auf **EU**-Ebene hat sich das Fürstentum nach langen Verhandlungen bereit erklärt, ebenso wie die **Schweiz**, die **EU**-Quellensteuer an den Heimatstaat des Anlegers abzuführen. Davon ausgenommen sind zwischengeschaltete Offshore-Gesellschaften, Trustkonstruktionen und Finanzprodukte, die keinen klassischen Zins abwerfen, aber trotzdem einen Ertrag garantieren, vor allem Stiftungen à la **Liechtenstein**. Deren Statuten wurden im Zuge der internationalen Zusammenarbeit überarbeitet.

Der Finanzsektor mit seinen 16 Banken, 395 Treuhändern und Treuhandgesellschaften, 41 Versicherungs- und 27 Fondsgesellschaften trägt 30 Prozent zum BIP bei. Der Datenklau führte bei den Banken zu massiven Geldabgängen. Die verwalteten Kundengelder fielen von 171 Milliarden CHF im Jahr 2007 auf 125 Milliarden CHF Ende 2012 zurück. Das wiegt schwer, da der Finanzsektor des Fürstentums im internationalen Vergleich mit einem Anteil von 33 Prozent am BIP noch überdurchschnittlich ist. Zum Vergleich: **Deutschland** 4,3 Prozent, **Österreich** 5,2 Prozent, **USA** 8,5 Prozent, **Großbritannien** 11,9 Prozent, **Schweiz** 11,9 Prozent. Dagegen liegt der Anteil am weltweit grenzüberschreitend verwalteten Vermögen bei nur einem Prozent. Zum Vergleich: **Schweiz** 27 Prozent, **Großbritannien** mit **Channel Islands** und **Isle of**

Rechtskonstruktionen in Liechtenstein

Holding- und Sitzunternehmen

Entscheidend für die steuerliche Behandlung dieser Gesellschaften ist, dass sie in Liechtenstein keine Geschäftätigkeit ausüben.

Holdingunternehmen: Ihr Zweck ist ausschließlich oder vorwiegend im Bereich der Vermögensverwaltung, der Haltung und Verwaltung von Beteiligungen. Mögliche Tätigkeiten: Kapitalanlagen jeder Art, Haltung von Beteiligungen, Haltung von immateriellen Rechten, Patenten und Copyrights, Haltung von Immobilien und Grundstücken.

Sitzunternehmen: Jede juristische Person, die im Fürstentum ihren Sitz unterhält und deren Zweck über die Bereiche der Vermögensverwaltung sowie der Haltung und Verwaltung von Beteiligungen hinausgeht, zum Beispiel Handel mit Waren aller Art, Verwertung von Patenten, Lizenzen und sonstigen Rechten, Erbringung von Dienstleistungen aller Art, Vermittlungs- und Beratungstätigkeiten aller Art.

Gängigste Gesellschaftsformen

Anstalt: Mindestkapital 30 000 CHF

Aktiengesellschaft: Mindestkapital 50 000 CHF

Für beide Gesellschaftsformen gilt seit 2011 eine Flat Tax von 12,5 Prozent, die Coupon- und Kapitalsteuer wurde abgeschafft.

Treuunternehmen mit Rechtspersönlichkeit: Mindestkapital 30 000 CHF, keine Besteuerung für das Halten von Vermögenswerten aller Art, ähnelt dem angelsächsischen Trust.

Stiftung: Mindestkapital 30 000 CHF, Mindeststeuer 1200 CHF

Man 24 Prozent, **Karibik/Panama** 12 Prozent, **Hongkong/Singapur** 12 Prozent. Mit Sonderkonditionen werden Anleger derzeit nach **Vaduz** gelockt. Doch wer Geld in **Liechtenstein** hat, muss bis 2015 nachweisen, dass steuerlich alles im Reinen ist.

Das Land befindet sich seit einigen Jahren in einem tiefgreifenden Strukturwandel, der noch einige Jahre dauern wird. Die wirtschaftliche Basis muss breiter aufgestellt werden und am Finanzplatz gilt es, nachhaltige Geschäftsmodelle durchzusetzen. Die Regierung fährt seit zwei Jahren einen rigorosen Sparkurs. Im Staatshaushalt droht bis 2015 ein Loch von einer halben Milliarde Franken. Im Ländle wächst die Sorge vor einem spürbaren Wohlstandsverlust; vor allem bei den einflussreichen Treuhändern, denen aufgrund der Weißgeldstrategie ihr Schwarzgeldmodell davonschwimmt. **Liechtenstein** hat in den letzten Jahren zwar im Eiltempo mit einem Land nach dem anderen Abkommen über die Zusammenarbeit bei der Verfolgung von Steuerbetrügern abgeschlossen, das hat gleichzeitig aber auch das strikte Bankgeheimnis ausgehöhlt, die Basis des Finanzplatzes.

Rechtssystem: Anlehnung an das schweizerische und österreichische Rechtssystem. Für Gesellschaften gilt das Personen- und Gesellschaftsrecht (PGR) vom 20. Januar 1926 sowie das Gesetz über das Treuunternehmen vom 10. April 1928.

Patentschutz: Abkommen mit der **Schweiz**. Danach sind Patente durch Eintragung in der Schweiz automatisch auch in **Liechtenstein** geschützt.

Markennamen, Muster, Modelle: Können direkt in **Liechtenstein** registriert werden.

Wohnsitznahme: Daueraufenthaltsbewilligung – nur einige wenige pro Jahr. Interessenten wenden sich an:

Ausländer- und Passamt
Tel.: 00423-2 36 61 41, Fax: 00423-2 36 61 66

Dort werden jährlich rund 80 Wohnsitzgenehmigungen ausgelost.

Doppelbesteuerungsabkommen: nur mit **Österreich**

Besteuerung natürlicher Personen: Vermögensteuer: 1,62 bis 8,51 Prozent; Erwerbsteuer: 3,24 bis 17,01 Prozent

Unternehmensbesteuerung: Ertragsteuer wird von im Land tätigen Unternehmen erhoben. Bei Holding- und Sitzgesellschaften mindestens 1200 CHF

Stiftungen: Einkünfte aus Rechten, Lizenzen, Patenten, Dividenden, Zinsen und Finanzspekulation sind steuerfrei.

Lebenshaltungskosten: entsprechen dem schweizerischen Niveau

Weitere Informationen:

Botschaft des Fürstentums Liechtenstein
Mohrenstraße 42, D-10117 Berlin
Tel.: 030-52 00 06 30
Fax: 030-52 00 06 31
www.liechtenstein.li
E-Mail: vertretung@ber.llv.li

Liechtensteinische
Treuhändervereinigung
Tel.: 00423-2 31 19 19
Fax: 00423-2 31 19 20
www.thv.li

Marxer & Partner
Heiligkreuz 6, FL-9490 Vaduz
Tel.: 00423-2 35 81 81
Fax: 00423-2 35 82 82
www.marxerpartner.com

Walch & Schurti
Zollstrasse 9, FL-9490 Vaduz
Tel.: 00423-2 37 20 00
Fax: 00423-2 37 21 00
www.walchschurti.net

Luxemburg

- Fläche: 2586 qkm
- Hauptstadt: Luxembourg
- Währung: Euro
- BIP je Einwohner: 90 700 USD
- Inflation: 2,7 Prozent
- Abkommen: Rechts- und Amtshilfe und Auskunftsaustausch
- Einwohner: 518 000
- Sprachen: Letzebuergisch, Deutsch, Französisch
- Arbeitslosigkeit: 4,3 Prozent
- Staatsverschuldung: 18,4 Prozent

Mit **Luxemburg** verbinden viele nicht mehr als einen Bank- und Fondsplatz sowie den *Europäischen Gerichtshof*. Dabei ist das Großherzogtum mit gerade mal einer halben Million Einwohner kulturell und wirtschaftlich außerordentlich prosperierend – auch aufgrund seiner Steuergesetzgebung. Man kann günstig tanken, billig einkaufen und E-Books mit einem geringen Mehrwertsteuersatz erwerben. Die Sozialleistungen sind die günstigsten in ganz **Europa,** das BIP-Pro-Kopf-Einkommen mit über 90 000 US-Dollar auch – mehr als zweieinhalbmal so hoch wie der *EU*-Durchschnitt. Und mit nur 18,4 Prozent ist **Luxemburg** zudem eines der am niedrigsten verschuldeten Länder **Europas.**

Rund 200 000 Grenzgänger kommen täglich in das Land, um vor allem bei Banken, Fondsgesellschaften und Versicherungen zu arbeiten, davon allein 40 000 aus **Deutschland.**

Die größte Finanzplatzplattform **Europas** steht sicher auf zwei Beinen: den Banken einerseits und den Investmentfonds andererseits. **Luxemburgs** Bankenlandschaft zählt über 150 Kreditinstitute – mit einer jährlichen Bilanzsumme von rund 900 Milliarden Euro –, hinzu kommen 100 Versicherungsgesellschaften. Daneben werden hier rund 3850 Fondsgesellschaften mit einem Gesamtvermögen von über 2,4 Billionen Euro verwaltet. Nach **New York** ist **Luxemburg** der zweitgrößte Fondsstandort weltweit. Die Fondsbranche zählt rund 13 000 Arbeitsplätze und steuert 8 Prozent zum Bruttoinlandsprodukt bei. Allein die deutsche Fondsbranche verwaltet in **Luxemburg** 376 Milliarden Euro. Aktuell stehen alternative Fonds im Vordergrund. Aktuell hat das Land bereits die höchste Zahl islamischer Fonds in **Europa** und ist der größte Standort für Mikrofinanzfonds.

Luxemburg gehört zu den zehn wichtigsten Finanzplätzen weltweit. Der Finanzsektor mit seinen 48 000 Beschäftigten steuert 25 Prozent zum BIP bei. Doch die seit zwanzig Jahren sprudelnde Wohlstandsquelle droht zu versiegen und die Wettbewerbsfähigkeit der Unternehmen nimmt stetig ab. Diese machen hierfür unter anderem die automatische Lohnindexierung verantwortlich. Reformen sollen daher die Abgabenlast der Unternehmen deutlich senken, dazu zählen auch niedrigere Löhne und Steuern. In- und ausländischen Unternehmen sollen massive Fördermittel zur Verfügung gestellt werden.

Seinen Ruf als Steueroase verdankt **Luxemburg** der Vorzugsbe-
handlung bestimmter Holdinggesellschaften. Seit 2004 verlieren
diese aber ihren steuerfreien Status, sobald fünf Prozent der Dividenden an Teilhaber in anderen Steueroasen fließen und dort mit
weniger als 11 Prozent besteuert werden. Zeitgleich schuf die Regierung die Möglichkeit, Holdings in Form einer „SICAR" zu gründen.
Diese Holdingvariante eignet sich für Investitionen in junge Unternehmen (Venture Capital), weil sie die Haftung und damit die Risiken
der Eigentümer beschränkt. Steuervorteile gibt es aber keine.

Banken in Luxemburg

141 Banken aus 26 Ländern – in Luxemburg vertretene Institute[1]

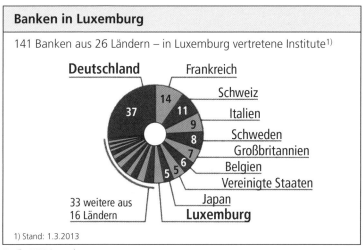

1) Stand: 1.3.2013

Quelle: CSSF, Luxemburg

Zur Fluchtburg für private Anleger hat **Luxemburg** ausgerechnet
Deutschland verholfen. Die erste große Welle setzte ein, als die
Regierung 1989 eine Quellensteuer einführte – und wenige Mo-
nate später wieder abschaffte. Noch heftiger war die Kapitalflucht
im Vorfeld der Einführung der Zinsabschlagsteuer 1993. In großen
Scharen brachten die Deutschen ihr Geld über die Grenze – nicht
nur die Reichen. Luxemburger Banken berichteten von täglich
Hunderten kleiner Kunden mit 25 000 Euro und weniger. Die deut-
schen Banken heizten die Flucht mit Werbekampagnen eifrig an.
Sie eröffneten eiligst neue Filialen im Nachbarland.

Der Steuerwettbewerb wird härter

Luxemburg ist für die Ansiedlung von Unternehmen hochinteressant. Das Großherzogtum ist auf dem Weg, steuerlich so etwas wie eine „Schweiz mitten in der EU" zu werden. Namhafte Konzerne haben ihren **Europa**-Sitz bereits nach **Luxemburg** verlegt. Die Vermögensteuer wurde abgeschafft. Auch Erbschaften in direkter Linie werden nicht besteuert. Außerdem gibt es im Großherzogtum nach sechsmonatiger Haltefrist eine totale Steuerfreiheit für Spekulationsgewinne. Paradiesische Verhältnisse vor allem für geplagte deutsche Steuerzahler. Zinsen von EU-Ausländern werden mit einer Quellensteuer von 35 Prozent belastet.

Die Deutschen kauften vor allem Sicherheit: D-Mark-Anleihen, Renten- und geldmarktnahe Fonds sowie offene Immobilienfonds, keine Aktien. Und sie kamen mit den damals noch verbreiteten Coupons auf Papier, die man als Zins für Anleihen bekam. Als daraufhin in **Deutschland** 35 Prozent Zinsabschlag fällig wurden, lösten sie die Coupons einfach auf der anderen Seite der Grenze ein – steuerfrei. Großrazzien bei deutschen Banken schreckten dann einige ab. Und seit 2009 der Druck durch die *OECD* auf Steueroasen enorm gestiegen ist, kooperiert **Luxemburg** zunehmend mit ausländischen Steuerbehörden. Auch Anfragen des deutschen Fiskus wegen eines Verdachts werden beantwortet.

Jetzt wird **Luxemburg** im Zuge der Offshore-Leaks-Affäre seine Anonymität bei Zinserträgen von Ausländern und das Bankgeheimnis abschaffen, Steuersünder werden nicht mehr gedeckt. Ab 2015 sollen Zinserträge von Ausländern den zuständigen Finanzbehörden in der Heimat gemeldet werden. Damit zollt **Luxemburg** dem internationalen Trend zum automatischen Informationsaustausch Tribut.

Was bleibt, sind andere im Großherzogtum erzielte Gewinne. Diese werden ausländischen Steuerbehörden auch weiterhin anonym gemeldet. Dieses Vorgehen schafft nach wie vor Umgehungsmöglichkeiten.

Fiskalische Auslieferungsabkommen: keine

Rechtssystem: Gesellschaftsrecht vom 10. August 1915 mit Änderungen. Holdinggesellschaften werden gemäß Gesetz vom 31. Juli 1929 steuerlich begünstigt. Ihnen ist jedoch jede eigene Aktivität untersagt.

Patentschutz: Eintragungen erfolgen für Warenzeichen seit dem 1. Januar 1972 im Benelux-Warenzeichengesetz. Seit 1. Januar 1975 gilt zudem das Benelux-Musterschutzgesetz.

Wohnsitznahme: Für *EU*-Angehörige keine Beschränkungen, wegen der hohen Besteuerung jedoch nicht empfehlenswert.

Steuern: Ansässige: Progressive Einkommensteuer, vergleichbar der deutschen. Abgeschafft wurden die Vermögen- und Erbschaftsteuer. Doch die lassen sich auf null Prozent reduzieren: Wird die Zinseinlage über eine SICAR (Societe d'investissement en capital à risque – Risiko-Beteiligungs-Gesellschaft) getätigt, dort sechs Monate belassen und dann wieder abgehoben, fällt die Zehn-Prozent-Steuer nicht an. Weitere Informationen dazu:

Services Généraux de Gestion S.A. Tel.: 00352-4 66 11 11

Gesellschaften: für Holdinggesellschaften keine Einkommen- oder Körperschaftsteuer

Doppelbesteuerungsabkommen: Ja, finden aber keine Anwendung auf die Holdinggesellschaften.

Lebenshaltungskosten: Niveau wie Bundesrepublik

Captives: Zunehmend interessant wird der Captive- und Rückversicherungssektor. In der Rechtsform der GmbH können sie Rückstellungen für Katastrophen bilden, wodurch sich Steuerzahlungen um Jahre hinauszögern lassen. Dabei unterstellen die Behörden, dass deren Muttergesellschaften, die sich in einem **EU**-Land befinden, von den Behörden dort überwacht werden.

Schiffsregister: Luxemburg ist auch eine Billigflagge. Reedereien sind von Gewinnen befreit, die Besatzungen zahlen lediglich zehn

Prozent Einkommensteuer. Wegen seiner Billigflagge besitzt **Luxemburg** eine der größten Hochseeflotten der *EU*, aktuell über 200 Seeschiffe.

Internet: Der niedrige Mehrwertsteuersatz (15 Prozent) macht das Großherzogtum zu einem beliebten Standort für Internetunternehmen wie etwa *Apple*.

Bevorzugte Gesellschaftsform: Holding

Luxemburg zeichnet sich durch holdingfreundliche Gesetze aus. Während das Großherzogtum persönliches und Firmeneinkommen, Veräußerungsgewinne, Vermögen, Kapitalübertragungen, Erbschaften und Schenkungen ähnlich hoch wie die Nachbarländer besteuert, werden den Holdinggesellschaften steuerliche Privilegien eingeräumt. Sie zahlen weder Körperschaftsteuer auf Dividenden noch auf Gebühren und sind von der Steuer auf Veräußerungsgewinne sowie von der Quellensteuer auf Dividendenausschüttungen befreit, auch Darlehenszinsen bleiben steuerfrei. Dagegen unterliegen Holdings den ausländischen Quellensteuern auf empfangene Dividenden, Zinsen und Patentgebühren, da sie nicht von den DBA **Luxemburgs** profitieren. Holdings, die von der Zinsbesteuerung befreit sind, zahlen eine einmalige Eintragungsgebühr von einem Prozent des Nettovermögens sowie eine jährliche Emissionssteuer von 0,2 Prozent auf den Ausgabewert. Notierte Gesellschaften werden auf Basis ihres durchschnittlichen Börsenwertes des Vorjahres veranlagt.

In der Regel wird die Holding in Form der Aktiengesellschaft (Société Anonyme – SA) gegründet. Die Gesellschaft muss in **Luxemburg** ein Büro unterhalten und das Gesellschaftskapital bei normalen Holdings voll eingezahlt sein. Holdings können auch als Treuhandgesellschaften gegründet werden. Das nutzen viele Auslandsbanken, indem sie ihren Kunden einen Treuhandservice anbieten, den sie über die **Channel Islands** abwickeln.

Gründungsdauer: Ein bis vier Wochen. Die Gründungskosten sind mit rund 5000 Euro anzusetzen, die Domizilisation liegt jährlich bei rund 3800 bis 5000 Euro, die Kosten für die jährliche Testierung richten sich nach der Abschlusshöhe.

Weitere Informationen und Ansprechpartner:

Botschaft des Großherzogtums Luxemburg
Klingelhöferstraße 7, D-10785 Berlin
Tel.: 030-26 39 57-0, Fax: 030-26 39 57-27

Deutsch-Belgisch-Luxemburgische Handelskammer
7, Rue Alcide de Gasperi, L-2981 Luxembourg-Kirchberg
Tel.: 00352-42 39 39-1, www.cc.lu

Internet: www.gouvernement.lu

Monaco

- Fläche: 2,2 qkm
- Landessprache: Französisch
- Währung: Euro
- Hauptstadt: Monaco-Ville
- Arbeitslosigkeit: 0 Prozent
- Abkommen: Rechts- und Amts-hilfe und Auskunftsaustausch
- Einwohner: 36 000, davon 7000 Monegassen
- BIP je Einwohner: 80 040 USD, dürfte jedoch weit darüber liegen
- Inflation: 1,5 Prozent
- Staatsverschuldung: Monaco hat keine Staatsverschuldung.

Vom einst mythischen Zentrum der Belle Epoque und einem der letzten exklusiven Rückzugsorte für Adel und „alten Reichtum" hat sich **Monaco** längst zu einem Magnet für Millionäre und Touristen entwickelt. Doch trotz aller Reformen in den vergangenen Jahrzehnten erinnern die Gesellschaftsstrukturen im Fürstentum auch nach Übernahme der Regentschaft durch *Albert II.* immer noch an ein Feudalsystem: Von den 36 000 Einwohnern verfügen lediglich 8000 über einen monegassischen Pass und rund hundert monegassische Familien haben hier noch immer das Sagen.

Das Fürstentum an der **Côte d'Azur** ist nicht nur ein Mekka für den internationalen Jetset, es ist auch ein bedeutender Wirtschaftsstandort. Trotz des Reichtums seiner Bürger und des Fürstenhauses sind die Finanzmittel der öffentlichen Hand in den vergangenen Jahren knapp geworden. Rückläufige Tourismuseinnahmen und die hohe Neuverschuldung für große Investitionen in Infrastrukturmaßnahmen haben zu einem Haushaltsminus geführt. Mittlerweile ist die Verkehrsfläche des Fürstentums zwölfmal größer als sein Grundriss – und sie wächst ständig. In den nächsten Jahren sollen weitere 275 000 qm dem Meer abgerungen werden.

Doch das Fürstentum hat einen neuen Wachstumsmarkt entdeckt: die Welt der ehrlichen Geschäfte. *Fürst Albert II.* lässt keinen Zweifel daran, mit einigen Praktiken aus der Vergangenheit zu brechen: *„Geld und Moral müssen dauerhaft zusammenspielen."* **Monaco** hat deshalb 2009 auch im internationalen Steuerstreit mit *EU* und *OECD* eingelenkt.

Bereits heute kommen täglich 40 000 Menschen nach **Monaco**, um dort zu arbeiten. Die Wirtschaftsleistung überstieg im vergangenen Jahr elf Milliarden Euro, was einem Wachstum von 12 Prozent entspricht. Auch die Staatseinnahmen, größtenteils bestritten aus Verbrauchssteuern und den Gewinnen der *Société des Bains der Mer (SBM)*, bewegen sich auf Rekordhöhe, was angesichts der Tatsache, dass Vermögen-, Einkommen- und Erbschaftsteuer gänzlich unbekannt sind, umso erstaunlicher ist. Von den Einwohnern gelten rund 20 000 als Millionäre.

Jetzt sollen verstärkt Investoren aus Medizinforschung, Biotechnik und Umweltschutz in die Stadt geholt werden. Auch über die Gründung einer Wertpapierbörse wird nachgedacht. *Fürst Albert II.* und seine Regierungsmannschaft wollen eine ernst zu nehmende Wirtschaft etablieren. Es sollen die Private-Equity, Venture-Capital- und Hedge-Fonds für **Monacos** New Economy begeistert werden. Schon heute trägt der Finanz- und Immobiliensektor rund 20 Prozent zum BIP bei. Das Gros von 40 Prozent steuert immer noch der Tourismus bei.

Die Voraussetzungen für ein Leben unter den Reichsten der Reichen sind hoch: Besitz einer „Carte de Résidence", Nachweis eines bestehenden Mietvertrages oder einen aktuellen Grundbuchauszug über Immobilienbesitz in **Monaco** oder einen gültigen Kaufvertrag, Bestätigung einer in Monaco ansässigen Bank über ein Guthaben von mindestens 700 000 Euro, Anwesenheitsnachweis

Monaco steuerlich

Wer einen Wohnsitz im Fürstentum hat und sich mindestens 180 Tage im Jahr dort aufhält, darf sich über Nullsteuersätze für Einkommen und Vermögen freuen, französische Staatsangehörige sind von diesem Privileg ausgeschlossen. Für Arbeitnehmer und Arbeitgeber ist **Monaco** allerdings kein finanzielles Paradies. Die Sozialabgaben liegen insgesamt bei rund 50 Prozent des Bruttolohns, womit die Vorteile aus der fehlenden Einkommensteuer kompensiert werden.

Lediglich eine vom Verwandtschaftsgrad abhängige Erbschaftsteuer wird erhoben: Keine für Ehepartner und direkte Nachkommen, 16 Prozent für Drittpersonen. Dabei müssen Pflichtteile beachtet werden. Eine Umgehung über die Einbringung von Vermögenswerten in einen Trust, beispielsweise auf den **Channel Islands**, ist jedoch möglich. **Monaco** lebt vom Kapital.

Steuern fallen jedoch für Unternehmen an: 33,33 Prozent auf alle Gewinne aus Tätigkeiten in **Monaco**. Diese Besteuerung entfällt bei Unternehmens-Neugründungen für die ersten beiden Geschäftsjahre. Für weitere drei Folgejahre gilt eine reduzierte Gewinnbesteuerung. Unternehmen, die von Monaco aus Unternehmen im Ausland verwalten, kontrollieren oder deren Geschäfte führen, zahlen acht Prozent auf alle Gewinne.

Voraussetzung für eine Unternehmensgründung: Das Grundkapital muss mindestens 150 000 Euro betragen und voll eingezahlt sein. Über 6 000 Unternehmen sind im Fürstentum registriert.

Monaco legt größten Wert darauf, international nicht als Steueroase zu gelten. Tatsächlich betreffen die Steuervorteile des Fürstentums auch nur private Einkommen. Offshore-Gesellschaften, die ihre Einkünfte von außerhalb des Landes erzielen und darauf keine Steuern zahlen, sind deshalb im Fürstentum nicht erwünscht.

Die Bildung von Trusts ist möglich. Die Registrierungsgebühren liegen zwischen 1,3 und 1,7 Prozent. Entscheidet sich der Trust zur Zahlung einer Steuer von 0,2 Prozent, wird das Trustvermögen von Schenkung- und Erbschaftsteuer befreit. Auf Bank- und Finanzgeschäfte wird eine Sondersteuer von 17,6 Prozent erhoben.

von jährlich mindestens 90 (Aufenthaltsberechtigung drei Jahre) beziehungsweise 180 Tagen (zehn Jahre). **Monaco** steht für Sauberkeit, Sicherheit und Seniorenfreundlichkeit. Die Lebenserwartung nimmt mit 89,73 Jahren weltweit einen Spitzenplatz ein (**Deutschland**: 80,07 Jahre).

Devisenkontrollen: In Monaco ansässige Ausländer können nur für eine Übergangsfrist Devisenkonten führen.

Fiskalische Auslieferungsabkommen: keine

Rechtssystem: Basiert auf dem französischen Rechtssystem mit eigenem Code Civil, Code de Commerce, Code Pénal und Code de Procédure Civil.

Patentschutz: Gemäß Gesetz vom 20. Juni 1955 sowie Dekret vom 29. Oktober 1975

Doppelbesteuerungsabkommen: mit **Frankreich**

Lebenshaltungskosten: extrem hoch

Gesellschaften: Es eignet sich nur die AG. Hierfür ist eine Regierungsbewilligung notwendig. Die AG muss mindestens zwei Gründungsgesellschafter sowie ein Grundkapital von 75 000 Euro aufweisen, das zu 25 Prozent einbezahlt sein muss. Ein Verwaltungsrat sollte im Fürstentum ansässig sein. Gründungsdauer: vier bis sechs Wochen; Gründungskosten: inklusive Eintragung, Stempelgebühr, Notar- sowie Publikationskosten etwa 3800 Euro; Laufende Kosten: Steuern sowie mindestens 1500 Euro für örtliche Berater und Buchführung.

Fazit: Das Fürstentum steht für ständig steigende Immobilien- und Champagnerpreise. Hier liegt auch die Straße mit den teuersten Immobilien in **Europa**, die *Avenue d'Ostende*. Für 240 Millionen Euro wurde hier zuletzt ein Penthouse mit Blick auf den Yachthafen an einen nicht genannten Investor aus dem **Nahen Osten** verkauft. Der Quadratmeterpreis kostete stolze 148 000 Euro.

Weitere Informationen und Ansprechpartner:

Direction des Services Fiscaux
Le Panorama 57 rue Grimaldi
MC-98000 Monaco
Tel.: 00377-98 98 81 21, Fax: 00377-98 98 81 55

Botschaft des Fürstentums Monaco
Klingelhöferstr. 7, 10785 Berlin
Tel.: 030-2 63 90 33, Fax: 030-26 39 03 44

Niederlande

- Fläche: 41 543 qkm
- Hauptstadt: Amsterdam
- Sprachen: Niederländisch, Friesisch (regional)
- Arbeitslosigkeit: 6,0 Prozent
- Abkommen: DBA, OECD-Informationsaustausch

- Einwohner: 16,7 Millionen
- Regierungssitz: Den Haag
- BIP je Einwohner: 51 410 USD
- Währung: Euro
- Inflation: 2,8 Prozent
- Staatsverschuldung: 65,5 Prozent

Lange Zeit galten die **Niederlande** in **Europa** hinsichtlich ihrer Ökonomie als Vorbild. Doch 2013 sucht das Land nach einem Ausweg aus der Krise. Immer mehr Unternehmen erklären sich für bankrott, das Bruttoinlandsprodukt schrumpft 2013 um 0,5 Prozent, nach einem Rückgang von 1 Prozent in 2012. Und auch mit den Staatsfinanzen steht es nicht zum Besten: Aktuell müssen im Haushalt rund 4,5 Milliarden Euro eingespart werden, nach bereits 16 Milliarden im Jahr 2012. Für 2014 plant die Regierung Minderbelastungen mithilfe eines Gehaltsstopps im öffentlichen Dienst sowie einer Kosteneinfrierung im Gesundheitswesen von 4,3 Milliarden Euro. Das Land bleibt auf der Suche nach einem Ausweg aus der Krise.

Dessen ungeachtet konnten die **Niederlande** ihre führende Rolle im internationalen Transitverkehr vor dem Hintergrund der weltweiten Arbeitsteilung und damit verbundener logistischer Herausforderungen kontinuierlich ausbauen und mit modernster Infrastruktur hinterlegen. Frühzeitige Reformen sorgen darüber hinaus

Niederlande für Investoren

Niederländische Holding- und Finanzgesellschaften sind interessant, wenn die niederländische Muttergesellschaft und die ausländische Tochtergesellschaft aktiv sind. Eine Geschäftätigkeit wird angenommen, wenn die niederländische Gesellschaft bei einem mehrstöckigen Firmenaufbau die oberste Gesellschaft oder ein Glied in der Gesellschaftskette darstellt. Steuerlich interessante Möglichkeiten ergeben sich durch den Fortfall oder eine Ermäßigung der Quellensteuer auf Dividenden sowohl bei Dividendenausschüttungen ausländischer Gesellschaften an die niederländische Mutter als auch bei Dividendenausschüttungen niederländischer Gesellschaften an ausländische Muttergesellschaften.

Dabei ist vor allem das DBA mit den **Niederländischen Antillen** wichtig, das die Quellensteuer auf faktisch null Prozent reduziert. Nach dem Muster der **Niederländischen Antillen** hat das holländische Königreich umfangreiche Steuererleichterungen für Finanzgesellschaften erlassen. Für sie wurde die Effektivbesteuerung auf maximal zehn Prozent begrenzt. Ein zweiter Aspekt für die Attraktivität niederländischer Holdings ist der Schutz vor feindlichen Übernahmen. Der Mechanismus funktioniert vor allem dann, wenn die Holding als Mehrheitsanteilseigner nicht oder nur teilweise börsennotiert ist.

Flexible Finanzbehörden

Die Finanzbehörden gelten im Umgang mit ausländischen Unternehmen als flexibel und entgegenkommend. Finanzbeamte erörtern Steuerfragen im Voraus. Diesen Umstand machen sich allein im Großraum **Amsterdam** bereits mehr als 30 000 ausländische Holdinggesellschaften zunutze.

Etliche der größten multinationalen Konzerne haben Niederlassungen in den **Niederlanden** und können mittels Holdingkonstruktionen weltweit Steuerzahlungen in Milliardenhöhe entgehen. Die über 30 000 Offshore-Gesellschaften sorgen beim niederländischen Staat jedoch für zusätzliche Steuereinnahmen von 1 bis 1,5 Milliarden Euro jährlich. Dafür spielt die **Niederlande** in diesem Steuerminimierungssystem von Staaten eine besondere Rolle. So enthüllte die Tageszeitung *de Volkskrant*, dass die hundert weltweit größten Unternehmen allein 2011 über 57 Milliarden Euro zu Steuersparzwecken durch das Polderland geschleust haben.

für attraktive wirtschaftliche Rahmenbedingungen, verbunden mit einem günstigen Investitionsklima, das eine große Zahl multinational tätiger Unternehmen anzieht.

Wichtigster Handelspartner der **Niederlande** ist **Deutschland**: Etwa 25 Prozent des niederländischen Handelsvolumens werden zwischen diesen beiden Staaten abgewickelt. Insgesamt waren es 2012 157,6 Milliarden Euro. Als Lieferland liegen die **Niederlande** mit 86,6 Milliarden Euro auf Platz eins vor **China** (77,3 Mrd. Euro). Auf der Rangliste der wichtigsten Ausfuhrländer **Deutschlands** nehmen die **Niederlande** den vierten Platz hinter **Frankreich**, den **USA** und **Großbritannien** ein. Bedeutende internationale Institutionen haben ihren Sitz im Nachbarland, unter anderem der *Internationale Gerichtshof*, der *Internationale Strafgerichtshof*, *Europol* und das *Europäische Weltraumforschungs- und Technologiezentrum*.

Wohnsitznahme: Für *EU*-Bürger besteht Niederlassungsfreiheit.

Lebensqualität: entspricht der Bundesrepublik

Devisenbeschränkungen: Ja, werden jedoch seitens der Zentralbank liberal gehandhabt.

Fiskalische Auslieferungsabkommen: Ja

Patentschutz: Ja, Patenteintragungen erfolgen beim Bureau voor de Industriele Eigendom, **Rijswijk**. Warenzeichen werden im Benelux-Warenzeichenamt in **Den Haag**, Muster im Büro der Muster und Modelle in Den Haag eingetragen.

Gesellschaften:

- Gründungsdauer: ein bis zwei Monate

- Gründungskosten: Aktienkapital: 22 700 Euro; Notarkosten: 250 Euro; Handelsregistereintrag: 55 Euro; Kapitalsteuer: ein Prozent des Aktienkapitals; örtlicher Berater: 2270 Euro.

- Laufende Kosten: Da die steuerlichen Vorteile nur genutzt werden können, wenn die Gesellschaft von den Niederlanden aus verwaltet wird, muss in der Regel ein örtlicher „Direktor" eingeschaltet werden, Kosten: jährlich 2270 Euro.

Weitere Informationen und Ansprechpartner:

Botschaft des Königreichs der Niederlande
Klosterstraße 50, D-10179 Berlin
Tel.: 030-20 95 60, Fax: 030-20 95 64 41, www.niederlandeweb.de
Nederlands-Duitse Handelskamer
Nassauplein 30, NL-2585 EC Den Haag
Tel.: 0031 70-3 11 41 00, Fax: 0031 70-3 11 41 99, www.dnhk.org
Internet: www.rijksoverheid.nl

Österreich

- Fläche: 83 879 qkm
- Hauptstadt: Wien
- BIP je Einwohner: 42 640 USD
- Währung: Euro
- Arbeitslosigkeit: 4,9 Prozent
- Abkommen: Rechts- und Amts-
  hilfe und Informationsaustausch
- Einwohner: 8,5 Millionen
- Sprachen: Deutsch,
  Slowenisch (reg.),
  Kroatisch (reg.)
- Inflation: 2,4 Prozent
- Staatsverschuldung: 74,0 Prozent

Österreich befindet sich 2013 nach einer längeren Stagnations-phase auf dem Weg aus dem Konjunkturtal. Für 2013 erwartet die *Bank Austria* ein Wirtschaftswachstum von 0,9 Prozent des BIP, für 2014 von 1,5 Prozent. Ausgelöst wurde dieser Rückgang durch die schwächelnde Auslandsnachfrage aufgrund einer verschärften Re-zession in wichtigen Abnehmerländern – vor allem auf dem Bal-kan. So schrumpften etwa **Österreichs** Maschinen- und Fahrzeug-exporte nach **Kroatien** 2012 um fast 9 Prozent, die Ausfuhren chemischer Erzeugnisse um 1,4 Prozent, Nahrungsmittellieferun-gen sogar um 1,9 Prozent. Bislang zählten österreichische Unter-nehmen zu den größten Investoren auf dem Balkan, Ende 2012 waren es in **Serbien** und **Kroatien** 11,5 Milliarden Euro. Mitte 2013 sind viele der neuen Fabriken nicht mehr ausgelastet, Über-kapazitäten lassen die Erträge sinken.

Auch **Österreichs** Banken bekommen zunehmend Probleme. Nach dem Fall des Eisernen Vorhangs hatten sie die Region im Sturm erobert. Die Institute wollten das große Rad drehen – und die Institute wuchsen schnell. Hatte etwa *Die Erste* 1997 gerade mal 3500 Mitarbeiter, sind es 2013 gut 50 000, der Großteil davon in **Osteuropa**. Doch nun, wo die Konjunktur in **Serbien** und **Kroatien** lahmt, schlägt das Pendel zurück. Einige der österreichischen Banken sind im Osten gestrauchelt und sitzen auf faulen Milliardenkrediten. Die *Bank Kommunalkredit*, die *Hypo Alpe Adria* und die *Österreichische Volksbanken AG* mussten wegen des Balkan-Engagements verstaatlicht werden. Die Rettung der Kreditinstitute hat die österreichischen Steuerzahler bis Anfang 2013 fast 2,5 Milliarden Euro gekostet.

Später als andere *EU*-Länder packt **Österreich** die Sanierung der Staatsfinanzen an. Bis 2016 will die Regierung das Schuldenmachen beenden und ausgeglichen bilanzieren. Den vorhandenen Schuldenberg (225 Milliarden Euro, Stand Mai 2012) dürften die Bemühungen jedoch kaum verringern. Zwar steht **Österreich** mit einer Staatsverschuldung von 75 Prozent des BIP im *Euroraum* noch vergleichsweise gut da, historisch betrachtet ist die Last aber hoch. Jetzt soll ein Sparpaket im Volumen von 27 Milliarden Euro Linderung bringen.

Dafür sollen die Steuerzahler einspringen. Das ist negativ für den Standort. Denn damit wird die im europäischen Vergleich ohnehin überdurchschnittlich hohe Abgabenlast von 44 Prozent des BIP weiter steigen.

Neue Abgaben treffen vor allem Immobilienbesitzer (auch Ausländer), Bezieher hoher Einkommen und Bauern. Die Spekulationsfrist bei Liegenschaften von zehn Jahren wurde gestrichen, der Gewinn, auch jener aus der Umwidmung von Bauland, muss künftig mit 25 Prozent versteuert werden. Spitzenverdiener müssen zusätzlich 3 Prozent versteuern. Auch können Unternehmen ihre Auslandsverluste über die Gruppenbesteuerung nur noch begrenzt von der Steuer in **Österreich** absetzen. Ein Rückschlag für die attraktive Konzernbesteuerung. Frühpensionierung wird erschwert, Subventionen im Rentensystem werden gekürzt. Mit den Sanierungspunkten ist die Alpenrepublik in der europäischen Schuldenwirklichkeit angekommen. Doch die von den Finanzmärkten erhoffte Schuldenbremse im Verfassungsrang lässt noch auf sich warten.

Österreichs Privatstiftung bietet kaum noch steuerliche Vorteile

Lange Jahre galt die österreichische Privatstiftung nicht nur als legitimes Mittel, um größere Vermögen beisammenzuhalten und vor einer Zerschlagung durch unfähige Erben zu bewahren, sondern auch als legales Instrument zur Steuervermeidung. Die *Universität Linz* hat nun untersucht, wie vorteilhaft die Stiftung aus steuerlicher Sicht noch ist. Das Ergebnis: *„Im Vergleich zur direkten Vermögensveranlagung einer natürlichen Person kann der Einsatz einer Privatstiftung nach der geltenden Rechtslage durchschnittlich keinen Vorteil mehr generieren."* Die Studie verschafft Einblicke in die tatsächliche Besteuerung von Stiftungen:

- Zuwendungen unterliegen einer Steuer von 2,5 Prozent des übertragenen Vermögens.

- Erträge, die dann auf Ebene der Privatstiftung anfallen, werden mit 25 Prozent Körperschaftsteuer erfasst. Ausgenommen sind lediglich Dividenden und bestimmte Beteiligungsveräußerungen.

- Erträge, die einer begünstigten Person zugewendet werden, unterliegen nochmals einer Besteuerung mit 25 Prozent.

- Für bestimmte Erträge kann die zuvor bezahlte Körperschaftsteuer angerechnet werden. Wird dagegen das zuvor der Stiftung übertragene Vermögen selbst Begünstigten zugewendet, richtet sich die Besteuerung danach, wann die Zuwendung an die Stiftung erfolgt ist:

  - Vermögen, das vor dem 1. August 2008 (Auslaufen der österreichischen Erbschaft- und Schenkungsbesteuerung) an sie übertragen wurde, wird bei der Zuwendung an eine begünstigte Person mit 25 Prozent besteuert.

  - Nur jenes Vermögen, das ab diesem Stichtag der Stiftung zugeführt wurde, kann steuerfrei „ausgekehrt" werden.

Anders ist die Situation, wenn das Vermögen direkt von einer natürlichen Person veranlagt wird. In diesem Fall sind die erzielten Erträge zwar bei ihr steuerlich zu erfassen (Kapitalerträge mit 25 Prozent KESt). Werden die Erträge und das Vermögen selbst aber vererbt oder verschenkt, sind sie nicht mit Erbschaft- oder Schenkungsteuer belastet.

„Um durch die Privatstiftung einen Vorteil generieren zu können, müssen daher die zusätzlichen Belastungen der Stiftung aus der Besteuerung der Vermögensübertragung sowie die laufenden Kos-

---

Direktinvestitionsstandort Österreich

Das Land hat sich – trotz der Billiglohnkonkurrenz und steuerlichen Vergünstigungen in seinen osteuropäischen Nachbarländern – im europäischen Vergleich erstaunlich wettbewerbsfähig gehalten. Die Alpenrepublik gilt als vortrefflicher Holdingstandort, da Dividenden und Veräußerungsgewinne ab einer Beteiligung von 10 Prozent steuerfrei gestellt sind.

Aber auch für vermögende Ausländer sind die pauschalisierte Kapitalertragsteuer von 25 Prozent (anstelle der Gewerbe-, Vermögen- und Erbschaftsteuer) und ein Wohnrecht in der Alpenrepublik hierzulande interessant. Zudem steht eine große Auswahl von Immobilien zum Verkauf; einfache Bauernhäuser wie teure Bergchalets oder malerische Seestudios. Einst ging es **Österreichs** Kommunen darum, den knappen Baugrund in den Dörfern für die Kinder Einheimischer zu reservieren. Doch die zieht es seit einigen Jahren in immer größerer Zahl in die Täler. Die Landflucht lässt die Täler verstädtern. Mit ihr steigen auch die Kosten für die Unterhaltung der Infrastruktur. Um die Zahl der kommunalen Beitragszahler konstant zu halten, setzen Politik und Wirtschaftsverbände nun auf Ferienimmobilienbesitzer aus **Deutschland**.

Wissenswert: Spitzensportler werden in der Alpenrepublik steuerlich bevorzugt behandelt. Sie kommen in den Genuss einer „Zuzugsbegünstigung". Mit dieser Zuzugsbegünstigung (§103 ÖEKStG) kann die in **Österreich** fällige Einkommensteuer bis auf jenen Betrag gemindert werden, den ein steuerlicher Neo-Österreicher in seinem bisherigen Steuer-Domizil zu zahlen hatte.

---

ten der Stiftung – 10 000 bis 15 000 Euro jährlich – durch die günstiger laufende Besteuerung kompensiert werden." Die Steuerbefreiung für Dividenden/Beteiligungsveräußerungen ist zwar ein klarer Vorteil der Stiftung. Doch nach der Untersuchung schneidet die Privatstiftung mittelfristig nur ganz selten besser ab als eine direkt veranlagende natürliche Person.

Wichtig: Grundbesitz in **Österreich** muss in der deutschen Steuererklärung angegeben werden! Das gilt auch, wenn der Lebensmittelpunkt in **Österreich** liegt. Solche Doppelwohnsitze dürften in hoher Zahl gegeben sein. Immerhin leben rund hunderttausend Deutsche ständig in **Österreich**. Auch Kapitalvermögen, das ein Österreicher an Deutsche vererbt, wird in **Deutschland** steuerpflichtig.

Steuerbelastung in Österreich			
Vermögen	**1,0 Mio. EUR**	**5,0 Mio. EUR**	**10,0 Mio. EUR**
Zinsertrag vor Steuer (mutmaßlich 4 %)	40 000 EUR	200 000 EUR	400 000 EUR
Einkommensteuer (endbesteuert)	25 %	25 %	25 %
Vermögensteuer	0 %	0 %	0 %
Gesamtsteuerbelastung pro Jahr	**10 000 EUR**	**50 000 EUR**	**100 000 EUR**
In % des steuerbaren Einkommens	**25 %**	**25 %**	**25 %**
Erbschaftsteuer*)	0 %	0 %	0 %

Quelle: Hypo Investment Bank

*) Die Nullbesteuerung bleibt unabhängig vom Verwandtschaftsgrad gewahrt. Daher können die Erben Kinder, der überlebende Ehegatte, Neffen und Nichten, Lebensgefährten etc. sein. Sind die Erben nicht in Österreich ansässig, ist das jeweilige DBA zu beachten.

Ferienimmobilie in Österreich

Die Alpenrepublik ist bei deutschen Ferienhaus-Interessenten beliebt. Doch diese haben nur mit Einschränkungen Zugriff auf Zweitwohnsitze. Die Angst der Einheimischen vor einem Ausverkauf ist groß. In **Österreich** verläuft der Kauf einer Immobilie ähnlich wie in **Deutschland**. Die Erwerbsnebenkosten wie Steuern, Gebühren, Notar- und Maklercourtage belaufen sich auf 8 bis 10 Prozent des Kaufpreises. Doch der österreichische Immobilienmarkt ist kein freier Markt. In einigen Regionen müssen Käufer ihren Wohnsitz dort nehmen. Auch ist für einen bindenden Kaufvertrags-Abschluss die Zustimmung der zuständigen Behörde des betreffenden Bundeslandes zwingend. Soll die Immobilie weiterverkauft werden, muss für Objekte, die nach dem 1. April 2002 erworben wurden, der Gewinn in der Regel als Einkommen versteuert werden.

Im Erbfall können österreichische Immobilien nur gesetzliche Erben ohne Genehmigung der Grundverkehrsbehörde erben. Früheren Tricksereien mit Strohmännern ist damit ein Riegel vorgeschoben worden. Auch erkennt der Alpenstaat den deutschen Erbschein nicht an. Erben müssen über einen Notar ein Verlassenschaftsverfahren einleiten. Erbschaftsteuer fällt nur in **Deutschland** an.

Steuerabkommen Österreich–Liechtenstein

Nach langen Verhandlungen haben **Österreich** und **Liechtenstein** Ende Januar 2013 ein Steuerabkommen sowie ein Abänderungsabkommen zum DBA unterzeichnet. Grundsätzlich ist das Steuerabkommen dem Schweizer Modell nachgebildet. Es sieht jedoch einen erweiterten Anwendungsbereich vor. Liechtensteinische Vermögensstrukturen, die von liechtensteinischen Treuhändern für Österreicher verwaltet werden, sollen unabhängig davon, wo das Vermögen veranlagt ist, vom neuen Steuerabkommen ebenso erfasst sein wie direkt von Österreichern gehaltene Depots bei liechtensteinischen Banken. Das Abkommen tritt Anfang 2014 in Kraft.

Danach gilt eine abgeltende Quellensteuer von 25 Prozent für Einkünfte aus Kapitalvermögen, die von den liechtensteinischen Zahlstellen erhoben werden. Einkünfte aus Kapitalvermögen, die der *EU*-Quellensteuer unterliegen, werden abweichend davon mit 35 Prozent belastet. Das gilt auch für transparente in **Liechtenstein** verwaltete Vermögensstrukturen (Stiftungen, Trusts). Intransparente Stiftungen und Trusts können ab 2014 zwischen zwei Varianten wählen: Einerseits besteht die Möglichkeit eines anonymen Steuerabzugs an der Quelle für die Besteuerung von Zuwendungen österreichischer Stifter an eine derartige Stiftung und für Zuwendungen von einer solchen Stiftung an in **Österreich** ansässige Begünstigte. Andererseits gibt es das System der freiwilligen Meldung durch die Liechtensteinische Zahlstelle an die österreichische Finanzverwaltung.

Österreich und das Bankgeheimnis

Im Zuge von „Offshore-Leaks" stellt auch **Österreich** das Bankgeheimnis zur Disposition und zeigt sich offen für einen automatischen Informationsaustausch bei von Ausländern geführten Konten. 2013 parken diese bei Banken in der Alpenrepublik rund 53 Milliarden Euro, 35 Milliarden kommen von *EU*-Staatsbürgern. Nicht zuletzt, um Steuern zu sparen: Bei bis zu 15 Milliarden Euro handelt es sich um Schwarzgeld, das auch Deutsche vor dem heimischen Fiskus in Sicherheit gebracht haben, insgesamt 23 Milliarden Euro. Dazu kommt eine noch wohl deutlich höhere Summe auf Wertpapierdepots.

Ab 2015 soll das österreichische Bankgeheimnis für Ausländer Geschichte sein. Die Alpenrepublik möchte nicht länger „Schutzpatron für Steuerhinterzieher" sein. Mit Folgen für den gesamten Bankensektor, der weiter schrumpfen wird. Denn Steuersünder werden ihr Schwarzgeld rechtzeitig in andere Steueroasen transferieren. Das könnten ein paar Milliarden Euro sein. Für die österreichischen Geldhäuser sind Ausländerkonten und -depots ein lukratives Geschäft, das sie nur ungern aufgeben.

Österreich: Stärken und Schwächen	
Stärken	**Schwächen**
+ hohe Innovationsfähigkeit der Unternehmen	− öffentliche Forschungsausgaben sinken
+ Verzahnung von Forschung und Wirtschaft	− hohes Lohnniveau
+ hohe Produktivität	− langsame Erholung der Wirtschaft
+ Kooperationsmöglichkeiten in EU-Projekten	− Banken mit hohen Risiken in Osteuropa

Weitere Informationen und Ansprechpartner:

Österreichischee Botschaft Berlin
Stauffenbergstraße 1, D-10785 Berlin
Tel.: 030-2 02 87-0, Fax: 030-2 29 05 69
www.oesterreichische-botschaft.de

Deutsche Handelskammer in Österreich
Schwarzenbergplatz 5 Top 3/1, A-1030 Wien
Tel.: 0043-1-54 51 41 70, Fax: 0043-1-545 22 59, www.dhk.at

Austrian Business Agency
Opernring 3, A-1010 Wien
Tel.: 0043-1-58 85 80, Fax: 0043-1-586 86 59, www.aba.gv.at

Internet: www.austria.at

Portugal mit den Offshore-Zonen Madeira und Santa Maria

- Fläche: 91 982 qkm, davon Azoren 2355 qkm, Madeira 795 qkm
- Hauptstadt: Lissabon
- BIP je Einwohner: 20 400 USD
- Abkommen: DBA, OECD-Informationsaustausch

- Arbeitslosigkeit: 16,3 Prozent
- Einwohner: 10,4 Millionen
- Amtssprache: Portugiesisch
- Währung: Euro
- Inflation: 3,2 Prozent
- Staatsverschuldung: 120,0 Prozent

Portugal hatte weder ein Bankenproblem wie **Irland** noch eine Immobilienblase wie **Spanien** – trotzdem steht das ärmste Land **Westeuropas** seit 2011 mit einem Notkredit von 78 Milliarden Euro unter dem Rettungsschirm. Im Gegenzug wurden Löhne gekürzt, die Arbeitszeiten verlängert, Feiertage abgeschafft, die Renten eingefroren, die Steuern erhöht, insbesondere die Mehrwertsteuer auf 23 Prozent, und eine Selbstbeteiligung bei den Krankenkosten eingeführt. Hunderttausende gingen daraufhin gegen die Sparpolitik auf die Straße, weil sie sich hiervon erdrosselt fühlten. Die schrumpfende Wirtschaftsleistung lässt die Arbeitslosigkeit auf knapp 17 Prozent steigen, bei Jugendlichen sogar auf 40 Prozent. Folge: Immer mehr Portugiesen verlassen das Land, um im Ausland Arbeit zu finden. Nach Schätzungen der portugiesischen Statistikbehörde haben in den letzten beiden Krisenjahren bereits 250 000 Portugiesen zwischen **Angola** und **Brasilien** neue Arbeit gesucht. Das Defizit liegt 2013 bei 5,6 Prozent und wird wohl erst 2015 wieder 3 Prozent erreichen. Für 2014 wird ein Wirtschaftswachstum von 0,3 bis 1,3 Prozent erwartet. Zu lange hat **Portugal** über seine Verhältnisse gelebt, hat sich eine aufgeblähte Bürokratie und einen so nicht mehr bezahlbaren Sozialstaat geleistet. Das Land braucht Strukturreformen und mehr Wettbewerbsfähigkeit. Die Mehrheit der Bevölkerung scheint sich dessen bewusst zu sein.

Vielleicht besteht ein Grund für die Probleme darin, dass **Portugal** genau wie **Griechenland** am Rande der *Eurozone* und weniger gut in den gemeinsamen Binnenmarkt integriert ist. Zumal Portugals größter Nachbar und Handelspartner **Spanien** selbst unter enormen Schwierigkeiten leidet. Auf Wachstum aus **Spanien** kann **Portugal** jedenfalls derzeit nicht hoffen. **Portugal** hat eine unzureichende industrielle Basis, Dienstleistungen, Tourismus und Agrarwirtschaft prägen das Land. Jahrelang wurden Fördermilliarden aus europäischen Strukturfonds ins Land gepumpt. Wenig ist daraus entstanden, schon gar keine wettbewerbsfähige Wirtschaft. Dass Fertigungsindustrien wie im Automobilbereich nach **Mittelosteuropa, Asien** oder sogar **Nordafrika** abgewandert sind, hat das Land getroffen.

Viele Jahre hatte **Portugal** darauf gesetzt, eine profitable „verlängerte Werkbank" für ausländische Unternehmen zu schaffen. Dabei nahmen die traditionellen Industrien im Land, wie Textilien und Lederwaren, Schaden. Landwirtschaft und Fischerei wurden sogar sträflich vernachlässigt. **Europa** ist für **Portugal** unverändert ein Geldsegen. Das Land wird zwischen 2014 und 2021 abermals rund 20 Milliarden Euro erhalten. Und wenn sich nichts Grundlegendes ändert, droht Dauerabhängigkeit von Transfers.

Portugal für Investoren

Portugal holt über die Schaffung von Steuerfreizonen verstärkt ausländisches Kapital ins Land. Heute sind die portugiesischen

„Outer Islands" **Madeira** und **Santa Maria** nicht nur als Ferien-destinationen bekannt, sondern auch als Freihandelszone inner-halb der *EU* attraktiv.

Steuervorteile: Auf **Madeira** und dem kleineren **Porto Santo** leben rund 260 000 Einwohner mit dem niedrigsten Pro-Kopf-Ein-kommen innerhalb der „Alt"-EU. Um Offshore-Unternehmen und deren Kapital anzulocken, wurden Grund-, Körperschaft-, Schen-kung-, Erbschaft-, Kapitalertragsteuern und Steuern auf Veräuße-rungsgewinne abgeschafft. Von Vorteil sind auch die niedrigen Lohnkosten, ausreichend vorhandene Arbeitskräfte, die neben Portugiesisch in der Regel auch Englisch sprechen, niedrige Mie-ten, Büroflächen in großer Auswahl, gute Fluganbindungen zu den europäischen Zentren, eine gute Kommunikation und die Tatsa-che, dass auf **Madeira** ansässige Firmen von den DBA **Portugals** in vollem Umfang profitieren.

Ansässige Ausländer müssen ihr weltweites Einkommen in **Portu-gal** zu Sätzen von 14 bis 42 Prozent auf dem Festland und 8,5 bis 41 Prozent auf **Madeira** versteuern. Der Spitzensatz greift bei einem zu versteuernden Einkommen von 60 000 Euro. **Madeira** bietet reduzierte Steuersätze für Einkommen aus Renten. Mietein-künfte unterliegen in **Portugal** und auf **Madeira** einer Quellen-steuer in Höhe von 15 Prozent. Die Erbschaftsteuer wurde abge-schafft. Nach der in **Portugal** gültigen Erbfolgeregelung muss mindestens die Hälfte des Vermögens an den überlebenden Ehe-partner, an Kinder und andere Verwandte übergehen. Als ansässig gilt, wer mindestens 183 Tage eines Steuerjahres im Land verbringt oder dort einen Wohnsitz zur ständigen Verfügung hat. Nicht ansässige Ausländer versteuern nur ihre Inlandseinkünfte. Sowohl *EU*-Bürger als auch Bürger aus Drittstaaten benötigen eine Auf-enthaltsgenehmigung, wenn sie in **Portugal** oder auf **Madeira** leben wollen.

Madeira gesellschaftsrechtlich: Vorgeschriebene Gesellschafts-form eines Offshore-Unternehmens ist die AG-Rechtsform mit mindestens fünf Gesellschaftern und einem Minimumkapital von

25 000 US-Dollar. Die Gründungskosten liegen zwischen 1500 und 2500 US-Dollar. Für Altgesellschaften galt bis Ende 2011 ein Steuersatz von null Prozent. Neugründungen werden zwischen 2012 und 2020 mit 5 Prozent besteuert. Zur Errichtung einer Offshore-Gesellschaft ist ein Antrag an die *Sociedade de Desenvolviento Madeira S.A.* erforderlich. Über 4000 Banken, Versicherungen und Investoren aus **Europa**, den **USA** und **Südamerika** haben sich bereits auf **Madeira** niedergelassen.

Portugals Immobilienmarkt lockt trotz Krise

Sonne, Sand und Golfplätze ziehen seit Langem schon Investoren nach **Portugal,** wobei jeder Dritte an die Algarveküste im Süden des Landes kommt. Nach dem Bauboom bei Hotels und Ferienanlagen, deren Kapazitäten nie ganz ausgelastet werden konnten, fielen die Preise. Jetzt halten Investoren Ausschau, was in dem Trümmerhaufen nach der Finanzkrise noch zu finden ist. Unterwegs sind auch Fonds, die notleidende Gewerbehypotheken erwerben, und saudi-arabische Scheichs, die wieder Hotels kaufen.

Ende 2012 lagen die Immobilieninvestitionen nach Berechnungen des Immobilienmaklers *Cushman & Wakefield* zwar immer noch um mehr als 50 Prozent unter dem Spitzenniveau von 2007, Investoren im obersten Immobilienmarktsegment sind von Konjunkturzyklen jedoch nicht betroffen. Im Gegenteil, sie nutzen die niedrigen Immobilienpreise, um günstig einzukaufen. Erst für 2014 rechnet man mit einer Markterholung.

Von Vorteil ist, dass es in **Portugal** im Gegensatz zum Nachbarland **Spanien** keine richtige Immobilienblase gegeben hat, die dann zerplatzte. Tourismus und Immobilienmarkt sind von entscheidender Bedeutung für die Erholung der portugiesischen Wirtschaft.

Wie **Spanien** lockt auch **Portugal** ausländische Immobilienkäufer, die für mindestens 500 000 Euro eine Wohnung oder ein Haus erwerben, mit einer Aufenthaltsgenehmigung. Gleiches gilt für Ausländer, die mehr als 1 Million Euro in das Land transferieren oder einen Betrieb mit mindestens 30 Angestellten eröffnen.

Geldwerte Vorteile für Unternehmen auf Madeira und Santa Maria

Offshore-Finanz-gesellschaft	Offshore-Trust	Tätiges Offshore-Unternehmen
Gründungslizenz: 750 USD Jahreslizenz: 25 000 USD	Gründungslizenz: 750 USD Jährliche Betriebskosten je nach Tätigkeitsart: 1500 – 25 000 USD	Gründungslizenz: 750 USD Jährliche Betriebsgebühr: 13,50 USD pro qm
■ Reduzierter Körperschaftsteuersatz ab 2012 ■ Keine Kapitalgewinnsteuer ■ Keine Quellensteuer ■ Keine Devisenkontrolle ■ Keine Stempelgebühr ■ Keine Mehrwertsteuer	■ Keine Quellensteuer und Einkommensteuer auf Dividenden, auf Zinsen aus Darlehen von Teilhabern und auf alle anderen Einkommen, die die Investoren dieser Unternehmen erhalten ■ Keine Steuer auf Kapitalgewinne bei Kapitalaufstockung ■ Keine Steuern bei Eigentumsübertragung, Schenkung und Erbschaft von Anleihen oder anderen Kapitalbeteiligungen dieser Unternehmen	■ Alle Steuerbefreiungen wie Offshore-Trusts ■ Befreiung eventueller Steuerschulden bei Eigentumsübertragung, Schenkung oder Erbschaft von Immobilien ■ Keine Einkommensteuer auf Unternehmensgewinne bis Ende 2011 ■ Keine Gebühren und örtlichen Steuern ■ Keine Quellensteuer auf Zinsen für ausländische Bankdarlehen und Obligationen, vorausgesetzt, das aufgenommene Kapital wird für Investitionen oder zur Finanzierung der auf Madeira ausgeübten Tätigkeit verwendet ■ Keine Quellensteuer auf Tantiemen oder Lizenzen auf Technologietransfers

Steuerminimierung am Beispiel Madeira

Um die steuerlichen Vergünstigungen **Madeiras** zu nutzen, muss man dort jedoch nicht als Unternehmen vertreten sein. So parken beispielsweise deutsche Großunternehmen bei den auf **Madeira** ansässigen Banken hohe Geldbeträge, um anschließend die darauf erhaltenen Zinsen steuerfrei kassieren zu können. Denn die dort zu „entrichtenden" Kapitalsteuern (15 Prozent) sind fiktiv und können bei den Steuerlasten in der Heimat in Abzug gebracht werden. Damit unterliegen Madeira-Dividenden in **Deutschland** nur einer Steuerbelastung von 10 Prozent (25 Prozent Abschlagsteuer abzüglich 15 Prozent fiktive portugiesische Quellensteuer). Im Vergleich zu einer deutschen Kapitalgesellschaft liegt der Steuervorteil nach Ausschüttungen bei etwa 35 Prozent. **Madeira** hat darüber hinaus mit 14 Prozent den niedrigsten Mehrwertsteuersatz innerhalb der *EU*, was den Standort für Unternehmen interessant macht, die Online-Dienste anbieten.

Weitere Informationen und Ansprechpartner:

Botschaft der Portugiesischen Republik
Zimmerstraße 56
D-10117 Berlin
Tel.: 030-59 00 63 50-0
Fax: 030-59 00 63 60-0
www.botschaftportugal.de

Madeira Management Cia LDA
P.O. Box 7
Rua dos Murcas No. 98
P-9000-058 Funchal/Madeira
Tel.: 00351-291-20 17 00
Fax: 00351-291-22 71 44

Vallerton Management e Serviços Lda.
Rua Princessa D. Maria Amelia 20, Loja R, P-9000-019 Funchal/Madeira
Tel.: 00351-2 91 23 93 00, Fax: 00351-2 91 23 93 09, www.vallerton.com

San Marino

- Fläche: 61,2 qkm
- Hauptstadt: San Marino
- BIP je Einwohner: 60 895 USD
- Arbeitslosigkeit: 7,0 Prozent
- Abkommen: Rechts- und Amts- und Informationsaustausch

- Einwohner: 32 500
- Sprache: Italienisch
- Währung: Euro
- Inflation: 3,1 Prozent
- Staatsverschuldung: 0 Prozent

Freiheit wird in **San Marino** groß geschrieben. Das Land ist stolz darauf, sich ältester Staat **Europas** nennen zu können. 2270 Ordnungshüter sorgen dafür, dass die Einwohner des Landes nachts mit offenem Fenster schlafen können – derart erfolgreich, dass man annehmen könnte, der liebe Gott habe bei der Erschaffung dieser Spielzeugwelt die Gattung des Ganoven vergessen, und das mitten in **Italien**.

San Marino bildet mit den Staaten der *EU* eine Zollunion. Besondere Regeln gelten zudem für die nicht problemfreien Wirtschaftsbeziehungen zu **Italien**, darunter u. a.: *„Verzicht auf den Erlass von Gesetzen und Vorschriften, die auf das Steuersystem Einfluss haben oder die Geldpolitik der EZB beeinflussen könnten."* Denn bis 2009 galt **San Marino** als sicherer Hort für italienische Steuerhinterzieher. 2009 wurden jedoch die *OECD*-Steuerstandards attestiert und 2010 das „Tax Information Exchange Agreement" unterzeichnet. Mit **Deutschland** besteht ein Steuerabkommen. Mitte 2012 wurde auch mit **Italien** ein DBA geschlossen, es sieht den Informationsaustausch in Steuerangelegenheiten vor. Steuerlich wird **San Marino** jedoch als Niedrigsteuerland eingestuft. Der Unternehmenssteuersatz liegt bei 17 Prozent.

San Marino zählt zu den wohlhabendsten Ländern der Welt. Gleichwohl macht sich die Wirtschaftskrise auch im Ministaat bemerkbar. Die Arbeitslosenquote stieg 2012 auf knapp 7 Prozent. Der Tourismus – jährlich rund 2 Millionen – steuert 25 Prozent zum BIP bei. 90 Prozent der Exporte gehen nach **Italien.** Die haben sich in den letzten Jahren durch die Schuldenkrise wertmäßig jedoch verringert. Um die Staatskasse zu füllen, sollte ein Casino in **San Marino** eröffnet werden. Dieses Vorhaben wurde jedoch Ende 2012 von einer Bürgerinitiative zu Fall gebracht.

San Marino ist wahrlich kein Land, das außerhalb des italienischen Stiefels von sich Reden macht, außer im Kreis von Philatelisten. Kein anderes Land hat es so wie **San Marino** verstanden, durch den Verkauf von Briefmarken seine Staatskasse zu sanieren. Dabei sind die Banken (zwölf an der Zahl mit 50 Filialen) hier so zahlreich, als hätten alle Millionäre dieser Welt ihre Geldsäckel in das winzige **San Marino** getragen. 2012 hatten rund 30 000 italienische Staatsbürger ihren Steuersitz in **San Marino**. Indem Einkommen- und Mehrwertsteuer hinterzogen werden, entgehen dem italienischen Fiskus jährlich hohe Millionenbeträge. Allein 2012 wurden bei Kontrollen von einigen Hundert Steuerpflichtigen über 1 Milliarde Euro aufgedeckt.

Tatsächlich reagiert das Land als Steueroase und wird unwirsch, wenn es um Einblicke in die Konten seiner Finanzinstitute geht. Das Gros der Kunden kommt aus dem benachbarten **Italien**. Sie wissen die Vorzüge der verschwiegenen Banker zu schätzen, bis sie Ende 2009 die Vorzüge der italienischen Steueramnestie für sich nutzten. Seitdem leidet der Zwergstaat unter zweistelligen Milliardenabflüssen nach **Italien** – mehr als ein Drittel des gesamten verwalteten Vermögens. Auch die Zahl der Treuhänder hat sich von 53 im Jahr 2009 halbiert.

Weitere Informationen und Ansprechpartner:
Botschaft der Republik San Marino
327 East 50th Street, New York, NY, 10 022
Tel.: 001-2 12-7 51 12 34, Fax: 001-2 02-7 51 14 36

Schweiz mit Freihandelszone Genf

- Fläche: 41 285 qkm
- Hauptstadt: Bern
- BIP je Einwohner: 78 600 USD
- Währung: Schweizer Franken
- Arbeitslosigkeit: 3,4 Prozent
- Anteil der Einfuhren aus der EU (in Prozent aller Einfuhren): 80,7
- Abkommen: DBA, OECD-Informationsaustausch u. a. mit Großbritannien, Österreich und den USA

- Einwohner: 8,0 Millionen
- Sprachen: Deutsch, Französisch, Italienisch, Rätoromanisch
- Inflation: 1,0 Prozent
- Anteil der Ausfuhren in die EU (in Prozent aller Ausfuhren): 60,3
- Staatsverschuldung: 46,8 Prozent

Im Krisen-**Europa** hält die **Schweiz** 2013 ihre traditionelle Stärke. Die Wirtschaft gedeiht. Die Schweizer sind ungeachtet ihres unter Druck stehenden Bankplatzes und des starken Franken gut durch die Finanz- und Wirtschaftskrise der vergangenen Jahre gekommen. Im internationalen Vergleich liegen sie in der Spitzengruppe der Vermögensbesitzer. Armutsdebatten fristen im Nachbarland ein Nischendasein – auch weil die Arbeitslosenquote mit 3,4 Prozent international am unteren Rand liegt. Größere Schatten werfen da schon das knappe Wohnungsangebot und die ungebremste Zuwanderung. Doch die **Schweiz** ist trotz hoher Löhne nicht das Schlaraffenland. Die Lebenshaltungskosten liegen, verglichen mit **Deutschland**, rund ein Viertel höher.

Fast ein halbes Jahrhundert lang bemühten sich diverse deutsche Bundesregierungen vergeblich um ein Steuerabkommen mit der **Schweiz**. Damit wollte man vornehmlich die anonyme und pauschale Nachversteuerung von in der Vergangenheit nicht versteuerten Kapitalanlagen, sogenannten Schwarzgeldern, regeln. Darüber hinaus sollten Maßnahmen zur Besteuerung zukünftiger Kapitalerträge Eingang in die Abkommen finden. Beabsichtigt waren in diesem Zusammenhang der Einbehalt und die Abführung deutscher Kapitalertragsteuer durch Schweizer Banken. Ferner waren für Schweizer Finanzinstitute erweiterte Informations- und Auskunftspflichten zur Sicherstellung der Besteuerung vorgesehen. Der letzte Versuch, ein solches Abkommen zu schließen, scheiterte Ende 2012 an der Zustimmung des *Bundesrats*.

Der Status quo bleibt somit erhalten. Eine regulierte Nachversteuerung wird es in naher Zukunft nicht geben. Dem deutschen Fiskus entgehen dadurch Steuereinnahmen in Milliardenhöhe. Auch muss man damit rechnen, dass ausstehende Steueransprüche des Staates verjähren. Denn immer noch parken deutsche Steuersünder bei Schweizer Banken Schwarzgeld in Höhe von rund 175 Milliarden Euro. Für deutsche Kunden Schweizer Banken besteht nach dem Scheitern des Steuerabkommens weiterhin die Gefahr, dass der deutsche Fiskus mithilfe erneuter Daten-CD-Ankäufe Kenntnis von ihren Kapitalanlagen in der **Schweiz** erlangt. Unabhängig davon, ob es sich hier um versteuerte oder unversteuerte Kapitalanlagen handelt, kann der Fiskus von betroffenen Steuerpflichtigen verlangen, den Sachverhalt aufzuklären.

Privatkundengelder in der Schweiz
in Milliarden CHF

Herkunftsland	versteuert	unversteuert	insgesamt
Deutschland	87,2	193,4	280,6
Italien	1,9	185,2	187,1
Frankreich	2,8	91,7	94,5
Großbritannien	24,5	59,6	84,1
Spanien	1,4	49,9	51,3
Belgien	5,0	32,1	37,1
Niederlande	6,1	24,8	30,9
Griechenland	0,2	24,2	24,4
Österreich	2,3	20,5	22,8
andere Länder	5,6	58,6	64,2

Quelle: Schweizerische Nationalbank

Für Schweizer Finanzinstitute hat das Scheitern des Steuerabkommens zur Folge, dass diese auch künftig vor Ermittlungen deutscher Steuerfahnder gegen ihre Mitarbeiter und Kunden nicht gefeit sind. Damit verbundene Rufschädigungen entfalten internationale Wirkung. Das Schicksal der *Bank Wegelin* hat gezeigt, dass auch eine Berufung auf das Schweizer Bankgeheimnis nicht vor Strafe schützt. Ebenso dürfen Schweizer Banken und Vermögensverwalter künftig keine Informationen an Deutsche versenden, die nicht in der **Schweiz** wohnen.

Über Jahrzehnte lebten die Schweizer Banken gut von den Steuerflüchtlingen. Dann mussten sie dem internationalen Druck nachgeben. Zuerst gegenüber den **USA**, jetzt auch gegenüber **Großbritannien** und **Österreich**. „Weißgeldstrategie" ist angesagt. Dazu gehört auch eine Selbstdeklaration der Kunden gegenüber den Banken, nur versteuertes Geld in die **Schweiz** zu bringen. Künftig sollen nur gesetzestreue Bürger aus dem Ausland zwischen **Basel** und **Genf** willkommen sein.

Der letzte Beweis, dass die Schweizer Banken Auslandskunden keinen Schutz mehr bieten, steht noch aus. Gerne verweisen vor allem die Finanzhäuser in **Genf** darauf, dass die Staaten ihrer vor-

Steuern nach Schweizer Art

Je nach Gesichtspunkt wird die **Schweiz** von ihren Nachbarn trotz zahlreicher neuer Informationsaustausch- und Doppelbesteuerungsabkommen als Steueroase oder Steuerschlupfloch bezeichnet. Die **EU** macht zudem geltend, dass bestimmte Steuerpraktiken als unerlaubte Fördermaßnahmen und damit als Verletzung der seit Jahrzehnten geknüpften bilateralen Verträge gesehen werden müssten. Wenn sich die **Schweiz** gegen diese Vorwürfe vehement zur Wehr setzt, geht es den Eidgenossen nicht einfach um steuerpolitische Vorteile, sondern um einen Kernbereich des Sonderfalls **Schweiz**. Die historisch tief verankerte Lokalautonomie in Verbindung mit lokaler Finanz- und Steuerautonomie ist wohl eines der entscheidenden Erfolgsgeheimnisse der **Schweiz**. Es ist auch eine Trumpfkarte im internationalen Steuerwettbewerb.

Die lokale Besteuerung betrifft 30 Prozent des gesamten Steueraufkommens. Über dieses Drittel verfügen die Gemeinden autonom. Über die Höhe der kommunalen Steuern wird ebenfalls demokratisch abgestimmt, und die Gemeinden stehen bezüglich steuerlicher Attraktivität in einem Wettbewerb.

wiegend nahöstlichen Kunden sowieso keine Steuern kennen. Aber was mit den Vermögen aus **Deutschland**, **Russland** oder aus **Nordafrika** wird, weiß niemand. Der Druck auf die **Schweiz** wird bleiben. Die *EU* will den automatischen Informationsaustausch, auch in der *OECD* gibt es viel Sympathie dafür. Zu lange hat es die **Schweiz** versäumt, aktiv an der Weiterentwicklung des internationalen Steuerrechts mitzuarbeiten. Dabei hätte sie beispielsweise den britischen und amerikanischen Steueroasen ein Ende setzen können. Dagegen bekommen Steuerhinterzieher aus **Großbritannien** und **Österreich** mit den neuen Steuerabkommen eine zweite Chance. Sie bleiben gegenüber den Finanzbehörden ihrer Heimatländer anonym.

Doch längst schauen sich deutsche Inhaber Schweizer Schwarzgeld-Konten nach Alternativen um. Die asiatischen Steueroasen werden zu neuen Fluchtorten deutschen Kapitals. Das räumt auch die Bundesregierung ein. Verstärkt locken aber **Miami/USA** (s. S. 356) und **Panama** deutsche Bundesbürger an. Nicht nur Steuersünder, auch vermögende Familien wie *Porsche, Piech, Quandt, Burda, von Finck* oder die Kaffee-Dynastie *Jacobs* zieht es dort hin. Sie und andere reiche Deutsche sind häufig an Offshore-Firmen beteiligt. Was sie dort wirklich machen, wollen sie nicht erklären (s. S. 379). So mancher hat in den letzten Jahren nur sein Geld von der **Schweiz** dorthin verschoben. Eine Problemlösung ist das nicht. Denn nach der **Schweiz** werden auch andere Steueroasen dazu übergehen, Steuerumgehungsgeschäfte zu beenden.

Zwar wollen die Schweizer Banken keine Zahlen zu dieser Entwicklung nennen. Doch seit dem Ausbruch der Finanzkrise 2007 und der Verschuldungskrise ist die Welt für Steuertrickser eine fundamental andere. Angesichts leerer Staatskassen jagen Länder alles, was nach verheimlichtem Vermögen aussieht. Die **Schweiz** ist zum Ziel unendlicher Begehrlichkeiten geworden. Der Druck aus dem Ausland zeigt Wirkung. Das Schweizer Bankgeheimnis existiert faktisch für Ausländer nicht mehr. Und in der **Schweiz** selbst werden Pläne für verschärfte Steuergesetze gewälzt.

Schweizer Weißgeldstrategie

Die von der Regierung Anfang 2013 vorgestellten Änderungen bringen den Schweizer Banken viel Unsicherheit:

- **Geldwäsche**

Künftig machen sich Banken unter bestimmten Bedingungen der Geldwäscherei schuldig, wenn sie unversteuerte Gelder annehmen. Unversteuertes Geld war bislang davon nicht betroffen. Das Finanzdepartement will den *„qualitativen Steuerbetrug"* als Verbrechen ins Strafrecht aufnehmen. Es folgt damit Empfehlungen der *OECD*-nahen Anti-Geldwäscherei-Behörde *GAFI*.

- **Gefängnis**

Künftig begeht Steuerbetrug, wer *„die Steuerbehörden arglistig irreführt oder sie in einem Irrtum arglistig bestärkt"*. Wenn es dabei außerdem um undeklarierte Einkommen oder Vermögen von 600 000

Fortsetzung: Schweizer Weißgeldstrategie

Franken und mehr geht, spricht das Gesetz von *„qualifiziertem Steuerbetrug"*. Darauf steht Gefängnis von bis zu fünf Jahren.

- **Unsicherheit**

Bankjuristen müssen künftig theoretisch jedes Mal der *Meldestelle für Geldwäscherei MROS* Bescheid geben, wenn ein Kunde einen gerade einbezahlten Betrag mutmaßlich mithilfe einer *„arglistigen Irreführung"* seiner Steuerbehörde vorenthalten hat. Nur: Wie sollen die Banken das prüfen?

- **Sorgfaltspflicht**

Weniger drastisch sind die zusätzlichen Sorgfaltspflichten, welche die Weißgeldstrategie den Banken auferlegt. So müssen sie Kunden zwar ablehnen, aber nicht melden, wenn ein *„begründeter Verdacht"* für weniger schwerwiegende Steuerdelikte als dem oben beschriebenen qualifizierten Steuerbetrug besteht. Verstöße bringen Sanktionen der *Finma*. Strafrechtliche Sanktionen gibt es für das Verwalten unversteuerter Gelder dagegen nicht. Alles andere wäre angesichts der großen Altlasten der Schweizer Banken auch fatal. Gegenüber den **USA** hat sich die **Schweiz** darüber hinaus verpflichtet, ab 2014 die amerikanischen Regelungen des *„Foreign Account Tax Compliance Act (FATCA)"* anzuwenden, die einen Informationsaustausch von Bankdaten festlegen. Für zukünftige Kapitalanlagen werden diese Regelungen eine präventive Wirkung entfalten, da aufgrund der engen Zusammenarbeit der Vertragsstaaten ein erhöhtes Entdeckungsrisiko für Schwarzgelder geschaffen wird.

Wichtig für Steuersünder: Im DBA zwischen **Deutschland** und der **Schweiz** gibt es seit 2010 zwar eine sogenannte „große Auskunftsklausel". Die **Schweiz** muss aber Anfragen der deutschen Finanzverwaltung dann nicht beantworten, wenn der Anfrage Kenntnisse aus gestohlenen CDs zugrunde liegen.

Weil das Steuerabkommen zwischen **Deutschland** und der **Schweiz** gescheitert ist, konnte das Kapitel unversteuerter Kapitalanlagen bei Schweizer Banken nicht beendet werden. Weitere Entwicklungen sind noch nicht abzusehen. Die Bestrebungen mit der Weißgeldstrategie und die Entwicklungen im zwischenstaatlichen Informationsaustausch mit den **USA** lassen jedoch auch für das Verhältnis **Deutschland–Schweiz** erwarten, dass hinsichtlich zukünftiger Kapitalerträge eine Besteuerung auch ohne Steuerabkommen wegen eines erhöhten Entdeckungsrisikos erfolgen wird.

Das Thema „Weißgeldstrategie" wird von den Schweizer Banken ernsthaft angegangen. Den Kunden legt man nahe, eine steuerliche Regulierung in der Heimat vorzunehmen. Anderenfalls müssen sie damit rechnen, dass ihnen über kurz oder lang die Geschäftsbeziehung gekündigt wird. Wer nicht nachweisen kann, dass sein Geld sauber ist, muss gehen. Die Kunden haben dann wenig Alternativen. Eine Bargeldauszahlung wird nicht vollständig erfolgen, ein Banktransfer geht ohne Anonymisierung vonstatten. Zudem ist die Verlagerung von Vermögenswerten zum jetzigen Zeitpunkt unklug. Die elektronischen Spuren der letzten zehn Jahre bleiben gespeichert, und die Neueröffnung involviert weitere Personen und neue Daten.

Schlimmer aber ist die Gefahr, in das Raster einer Gruppenanfrage zu geraten. Dabei werden Auskünfte von bestimmten Personen international ausgetauscht, die durch ein auffälliges Kriterium gekennzeichnet sind. Das können sein:

- bestimmte Strukturen wie Basisgesellschaften oder Stiftungen

- die Verweigerung zum Informationsaustausch im Zusammenhang mit der *EU*-Zinsrichtlinie

- bestimmte Produktformen wie Lebensversicherungen

- Vermögensverschiebungen in Steueroasen

Letzteres ist ohnehin schon ins Blickfeld der Strafverfolger gelangt. Auch im gescheiterten Steuerabkommen sollten die zehn größten Fluchtländer genannt werden. Nicht zu Unrecht wird die Gruppenanfrage als eines der effektivsten Mittel zur Bekämpfung der Steuerhinterziehung eingeordnet. Wie erfolgreich dieses Instrument ist, haben die **USA** im Verhältnis zur **Schweiz** vorgemacht.

Dem deutschen Fiskus wird das wahrscheinlich viel mehr bringen als das gescheiterte Abkommen zwischen Deutschland und der **Schweiz**, dem eigentlich nur das Finanzministerium nachtrauert. Deutsche Steuerfahnder behaupten, sie seien froh, dass dieses Abkommen *„gestorben ist"* und die helvetische Finanzbranche weiter unter Druck steht.

Doch der Steuerhinterziehungsfall *Uli Hoeneß* hat Ende April 2013 Bewegung in die verfahrene Abkommenssituation gebracht. Nach der Bundestagswahl sollen die Verhandlungen über ein deutsch-schweizerisches Steuerabkommen wieder aufgenommen werden. Der Zustand mit Zufallsfunden und rechtlich fragwürdigen CD-Käufen ist für beide Länder unerfreulich. Nachdem **Luxemburg** und **Österreich** ihren Widerstand gegen den automatischen Informationsaustausch aufgegeben haben und auch die britischen Steueroasen künftig mehr Unterlagen liefern werden, hat auch die **Schweiz** Gesprächsbereitschaft signalisiert. So sollen u. a. die EU-Zinsbesteuerung auf weitere Kapitaleinkünfte wie Dividenden und Kursgewinne auf Wertpapiere ausgeweitet werden und die Banken am automatischen Informationsaustausch teilnehmen. Damit wäre das Schweizer Bankgeheimnis für Ausländer beendet.

Rechtssystem: Schweizerisches Zivilrecht vom 10. Dezember 1907 und Obligationenrecht vom 30. März 1911, das auch das Recht für Handelsgesellschaften umfasst. Beide Gesetze bis 1995 mit mehrfachen Revidierungen.

Patentschutz: Patentrecht vom 1. Januar 1956 mit mehreren Ergänzungsverordnungen

Warenzeichenschutz: Markenschutzgesetz vom 26. September 1980 mit Ergänzungen

Muster und Modelle: Bundesgesetz vom 30. März 1900 in der Fassung vom 1. Juni 1962

Urheberrechte: Bundesgesetz vom 7. Dezember 1922 sowie vom 25. September 1964 mit mehreren Änderungen

Wohnsitznahme: Seit 1. Juni 2002 ist es für *EU*-Bürger aufgrund eines bilateralen Abkommens zwischen der **Schweiz** und der *EU* problemlos, sich im Nachbarland niederzulassen.

Wichtig: Der Formwechsel einer Gesellschaft oder ein Transfer von Beteiligungen kann Steuerfolgen in **Deutschland** auslösen. Zudem sollte § 42 AO berücksichtigt werden. Grundsätzlich gilt: Bei einer Pauschalbesteuerung gibt es keine Kontrolle über die Entwicklung des weltweiten Einkommens und Vermögens durch Steuerbehörden während des Aufenthaltes in der **Schweiz**.

Die Schweiz steuerlich

Ansässige: zwischen 30 und 40 Prozent – je nach Kanton

Gesellschaften: zwischen 18 und 34 Prozent – je nach Kanton

Ausländer: zwischen 30 und 40 Prozent – je nach Kanton

Kapitalertragsteuer: 35 Prozent

Das Steuersystem der **Schweiz** ist dreistufig. Es unterteilt sich in Bundes-, Kantons- und Kommunalsteuern. Alle Kantone erheben eine Gewinnsteuer auf die Veräußerung von Grundbesitz, die sich nach der Höhe des Gewinns und der Dauer des Eigentums richtet. Dividenden und Zinsen, die aus Schweizer Anleihen oder Bankeinlagen stammen, unterliegen einer Quellensteuer von 35 Prozent. Zinsen auf Anleihen, die Ausländer in der **Schweiz** auflegen, sind steuerfrei. Einkünfte aus Versicherungen und Pensionen unterliegen einer Quellensteuer von 15 Prozent. Tantiemen sind quellensteuerfrei. Sofern keine DBA bestehen, zahlen Nichtansässige die volle Quellensteuer.

Kantonale und kommunale Steuerunterschiede

Die Kantons- und Kommunalsteuern schwanken erheblich. Im Gegensatz zum Bund erheben Kantone und Gemeinden viel höhere Steuern. Bei Unternehmenseinkommen liegen ihre Höchstsätze zwischen 20 (**Zug**) und 40 Prozent (**Neuchâtel**). Dabei werden jedoch

Erbschaftsteuer im Zielkanton berücksichtigen

Wer in die **Schweiz** übersiedeln will, sollte bei der Wahl seines Domizilplatzes neben der Einkommensteuer immer die Erbschaftsteuer des „Zielkantons" berücksichtigen, die sich nach Verwandtschaftsgraden bemisst:

- In vielen Kantonen (zum Beispiel **Zürich**) ist die Erbschaftsteuer für Ehegatten und Kinder abgeschafft.

- Bei nichtverwandten Personen ist sie teilweise sehr hoch (zum Beispiel Zürich bis zu 36 Prozent).

- Ausnahme **Schwyz**: Hier fällt grundsätzlich keine Erbschaftsteuer an.

- Zusätzlich errechnen einige Kantone die Steuer auf Basis des geschätzten Aufwands. Davon werden 5 Prozent in kapitalisierter Form als Steuer erhoben. Die tatsächliche Höhe des Vermögens spielt keine Rolle.

Derzeit laufen Bestrebungen, die Erbschaft- und Schenkungsteuer schweizweit einzuführen, um Löcher im Rentensystem (AHV) zu stopfen. Kommt die Initiative, würden Nachlässe ab 1 Million CHF unabhängig vom Verwandtschaftsgrad zwischen Erblasser und Erben mit 20 Prozent besteuert. Ausgenommen sind Nachlassteile, die dem überlebenden Ehegatten zufallen. Gleiches soll für alle Schenkungen rückwirkend ab Januar 2012 gelten. Das Gesetz soll 2015 in Kraft treten.

Für Deutsche wichtig: Zwischen **Deutschland** und der **Schweiz** besteht ein DBA für den Bereich Erbschaft- und Schenkungsteuern.

---

innerhalb der Kantone beziehungsweise Gemeinden unterschiedliche Freibeträge, Steuervergünstigungen und Abzüge berücksichtigt. Die Vermögensteuer reicht von 0,5 (**Obwalden**) bis zu 29 Prozent (**Basel-Stadt**). Die persönliche Vermögensteuer hat Höchstsätze zwischen 0,5 (Obwalden) und 9 Prozent (**Basel-Stadt**).

Derzeit überbieten sich die kantonalen Fördergesellschaften mit attraktiven Steuerangeboten für ausländische Unternehmen und Privatpersonen. Selbst **Zürich** hat den Steuerfuß von 120 auf 100 Prozent der Schweizer Norm reduziert. International ist die

Pauschalistenstatus

Ein Deutscher hat, so wie jeder andere *EU*-Bürger auch, das Recht, unter gewissen Bedingungen Wohnsitz in der **Schweiz** zu nehmen. Verspricht er, ein großes Vermögen mitzubringen und von seinem Schweizer Domizil aus „nicht für Geld zu arbeiten und den Schweizern das Brot wegzunehmen", werden ihm beträchtliche steuerliche Privilegien gewährt. Geld kann er, so viel er will, mitbringen. Zu versteuern braucht er nur einen „erkennbaren Aufwand", der aus Wohneigentum, aus der Qualität seiner Autos und dem Lebensstil vor Ort besteht.

Überraschend ist, dass sich die meisten Pauschalisten nicht in den deutsch-schweizerischen Kantonen **Zug** und **Schwyz** niedergelassen haben, sondern in den Welschschweizer Kantonen **Genf, Waadt** und **Wallis**. Als erster Kanton hat **Zürich** die Sonderregelung 2010 wieder abgeschafft. Jeder zweite reiche Ausländer hat daraufhin den Kanton verlassen. Insgesamt waren in der **Schweiz** Anfang 2012 rund 5000 reiche Ausländer als Pauschalisten registriert.

Steuerbelastung dort damit niedriger als an den Finanzplätzen **New York** und **London**, von **Frankfurt** ganz zu schweigen. Mini-Kantone wie **Obwalden** und **Nidwalden** in der Innerschweiz machen den Zürchern wiederum Konkurrenz. Sie treten mit ihren kantonalen Steuern in die Fußstapfen der beiden klassischen Schweizer Steueroasen **Zug** und **Schwyz**. Diese haben in den letzten 20 Jahren beispiellose Erfolge mit dem Anwerben ausländischer Firmen und wohlhabender Einzelpersonen erzielt.

Steuererhöhungen hat dagegen Ende 2012 der Kanton **Luzern** beschlossen. Die zuvor mit niedrigen Steuern angelockten Reichen und Unternehmen hatten zu wenige Einnahmen gebracht. Schien die Rechnung zunächst aufzugehen – Unternehmen wie der russische Gaskonzern *North Stream* und der Chemiekonzern *Asta Zeneca* siedelten sich an; 60 Unternehmer, die in den Schweizer Top 300 geführt werden, zogen an den **Vierwaldstätter See**; zwischen 2008 und 2011 gab es 5000 Neugründungen, die ihren

Firmensitz in **Luzern** anmeldeten – reichte das Geldverdienen mit den niedrigen Steuern 2012 nicht mehr. Die Ausfälle bei der Unternehmenssteuer waren nicht mehr zu kompensieren. Mit der Steuererhöhung umgeht **Luzern** ein Sparpaket von 15 Millionen Franken. Auch für 2013 rechnet der Kanton noch mit einem Defizit.

Steuerprivileg für „gemischte Gesellschaften": Ein Steuerprivileg gibt es auf kantonaler Ebene für „gemischte Gesellschaften". Voraussetzung dafür ist, dass mindestens 80 Prozent ihres Aufwands und ihrer Erträge im Ausland anfallen. Während die Schweizer Einkünfte bei dieser Gesellschaftsform normal besteuert werden, unterliegen nur etwa zehn bis 20 Prozent der Auslandserträge der Besteuerung. Damit ergibt sich eine Gesamtsteuerbelastung von zehn bis elf Prozent, denn 50 Prozent des Bruttogewinns können pauschal als Aufwand abgezogen werden. Der Gewinn kann quellensteuerfrei ins Ausland transferiert werden.

Schweizer Kantone locken deutsche Firmen

Für ausländische Investoren interessante Wirtschaftsförderungen bieten die Kantone **St. Gallen, Thurgau, Schaffhausen, Glarus, Aargau, Freiburg, Zürich** und **Schwyz**.

Wo es Unternehmen hinzieht

Der Urschweizer Minikanton **Obwalden** führt in den letzten Jahren die Rangliste der Firmen-Neugründungen an. Es folgen **Appenzell Ausserrhoden**, der Novize unter den Schweizer Steueroasen, **Schwyz**, **Zug** und die Kantone **Genf** und **Schaffhausen**. **Bern** und **Nidwalden** haben **Glarus** und **Graubünden** als Schlusslichter abgelöst. **Zug** erhebt einen durchschnittlichen Steuersatz von 13 Prozent. Niedriger geht es kaum. **Zug** ist damit im internationalen Steuerwettbewerb für Unternehmensansiedlungen äußerst attraktiv und gilt in der *EU* als Steueroase.

Quellensteuer: siehe Doppelbesteuerungsabkommen

Doppelbesteuerungsabkommen: Bestehen mit fast allen Industrie- und vielen Entwicklungsländern. Allerdings hat der schweizerische Bundesrat Maßnahmen gegen die ungerechtfertigte Inanspruchnahme von DBA erlassen. Dadurch können Ausländer für ihre Schweizer Gesellschaften die Vorteile der schweizerischen DBA nicht oder nur teilweise in Anspruch nehmen. Bei deutschen Gesellschaften, die zu mindestens 25 Prozent durch eine Schweizer Gesellschaft beherrscht werden, werden statt der üblichen 15 vom deutschen Fiskus 25 Prozent Quellensteuer von den Dividenden einbehalten. Deutsche, die in die **Schweiz** verziehen, können die Vorteile des deutsch-schweizerischen DBA erst nach Ablauf von fünf Jahren nach dem Wegzug in Anspruch nehmen. Dazu kommen neue Abkommen zu Rechts- und Amtshilfe sowie Auskunftsaustausch in Steuerfragen mit **Deutschland**, **Österreich** und den **USA**.

Lebenshaltungskosten: Zählen zu den höchsten in **Europa**.

Immobilienmarkt: Seit Jahren steigen die Immobilienpreise in der **Schweiz.** Banken steuern mit verschärften Kreditauflagen gegen den Trend. Doch 2013 ist der Preisanstieg für Eigentumswohnungen und Häuser ungebrochen. Die niedrigen Hypothekenzinsen wirken wie eine Droge. Für eine Laufzeit von fünf Jahren sind Jahreszinsen zwischen 1,3 und 1,6 Prozent zu haben. In Folge der Nullzins-Politik investieren Privatanleger vermehrt in Mietobjekte.

Schweiz: Stärken und Schwächen aus Unternehmenssicht	
Stärken	**Schwächen**

+ ausgeprägte Innovations-
  mentalität
+ Verzahnung von For-
  schung und Entwicklung
+ hohe Produktivität
+ effizienter Kapitalmarkt
	− kaum (indirekte) Steuerförderung
	  von Forschung & Entwicklung
	− hohes Lohn- und Preisniveau
	− latenter Fachkräftemangel

Auf diese Weise erzielen sie Vermietungsrenditen von 2 Prozent. Für den Gesamtmarkt besteht weiterhin rege Nachfrage. Neben den niedrigen Zinsen sorgt die Einwanderung gut verdienender Fachkräfte für die Preissprünge in Schweizer Immobilien.

Immobilienerwerb durch Ausländer: Für Ausländer ist der Immobilienmarkt reguliert. Die zuständigen Behörden müssen einem Kauf zwingend zustimmen – *„andernfalls ist der Kauf nichtig"*. Interessenten aus dem Ausland sollten immer einen Anwalt hinzuziehen. Gebühren und Steuern für den Kauf werden je nach Kan-

---

Gesellschaften mit Steuereffekt

Folgende Gesellschaftsformen kommen infrage:

Die Holdinggesellschaft: Deren Geschäftstätigkeit liegt ausschließlich oder hauptsächlich in der Beteiligung an anderen Gesellschaften. Sie genießt steuerliche Privilegien, zum Beispiel durch Ermäßigung des ordentlichen Steuerbetrages oder des steuerpflichtigen Kapitals oder durch eine reduzierte proportionale Steuer auf das Kapital, verbunden mit Steuerfreiheit des Ertrages.

Die Domizilgesellschaft: Sie hat in der **Schweiz** nur ihren rechtlichen Sitz. Sie genießt in 17 Kantonen das sogenannte „Domizilprivileg", das reduzierte oder keinerlei Ertragsteuern vorsieht.

Beteiligungs-Aktiengesellschaft: Sie ist mit mindestens 20 Prozent am Grund- oder Stammkapital anderer schweizerischer oder ausländischer Gesellschaften beteiligt. Sie hält Beteiligungen mit mindestens einer Million CHF Steuerwert. Der Bund und 15 Kantone haben für diese Gesellschaftsform „Schachtelprivilegien" erlassen, die Ertrag- oder Kapitalsteuern mindern.

Gründungsdauer: vier bis sechs Wochen

Gründungskosten: Steuerabgaben von drei Prozent des Aktienkapitals zuzüglich Gebühren für die Handelsregistereintragung. Gründungsurkunde und Statuten zwischen 1500 und 10 000 CHF.

Laufende Kosten: Steuern sowie Stellung des Domizils, ca. 1 000 bis 2000 CHF, sowie Stellung des Verwaltungsrats, 1500 bis 8000 CHF.

Tipp: Notargebühren durch Beurkundung in der **Schweiz** sparen

---

ton unterschiedlich festgesetzt. Soll eine Ferienimmobilie später weiterverkauft werden, darf eine Ferienwohnung grundsätzlich nur an einen Schweizer verkauft werden. Das kann hohe Wertverluste bedeuten, da Ferienwohnungen für Schweizer wenig attraktiv sind. Bedenken sollte man beim Verkauf auch das Währungs-

---

Steuerlicher Gestaltungsspielraum für leitende Angestellte Schweizer Kapitalgesellschaften

Der *Bundesfinanzhof* fällte ein Urteil (I-R-81/04), welches dás DBA **Deutschland/Schweiz** dahingehend auslegt, dass die Tätigkeit eines in **Deutschland** ansässigen leitenden Angestellten für eine Schweizer Kapitalgesellschaft auch dann als „in der Schweiz ausgeübt" gilt, wenn sie tatsächlich überwiegend außerhalb der **Schweiz** verrichtet wird. Dies hat zur Folge, dass eine solche Tätigkeit in der **Schweiz** der Besteuerung zu unterwerfen ist und in **Deutschland** in vollem Umfang – unter Progressionsvorbehalt (§ 32b EStG) – zu stellen ist. Anzuwenden ist das Urteil auf Einkünfte von Vorstandsmitgliedern, Direktoren, Geschäftsführern und Prokuristen, die diese Personen aus ihrer Tätigkeit für eine Schweizer Kapitalgesellschaft erzielen. Die Tätigkeit darf dabei allerdings nicht so abgegrenzt sein, dass der leitende Angestellte lediglich Aufgaben außerhalb der **Schweiz** wahrnimmt. Somit fallen beispielsweise Einkünfte eines Geschäftsführers einer Schweizer Kapitalgesellschaft, der lediglich die Geschäftsführung einer deutschen Betriebsstätte übernommen hat, nicht in den hier skizzierten Anwendungsbereich. Einkünfte eines Geschäftsführers, der sowohl die Geschäftsführung einer Schweizer Kapitalgesellschaft als auch einer deutschen Betriebsstätte übernommen hat, sind dagegen von dieser Regelung erfasst. Weitere Voraussetzung ist, dass nicht die Merkmale einer „Grenzgängertätigkeit" im Sinne des Art. 15a DBA-Schweiz gegeben sind. Arbeitsbedingt sollte der Deutsche mindestens 60 Tage in der **Schweiz** verweilen und dort auch übernachten.

Weitere Informationen:

Sieger & Huber Steuerberatungsgesellschaft mbH
Müller-zu-Bruck-Straße 8, D-83052 Bruckmühl
Tel.: 0 80 62-7 09 90, Fax: 0 80 62-70 99 23

risiko. Denn abhängig davon, in welche Richtung sich der Schweizer Franken entwickelt, gewinnt oder verliert das Urlaubsdomizil an Wert. Mitte 2013 ist der Franken-Kurs auf 1,20 Euro fixiert. Kommt es zum Vererben einer Immobilie oder anderer Vermögenswerte, sind Ehegatten fast immer, Kinder oft von der Erbschaftsteuer befreit. Alle anderen können in der **Schweiz** gezahlte Erbschaftsteuer aufgrund des Erbschaftsteuer-DBAs mit Forderungen des deutschen Fiskus verrechnen.

Weitere Informationen und Ansprechpartner:

Botschaft der Schweizerischen
Eidgenossenschaft
Otto-von-Bismarck-Allee 4a
D-10557 Berlin
Tel.: 030-3 90 40 00
Fax: 030-3 91 10 30

Eidgenössische Steuerverwaltung
Abtlg. für Internationales
Eigerstrasse 65, CH-3003 Bern
Tel.: 0041-31-3 22 71 06
Fax: 0041-31-3 22 73 49

Internet: www.admin.ch

Schweizer Treuhandkammer
Limmatquai 120
CH-8021 Zürich
Tel.: 0041-44-2 67 75 75
Fax: 0041-44-2 67 75 85
www.treuhandkammer.ch

Deutsch-Schweizerische
Handelskammer
Tödistrasse 60, CH-8002 Zürich
Tel.: 0041-44-2 83 61 61
Fax: 0041-44-2 83 61 00
Internet: www.handelskammer-d-ch.ch

Freihandelszone Genf

- Fläche: 15,86 qkm
- Ausländeranteil: 46,8 Prozent
- Einwohner: 193 000
- Arbeitslosigkeit: 7,2 Prozent

Genf wird auch das „kalte Herz der Schweiz" genannt – eine Banken- und Konferenzstadt. Vollgestopft mit Geld, Gold und Bedeutung. Jede Menge Privatbanken, Firmensitze, Luxushotels, edle Boutiquen. *Voltaire* definierte die Stadt schon vor 200 Jahren treffend: *„Ein Ort, der nichts anderes zu tun hat, als Geld zu verdienen."* 200 internationale Organisationen haben ihr Hauptquartier am **Genfer See** aufgeschlagen, darunter die *Welthandelsorganisation (WTO)* und die *Konferenz der Vereinten Nationen für Handel und Entwicklung (UNCTAD)*. 46,8 Prozent der knapp 193 000 Einwohner Genfs sind Ausländer.

Steueroasen auf dem Prüfstand

Fortsetzung: Freihandelszone Genf

Diese geben in **Genf** rund drei Milliarden Euro aus. 7000 Konferenzen werden hier jedes Jahr abgehalten. **New York** und **Genf** – das ist dieselbe Liga. Die Stadt gehört zu den teuersten Städten der Welt (Ranking: Platz 8). In **Genf** sitzen auch die Drahtzieher im internationalen Handel mit Edelmetallen, Öl oder Kaffee. Von hier lenken sie die globalen Warenströme im Verborgenen.

Mit 141 Banken ist der Kanton **Genf** der sechstwichtigste Finanzplatz der Welt. 250 internationale Unternehmen haben hier ihren Hauptsitz. Angelockt wurden sie von unschlagbar günstigen Steuersätzen.

Das ist der Grund, warum der **Schweiz** schon bald ein neuer Steuerkonflikt mit der *EU* droht. Seit Jahren schon fordert die *EU* die **Schweiz** dazu auf, die Steuerprivilegien für sogenannte Spezialgesellschaften abzuschaffen – ohne Erfolg. Bei den Spezialgesellschaften, von denen es in der **Schweiz** insgesamt etwa 20 000 gibt, handelt es sich um Holdings, Verwaltungsgesellschaften oder gemischte Gesellschaften, die zwar ihren Sitz in der **Schweiz** haben, hier aber praktisch keine Gewinne erwirtschaften, sondern konzerninterne Abteilungen wie Personalverwaltung oder Finanzbuchhaltung betreiben. Ihre im Ausland erzielten Gewinne können jedoch in der **Schweiz** versteuert werden – zu einem privilegierten Steuersatz.

Zudem bietet die Freihandelszone Vorteile im Immobilienbereich. Denn für den Immobilien- und Grundbesitz gilt aufgrund des deutsch-französischen DBA die wesentlich günstigere französische Steuergesetzgebung: Keine Vermögensteuer auf Wohnungs- und Hausbesitz unter 460 000 Euro. Die Spekulationsfrist beträgt fünf Jahre. Von den Mieten sind sowohl eine 25-prozentige Pauschale als auch sämtliche Zinsen, Verwaltungskosten, Reparaturen und die AfA abzugsfähig. Darüber hinaus gibt es Familiengrundfreibeträge.

Weitere Informationen und Ansprechpartner:

Handelskammer Genf
Tel.: 0041-22-8 19 91 11; Fax: 0041-22-8 19 91 00
Internet: www.ge.ch, www.ville-ge.ch

Spanien mit Kanarischen Inseln

- Fläche: 504 645 qkm
- Hauptstadt: Madrid
- BIP je Einwohner: 42 640 USD
- Währung: Euro
- Inflation: 2,8 Prozent
- Abkommen: OECD-Informationsaustausch

- Einwohner: 46,2 Millionen
- Sprachen: Spanisch, Katalanisch, Galicisch, Baskisch
- Arbeitslosigkeit: 27,0 Prozent
- Jugendarbeitslosigkeit: 56,4 Prozent
- Staatsverschuldung: 92,7 Prozent

Spanien steckt 2013 tief in der Rezession. Das BIP schrumpfte 2012 um 1,2 Prozent, für 2013 wird ein ähnlicher Wert erwartet. Die staatliche Verschuldung hat mit 884 Milliarden Euro Anfang 2013 einen Rekordstand erreicht, 2014 soll sie gar die Gesamtwirtschaftsleistung übertreffen (102 Prozent). Das Haushaltsdefizit liegt bei 6,7 Prozent. Mit drastischen Maßnahmen kämpft **Spanien** gegen die Krise, doch der Schuldenberg wächst unaufhörlich. Und während auch die Arbeitslosenzahlen immer neue Rekordwerte erreicht und die Armen immer ärmer werden, kommt in **Spanien** wie auch in anderen Krisenländern eine Bevölkerungsgruppe, die im Prinzip stärker an den Lasten der Krise beteiligt werden könnte, offenbar mit einem blauen Auge davon: die Reichen.

Denn nach wie vor funktioniert die Besteuerung der Reichen nicht richtig. Zum Teil ist das Geld der Vermögenden auch längst im Ausland. Statt sich die Elite vorzunehmen, nehmen Spaniens Steuerfahnder die Mittelklasse ins Visier. Im Fokus der Fahnder aber auch Immobilienbesitzer: vor allem Ausländer. Denn die müssen, auch wenn sie weniger als sechs Monate im Jahr in **Spanien** verbringen, eine Steuererklärung abgeben, sobald sie Einnahmen (Vermietung) aus ihren Immobilien erzielen. Die Finanzämter, namentlich in den von Nord- und Mitteleuropäern bevorzugten Regionen wie der **Costa del Sol**, der **Costa Brava** oder auf den **Balearen**, verhängen neuerdings empfindliche Strafen für ausbleibende Steuererklärungen.

Und um zusätzliches Geld in die klamme Staatskasse zu bekommen, plant **Spanien** eine Steueramnestie für nicht registrierte Immobilien. Nachdem die spanische Steueramnestie für „verstecktes" Auslandsvermögen im November 2012 mit zusätzlichen Steuereinnahmen von 1,2 Milliarden Euro ausgelaufen ist, soll jetzt mit einer neuen Amnestie Steuerhinterziehung mittels Nichtdeklarierung von Immobilien bekämpft werden – die Amnestie würde auch ausländische Immobilieneigentümer betreffen. Eine letzte Gelegenheit, die vollständige Registrierung von Immobilien nachzuholen und so hohe Sanktionen für nicht gezahlte spanische Grundsteuer (IBI) abzuwenden. Der Registrierungsprozess soll bis Ende 2016 für ganz **Spanien** abgeschlossen sein. Wer den Registrierungsprozess freiwillig einleitet, muss lediglich die spanische Grundsteuer der letzten vier Jahre sowie eine einmalige Strafgebühr von 60 Euro für jedes angemeldete Grundstück entrichten, kann so eine schwerwiegende Sanktionierung verhindern.

Aufenthaltsgenehmigung bei Immobilienkauf

Mitte 2013 stehen in Spanien über eine Million neuer Wohnungen zum Verkauf. Um den Kauf leerstehender Immobilien anzukurbeln, lockt **Spanien** Ausländer mit Aufenthaltsgenehmigungen vor allem Russen und Chinesen. Ausländer, die ein Haus oder eine Wohnung zum Preis von mindestens 160 000 Euro kaufen, sollen mit einer Aufenthaltsgenehmigung belohnt werden. **Spanien** folgt mit dem Projekt dem Vorbild **Portugals**, das schon im Oktober 2012 eine ähnliche Regelung eingeführt hat. Zusätzlich profitieren Käufer von den um bis zu 65 Prozent gesunkenen Immobilienpreisen.

Spaniens Steuern

Ausländer, die sich auf dem spanischen Festland oder auf den Inseln zur Ruhe setzen, gelten als steuerlich ansässig, wenn sie dort 183 Tage eines Steuerjahres verbringen beziehungsweise wenn das Zentrum ihrer persönlichen ökonomischen Interessen **Spanien** ist. Ist eine der Voraussetzungen erfüllt, unterliegt das weltweite Einkommen der Einkommensteuer – progressiv zwischen 15 bis 45 Prozent – und das weltweite Vermögen der Vermögensteuer – zwischen 0,2 und

Fortsetzung: Spaniens Steuern

2,5 Prozent. Der Spitzensatz greift für Vermögen ab 5,25 Millionen Euro. Gewinne aus Immobilienverkäufen werden pauschal mit 18 Prozent besteuert. Dieser Satz gilt auch für Nichtansässige, die eine spanische Immobilie verkaufen wollen. Erbschaftsteuer ist von rechtmäßigen Erben zu zahlen, die Sätze variieren je nach Wert der Erbmasse und Verwandtschaftsverhältnis zwischen Erblasser und Erben. Der Steuersatz liegt zwischen 7,65 und 34 Prozent, hinzu kommt ein vom Verwandtschaftsgrad abhängiger Multiplikationsfaktor von 1 bis 2,4. Schenkungsteuer fällt in gleicher Höhe an.

Ausnahme: Im **Baskenland** gibt es keine Erbschaftsteuer, wenn der Besitz einem Ehepartner oder direkten Verwandten vererbt wird.

Besonderheit im spanischen Erbrecht: Nachfahren in erster Linie müssen mindestens 66,6 Prozent des Vermögens erben, unabhängig davon, was im Testament geregelt ist.

Steuerliche Sonderregelung für ausländische Spitzenkräfte

Ausländische Spitzenkräfte, die nicht länger als sechs Jahre im Land bleiben, werden mit einem Höchstsatz von 24 Prozent auf ihr Spanien-Brutto-Einkommen besteuert. Werden diese Zahlungen über Gesellschaften abgewickelt, sinkt der Steuersatz auf 15 Prozent.

Das hochverschuldete **Spanien** ist keine Steueroase, die **Kanarischen Inseln** vor der Westküste **Afrikas** haben aber seit 1994 Offshore-Status. Dieser wurde von der *EU* zunächst bis Ende 2019 verlängert.

Kanarische Inseln

- Verwaltungssitze: Santa Cruz de Tenerife, Las Palmas de Gran Canaria
- Fläche: 7492,49 qkm
- Einwohner: 2,076 Millionen
- Arbeitslosigkeit: 32,0 Prozent
- BIP je Einwohner: 20982 USD
- Inflation: 2,0 Prozent

Nirgendwo in **Europa** sind so viele Menschen arbeitslos wie auf den **Kanarischen Inseln**: 380 000 oder 32 Prozent. Ein Rekordhoch auch bei den Jugendlichen: 70 Prozent. Den Archipel hat es in den letzten Jahren voll erwischt; 13 Prozent weniger Touristen allein im letzten Jahr. Für die Inseln, die zu 80 Prozent von der Tourismusbranche leben (10 Millionen Besucher jährlich) und nur wenig Landwirtschaft (Bananen, Tomaten, Blumen) und Industrie zu bieten haben, eine regelrechte Katastrophe. Die Inseln stecken 2013 in einer tiefen Krise, schlimmer noch als das Mutterland **Spanien.**

Um den sieben Inseln im Atlantik eine wirtschaftliche Perspektive zu geben, erhielten sie 1994 Offshore-Status, der zunächst bis 2019 verlängert wurde. Das Abkommen gilt auch für die weltweit einsetzbaren, fast steuerfreien ZEC-Gesellschaften (ZEC = Sonder-

---

Spanischer Immobilienerwerb über eine S.L.

So manchen „Ärger" kann man sich ersparen, erwirbt man die Immobilie über eine spanische Sociedad Limitada (S.L.), die der deutschen GmbH entspricht. Wird ein Grundstück zunächst von einer natürlichen Person gekauft und später in eine S.L. eingebracht, wird bei Einbringung eine Kapitalsteuer in Höhe von 1 Prozent des Kaufpreises fällig. Bei einer späteren Übertragung der von der S.L. gehaltenen Immobilie empfiehlt sich zunächst die Übertragung der Gesellschaftsanteile.

Bei richtiger Gestaltung wird dadurch praktisch eine „steuerfreie" Übertragung der Immobilie möglich, da sowohl die vom Käufer zu entrichtende Vermögensübertragungssteuer (ITP) in Höhe von 6 oder 7 Prozent (je nach Comunidad Autónoma) als auch die Mehrwertsteuer entfallen. Vorteilhaft ist auch, dass der Wechsel in der Person des Gesellschafters weder im Handelsregister noch im spanischen Eigentumsregister (Grundbuch) vermerkt wird. Damit ist nach außen eine Übertragung nicht erkennbar und gewährt hohe Diskretion.

Weitere Informationen zum Immobilienerwerb durch eine S.L.:

mmmm – Monereo, Meyer & Marinel-Lo Abogados
c/Alfonso XII, 30, 5ª planta, E-28014 Madrid
Tel.: 0034-9 13 19 96 86, Fax: 0034-9 13 08 53 68
oder:
mmmm Berlin
Rudi-Dutschke-Str. 26, D-10969 Berlin
Tel.: 030-2 06 33 60, Fax: 030-20 63 36 20

---

zone Kanaren, die die gesamte Inselfläche umfasst). Hinzu kommen umfangreiche Förderprogramme von Regionalregierung, spanischem Staat und **EU**. Der Körperschaftsteuersatz liegt bei 5 Prozent, Gewinne können somit zu 95 Prozent steuerfrei in die Heimat transferiert werden – diese sind durch DBA, beispielsweise mit **Deutschland**, gegen den Zugriff des Fiskus geschützt.

Die **Kanaren** entwickeln sich damit zu einer idealen Drehscheibe für wirtschaftliche Aktivitäten zwischen **Europa**, **Amerika** und **Afrika**. Immobilien werden aus steuerlichen Gründen in der Regel über Gesellschaften gehalten.

Jetzt werden vor dem Archipel große Erdölreserven vermutet. Erste Probebohrungen sind im Gange. Die Tourismusbranche befürchtet bereits, dass damit der Hauptwirtschaftszweig der Inseln aufs Spiel gesetzt wird.

Weitere Informationen und Ansprechpartner:

Botschaft des Königreichs Spanien
Liechtensteinallee 1
D-10787 Berlin
Tel.: 030-2 54 00 70
Fax: 030-25 79 95 57

Amtliche Spanische Handelskammer
für Deutschland
Friedrich-Ebert-Anlage 56
D-60325 Frankfurt a.M.
Tel.: 069-74 34 81-0
Fax: 069-74 34 81-55

mmnm Monereo, Meyer & Marinel-Lo Abogados
P° de Gracia 98, 3°, E-08008 Barcelona
Tel.: 0034-9 34 87 58 94, Fax: 0034-9 34 87 38 44

Internet: www.la-moncloa.es

Svalbard Islands

- Fläche: 61 022 qkm
- Hauptstadt: Longyearbyen
- Währung: Norwegische Krone
- Arbeitslosigkeit: 3,2 Prozent
- Einwohner: 2900
- Sprache: Norwegisch
- Inflation: 1,7 Prozent

Die zu **Norwegen** gehörende Steuersonderzone der **Svalbard Inseln** liegt auf halber Strecke zwischen dem Mutterland und dem **Nordpol**. Hier, am Rande des arktischen Eises, findet man noch unberührte arktische Wildnis mit einer großen Eisbären-Population. Während die Bären die dunklen Wintermonate genießen, lassen sich die wenigen Bewohner der Inseln nicht einmal von den Steuervergünstigungen vor Ort dorthin locken. Ihre Einkommen werden mit 4 Prozent besteuert, Unternehmensgewinne mit 10 Prozent, eine Mehrwertsteuer auf Tabakprodukte und Alkohol gibt es nicht. Ohne Alkohol hält man ein Leben in der eisigen Inselwelt auch kaum aus.

Die Freude daran ist allerdings getrübt, wenn man wegen der schlechten Verkehrsanbindungen nördlich des Polarkreises festsitzt, vier Monate des Jahres in völliger Dunkelheit und weitere vier Monate bei ständigem Tageslicht verbringen muss. Trotz verlockender Steuerersparnis sind die Inseln zum Geldverdienen keine Reise wert. Für Forscher und Raketenbauer ist der unberührte Archipel dagegen ein Eldorado – auf Zeit.

Weitere Informationen und Ansprechpartner:

Botschaft des Königreichs Norwegen	Norsk-Tysk Handelskammer
Rauchstraße 1, D-10787 Berlin	Drammensveien 111B, N-0273 Oslo
Tel.: 030-5 05 05 86 00	Tel.: 0047-22 12 82 10
Fax: 030-5 05 05 86 01	Fax: 0047-22 12 82 22

Osteuropa holt nur noch langsam auf

Die Annäherung der postkommunistischen Staaten in **Osteuropa** an das westeuropäische Wohlstandsniveau stockt 2013. Das Bruttoinlandsprodukt wird in diesem Jahr um 1,5 Prozent zulegen, prognostiziert das *Wiener Institut für Internationale Wirtschaftsvergleiche (WIIW)*. Das ist zwar mehr als im Euroraum, dessen Wirtschaft stagniert. Doch bleiben die jungen Marktwirtschaften deutlich hinter ihrem Wachstum von vor 2008 zurück. Entsprechend verlangsamt sich der Aufholprozess.

In manchen Ländern, etwa in **Ungarn** und der **Ukraine,** dürfte der Wohlstandsunterschied zum Durchschnitt der *EU* auf dem Niveau von 2005 bleiben. Am weitesten haben sich **Slowenien** und die **Tschechische Republik** entwickelt. Dort beträgt das reale BIP je Kopf mehr als vier Fünftel des *EU*-Durchschnitts. Grund für das

Erlahmen sind die Folgen der Rezession im Euroraum, mit dem die Länder über den Außenhandel stark vernetzt sind.

Osteuropa braucht ein neues Wachstumsmodell. Das bisherige, hauptsächlich auf Exportwachstum und Kapitalzuflüsse ausgerichtete Modell hat ausgedient. Mit dem derzeitigen Wachstum dauert es nach Berechnungen der *Österreichischen Notenbank (OeNB)* mehr als 50 Jahre, bis die Region das Einkommensniveau des Euroraums erreicht. Eine Verlangsamung des Aufholprozesses stellt die Länder angesichts ihrer weiteren wirtschaftlichen Integration aus Sicht der *OeNB* jedoch vor große Herausforderungen. Für **Westeuropa** wiederum sollte der stetige Abbau regionaler Unterschiede innerhalb **Europas** aber schon deshalb von Interesse sein, weil dies das Wachstum auf lange Sicht beflügeln wird.

2013 liegt die Arbeitslosenquote im Durchschnitt bei 10 Prozent, in der **Slowakei** sind es sogar 14 Prozent. An den angespannten Arbeitsmärkten zeichnet sich keine Entspannung ab – dazu wären mehrjährige Wachstumsraten von mindestens 3 Prozent notwendig. Davon sind die meisten Länder aber weit entfernt. Von den bis 2008 zweistelligen Zuwachsraten ist mittelfristig nicht die Rede. Entsprechend verlangsamt sich der Aufholprozess.

Prognosen für Osteuropa
Veränderung des realen BIP (in Prozent)

	2012	2013	2014
Bulgarien	0,7	1,5	2,0
Tschechische Republik	-1,2	0,8	2,0
Estland	2,1	2,9	3,9
Ungarn	-1,3	0,5	2,0
Lettland	3,7	3,3	3,8
Litauen	2,7	3,4	4,0
Polen	2,3	2,1	2,6
Rumänien	1,0	1,5	3,0
Slowakei	2,8	2,0	3,0
Slowenien	-2,0	-1,5	0,5

Quelle: WIIW; Europäische Kommission

Die „neuen" EU-Steueroasen

Bulgarien

- Fläche: 110 994 qkm
- Hauptstadt: Sofija
- Währung: Lew
- Inflation: 1,8 Prozent
- Probleme: hohes Währungs- risiko, komplizierte Gesetze
- Abkommen: DBA, OECD- Informationsabkommen

- Einwohner: 7,5 Millionen
- Sprache: Bulgarisch
- BIP je Einwohner: 13 800 USD
- Arbeitslosigkeit: 12,6 Prozent
- Besondere Stärke: geringe Lohn- kosten, gute Softwareentwickler
- Staatsverschuldung: 16,0 Prozent, im *EU*-Vergleich niedrig

Von **Bulgarien** lernen heißt siegen lernen. Das arme Balkanland, das sonst mit Korruptionsskandalen von sich reden macht, ist näm- lich finanzpolitisch gesehen ein Musterknabe. Ganz im Gegenteil zum Nachbarn **Griechenland**, der durch seine Geldverschwen- dung die gesamte *Eurozone* in den Schlamassel geritten hat. **Bul- garien**, durchaus noch weiterer Reformen bedürftig, hat immer- hin unter den 27 EU-Staaten neben **Estland** die geringsten Schulden: 16,0 Prozent des Bruttosozialprodukts. Zum Vergleich: **Griechenland** liegt bei 165 Prozent. Daneben weist **Bulgarien** eine der niedrigsten Defizitquoten (1,7 Prozent) auf. Per Gesetz und Verfassungsänderung wurde festgeschrieben, dass der Weg der Solidarität nicht verlassen werden darf – Schuldenbremse auf Bulgarisch sozusagen.

Die niedrige Einkommen- und Körperschaftsteuer von jeweils 10 Prozent ist eine entscheidende Voraussetzung dafür, dass **Bul- garien** im Vergleich zu **Westeuropa** derzeit ein höheres Wachs- tum erzielt (2,7 Prozent). Den festen Wechselkurs sichert das Land mit Devisenreserven. Die Banken, die im Gegensatz zu anderen osteuropäischen Ländern keine Fremdwährungskredite vergeben durften, betreiben eine konservative Geschäftspolitik unter stren- ger Aufsicht der Notenbank.

Aktuell sind in **Bulgarien** rund 1000 deutsche Unternehmen tätig. Ihnen allen imponiert das Engagement der bulgarischen Mitarbeiter. Mit einem Durchschnittslohn von knapp 400 Euro im Monat ist **Bulgarien** das Billiglohnland der *EU*.

Als Investitionsvehikel stehen alle in **Deutschland** durchgängigen Gesellschaftsformen zur Verfügung. Im Wirtschaftsleben spielen die bulgarische GmbH (OOD) beziehungsweise die AG (AD) die wichtigsten Rollen, wobei auch Einpersonengründungen ohne Einschränkung zulässig sind. Charakteristisch für die bulgarische GmbH ist das mit 2550 Euro ebenfalls geringe Mindestkapital. Die Gründung von Tochterunternehmen durch Ausländer unterliegt keinen Einschränkungen. Eine Beteiligung durch einen bulgarischen Staatsbürger ist nicht erforderlich. Sofern ein deutscher Investor nicht sofort eine eigene Gesellschaft in **Bulgarien** gründen möchte, kann er im ersten Schritt auch eine Zweigniederlassung gründen. Eine Eigenkapitalausstattung ist dafür nicht erforderlich. Eine Einschränkung der möglichen Tätigkeiten der Niederlassung besteht ebenfalls nicht. Lediglich ein Eintrag im Handelsregister ist erforderlich. Besteuert wird die Betriebsstätte mit dem regulären Körperschaftsteuersatz von 10 Prozent.

Die wichtigsten Steuern im Ländervergleich (in Prozent)

	Deutschland	Rumänien	Bulgarien
Körperschaftsteuer	26,4	16,0	10,0
Einkommensteuer	15,0–44,3	16,0	10,0–24,0
Mehrwertsteuer	7–19,0	9–19,0	7–20,0
Schenkung-/Erbschaftsteuer	7,0–30,0	–	0,1–20,0
Grunderwerbsteuer	3,5	0,5–3,0	2,0

Bei einem ausschließlichen Steuersatzvergleich schneiden die Beitrittsländer **Rumänien** und **Bulgarien** hervorragend ab. Vor einer Investition gibt es aber noch andere Faktoren zu beleuchten, die häufig vernachlässigt werden, wie zum Beispiel das noch bestehende hohe Währungsrisiko, der nur eingeschränkt mögliche Grunderwerb durch Ausländer oder auch bürokratische Hemmnisse, die in der Praxis nicht selten nur durch eine (nicht offizielle) Gebühr erledigt werden können.

Bei einer Rückführung der in **Bulgarien** erzielten Gewinne bestehen großzügige Devisenregelungen. Steuerliche Belastungen ergeben sich durch die einzubehaltende Quellensteuer von 10 Prozent auf Ausschüttungen beziehungsweise 5 Prozent auf Dividendenzahlungen.

Zur Vermeidung von Doppelbesteuerungen existiert zwischen **Deutschland** und **Bulgarien** bereits seit 1988 ein Abkommen.

Der gegenwärtige Mehrwertsteuersatz beträgt 20 Prozent. Allerdings bestehen Mehrwertsteuerbefreiungen für Exporte, Übertragung von Eigentum an Grund und Boden sowie Finanz- und Versicherungsleistungen. Nennenswerte weitere Steuern sind die Schenkung- beziehungsweise Erbschaftsteuer, die zwischen 0,1 Prozent und 20 Prozent beträgt, sowie die Steuer auf den Erwerb bestimmter Wirtschaftsgüter (Grundstücke, Kfz, dingliche Rechte).

Investieren in Bulgarien

Für Investitionen in **Bulgarien** sprechen neben den attraktiven Steuersätzen niedrige Löhne, eine Umsatzsteuerbefreiung für Leistungen im Zusammenhang mit Immobilien, bestimmten Finanzdienstleistungen und Versicherungen sowie Ausbildungs- und Schulungsleistungen. Auch werden der Erwerb und die Lieferung von Waren innerhalb der *EU* sowie der Export generell nicht besteuert. Mit mehreren Ländern bestehen DBA, Gewerbesteuer und Vermögensteuer gibt es in **Bulgarien** nicht.

Weitere Informationen und Ansprechpartner:

Botschaft der Republik Bulgarien
Mauerstraße 11, D-10117 Berlin
Tel.: 030-2 01 09 22, Fax: 030-2 08 68 38, www.botschaft-bulgarien.de

ABG – Allgemeine Beratungs- und Treuhandgesellschaft mbH
Steuerberatungsgesellschaft, Romanstraße 22, D-80639 München
Tel.: 089-13 99 77 0, Fax: 089-1 66 51 51, www.abg-partner.eu

Estland

- Fläche: 45 227 qkm
- Hauptstadt: Tallinn
- BIP je Einwohner: 15 490 USD
- Währung: Euro
- Inflation: 5,1 Prozent
- Probleme: Großes Stadt-Land-Gefälle
- Abkommen: DBA, OECD-Informationsaustausch

- Einwohner: 1,34 Millionen
- Sprachen: Estnisch, Russisch
- Arbeitslosigkeit: 10,4 Prozent
- Besondere Stärken: Hohe Internetvernetzung, starker Dienstleistungssektor
- Staatsverschuldung: 6,0 Prozent, im EU-Vergleich niedrig

Estland führte den Euro im Januar 2011 ein, auf dem Höhepunkt der aktuellen Krise in der Eurozone. Das baltische Land praktiziert eine Sparpolitik, wie sie der *EU-Kommission* nicht willkommener sein dürfte. Mit 6,0 Prozent hat die Baltenrepublik die niedrigste Schuldenquote aller Euro-Länder. Für 2011 wurde ein Wirtschaftswachstum von 7,9 Prozent ermittelt, ein fast chinesischer Wert. Seit Anfang 2011 werden Einkommen mit 18 Prozent besteuert.

Weil der estnische Finanzmarkt fest in der Hand der skandinavischen Institute *Swedbank*, *SEB* und *Nordea* ist, war keine Bankenrettung nötig. Gleichzeitig setzt die Regierung nicht auf Konjunkturprogramme, sondern auf Konsolidierung. Handelspartner und Investoren sind begeistert von der auffallend jungen Führungsschicht in Politik und Wirtschaft, von der fast vollständigen Verlagerung bürokratischer Akte ins Internet, von der Steuerbefreiung für reinvestierte Unternehmensgewinne und vom einheitlichen Einkommensteuersatz von 18 Prozent.

Gängigste Gesellschaftsform ist die GmbH, die ein in Anteile zerlegtes Stammkapital von mindestens 40 000 EEK (ca. 2 600 Euro) hat. Das Grundkapital der estnischen Aktiengesellschaft beträgt mindestens 400 000 EEK (ca. 26 000 Euro) und wird in Aktien zerstückelt.

Gründer einer AG kann sowohl eine natürliche als auch eine juristische Person sein. Erst wenn die Einlagen der Aktionäre vollständig geleistet sind, darf die AG in das Handelsregister eingetragen werden.

Günstige Voraussetzungen für Unternehmen

Einkommensteuer: Der allgemeine Steuersatz liegt bei 18 Prozent.

Körperschaftsteuer: Es gilt die sogenannte umgekehrte Körperschaftsteuer. Bei dieser werden zunächst nur bestimmte betriebsfremde Aufwendungen und Gewinnausschüttungen besteuert. Der Zeitpunkt der Steuererhebung fällt erst bei Gewinnverwendung an. In **Estland** werden mit der Körperschaftsteuer die Aufwendungen und Kosten besteuert, die in einem gewöhnlichen Steuersystem nicht abgezogen werden. So gehören zu den Steuerobjekten auch Geschenke und Spenden, Bewirtungskosten sowie betriebsfremde Aufwendungen. Auch Dividenden und verdeckte Gewinnausschüttungen sind körperschaftsteuerpflichtig. Der Steuersatz beträgt 26/74 vom Betrag der Aufwendung oder vom ausgeschütteten Gewinn, das heißt die Auszahlung wird als Nettobetrag betrachtet.

Mehrwertsteuer: Sie liegt bei 18 Prozent, der ermäßigte Satz für bestimmte Güterbereiche bei 5 Prozent. Der Export von Waren und Dienstleistungen sowie der Strom aus Wasser- und Windkraft sind steuerbefreit.

Grunderwerbsteuer: je nach lokaler Behörde zwischen 0,5 und 2 Prozent

Grundsteuer: je nach Einheitswert jährlich zwischen 0,1 und 2,5 Prozent Kapital und Gewinne können unbeschränkt in das Ursprungsland transferiert werden. Der Immobilienerwerb von Ausländern ist problemlos.

Weitere Informationen und Ansprechpartner:

Ministry of Finance
Suur-Ameerika 1, EE-15006 Tallinn, Tel.: 00372-6 11 35 58,
Fax: 00372-6 11 36 64, E-Mail: info@fin.ee, www.fin.ee
Ministry of Foreign Affairs
Islandi väljak 1, EE-15049 Tallinn
Tel.: 00372-6 37 70 00, E-Mail: vminfo@vm.ee
Botschaft der Republik Estland
Hildebrandstraße 5, D-10785 Berlin
Tel.: 030-25 46 06 02, Fax: 030-25 46 06 01, www.estemb.de
European Bank for Reconstruction and Development – EBRD
Šeimyniškiu 1A, 4th Floor, LT-2600 Vilnius, Litauen
Tel.: 00370-52 63 84 80, Fax: 00370-52 63 84 81, www.ebrd.com

Lettland

- Fläche: 64 589 qkm
- Hauptstadt: Riga
- BIP je Einwohner: 16 959 USD
- Währung: Lats (LVL)
- Inflation: 2,3 Prozent
- Probleme: Steigendes Leistungsbilanzdefizit
- Abkommen: DBA, OECD-Informationsaustausch

- Einwohner: 2,0 Millionen
- Sprachen: Lettisch, Russisch
- Arbeitslosigkeit: 14,0 Prozent
- Besondere Stärken: Wichtigstes Transitland zwischen Russland und Westeuropa, gut ausgebaute Häfen
- Staatsverschuldung: 44,0 Prozent

Lettland liegt im Schnittpunkt der skandinavischen, deutschen, russischen und ost-mitteleuropäischen Märkte. Das Bildungsniveau der Bevölkerung ist hoch. Ausländern bietet das Land eine hohe Lebensqualität, eisfreie Häfen und eine gut entwickelte Infrastruktur.

Schrumpfende Wirtschaft, Notkredite vom *WWF* – das war einmal. Schnell hat sich **Lettland** von der Krise 2006 und 2007 erholt. 2011 und 2012 wuchs die lettische Wirtschaft rasant um 5,5 beziehungsweise 5,3 Prozent – so schnell wie sonst nirgendwo in der *EU*! Doch das Wachstum hatte seinen Preis: Um 10 Prozent niedrigere Renten und 20 Prozent niedrigere Löhne sowie eine Reduzierung des Staatshaushalts um fast 20 Prozent in den letzten Jahren. Vor allem die niedrigen Löhne sind es jetzt, die den lettischen Export ankurbeln.

Jetzt will die lettische Regierung mit der Einführung des Euro 2014 die Sanierung des Landes krönen. Damit wäre **Lettland** das zweite baltische Land und der 18. Mitgliedstaat im Euroraum. Im Nachbarland **Estland** wird seit 2011 mit dem Euro bezahlt. Der dritte baltische Staat, **Litauen,** beabsichtigt den Euro im Jahr 2015 einzuführen. Bereits 2003 hatte sich Lettland in einer Volksabstimmung für die Euro-Einführung entschieden, sobald es die fünf Maastricht-Kriterien erfüllt. Das ist nun der Fall. Kritisch ist allein die Jahresinflationsrate von 2,3 Prozent (2012). Diese darf nicht mehr als 1,5 Prozent über dem Durchschnitt der drei *EU*-Länder mit der niedrigsten Inflation liegen.

Lettland steuerlich

Einkommensteuer: Sie beträgt einheitlich 25 Prozent.

Körperschaftsteuer: 15 Prozent

Mehrwertsteuer: 21 Prozent

Grundsteuer: 1 Prozent des Immobilienwerts

Ausländische Investoren können Grundstücke nur für maximal 99 Jahre pachten, der Erwerb von Gebäuden ist ihnen jedoch erlaubt. Das lettische Handelsgesetz bietet ähnliche Gesellschaftsformen wie das deutsche Gesetz an. Bevorzugt eingesetzt werden von ausländischen Investoren die Gesellschaft mit beschränkter Haftung (SIA) und die Aktiengesellschaft.

Ausländische Investoren lockt **Lettland** mit den Sonderwirtschaftszonen der Freihäfen **Ventspils**, **Liepaja**, **Rezekne** und dem Freihafen **Riga**. Diese bieten Unternehmen Steuervergünstigungen und Förderprogramme für Investitionen.

Weitere Informationen:

Deutsch-Baltische Handelskammer, Kronvalda bulvaris 3–12 LV-1010 Riga, Tel.: 00371-67 32 07 18, E-Mail: info.lv@ahk-balt.org

---

Entsteht in Lettland ein neues Zypern?

Russische Reiche legen ihr Geld gern in **Lettland** an – vor allem nach dem **Zypern**-Fiasko. Die *EU* hat dem Land daher Anfang 2013 unmissverständlich klargemacht, dass es auf keinen Fall das Fluchtgeld postsowjetischer Oligarchen aus **Zypern** in seinem Bankensystem aufnehmen darf, wenn es dem Euro beitreten will. Fluchtgeld, vor allem solches aus **Russland**, sei wegen seiner Unbeständigkeit für Banken hoch riskant und könne **Lettland** – wie **Zypern** – destabilisieren.

Völlig unbegründet ist die Warnung nicht. Der *IWF* stellte fest, dass allein in den ersten drei Quartalen 2012 die Guthaben ausländischer Kunden in **Lettland** um 19,7 Prozent anwuchsen. Davon stammen 80 bis 90 Prozent aus **Russland** und anderen Ländern der *Gemeinschaft Unabhängiger Staaten (GUS)*, wo Konteninhaber nun ihr Geld aus krisenbedrohten Euroländern abzögen.

Deren Ziel ist **Lettland**, weil das Land unmittelbar an **Russland** grenzt, die russische Sprache dort gängig ist und Bankdienstleistungen billig sind. Seit Anfang 2013 greifen daher neue Kontrollen für Ausländerkonten, um auf die Gefahr aus dem Osten zu reagieren. Um Geldwäsche zu vereiteln, werden Kunden und Gelder strenger überprüft.

Weitere Informationen und Ansprechpartner:

Botschaft der Republik Lettland
Reinerzstraße 40–41, D-14193 Berlin
Tel.: 030-8 26 00 20, Fax: 030-82 60 02 33, www.mfa.gov.lv/berlin

Agentur für Investitions- und Exportförderung Lettlands
Broßstraße 6, D-60487 Frankfurt/Main
Tel.: 069-97 96 11 12, Fax: 069-97 96 11 26
www.kooperation-international.de/lettland

Investitions- und Wirtschaftsförderungsagentur Lettland
Pérses iela 2, LV-1442 Riga
Tel.: 00371-67 03 94 99, Fax: 00371-67 03 94 01, www.liaa.gov.lv

Litauen

- Fläche: 65200 qkm
- Hauptstadt: Vilnius
- BIP je Einwohner: 12 350 USD
- Währung: Litas (LTL)
- Inflation: 1,0 Prozent
- Abkommen: DBA, OECD-Informationsaustausch
- Einwohner: 3,21 Millionen
- Sprachen: Litauisch, Polnisch, Russisch
- Arbeitslosigkeit: 12,5 Prozent
- Staatsverschuldung: 37,7 Prozent

Litauens Rolle im Baltikum

In Bevölkerungszahlen und Wirtschaftsleistung ist **Litauen** so groß wie die beiden anderen baltischen Staaten **Estland** und **Lettland** zusammen. Eine führende Rolle in der Region spielt es etwa in der Energiepolitik (Gas), die für die drei baltischen Staaten dank ihrer Nähe zu und früheren Abhängigkeit von **Russland** wirtschaftlich wie auch strategisch eine herausgehobene Rolle spielt.

Auch **Litauens** Wirtschaft ist nach Überwindung der Wirtschaftskrise seit 2009 wieder auf Wachstumskurs (jährlich zwischen 3 und

5 Prozent BIP-Wachstum). Die Inflationsrate ist mit 1,0 Prozent sehr moderat. Ungeachtet der Sparpolitik hat sich die Staatsverschuldung seit Beginn der Wirtschaftskrise jedoch fast verdoppelt. Sie liegt mit knapp 38 Prozent des BIP aber im europäischen Vergleich weit unter dem *Maastricht*-Kriterium von 60 Prozent. Auch in **Litauen** wurden im Zuge der Sparmaßnahmen Löhne gekürzt. Die sind mit 300 bis 500 Euro im europäischen Vergleich so niedrig, dass sie eine Emigration von Arbeitskräften in Länder mit höheren Löhnen bewirken. Angesichts der Emigration ist die Arbeitslosenrate mit knapp 13 Prozent hoch. Der Außenhandel verzeichnet in den letzten Jahren Zuwächse um 30 Prozent. **Russland, Deutschland, Polen** und die baltischen Nachbarn sind die wichtigsten Wirtschaftspartner. Für 2015 ist der Euro-Beitritt geplant.

Mitte 2013 sind in **Litauen** rund 1200 Unternehmen mit deutschem Kapital registriert. Ausländische Investoren genießen dieselben Rechte wie Inländer, die mit Gesetzen und Investitionsschutzabkommen abgesichert sind. Wichtigste Zielbranchen für ausländisches Kapital sind Handel, Transport, Finanzdienstleistungen und verarbeitende Industrie. Wer in **Litauen** investieren will, kann als Unternehmen in Form einer GmbH, AG, OHG oder KG auftreten. Die bevorzugte Gesellschaftsform ist die GmbH mit einem Stammkapital von mindestens 2500 Euro. Für eine AG braucht man ein Grundkapital von 25 500 Euro.

Steuerrecht: Der Einkommensteuersatz beträgt 24 Prozent. Schon jetzt hat **Litauen** nach Angaben von *Eurostat* die niedrigste Belastung durch Steuern und Sozialabgaben, gemessen am BIP, unter allen *EU*-Mitgliedern.

Fehlende Staatseinkünfte aber müssen ausgeglichen werden: So werden gewerbliche Grundstücke künftig besteuert.

Körperschaftsteuer: 15 Prozent, für landwirtschaftliche Produktionsbetriebe 0 Prozent

Mehrwertsteuer: 18 Prozent, ermäßigt 9 beziehungsweise 5 oder 0 Prozent

---

Weitere Informationen und Ansprechpartner:

Botschaft der Republik Litauen
Charitéstraße 9, D-10117 Berlin
Tel.: 030-8 90 68 10, Fax: 030-89 06 81 15, www.botschaft-litauen.de
Invest Lithuania
Jogailos str. 4, LT-01116 Vilnius
Tel.: 00370-52 62 74 38, Fax: 00370-52 12 01 60, www.lda.lt
European Bank for Reconstruction and Development – EBRE
Seimyniskiu 1 A, IV, LT-2600 Vilnius
Tel.: 00370-52 63 84 80, Fax: 00370-52 63 84 81
www.ebrd.com

Malta

- Fläche: 315,6 qkm
- Hauptstadt: Valletta
- BIP je Einwohner: 20 020 USD
- Währung: Euro
- Inflation: 2,4 Prozent
- Probleme: Kleiner Markt, abgeschiedene Lage
- Abkommen: DBA, OECD-Informationsaustausch
- Einwohner: 419 000
- Sprachen: Maltesisch, Englisch
- Besondere Stärken: Qualifizierte Arbeitskräfte, gutes Bildungssystem
- Arbeitslosigkeit: 6,2 Prozent
- Staatsverschuldung: 68,0 Prozent

Die Inselrepublik **Malta** hat die Wirtschaftskrise gut überstanden. 2012 ist das BIP um 3,0 Prozent gewachsen, die Exporte stiegen um 33 Prozent. Die am lokalen Markt orientierten Geschäftsbanken brauchten keine Hilfestellung, der Immobilienmarkt erwies sich als stabil. Die Mittelmeerinsel gilt als guter Investitionsstandort und hat mit 4,7 Prozent den höchsten Zuwachs an Arbeitsplätzen in der *EU*. Die Staatsverschuldung liegt bei 68 Prozent. Die Wirtschaft der Insel wird vor allem vom Tourismus dominiert. Seit 1965 hat sich die Zahl der Touristen verzehnfacht, auf heute eine Million jährlich. Stark zugenommen hat seit der Wirtschaftskrise auch der Finanzdienstleistungssektor, allein 2012 um plus 13,8 Prozent. Dabei spielt das regulatorische Umfeld eine wichtige Rolle sowie die Möglichkeit für auf **Malta** domizilierte Finanzdienstleister, ihre Produkte und Dienstleistungen europaweit anbieten zu können. Seit den 1970er-Jahren werden ausländische Investoren und Unternehmen mit umfangreichen Steuervorteilen angelockt.

Maltas Steueranreize

Steuerlich förderungswürdige Unternehmen kommen vor allem aus den Zukunftsbranchen Software, Telekommunikation und Biotechnologie. Weiterer Anziehungspunkt für Investoren ist der Zollfreihafen in **Marsaxlokk**. Dort ansässige Gesellschaften zahlen lediglich eine pauschale Lizenzgebühr von jährlich 1000 Euro, Offshore-Unternehmen, die auf **Malta** keinerlei Aktivitäten ausüben, sind gänzlich steuerbefreit. Hier steht Malta im direkten Wettbewerb mit **Gibraltar** und **Zypern**. Steuerliche Anreize für Unternehmen:

- 5 Prozent für die ersten sieben Jahre; 10 Prozent für die nächsten sechs Jahre; 15 Prozent für die nächsten fünf Jahre

- Steuergutschriften durch Verrechnung mit einer Investitionsförderung in Höhe von 50 Prozent des investierten Kapitals oder 50 Prozent der Lohnkosten für die ersten zwei Jahre für neu geschaffene Arbeitsplätze. Für Betriebe bis 250 Beschäftigte erhöht sich dieser Prozentsatz auf jeweils 65 Prozent.

- Nicht verrechnete Steuergutschriften können, um 7 Prozent erhöht, in das Folgejahr übertragen werden.

Durch das Zusammenwirken der Förderungsleistungen können Unternehmen in der Regel für mehrere Jahre von erheblichen Steuerminderungen beziehungsweise einer völligen Steuerbefreiung profitieren.

Weitere Informationen dazu: Malta Development Corporation, E-Mail: info@mdc.com.mt

Malta für Privatpersonen

Wer sich als Ausländer auf **Malta/Gozo** niederlassen will, für den gelten folgende Bestimmungen:

- Nachweis eines Mindestjahreseinkommens von ca. 23500 Euro

- Nachweis, dass jährlich mindestens 14500 Euro vom Ausland nach Malta transferiert werden

- Kauf einer maltesischen Immobilie innerhalb von zwölf Monaten für mindestens 70000 Euro

- Alternativ Anmietung einer Immobilie für eine jährliche Miete von mindestens 4250 Euro

Steuerliche Vorteile: Pauschale Einkommensteuer von 15 Prozent auf jene Beträge, die während eines Jahres aus dem Ausland nach **Malta**

Fortsetzung: Maltas Steueranreize

überwiesen oder in Malta erhalten wurden, abzüglich der Freibeträge. Steuerliche Freibeträge gelten für Verheiratete und Einzelpersonen. Inhaber einer Niederlassungsbewilligung müssen ihr weltweites Einkommen, das außerhalb **Maltas** bleibt, nicht versteuern. Beim Verkauf einer Malta-Immobilie, die mindestens drei Jahre vom Inhaber einer Niederlassungsbewilligung als Hauptwohnsitz benutzt wurde, fällt keine Kapital- oder Grundstücksgewinnsteuer an, der Verkaufserlös kann ohne Restriktionen ausgeführt werden.

Zunächst hatte sich **Malta** als verlängerte Werkbank für **Mitteleuropa** etabliert, kann sich aber heute als Standort für technisch hochwertige Nischenprodukte behaupten. Aus **Deutschland** haben sich vorrangig mittelständische Firmen niedergelassen. Nicht mehr günstige Löhne, sondern die englische Sprache und Lebensqualität werden neben Steuervorteilen bei der Akquirierung ausländischer Investoren in den Vordergrund gestellt.

Flaggschiff für das **Malta** der Zukunft soll ein Technologiezentrum werden, das mit Partnern aus **Dubai** gebaut wird und rund 6000 hoch qualifizierte Arbeitsplätze bieten wird.

Weitere Informationen und Ansprechpartner:

Malta Financial Services Authority – MFSA
Notabile Road, Attard BKR 3000, Malta
Tel.: 00356-21 44 11 55, Fax: 00356-21 44 11 88
E-Mail: bde@mfsa.com.mt, www.mfsa.com.mt

Deutsch-Maltesische Handelskammer
Mannarino Road 50/52, Birkirkara, BKR 9081, Malta
Tel.: 00356-21 42 17 64, Fax: 00356-21 42 17 65
E-Mail: info@german-maltese.com

Sharp Advisory Ltd.
168 St. Christopher Street, Valletta VLT 1467, Malta
Tel.: 00356-25 69 30 00, Fax: 00356-21 22 77 31
E-Mail: info@sharpadvisory.com

Malta Enterprise Ltd. – Industrial Estate
Gwardamangia Hill, Pieta' MEC 0001, Malta, Tel.: 00356-25 42 00 00
Fax: 00356-25 42 34 01, www.maltaenterprise.com

Polen

- Fläche: 312 679 qkm
- Hauptstadt: Warschau
- BIP je Einwohner: 20 200 USD
- Währung: Zloty
- Inflation: 2,4 Prozent
- Problem: Hoher Beschäftigten-
  anteil der oft ineffizienten
  Landwirtschaft

- Einwohner: 38,2 Millionen
- Sprache: Polnisch
- Arbeitslosigkeit: 12,5 Prozent
- Besondere Stärke: Größter
  Binnenmarkt der EU-Ostländer
- Staatsverschuldung: 56,4 Prozent
- Abkommen: DBA, OECD-
  Informationsaustausch

Polen ist der Wachstumsstar in der *EU*. Keine Volkswirtschaft hat seit der Finanzkrise 2008 stärker zugelegt als die polnische. Sie wuchs doppelt so stark wie die Nummer zwei, **Schweden.** Und fünfmal so viel wie die deutsche. Sie schaffte es auch als einzige, im Horrorjahr 2009 zu wachsen, als die **Welt** in die größte Rezession seit den 1930er-Jahren stürzte. Der Wohlstand steigt kräftig, in manchen Regionen herrscht Vollbeschäftigung. Das lockt sogar die deutschen Nachbarn. Mittlerweile wandern mehr Deutsche nach **Polen** aus als umgekehrt.

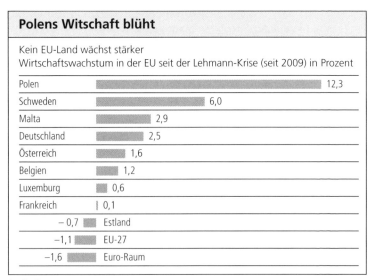

Polens Witschaft blüht

Kein EU-Land wächst stärker
Wirtschaftswachstum in der EU seit der Lehmann-Krise (seit 2009) in Prozent

Polen	12,3
Schweden	6,0
Malta	2,9
Deutschland	2,5
Österreich	1,6
Belgien	1,2
Luxemburg	0,6
Frankreich	0,1
− 0,7	Estland
−1,1	EU-27
−1,6	Euro-Raum

Quelle: Eurostat

Die Hauptstadt **Warschau** boomt, auf vielen Brachflächen werden neue Bürohochhäuser errichtet, die Büromieten steigen schnell. Dabei hat die polnische Nationalbank trotz des hohen Wachstums die Inflation in akzeptablen Grenzen gehalten (2,4 Prozent) und dafür gesorgt, dass das Bankensystem auch in der Finanzkrise stabil blieb. Exzessive Kreditvergabe, eine platzende Immobilienblase und teure Bankenrettungen gab es in **Polen** nicht. Das Land hat während der Krise von der Flexibilität des Zloty profitiert und seine Wirtschaft mittels Abwertungen über Wasser gehalten. Auch die Europameisterschaft 2011 hat einen immensen Schub an Investitionen in die Infrastruktur ausgelöst. Das trieb das Wachstum der vergangenen Jahre an und sorgt dafür, dass es erfolgreich weitergeht.

Polen ist vor allem im westlichen Landesteil höchst attraktiv für ausländische Industrieansiedlungen. Das liegt an der Nähe zu **Deutschland**, dem wichtigsten Markt innerhalb **Europas.** Kurze Wege halten die Transportkosten niedrig. Gleichzeitig ist man im größten Markt **Osteuropas** mit knapp 40 Millionen Einwohnern und Konsumenten vertreten. Und es finden sich gut ausgebildete Leute, die im Durchschnitt immer noch erst rund die Hälfte des deutschen Lohns verdienen – auch wenn der Rückstand schrumpft. Die Arbeitslosenquote in der Umgebung von **Posen** liegt bei rund 4 Prozent. Ein Schwerpunkt ist der Automobilbau.

Aber **Polen** ist heute mehr als eine verlängerte Werkbank für westliche Firmen. Der international sehr hohe und weiter steigende Exportanteil von fast 50 Prozent der jährlichen Wirtschaftsleistung wird zur Hälfte von einheimischen Unternehmen getragen. Das beste Geschäft wartet aber in **Polen** selbst. Das Land hat eines der größten Vorkommen an Schiefergas in **Europa.** Es soll in wenigen Jahren ausgebeutet werden, die Energie billiger und das Land unabhängiger von **Russland** machen. Das könnte einen gewaltigen Schub für die polnische Wirtschaft geben, ähnlich wie es in **Amerika** der Fall war.

Bis 2015 will **Polen** sein Haushaltsdefizit (2012: 3,1 Prozent) weiter senken und die Kriterien für den Euro-Beitritt erfüllen. Er wäre

Was Investoren erwartet

Investoren erwarten zahlreiche Investitionsanreize von polnischer Seite und der *EU*-Kommission:

- Investitionssubventionen bis zu 25 Prozent der Investitionskosten
- Beschäftigungssubventionen bis zu 4000 Euro pro neu geschaffenem Arbeitsplatz – begrenzt auf zwei Jahre
- Ausbildungssubventionen bis zu 1150 Euro pro Mitarbeiter
- Subventionen für den Infrastrukturausbau

Dagegen wurden alle steuerlichen Vergünstigungen für Investoren abgeschafft.

Voraussetzungen für den Subventionserhalt sind ein Investitionsvolumen von mindestens zehn Millionen Euro, die Schaffung von mindestens 100 neuen Arbeitsplätzen innerhalb fünf Jahren oder Investitionen in neue Technologien.

Auslandsinvestoren stehen für die Unternehmensgründung alle bestehenden Rechtsformen offen. Gängigste Gesellschaftsform ist die GmbH (Sp.z.o.o) mit einem Mindeststammkapital von 50 000 PLN (14 000 Euro) und die AG (S.A.) mit einem Mindeststammkapital von 500 000 PLN (140 000 Euro). Dabei sind Beteiligungen bis 100 Prozent möglich.

Juristische Personen sowie Rechts- und Betriebsstätten ausländischer Unternehmen unterliegen der Einkommensteuer juristischer Personen, die der deutschen Körperschaftsteuer entspricht. Sie beträgt 19 Prozent. Ausgeschüttete Gewinne werden mit 15 Prozent besteuert, die Steuer wird durch die Gesellschaft einbehalten und von dieser abgeführt. Im DBA zwischen **Deutschland** und **Polen** ist jedoch ein ermäßigter Dividendensteuersatz von 5 Prozent vorgesehen. Dieser Satz kommt zur Anwendung, wenn der Dividendenempfänger eine Kapitalgesellschaft ist, die mindestens 25 Prozent Anteil an der die Dividende zahlenden Gesellschaft hält.

Die Einkommensteuer für natürliche Personen steigt progressiv zwischen 19 und 40 Prozent. Die Umsatzsteuer liegt bei 22 Prozent, ermäßigte Sätze von 7 Prozent gelten beispielsweise für landwirtschaftliche Maschinen und Sätze von 3 Prozent für landwirtschaftliche Produkte.

die Krönung des Wirtschaftserfolgs. Um auch nach der Euroeinführung wettbewerbsfähig zu bleiben, soll der Arbeitsmarkt flexibilisiert, die Infrastruktur weiter verbessert, Bürokratie abgebaut und Geld gespart werden.

Polen legt sich auf Flat-Tax fest

Mit **Polen** steuert auch das größte *EU*-Beitrittsland auf die populäre Flat-Tax zu. Angedachter Steuersatz: 15 Prozent. Die polnische Unternehmenssteuer soll in den kommenden Jahren reformiert werden und unter den derzeit geltenden Satz von 19 Prozent fallen. Einen Einheitssatz für Mehrwert-, Einkommen- und Unternehmenssteuer, wie ihn die **Slowakei** einst eingeführt hatte, wird es jedoch nicht geben. Der Mehrwertsteuersatz liegt bei 23 Prozent.

Grundstücke direkt erwerben: Wollen *EU*-Ausländer Grundstücke erwerben, brauchen sie keinen Strohmann und keine GmbH mehr. Nur der Erwerb von land- und forstwirtschaftlichen Grundstücken und Zweitwohnsitzen bleibt vorerst genehmigungspflichtig. Die neuen Gesetze sind wesentlich restriktiver. So haften Unternehmen für Umweltschäden und -gefahren. Liegen beim Kauf keine Unterlagen dazu vor, empfehlen sich eigene Proben.

Polens Sonderwirtschaftszonen

Polens 14 Sonderwirtschaftszonen locken mit einem attraktiven Angebot. Firmen, die sich dort niederlassen, können bis zu 65 Prozent der Investitionssumme von der Körperschaftsteuer abziehen. Wer bereits vor 2001 investiert hatte, profitiert von einer 100-Prozent-Ermäßigung. Die Zonen werden auch bei deutschen Unternehmen immer beliebter. Dabei war **Polen** in den *EU*-Beitrittsverhandlungen dazu gedrängt worden, die Steuersparzonen dichtzumachen. Aber die Regierungsvertreter aus **Warschau** verhandelten geschickt und verwiesen auf **Deutschlands** Weigerung, den neuen *EU*-Bürgern sofort unbeschränkten Zugang zum eigenen Arbeitsmarkt zu gewähren. Schließlich musste **Polen** den Steuerrabatt zwar etwas reduzieren, darf die Zonen aber bis 2017 beibehalten.

Weitere Informationen und Ansprechpartner:

Ministerium für Wirtschaft, Arbeit und Sozialpolitik
ul. Nowogrodzka 1/3/5, PL-00-513 Warszawa
Tel.: 0048-22-6 61 10 00, Fax: 0048-22-6 61 13 36, www.mpips.gov.pl

Polnische Agentur für Ausländische Investitionen
ul. Bagatela 12, PL-00-585 Warszawa
Tel.: 0048-22-3 34 98 00, Fax: 0048-22-3 34 99 99, www.paiz.gov.pl

Deutsch-Polnische Industrie- und Handelskammer
ul. Miodowa 14, PL-00-246 Warszawa
Tel.: 0048-22-5 31 05 00, Fax: 0048-22-5 31 06 00, www.ihk.pl

Rumänien

- Fläche: 238 391 qkm
- Hauptstadt: Bukarest
- BIP je Einwohner: 12 500 USD
- Arbeitslosigkeit: 6,5 Prozent
- Probleme: hohes Währungsrisiko, Korruption, mangelnde Rechtssicherheit, mangelnde IT-Infrastruktur
- Abkommen: DBA, OECD-Informationsaustausch

- Einwohner: 21,8 Millionen
- Sprache: Rumänisch
- Währung: Leu
- Inflation: 4,95 Prozent
- Vorteile: geringe Lohnkosten, großer Arbeitskräfte-Pool, sehr gute Fremdsprachenkenntnisse, gute Softwareentwickler
- Staatsverschuldung: 46,6 Prozent

Rumänien war bis zum Ausbruch der Wirtschaftskrise eines der Länder mit dem höchsten Wirtschaftswachstum. 2008 erreichte das Land noch einmal 7,1 Prozent. Die rasante Entwicklung **Rumäniens** war in den vergangenen Jahren unter anderem auf ausländische Direktinvestitionen infolge des *EU*-Beitritts 2007 zurückzuführen. Etwa die Hälfte dieser Mittel floss in den Immobilienbereich, sodass die Immobilienpreise explodierten.

Die Finanz- und Wirtschaftskrise hat **Rumänien** spät, dafür aber umso stärker getroffen. Dies betrifft vor allem die stark exportorientierten Sektoren, in die große Investitionen erfolgt waren. 2009 schrumpfte das BIP um 7,1 Prozent, die wirtschaftliche Lage entwickelte sich auch 2010 und 2011 schwächer als erwartet. Erst 2012 wuchs die Wirtschaft real wieder um 0,2 Prozent. Für das Jahr 2013 geht die *Europäische Bank für Wiederaufbau und Ent-*

wicklung (EBRD) von 1,4 Prozent Wirtschaftswachstum aus, für 2014 werden 2,2 und für 2015 rund 3 Prozent prognostiziert.

Das Wirtschaftswachstum wird in dieser Größenordnung jedoch nicht ausreichen, um einen spürbaren Aufholprozess der rumänischen Wirtschaft im Vergleich zu den leistungsstarken Volkswirt-

Rumänien für Investoren

Der allgemeine Gewinn- sowie der Einkommensteuersatz betragen nur 16 Prozent. Die rumänische Gewinnsteuer entspricht der deutschen Körperschaftsteuer und gilt auch für die rumänischen Personenhandelsgesellschaften. Einer besonderen Bedeutung werden die Repräsentanzen ausländischer Unternehmen unterworfen. Als Repräsentanz gilt die geschäftliche Vertretung einer ausländischen Muttergesellschaft, für die eine Genehmigung des Außenministeriums erforderlich ist. Sie hat keine eigene Rechtspersönlichkeit und befasst sich ausschließlich mit der Vermittlung von Geschäftsbeziehungen, Marketingtätigkeiten, etc. Sie wird pauschal mit 4000 Euro p. a. besteuert.

Soll die Investition in **Rumänien** durch Gründung einer Tochtergesellschaft erfolgen, kann aus einer Vielzahl von Gesellschaftsformen gewählt werden, die den deutschen Grundformen GmbH, AG, KG, OHG und KG a. A. im Wesentlichen entsprechen. Gängigste Investitionsform ist die S. R. L., das Gegenstück zur deutschen GmbH. Ein rumänischer Partner ist bei der Gründung nicht erforderlich. Das Mindeststammkapital beträgt etwa 54 Euro. Diese pro forma-Eigenkapitalausstattung bringt bei der Finanzierung einer Unternehmensgründung gegenüber den deutschen Mindestkapitalregeln von 25000 Euro erhebliche Vorteile. Für Gewinne besteht die Pflicht, jährlich 5 Prozent den Rücklagen der Gesellschaft zuzuführen. Beabsichtigt die rumänische Tochtergesellschaft ihre Gewinne an die deutsche Muttergesellschaft auszuschütten, beträgt die Quellensteuer 5 Prozent. Bei Vergütungen für Zinsen und Lizenzen darf der rumänische Staat noch 3 Prozent einbehalten. Zwischen **Rumänien** und **Deutschland** besteht ein DBA.

Der Mehrwertsteuersatz beträgt 19 Prozent, der ermäßigte Steuersatz 9 Prozent. Im Falle des Grunderwerbs fallen Gebühren zwischen 0,5 und 3 Prozent des Kaufpreises an.

schaften in **Europa** zu gewährleisten. Die ohnehin schon fragile Wirtschaftsentwicklung wurde durch eine innenpolitische Krise 2012 einer zusätzlichen Belastung unterzogen. Der schwache Wechselkurs und steigende Lebensmittelpreise erhöhen 2013 den Preisdruck. Die Inflationsrate liegt bei knapp 5 Prozent; eine verstärkte Abwanderung in westliche *EU*-Länder ist die Folge.

Beim Geschäfts- und Investitionsklima besteht Reformbedarf: Bürokratie, immer noch keine ausreichende Rechtssicherheit, schlechte Infrastruktur sowie Korruption. Korruption ist auch ein Grund, warum im Zuge des *Schengen*-Abkommens die Grenzkontrollen seitens der *EU* 2013 nicht aufgehoben wurden. Viel zu spät hatte man in **Brüssel** erkannt, dass die Kontrollmechanismen der *EU* bei der Aufnahme *Rumäniens* und *Bulgariens* versagt haben. Denn die beste Überwachung der *EU*-Außengrenzen nützt gar nichts, wenn sich die dafür zuständigen Politiker und Beamten bestechen lassen. Die Entscheidung über den *Schengen*-Beitritt wird erst dann positiv ausfallen, wenn sich **Rumänien** glaubwürdig auf den rechtsstaatlichen Weg begibt.

Weitere Informationen:

Botschaft von Rumänien
Dorotheenstraße 62–66, D-10117 Berlin
Tel.: 030-21 23 92 02, Fax: 030-21 23 91 99, http://berlin.mae.ro/de

Slowakische Republik

- Fläche: 49 035 qkm
- Hauptstadt: Bratislava
- Währung: Euro
- Inflation: 2,3 Prozent
- Probleme: Strukturschwäche auf dem Land
- Abkommen: DBA, OECD-Informationsaustausch
- Einwohner: 5,5 Millionen
- Sprachen: Slowakisch, reg. Ungarisch
- BIP je Einwohner: 11 905 EUR
- Arbeitslosigkeit: 13,5 Prozent
- Besondere Stärken: Maschinenbau
- Staatsverschuldung: 44,5 Prozent

2013 ist die **Slowakische Republik** in ihrem fiskalpolitischen Spielraum sehr beschränkt. Das Haushaltsdefizit von 4,6 Prozent

(2012) muss mithilfe weiterer Konsolidierungen in Milliardenhöhe weiter gesenkt werden, um 2013 die 3-Prozent-Grenze nicht zu überschreiten. Zudem nähert sich der gegenwärtige Schuldenstand von 45 Prozent des BIP der vom Parlament beschlossenen Schuldenbremse von 50 Prozent. Das slowakische Parlament hat daher die Abschaffung der Einheitssteuer beschlossen.

Die vor neun Jahren eingeführte „Flat-Tax" von 19 Prozent hatte wesentlich zum Ruf der **Slowakei** als Unternehmerparadies beigetragen und mit dem 2004 erfolgten *EU*-Beitritt einen Investitionsboom ausgelöst. Seit Anfang 2013 gilt nun für Besserverdienende ein höherer Steuersatz von 25 Prozent. Unternehmen zahlen 23 statt bisher 19 Prozent – was im europäischen Vergleich dann immer noch günstig ist. Die Mehrwertsteuer liegt bei 20 Prozent.

Anreize für Direktinvestitionen

Die **Slowakei** bietet Investitionsanreize, die sich auf die staatliche Hilfe bei Anlaufinvestitionen zur Schaffung neuer Arbeitsplätze in Zusammenhang mit Produktionsanlauf, Produktionserweiterung oder Unternehmenskauf beziehen. Dazu zählen Steuernachlässe – bis zur Höhe der Investitionssumme –, Zuschüsse für die Schaffung neuer Arbeitsplätze (1000 bis 4800 Euro pro Arbeitsplatz) sowie für die Umschulung neu aufgenommener Mitarbeiter (3000 Euro pro Mitarbeiter).

Einen fünfjährigen Steueraufschub bekommen Investoren von Unternehmen,

- deren Stammkapital fünf Millionen Euro beträgt und die Ware aus dem Ausland importieren und in der **Slowakei** weiterverarbeiten oder die Ware in der **Slowakei** produzieren und diese dann exportieren.

- deren Stammkapital 2,5 Millionen Euro beträgt und die in einer Region mit einer Arbeitslosenquote von über 15 Prozent produzieren.

- deren Stammkapital in bestimmten Industriebereichen 1,5 Millionen Euro beträgt.

Steueroasen auf dem Prüfstand

Die hohe wirtschaftliche Integration der **Slowakei** in die *EU* lässt sich im Außenhandel ablesen. Aus den *EU*-27-Staaten bezieht die **Slowakei** 65 Prozent ihrer Importe. Der Anteil an den Ausfuhren liegt bei 84,6 Prozent. Insgesamt sind rund 500 deutsche Unternehmen im Land tätig. Sie beschäftigen 100 000 Menschen.

Gängigste Gesellschaftsformen sind die GmbH (S.R.Q.) mit einem Mindeststammkapital von ca. 4800 Euro und die Aktiengesellschaft (A.S.) mit einem Stammkapital von ca. 24 000 Euro.

Ausländische Investoren beklagen nach wie vor die Korruption im Land, vor allem in öffentlichen Stellen. Der Erwerb von Immobilien ist für Investoren aus EU-Staaten zur Schaffung von Betriebsräumen beziehungsweise Produktionsstätten uneingeschränkt möglich.

Weitere Informationen und Ansprechpartner:

Ministerium für Wirtschaft der Slowakischen Republik
Mierová 19, SK-82715 Bratislava 212
Tel.: 0042-12 48 54 11 11, Fax: 0042-12 43 33 78 27
E-Mail: info@economy.gov.sk

Botschaft der Slowakischen Republik
Hildebrandstraße 25, D-10785 Berlin
Tel.: 030-88 92 62 00, Fax: 030-88 92 62 22, www.botschaft-slowakei.de

Deutsch-Slowakische Industrie- und Handelskammer
Suché myto 1, SK-81103 Bratislava
Tel.: 00421-2 20 85 06 20, Fax: 00421-2 20 85 06 32, www.dsihk.sk

Slowenien

- Fläche: 20 273 qkm
- Hauptstadt: Ljubljana
- Währung: Euro
- Inflation: 2,7 Prozent
- Problem: Privatisierung kommt nur schleppend voran
- Abkommen: DBA, OECD-Informationsaustausch

- Einwohner: 2,1 Millionen
- Sprache: Slowenisch
- BIP je Einwohner: 22 580 USD
- Arbeitslosigkeit: 11,7 Prozent
- Besondere Stärke: Standards u. Pro-Kopf-Einkommen nur noch wenig unter EU-Durchschnitt
- Staatsverschuldung: 48,0 Prozent

Das kleine **Slowenien** war einst ein wirtschaftlicher Vorzeigestaat innerhalb der *Eurozone*. In den vergangenen Jahren haben sich die vergleichsweise geringen Staatsschulden des Landes jedoch verdoppelt. Weil es seit Beginn der Finanzkrise 2008 keine billigen Kredite aus **Deutschland** und **Österreich** mehr gibt, haben zahlreiche slowenische Unternehmen massive Schwierigkeiten. Die Banken schreiben rote Zahlen. Und seit **Slowenien** keine hohen Wachstumsraten mehr hat, sind die Kosten der Sozialsysteme nicht mehr tragbar. Die Staatsverschuldung liegt Ende 2012 bei knapp 48 Prozent, das Land wurde daraufhin von der Ratingagentur *Standard & Poor's* herabgestuft. Das einstige Vorzeigeland unter den jüngeren Mitgliedern der *EU* schwächelt. **Slowenien** ist ein Kandidat für den europäischen Rettungsschirm. Das BIP wächst frühestens 2013 wieder, eine Spar- und Wachstumspolitik wurde eingeleitet. Auf absehbare Zeit wird die slowenische Wirtschaft aus Expertensicht nicht mehr wachsen.

Sloweniens Banken locken ausländische Anleger weder mit hohen Zinsen noch mit niedrigen Steuern oder der Begünstigung von Geldwäsche – wie etwa in **Zypern**. Die slowenischen Banken meiden zudem hochriskante Geschäfte im Ausland. Dennoch tun sich 2013 tiefschwarze Löcher in den Bankbilanzen auf. Die Löcher sind zum geringeren Teil der Immobilienblase und der Krise der slowenischen Bauwirtschaft geschuldet.

In erster Linie sind sie die Folge einer waghalsigen Kreditexpansion zugunsten einiger Tycoons, die in den letzten Jahren ganze Branchen übernahmen und an Sicherheiten nichts anzubieten hatten als ihre politischen Kontakte. Ebenso hausgemacht war die Verdoppelung der Staatsschulden zwischen 2008 und 2011. Mit dem Einbruch der Finanzkrise erwies sich, wie sehr die strukturellen Defizite die Wettbewerbsfähigkeit der Unternehmen behinderten. Die Barrieren, die dem Eintritt in den kleinen slowenischen Markt entgegenstehen, sind auch nach dem Beitritt **Sloweniens** zur *EU* (2004) und zur Eurozone (2007) hoch genug, um ausländische Investoren abzuschrecken.

Steueroasen auf dem Prüfstand

Mit der Steuerreform Ende 2006 sanken die Unternehmenssteuern auf aktuell 20 Prozent. **Sloweniens** günstige Lage am Kreuzungspunkt wichtiger Transportwege, eine gut entwickelte ITC-Infrastruktur, Technologienetze und Plattformen, Exzellenzzentren und Cluster als Beweis von High-Level-Innovationen machten das Land zu einem bevorzugten Standort für ausländische Investitionen. Enge wirtschaftliche Kontakte nach **Ost-** und **Südosteuropa**, eine

---

Anreize für Investoren

Staatliche Fördermittel gibt es für Investitionen im Produktionsbereich, in strategisch wichtigen Dienstleistungsbranchen sowie im Forschungs- und Entwicklungsbereich. Die Höhe der Subventionen je neuem Arbeitsplatz ist je nach Branche und Region unterschiedlich. So beträgt die förderungswürdige Mindestinvestitionssumme in **Ljubljana** und Umgebung zum Beispiel sechs Millionen Euro, wobei mindestens 50 neue Arbeitsplätze geschaffen werden müssen. Die Unterstützung kann im Einzelfall bis zu 15 Prozent der Gesamtinvestitionssumme betragen.

Vorrangig von ausländischen Investoren eingesetzte Gesellschaftsformen sind die GmbH (druzba z omejeno odgovornostjo – d.o.o.) mit einem Mindeststammkapital von 9500 Euro, gefolgt von der Aktiengesellschaft (delniska druzba – d.d.) mit einem Stammkapital von mindestens 27 000 Euro.

Im Steuerrecht gelten derzeit folgende Sätze:

Einkommensteuer: 20 Prozent

Körperschaftsteuer: 20 Prozent

Dividendensteuer: 15 Prozent, bei Schachtelbeteiligungen von 25 Prozent nur 5 Prozent

Zinsen: Nullsteuer

Umsatzsteuer: 20 Prozent, der ermäßigte Satz liegt bei 8,5 Prozent

Grunderwerbsteuer: 2 Prozent

Vermögensteuer: 0,1 bis 1,5 Prozent

Seit Anfang 2003 können natürliche und juristische ausländische Personen Grund und Boden – mit Beschränkungen – kaufen.

---

sehr gute Infrastruktur, ein großer Adria-Hafen und gut ausgebildete Arbeitskräfte waren weitere Pluspunkte.

Derzeit gilt es, die bisher ausgebliebenen Strukturreformen nachzuholen. So ist der Privatisierungsgrad der Wirtschaft (65 Prozent) und vor allem des Finanzsektors nach wie vor relativ niedrig, der Arbeitsmarkt noch recht unflexibel, die Deindexierung von Löhnen, Gehältern und Sozialleistungen bislang nur unzureichend vorangekommen. Auch mit der Liberalisierung der Versorgungsmärkte ist **Slowenien** noch im Rückstand. **Slowenien** könnte als nächstes Mitglied der Eurozone Finanzhilfe beantragen. Das liegt auch an der Blase auf dem Immobilienmarkt.

Reform der Steuerreform
Derzeit wird an der Einführung einer Flat Tax gearbeitet.

Weitere Informationen und Ansprechpartner:
Wirtschaftsministerium
Kotnikova 5, SI-1000 Ljubljana
Tel.: 00386-1-4 00 33 11, Fax: 00386-1-4 33 10 31, www.mg.gov.si

Botschaft der Republik Slowenien
Hausvogteiplatz 3–4, D-10117 Berlin
Tel.: 030-20 61 45 0, Fax: 030-20 61 45 70, http://berlin.embassy.si

Tschechische Republik

- Fläche: 78 864 qkm
- Hauptstadt: Prag
- Währung: Tschechische Kronen (CZK)
- Inflation: 3,2 Prozent
- Probleme: Korruption, schlechte Zahlungsmoral
- Abkommen: DBA, OECD-Informationsaustausch

- Einwohner: 10,5 Millionen
- Sprache: Tschechisch
- BIP je Einwohner: 27 100 USD
- Arbeitslosigkeit: 8,5 Prozent
- Besondere Stärken: Hoch qualifizierte Arbeitskräfte, Maschinen- und Fahrzeugbau
- Staatsverschuldung: 45,5 Prozent

2012 hat sich der wirtschaftliche Abschwung in der **Tschechischen Republik** fortgesetzt. Nachdem 2011 noch ein BIP-Wachstum von 1,7 Prozent erreicht wurde, befindet sich das Land

Tschechische Investitionsanreize

Steuervergünstigungen werden für Investitionen ab 50 Millionen CZK (1,8 Millionen Euro) gewährt. Damit kommen auch kleinere Unternehmen in den Genuss von Steuererleichterungen bis zu 50 Prozent der Investitionskosten.

Des Weiteren werden Investitionsanreize der Kommunen, vor allem Bauland zu günstigen Konditionen geboten. Investitionsanreize bestehen aus Einkommensteuernachlässen, Übertragung eines aufgeschlossenen Gebiets zu einem günstigen Preis, materieller Unterstützung zur Schaffung neuer Arbeitsplätze, materieller Unterstützung zur Umschulung von Mitarbeitern oder Übertragung von Grundstücken. Steuernachlässe können grundsätzlich über die Dauer von zehn Besteuerungszeiträumen geltend gemacht werden.

Tschechien verfügt vor allem im verarbeitenden Bereich über ein vom Ausbildungsstand her äußerst wettbewerbsfähiges Arbeitskräftepotenzial. Bereits die abgeschlossenen Assoziationsabkommen haben zu einer Freihandelszone für verarbeitete Güter geführt und dafür gesorgt, dass Auslandsinvestoren den Kostenvorteil des Landes auch bei der Produktion für den *EU*-Markt nutzen konnten.

Beliebteste Rechtsformen bei Gesellschaftsgründungen sind die Gesellschaft mit beschränkter Haftung (S.R.O) mit einem Stammkapital von 200 000 CZK (ca. 6300 Euro) und die Aktiengesellschaft mit einem Mindeststammkapital von zwei Millionen CZK (ca. 63 000 Euro).

Der Immobilienerwerb ist nach wie vor nicht einfach. Grundbedingung ist, dass der ausländische Investor eine Niederlassung in **Tschechien** hat, die im tschechischen Handelsregister eingetragen ist und die als Käufer auftritt. Der Erwerb landwirtschaftlichen Bodens ist dagegen für Ausländer ausgeschlossen. Privatpersonen aus dem Ausland – auch aus der *EU* – können (noch) keine Immobilien erwerben.

2012/2013 in einer Rezession (- 0,9 Prozent). Um die Staatsschulden nicht weiter anwachsen zu lassen, wurde 2012 die Mehrwertsteuer auf 20 Prozent erhöht. Folge ist ein Inflationsanstieg auf 3,2 Prozent in 2013. Die Arbeitslosenquote liegt bei 8,5 Prozent, das Haushaltsdefizit bei rund 5 Prozent des BIP, die Staatsverschuldung erhöhte sich auf 45,5 Prozent.

Die ausländischen Direktinvestitionen betrugen 2012 knapp 4 Milliarden Euro, die Hälfte davon kommt aus **Deutschland.** Seit 1993 haben deutsche Unternehmen im Nachbarland insgesamt über 18 Milliarden Euro investiert, was rund 25 Prozent aller Auslandsinvestitionen ausmacht. Deutsche Firmen schätzen vor allem die motivierten und qualifizierten Arbeitskräfte, die Nähe zu **Deutschland**, die politische Stabilität sowie die Verlässlichkeit der Vertragspartner.

Ausländische Unternehmen werden auf absehbare Zeit das Rückgrat der tschechischen Wirtschaft bleiben. *CzechInvest* lockt jährlich drei bis fünf Milliarden Euro Investitionskapital an.

Weitere Informationen und Ansprechpartner:

Ministerium für Industrie und Handel der Tschechischen Republik
Na Františku 32, CZ-11015 Praha 1
Tel.: 00420-2-24 85 11 11, Fax: 00420-2-24 81 10 89
www.mpo.cz

Botschaft der Tschechischen Republik
Wilhelmstraße 44, D-10117 Berlin
Tel.: 030-22 63 80, Fax: 030-2 29 40 33
www.mzv.cz/berlin

Tschechisch-Deutsche Industrie- und Handelskammer
Václavské nám. 40, CZ-11000 Praha 1
Tel.: 00420-2-24 22 12 00, Fax: 00420-2-24 22 22 00, www.dtihk.cz

CzechInvest – Agentur für Wirtschafts- und Investitionsförderung
Štěpánská 15, CZ-12000 Praha 1
Tel.: 00420-2 96 34 25 00, Fax: 00420-2 96 34 25 02, www.czechinvest.org

Ungarn

- Fläche: 93 030 qkm
- Hauptstadt: Budapest
- BIP je Einwohner: 16 720 USD
- Währung: Forint (Ft)
- Inflation: 3,9 Prozent
- Staatsverschuldung: 80,0 Prozent
- Abkommen: DBA, OECD-Informationsaustausch
- Einwohner: 9,99 Millionen
- Sprache: Ungarisch
- Arbeitslosigkeit: 10,8 Prozent
- Besondere Stärke: Stabile politische und rechtliche Rahmenbedingungen, gute Infrastruktur

Ungarn galt nach dem Zusammenbruch des Kommunismus in **Europa** als Musterschüler. Doch 2013 lastet ein hoher Schuldenberg auf dem Land. Seit Jahren sind Unternehmen in Not, Hunderttausenden Immobilienbesitzern droht die Zwangsversteigerung. Sie können die Rückzahlungsraten nicht mehr leisten. Und wer jetzt verkaufen muss, verliert viel Geld – der Immobilienmarkt steht unter massivem Druck. Die meisten ungarischen Immobilienkäufer haben im letzten Jahrzehnt beim Kauf wegen der hohen Zinsunterschiede Fremdwährungskredite (Schweizer Franken) aufgenommen – statt 8 Prozent bei Krediten in Forint 2 Prozent bei Schweizer Franken. Doch der Wechselkurs hat sich in den letzten Jahren so verändert, dass sich die Schulden verdoppelt haben. Da es in **Ungarn** keine Privatinsolvenz gibt, bleibt für viele jetzt nur noch der Weg ins Ausland.

Ungarn braucht eigentlich die Hilfe des *Internationalen Währungsfonds*, der der Regierungspolitik ein vernichtendes Zeugnis ausstellt. Das Land hat Schulden in Höhe von fast vier Fünfteln des Bruttoinlandsprodukts und muss dafür eine hohe Zinslast stemmen. Ein Kredit des Währungsfonds wäre eine günstigere Option. Doch die Regierung will die Bedingungen dafür nicht akzeptieren. Ob mit oder ohne *IWF* – der Aufholprozess **Ungarns** verläuft 2013 gebremst. Der Wohlstandsunterschied zum Durchschnitt der *Europäischen Union* dürfte mit etwa zwei Drittel auf dem Niveau von 2005 liegen. Seit sieben Jahren kommt das Land praktisch nicht aus der Stagnation raus.

Um Investoren künftig verstärkt aus dem Ausland anzulocken, winkt neben umfangreichen Steuererleichterungen und Finanzierungshilfen seit Anfang 2013 auch eine Aufenthaltsgenehmigung. Dafür erforderlich ist eine Investition in Staatsschulden von 250 000 Euro für mindestens fünf Jahre – eine Investorenstaatsbürgerschaft, wie es sie auch in **Kanada** gibt. Mit dem Erhalt der Staatsangehörigkeit würden diese dann gleichzeitig auch *EU*-Bürger. Erwartet werden Investoren, die außer dem Kauf von Staatsanleihen auch über ein *„ernsthaftes Vermögen"* verfügen und so während des **Ungarn**-Aufenthalts weitere Geschäftsmöglichkeiten schaffen. Dabei setzt **Ungarn** vor allem auf chinesische Investoren.

Polen, **Tschechien** und die **Slowakei** sind inzwischen zu starken Konkurrenten Ungarns geworden. Auch die **baltischen** Staaten sowie **Bulgarien** und **Rumänien** haben in der Investorengunst aufgeholt. Das liegt an den hohen Steuern und den im Jahrzehnt bis zur Krise schnell gestiegenen Löhnen in **Ungarn**.

Weitere Anreize für Investoren

Die Privatisierung ist in **Ungarn** abgeschlossen, die Großunternehmen sind in private Hand überführt. Seit 1989 können Ausländer Mehrheitsbeteiligungen bis zu 100 Prozent an ungarischen Gesellschaften übernehmen.

Von ausländischen Investoren in **Ungarn** gegründete Unternehmen können Liegenschaften und Immobilien erwerben. Auch Pachtverträge sind zulässig.

Bei den ausländischen Direktinvestitionen liegt **Deutschland** mit einer Quote von 39 Prozent vor **Japan** (18 Prozent) und **Österreich** (13 Prozent). Investitionen auf der grünen Wiese in den weniger entwickelten Regionen werden finanziell und steuerlich gefördert. Dabei ist **Ungarn** vor allem um die Ansiedlung von Forschungs- und Entwicklungszentren bemüht.

Von Ausländern bevorzugte Gesellschaftsformen sind die Gesellschaft mit beschränkter Haftung (KFT) mit einem Mindeststammkapital von 12 350 Euro und die Aktiengesellschaft (RT) mit einem Stammkapital von mindestens 82 000 Euro.

Körperschaftsteuer: Unternehmensgewinne werden einheitlich mit 19 Prozent versteuert, Gesellschaften bis zu zwei Millionen Euro Jahresumsatz zahlen 10 Prozent.

Offshore-Gesellschaften: Gesellschaften, die ausschließlich im Ausland wirtschaftlich tätig sind, zahlen eine Körperschaftsteuer von nur 3 Prozent.

Einkommensteuer: 16 Prozent

Fortsetzung: Weitere Anreize für Investoren

Gewerbesteuer: 2 Prozent

Krisenbedingte Sondersteuer: 2,5 Prozent

Grunderwerbsteuer: 10 Prozent des Verkehrswertes

Investitionsförderungen: Neben staatlichen Fördermaßnahmen für direkte Investitionen – bis zu 50 Prozent – erhalten Unternehmen finanzielle Zuschüsse für die Schaffung neuer Arbeitsplätze (bis 4600 Euro pro Mitarbeiter). Aus den Förderprogrammen der *EU* stehen rund 253 Millionen Euro zur Verfügung.

Förderschwerpunkte	
Human Resources (HEOP):	Beschäftigungspolitik, Ausbildung, Soziales, „Wissensnetze", Wissensmanagement, E-Learning
Wirtschaftliche Wettbe-werbsfähigkeit (GVOP):	Forschung und Entwicklung, insbesondere kleiner und mittlerer Unternehmen, Investitionsförderung, Infrastruktur, E-Economy
Landwirtschaft und Entwicklung des länd-lichen Raumes (AVOP):	Steigerung der Wettbewerbsfähigkeit, Entwicklung des ländlichen Raumes, Erneuerung und Verbesserung der Agrarproduktion
Umwelt und Infrastruktur (KIOP):	Produktionsintegrierter Umweltschutz, Verkehr, Demonstrationsprojekte
Regionalentwicklung (ROP):	Entwicklung von Wirtschaft und Human Resources auf regionaler Ebene, Tourismusförderung

Quelle: Spitzmüller AG

Ausländischen Bauern droht Enteignung

Um ungarische Landwirtschaftsbetriebe zu schützen, sollen in **Ungarn** tätige Agrarier aus *EU*-Ländern gezwungen werden, den Kauf ihrer Grundstücke rückabzuwickeln. Betroffen davon sind vor allem österreichische Investoren, die in **Ungarn** etwa 200 000 Hektar bewirtschaften. Noch einmal so viel könnte auf Bauern aus **Deutschland,** den **Niederlanden** und anderen *EU*-Ländern entfallen. Sie halten insgesamt rund 8 Prozent des Ackerlandes in **Ungarn**. Betroffen sind vor allem jene Ausländer, die sich in der Vergangenheit über Strohmänner in **Ungarn** eingekauft haben. Ein weiteres Beispiel der Rechtsunsicherheit für ausländische Investoren.

Um die Staatsverschuldung von rund 80 Prozent des BIP zu verringern wurden 2013 auch Krisensteuern für Banken sowie *Telekom*, Handel und Energie eingeführt, die vor allem ausländische Investoren belasten.

Weitere Informationen und Ansprechpartner:

Botschaft von Ungarn
Unter den Linden 76, D-10117 Berlin
Tel.: 030-20 31 00, Fax: 030-2 29 13 14
www.mfa.gov.hu/emb/berlin

Ungarisches Außenhandelsbüro – ITD Hungary
Falkensteinerstraße 32a, D-60322 Frankfurt a.M.
Tel.: 069-59 67 59 57, Fax: 069-59 79 45 54
E-Mail: huntradeffm@t-online.de

Deutsch-Ungarische Industrie- und Handelskammer
Lövöház u. 30, H-1024 Budapest
Tel.: 0036-1-3 45 76 00, Fax: 0036-1-3 15 07 44
www.ahkungarn.hu

Zypern mit Nordzypern

- Fläche: 9 251 qkm
- Hauptstadt: Levkosia/Nikosia
- BIP je Einwohner: 27 500 USD
- Währung: Euro
- Inflation: 2,4 Prozent
- Probleme: Teilung hemmt wirtschaftliche Entwicklung, der türkische Norden hinkt hinterher
- Abkommen: DBA, OECD-Informationsaustausch

- Einwohner: 1,120 Millionen
- Sprachen: Griechisch, Türkisch, Englisch
- Arbeitslosigkeit: 14,0 Prozent
- Besondere Stärke: Tourismusbranche, niedrige Steuersätze
- Staatsverschuldung: 71,6 Prozent

Nach mehrmonatigen Verhandlungen wurde Mitte März 2013 von der *EU* ein 10 Milliarden-Euro-Hilfspaket für **Zypern** verabschiedet –

13 Milliarden weniger als benötigt. Die Differenz sollen die Zyprioten selbst aufbringen, um ihr marodes Bankensystem wieder zu stärken: Von Anlegern mit Einlagen bis 100 000 Euro werden 6,75 Prozent einbehalten, für darüber hinausgehende Beträge 9,9 Prozent. Insgesamt bringt das rund 5,8 Milliarden Euro in die leere Staatskasse.

Zyprische Sparer wurden genauso enteignet wie ausländische Geldwäscher. Darunter auch die 15 000 Russen, die mittlerweile permanent auf der Mittelmeerinsel leben. Diese haben nach Berechnungen der russischen Nationalbank in den vergangenen Jahren rund 49 Milliarden Dollar illegal auf die Insel transferiert. **Zypern** ist eines der wichtigsten Ziele des russischen Kapitalexports. Davon waren Anfang März 2013 noch rund 26 Milliarden bei **Zyperns** Banken geparkt.

Doch damit jetzt genug. Im Gegenzug zur *EU*-Hilfe wird rückwirkend ab 2013 der Unternehmenssteuersatz von bisher 10 auf 12,5 Prozent erhöht, was damit dem Niveau **Irlands** entspricht. Das werden ausländische Investoren verschmerzen können. Sie halten derzeit knapp 50 000 Offshore-Gesellschaften. Und die bleiben für offshore erzielte Gewinne auch künftig auf der Insel steuerfrei. Die Reichen werden auch in Zukunft schätzen, dass auf der Insel niemand nachfragt, woher das bei den Banken deponierte Geld eigentlich stammt.

Zypern lebte viele Jahre gut davon. Das Pro-Kopf-Einkommen liegt mit über 20 000 Euro weit über dem der libanesischen oder türkischen Nachbarn. Im Zuge des *EU*-Beitritts 2004 und der Euro-Einführung 2008 musste **Zypern** zwar einige Gesetze erlassen oder verschärfen, die dem Kampf gegen Korruption und Geldwäsche dienten. Diese hatten jedoch kaum praktische Auswirkungen.

Mit dem Hilfspaket ist das **Zypern**-Modell nun in Schieflage geraten. Nicht wegen des Geldes der russischen Oligarchen, sondern weil der kleine Staat wie sein großer Bruder **Griechenland** auf viel zu großem Fuß gelebt hat. Und weil es auch in **Nikosia** zu viele Be-

---

Zyperns Trustrecht

Zulässig sind sowohl Inlands- als auch Offshore-Trusts. Inlands-Trusts sind in der Regel von Steuern befreit, aber ihre inländischen Nutznießer unterliegen – vertreten durch ihre Treuhänder – der persönlichen Besteuerung. Offshore-Trusts genießen volle Steuerfreiheit, sofern das Einkommen im Ausland entsteht. Trusts dürfen Rentenfonds zypriotischer Offshore-Unternehmen oder ausländischer Gesellschaften verwalten, deren Erträge steuerfrei bleiben. Die Eintragungsgebühr eines Trust liegt bei etwa 50 Euro.

---

amte gibt und generell zu wenig gespart wird. Mit einem für die Landesgröße völlig überdimensionierten Bankensektor, der dem Land zum Verhängnis geworden ist. Zyprer und Griechen hatten ihre Finanzinstitute eng verflochten, und als die Krise in Hellas einschlug, verloren die Zyprer fast 5 Milliarden Euro, rund ein Viertel ihres Bruttosozialprodukts.

Ungewöhnlich ist auch das zyprische Staatsbürgerrecht. Danach hat jeder Ausländer, der jährlich mindestens 10 Millionen Euro direkt auf **Zypern** investiert oder 15 Millionen über fünf Jahre anlegt oder dem Land ungewöhnlich hohe Einnahmen beschert, das Recht, einen Pass zu beantragen. Vor allem Russen haben davon Gebrauch gemacht. Und dann ist da noch das britische Unternehmensrecht, das auf **Zypern** gilt. Das macht es Geschäftsleuten sehr leicht, Unternehmen zu gründen und Geschäfte zu machen, ohne angeben zu müssen, wer tatsächlich der profitierende Eigentümer des Unternehmens ist. Genau deshalb ist es wiederum vergleichsweise einfach, die wahre Herkunft der auf **Zypern** geparkten Gelder zu verschleiern.

Reiche Russen zeigen, wie man diese Situation nutzt: Sie investieren viel Geld auf **Zypern,** gründen Firmen, wohnen zeitweise dort. Manche beantragen die zyprische Staatsbürgerschaft. Dann gehen sie nach **London**, gründen dort weitere Firmen, nehmen Kredite auf. Und weil es manche dann doch wieder in die russische Heimat zieht oder auch nur, weil es noch einfacher sein soll, in Russlands korrupter Wirtschaft Gewinne zu machen, beschließen sie, in **Russland** zu investieren. Deshalb transferieren sie das Geld von **London** nach **Zypern** – und von dort investieren sie es dann wie-

---

Wie sich Zyperns Offshore-Gesellschaften einsetzen lassen

Der Einsatz derartiger Gesellschaften bei Im- und Exportgeschäften, Lizenzen, Honoraren, Provisionen, aber auch bei Immobiliengeschäften lohnt sich immer, wie nachfolgende Beispiele zeigen:

Export: Der Verkauf von **Deutschland** aus läuft mit einem Gewinnaufschlag über eine Zypern-IBC, von dort weiter in ein Drittland. Der Gewinn wird zum niedrigen Steuersatz in **Zypern** versteuert.

Import: Die Einfuhr von Waren aus Drittstaaten erfolgt über eine Zypern-IBC. Der wesentliche Gewinn aus diesem Geschäft verbleibt in **Zypern**.

Lizenzen: Vergabe von Lizenzrechten an deutsche Gesellschaft, diese zahlt Lizenzgebühren an Zypern-IBC. Der Gewinn fällt zum niedrigen Steuersatz in **Zypern** an, in **Deutschland** löst es einen steuermindernden Kostenfaktor aus.

Provisionen/Honorare: Das deutsche Unternehmen zahlt Provisionen/Honorare an eine Zypern-IBC für beispielsweise Kunden- und Auftragsvermittlung, Erstellung von Marketingkonzepten, Consulting, Softwareentwicklung etc. Damit löst es einen steuermindernden Kostenfaktor in **Deutschland** und eine günstige Gewinnbesteuerung in **Zypern** aus.

Immobilien: Eine deutsche Immobilie wird an Zypern-IBC verkauft. Bei Weiterverkauf oder Vererbung bleibt die Zypern-IBC Eigentümer der Immobilie, es werden lediglich die Anteile an der Zypern-IBC verkauft beziehungsweise vererbt. Vorteil: Beim Verkauf wird der Gewinn in **Zypern** günstiger versteuert. Beim Vererben wird Erbschaftsteuer vermieden, da in Zypern keine Erbschaftsteuer anfällt. Und wichtig: Im deutschen Grundbuch ist keine Änderung erforderlich, da der Erbe die Anteile übertragen bekommt. Damit entfällt auch eine Meldung an den deutschen Fiskus. Auch wenn der Erbe in **Deutschland** seinen Wohnsitz hat, wird er erbschaftsteuerlich nicht erfasst.

---

der in ihre alte Heimat. Genau dieser Geldfluss erklärt, warum ausgerechnet die Zyprer in den letzten Jahren als die größten Direktinvestoren in **Russland** gelten.

Vor der entscheidenden „Brüsseler Nacht" hatten viele Russen längst über die Milliardenhilfe ihre Gelder aus **Zypern** abgezogen und zu Banken in anderen Steueroasen transferiert. Sie haben die Gefahr gewittert und waren rechtzeitig weg.

Wie kann von der kleinen Insel wegen fehlender 10 Milliarden Euro angesichts des Gesamtschuldenvolumens von 1,6 Billionen Euro aller Euro-Länder ein Systemrisiko für die gesamte Eurozone ausgehen? Das Land hat eine kleinere Wirtschaftskraft als das **Saarland.** Wer trotzdem an das Systemrisiko glaubt, kommt spätestens dann in Erklärungsnot, wenn er die Geschichte vom unbedingten Erhalt der Euro-Zone nacherzählt, ohne die **Europa** in der multipolaren Welt angeblich keine Stimme mehr habe. Was für ein Gewicht soll eine Euro-Zone im Systemwettbewerb mit **China, Indien, Amerika** oder **Brasilien** auf die Waagschale bringen, wenn sie schon durch **Zypern** ins Wanken gerät?

Zypern am Abgrund

Während die normalen Sparer mit Guthaben bis 100 000 Euro bei der Sanierungsaktion für **Zypern** verschont blieben, hat es die Reichen – meist Ausländer – voll getroffen. Mit 37,5 Prozent ihrer Einlagen wurden sie zur Kasse gebeten, weitere 22,5 Prozent wurden für mehrere Monate eingefroren. Dazu kommen Kapitalverkehrskontrollen, um eine Kapitalabwanderung ins Ausland zu unterbinden. Die Zwangsabgabe hat nicht nur ein Gefühl der Sicherheit zerstört. Ganz praktisch hat sie das Geschäftsmodell des Staates **Zypern** ruiniert, der Anlegern und Investoren aus dem Ausland nun keine Sicherheit mehr bieten kann.

War es das, was die *EU*-Politiker – allen voran aus **Deutschland** – in ihrem Kampf gegen Steueroasen wollten? **Zypern** ist (vorerst) gerettet, die Steueroase mit 10 Prozent Unternehmenssteuern aber tot. Tot ist auch der Finanzplatz **Zypern**. Erste Banken, beispielsweise die Schweizer Großbank *UBS*, haben ihre Niederlassungen auf der Insel bereits dicht gemacht. Welcher ausländische Anleger wird hier künftig noch Geld anlegen wollen? Und wer kann sicher sagen, dass die wirtschaftlichen Perspektiven die zypriotischen Politiker angesichts weiter steigender Staatsschulden nicht doch noch zu einem späteren Termin zwingen, zusätzlich zur Zwangsabgabe eine allgemeine Vermögensabgabe auf sämtliche Vermögen zu erheben? Auch auf Immobilien von Ausländern. Immobilien sind nicht beweglich, sie können nicht fliehen.

Zypern – eine Insel, die von ihrer viel zu großen Finanzbranche in den Abgrund gerissen wurde. Die Banken hatten vor allem Auslandskunden mit hohen Einlagenzinsen gelockt, im März 2013 waren es 4,45 Prozent (im Vergleich dazu **Deutschland:** 1,51 Prozent). **Island** und **Irland** erging es genauso. Banken auf **Zypern** wussten teilweise gar nicht, wohin mit dem eingesammelten Geld. Gerne investierten sie in griechische Anleihen. Die Bilanzsumme aller zypriotischen Banken war im März 2013 achtmal so hoch wie die jährliche Wirtschaftsleistung des Inselstaates bei gleichzeitiger hoher Bankenkonzentration. Die drei führenden Institute, die *Bank of Cyprus*, die *Genossenschaftsbanken* und die *Cyprus Popular Bank,* kamen zusammen im Einlagengeschäft auf 65 Prozent Marktanteil. Hinzu kam die Schuldenkrise in **Griechenland.** Der Schuldenschnitt des griechischen Staates hat im zyprischen Bankensystem zu Abschreibungen von 4 Milliarden Euro geführt. Zyprische Banken hatten noch zu einem Zeitpunkt in griechische Papiere investiert, als deren Wertverlust längst eingesetzt hatte und der sich anbahnende Haircut absehbar war.

Zypern könnte jetzt die erste Insel sein, die sich vom Geschäftsmodell „Finanzplatz" komplett verabschieden muss. Folgt bald **Malta,** am Ende gar **Großbritannien** oder **Luxemburg**? Die **Zypern**-Krise hat vor allem eines gezeigt: Im Zweifel machen die Regierungen der Euro-Zone vor nichts mehr halt.

Zypern ringt um seine Zukunft

Zypern steht vor einer tiefen Rezession. So prognostizieren etwa die Volkswirte der französischen Großbank *Société Générale* bis Ende 2017 einen Rückgang des BIP um 20 Prozent. Sollte sich die Rezession noch verschärfen, könnte sich das Ende März ausgehandelte Rettungspaket schnell als unzureichend erweisen.

Langfristig stellt sich für **Zypern** die Frage, wie das Land wirtschaftliches Wachstum generieren will. Es gibt kaum Industrie. Damit sind die Voraussetzungen für eine baldige wirtschaftliche Erholung auf der Insel im östlichen Mittelmeer nicht allzu günstig. 2012 hat die Finanzbranche 9,2 Prozent zum BIP **Zyperns** und 5,1 Prozent zur Beschäftigung in der Inselrepublik beigetragen. Nahezu zwei Drittel der Beschäftigten **Zyperns** arbeiten im öffentlichen Dienst sowie für private Dienstleister und die Tourismusbranche. Die wenig ausgewogene Wirtschaftsstruktur **Zyperns** war Fachleuten schon während der Beitrittsverhandlungen zur Währungsunion bekannt. Und die Geschichte **Zyperns** als Zielland für russisches Geld geht bis in die 1990er-Jahre und die Zeit nach dem Zusammenbruch der **Sowjetunion** zurück.

Problematisch ist der außerordentlich geringe Anteil des verarbeitenden Gewerbes an der Gesamtwirtschaft. Da die Banken schrumpfen, die Bauwirtschaft 2013 am Boden liegt und das Dienstleistungsgewerbe ebenfalls keine Wachstumsimpulse sendet, braucht die zyprische Wirtschaft eine leistungsfähige Industrie. **Zypern** wird einen schweren Weg gehen. Das ist die Folge eines Geschäftsmodells, das nicht mehr funktioniert.

Als **Zypern** der *EU* beitrat, stieg der Unternehmenssteuersatz von 5 auf 10 Prozent. Das war jedem bekannt – auch der *EU-Kommission*. So lautete die Spielregel, an die sich alle gehalten haben. Und nun ist **Zypern** eine Steueroase. Mehrfach ist die Inselrepublik in der Zwischenzeit von *EU* und Finanzaufsichtsbehörden geprüft worden, zuletzt 2012. Nie hat man etwas gefunden. Wenn jetzt die Unternehmenssteuer auf 12,5 Prozent, der Steuersatz auf Zinseinkommen von 15 auf 30 Prozent und die Mehrwertsteuer von 17 auf 19 Prozent heraufgesetzt werden, kann jeder Unternehmer damit leben – doch das Vertrauen in den Staat haben sie längst verloren.

Bereits im Vorfeld der entscheidenden Brüsseler Krisensitzung waren die Aasfledderer der Auslandsbanken auf **Zypern** tätig, um aufzupicken, was vom großen Geld noch bleibt. Sie hatten ihre Dienste im Voraus per Mail oder Telefongespräch angeboten. Aus **Andorra,** aus der **Schweiz**, aus **Deutschland** und einer Reihe anderer *EU*-Staaten. Noch vor Schließung der zyprischen Banken war es zu hohen Geldtransfers ins Ausland gekommen. Und selbst während der fast zweiwöchigen Bankenschließung waren auffallend hohe Beträge ins Ausland abgeflossen. **Zyperns** Zentralbank tat sich schwer, eine Kapitalflucht zu verhindern. Denn während die Bankschalter auf der Mittelmeerinsel geschlossen waren, waren diese bei den Niederlassungen zyprischer Banken in **London** geöffnet. Von hier aus haben Großanleger dann ganz legal mithilfe der Banken viel Geld abgezogen. Knapp 1 Milliarde Euro sollen es gewesen sein.

Firmengründungen sind schnell und bürokratiearm durchgeführt. Dabei winken weitere Steuervorteile: Für Beschäftigte bei Offshore-Gesellschaften sind Vergütungen für Tätigkeiten im Ausland – beispielsweise in **Deutschland** – aus zypriotischen Konten steuerfrei.

Zypern – Schatzinsel mit Zukunft

Glaubt man den Experten, dann hat **Zyperns** goldenes Zeitalter trotz aktueller finanzieller Nöte längst begonnen – man merkt es nur noch nicht. Denn vor den Küsten, in Zyperns „exklusiver Wirtschaftszone", schlummert ein riesiger Gasschatz. Internationale Energiekonzerne stehen Schlange, um mit **Nikosia** ins Geschäft zu kommen. Erste Probebohrungen waren bereits erfolgreich. Doch der Geldsegen aus dem Gasreichtum kommt (vielleicht) übermorgen. Bis dahin stehen dem Inselstaat noch einige schwierige Jahre bevor.

Zahlungen aus ausländischen Konten werden auf **Zypern** künftig pauschal mit 12,5 Prozent besteuert. Teilhaberschaften sind weiterhin gänzlich steuerfrei. Kapitalgewinnsteuern gibt es nicht.

Weitere Informationen und Ansprechpartner:

Botschaft der Bundesrepublik Deutschland
10, Nikitaras St., CY-1080 Nikosia
Tel.: 00357-22 45 11 45, Fax: 00357-22 66 56 94
E-Mail: info@nikosia.diplo.de

Ministry of Commerce, Industry and Tourism
6, Andreas Araouzos St., CY-1421 Nikosia
Tel.: 00357-22 22 86 71 00, Fax: 00357-22 37 51 20, www.mcit.gov.cy

Central Bank of Cyprus
80, Kennedy Avenue, CY-1076 Nikosia
Tel.: 00357-22 71 41 00, Fax: 00357-22 71 49 59, www.centralbank.gov.cy

Offshore-Firmen-Gründung:

Cosmoserve Ltd., 89, Kennedy Avenue, 2nd Floor, Office 201
P.O. Box 26624, CY-1640 Nikosia, Tel.: 00357-22 37 92 10
Fax: 00357-22 37 92 12, www.cosmoserve.com

Nordzypern

Nordzypern war mit dem *EU*-Beitritt des Südteils der Insel zwar in die Weltgemeinschaft zurückgekehrt, bis heute wird er aber nur von der **Türkei** anerkannt. **Nordzypern** hat daher auch keinen Zugang zu den internationalen Finanzmärkten. Für sie muss die **Türkei** einspringen. Doch die stellte angesichts des Haushaltsdefizits strenge Bedingungen: Lohnkürzungen, Entlassungen, Betriebsschließungen, Privatisierungen – Reformen für finanzielle Gegenleistungen, die bereits seit 2011 umgesetzt werden. Im Fall **Nordzyperns** zahlten Türken für Türken. Das hat dem Konflikt viel von seiner Schärfe genommen. Die Spannungen zwischen **Ankara** und **Lefkosa** sind harmlos, verglichen mit den Misstönen zwischen Gebern und Nehmern in der Eurozone.

Anders als im Süden spielen Banken im nordzyprischen Geschäftsmodell keine große Rolle. Außer von türkischen Hilfspaketen lebt

Nordzypern vor allem vom Tourismus und von den mehr als 15 000 ausländischen Studenten an den Universitäten in **Nikosia** und **Famagusta.** Und dann gibt es da noch die Spielcasinos. Immerhin 100 Millionen Euro Steuereinnahmen bescheren die Spielhallen jedes Jahr. Viele Spieler kommen aus der **Türkei,** andere aus dem Süden der Insel. Denn im griechischen Teil **Zyperns** sind Spielkasinos verboten – dort hatte man ja die Banken.

Weitere Informationen und Ansprechpartner:

Anwalt/Firmengründungen:

Peyman Erginel, P.O. Box 122, M. Cagatay Avenue No. 16, Kyrenia, Via Mersin 10, Turkey
Tel.: 0090-392-8 15 26 55, Fax: 0090-392-8 15 49 00
www.peymanerginel-lawfirm.com

Wie die Vermögen in Europa verteilt sind

Die südeuropäischen Krisenländer brauchen zwar Geld. So arm, wie es den Anschein hat, sind ihre Bürger jedoch nicht. Das zeigen aktuelle Untersuchungen der *Europäischen Zentralbank* und der Schweizer Großbank *Credit Suisse*. So kommt die *EZB* zu dem Ergebnis, dass die Steuerzahler in den vermeintlich reichen Geberländern **Deutschland, Finnland, Niederlande** und **Österreich** im Zuge der Eurokrise Banken und Investors im kaum ärmeren **Zypern** aus der Patsche helfen mussten. Die *Credit Suisse* hat zudem ermittelt, dass die Bürger in **Belgien, Frankreich, Italien, Luxemburg** und **Österreich** reicher als die Deutschen sind. Dabei zeigt sich, dass die Vermögen vor allem in den sozial starken Ländern **Deutschland, Frankreich** und den **Niederlanden** sehr unterschiedlich verstreut sind.

Die Studie der *Credit Suisse* bezieht sich auf das Nettovermögen (einschließlich Immobilien und abzüglich Schulden). Demnach liegt **Italien** mit einem Durchschnittsvermögen von knapp 165 000 Euro auf dem vierten Rang im Euroraum. Die Zyprer sind mit knapp 87 000 Euro ähnlich vermögend wie Spanier und reicher als Griechen und Portugiesen. **Deutschland** liegt mit 135 000 Euro zwischen **Italien** und **Zypern.**

Für böses Blut sorgt, dass die beiden ärmsten Länder **Estland** und die **Slowakei** mit Durchschnittswerten von 21 000 und 19 000 Euro zu den Ländern gehören, die für reichere und zugleich höher verschuldete Euroländer Haftungsrisiken übernehmen müssen.

In der EU-Warteschlange

Weitere Länder warten auf ihre Aufnahme in die *EU*:

Offizielle Kandidaten sind die **Türkei**, **Kroatien** und **Mazedonien**; potenzielle Kandidaten sind neben **Island Albanien, Bosnien-Herzegowina, Kosovo, Montenegro, Serbien**.

Einige dieser Länder brauchen für einen *EU*-Beitritt aber noch eine belastbare und glaubwürdige Perspektive. Eine Perspektive, die ihnen hilft, den notwendigen inneren Veränderungsdruck aufzubauen und sich zum Beispiel gegen Kräfte durchzusetzen, die mit einem korrupten Justiz- und Polizeiwesen ihre politkriminellen Geschäfte machen. Für andere wären vernünftige wirtschaftliche Zwischenschritte bereits ein großer Gewinn. Einzig **Kroatien** hat zwischenzeitlich alle Voraussetzungen für einen *EU*-Beitritt erfüllt, der im Juli 2013 erfolgt.

Zweifel an der Wettbewerbsfähigkeit des Landes sind jedoch angebracht. Auf der Liste der globalen Wettbewerbsfähigkeit des *Weltwirtschaftsforums* rangiert **Kroatien** auf Platz 81 von 144 Ländern. **Zagreb** unterhält einen aufgeblasenen öffentlichen Sektor aus Beamten und mehr als 600 hochverschuldeten Staatsfirmen. Dazu kommt offiziell rund eine halbe Million Veteranen. Ihre zahlreichen Vergünstigungen kosten den Finanzminister jedes Jahr mehrere Milliarden Euro. Die Arbeitslosenquote liegt bei 22 Prozent, die der jungen Kroaten sogar über 40 Prozent. Die Wirtschaft schrumpft und stagniert seit fünf Jahren. Reformen sind überfällig. Und spürbaren Aufwind gibt es nur, wenn ausländische Investoren Geld in die Industrie stecken. **Kroatien** ist ein schönes Land. Grandiose Küsten, **Zagrebs** renovierte Bürgerhäuser, die großen Plätze, die Parks und Cafés – aber ist das nicht nur schöner Schein? Mit Tourismus allein kommt man nicht weit. Droht der *EU* mit dem Beitritt **Kroatiens** nach **Griechenland** nicht das nächste Krisengebiet?

Größte Investitionshindernisse des Landes sind die ineffiziente Bürokratie, Korruption, ein restriktiver Arbeitsmarkt, fehlender Schutz der Eigentumsrechte und hohe Steuern. Haupthindernis für die Entfaltung einer soliden Marktwirtschaft ist aus Expertensicht jedoch der Sozialismus in den Köpfen der Kroaten. Der Preis, den die Nation mit 4,5 Millionen Einwohnern für die Bewahrung sozialistischer Strukturen entrichtet, ist gewaltig. Nur die Hälfte der arbeitsfähigen Bevölkerung hat auch Arbeit. Über 70 000 Kroaten haben das Land in den vergangenen vier Jahren während der anhaltenden Rezession verlassen.

Was die Länder schon heute bieten

Albanien: Für Personen und Unternehmen gilt eine Flatrate von 10 Prozent, das Land hat damit eine der geringsten Steuerbelastungen in **Europa**.

Bosnien-Herzegowina: Ausländische Investoren werden mit weitreichenden Steuervergünstigungen und einem umfassenden Wirtschaftsförderungsprogramm gelockt.

Georgien: Niedrige Steuern und liberale Investitionsbedingungen, Wirtschaftssonderzone **Poti**, keine Gewinn- und Vermögensteuer

Kroatien: Körperschaftsteuersatz 20 Prozent, Gewinn- und Quellensteuer 15 Prozent. Ausländer können unbeschränkt Immobilien erwerben.

Mazedonien: Keine Körperschaftsteuer für die ersten zehn Jahre, 5 Prozent Einkommensteuer für die ersten fünf Jahre, danach 10 Prozent, umfangreiche Wirtschaftsförderung.

Russische Föderation mit der Sonderwirtschaftszone Samara und der Exklave Kaliningrad: Keine Umsatz-, Vermögen- und Gewinnsteuer, keine Zollgebühren, umfangreiche Wirtschaftsförderung.

Fortsetzung: Was die Länder schon heute bieten

Steuervorteile in der Region Samara

Steuerart	Standardsatz	Satz in der Sonderwirt-schaftszone Samara
Gewinnsteuer	20 %	13,5 %
Vermögensteuer	2,2 %	befreit
Grundsteuer	1,5 %	befreit
Autosteuer	bis 3,50 Euro pro PS	befreit

Quelle: Markets

Zu den Topgebieten **Russlands** für ausländische Investoren zählt die Republik **Tatarstan.** Hier gibt es 23 Sonderwirtschaftszonen mit unterschiedlichen Anreizen:

- 10 Jahre lang keine Vermögens-, Grund- und Transportsteuer

- geringe Gewinnsteuer: 2 Prozent (5 Jahre), 7 Prozent (5 bis 10 Jahre), 15,5 Prozent (bis 2054)

- Anschubfinanzierung und Vergünstigungen bei Versicherungen

- ausgezeichnete Infrastruktur

- lobenswerte Administration für die Unterstützung ausländischer Firmen

- keine Importzölle

Inguschetien: Russlands erstes Offshore-Zentrum, für IBC-Gesellschaften Statusgarantie von 20 Jahren, keine Steuern.

Serbien: Flat Tax von 10 Prozent für Einkommen- und Körperschaftsteuer, geringe Arbeitskosten.

Türkei: Industrie- und Freihandelszonen mit umfangreichen Steuervergünstigungen und Wirtschaftsförderungsprogrammen, keine Einkommen- und Körperschaftsteuer in der *„Ägäis-Freizone"* der Hafenstadt **Izmir**, keine Mehrwertsteuer, keine Einfuhrzölle. Die Bevölkerung ist jung, über 75 Millionen Einwohner sind im Schnitt unter 30 Jahre alt. Steigender Konsum, stabiler Bankensektor, zentrale Lage. Die Inflation ist mit 7 bis 10 Prozent hoch, ebenso die Abhängigkeit von Energie, die teuer importiert werden muss.

Kroatien

- Fläche: 56 600 qkm
- Hauptstadt: Zagreb
- BIP je Einwohner: 13 620 USD
- Währung: Kuna
- Inflation: 2,1 Prozent
- Exporte in die EU: 5,6 Mrd. Euro

- Einwohner: 4,5 Millionen
- Sprachen: Kroatisch
- Arbeitslosigkeit: 13,9 Prozent
- Staatsverschuldung: 64 Prozent
- Reales BIP-Wachstum: 0 Prozent
- Importe aus der EU: 11,5 Mrd. Euro

Als 28. Mitgliedstaat tritt **Kroatien** im Juli 2013 der *EU* bei. Das Land erhofft sich davon einen Investitionsschub sowie Engagement und Know-how aus den starken *EU*-Industrieländern. **Kroatien** sieht sich aber auch vor großen Herausforderungen. Um das Wachstum anzukurbeln, braucht der Staat an der **Adria** dringend ein besseres Investitions- und Geschäftsklima. Durch den Geldsegen aus **Brüssel** erhofft sich **Kroatien** einen Schwung für Investitionen. Ab 2014 stehen 1,1 Milliarden Euro an Strukturhilfen pro Jahr zur Verfügung. Stütze der Wirtschaft und Hoffnungsträger für das wirtschaftliche Wachstum ist und bleibt der Tourismus. Mehr als 62 Millionen Übernachtungen meldete die Branche für 2012. Die Bedeutung dieses Sektors für die Gesamtwirtschaft ist mit einem Anteil von fast 15 Prozent am BIP bereits größer als in **Spanien**.

Der verbreiteten Skepsis gegenüber der fortschreitenden Erweiterung setzen Europa-Politiker heute das Wort Konsolidierung entgegen. Nach den vielen Vertragsreformen soll jetzt für eine ganze Weile Schluss sein mit institutionellen Neuerungen und die Erweiterungspolitik soll möglichst auch ein paar Gänge zurückschalten. So richtig es ist, dass die *EU* aus der Vertragsreformerei herauswächst, so schwer dürfte sich das nach außen durchhalten lassen. Dafür ist die Nachfrage nach „Europa" einfach zu groß.

Gebraucht wird deshalb eine Erweiterungspolitik, die weitaus kreativer ist als bisher. Doch wo soll die *EU* enden – etwa am **Kaspischen Meer**? Vor allem die **Türkei** ist für viele zum Synonym dafür geworden, dass die *EU* hier politisch-kulturelle und geografische Grenzen überschreitet und in einer Überdehnungsfalle landet.

2. Amerika

Wirtschaftsverflechtung und Freihandelsabkommen: Vereinigte Staaten – Europäische Union

Nachdem bislang alle Versuche für ein weltweites Freihandelsabkommen gescheitert sind, verhandeln jetzt einzelne Länder, Regionen und Wirtschaftsblöcke miteinander. So hat beispielsweise die *Europäische Union* 2011 ein Abkommen mit **Südkorea** geschlossen. 2012 kamen Verträge mit **Kolumbien, Peru** und **Singapur** hinzu, seit Jahresende wird auch mit **Japan** verhandelt.

Verhandelt werden soll nun auch mit den **USA.** Doch während die Wirtschaft auf beiden Seiten des **Atlantiks** große Hoffnungen auf ein Freihandelsabkommen zwischen den **USA** und der *EU* setzt, warnen Verbraucherschützer in den **USA** und **Europa** vor einer damit einhergehenden Lockerung des Datenschutzes. Und die **US**-Farmer fürchten, dass die Europäer ihre Märkte erst gar nicht öffnen wollen. Knackpunkt des geplanten Abkommens sind aus Sicht von Experten neben dem vergleichsweise unproblematischen Zollabbau die Anerkennung von Regulierungen und Produktionsstandards.

Die **USA** und die *EU* sind mit rund 16 bzw. 12 Billionen Dollar die größten Wirtschaftsräume der Welt. Zusammen erwirtschaften sie rund 40 Prozent der Weltwirtschaftsleistung.

Mit rund 990 Milliarden Dollar betrug der **US-**Handel mit der *EU* 2012 etwa 21 Prozent des **US**-Außenhandels. Das ist weniger als der Handel mit **Kanada** und **Mexiko,** mit denen die **USA** in der nordamerikanischen Freihandelszone *NAFTA* verbunden sind. Aber es ist auch deutlich mehr als die 540 Milliarden Dollar Außenhandel mit **China.**

Für die *EU* sind die **Vereinigten Staaten** der wichtigste Handelspartner. Der transatlantische Handel mit Gütern und Dienstleistungen macht rund 17 Prozent des *EU*-Außenhandels aus, der Handel mit **China** 11 Prozent. Die Differenz gründet vor allem im Dienstleistungshandel. Im Handel mit Gütern liegen die **USA** und **China** aus *EU*-Sicht fast gleichauf.

Die **USA** und **Europa** stechen vor allem als wechselseitiger Investitionsstandort hervor. Die jährlichen Investitionen von **US**-Unternehmen in der *EU* sind höher als ihre gesamten Investitionen in **Asien.** Seit dem Jahr 2000 haben **US**-Unternehmen allein in **Irland** mehr investiert als in allen *BRIC*-Staaten (**Brasilien, Russland, Indien, China**) zusammen. Der Bestand von *EU-I*nvestitionen in **China** beträgt nur 6 Prozent seiner Investitionen in den **USA**.

Global betrachtet entfallen rund 30 Prozent des gesamten Welthandels auf die **Vereinigten Staaten** und die *EU*. Gemeinsam erwirtschaften sie rund 45 Prozent der Weltwirtschaftsleistung. 15 Millionen Arbeitsplätze hängen vom transatlantischen Handel ab. Fallen die Wirtschaftsschranken, könnte das nach Berechnungen des *Ifo-Instituts* rund 400 000 neue Arbeitsplätze und 1,5 Prozent zusätzliches Wachstum bringen.

Freihandelsabkommen zwischen den USA und der EU

Anfang 2012 waren die Gespräche für ein weltweites Handelsabkommen mit weniger Zoll- und sonstigen Schranken unter 154 Ländern gescheitert. Seitdem setzt die *EU* auf einzelne Freihandelsabkommen (FHA) mit **Kanada** (Anfang 2013)**, Singapur** (Ende 2012)**, Indien, Japan** und den **USA.** Dabei geht es nicht nur um Zölle, sondern auch um den Abbau nichttarifärer Handelshemmnisse.

So werden etwa bei einem Abkommen mit den **USA** die beidseitigen Vorteile aus dem Abbau von Zollschranken auf 180 Milliarden Dollar geschätzt. Die Angleichung von Standards und anderer Regeln würde nochmals 200 Milliarden Dollar bringen. Aus den (noch) größten Wirtschaftsmächten der Welt würde ein riesiger Wirtschaftsblock.

Es gibt viele Gründe, weshalb die kurz nach Ende des Kalten Krieges geborene Idee eines FHA zwischen der *EU* und den **USA** plötzlich so großes Interesse findet:

- **US**-Amerikaner mussten ebenso wie Europäer die traumatische Erfahrung machen, dass sie mehr als fünf Jahre nach Ausbruch der Finanzkrise immer noch mit deren wirtschaftlichen Folgen zu kämpfen haben.

- Der Aufstieg **Chinas** weckt auf beiden Seiten des Atlantiks die Furcht, an Einfluss zu verlieren. Nach einem Bericht des amerikanischen *National Security Council* wird der Anteil der amerikanischen, europäischen und japanischen Wirtschaften an der Weltproduktion von heute 56 Prozent bereits 2030 auf unter 50 Prozent sinken.

Noch wichtiger als der Abbau von Zöllen ist der Abbau nichttarifärer Handelshemmnisse mithilfe eines FHAs. Gemeint sind damit Vorschriften, die dem Schutz der Bevölkerung dienen sollen, gleichzeitig aber ausländische Anbieter benachteiligen. Kern des Problems sind dabei die Standards: Wie hat ein Wasserkessel zu funktionieren, damit er als sicher gilt? Wie muss Babywäsche beschaffen sein? Wie darf Fleisch behandelt werden?

In einem FHA müssen solche Standards entweder vereinheitlicht werden oder beide Seiten müssen ihre Standards gegenseitig anerkennen. Ein Kessel, der in **Deutschland** zugelassen ist, müsste danach auch in den **USA** verkauft werden dürfen. Es ist offensichtlich, dass dies tief in die traditionelle Vorstellung von nationaler Souveränität eingreift.

Andererseits wird die weltweite Standardisierung auch ohne Europäer und Amerikaner weitergehen. Eine transatlantische Freihandelszone könnte verhindern, dass andere – sprich **China** – ihre Standards der Welt aufzwingen. Doch als gemeinschaftlicher Wirtschaftsraum erhielten die **USA** und **Europa** erhebliche Durchsetzungsmacht, wenn es um die Festlegung globaler Standards für Güter oder im Umweltbereich geht. Und es gibt kaum eine wirtschaftspolitische Initiative, die mit vergleichbar geringen Kosten die Wirtschaft in den **Vereinigten Staaten** und **Europa** beflügeln könnte.

Geopolitisch muss **Europa** sich entscheiden, ob es langfristig zum Kern eines global führenden Wirtschaftsraums werden will oder nur zum Ferienziel der Menschen aus den künftigen Schrittmacher-Regionen in **Amerika** und **Asien.** Wenn **China** oder andere große asiatischen Volkswirtschaften der geplanten *Transpazifischen Partnerschaft (TPP)* beitreten, wird das Interesse der **USA** an einer eigenen transatlantischen Freihandelszone mit **Europa** rapide sinken. In diesem Fall wird die *TPP* zur Plattform künftiger bilateraler Freihandelsabkommen bis hin zur Konsequenz, dass man irgendwann auch der *EU* den Beitritt zur *TPP* nahelegen wird.

Können Stolpersteine, etwa die Landwirtschaft, aus dem Weg geräumt beziehungsweise ausgeklammert werden, könnte das Abkommen schon 2015 auf den Weg gebracht werden. Dabei sollte man nicht vergessen, dass die deutsche Wirtschaft unter der Abschottungstendenz einzelner Staaten wie **China, Russland, Indien** und **Brasilien** leidet. Wichtig wäre daher, im Schulterschluss mit den **USA** einen Anreiz für weitere Freihandelsabkommen mit den *BRIC*-Staaten (**Brasilien, Russland, Indien, China**) zu schaffen.

Doch **Europa** täte gut daran, sich nicht einseitig auf das Abkommen mit den **Vereinigten Staaten** zu konzentrieren. Die **US**-Amerikaner tun dies nämlich auch nicht. Noch 2013 wollen sie die Verhandlungen mit mehreren asiatischen Ländern abschließen. In den aufstrebenden Ländern **Asiens** sollten auch die Europäer ihre Bemühungen verstärken. Laufende Verhandlungen mit **Malaysia, Vietnam** und **Indonesien** sollten daher zügig abgeschlossen werden.

Amerikas Steueroasen

Spricht man von amerikanischen Steueroasen, fallen einem sofort die Klassiker der **Karibik** ein. Doch der amerikanische Kontinent hat mehr zu bieten. Das gilt vor allem für die **USA**, über die nicht nur der Löwenanteil des weltweiten Offshore-Bankgeschäfts abgewickelt wird. Deren Bundesstaaten **Delaware, Nevada** und **Wyo-**

ming bieten Vermögenden und Unternehmen eine große Off-shore-Palette zur Steuerumgehung und -vermeidung an. Und in der Schwarzgeld-Oase **Miami** sind Steuerflüchtlinge nicht nur aus **Mittel-** und **Südamerika**, sondern neuerdings auch aus **Europa** willkommen. Das gilt vor allem für deutsche Steuerflüchtlinge, die ihr Schwarzgeld bisher bei Schweizer Banken geparkt hatten. Nicht umsonst bezeichnet das *Tax Justice Network* die hier aufgeführten **US**-Bundesstaaten als *„die undurchsichtigsten und heimlichtuerischsten Finanzplätze der Welt – noch vor der **Schweiz** oder den **Cayman Islands**"*. Doch dazu später mehr.

Zum amerikanischen Kontinent zählen unter anderen aber auch Steueroasen wie **Panama** in **Mittel-** und **Uruguay** in **Südamerika**. Aber auch **Kanada** versucht mit **New Brunswick** und den **Prince Edward Islands** auf der Steueroasen-Bühne mitzuspielen. **Vancouver** und **Quebec** bieten ebenfalls umfangreiche Steuervorteile für das internationale Finanzgeschäft.

Nordamerika

Kanada mit New Brunswick und Prince Edward Islands

- Fläche: 9 984 670 qkm
- Hauptstadt: Ottawa
- BIP je Einw.: 51 689 USD
- Arbeitslosigkeit: 7,5 Prozent
- Abkommen: DBA, OECD-Informationsaustausch
- Einwohner: 34,5 Millionen
- Sprachen: Englisch, Französisch
- Währung: Kanad. Dollar (CAD)
- Inflation: 0,5 Prozent
- Staatsverschuldung: 87,4 Prozent

Kanada – das andere Amerika – steht allzu oft im Schatten seines südlichen Nachbarn **USA**. Mit dessen Konjunktursorgen hat auch **Kanada** zu kämpfen. Die beiden Volkswirtschaften sind eng miteinander verwoben. Nicht nur aufgrund der Nähe, sondern auch durch das Nordamerikanische Freihandelsabkommen *NAFTA*, das zwischen den **USA, Kanada** und **Mexiko** seit Mitte der 1990er-Jahre einen weitgehend ungehinderten Waren- und Dienstleistungsverkehr ermöglicht. Doch 2012 hat sich die kanadische Wirtschaft mit einem Plus von 1,8 Prozent so schwach entwickelt wie im Jahr der Finanzkrise.

Kanada ist keine Steueroase, hat ausländischen Investoren auf Provinzebene aber einige Steuervorteile zu bieten. Rohstoffreichtum, geringe Steuerbelastung und die liberale Wirtschaftsordnung machen das nordamerikanische Land attraktiv für ausländische Unternehmen. Laut einer aktuellen Studie der Unternehmensberatung *KPMG* liegen die Unternehmenskosten in **Kanada** sogar in allen Branchen deutlich unter den **US**-amerikanischen. Kernregion des Landes bilden die Provinzen **Ontario** und das französischsprachige **Québec**. Dort leben etwa zwei Drittel der Kanadier und erbringen etwa 60 Prozent der Wirtschaftsleistung. Ein weiteres Wirtschaftszentrum entsteht im westlichen **Alberta**, bedingt durch die Goldgräberstimmung in der Erdöl- und Gasbranche.

Nachteilig ist, dass Kanadas Exporte zu 73 Prozent in die **USA** gehen. Läuft dort die Wirtschaftserholung schleppend, leidet auch **Kanada**. Hinzu kommt, dass hohe Rohstoffpreise den kanadischen Dollar zu einer starken Währung machen – vor allem gegenüber dem US-Dollar. Das stellt ein Problem für die Wirtschaft dar. Viele Produzenten im Industriesektor haben die Auswirkungen des starken kanadischen Dollars nicht überlebt. Es wird ungemütlich in der einstigen Bastion.

Kanada: Stärken und Schwächen	
Stärken	**Schwächen**
+ reich an Bodenschätzen und Agrarprodukten	– starke Abhängigkeit vom Primärsektor
+ hohes Bildungsniveau	– niedrige Produktivitätsfortschritte
+ kontinuierlicher Zustrom an Arbeitskräften	– hohe Abhängigkeit vom US-Markt
+ Chancen bei Güterproduktion und Klimaschutz	– schwach entwickelter Maschinenbau

Kanada steuerlich

Um die Wirtschaft anzukurbeln, wurde der Eingangssatz der Einkommensteuer auf 15 Prozent und der Höchstsatz auf 25 Prozent gesenkt. Dabei wird der Spitzensteuersatz künftig erst ab einem Einkommen von 200 000 CAD fällig. Gleichzeitig werden die Unternehmen um rund 2,3 Milliarden CAD steuerlich entlastet, der Steuersatz auf 15 Prozent gesenkt. In der rohstoffreichen Provinz **Alberta** überlegt man sogar, die Steuern ganz abzuschaffen. Dabei müssen die Einwohner bereits heute keine Umsatzsteuer von sieben Prozent auf Waren bezahlen wie überall sonst in Kanada. Kein Wunder, dass die Kanadier in Scharen nach **Alberta** strömen. Die Arbeitslosenrate ist halb so hoch wie die nationale Quote und das BIP pro Kopf rund 40 Prozent höher als der kanadische Durchschnitt.

Zwei Provinzen an der kanadischen Atlantikküste, **New Brunswick** und die **Prince Edward Islands** bieten ausländischen Investoren legale Möglichkeiten, sich über nationale Treuhandgesellschaften steuermindernd in einer politisch sicheren Umgebung anzusiedeln. Denn durch Gesetzesbeschluss der Provinzregierungen werden Treuhandunternehmen von kanadischer Seite als Offshore-Gesellschaften betrachtet. Sie unterliegen damit keinerlei Berichts- oder Offenlegungspflichten, solange sie außerhalb **Kanadas** verwaltet werden, keine kanadischen Einkommensquellen und keine kanadischen Entscheidungsträger oder Begünstigte haben.

Treuhandvermögen, das von einer internationalen kanadischen Treuhandgesellschaft verwaltet wird, kann von außerhalb Kanadas liegenden Niederlassungen in einem niedrig oder gar nicht besteuerten Gebiet verwaltet werden. Es wird dann, weil nur kanadische Einkommensquellen besteuert werden, steuerlich behandelt wie solches von Nichtansässigen. Richtig gemacht, bedeutet das Nullsteuern.

Nullsteuern winken auch Banken und Hedgefonds bei internationalen Finanztransaktionen. Die werden über die Finanzhäuser in **Vancouver** und **Quebec** abgewickelt. Als Teil der Bemühungen um den Defizitabbau will die Regierung Dutzende Steuerschlupflöcher schließen. Informanten, die Hinweise auf Steuerhinterziehung geben, sollen am Zugewinn für den Fiskus teilhaben.

Weitere Informationen:

Botschaft von Kanada
Leipziger Platz 17, D-10117 Berlin
Tel.: 030-20 31 20, Fax: 030-20 31 21 21, www.canadainternational.gc.ca

Canadian German Chamber of Industry and Commerce Inc.
480 University Ave., Suite 1500, Toronto, Ont. M5G 1V2
Tel.: 001-416-5 98 15 24, Fax: 001-416-5 98 18 40

Internet: www.gc.ca

Auf Immigration spezialisierte Anwälte:

- Campbell, Cohen, Montreal/Quebec
  Tel.: 001-514-9 37 94 45, Fax: 001-514-9 37 26 18, www.canadavisa.com

- Leonard Simcoe, Town of Mount Royal/Quebec
  Tel.: 001-514-7 39 11 08, Fax: 001-514-7 39 07 95
  www.immigrationattorney.ca

- Abrams & Krochak, Toronto/Ontario
  Tel.: 001-416-4 82 33 87, Fax: 001-416-4 82 06 47, www.akcanada.com

Vereinigte Staaten mit den Bundes-Steueroasen Delaware, Miami, Nevada und Wyoming

- Fläche: 9 809 155 qkm
- Hauptstadt: Washington
- BIP je Einwohner: 48 300 USD
- Währung: US-Dollar
- Inflation: 2,1 Prozent
- Abkommen: DBA, OECD-Informationsaustausch
- Einwohner: 311,6 Millionen
- Sprachen: Englisch, Spanisch (regional)
- Arbeitslosigkeit: 8,1 Prozent
- BIP-Wachstum: 1,5 Prozent
- Staatsverschuldung: 111 Prozent

USA – Land der begrenzten Möglichkeiten

Die **Vereinigten Staaten** stecken in einem Dilemma. Ohne Kürzung der Staatsausgaben bekommt das Land mit seiner alternden Bevölkerung sein Schuldenproblem nicht in den Griff. Einschnitte im sozialen Bereich gehören sicherlich genauso dazu wie Steuererhöhungen für Reiche. Doch ob Kürzungen bei den Armen oder Steuererhöhungen bei den Vermögenden – beides belastet die Wirtschaft. Doch um die Staatsschulden von derzeit 16,4 Billionen

Dollar einigermaßen zu stabilisieren, ist aus Expertensicht ein Defizitabbau von mindestens 1,2 Billionen Dollar notwendig. Die Neuverschuldung des Bundes wird 2013 5,3 Prozent des BIP erreichen, bis 2015 soll sie auf 2,5 Prozent sinken. Die **USA** kommen so mit der Etatsanierung deutlich langsamer als die Europäer voran. Die **USA** sind erholt, aber nicht gesund.

Die USA suchen Anschluss im internationalen Steuerwettbewerb

Die **Vereinigten Staaten** steigen verspätet in den internationalen Steuerwettbewerb ein. In den vergangenen Jahren haben fast alle *OECD*-Staaten die Steuersätze für Unternehmen drastisch gesenkt. Die **USA** begnügten sich aber mit Ausnahmeregelungen und temporären Erleichterungen, die das Steuerrecht weiter verkomplizierten. Die von *Präsident Obama* eingesetzte Schuldenkommission hat vorgeschlagen, die bisherigen fünf Stufen durch einen einheitlichen föderalen Steuersatz zwischen 23 bis höchstens 29 Prozent zu ersetzen. Bisher lag der Höchstsatz bei 35 Prozent. Inklusive der Steuern der Bundesstaaten erreichte die Belastung für Unternehmen knapp 40 Prozent. International haben die **USA** mit dem bisherigen Verzicht auf eine durchgreifende Steuerreform Boden im Wettbewerb um Investitionen ausländischer Unternehmen verloren. Sie sind in der *OECD* steuerlicher Spitzenreiter. Auch in der effektiven Steuerlast der Unternehmen, somit unter Berücksichtigung der Ausnahmeregelungen, befinden sich die **Vereinigten Staaten** in der Spitzengruppe: 35 Prozent – 15 Prozentpunkte höher als in **Deutschland**.

Doch **US**-Unternehmen klagen nicht nur über die hohe Steuerbelastung in ihrer Heimat. Sie fühlen sich außerdem benachteiligt, weil die **USA** im Gegensatz zu anderen großen Industrienationen im Ausland gemachte Gewinne mit vollem Satz besteuern, wenn diese zurück in die Heimat transferiert werden. Daher haben sie Lobbygruppen gegründet, die für eine Veränderung der Steuerregeln kämpfen. Hinter den Lobbygruppen stehen beispielsweise Techno-

Unternehmenssteuersätze in OECD-Staaten		
Rang	Land	Satz in Prozent
1	Vereinigte Staaten	39,2
2	Japan	38
3	Frankreich	34,4
4	Belgien	34
5	Deutschland	30,2
7	Mexiko	30
15	Kanada	26,1
21	Korea	24,2
Kombinierte Steuersätze der Zentralregierungen und untergeordneter Einheiten. Deutschland einschließlich der Gewerbesteuer.		

Quelle: OECD, Tax Foundation

logiegiganten wie *Google*, *Apple* oder *Microsoft*. Deren Anliegen ist es vor allem, die Steuern bei der Rückführung von Auslandsgewinnen – zumindest vorübergehend – drastisch zu reduzieren. Ansonsten sehen sie sich auch künftig zu Steuertricks gezwungen.

Die Steuertricks der US-Unternehmen

Die Steuertricks **US**-amerikanischer Unternehmen haben in jüngster Zeit vor allem in europäischen Ländern die Gemüter erregt. Die Methoden der Unternehmen, wie etwa das Verschieben von Gewinnen in Steueroasen, berühren aber auch den amerikanischen Fiskus. Eine Studie des *Reed Collage* in **Portland** kommt zu dem Ergebnis, dass der **US**-Regierung dadurch jedes Jahr 60 Milliarden Dollar Steuereinnahmen entgehen. Diese Manöver sind mit dafür verantwortlich, dass der Anteil der von Unternehmen gezahlten Abgaben am gesamten Steueraufkommen von 32 Prozent in den 50er-Jahren auf 9 Prozent in 2012 abgerutscht ist.

Allein *Microsoft* hat nach Berechnungen eines Senatsausschusses mittels Auslandstransfers zwischen 2009 und 2011 rund 4,5 Milliarden Dollar Steuern in der Heimat gespart. Auch *Apple* hätte im Geschäftsjahr 2010/2011 rund 2,4 Milliarden Dollar mehr Steuern in den **USA** zahlen müssen, wenn das Unternehmen nicht so aggressiv Gewinne ins Ausland verschoben hätte.

Das Prinzip der umstrittenen Praktiken vieler **US**-Unternehmen besteht darin, Nutzungsrechte für geistiges Eigentum wie etwa Patente an ausländische Tochtergesellschaften in Niedrigsteuerländern zu transferieren und dann die mit den Lizenzen verbundenen Gewinne durch ein Netz weiterer Steueroasen zu schleusen. Involviert sind dabei häufig **Irland,** die **Niederlande, Bermuda** und diverse Karibikinseln.

Apple, Google, Microsoft und viele andere Technologie- und Pharmaunternehmen haben den weit überwiegenden Teil ihres Bargeldes außerhalb der **USA** geparkt. Bei *Apple* waren es beispielsweise Ende 2012 rund 94 Milliarden Dollar. Die Auslandsquoten von *Google* und *Microsoft* lagen bei 65 und 89 Prozent. Die hohen Auslandsanteile haben nach Meinung von Experten maßgeblich mit Gewinnverschiebungen in Steueroasen zu tun. Das ist ein Grund, warum das Anliegen der Lobbygruppen, mit einem vorübergehenden „Tax Holiday" eine steuerreduzierte Rückführung im Ausland geparkter Barvorräte zu erlauben, in **Washington** auf Widerstand stößt.

Langsam scheint sich auch in der amerikanischen Öffentlichkeit mehr Bewusstsein für die Steuertricks der Unternehmen breit zu machen. Die **USA** haben eine Lücke im Steuersystem, die es zu schließen gilt.

US-Steuergesetze sind radikal

Auf der Suche nach zusätzlichen Steuereinnahmen entwickeln Staaten immer neue Methoden. Am radikalsten gehen aber bislang die **USA** vor. Sie haben Anfang 2010 ein Gesetz erlassen, mit dem sie die Größe ihres Kapitalmarktes als Trumpf ausspielen: den *Foreign Account Tax Compliance Act"*, kurz *FATCA*. Damit zwingen die **Vereinigten Staaten** ausländische Finanzinstitute, als verlängerter Arm der **US**-Steuerfahndungsbehörden zu agieren. Ab Mitte 2013 müssen

Steueroasen auf dem Prüfstand

Fortsetzung: US-Steuergesetze sind radikal

weltweit alle Banken, Fonds und teilweise auch Versicherungen einen Vertrag mit der **US**-Steuerbehörde *IRS (Internal Revenue Service)* abschließen. Darin verpflichten sie sich, alle Kunden nach strengen Vorgaben zu durchleuchten und die in den **USA** steuerpflichtigen Kunden mit ihren persönlichen Daten und weltweiten Erträgen an die **Vereinigten Staaten** zu melden.

Verweigert ein Kunde dem Institut Angaben zu seiner Person, muss ihm dieses eine Strafsteuer von 30 Prozent auf Erträge aus den **USA** (Dividenden, Zinsen, Mieten etc.) und auf Veräußerungserlöse aus **US**-Quellen abziehen. Willigt ein in den **USA** Steuerpflichtiger in die Weitergabe seiner Daten nicht ein, erfolgt die Kündigung des Kontos oder Depots. Bei diesen Steuerpflichtigen handelt es sich nicht nur um Personen, die in den **Vereinigten Staaten** leben, sondern beispielsweise auch um in **Europa** lebende **US**-Bürger und sogar Europäer, die Inhaber einer *Green Card* sind.

Um rechtlichen Hindernissen aus dem Weg zu gehen, haben **Deutschland**, **Großbritannien**, **Frankreich**, **Italien** und **Spanien** im Frühjahr 2012 bilaterale Abkommen mit den **USA** geschlossen. Danach sollen die Finanzinstitute im Hoheitsgebiet des jeweiligen Partnerlandes durch nationale Umsetzungsakte verpflichtet werden, die nach *FATCA* erforderlichen Informationen zu erheben und an die Behörden ihres Heimatstaates weiterzugeben. Diese leiten die Informationen an die USA weiter. Im Gegenzug sollen auch die **USA** Informationen über potenzielle Steuerhinterzieher liefern. Die *EU-Kommission* signalisiert Interesse, ein derartiges System *EU*-weit einzuführen.

Das **US**-Offshore-System funktioniert in drei Stufen:

- Auf Bundesebene bieten die **USA** eine Reihe von Steuerbefreiungen, Geheimhaltungsklauseln und Gesetzen, die darauf abzielen, in bester Offshore-Manier ausländisches Kapital anzulocken. So ist es **US**-Banken unter anderem erlaubt, Gewinne aus Straftaten, die im Ausland erfolgt sind, anzunehmen. Auch gelten für Banken Sonderregelungen, die sicherstellen, dass die Identität von Ausländern, deren Geld in den **USA** liegt, Dritten nicht preisgegeben wird.

- Auf Ebene der Bundesstaaten halten einzelne Staaten unterschiedliche Offshore-Köder bereit. In **Florida** beispielsweise wickeln vor allem Vermögende aus **Lateinamerika** ihre Bankgeschäfte ab, neuerdings aber auch Steuersünder aus **Europa** (s. unten). Da die **USA** keine Auskünfte erteilen, bleibt kriminelles Geld geschützt. In **Delaware, Nevada** und **Wyoming** gelten günstige und ausgeprägte Formen kaum regulierter Geheimhaltung für Unternehmen. Die Bundesstaaten unterliegen jedoch der vollen Einkommen- beziehungsweise Körperschaftsteuer der **USA**. Steuerfreiheit winkt Unternehmen nur, wenn die Geschäfte außerhalb der **USA** abgewickelt werden, keine Handelslizenz oder Bundessteuernummer beantragt und Gewinne der Gesellschaft nicht in den **USA** ausgeschüttet werden.

- Die dritte Stufe besteht aus einem kleinen Netz von Überseesatelliten, darunter vor allem die **Marshall Islands** mit ihrem steuerfreien Schiffsregister.

Ehe die **USA** in Steuerangelegenheiten also weiter Druck auf die **Schweiz** und andere Steueroasen machen, sollten sie erst einmal die Praktiken im eigenen Land hinterfragen. Auf Ebene der **US**-Bundesstaaten herrscht eine unglaubliche Doppelmoral, wie nachfolgende Beispiele zeigen:

Miami – Steuerparadies im Sonnenstaat

Was vielen deutschen Steuerflüchtlingen einst die Zürcher Bahnhofstrasse bedeutete, heißt 2013 **Brickell. Brickell**, **Miamis** Finanzdistrikt, steht für Know-how in Bankfragen, höchste Diskretion und ein mildes Steuerklima, aber auch für Großstadtambiente, Ferienstimmung und Sonne. Immer mehr Deutsche, die bislang ein Konto bei einer Schweizer Bankadresse besaßen, treibt es wegen der Schweizer Weißgeldstrategie in den **US**-amerikanischen Sonnenstaat. **Brickell**, das Herzstück von Miamis florierender Finanzbranche mit mehr als 300 einschlägigen Geldinstituten, ist das neue Ziel für Schwarzgeld aus **Europa.**

Dass Steuerflüchtlinge **Miami** ansteuern, ist plausibel. Das nötige Know-how in Sachen Vermögensverwaltung ist vorhanden. Schließ-

Steueroasen auf dem Prüfstand

Fortsetzung: Miami – Steuerparadies im Sonnenstaat

lich betreut man schon seit Jahren eine entsprechende Klientel aus dem mittel- und südamerikanischen Raum. Die ist nicht nur auf der Steuerflucht, sie wäscht in **Miami** auch viel kriminelles Geld. Drogengelder, die früher in der **Karibik** geparkt wurden, landen heute bei den Banken in **Brickell**. Denn diese sind von der **US**-Aufsicht auch heute (noch) nicht verpflichtet, die Herkunft der Gelder zu hinterfragen.

Um das Geld zu waschen, fließt seit den 1950er-Jahren ein Großteil davon in den Immobilienbereich. Bereits in den 70er-Jahren war mehr als die Hälfte im Besitz von Offshore-Firmen, die in der Regel in den Offshore-Zentren der **Karibik** ihren Sitz hatten. In den 1980er-Jahren kamen bereits 40 Prozent aller Bankeinlagen aus dem Ausland, mehrheitlich aus **Lateinamerika.** Aktuell lagern über 100 Milliarden Dollar Auslandsvermögen im Sonnenstaat, wie die *Florida Bankers Association* mitteilt.

Dass ausgerechnet **Miami** jetzt zum Mekka beratungsresistenter Steuerhinterzieher aus **Europa** mutiert, entbehrt nicht einer gewissen „Ironie". Kein anderes Land auf der Welt ist je mit gröberem Geschütz etwa gegen die Steueroase **Schweiz** aufgefahren als die **Vereinigten Staaten**:

- In den 1960er-Jahren unterstellten **US**-Politiker der **Schweiz**, mit ihren Banken der **Sowjetunion** bei dubiosen Finanzgeschäften behilflich zu sein.

- Später machten die **USA** so viel Druck, bis die **Schweiz** ihr Börsengesetz anpasste, um bei Insiderverdacht Bankdaten ausliefern zu können.

- In den 1990er-Jahren folgte die in **New York** losgetretene Kontroverse um die nachrichtenlosen Vermögen aus der Zeit vor und während des Zweiten Weltkriegs. Sie endete in einem Desaster für den Schweizer Finanzplatz.

- In den letzten Jahren gelang es den **USA**, die **Schweiz** richtig in die Knie zu zwingen. Ob mit dem *Patriot Act*, der *Qualified-Intermediary*-Vereinbarung oder dem *FATCA*-Abkommen – diese Gesetze legitimieren die **USA**, bei ausländischen Banken, welche mit den **USA** Geschäfte machen, vertrauliche Kundendaten einzuholen.

Fortsetzung: Miami – Steuerparadies im Sonnenstaat

■ Gleichzeitig trieben **US**-Behörden die Schweizer Großbank *UBS* in die Enge und zwangen die älteste Schweizer Privatbank *Wegelin* zur Geschäftsaufgabe. Gegen weitere elf Schweizer Banken laufen derzeit Verfahren, weil sie gegen das **US**-Steuerrecht verstoßen haben sollen. Um das zu verhindern, hat der Schweizer Städterat im Juni 2013 der Steuervereinbarung mit den **USA** zugestimmt.

Im Gegensatz dazu schützen nur wenige Länder auf der Welt die Privatsphäre ausländischer Kunden stärker als die **USA**. Amtshilfeanfragen von Drittstaaten wegen vermuteten Schwarzgelds laufen notorisch ins Leere. Nicht zufälligerweise rangieren die **USA** – offiziell zwar keine Steueroase – im jährlichen *Financial Security Index*, der Liste der ärgsten Steuerfluchtländer, auf den vordersten Rängen. Nichts verpflichtet die Banken, die steuerliche Situation ihrer Kunden zu kennen. Inzwischen ist eine entsprechende Regelung zwar in Kraft. Doch kaum eine Bank in **Miami** hält sich daran. Stattdessen empfehlen sie ihren Auslandskunden komplexe Rechtsstrukturen über die **Karibik**, um weiter dem Fiskus zu entgehen.

Delaware – die größte Steueroase der Welt

Welches ist die größte Steueroase auf dem Globus: Die **Schweiz**? **Luxemburg**? Die **Cayman Islands**? Keineswegs – so die Einschätzung der britischen Steuerrechtsgruppe *Netzwerk für Steuergerechtigkeit*. Der **US**-Bundesstaat **Delaware** erwies sich bei einem Vergleich von Gesetzen, Rechtsprechung und Einlagenzufluss in 60 Ländern als größte Steueroase. Der Untersuchung zufolge haben Ausländer Ende 2012 über 3,5 Billionen US-Dollar in den **USA** angelegt – vor allem in **Delaware**.

Insbesondere **Delaware** mit seiner niedrigen Konzessionssteuer und einem unkomplizierten Gesellschaftsrecht ist bei vielen Ausländern für Gesellschaftsgründungen beliebt. Anfang 2013 sind rund 750 000 Offshore-Gesellschaften registriert. Unter ihnen befinden sich 50 Prozent all jener Unternehmen, deren Aktien an der *Wall Street* in **New York** gehandelt werden. Auch deutsche Banken sind vor Ort. So ist beispielsweise die *Deutsche Bank* nach einer *Attac*-Recherche in **Delaware** an mehr Offshore-Gesellschaften beteiligt als an Unternehmen in **Deutschland** zusammen. Laut *Attac* hat die *Deutsche Bank* insgesamt mehr als die Hälfte (51,35 Prozent) ihrer Tochter- und Zweckgesellschaften sowie assoziierte Unternehmen in Steueroasen angesiedelt – vor allem in **Delaware.** Gefolgt von der mittlerweile ebenfalls zur *Deutschen Bank* gehörenden *Postbank* (22,33 Prozent) und der *Commerzbank* (23,43 Prozent).

Mit ihren Niederlassungen in Offshore-Finanzplätzen enthalten die Banken dem deutschen Staat Steuern in Milliardenhöhe vor. Ganz so, als hätten sie seit 2008 – mit Ausnahme der *Deutschen Bank* – nie von staatlichen Bankenrettungen profitiert. Unternehmen nutzen den Standort **Delaware** auch, weil es hier weder eine allgemeine Verkaufssteuer noch eine Unternehmenssteuer gibt.

„Was Delaware und Nevada für Steuerhinterzieher so attraktiv macht, ist ein Informationsgeheimhaltungs-Agreement mit der US-Steuerbehörde IRS", stellte die *Weltbank* Anfang 2012 in ihrem Schwarzgeldbericht fest. Und was für **Delaware** gilt, gilt auch für **Nevada.** Die dort geltenden Steuerfreiheiten werden von namhaften **US**-Unternehmen – etwa *Apple* – genutzt. *Apple* hat seinen Unternehmenssitz in **Cupertino** im **US**-Bundesstaat **Kalifornien.** Doch mit einem kleinen Büro und 20 Beschäftigten in **Reno** im Steuerparadies **Nevada** vermeidet *Apple* in **Kalifornien** und 20 weiteren **US**-Bundesstaaten jährlich Steuerzahlungen in Milliardenhöhe.

Auf den ausgewiesenen Gewinn von 34,2 Milliarden Dollar im Jahr 2009 hat *Apple* 3,3 Milliarden Dollar Steuern gezahlt. Ohne das Zwischenschalten der Gesellschaften in den Offshore-Zentren wären es nach Berechnungen der *New York Times* (25.04.2010) 2,4 Milliarden mehr gewesen. Die Gesamtbelastung entsprach damit einer Steuerquote von 9,8 Prozent. Dagegen lag die Steuerquote beim **US**-Handelsriesen *Wal-Mart* bei 24 Prozent. *Wal-Mart* musste – ohne Tochtergesellschaften in Steueroasen – für den ausgewiesenen Unternehmensgewinn von 24,4 Milliarden Dollar 5,9 Milliarden Steuern zahlen.

Ein wesentlicher Grund, warum **US**-Unternehmen selbst innerhalb der **Vereinigten Staaten** ihre Steuerlast offshore reduzieren können, ist, dass diese Unternehmen nicht nur Einnahmen aus dem Produkt- und Dienstleistungsverkauf, sondern auch aus Rechten und Lizenzen erzielen. Letztere fallen vertraglich gesteuert in Steueroasen an. So blieben beispielsweise bei *Apple* 2009 rund 70 Prozent der Gewinne im Ausland unversteuert.

Multinationale Konzerne geben in ihren Konzernbilanzen zwar an, wie viel Steuern sie insgesamt gezahlt haben. Sie veröffentlichen aber nicht, wie hoch die Steuern bei den Niederlassungen rund um die Welt im jeweiligen Sitzland waren. Geschweige denn, in welchen Ländern keine oder nur geringe Steuern gezahlt wurden. Unternehmensrenditen von 15, 20 und mehr Prozent sind ohne Steuereinsparungen über den Umweg Offshore-Welt kaum möglich. Verkündete Ex-*Deutsche Bank*-Chef *Ackermann* für die Geschäftsjahre 2007 bis 2009 noch Renditen von jeweils 25 Prozent, sind es bei seinen Nachfolgern *Jain* und *Fitschen* nach Umstrukturierungen vor allem im Auslandsbereich nur noch 12 Prozent.

Aber auch andere Bundesstaaten – etwa **Kansas** oder **Texas** – versuchen, Unternehmen und Vermögende mit Steuerfreiheiten zu locken. Und der Agrarstaat **Kansas** steht kurz davor, die Einkommensteuer abzuschaffen. Der Steuerwettstreit der Bundesstaaten hat gerade erst begonnen.

Das US-Steuersystem in Auszügen

Grundsätzlich wird die Steuerhoheit zwischen dem Bund (Federal Government), den einzelnen Bundesstaaten (States) und den lokalen Gebietskörperschaften (Local Governments/Municipalities) aufgeteilt.

Bund: Bundeseinkommensteuer (Federal Income Tax), Bundeskörperschaftsteuer (Corporate Income Tax), Bundeserbschaft- und -schenkungsteuer (Federal Estate and Gift Tax), Verbrauchsteuern (Federal Exice Taxes)

Bundesstaaten: Grund- und Vermögensteuer (State Property Tax), Einkommensteuer (State Income Tax), Körperschaftsteuer (State Corporate Tax), Verbrauch- und Verkehrsteuern (Sales and Use Tax)

Steueroasen auf dem Prüfstand

Fortsetzung: Das US-Steuersystem in Auszügen

Lokale Gebietskörperschaften: Örtliche Grund- und Vermögensteuer (Local Property Tax), örtliche Einkommen- und Körperschaftsteuer (Local Income Taxes)

Da die Verteilung nicht klar geregelt ist, kommt es im Einzelfall zu Doppel- oder Mehrfachbelastungen. Dies wird jedoch teilweise dadurch abgemildert, dass Steuern als Betriebsausgaben absetzbar sind oder die Bemessungsgrundlage auf Bundesebene reduzieren.

Körperschaftsteuer (Corporate Income Tax)

Kapitalgesellschaften unterliegen der Körperschaftsteuer, die auf Ebene des jeweiligen Bundesstaates und teilweise auch von der lokalen Gemeinde erhoben wird. Ist das Unternehmen in verschiedenen **US**-Bundesstaaten tätig, werden die Einkünfte von dem Staat besteuert, in dem sie erzielt wurden. Dabei können die Steuersätze – wie die folgende Auswahl zeigt – recht unterschiedlich sein: **Delaware**: 8,7 Prozent, **District of Columbia**: 9,0 Prozent, **Florida**: 5,5 Prozent, **New York**: 7,5 Prozent, **Texas**: 0 Prozent.

Die Gemeinden und Landkreise können ebenfalls eine eigene Körperschaftsteuer erheben. Diese liegt in der Regel bei einem Steuersatz von 1 bis 2 Prozent des Gewinns. Im Einzelfall, beispielsweise in **New York City**, kann diese jedoch höher und bis zu 8,75 Prozent ausfallen.

Steuerpflicht

Der **unbeschränkten Steuerpflicht** unterliegen alle Kapitalgesellschaften beziehungsweise Gesellschaften, die im Check-the-Box-Verfahren die Behandlung als Kapitalgesellschaft gewählt haben. Dabei ist unerheblich, wo der Ort der tatsächlichen Geschäftsleitung liegt. Liegt dieser bei einer ausländischen Gesellschaft in den **USA**, wird die unbeschränkte Steuerpflicht nur dadurch begründet, dass der Gesellschaftssitz verlegt und die Gründungsurkunde bei der zuständigen Behörde eingereicht wird.

Die unbeschränkte Steuerpflicht führt dazu, dass das gesamte, weltweit erzielte Einkommen der Kapitalgesellschaft in den **USA** steuerpflichtig ist. Ausländische Kapitalgesellschaften unterliegen mit ihren steuerpflichtigen **US**-Quelleneinkünften der **beschränkten Steuerpflicht**. Die **US**-Steuersätze für Kapitalgesellschaften liegen zwischen

Fortsetzung: Das US-Steuersystem in Auszügen

15 und 35 Prozent. Im Zuge der Haushaltsbereinigung soll der Höchstsatz von derzeit 35 auf dann 25 Prozent gesenkt werden.

Die Accumulated Earnings Tax (AET) kann im Fall einer späteren Ausschüttung der Gewinne, für die bereits AET entrichtet wurde, nicht auf die Einkommensteuer des Gesellschafters angerechnet werden. Damit handelt es sich um eine echte Strafsteuer.

Einkommensteuer

Im Zuge der Haushaltsbereinigung ist geplant, die Einkommensteuersätze von 10 bis 35 Prozent auf 15 bis 39,6 Prozent für Einkommen ab 200 000 Dollar (Familien 250 000 Dollar) heraufzusetzen.

Besitzsteuer

Die meisten Bundesstaaten und lokalen Gebietskörperschaften erheben eine Steuer auf das Grundvermögen (Real Property Tax), die zwischen 0,5 und 2,5 Prozent des Grundvermögens liegt. Einige Bundesstaaten und lokale Gebietskörperschaften fordern zudem eine Steuer auf bewegliches materielles oder immaterielles Betriebsvermögen (Property Tax).

Erbschaftsteuer nur für Superreiche

Für die Erbschaftsteuer galt für 2011 ein Freibetrag von einer Million US-Dollar sowie ein Höchststeuersatz von 55 Prozent. Attraktiver wird es für die Jahre 2012 und 2013 mit einem lebzeitigen Freibetrag von 5 Millionen US-Dollar. Ist dieser zu Lebzeiten nicht verbraucht, gilt er auch für die Bundesnachlasssteuer. Der Spitzensteuersatz der Federal Gift Tax und der Federal Estate Tax beträgt nur 35 Prozent.

Auswirkung auf deutsch-amerikanische Ehen und Nachfolgegestaltungen

Ein deutscher Ehegatte eines **US**-Schenkers kann an diesem einmaligen Schenkungsfreibetrag von 5 Millionen US-Dollar partizipieren und ist nicht auf die jährliche Schenkungsteuerfreistellung zwischen **US**-Bürgern und Ausländerehegatten von 136 000 US-Dollar pro Jahr angewiesen. Dabei kann diese Jahressteuerbefreiung mit dem Freibetrag von 5 Millionen US-Dollar kombiniert werden. Damit entfällt bei vielen deutsch-amerikanischen Ehen die Notwendigkeit zur Einrichtung komplexer Testamentsstrukturen, um den überlebenden deutschen Ehepartner zu begünstigen.

Steueroasen auf dem Prüfstand

Fortsetzung: Das US-Steuersystem in Auszügen

Dies hat auch Konsequenzen für rein deutsche Ehepaare, die einen Feriensitz in den **USA** unterhalten. Aufgrund der Vorschriften des DBA kann nämlich bei Erwerben von Todes wegen dieser besondere Erbschaftsteuerbetrag kombiniert werden mit einer Vorschrift des Erbschaftsteuer-DBA. Nach dieser Vorschrift sind bei Ehepaaren, die nur wegen des Grundbesitzes in den **USA** steuerpflichtig sind, 50 Prozent des erbschaftsteuerbaren Erwerbes von der Erbschaftsteuer aufgrund des DBA freigestellt. Mit beiden Elementen können große Vermögensbestandteile auf den überlebenden Ehepartner ohne **US**-Steuern übergehen.

Kann man in deutsch-amerikanischen Familienverhältnissen diese Freibeträge für den Ehepartner nutzen, unterliegt man nicht dem **US**-Erbschaftsteuerzugriff und muss nur – dann mit deutschen Gestaltungselementen – die deutsche Erbschaftsteuer auf ein erträgliches Maß reduzieren.

Reiche sollen stärker belastet werden

Im Kampf gegen das ausufernde Haushaltsdefizit sollen bestehende Steuererleichterungen abgeschafft und Besserverdienende stärker besteuert werden (Buffet-Steuer). Diese Maßnahme soll 2 Billionen US-Dollar einbringen.

Weitere Informationen und Ansprechpartner:

Botschaft der Vereinigten Staaten von Amerika
Pariser Platz 2, D-10117 Berlin
Tel.: 030-8 30 50, Fax: 030-83 05 10 50

German American Chambers of Commerce, Inc.
75 Broad Street, 21st Floor, New York, N.Y, 10004
Tel.: 001-212-9 74-88 30, Fax: 001-212-9 74-88 67

U.S. Corporation Services, Inc.
2200 B Douglas Boulevard, Suite 100, Roseville, Cal. 95661
Tel.: 001-916-7 83 29 94, Fax: 001-916-7 83 30 05

Shearman & Sterling, Oberanger 28, D-80331 München
Tel.: 089-23 88 82 00, Fax: 089-23 88 82 01

Taylor Wessing, Isartorplatz 8, D-80331 München
Tel.: 089-2 10 38-0, Fax: 089-2 10 38-300, www.taylorwessing.com

Zentral- und Südamerika

Latein- und **Mittelamerikas** Volkswirtschaften sind 2012 trotz der angeschlagenen Lage der Weltwirtschaft kräftig gewachsen. Laut UN-Wirtschaftskommission *Cepal* hat das BIP der Region und der **Karibik** um 3,1 Prozent zugenommen. Dieser Durchschnittswert verdeckt allerdings erhebliche Unterschiede zwischen den Ländern. Während die **Pazifik-**Anrainer von **Mexiko** bis **Chile** um 4 bis 6 Prozent expandierten, schleppen sich die **Atlantik-**Staaten **Brasilien** und **Argentinien** mit Wachstumsraten von 1 bis 2 Prozent im Kriechgang daher.

Auf der Basis einer guten Beschäftigungsentwicklung, einer steigenden Kreditvergabe und einer expansiven Geld- und Fiskalpolitik war die Konsumnachfrage in allen Ländern wichtigste Wachstumsstütze. Den Unterschied machen die Investitionen aus. Während sie in **Brasilien** und **Argentinien** sanken, nahmen sie in anderen Ländern der Region kräftig zu. Alle Länder wollen die Anziehungskraft für ausländische Investoren erhöhen. Dazu wurden umfangreiche Steuererleichterungen und -freistellungen auf den Weg gebracht.

In Mittelamerika führen **Panama** und **Costa Rica** das wirtschaftliche Wachstum an (rund 5 Prozent). Dabei profitiert **Costa Rica** von neuen Freihandelszonen mit den **USA** und **China**. Beide Länder stehen vor fiskalischen Herausforderungen. Doch das liberale Investitionsumfeld reicht nicht aus, die mittelamerikanischen Volkswirtschaften auf Erfolgskurs zu halten. Vielmehr sind verstärkt staatliche Infrastrukturmaßnahmen erforderlich, um die Wettbewerbsfähigkeit der Länder zu erhöhen. Das gilt vor allem für **Guatemala.**

Deutsche Unternehmen sind in vielen Ländern des mittel- und südamerikanischen Kontinents schon tief verwurzelt. In **Mexiko** und **Brasilien** stellen sie einen großen Teil der Direktinvestitionen. Neulingen bieten die deutschen Außenhandelskammern und der Lateinamerika-Verein in Hamburg Hilfestellung:

- **Argentinien:** www.ahkargentina.com

- **Brasilien:** www.ahkbrasil.com

- **Chile:** www.chile.ahk.de

- **Mexiko:** www.mexiko.ahk.de

- **Kolumbien:** www.ahk-colombia.com

- **Peru:** www.peru.ahk.de

- **Lateinamerika-Verein:** info@lateinamerikaverein.de

Lateinamerika hat das, was **Asien** braucht: jede Menge Rohstoffe. Die Nachfrage aus **China** beschert Lateinamerikas Wirtschaft den größten Aufschwung seit Jahrzehnten. Ob Eisenerz aus **Brasilien**, Soja aus **Argentinien**, Kupfer aus **Chile** und **Peru** oder Erdöl aus **Venezuela** und **Mexiko**. Lateinamerikas Exporterlöse haben sich in den letzten zehn Jahren verdoppelt. Waren die Auslandsschulden Ende der 1990er-Jahre noch dreimal so hoch wie die Ausfuhreinnahmen, könnten die Latinos ihre Schulden heute mit den Exporterlösen eines Jahres vollständig zurückzahlen.

Strategisch ist die Region von großer Bedeutung. Dort lagern die größten Rohölreserven der westlichen Hemisphäre und einige der größten Süßwasserreservoire der Welt. Nach Schätzungen des *Geologischen Dienstes der USA* liegen dort 105 Milliarden Barrel Öl und 14 000 Milliarden Kubikmeter Gas. Neben den Fördergebieten in **Venezuela** und vor der Küste **Brasiliens** ist vor allem das westliche Amazonasbecken ein Reservoir. Die größten Vorkommen liegen in den drei armen Andenländern **Peru**, **Bolivien** und **Ecuador**. Auch wenn die Ureinwohner gegen eine Ausbeutung sind, die internationalen Ölkonzerne wollen die Energie-Lager unter dem Regenwald nutzbar machen.

Das Potenzial für den Ausbau der Agrarproduktion ist riesig. **Brasilien** zählt mit Treibstoffen aus Zuckerrohr zu den Vorreitern der Produktion nachwachsender Rohstoffe für die Energiegewinnung.

Belize

- Fläche: 22 966 qkm
- Hauptstadt: Belmopan
- BIP je Einwohner: 4098 USD
- Arbeitslosigkeit: 13,1 Prozent
- Staatsverschuldung: 83,6 Prozent

- Einwohner: 357 000
- Sprache: Englisch
- Währung: Belize-Dollar
- Inflation: 0,9 Prozent

Belize, das ehemalige British Honduras, ist neben **Costa Rica** die stabilste Demokratie **Mittelamerikas**. Keine Korruption im großen Stil. Die Menschen sind stolz darauf, genauso wie auf den vorbildlichen Naturschutz, der hier praktiziert wird. 40 Prozent des Landes sind als Nationalpark oder Naturschutzgebiet ausgewiesen. Ausgebaute Straßen findet man dagegen nur wenige. Anhänger von weißen Stränden und tropischer Sonne schwärmen von den noch unberührten Buchten.

Doch aus ökonomischer Sicht sind die Bewohner des **Karibik**-Staates eigentlich viel zu arm, um ihre türkisfarbenen leuchtenden Lagunen, ihre fischreichen Korallenriffe, ihre tropischen Tauchreviere, ihre exklusiven Insel-Refugien, ihren mit Maya-Ruinen gespickten Dschungel nicht um jeden Preis für den internationalen Tourismus zu erschließen – rund ein Drittel der Bevölkerung lebt unter der Armutsgrenze. Im Gegensatz zur mexikanischen Halbinsel **Yucatán** oder dem Nachbarland **Guatemala** scheint **Belize** seine Attraktionen vor der Welt verstecken zu wollen. Dass es **Belize** seinen Besuchern nicht leicht macht, merkt man schon beim Versuch, sich vor Ort mit öffentlichen Verkehrsmitteln fortzubewegen.

Finanz- und Steueranreize für Investoren

Um die Arbeitslosigkeit zu senken, bietet **Belize** allen Unternehmen, die Arbeitsplätze und Devisen schaffen, totale Steuerbefreiung für die Dauer von 15 Jahren. Hinzu kommen Finanzhilfen für Grundstückskäufe und den Bau von Fabrikationsgebäuden sowie ein Fortfall von Zöllen auf Produktionsanlagen und importierte Rohmaterialien. 1990 verabschiedete die Regierung den sogenannten International Business Companies Act. Danach ist eine International Business Company (IBC) von sämtlichen direkten Steuern befreit, solange sie keine Geschäfte mit Ortsansässigen tätigt, keine Immobilien in **Belize** besitzt und keine Bank-, Versicherungs- oder Rückversicherungsgeschäfte tätigt. Dazu kommt: Keine Währungsbeschränkungen, keine Erfordernis der belizischen Staatsbürgerschaft für die Gründung, absolute Anonymität (da keine Registereintragung der IBC-Inhaber), keine Buchhaltungs- und Bilanzierungspflicht, keine Branchenbeschränkung.

Die Gründungskosten einer Gesellschaft liegen bei etwa 400 US-Dollar, die laufenden Jahreskosten für Erklärungen bei 100 US-Dollar und für Domizilisation bei rund 600 US-Dollar.

Mit seinem Trust Act gehörte **Belize** zu den Offshore-Trust-Pionieren. Der befreite Trust zahlt keine Einkommen- und Erbschaftsteuern und keine Gebühren auf Trust-Transaktionen. Darüber hinaus ist **Belize** interessant für Offshore-Banken und -Versicherungen.

Doch die Überwachung der Offshore-Finanzdienstleistungen hat Schwachpunkte. Belize wird deshalb in der Gruppe der am wenigsten regulierten Offshore-Finanzzentren geführt.

Solange **Belize** vom britischen Militär gegen die Gebietsansprüche seines Nachbarn **Guatemala** geschützt wird, sind Investitionen machbar. Entschließt man sich zu einer Investition, sollte man eine Versicherung gegen Enteignung nicht vergessen.

Weitere Informationen und Ansprechpartner:

Botschaft von Belize
Boulevard Brand Whitlock 136, B-1200 Bruxelles
Tel.: 00322-7 32 62 04, Fax: 00322-7 32 62 46
Belize Corporate Services, Belize City
Tel.: 00501-2 27 25 67, Fax: 00501-2 27 70 18
The Immigration & Nationality Department, Belmopan
Tel.: 00501-8-2 26 11, Fax: 00501-8-2 26 62
Internet: www.belize.gov.bz

Brasilien

- Fläche: 8,5 Millionen qkm
- Hauptstadt: Brasîlia
- BIP je Einwohner: 12 690 USD
- Arbeitslosigkeit: 5,5 Prozent
- Stärken: Rohstoff- und Agrarreichtum, großer und konsumfreudiger Inlandsmarkt, stabile Wirtschaftspolitik, stabiles Finanzsystem
- Abkommen: OECD-Informationsaustausch

- Einwohner: 205,7 Millionen
- Sprache: Portugiesisch
- Währung: Real
- Inflation: 6,6 Prozent
- Schwächen: Infrastrukturengpässe, schwerfälliger Staat, hohe Steuern und Zinsen, Kriminalität
- Staatsverschuldung: 64,9 Prozent

In den vergangenen Jahren erlebte **Brasilien** ein hohes Wirtschaftswachstum, das Millionen aus der Armut befreite. Die *OECD* lobt die Armutsreduzierung und den Aufstieg von gut 40 Millionen Menschen in die Mittelschicht, der nun fast 60 Prozent der Brasilianer angehören. Doch 2012/2013 ist das Wachstum ins Stocken geraten, nur wenige Unternehmen sind international wettbewerbsfähig. Schon 2011 war die Wachstumsrate des brasilianischen Bruttoinlandsprodukts von 7,5 auf 2,7 Prozent eingebrochen. 2012 waren es dann nur noch 1,6 Prozent.

Hauptsorge des größten südamerikanischen Landes ist neben dem schwächeren Wirtschaftswachstum vor allem der rapide Anstieg der Importe. Auch ist das Leben in **Brasilien** – vor allem in den Ballungszentren – extrem teuer geworden. Für ein einfaches Pasta-Gericht in einer schlichten Taverne zahlt man bis zu 50 Real, umgerechnet 20 Euro. Alle beklagen den *„Preis des Aufstiegs"*, den alle so herbeigesehnt hatten.

Höhere staatliche Investitionen und eine Lockerung der Kreditbedingungen sollen das Wachstum jetzt wieder in Schwung bringen. Gleichzeitig versuchen Regierung und Zentralbank, die Aufwertung des Real und den Anstieg des Imports einzudämmen. So verfügte die Regierung Steuererhöhungen auf Luxusgüter. Ende 2012 wurde ein groß angelegtes Milliarden-Infrastrukturprogramm auf den Weg gebracht. Doch bis sich die Investitionen auswirken, vergeht kostbare Zeit. Brasilien hat daher die Steuer auf Käufe von Inlandsanleihen für ausländische Investoren abgeschafft.

Brasiliens Regierung will dem Verfall der Industrie mit Macht entgegentreten. Hohe Steuern auf Finanztransaktionen sollen spekulatives Kapital aus dem Ausland fernhalten und die Aufwertung des Reals eindämmen. Gleichzeitig greift die Regierung immer stärker zu protektionistischen Maßnahmen. Doch mit dieser Politik vermindert das Land nicht nur seinen Beitrag zur Ankurbelung der Weltkonjunktur. Sie hilft auch nicht der eigenen Sache. Denn die Ursachen für **Brasiliens** Wettbewerbsschwäche sind nicht vorrangig in der Stärke des Reals zu finden. Besser wäre es, die hohen Lohnnebenkosten zu senken und den unübersehbaren Wust des Steuersystems zu durchforsten.

Brasilien stieg im Sog **Chinas** in den letzten Jahren auf, denn das Amazonasland liefert die Rohstoffe, die **Asiens** Wachstum füttern: Erdöl, Eisenerz, aber auch Agrarprodukte. An seine Grenzen stößt das Land dabei noch lange nicht. Die Anbauflächen für Soja und Zuckerrohr könnten durch Abholzen der Regenwälder verdoppelt werden. **Brasilien** besitzt zudem üppige Süßwasserreserven, die anderen Ländern fehlen. Nach riesigen Erdölfunden vor der brasilianischen **Atlantikküste** könnte **Brasilien** in einigen Jahren überdies zu einem der führenden Ölförderländer werden. Schon jetzt zählt es zu den größten Volkswirtschaften des Globus. In spätestens einer Generation dürfte es an **Deutschland** vorbei auf Rang fünf vorstoßen.

Brasiliens Steueroasen

Ende 2011 hat **Brasilien** ein Bündel von Steuersenkungen erlassen (3,1 Milliarden Euro). Zudem wurde die Finanztransaktionssteuer auf den Erwerb von brasilianischen Aktien und Privatanleihen durch Ausländer annulliert. Weil Einfuhrzölle und Steuersätze in Brasilien astronomische Höhen erreicht haben, kann sich für Unternehmen ein Engagement mitten im Amazonasgebiet lohnen – in der Freihandelszone im brasilianischen **Manaus**. Dort bietet man nicht nur Steuervorteile, sondern unterstützt Firmen auch bei den Themen Infrastruktur und Innovation. Schwachpunkt von **Manaus** ist die Logistikinfrastruktur: der Transportweg über Wasser und Straßen nach **São Paulo** ist mit 21 Tagen sehr lang. Der Flughafen mit dem drittgrößten Frachtterminal des Landes gilt als chronisch überlastet.

Jetzt ziehen neue Regionen nach: **Santa Catarina, Pernambuco, Pará** und **Interior de São Paulo,** das Hinterland von **São Paulo.** Der Staat erlässt Investoren in diesen Wirtschaftszonen bis zu 75 Prozent der Einkommensteuer und stellt über einen Fonds zinslose Darlehen von bis zu 80 Prozent der Investitionssumme bereit. Dazu kommen umfangreiche Ansiedlungsanreize.

Weitere Informationen:

Botschaft der Föderativen Republik Brasilien
Wallstraße 57, D-10179 Berlin
Tel.: 030-72 62 80, Fax: 030-72 62 83 20, htp://berlin.itamaraty.gov.br

Costa Rica

- Fläche: 51 100 qkm
- Hauptstadt: San José
- BIP je Einwohner: 8 676 USD
- Arbeitslosigkeit: 6,5 Prozent
- Abkommen: DBA Steuern auf Einkommen und Vermögen
- Einwohner: 4,73 Millionen
- Sprache: Spanisch
- Währung: Colon (C)
- Inflation: 4,3 Prozent
- Staatsverschuldung: 44,5 Prozent

Costa Rica ist ein Naturparadies mit Vulkanen und dampfenden Regenwäldern. Die 4,7 Millionen „Ticos", wie sich die einheimische Bevölkerung der mittelamerikanischen Republik nennt, sind stolz auf ihr friedliches und seit eh und je stabiles Land. Der kleinste Staat Mittelamerikas bietet eine spektakuläre Kulisse sowohl für Touristen als auch für jene, die sich dort zeitweise oder dauernd niederlassen wollen. Sie erwartet eine faszinierende Welt aktiver Vulkane mit türkisfarbenen Säureseen.

Costa Rica ist die Blaupause der Schöpfung. Das Land beherbergt 5 Prozent der weltweiten Artenvielfalt, besitzt mehr als 30 Nationalparks. Rund 30 Prozent der Landesfläche stehen unter Naturschutz. Der Kaffee, Costa Ricas grünes Gold, ist eine Schicksalspflanze. Sie machte es im 19. Jahrhundert reich und berühmt, weil dieser Kaffee schon immer einer der besten der Welt war und bis heute ist. **Costa Rica**, Land des ewigen Frühlings. Die Unversehrtheit der Natur ist Leitmotiv und Überlebensgarantie zugleich.

Das Land ist das Produkt einer sogenannten Plattentektonik. Würde sich hier nicht die „Cocosplatte", eine der großen Erdschollen, unter die „Karibikplatte" zwängen, gäbe es auch keine Landverbindung zwischen Süd- und Nordamerika und keine bis 3500 m hohen Vulkane.

Früher war die Schweiz Mittelamerikas nicht auf Tourismus angewiesen: Bananen und Kaffee brachten Reichtum ins Land. Mithilfe britischer Banken entstand in der zweiten Hälfte des 19. Jahrhunderts eine Eisenbahnlinie, die Pazifik- und Karibikküste verband. Dadurch verkürzte sich die Transportzeit für Kaffee und Bananen nach **Europa** um drei Monate. Kaffee und Bananen sind immer noch Hauptexportschlager (zweitgrößter Bananenexporteur der Welt). Chips aus Süßkartoffeln sind zwar ein weiterer Exporterfolg, Chips für die IT-Branche machen hingegen heute mehr als die Hälfte der Gesamtausfuhren aus. Rund 300 Unternehmen gibt es im IT-Sektor. Jährlich fließen rund 6 Prozent des BIP in Bildung und Forschung. Bis 2015 plant die Regierung den Anteil erneuerbarer Energien auf 90 Prozent zu erhöhen.

Wichtigste Einnahmequelle ist mittlerweile die Tourismusbranche (18,8 Prozent des BIP). Jährlich kommen knapp 2,5 Millionen Touristen, vor allem aus den **USA**. Wichtig ist dabei der Ökotourismus.

2012 wuchs die costa-ricanische Wirtschaft um 4,8 Prozent. Die Geldentwertung liegt mit 4,3 Prozent unter dem Mittelwert für **Zentralamerika** (6,9 Prozent). Mit den **USA** und den übrigen zentralamerikanischen Staaten sowie der **Dominikanischen Republik** wurde 2009 ein Freihandelsabkommen geschlossen. 2011 trat zudem ein Freihandelsabkommen mit **China** in Kraft. Dank umfangreicher Auslandsinvestitionen – vor allem aus den **USA** – hat sich **Costa Rica** vom Agrarstaat zum Dienstleistungs- und Industriestaat gewandelt. Trug die Landwirtschaft 1965 noch 23,5 Prozent zum BIP bei, waren es 2012 nur noch rund 5 Prozent.

Doch zum ersten Mal wachsen Armut und Reichtum in der „Schweiz Lateinamerikas" in derselben Geschwindigkeit. Die wirtschaftlichen und sozialen Daten sind beunruhigend. Mangels ausreichender Steuermittel entsprechen die öffentlichen Investitionen nicht den Herausforderungen des Landes. **Costa Rica** muss investieren, modernisieren, die Wirtschaft diversifizieren und seine Produktivität steigern. Dass der Staat kein Geld hat, ist im ganzen Land zu sehen. Das öffentliche Transportsystem funktioniert nicht, überall fehlen Schulen, Kindergärten und Krankenhäuser, und eine Trinkwasserversorgung, bei der den ganzen Tag über Wasser aus dem Hahn fließt, ist selbst in der Hauptstadt **San José** eine utopische Vorstellung. Noch fehlt dem Land die Kraft für durchgreifende Reformen.

Devisenkontrollen: Ja, jedoch sind natürliche oder juristische Personen, die aus dem Ausland stammende Beträge bei einer costaricanischen Bank in einer Fremdwährung halten beziehungsweise bei ausländischen Banken lassen, davon nicht betroffen.

Fiskalische Auslieferungsabkommen: Nur dann, wenn es sich um Steuerbetrug handelt, der nach den costaricanischen Gesetzen die Betrugskriterien erfüllt.

Politische Risiken: Costa Rica gilt als das derzeit stabilste Land **Mittelamerikas**.

Rechtssystem: Das Gesellschaftsrecht ähnelt dem **US**-amerikanischen Gesellschaftsrecht.

Patentrecht: Patente sind geschützt durch das Intellectual Property Law sowie durch das *Abkommen von Buenos Aires* vom 20. August 1910. Warenzeichen fallen unter den Schutz des *Central American Treaty* for the Protection of Industrial Property vom 10. März 1970.

Wohnsitznahme: Das Land bietet sich als Domizil für Ruheständler an. Darüber hinaus besteht die Möglichkeit, einen Zweitpass zu erwerben. Trotzdem sollte man bei Überlegungen, dort zum Beispiel in Immobilien zu investieren und ansässig zu werden, die politischen Risiken nicht außer Acht lassen. Kauft man Grund und

Boden, fällt eine Grunderwerbsteuer von 15 Prozent an, die zu gleichen Teilen von Käufer und Verkäufer gezahlt werden muss.

Steuern: Alle Einkommen von außerhalb **Costa Ricas** werden nicht besteuert. Dividenden einer costaricanischen Gesellschaft an ausländische Aktionäre unterliegen einer 15-prozentigen Quellensteuer bei Namens- und fünfprozentigen bei Inhaberaktien. **Costa Rica** ist also für Offshore-Gesellschaften zu empfehlen.

Gesellschaftsform: Die meist verbreitete Offshore-Gesellschaftsform ist die AG-ähnliche ASG Legal S.A., die für Einkünfte von außerhalb **Costa Ricas** steuerfrei gestellt ist. Sie bietet ihrem Inhaber neben Steuerfreiheit Anonymität, Haftungsbeschränkung, keine Melde-, Buchhaltungs- und Bilanzierungsvorschrift.

Doppelbesteuerungsabkommen: mit Deutschland im Bereich Einkommen und Vermögen

Lebenshaltungskosten: Bei hohem Lebensstandard liegen sie erheblich unter deutschem Niveau.

Gründungsdauer: etwa zwei Wochen. **Gründungskosten:** Je nach Aktienkapital zwischen 30 (AK von 30000 US-Dollar) und 350 US-Dollar (AK über 235000 US-Dollar) an Stempelgebühren. Dazu kommen die Kosten für Notar und örtlichen Berater von 800 bis 1500 US-Dollar. Bei Inhaberaktien kommen zusätzlich 3 Prozent Steuer auf das Aktienkapital hinzu. **Laufende Kosten:** 3 Prozent auf das Aktienkapital, zuzüglich Kosten für den „Fiscal" von 50 bis 200 US-Dollar sowie für den Repräsentanten vor Ort von 100 bis 300 US-Dollar.

Schutz des investierten Kapitals

Costa Rica gewährleistet Ausländern den gleichen Kapitalschutz vor Enteignung wie seinen eigenen Staatsbürgern. Für den Transfer von Gewinnen, Dividenden und des eingesetzten Kapitals ins Ausland gibt es keine Beschränkungen. Auch ist die Rückführung von investiertem Kapital für Unternehmen, die in den Genuss der staatlichen Investitionsförderung kommen, von der Steuer befreit.

Weitere Informationen und Ansprechpartner:

Botschaft der Republik Costa Rica
Dessauer Str. 28/29
D-10963 Berlin
Tel.: 030-26 39 89 90
Fax: 030-26 55 72 10
www.botschaft-costarica.de
Internet: www.presidencia.go.cr

Cámara de Comercio e Industria
Costarricense Alemana
1000 San José, Costa Rica
Tel.: 00506-22 90 76 21
Fax: 00506-22 20 30 64
www.cacoral.com

Panama

- Fläche: 75 517 qkm
- Hauptstadt: Panamá
- BIP je Einwohner: 9 444 USD
- Arbeitslosigkeit: 4,5 Prozent
- Staatsverschuldung: 43,5 Prozent
- Einwohner: 3,6 Millionen
- Sprache: Spanisch
- Währung: Balboa
- Inflation: 5,4 Prozent

Panama ist mit 3,6 Millionen Einwohnern so groß wie **Berlin**. Der kleine Binnenmarkt hat ausländische Investoren 2012 nicht davon abgehalten, rund 3 Milliarden Dollar zu investieren. **Panama** ist eine Marktwirtschaft mit verfassungsmäßig garantierten Eigentumsrechten, hat eine privilegierte geographische Lage, ein modernes Finanzzentrum, die Anbindung an den Dollar, gute Flugverbindungen, Häfen an **Atlantik** und **Pazifik** und ist die wichtigste Freihandelszone des Kontinents.

Als natürliches Bindeglied zwischen den beiden amerikanischen Subkontinenten und zwischen **Atlantik** und **Pazifik** ist **Panama** in erster Linie ein Transitland. Dementsprechend stark ausgeprägt ist der Dienstleistungssektor. 2010 haben die Ratingagenturen **Panama** als „Investitionsstandort" qualifiziert. Das BIP-Wachstum lag 20012 bei 8 Prozent. Wichtigste Einnahmequelle ist mit rund 2 Milliarden Dollar jährlich der *Panama-Kanal*. Rund 14 000 Schiffe passieren jedes Jahr den Kanal. Sie transportieren Waren von **Europa** an die Westküste der **USA** oder von der **US**-Ostküste nach **Asien**. Wie auf einer Perlenkette aufgereiht liegen Frachter, Tanker und Container-Schiffe vor der Pazifik-Mündung des *Panama-Kanals*.

Durch ein Fernrohr ist am Heck vor allem eine Flagge zu erkennen: die von **Panama**. Der mittelamerikanische Zwerg ist auf See ein

Steueroasen auf dem Prüfstand

Riese und die größte Seemacht der Welt. 25 Prozent der internationalen Flotte oder über 12 000 Schiffe sind dort registriert. Von den Gebühren, die das Land von den Reedern für den Eintrag ins Schiffsregister erhält, fließen jährlich rund 70 Millionen US-Dollar in den Staatshaushalt. Möglich ist das vor allem, weil die Reeder mit dem panamaischen Register Geld sparen, denn die Gewinne der Schiffe sind in **Panama** steuerfrei.

Mit der Implementierung der *OECD*-Steuer-Standards, die 2011 von der *OECD* mit Streichung **Panamas** von der „Grauen Liste" honoriert wurde, und der Ratifizierung des Handelsförderabkommens **Panama–USA** 2011 wurden weitere wichtige Ziele zur Stär-

---

Panama ist ein Firmenparadies

Tatsächlich gibt es wohl kaum ein zweites Land weltweit, in dem die Gründung einer Gesellschaft so einfach, preiswert und unbürokratisch über die Bühne geht. Insbesondere für die Verwaltung größerer Vermögen könnte es interessant sein, diese über eine Panama-Gesellschaft zu verwalten. Zusätzlicher Vorteil: Quellensteuer- und Auskunftsabkommen, die **Deutschland** mit anderen **EU**-Staaten und auch der **Schweiz** geschlossen hat, interessieren nicht. Diese beziehen sich nur auf Privatpersonen.

Die Gründungskosten liegen zwischen 1000 bis 1500 US-Dollar, die jährlichen Folgekosten zwischen 350 bis 500 US-Dollar. Das Grundkapital liegt bei 10 000 US-Dollar. Zur Gründung sind drei natürliche oder juristische Personen erforderlich. Etwas teurer wird es, wenn eine anonyme Gründung bevorzugt wird. In diesem Fall werden Anwälte als Strohmänner zwischengeschaltet. Das garantiert zwar Anonymität, ratsam ist es jedoch nicht. Zum einen ist die Verwaltung teurer, zum anderen wird man in **Europa** keine Bank mehr finden, die für eine solche Gesellschaft noch ein Konto eröffnet. Ausnahme: Eine beispielsweise Schweizer Bank stülpt über das von ihr verwaltete Kundenvermögen zur weiteren Anonymisierung und Umgehung der EU-Zinssteuer eine **Panama**-Gesellschaft, die dann von der Bank verwaltet wird.

Eine **Panama**-Gesellschaft macht für Deutsche jedoch nur Sinn, wenn gleichzeitig der Wohnsitz des Inhabers außerhalb **Deutschlands** liegt.

380

kung des Investitionsstandorts erreicht. **Deutschland** verhandelt zurzeit mit **Panama** über ein Steuerabkommen. Wenn dies in Kraft tritt, wird für deutsche Steuersünder ein weiteres Schlupfloch auf der Steueroasenbühne geschlossen.

Höchste Zeit, denn im Firmenregister der mittelamerikanischen Steueroase findet man viele reiche Deutsche: Die Familien *Porsche, Piech* und *Quandt,* den Verleger *Hubert Burda*, die Kaffee-Dynastie *Jacobs*, die Bankiersfamilie *von Finck* – alle milliardenschwer. Aber auch der Adel ist vertreten – von *Habsburg* bis *Stauffenberg*, von *Wittgenstein* bis *Fürstenberg.* Und so mancher hochrangige Manager, Banker oder Kunstsammler. Was sie dort machen, wollen sie nicht wirklich erklären. Doch sollte sich eine Panama-Firma als Vehikel zur Steuerhinterziehung herausstellen, drohen langjährige Haftstrafen. Auch den Anwälten, die das Offshore-Konstrukt aufgebaut oder mitgetragen haben.

Sicherlich gibt es auch banale Gründe, in **Panama** Firmen zu gründen: *Red Bull* und *Adidas* zum Beispiel haben dort Niederlassungen für das Geschäft in der Region angesiedelt. Aber die meisten deutschen Privatleute und Unternehmer, die man dort hinter Gesellschafts-Konstruktionen im Firmenregister wiederfindet, verdienen ihr Geld eher nicht in **Panama.**

Im Internet gibt es jede Menge Anwalts- und Treuhandadressen, die anbieten, dort im Handumdrehen Firmen aufzusetzen – anonym und für wenig Geld. 2000 Dollar für die Gründung und ein Jahreshonorar von 1000 Dollar, Firmenkonto in der **Schweiz** oder auf den **Channel Islands** gegen einen kleinen Aufpreis inbegriffen. Steuerexperten gehen davon aus, dass mehr als 50 Prozent der Einkünfte im grenzüberschreitenden Anlagegeschäft nicht versteuert werden. Deshalb haftet Gesellschaften in **Panama** etwas Anrüchiges an. Denn insgesamt gesehen fallen nur wenig legitime Gründe ein, weshalb jemand, der in **Deutschland** wohnt und arbeitet, in **Panama** eine Briefkastenfirma unterhalten sollte.

Seit der *Panama-Kanal* in die Hände des lateinamerikanischen Landes übergegangen ist, herrscht Goldgräberstimmung am Isthmus. In der

Kanalzone schießen Golfplätze und Hotels aus dem Boden. **Panama** hält großen Investoren die Tür weit offen. Unverblümt preist die für die weitere wirtschaftliche Entwicklung der Kanalzone verantwortliche *„Autoridad de la Region Interoceanica" (ARI)* das reichlich vorhandene Potenzial an qualifizierten Arbeitskräften an.

Eine zweite zollfreie Zone ergänzt die schon bestehende größte Zollfreizone der westlichen Welt an der Kanaleinfahrt auf der Atlantikseite in **Colón**. Ein bestehender und zwei weitere Großhäfen sollen die Hafenstadt zum Umschlagplatz asiatischer Elektronikprodukte für die ganze **Karibik** und **Südamerika** machen. Derzeit werden rund 5 Prozent des Welthandels über den Panama-Kanal abgewickelt. 68 Prozent aller Waren, die in **US**-Häfen be- oder entladen werden, nehmen diesen Weg. **China** schickt 23 Prozent seines Handelsaufkommens durch den Kanal, **Japan** 16 Prozent. Vor allem die Schiffe, die aus den Megaports, den riesigen Containerhäfen in **Taiwan**, **Singapur** oder **Hongkong** kommen, wählen auf der Route nach **Europa** inzwischen die Suez-Route oder gar den Umweg um **Kap Horn**. Diese Ozeanriesen passen nicht durch die 34 Meter breiten Schleusen von **Miraflores**. Für Panamas Wirtschaft ist das eine ernste Gefahr, erwirtschaftet die Wasserstraße doch fast 20 Prozent des panamaischen BIP. 20 Prozent aller Arbeitskräfte und 42 Prozent der Exporte hängen davon ab. Jetzt werden die Schleusen auf 55 Meter ausgebaut und der Kanal verbreitert. Ab 2014, wenn der Ausbau abgeschlossen ist, sollen auch knapp 50 Meter breite und 420 Meter lange Frachter Platz im Kanal haben, die sogenannten Pospanamax-Containerschiffe. Rund 5,25 Milliarden US-Dollar wird das Projekt kosten. Wie kaum ein anderes Bauprojekt ist der *Panama-Kanal* Symbol der Globalisierung. Doch dem *Panama-Kanal* droht Konkurrenz. **Nicaragua** will eine künstliche Wasserstraße zwischen **Atlantik** und **Pazifik** bauen. Durch das 40 Milliarden Dollar-Projekt soll die nicaraguanische Wirtschaftsleistung bis 2015 um 15 Prozent steigen, 2 Millionen Arbeitsplätze schaffen und die Armutsrate von derzeit 47 Prozent deutlich senken. Nachteil: Die neue Wasserstraße ist mit nahezu 190 Kilometern mehr als doppelt so lang wie der *Panama-Kanal*.

Rückzugsparadies für Europas Reiche

Mit zweistelligen Zuwachsraten seines Finanzsektors wird **Panama** zum neuen Vorzugsziel von Steuerflüchtlingen, vornehmlich aus **Europa**. Die glänzenden Geschäfte der Banken haben inzwischen einen Boom der gesamten Wirtschaft ausgelöst. Panamas Geldhäuser übernehmen große Beträge, die bislang vor allem in den Safes von Schweizer oder Liechtensteiner Banken lagerten. Vermögende können in **Panama** billig und unbürokratisch eine Panama-Stiftung, einen Fonds oder eine anonyme Briefkastenfirma gründen. Zu den Neukunden panamaischer Banken zählen aktuell vermehrt reiche Spanier, denen die gewohnten Anlageplätze in **Europa** nicht mehr sicher genug sind.

Obwohl die strategischen Vorteile internationale Investoren anlocken, ist der Staat unter den Steuerparadiesen für seine Wildwest-Methoden berüchtigt, trotz seiner günstigen Lage zu **Nord-** und **Lateinamerika**, die alle Merkmale eines idealen Refugiums bieten. Derzeit sind in **Panama** rund 200 000 Offshore-Gesellschaften registriert. Sie müssen weder Jahresabschlüsse vorlegen noch Profite offenlegen. Zudem gibt es keine Steuern für sie.

Eine Gewinnsteuer fällt nicht an. Seit 1991 verfügt **Panama** über ein Rechtshilfeabkommen mit den **USA**, das gemeinsame Aktionen gegen Drogenhandel und Geldwäsche vorsieht.

Panama ist eine reinrassige Steueroase: Es erhebt keinerlei Steuern auf Fremdquelleneinnahmen wie auf Erlöse und Dividenden. Gängigste Offshore-Gesellschaft ist die Sociedad Anónima, S.A.

Weitere Informationen und Ansprechpartner:

Botschaft der Republik Panama
Wichmannstraße 6
D-10787 Berlin
Tel.: 030-22 60 58 11
Fax: 030-22 60 58 12

Trust Services
Balboa Plaza Building 522
Avenida Balboa
Panama City
Tel.: 00507-2 69 24 38
Fax: 00507-2 69 49 22

Cámara de Comercio e Industria Panameña Alemana
Tel.: 00507-2 69 93 58, Fax: 00507-2 69 93 59, ihkpanam@cableonda.net
Internet: www.presidencia.gob.pa

Paraguay

- Fläche: 406 752 qkm
- Hauptstadt: Asunción
- BIP je Einwohner: 4 600 USD
- Arbeitslosigkeit: 25,0 Prozent
- Staatsverschuldung: 40,7 Prozent

- Einwohner: 6,6 Millionen
- Sprachen: Spanisch, Guarani
- Währung: Guarani
- Inflation: 4,1 Prozent
- Korruption und mangelhafte Infrastruktur

Obwohl **Paraguay** flächenmäßig größer ist als **Deutschland**, zählt das neben **Bolivien** einzige Binnenland **Südamerikas** lediglich sechs Millionen Einwohner. Die Bevölkerung konzentriert sich im fruchtbaren **Ostparaguay**, während der 60 Prozent der Landesfläche ausmachende **Chaco** fast menschenleer ist. In keinem anderen Land Südamerikas hat die Vermischung zwischen den spanischen Eroberern und den eingeborenen Indianern eine so homogene Bevölkerung wie in **Paraguay** hervorgebracht.

Paraguay ist hauptsächlich Agrarland, die Landwirtschaft trägt 23,1 Prozent zum BIP bei (Industrie 18,6 Prozent). Etwa 80 Prozent der landwirtschaftlich nutzbaren Flächen gehören einem Prozent der Bevölkerung, das heißt Großgrundbesitz prägt die Besitzstruktur. Die Armutsrate beträgt 64 Prozent, das Pro-Kopf-Einkommen stagniert seit Jahren, die Arbeitslosigkeit liegt bei 25 Prozent.

Der Ruf **Paraguays** ist seit langem ruiniert. Schmuggler und Waffenhändler, Bestecher, Geldfälscher und Steuerflüchtlinge lebten dort bisher ziemlich ungeniert. Doch jetzt wurde das Steuersystem umgekrempelt – bemerkenswert für ein Land, in dem „Steuer" weithin als Fremdwort gilt. Um die Bevölkerung zum Mitmachen zu animieren, sind die neuen Steuerbestimmungen von entwaffnender Einfachheit: „Zehn – zehn – zehn" lautet die Formel. 10 Prozent beträgt die Mehrwertsteuer, 10 Prozent die neu eingeführte Einkommensteuer, 10 Prozent schließlich auch die Unternehmensteuer. Allein in den letzten beiden Jahren wurden über 60 000 neue Steuerkonten eröffnet, der Steuererlös nahm im gleichen Zeitraum um 123 Prozent zu. Staatsschulden konnten damit zurückgefahren, die Ausgaben für Erziehung, Kultur und das Gesundheitswesen erheblich gesteigert werden. Das neue Steuersystem soll die Paraguayer überzeugen, dass es für sie von Vorteil ist, legal zu arbeiten.

Paraguay garantiert den Schutz privaten Eigentums. Es bestehen diplomatische Beziehungen zu **Deutschland**, jedoch ohne Auslieferungs- und Informationsabkommen. Auch das *OECD*-Abkommen bei Auskunftsersuchen von Drittstaaten in Steuerangelegenheiten wird nicht umgesetzt. Die Gesetzgebung ist unternehmerfreundlich. Auf Antrag werden ausländischen Investoren Steuern für die ersten fünf Jahre erlassen. In der Landwirtschaft ist eine Pauschalbesteuerung von 2 Prozent möglich. Als Resident ist man von Quellensteuer auf Bankguthaben befreit. Bürger des Landes zu werden, ist einfach: Dazu reicht der Kauf einer Immobilie im Land, oder – einfacher – ein Bankguthaben in Höhe von

---

Vorsicht vor „Beratern"

Hüten sollte man sich vor den „selbsternannten Spezialisten" vor Ort. Die kennen sich in der Regel nicht mit dem *EU*-Steuerrecht aus und haben häufig auch nicht den direkten Draht zu den lokalen Entscheidern.

Die von ihnen angebotenen „wasserdichten" Komplett-Lösungen halten insbesondere deutschen Steuerprüfungen nicht stand. Auch der Kauf einer Immobilie für den Erwerb einer Paraguay-Residencia ist nicht erforderlich.

Wen es unternehmerisch nach **Paraguay** zieht, der sollte sich durch einen seriösen anwaltlichen Berater neben der zehnjährigen Aufenthaltserlaubnis, einem Paraguay-Ausweis und dem Certificado de Retorno (für die Ausreise) unter anderem beschaffen lassen: eine Mietwohnung in **Asunción**, keine Gemeinschafts- oder Briefkastenadresse, eine erstklassige Bankverbindung und eine auf die persönlichen steuerlichen Erfordernisse maßgeschneiderte rechtliche Unternehmenskonstruktion, über die auch mit **Deutschland** und der **EU** Geschäfte abgewickelt werden können. Dabei versteht sich, dass daraus anfallende Gewinne in **Paraguay** steuerfrei auflaufen.

5000 US-Dollar. Die Gebühren belaufen sich auf 1000 US-Dollar. Im Land arbeiten etwa 30 Banken, die rund 70 Milliarden Dollar verwalten. Die Wechselkurse sind frei, Devisentransaktionen sind beschränkungsfrei, Konten können in harter Fremdwährung geführt werden. Wegen des hohen Zinsniveaus (7 bis 11 Prozent Mitte 2013) sind Festgeldanlagen für Ausländer interessant.

Weitere Informationen und Ansprechpartner:

Botschaft der Republik Paraguay
Hardenbergstr. 12, D-10623 Berlin
Tel.: 030-31 99 86-0
Fax: 030-31 99 86-17

Deutsche Botschaft
Avenida Venezuela 241
PY-Asunción
Tel.: 00595-21-21 40 09
Fax: 00595-21-28 63

Uruguay – Ende einer Steueroase

Das zweitkleinste Land **Südamerikas** hat seit Anfang 2011 als Steueroase ausgedient. Um von den Grauen Listen der *OECD* und *EU* gestrichen zu werden, wurden mit **Deutschland** und weiteren Ländern (**Schweiz, Spanien, Portugal, Frankreich, Belgien, Finnland, Malta, Luxemburg, Liechtenstein, Mexiko und Südkorea**) neue Doppelbesteuerungsabkommen nach *OECD*-Richtlinien abgeschlossen. Verhandelt wird mit **Indien, Malaysia, Ecuador, Argentinien** und **Brasilien**. Damit wurde das seit 1982 verankerte Bankgeheimnis für Auslandsvermögen ausgehebelt. **Österreich** und die **USA** stehen Mitte 2013 noch nicht auf der Verhandlungsliste.

Weitere Informationen:

Botschaft von Uruguay
Budapester Straße 39, D-10787 Berlin
Tel.: 030-2 63 90-16
Fax: 030-2 63 49 01 70
E-Mail: urubrande@t-online.de

Karibik

Von **Florida** bis **Venezuela** spannen Hunderte von Inseln einen rund 3 500 Kilometer weiten Bogen zwischen **Kuba** und **Aruba**. Sie sind wegen der Sonne, ihrer schneeweißen Strände und des warmen saphirfarbenen Karibischen Meeres insbesondere in den Wintermonaten Treffpunkt kältegeplagter Mitteleuropäer. Die **Antillen** bieten aber nicht nur optimale Bedingungen für Sonnenhungrige und Wassersportler, sie haben sich in den letzten Jahren auch zunehmend zum Fluchtpunkt steuergestresster Europäer entwickelt. Neben Weltklasse-Hotels, Jet-Set-Wohnanlagen und exklusiven Golfplätzen schätzen diese vor allem Null-Steuern, gute Infrastruktur und internationale Verkehrsanbindungen. Um die wirtschaftliche Zusammenarbeit in der Region zu stärken, haben die Länder der **Karibik** mit denen **Lateinamerikas** den Staatenbund *CELAC* (*Comunidad de Estados Latinoamericanos y Caribeños*) gegründet.

Einige der Karibik-Oasen sind echte Renner. Tatsächliche Steuerparadiese aber, die weder Einkommensteuern für Einzelpersonen und Unternehmen noch Kapitalertrag- oder Erbschaftsteuern erheben, gibt es nur drei: **Anguilla**, die **Cayman Islands** sowie die **Turks- & Caicos-Islands**. Auf massiven Druck der Industriestaaten hin haben viele Steueroasen in der **Karibik** 2009/2010 die Übernahme der *OECD*-Vorschriften zur Bekämpfung von Steuerhinterziehung und -betrug zugesagt. Mit **Deutschland** wurden von vielen Karibik-Staaten 2011 und 2012 Abkommen auf den Gebieten Rechts- und Amtshilfe sowie Auskunftsaustausch geschlossen. Für Steuersünder werden die Destinationen der **Karibik** damit gefährlich. Umso mehr, da **Großbritannien** im April 2013 sowohl die britischen Steueroasen in der **Karibik – Anguilla, British Virgin Islands, Cayman Islands**, **Montserrat** und die **Turks- & Caicos-Islands –** als auch das nördlich im **Atlantik** gelegene **Bermuda** gezwungen hat, künftig automatisch Details zu den Inhabern von Bankkonten sowie zum Umgang damit bereitzustellen. Darüber hinaus sollen die Besitzverhältnisse von Offshore-Gesellschaften in den nationalen Unternehmensregistern offengelegt werden. Davon betroffen sind allein in den britischen Übersee-Steueroasen rund 1,4 Millionen Gesellschaften. **Panama** könnte für sie künftig der Ausweg sein.

In der Inselwelt der **Karibik** gibt es viele Möglichkeiten, angenehm und stressfrei zu leben, ohne Steuern zu zahlen. Die **Bahamas** und die **Cayman Islands** zählen zu den bekanntesten Steueroasen überhaupt. Weniger bekannt und preiswerter sind die **Turks- & Caicos-Islands**. Steuerfreiheit beziehungsweise Mini-Steuersätze für ausländisches Geld bieten aber auch **Anguilla, Antigua** und **Barbuda** und **Saint Kitts and Nevis**. Eine ideale Lösung ist sicherlich keine der Inseln, zumindest, wenn Sie dort wohnen und eine Firma führen wollen.

So manche der zahllosen kleinen Inseln vereinigt auf engem Raum viele der typischen Klischees: Sonne und Meer und dazu Lässigkeit im Übergang zur Verwahrlosung. Diese Dreifaltigkeit übt dennoch seit jeher ihren Reiz auf den Rest der Welt aus. Dazu kommt die Grundeigenschaft der Insulaner: Beharrlichkeit. Fast jedes Jahr werden einzelne Inseln von Hurrikans verwüstet, die niederreißen, was die Menschen zuvor errichtet hatten. Danach bauen die Insulaner alles neu auf. Was sollten sie auch sonst tun? Es gibt kaum Verlockungen, die ablenken könnten. Doch genau das macht eine Insel so anziehend für den Rest der **Welt**: die Abgeschiedenheit.

Region im Wandel

Die 34 Staaten der **Karibik** haben sich wirtschaftlich zur Gemeinschaft karibischer Staaten *(Caribbean Community and Common Market, Caricom)* mit Sitz in **Georgetown**, **Bahamas**, zusammengeschlossen. Ihr gehören 15 Staaten und britische Überseegebiete als Vollmitglieder sowie fünf assoziierte britische Überseegebiete mit insgesamt 15 Millionen Menschen an. Die Mitgliedsstaaten sind weder politisch noch wirtschaftlich integriert. Der politische und geografische Spannungsbogen reicht vom (immer noch) kommunistischen **Kuba** über das völlig verarmte **Haiti** bis zum prosperierenden **Trinidad** und **Tobago** vor der venezolanischen Küste. Insgesamt leben heute 36 Millionen Einwohner im Karibikraum; neben wenigen Ureinwohnern vor allem Menschen afrikanischer und europäischer Herkunft, Kreolen, Inder und Chinesen.

Im Außenhandel der **Karibik**-Region zeigt sich das für kleine Inselstaaten typische Ungleichgewicht: Nahezu alle Konsum- und Investitionsgüter müssen eingeführt werden. Jene Länder, die sich auf der internationalen Offshore-Bühne etabliert haben, profitieren von günstigen Rahmenbedingungen. Sie überzeugen in der Regel mit politischer Stabilität, geringer Verschuldung und umfangreichen Steuerfreiheiten. Doch während die Offshore-Zentren für unternehmerische Aktivitäten und die Nutzung unterschiedlicher Steuersysteme trotz des verschärften Umfelds nach wie vor attraktiv sind, haben sie im Bereich Vermögensverwaltung vor allem für Privatpersonen aus **Europa** massiv an Bedeutung verloren. Das zweite Bein der nationalen Wirtschaft ist in zunehmendem Maße der Tourismussektor, der jedoch für exogene Einflüsse anfällig ist.

Anguilla

- Fläche: 96 qkm, davon Anguilla 91 qkm, Sombrero 5 qkm
- Hauptstadt: The Valley
- Währung: Ostkarib. Dollar (EC-$)
- BIP je Einwohner: 12 200 USD
- Abkommen: Rechts- und Amtshilfe und Informationsaustausch

- Einwohner: 15 500
- Sprache: Englisch
- Arbeitslosigkeit: 8,0 Prozent
- Inflation: 2,0 Prozent
- Staatsverschuldung: 80,5 Prozent

Schnell wird es nach Sonnenaufgang heiß über dem flachen, sich nur 66 Meter aus dem unverschämt türkisen Blau des Meeres hebenden Rückens von **Anguilla**. Würde nicht der stetig wehende Nordostpassat die Luft bewegen, würde das lang gestreckte Eiland vor Hitze glühen. Die nördlichste der Inseln der **Kleinen Antillen** ist im Gegensatz zu den anderen umliegenden Erhebungen zwischen **Atlantik** und **Karibischem Meer** nicht vulkanischen Ursprungs, sondern aus einem Korallenriff entstanden. Der Schatz der Insel sind ohne Zweifel ihre großartigen weiten Strände, die zu den schönsten der **Karibik** zählen. Kein Wunder, dass **Anguilla** sich in recht kurzer Zeit zu einem Refugium der Reichen vor allem aus den **USA** und **Kanada** entwickelt hat. Und die wissen, wie man das Angenehme mit dem Nützlichen verbindet. Zu den Anwälten in der Hauptstadt **The Valley** sind es nur kurze Wege. Das Gründen und Verwalten von Trusts zählt zu deren Spezialität. Erst seit der Revolution von 1967, als sich die Insel ihre Autonomie von der Drei-Insel-Verwaltung **Saint Kitts and Nevis-Anguilla** erkämpfte und zur britischen Kronkolonie wurde, besserten sich die Lebensbedingungen der Insulaner. Seitdem setzt man auf Luxustourismus, der Arbeitsplätze schafft. Doch trotz des Fünf-Sterne-Tourismus ist es auf **Anguilla** eher der Mangel an Urlaubsindustrie außerhalb der hochpreisigen Resorts, der das Eiland angenehm von seinen Hochfrequenznachbarn unterscheidet: keine Shoppingcenter, keine Strandboulevards, kein Nepp. Und alles ist in wenigen Minuten erreichbar – Karibik-Feeling pur. Dazu eine kreative Küche, mit einem Mix aus karibischer und europäischer Kochkunst.

Steuern: Auf **Anguilla** gibt es keine direkten Steuern oder Abgaben. Zudem sind keine Abgaben auf Dividenden, Schenkungen und Erbschaften zu leisten. **Anguilla** ist eine reine Null-Steuer-Oase mit einer modernen Gesetzgebung für Unternehmen, mit internationalen Unternehmen (IBCs), Offshore-Bankwesen, Unternehmenszentralen und vor allem Trusts. Es gibt ein umfassendes Anti-Geldwäsche-Gesetz mit einem Informationsaustausch vor allem mit den **USA**. Anguillas Trust-Verordnung liefert einen flexiblen Rahmen, der auch die unterschiedlichsten Trust-Nutzungsmöglichkeiten erfasst.

Anguilla verfügt über ein attraktives Trust-Recht, das von der „Confidential Relations Ordinance" geschützt ist. Eine Unternehmensgründung kostet 750 US-Dollar, die jährliche Domizilisation 750 US-Dollar, die laufenden jährlichen Kosten liegen bei

200 US-Dollar. Unternehmen müssen ein Büro auf der Insel einrichten, aber keine Jahresabschlüsse vorlegen, und die Jahreshauptversammlung muss nicht auf **Anguilla** abgehalten werden. Es gibt keine Devisenbeschränkungen, die Ein- und Ausfuhr von Kapital kann in unbeschränkter Höhe erfolgen. Auf Zinseinkünfte wird von EU-Bürgern eine 15-prozentige Quellensteuer erhoben. Das OECD-Abkommen zur Auskunftserteilung in Steuerangelegenheiten an Drittstaaten wird seit Anfang 2010 umgesetzt. Im April 2013 hat das Mutterland **Großbritannien** den Karibikstaat gezwungen, künftig Details zu den Inhabern von Bankkonten sowie zum Umgang damit dem Mutterland sowie den *EU*-Ländern **Deutschland, Frankreich, Italien** und **Spanien** mitzuteilen. Auch sollen die Besitzverhältnisse der auf **Anguilla** registrierten Offshore-Gesellschaften im Unternehmensregister offengelegt werden.

Sandy Islands

Wer in der **Karibik** das Idyll vom einfachen Dasein mit zivilisatorischen Mindeststandards wie Klohäuschen und Regentankspülung im Dickicht, sprich das karibische Lebensgefühl sucht, der ist auf **Sandy Islands** in **Anguilla** richtig. Auf der Insel gibt es weder Strom noch Frischwasser, sie hat die Maße eines Fußballfeldes, alles ist grasgrün. In der Mitte hat sich eine Bar angesiedelt, randvoll mit bunten Schnapsflaschen. Erst beim Näherkommen entfaltet sich der Charme dieses Fluchtpunktes vom Alltag. Was vom Meer aus gesehen noch verwaist wirkt, erweist sich im Inselinnern völlig anders. Meregue schallt aus den Boxen des Gettoblasters, Dion mixt dazu erfrischende Drinks und Berecias Hüften bewegen sich im Rhythmus der Musik, wenn sie mit dem Fisch aus der Küche kommt. Auf der Karte stehen Lobster, Crayfish, Mahi Mahi. Und in der Wintersaison gibt es sonntags Live-Musik. Man kann **Sandy Islands** mieten, tageweise oder abends für eine unvergessliche Strandparty. Der Spaß kostet etwa 6000 US-Dollar, Berecias, Dions und Quacys Bootsservice (zehn Minuten Überfahrt ab Sandy Ground, täglich ab zehn Uhr, telefonische Bestellung: 4766534) inbegriffen. Leider machen Geheimtipps so schnell die Runde, dass sie selten welche bleiben.

Weitere Informationen und Ansprechpartner:

Botschaft des Vereinigten Königreichs
Großbritannien und Nordirland
Wilhelmstraße 70, D-10117 Berlin
Tel.: 030-2 04 57-0
Fax: 030-2 04 57-5 71

Superintendent of Offshore Finance
The Valley; Anguilla, British West Indies
Tel.: 001-2 64-4 97-58 81
Fax: 001-2 64-4 97-58 72

Eastern Caribbean Central Bank
P.O. Box 89, Basseterre
Saint Kitts, W.I.
Tel.: 001-8 69-4 65 25 37
Fax: 001-8 69-4 65 95 62

Antigua und Barbuda

- Fläche: 441,6 qkm,
  davon Antigua 280 qkm,
  Barbuda 160,5 qkm,
  Redonda 1,5 qkm
- Währung: Ostkarib. Dollar (EC-$)
- Inflation: 3,4 Prozent
- Abkommen: Amtshilfe und
  Auskunftsaustausch
- Einwohner: 87 000, davon
  nur 1500 auf Barbuda
- Hauptstadt: St. John's
- Sprache: Englisch
- BIP je Einwohner: 13 800 USD
- Arbeitslosigkeit: 11 Prozent
- Staatsverschuldung: 97,8 Prozent

Antigua ist die größte der Leeword-Inseln. 365 Badebuchten reihen sich an der stark gegliederten Küste aneinander, für jeden Tag eine. Sie zählen zu den schönsten der Welt. Die Insel schloss sich nach ihrer Unabhängigkeit mit den Nachbarinseln **Barbuda** und **Redonda** zusammen. Die über 200 Jahre alten Werftanlagen von *Nelson's Dockyard* zeugen davon, dass sich hier einst das Flottenzentrum des britischen Weltreichs in Westindien befand. Heute haben Restaurants und Pubs die historische Festung erobert. Statt zu Seeschlachten treten jedes Jahr Yachten aus aller Welt vor der Küste zum Wettkampf bei einer der prestigeträchtigsten Regatten der Welt an.

Auf **Barbuda** sind Grund und Boden Eigentum aller. Wer ein Haus bauen oder ein Feld anlegen will, bekommt so viel Land zugewiesen, wie er braucht. Höchstes Machtorgan und gleichzeitig bedeutendster Arbeitgeber ist der Inselrat.

Steuern und Gesellschaftsrecht

Internationale Business Companies unterliegen einer dreiprozentigen Körperschaftsteuer, sofern sie zu 100 Prozent Eigentum Nichtansässiger sind und ihre Aktivitäten außerhalb der Inseln durchführen. Offshore-Gesellschaften sind für einen Zeitraum von 50 Jahren ab Gründung von sämtlichen Steuern befreit. Für eine IBC wurde keine Mindestkapitalhöhe festgelegt. Die Aktien können als Namens- oder Inhaberaktien emittiert, dafür aber nicht auf einen Staatsbürger **Antiguas** übertragen werden.

Gesellschaftsgründung: Die Kosten für die Gründung einer Offshore-Gesellschaft belaufen sich auf etwa 2500 US-Dollar. Die jährlichen Gebühren für die Führung der Gesellschaft liegen bei rund 750 US-Dollar. **Antigua** bietet deutschsprachigen Kapitalgesellschaften sein Internet-Kürzel „.ag" an, um über das Internet (noch) steuerfreie Geschäfte in **Deutschland** tätigen zu können.

Steuern: Während IBC-Gesellschaften einer dreiprozentigen Körperschaftsteuer unterliegen, zahlen natürliche Personen keine Einkommen- oder sonstigen Steuern. Die Einnahmen von Offshore-Banken, Captives, Makler, Internet-Casinos und Trusts werden mit 3 Prozent besteuert.

Mit den **USA**, **Australien** und der *OECD* wurden Rechtshilfeabkommen in Steuerangelegenheiten abgeschlossen, unter anderem für den Informationsaustausch in Steuerangelegenheiten von Drittstaaten.

Auslandsrente: Wer seine Rente aus dem Ausland bezieht, kann darauf im Auszahlungsland bezahlte Steuern mit seinen auf Antigua zu zahlenden Steuern verrechnen.

Wohnsitz: Ausländer dürfen **Antigua** als ihren „ständigen" Wohnsitz angeben, wenn sie sich dort mehr als 30 Tage im Jahr aufhalten und eine Gebühr von 20 000 US-Dollar für eine ständige Arbeitserlaubnis bezahlen. Wer einen ständigen Wohnsitz hat, zahlt einen verminderten Steuersatz von 5 Prozent.

Weitere Informationen und Ansprechpartner:

Botschaft von Antigua und Barbuda
45, Crawford Place, 2nd Floor
GB-London W1H LP
Tel.: 0044-20 72 58 00 70, Fax: 0044-20 72 58 74 86

Ministry of Finance
St. John's; Antigua
Tel.: 001-268-4 62-29 22, Fax: 001-268-4 62-17 17

Sailing Week: Ende April; für deutsche Teilnehmer vermittelt die Stuttgarter KH&P Yachtcharter komplette Yachten oder einzelne Kojen.
www.khp-yachtcharter.de

Bahamas

- Fläche: 13 940 qkm
- Hauptstadt: Nassau
- BIP je Einwohner: 22 454 USD
- Arbeitslosigkeit: 6,9 Prozent
- Abkommen: Rechts- und Amtshilfe und Auskunftsaustausch

- Einwohner: 348 000
- Sprache: Englisch
- Währung: Bahama-Dollar (B$)
- Inflation: 3,2 Prozent
- Staatsverschuldung: 81 Prozent

Die **Bahamas**, ein Insel gewordener Traum. Schon der Name, abgeleitet von Baja Mar (flaches Meer), wie die spanischen Eroberer das flache Gewässer und die Inseln nannten, geht einem genießerisch über die Lippen wie ein Cocktail. Die 690 Inseln der **Bahamas** mit traumhaften Stränden und kristallklarem Wasser ziehen sich über ein Seegebiet des Atlantiks von rund 250 000 qkm. Inselparadiese, so weit das Auge reicht. Das quirlige **Nassau** und das moderne **Paradise Island** sind beliebte Anlegehäfen für Kreuzfahrtschiffe aus aller Welt. Ruhe und Entspannung bieten die karibischen **Outer Islands**. Die Bahamesen leben auf insgesamt 29 Inseln; alle übrigen sind unbewohnt und einige davon sogar käuflich zu erwerben. Die Inselgruppe ist seit 1973 unabhängig. Schon Anfang der 1950er-Jahre entwickelten sich die **Bahamas** wegen ihrer Steuerfreiheit zu einem beliebten Steuerparadies für Private und Unternehmen. Ende 2011 waren dort rund 120 000 Unternehmen registriert, jährlich kommen etwa 6000 hinzu: viele nur als Briefkastenfirma mit einem Messingschild an einer Anwaltskanzlei in **Nassaus** *Bay Street*; darunter auch die Mehrzahl der in **Nassau** vertretenen 400 Banken.

Die **Bahamas** werden zu den reichsten Inseln der **Karibik** gerechnet. Tourismus ist die treibende Wirtschaftskraft (40 Prozent des BIP). Jährlich sorgen rund fünf Millionen Besucher von Kreuzfahrtschiffen für mindestens 50 000 Arbeitsplätze. Der Offshore-Finanzbereich trägt zu 15 Prozent des jährlichen BIP und 5 Prozent der Arbeitsplätze bei. Die **Bahamas** gehören zu den größten Offshore-Zentren für offene Fonds. Über 400 Banken verwalten rund 200 Milliarden Dollar Auslandsvermögen. DBA gibt es nicht. Zinsmäßig zählen die **Bahamas** aus *EU*-Sicht zu den Drittstaaten, damit sind Zinseinkünfte an der Quelle steuerfrei. Die *OECD*-Vorschriften gegen Steuerbetrug und -hinterziehung werden umgesetzt.

Die **Bahamas** haben sich als Offshore-Steueroase zwei Trumpfkarten einfallen lassen: den Trust und die Besonderheit der IBC. Da IBCs ohne großen bürokratischen Aufwand operieren können, werden sie als Rechtsform vor allem auch für offene Investmentfonds genutzt. „Offshore-Banken" sind nicht erlaubt. Alle auf den **Bahamas** registrierten Banken müssen auch „auffindbar" sein.

Das Trustgesetz aus dem Jahr 1989 ermöglicht es den Gründern, die zuständige Gerichtsbarkeit zu bestimmen. So werden Trusts auf den **Bahamas** vor Gläubigern und Angriffen aus anderen Jurisdiktionen geschützt. Zur Vermögenssicherung kommt in der Regel ein Asset Protection Trust (APT) zum Einsatz. Trust-Gründungen erfordern weder einen Registereintrag noch eine Meldung an die Zentralbank oder eine andere Behörde. Der Treugeber kann jedweden Vermögenswert, gleich wo sich dieser weltweit befindet, in den Trust einbringen und dafür einen Begünstigten benennen. Die „Know Your Customer"-Regel wird angewandt, das betrifft auch Immobilien- und Versicherungsmakler und vergleichbare Dienstleister. Verdächtige Vermögenstransaktionen müssen gemeldet werden.

Da die **Bahamas** bereits früh als Steueroase auftraten, verfügen sie heute über ein hervorragend entwickeltes Finanz- und Beratungswesen. In **Nassau** und **Freeport** sind alle international tätigen Wirtschaftsprüfungs- und Rechtsanwaltskanzleien präsent.

Rechtssystem: Es folgt dem englischen Common Law mit eigenen Zusatzverordnungen für Unternehmen, Banken und Treuhandgesellschaften.

Patentrecht: Patente können für die Dauer von sieben Jahren in **Nassau** registriert und insgesamt zweimal um sieben Jahre verlängert werden. Für Warenzeichen gelten 14 Jahre mit einer einmaligen Verlängerungsmöglichkeit für den gleichen Zeitraum. Werden die Schutzrechte nicht genutzt, laufen sie nach fünf Jahren aus.

Wohnsitznahme: Privatpersonen können eine auf ein Jahr beschränkte Aufenthaltserlaubnis („Temporary Residence": 1000 B$ für den Haushaltsvorstand sowie 20 B$ für jedes weitere Familienmitglied) oder eine Daueraufenthaltsgenehmigung („Permanent Residence": 5000 B$ für den Haushaltsvorstand inklusive aller Familienmitglieder) beantragen.

Bei der Gewährung des Dauerwohnrechts wird erwartet, dass der Wohnsitznehmer jährlich mindestens 25 000 B$ aus dem Ausland für seinen Lebensunterhalt auf die **Bahamas** überweist und außerdem innerhalb von zwei Jahren nach Wohnsitznahme mindestens 250 000 B$ in den **Bahamas** investiert – beispielsweise in eine Immobilie. Die Erteilung der Aufenthaltsbewilligung liegt im Ermessen der Behörden. Vor Ort sollte man einen qualifizierten Anwalt einschalten.

Steuern: Der Haushalt der **Bahamas** wird durch Einnahmen aus Zöllen sowie aus Tourismus- und Spielbanksteuern weitestgehend gedeckt. Für dort ansässige Privatpersonen oder Gesellschaften bedeutet das: keine Einkommen-, Körperschaft-, Veräußerungsgewinn-, Quellen-, Schenkung- oder Erbschaftsteuer. Die **Bahamas** sind somit eine klassische Null-Steuer-Oase.

Beabsichtigt man den Erwerb einer Immobilie, betragen die Grundsteuern 0,5 bis 1,5 Prozent des Grundstückswertes. Dividenden- und Zinszahlungen von den **Bahamas** aus unterliegen einer Quellensteuer von 0,25 Prozent. Für Industrieansiedlungen im

Freihafengebiet Freeport auf der Insel **Grand Bahamas** gilt eine Zollfreiheitsgarantie bis zum Jahr 2054.

Doppelbesteuerungsabkommen: keine

Lebenshaltungskosten: hohe Lebenshaltungskosten durch Einfuhrzölle bei hoher Lebensqualität

Die **Bahamas** sind für Firmengründung, Kapitalinvestition und einen Wohnsitz eine interessante Alternative. Die bedeutendste Eigenschaft, die sie von den meisten Steueroasen unterscheidet, ist die Unabhängigkeit als souveräner Staat mit einer stabilen Demokratie.

Gesellschaften: Alle Unternehmensarten müssen auf den **Bahamas** registrierte Büroräume unterhalten. Eine internationale Gesellschaft braucht mindestens zwei Aktionäre. Die Aktien können in einer Auslandswährung ausgegeben werden. Inhaberaktien sind erlaubt und können in registrierte Aktien umgewandelt werden. Die Gesellschaft muss einen auf den **Bahamas** im Firmenregister eingetragenen Agenten nachweisen. Aktionäre und Geschäftsführung können jede beliebige Nationalität haben, die Hauptversammlung der Gesellschaft kann an jedem Ort weltweit durchgeführt werden. Für Jahresberichte, die nur von den Aktionären eingesehen werden dürfen, besteht keine Aufbewahrungspflicht.

Für eine Oasengesellschaft kommt nur eine Limited Company infrage, Gesamtgründungskosten ca. 1750 bis 2500 B\$.

Beabsichtigt man, einen Vermögenstrust zu errichten, ist man gut beraten, diesen nicht durch kleine Anwalts- oder Treuhandkanzleien auf den **Bahamas** verwalten zu lassen. Das sollte man besser den Töchtern der dort ansässigen großen britischen (z. B. *Barclays Bank International)* oder kanadischen *(The Royal Bank of Canada)* Banken überlassen. In keinem Fall aber amerikanische Banken wählen, da diese dem Einflussbereich der **US**-Finanzbehörden unterstehen.

Gründungsdauer: zwei bis drei Tage

Gründungskosten: Stempelgebühren 60 B\$ bis zu einem Kapital von 5000 B\$. Für jede weitere 1000 B\$ Aktienkapital drei B\$. Dazu kommt eine Registergebühr in Höhe von 500 US-Dollar. Die jährlichen Kosten für Abschlusserklärung und Steuer betragen 100 US-Dollar, für die Domizilisation 650 US-Dollar.

Weitere Informationen und Ansprechpartner:
Botschaft des Commonwealth der Bahamas
Bahamas House
10, Chesterfield Street
GB-London W1J5L
Tel.: 0044-20 74 08 44 88, Fax: 0044-20 74 99 99 37
Internet: www.bahamas.com

Barbados

- Fläche: 430 qkm
- Hauptstadt: Bridgetown
- BIP je Einwohner: 16929 USD
- Arbeitslosigkeit: 11,2 Prozent
- Abkommen: Amtshilfe und Auskunftsaustausch

- Einwohner: 273900
- Sprache: Englisch
- Währung: Barbados-Dollar (Bd-$)
- Inflation: 5,8 Prozent
- Staatsverschuldung: 79,2 Prozent

Barbados ist die bekannteste Insel der **Kleinen Antillen** zwischen **Karibik** und **Atlantik**. Im Gegensatz zu den benachbarten Karibikinseln ist **Barbados** nicht vulkanischen Ursprungs, sondern liegt auf einem Kalksteinplateau, dessen höchste Erhebung der *Mount Hillaby* mit 336 m ist. Die östlichste Insel der **Kleinen Antillen** bietet etwas für jeden Geschmack: Die Westküste begeistert mit sanften Wellen an den endlosen weißen Sandstränden und dem kristallklaren türkis-blauen Wasser der **Karibik**. Die wildromantische Landschaft der dem **Atlantik** zugewandten Ostküste zeichnet sich durch bizarre Felsformationen und eine raue Brandung aus. Wellenreiter schätzen dies ganz besonders.

Auf **Barbados** haben sich 300 Jahre englischer Einfluss und Tradition mit dem afrikanischen Erbe der Einheimischen, der „Bajans", ver-

---

Barbados gesellschaftsrechtlich und steuerlich

Eine International Business Company zahlt, sofern sie zu 100 Prozent einem Nichtansässigen gehört, 2,5 Prozent Körperschaftsteuer. Firmen, die im Land produzieren, werden davon zehn Jahre befreit. Darüber hinaus erhalten sie Subventionen für Fabrikgebäude und die

Fortsetzung: Barbados gesellschaftsrechtlich und steuerlich

Ausbildung einheimischer Mitarbeiter. **Barbados** wirbt dafür, dass die auf der Insel produzierten Güter in den **USA** sowie vielen Ländern der **Karibik** und **Lateinamerikas** Zollpräferenzen haben. Außerdem können die meisten dort hergestellten Produkte aufgrund des *„Lomé-Abkommens"* völlig zollfrei in die **EU** exportiert werden. Mittlerweile sind über 5000 internationale Gesellschaften von Quellensteuer, Dividendensteuer sowie Steuern auf Lizenzen befreit, wenn diese an internationale Unternehmen oder Nichtansässige ausgezahlt werden. Die Infrastruktur ist gut.

Non-Residents zahlen eine Einkommensteuer zwischen 1 und 2,5 Prozent. Von Kapitalertrag-, Erbschaft-, Grund-, Schenkung- sowie Quellensteuer auf Dividenden und Zinszahlungen sind sie befreit.

Trusts werden durch die Offshore Banking Trustee and International Trust Acts reguliert. Die darin geregelten Schutzvorschriften sind mit anderen Offshore-Zentren vergleichbar. Internationale Trusts sind steuerbefreit, wenn der Trust-Fonds nur ausländische Vermögenswerte enthält. Um zu vermeiden, dass der Trustgründer im Heimatland mit dortigen Gesetzen in Konflikt gerät – etwa wegen Forderungen etwaiger Pflichtanteilsberechtigter oder der Insolvenzregelung –, kann ein auf Barbados ansässiger internationaler Trust der Gesetzgebung von Barbados unterworfen werden.

Wer auf **Barbados** eine International Business Company betreiben will, benötigt dafür eine jährlich zu erneuernde Lizenz. IBCs müssen der Finanzbehörde geprüfte Jahresabschlüsse vorlegen, die jedoch nicht veröffentlicht werden. Ein Mindestkapital ist nicht festgesetzt, Inhaberaktien sind nicht erlaubt.

Obwohl **Barbados** eine Steueroase ist, werden IBCs nicht von allen Steuern befreit. Hat sie nur ihren Sitz auf **Barbados**, ohne auf der Insel aktiv tätig zu werden, unterliegt sie einem degressiven Steuertarif von 2,5 Prozent bei einem zu versteuernden Einkommen bis zu 10 Millionen Bd-$, der Steuersatz sinkt auf 1 Prozent, wenn das zu versteuernde Einkommen 30 Millionen Bd-$ erreicht. Im Vergleich zum normalen Steuersatz von 37,5 Prozent auf Unternehmensgewinne ein erheblicher Vorteil, der bis zu 15 Jahre gewährt werden kann. Im Ausland gezahlte Steuern werden auf die Steuerschuld der IBCs angerechnet. Eine Quellensteuer fällt nicht an.

mischt. Calypso, Limbo, feinsandige Strände und eine ständig kühlende Brise haben die Insel zur Residenz vieler Millionäre gemacht. Dreh- und Angelpunkt für das wirtschaftliche Leben ist die Hauptstadt **Bridgetown**. Die Insel liegt weltweit auf Platz 29 des UN-Entwicklungs-Index, der den Entwicklungsstand eines Landes misst. Das ist der höchste Rang für ein Land aus der Karibik. Der Tourismus steuert mehr als die Hälfte der jährlichen Deviseneinnahmen bei, der Offshore-Finanzbereich etwa 10 Prozent. Verwaltete Vermögen: rund 100 Milliarden US-Dollar. Das Bankgeheimnis ist in „Steuerfragen" eingeschränkt. Die *OECD*-Vorschriften gegen internationale Steuerhinterziehung und -betrug werden umgesetzt.

Tipp: Interessant ist **Barbados** für Reeder. Sie erhalten eine zehnjährige Steuer- und Zollbefreiung.

Weitere Informationen und Ansprechpartner:

Botschaft von Barbados
100, Avenue Franklin Roosevelt; B-1050 Brüssel
Tel.: 0032-27 32 17 37, Fax: 0032-27 32 32 66
International Business and Financial Services Division
Government Headquarters Barbados
Tel.: 001-246-430 22 00, Fax: 001-246-429 68 49
Barbados Chamber of Commerce and Industry
Braemar Court, Deighton Road
St. Michael/Barbados
Tel.: 001-246-4 34 47 50, Fax: 001-246-2 28 29 07
Internet: www.gisbarbados.gov.bb

British Virgin Islands

- Fläche: 153 qkm
- Hauptstadt: Road Town
- Währung: USD
- Inflation: 2,5 Prozent
- Abkommen: Rechts- und Amtshilfe und Auskunftsaustausch

- Einwohner: 27 800
- Sprache: Englisch
- BIP: 38 500 USD
- Arbeitslosigkeit: 3,0 Prozent

Die Britischen Jungferninseln, die **B.V.I.**, sind ein Stück **England** in der Karibik, wo man mit Dollar zahlt, Muskatnuss in den Cocktail raspelt und das Leben genießt. Ein Ziel für Ruhesuchende, es gibt wenig Trubel und keine Hotelketten. Die **B.V.I.** sind eigentlich zu schön, um wahr zu sein. Statt auf All-inclusive-Urlauber setzt der Archipel auf Individualtouristen. Das britische Überseegebiet ist eines der merkwürdigen Überbleibsel des untergegangenen Empires. Die 60 Inseln, von denen nur ein gutes Dutzend bewohnt ist, liegen zwischen zwei Meeren und zwei Welten. Die Briefkästen sind rot, rund und englisch, die Straßenschilder amerikanisch grün und eckig. Die **US-Virgin Islands** liegen in Sichtweite, der Einfluss von dort ist stärker als vom fernen **Großbritannien**.

Eins haben alle Inseln gemeinsam: Sie bieten ein Eldorado für jede Art von Wassersport. Und alles kommt locker und lässig daher: Die Segler in ihren Leinenshorts, die Skipper der Yachten und die Barfrauen, die fast alle aus der **Dominikanischen Republik** stammen und hier sind, weil der Lohn höher ist. Die **B.V.I.** sind ein Paradies für Yachteigner und Tauchenthusiasten, aber auch für Oasenfirmen, die dort unkompliziert gegründet werden können.

Früher galt die geringe Einkommen- und Gewinnsteuer als ein Vorteil der **B.V.I.** gegenüber anderen Standorten ohne Steuern, weil sie den Voraussetzungen der DBA genügten. Als **Großbritannien** und die **USA** Anfang der achtziger Jahre diese Abkommen aufkündigten, schlugen die **B.V.I.** einen neuen Kurs ein und erließen 1984 die Verordnung für Internationale Unternehmen (IBCs). Diese eröffneten Offshore-Banken, Investment- und Holdinggesellschaften neue Gestaltungsmöglichkeiten. Die Inseln waren zunächst ein beliebtes Ziel für Unternehmen aus **Hongkong**, die einen alternativen Standort suchten. Anmeldung und jährliche Kosten einer IBC betragen jeweils 350 US-Dollar, wenn das genehmigte Kapital unter 50 000 US-Dollar liegt, sonst beträgt die Gebühr 1100 US-Dollar.

Doch dem Steuerschlupfloch **B.V.I.** geht es an den Kragen. Im April 2013 hat das Mutterland **Großbritannien** entschieden, dass die **British Virgin Islands** künftig die Inhaber von Bankkonten und die tatsächlichen Eigentümer von Offshore-Gesellschaften sowohl dem Mutterland als auch den *EU*-Ländern **Deutschland, Frankreich, Italien** und **Spanien** offenlegen müssen.

Devisenkontrollen: keine

Fiskalische Auslieferungsabkommen: Keine, jedoch werden die *OECD*-Vorschriften gegen Steuerhinterziehung und -betrug umgesetzt.

Politische Risiken: keine, solange die Inseln britische Kronkolonie sind

Rechtssystem: Englisches Common Law mit ergänzenden lokalen Verordnungen. Seit 1984 gilt zudem das International Business Companies Law.

Devisenbeschränkungen: keine

Patentrecht: Es gelten die britischen Vorschriften.

Wohnsitznahme: Liegt im Ermessen der Immigrationsbehörde. Voraussetzung sind ein gesichertes Einkommen und möglichst der Kauf eines Hauses. Selbstständige und Direktoren von Oasengesellschaften erhalten nur dann eine Genehmigung, wenn sie einen oder mehrere Einheimische beschäftigen.

Grundbesitz: Viele Immigranten haben sich auf den Inseln dauerhaft niedergelassen. Beim Immobilienerwerb gibt es zwei Kategorien von Grundbesitz: „Land der Krone" und „Privatland". Während man „Land der Krone" nur pachten kann, benötigen Ausländer beim Kauf von „Privatland" eine von der Regierung erteilte Lizenz. An Grundsteuer werden für Ausländer pauschal 150 US-Dollar erhoben. Aufenthaltserlaubnisse sind seit einigen Jahren strikt limitiert, mehr als 25 Jahre gibt es nicht.

Steuern: Bei Steuerpflichtigen, die auf den **B.V.I.** weder ihr Domizil noch ihren steuerlichen Wohnsitz haben, wird nur das auf den **B.V.I.** entstandene oder empfangene Einkommen besteuert. Auslandseinkünfte von Personen, die nur befristet ansässig sind, bleiben steuerfrei. Die Einkommensteuer liegt zwischen 3 (für die ersten 2500 US-Dollar) und 20 Prozent (bei Einkommen von mehr als 25 000 US-Dollar). Die Körperschaftsteuer hat einen Grundtarif von

15 Prozent, Ausnahmen mit reduziertem steuerlichen Ansatz sind je nach Gesellschaftsform und Einkommenstyp möglich. Wegen der niedrigen Körperschaftsteuer und der Einrichtungen für internationale Gesellschaften (International Business Companies) profitieren Unternehmen stärker als Privatleute vom Steuerrecht der Inseln.

Das flexible Trustrecht und die gute Beraterinfrastruktur machen die **B.V.I.** zu einem idealen Standort für Vermögensplanung. Unterschieden werden normale und internationale Trusts. Letztere

---

Gesellschaften: Mit über 600 000 registrierten Offshore-Gesellschaften nehmen die **B.V.I.** weltweit nach **Delaware** einen Spitzenplatz ein. Die Banken und Trust-Gesellschaften sind auf das Managen von Vermögen spezialisiert. Sie verwalten rund 50 Milliarden US-Dollar. Die **B.V.I.** sind 2005 zwar der *EU*-Zinsrichtlinie beigetreten, doch aufgrund des hohen Anteils institutioneller Investoren ist die Regelung für die karibische Inselgruppe bedeutungslos. Die Gesellschaft muss einen Anwalt, Wirtschaftsprüfer oder eine Treuhandgesellschaft als Agenten sowie ein Büro auf den Inseln unterhalten, wo das streng vertrauliche Aktienregister geführt wird.

Für Oasengeschäfte kommen nur Non Resident Companies infrage. Dabei sollten aus Haftungsgründen ausschließlich die AG-ähnlichen Companies Limited by Shares gewählt werden, bei denen zwischen „Public Companies" und den „Private Limited Companies" unterschieden wird. Wegen der geringen Auskunfts- und Buchhaltungspflicht ist die Private Limited Company vorzuziehen. Gesellschaften unterliegen einer 15-prozentigen Körperschaftsteuer. Non Resident Companies sind jedoch nur für ihr Einkommen aus den **B.V.I.**-Quellen steuerpflichtig.

Gründungsdauer: drei bis fünf Tage

Gründungskosten: Maximal 75 US-Dollar bei bis zu 10 000 US-Dollar Aktienkapital; Registergebühr 100 US-Dollar; Stempelgebühr 2,5 Prozent auf das Aktienkapital, mindestens jedoch 200 US-Dollar. Gebühren der örtlichen Berater inklusive Stellung des „Registered Office": 1000 bis 1500 US-Dollar.

Laufende Kosten: Registergebühr: 10 US-Dollar; Jahressteuer: 300 US-Dollar; Einreichen des Jahresberichts: 25 US-Dollar; Kosten des örtlichen Beraters einschließlich Stellung des Office: 300 bis 600 US-Dollar.

---

eignen sich besser für nicht ansässige Treugeber. Die Trust-Gründung erfolgt direkt oder durch Urkunde eines Treuhänders, im zweiten Fall bleibt der Treugeber anonym. Das Trust-Gesetz von 2004 schützt Trustvermögen wirksam vor Pflichtteilsansprüchen von Enterbten. Die gesetzlichen Regelungen für Captives entsprechen denen der **Bermudas** und der **Cayman Islands**, allerdings zu günstigeren Konditionen. Trusts und Banken unterliegen der Geheimhaltung, außer bei Steuerhinterziehung und -betrug gemäß den *OECD*-Vorschriften.

Das *Virgin Islands Shipping Registry (VISR)* erlaubt Schiffen aller Größen, sich auf den Inseln registrieren zu lassen und unter britischer Flagge zu fahren. Die **B.V.I.** haben sich zum größten Yachtcharterzentrum der **Karibik** entwickelt.

Doppelbesteuerungsabkommen: Ja, mit **Großbritannien**, der **Schweiz** und **Japan**. Zudem existiert ein Rechtshilfeabkommen mit den **USA**, das auch für steuerliche Vergehen gilt. 2004 wurde die „Financial Investigation Agency" gegründet, um Finanzdienstleister auf den Inseln genauer unter die Lupe zu nehmen. Um das Offshore-Business „sauber" zu halten, haben die **B.V.I.** eine Reihe von internationalen Abkommen geschlossen. So werden den **Caymans** und den **USA** Informationen über Wirtschaftsstraftaten geliefert.

Lebenshaltungskosten: Entsprechen **US**-Niveau, mit reizlosem Ambiente

Verkehrsverbindungen: Flug- und Fährschiffverbindungen zu den **US Virgin Islands**, von dort über **Puerto Rico** in die **USA** oder nach **Europa**.

Weitere Informationen und Ansprechpartner:

Ministry of Finance
33 Admin Drive
Road Town
Tortola, BVI VG1110
Tel.: 001-284-4 94 37 01
Fax: 001-284-4 94 61 80

Overseas Company Registration Agents Ltd.
3rd Floor, 14 Hanover Street
Mayfair
London W1S 1YH
Tel.: 0044-20 73 17 06 00
Fax: 0044-20 73 17 06 10

Cayman Islands

- Fläche: 262 qkm,
  davon Grand Cayman 197 qkm
- Hauptstadt: Georgetown
- Währung: Cayman-Dollar (CI-$)
- Inflation: 2,0 Prozent
- Abkommen: OECD-Informations-
  austausch, DBA

- Einwohner: 45 000
- Sprache: Englisch
- Arbeitslosigkeit: 5,3 Prozent
- BIP je Einwohner: 48 290 USD
- Staatsverschuldung: 24,9 Prozent

Die drei von Traumstränden umgebenen Inseln liegen zwischen **Kuba** und der mittelamerikanischen Landbrücke. Die Inselgruppe ist auf eigenen Wunsch britische Kronkolonie geblieben. 90 Prozent der Insulaner leben auf der größten Insel **Grand Cayman**. Mit knapp 50 000 Dollar haben sie das höchste Pro-Kopf-BIP im ganzen Karibikraum. Der Wohlstand ist durch den Bau-, Tourismus- und Finanzboom auf den Inseln sichtbar.

Obwohl auf den **Cayman Islands** seit dem ausgehenden 17. Jahrhundert Steuerfreiheit herrscht, entwickelten sich die Inseln im Vergleich zu anderen Steueroasen in der **Karibik** erst spät zu einem internationalen Finanz- und Touristenzentrum. Ausschlaggebend war der Bau des Flughafens 1954. Anfang der 1970er-Jahre folgte der Zuzug einer Reihe von Banken, die ihre Niederlassungen wegen politischer Unruhen von den **Bahamas** in das politisch stabile **Georgetown** verlegten, dann der Aufbau zahlreicher Niederlassungen der führenden deutschen Finanzinstitute. Hinzu kam Fluchtgeld aus dem südasiatischen Raum sowie ein verstärkter Transfer von Anlagegeldern aus dem europäischen Raum wegen der europaweiten Ausdehnung der Quellensteuer. Der fünftgrößte Finanzplatz der Welt setzt auf massiven Druck von *OECD* und *EU* die Vorschriften gegen internationalen Steuerbetrug um.

Die Karibikinseln wollen ihren schlechten Ruf aufpolieren. Dazu plant die Regierung, Informationen über Briefkastenfirmen preiszugeben. Denn immer wieder sind die **Cayman Islands** wegen dubioser Geschäfte in die Schlagzeilen geraten. Den Regierungen in **Europa** und den **USA** sind die Machenschaften dort seit Langem ein Dorn im Auge. Nun gibt es Anzeichen, dass sich die **Cayman Islands** dem internationalen Druck beugen und für Transparenz sorgen. Dazu will die Finanzaufsichtsbehörde *Cayman Islands Monetary Authority (Cima)* die Namen von Tausenden örtlichen Unternehmen und deren Geschäftsführern preisgeben. Die Gesetzesänderungen sind weitreichend. Bisher konnte man irgendwo auf der Welt sitzen und Verwaltungsrat auf den **Cayman Islands** sein. Es gab praktisch keine Regulierung. Damit ist nun Schluss. Das soll auch für zahlreiche Unternehmen (z. B. *Starbucks)* gelten, die auf den **Cayman Islands** Tochtergesellschaften unterhalten und dorthin mittels konzerninternen Geschäften ihre Gewinne verlagern, um keine Ertragsteuern zahlen zu müssen.

Schluss wird es auf Druck **Großbritanniens** künftig auch mit der Anonymität und dem Bankgeheimnis für Ausländer sein. Die **Caymans** müssen die Inhaber von Bankkonten und die tatsächlichen Eigentümer von Offshore-Gesellschaften gegenüber dem Mutterland sowie den *EU*-Ländern **Deutschland, Frankreich, Italien** und **Spanien** offenlegen. Damit geht es vor allem den rund 11 000 Hedge-Fonds und ihren Managern an den Kragen.

Wirklich ausgezahlt haben sich Steuerdumping und laxe Wirtschaftsaufsicht für die **Cayman Islands** bislang nicht. Schon vor vier Jahren stand die Steueroase kurz vor dem Staatsbankrott. 2012 scheiterte die Regierung mit dem Vorstoß, eine Einkommensteuer für ausländische Arbeitnehmer einzuführen. Doch der öffentliche Aufschrei war zu groß. Auch andere karibische Niedrigsteuer-Domizile wie die **Bahamas** kämpfen mit schweren Haushaltsproblemen. Nach Angaben der Finanzaufsicht *Cima* verwalteten die auf den Inseln registrierten 300 Banken, 500 Versicherungen und rund 11 000 Hedge-Fonds Ende 2012 Vermögenswerte von rund 3,2 Billionen Dollar. Die Finanzbranche macht 40 Prozent der Wirtschaftsleistung der Inseln aus. Bei den Niederlassungen vor Ort handelt es sich allerdings häufig nur um Offshore-Firmen. Das operative Geschäft der Fonds wird vor allem in Finanzmetropolen wie **New York**, **London** und **Zürich** abgewickelt. Hinzu kommen über 75 000 registrierte Offshore-Gesellschaften sowie alle namhaften internationalen Wirtschaftsprüfungsgesellschaften und Anwaltskanzleien. Das Fehlen von Devisenkontrollen und direkter Besteuerung, die feste Bindung des Cayman-Dollars an den US-Dollar und strenge Gesetze zur Einhaltung des Bankgeheimnisses haben maßgeblich zur Attraktivität des Standorts beigetragen.

Wie in den meisten anderen Karibikstaaten stützt sich die Wirtschaft der **Caymans** neben den internationalen Finanzdienstleis-

---

Gesellschaften: Das Cayman-Gesellschaftsrecht erlaubt die Eintragung verschiedener Gesellschaftstypen. Darunter ist die Exempted Company die für Oasengesellschaften beliebteste Form. Sie darf Geschäfte jedoch nur außerhalb der **Cayman Islands** tätigen.

Weitere Vorteile: Kein Zusatz „Limited" im Firmennamen. Es können Namens- oder Inhaberaktien mit und ohne Nominalwert ausgegeben werden. Es braucht kein Aktienregister geführt und keine jährliche Aktionärsversammlung abgehalten zu werden. Es besteht zwar offiziell eine Buchhaltungspflicht, doch werden die Bücher nicht überprüft. Es reicht ein knapper Jahresbericht ohne Nennung der Aktionäre. Zudem kann eine Steuerfreiheit auf zwanzig Jahre gewährt werden.

Gründungsdauer: drei bis vier Tage

Gründungskosten: Auf das Aktienkapital 0,1 Prozent, mindestens aber 850 US-Dollar für Gesellschaftskapital bis 750 000 US-Dollar, höchstens jedoch 2400 US-Dollar; Jahresgebühr von 0,05 Prozent und 0,05 Prozent auf jede Kapitalerhöhung. Die Gebühren der örtlichen Berater liegen bei 800 bis 1500 US-Dollar.

Laufende Kosten: 0,5 Prozent des Aktienkapitals, mindestens jedoch 425 US-Dollar; Gebühren für den örtlichen Berater bei 800 bis 1500 US-Dollar.

Unternehmen, die Bank- oder Trustgeschäfte betreiben wollen, können sich erst dann als „Bank" beziehungsweise „Trust" bezeichnen, wenn eine staatliche Genehmigung vorliegt. Dazu muss der Inhaber seine Bank- beziehungsweise Finanzkenntnisse nachweisen und ein Mindestkapital von 500 000 US-Dollar voll einzahlen.

---

tungen vor allem auf den Tourismus. Über 70 Prozent aller Touristen kommen aus den **USA**. Damit ist die wirtschaftliche Entwicklung des Landes anfällig für externe Einflüsse. Auch ist ein weiterer Ausbau der Tourismusindustrie wegen der räumlichen Restriktionen der kleinen Inselgruppe nicht möglich. Die Arbeitslosenquote ist inzwischen auf 5,3 Prozent angestiegen. Die hohe Arbeitsnachfrage muss durch Gastarbeiter – vor allem aus **Jamaika** – gedeckt werden.

Devisenkontrollen: keine

Fiskalische Auslieferungsabkommen: keine

Politische Risiken: keine

Rechtssystem: Es gelten das englische Common Law, das englische Trustrecht und das Cayman Trust Law von 1967.

Patentrecht: Patente und Warenzeichen müssen zuerst in Großbritannien eingetragen werden.

Wohnsitznahme: Antragsteller mit guten Referenzen haben keine Schwierigkeiten, sofern sie ausreichende finanzielle Mittel zur Sicherung ihres Lebensunterhalts nachweisen können. Bei der Daueraufenthaltsgenehmigung wird zwischen der „initial" (sechs Monate) und der „full permanent residence" unterschieden. Damit verbunden ist ein Investment von 183 000 US-Dollar in eine Immobilie oder ein Unternehmen und eine einmalige Aufnahmegebühr von 18 300 US-Dollar.

Steuern: Die Caymans sind eine echte Null-Steuer-Oase und das einzige Offshore-Finanzzentrum, das als echter „Tax Haven" bezeichnet werden kann. Die **Cayman Islands** finanzieren sich ausschließlich aus Importzöllen sowie den Gründungs- und Jahresgebühren der Banken, Versicherungsunternehmen und Companies.

Doppelbesteuerungsabkommen: keine

Mit den **USA** und **Großbritannien** bestehen Rechtshilfeabkommen. Die **Caymans** haben sich verpflichtet, die *EU*-Zinsrichtlinie umzusetzen und Zinserträge von *EU*-Bürgern an deren Heimatfinanzämter zu melden. Mit **Deutschland** gibt es auch DBA. Anders als fast alle anderen Steueroasen haben sich die **Caymans** nicht für die Alternative einer anonymen Quellensteuer entschieden.

Die **Cayman-Islands** haben sich nach den **Bermudas** zum zweitwichtigsten Captive-Zentrum der Welt entwickelt. Die Trustgesetzgebung gilt als vorbildlich im internationalen Offshore-Wettbewerb. Das Trustrecht eröffnet unter anderem die Möglichkeit, die strengen Erbschaftsregeln vieler anderer Staaten zu umgehen. Trusts können 50 Jahre lang von allen Steuern befreit werden.

Lebenshaltungskosten: etwa 20 Prozent über den **US**-amerikanischen

Fazit: Die **Cayman Islands** sind für all jene empfehlenswert, die für ihre legalen internationalen Geschäfte eine Nullsteuerbasis suchen.

Weitere Informationen und Ansprechpartner:

Botschaft des Vereinigten Königreichs
Großbritannien und Nordirland
Wilhelmstraße 70
D-10117 Berlin
Tel.: 030-2 04 57-0
Fax: 030-2 04 57-5 71

Cayman Islands Chamber
of Commerce
P.O. Box 1000, Grand Cayman
KY1-1102, Cayman Islands
Tel.: 001-345-9 49 80 90
Fax: 001-345-99 49 02 20

Dominikanische Republik

- Fläche: 48 734 qkm
- Hauptstadt: Santo Domingo
- Währung: Dominikanischer Peso
- Inflation: 7,5 Prozent
- BIP je Einwohner: 5805 USD
- Abkommen: OECD-Informationsaustausch
- Einwohner: 10,06 Millionen
- Sprachen: Spanisch, franz. Kreolisch
- Arbeitslosigkeit: 13,1 Prozent
- Staatsverschuldung: 36,4 Prozent

Über die **Karibik** existieren weit verbreitete Vorurteile: Reisen dorthin seien teuer, Immobilien unbezahlbar und den Einheimischen sei es am liebsten, wenn alle Besucher zuhause blieben. Man duldet sie nur, weil sie Geld bringen. Auf viele Karibikinseln mag das zutreffen, mit einer Ausnahme: die **Dominikanische Republik**. Sie, die sich mit dem ärmeren **Haiti** die Insel **Hispaniola** teilt, ist heute eine der am schnellsten wachsenden Volkswirtschaften der Welt. War die Insel in den 1980er-Jahren noch ein Ziel für einige wenige Individualisten, hat sie sich in den letzten Jahren vor allem für Deutsche, Spanier und Franzosen als wichtiges Reiseziel entwickelt. Gute Flugverbindungen und attraktive Immobilienpreise haben zudem dazu geführt, dass immer mehr Touristen hier sesshaft geworden sind. Bekannt geworden mit Billigtourismus, setzt die **Dominikanische Republik** heute auf den „Trend zum Luxus". Künftig will man dort vorwiegend Hotels der Vier- und Fünf-Sterne-Kategorie bauen, Strände säubern, die Abwasser- und Müllentsorgung neu regeln. Denn das Land bietet neben Karibik pur auch Kultur und Natur: Mit **Santo Domingo**, der ältesten Stadt Amerikas, dem *Pico Duarte*, dem mit 3098 Meter höchsten Berg der Karibik und dem Nationalpark *Los Haitises* auf der Halbinsel **Samaná**.

Damit will man die Reichen und Superreichen locken, auf **Cap Gana** entsteht eine ganz neue Stadt. Milliarden wurden hier in Villenviertel und Golfplätze, Luxushotels in nachgebauten Burgen und Sterne-Restaurants in künstlichen Kirchen, Poollandschaften und besenreine Traumstrände investiert. Für 400000 US-Dollar gibt es ein kleines Appartement in Strandnähe, für zwölf Millionen US-Dollar eine Traumvilla. „Cap Gana" ist das derzeit größte Bauprojekt in der **Karibik**.

Weitere Informationen: www.godominicanrepublic.com

Investoren willkommen

Investoren und ausländisches Kapital sind auf der Insel erwünscht. Die Firmengründung ist ein Kinderspiel. Um eine S.A. zu gründen, brauchen Sie nur einen Pass und 1500 US-Dollar für den Anwalt, der die Gründung abwickelt. Das Stammkapital von mindestens 100000 Pesos muss lediglich als vorhanden erklärt werden, Sie müssen es weder nachweisen noch einzahlen. Als Firmeneigner können Sie dann Aktien ausgeben und die Besitzverhältnisse völlig anonym gestalten.

Mit **Deutschland** besteht kein DBA. Einnahmen, die Sie außerhalb des Landes erzielen, werden nicht besteuert. Auf Gewinne im Land zahlen Sie theoretisch zwischen 8 und 32 Prozent Steuern, in der Praxis, mit der Hilfe eines guten Steuerberaters maximal 18 Prozent. Vermögen- und Grundsteuer gibt es nicht. Gewinne aus dem Verkauf von Immobilien sind steuerfrei, ebenso aus Pacht- und Mieteinnahmen.

So mancher Ausländer lebt dort von seinen Einnahmen aus der Vermietung einer Immobilie. Schon mit 1000 Euro im Monat lässt sich hier ein gutes Leben führen. Wer in eine Immobilie investieren will: Im Norden und in **Puerto Plata** sind gute Objekte zu finden.

Weitere Informationen und Ansprechpartner:

Botschaft der Dominikanischen Republik
Dessauer Straße 28/29, D-10963 Berlin
Tel.: 030-25 75 77 60, Fax: 030-25 75 77 61

Anwälte:

Rechtsanwalt Guido Perdomo
Sosua, Tel.: 001-809-5 71 21 00, Fax: 001-809-5 71 31 21

De Marchena Kaluche & Asociados
Sto. Domingo, Tel.: 001-809-5 49 34 46, Fax: 001-809-5 66 50 75

Grenada

- Fläche: 344,5 qkm
- Hauptstadt: Saint George's
- BIP je Einwohner: 6589 USD
- Arbeitslosigkeit: 25 Prozent
- Abkommen: Amtshilfe und Auskunftsaustausch
- Einwohner: 98 000
- Sprache: Englisch
- Währung: Ostkarib. Dollar (EC-$)
- Inflation: 3,5 Prozent
- Staatsverschuldung: 10,9 Prozent

Südlich der malerischen Hauptstadt **St. George's** erstrecken sich traumhafte Strandbuchten. Der Sand ist pudrig und weiß wie zermahlener Carrara-Marmor, das Meer leuchtet grün. Entlang der Küsten kultivieren Kleinbauern tropische Früchte und Gewürze. Nach Blumen und Gewürzen duftet denn auch die Insel der Muskatnuss, der Vanilleschote und der Kakaobohne. Doch wenn zwei oder drei Kreuzschiffe vor **Grenada** ankern, kann es am *Grand Anse Beach* und in der Hauptstadt eng werden. Dann drängen sich in den Shops am Hafen, auf dem Gewürz- und Gemüsemarkt die Besucher, bewundern viktorianische Gebäude und historische Forts. 600 000 Tagesgäste sind es pro Jahr.

Grenada ist als Gewürzinsel bekannt, etwa für Zimt, Gewürznelken und Ingwer, Hauptexportprodukt ist die Muskatnuss. 20 Prozent des Weltverbrauchs stammen von **Grenada**, das damit nach **Indonesien** der zweitgrößte Produzent von Muskatnüssen ist. Haupteinnahme- und Devisenquelle ist der Tourismus.

Grenada teilt mit sieben anderen Mitgliedsstaaten der *OECS* eine gemeinsame Zentralbank sowie eine gemeinsame Währung, den Ostkaribischen Dollar. Damit steht es für eine steuerfreundliche und solide Finanzpolitik. Für Offshore-Gesellschaften gelten Nullsteuern.

Geografisch liegt **Grenada** unterhalb 12 Grad 30 Minuten und damit südlich des Hurrikangürtels. Daher gilt hier das ganze Jahr über die Naturschadenversicherung für Yachten. Wer Ziele anderswo in der **Karibik** ansteuert, muss in der Hurrikan-Zeit hohe Aufpreise zahlen. Segler nutzen an Sturmtagen die charmante Bucht von **St. George's**.

Wichtigste Gesellschaftsform:

International Business Company (IBC)

Weitere Informationen und Ansprechpartner:

Grenada Chamber of Industry and Commerce
Commerce Bldg No. 11, P.O. Box 129, Frequente, St. George's
Tel.: 001-4 73-4 40 29 37, Fax: 001-4 73-4 40 66 27

Botschaft von Grenada
Avenue Molière 183, B-1180 Brüssel
Tel.: 0032-2-2 23 73 03, Fax: 0032-2-2 23 73 07

Internet: www.grenada.org

Guadeloupe und Martinique

Auf den **Französischen Antillen** zahlt man mit Euro, isst Baguette und trinkt Bordeaux. Dazu gibt es Sonne, Rum und karibisches Temperament satt. Doch die Preise liegen über denjenigen in Paris. Soziale Spannungen bleiben da nicht aus. Die Inseln und ihre Bevölkerung können nur mithilfe staatlicher Subventionen überleben. Als Steueroase sind die Inseln nur für jene interessant, die dort leben und arbeiten. Sie erhalten auf die französischen Steuersätze einen Rabatt von 30 Prozent bei der Einkommensteuer und von 50 Prozent bei der Mehrwertsteuer. Für Industrieansiedlungen gibt es Steueranreize und finanzielle Subventionen. Auch wird das *OECD*-Informationsabkommen in Steuerangelegenheiten umgesetzt.

Weitere Informationen und Ansprechpartner:

Botschaft der Französischen Republik
Pariser Platz 5
D-10117 Berlin
Tel.: 030-5 90 03 90 00, Fax: 030-5 90 03 91 10

Jamaika

- Fläche: 10 991 qkm
- Hauptstadt: Kingston
- BIP je Einwohner: 4172 USD
- Arbeitslosigkeit: 15,9 Prozent
- Abkommen: OECD-Informations-austausch
- Einwohner: 2,89 Millionen
- Sprache: Englisch
- Währung: Jamaika-Dollar (J $)
- Inflation: 9,6 Prozent
- Staatsverschuldung: 126,5 Prozent

145 Kilometer südlich von **Kuba** liegt **Jamaika**, die drittgrößte Insel der **Großen Antillen**. Traumstrände, tropische Wälder, die bis zu 2255 Meter hohe Blue-Mountain-Bergkette, die Dunns River Falls, Reggae, Rum und lebensfrohe Menschen prägen das Bild einer der schönsten Karibikinseln.

Aber: Auf der Insel gilt für die Einheimischen ein Einheitssteuersatz von 33,5 Prozent, sie hat außerordentlich strikte Devisenkontrollen und ist politisch instabil. Die Regierung macht Steuer- und Zollzugeständnisse, um ausländische Investoren anzulocken, bis hin zu Steuerbefreiungen zwischen sieben und zehn Jahren. Zollfreizonen existieren sowohl in **Kingston** als auch in **Montego Bay**. Bestimmte Waren werden als zollfrei eingestuft. Das *OECD*-Informationsabkommen bei Steuerhinterziehung und -betrug wird umgesetzt.

Wichtigste Gesellschaftsform: International Business Company

Wer auf **Jamaica** Geschäfte machen will, sollte viel Geld und Geduld mitbringen.

Weitere Informationen und Ansprechpartner:

Botschaft von Jamaika
Schmargendorfer Straße 32
D-12159 Berlin
Tel.: 030-85 99 45-11
Fax: 030-85 99 45-40

Jamaica Chamber of Commerce
Suite 13–15 UDC Office Centre Bldg.
12 Ocean Blvd., Kingston/Jamaica
Tel.: 001-8 76-9 22-01 50
Fax: 001-8 76-9 24-90 56

Internet: www.jamador.de

Jamaica Commercial Information
Bureau
19, Paddington Terrace
Kingston 6/Jamaica
Tel.: 001-8 76-9 27-64 95

Montserrat

Mit dem Ausbruch des Vulkans *Soufrière* im Frühjahr 1997, bei dem die Haptstadt **Plymoth** und große Teile der Inselinfrastruktur zerstört wurden, hat **Montserrat** als Steueroase aufgehört zu existieren. Alle Versuche für einen Neubeginn sind seither gescheitert.

Weitere Informationen und Ansprechpartner:

Botschaft des Vereinigten Königreichs
Großbritannien und Nordirland
Wilhelmstraße 70, D-10117 Berlin
Tel.: 030-2 04 57-0
Fax: 030-2 04 57-5 71

Niederländische Antillen und Aruba

- Fläche: 800 qkm, davon Curaçao
  444 qkm, Bonaire 288 qkm, Sint
  Maarten 34 qkm, Sint Eustatius
  21 qkm, Saba 13 qkm
- Hauptstädte: Willemstad (Antillen),
  Oranjestad (Aruba)
- Inflation: Curaçao: 2,6 Prozent
  Aruba: 1,6 Prozent
- BIP je Einwohner: Curaçao: 20 500 USD
  Aruba: 27 209 USD
- Abkommen: Curaçao und Aruba
  setzen den OECD-Austausch um.

- Einwohner:
  Curaçao: 142 200
  Aruba: 108 000
- Währung: Niederländische
  Antillen-Gulden oder
  -Florin (NAf)
- Arbeitslosigkeit:
  Curaçao: 18,2 Prozent
  Aruba: 6,9 Prozent
- Sprache: Niederländisch
  und Englisch

Bis 2010 waren die **Niederländischen Antillen** ein niederländisches Überseegebiet, das zur Inselgruppe der **Kleinen Antillen** in der **Karibik** gehört. Nach der politischen Neuordnung sind **Curaçao** und **Sint Maarten** autonome Länder innerhalb des Königreichs der **Niederlande** – vergleichbar mit **Aruba**. Die Inseln **Bonaire, Saba** und **St. Eustatius** sind weiterhin *Besondere Gemeinden* der **Niederlande**.

Curaçao ist die größte der Niederländischen Karibik-Inseln. Sie übt mit ihrer savannenähnlichen Vegetation und ihrem niederländischen Flair einen unverwechselbaren Eindruck auf Besucher aus. **Aruba** ist die kleinste Insel der Niederländischen Karibik. Sie bietet eine einzigartige Vegetation mit den markanten Divi-Divi-Bäumen, deren Kronen wegen der stetig wehenden Brise alle nach Südwesten zeigen. Markant sind auch die kilometerlangen weißen Sandstrände.

Auf der steuerlichen Seite hat sich für ausländische Investoren zunächst einmal nichts gändert. Interessant sind die **Niederländischen Antillen** wegen der unendlich großen Variationsmöglichkeiten bei Steuerkonstruktionen international verschachtelter Unternehmen. Die Gründung einer Oasengesellschaft auf den **Antillen** ist empfehlenswert, wenn aufgrund der DBA Vorteile gegenüber einer Null-Steuer-Oase erzielt werden können. So ermöglicht das DBA mit dem Mutterland **Holland**, Gewinne oder Lizenzeinnahmen quellensteuerfrei auf die **Niederländischen Antillen** zu transferieren, um sie dort gänzlich steuerbefreit auszuschütten. Bevorzugt eingesetzt wird dafür die AG-ähnliche Naamloze Vennootschap (N.V.). Um bei der Gründung die Anonymität des tatsächlichen Eigentümers sicherzustellen, sollte ein Treuhänder zwischengeschaltet werden.

Für Privatpersonen gibt es weder Vermögen-, Erbschaft- noch Umsatzsteuer. Für Kapitalanleger wichtig: Es gibt kein Bankgeheimnis. Die *EU*-Zinsbesteuerung wird berücksichtigt, Zinsen werden einbehalten und anonymisiert nach **Brüssel** abgeführt.

Devisenkontrollen: Ja, Oasengesellschaften sind davon jedoch befreit.

Fiskalische Auslieferungsabkommen: keine

Rechtssystem: Basiert auf dem niederländischen Recht.

Patentrecht: Patentschutz erfolgt durch Eintragung in das Nederlands *Octrooibureau*, **Den Haag**. Warenzeichen müssen direkt beim *Bureau Industrieel Eigendom* in **Curaçao** registriert werden.

Wohnsitznahme: Wegen der hohen Besteuerung dort ansässiger natürlicher Personen uninteressant.

Doppelbesteuerungsabkommen: Es besteht eine Doppelbesteuerungsvereinbarung mit dem Mutterland **Holland**. Diese ermöglicht, über den Umweg **Niederlande** quellensteuerfreie oder zumindest quellensteuerermäßigte Gewinne beziehungsweise Lizenzeinnahmen steuergünstig auf die **Antillen** zu transferieren und von dort auszuschütten.

Steuerliche Anreize für Investoren

Nicht ansässige natürliche Personen zahlen für auf **Curaçao** und **Aruba** erzielte Einkünfte einen Einkommensteuersatz von 2,4 bis 3 Prozent. Keine Vermögen-, Erbschaft-, Schenkung- sowie Quellensteuer auf Dividenden und Zinszahlungen.

Gewinnsteuer: 34,5 Prozent

Bestimmte Offshore-Gesellschaften können noch bis zum Jahr 2020 die alte Regelung in Anspruch nehmen (Holdings, Finanzierungs- und

Fortsetzung: Steuerliche Anreize für Investoren

Lizenzgesellschaften, die bisher einem Steuersatz von 5,5 Prozent unterlagen). Allen anderen Offshore-Gesellschaften stand diese Möglichkeit bis zum 31. Dezember 2009 offen, wenn sie über eine „Ruling" verfügten oder um eine solche nachgesucht haben. Diese Gesellschaften können allerdings auch zur neuen Regelung optieren und dabei in den Genuss einer steuerfreien Aufwertung ihrer stillen Reserven kommen.

Dividenden aus qualifizierten Beteiligungen an Gesellschaften auf **Curaçao** und **Aruba** sind zu 100 Prozent, Dividenden aus qualifizierten Beteiligungen an ausländischen Gesellschaften zu 95 Prozent befreit. Qualifizierte Beteiligungen sind solche von mindestens 5 Prozent oder einem Wert von mindestens 520 000 Euro.

„Besonders Freigestellte Gesellschaft": Sie unterliegt weder der Körperschaftsteuer noch der Kapitalertragsteuer, kann sich aber auch nicht auf ein DBA berufen. Ihre Tätigkeiten sind auf Holdingaktivitäten und finanzielle Dienstleistungen beschränkt.

Zinszahlungen an verbundene Unternehmen sind abzugsfähig, wenn sie dem Fremdvergleich standhalten. Auf Dividenden fällt eine Kapitalertragsteuer von 10 Prozent an. Die Kapitalertragsteuer wird reduziert, wenn die Dividenden von ausländischen Gesellschaften stammen und dort einer Quellensteuer von mindestens 5 Prozent unterworfen wurden. In bestimmten Fällen wird überhaupt keine Kapitalertragsteuer einbehalten.

Liquidationsgewinne unterliegen grundsätzlich keiner Kapitalertragsteuer. Um jedoch Steuerumgehungen zu vermeiden, unterliegen jene Einkünfte, die kraft DBA eine Ermäßigung der Quellensteuer genießen, im Fall der Liquidation einer ergänzenden Veranlagung.

Auf den Inseln werden keine Import- oder Verbrauchsteuern erhoben. Neue Industrien in den Freihäfen zahlen auf Exporterträge nur 2 Prozent Gewinnsteuer.

Fertigungs- und Handelsunternehmen in den Freihäfen von **Aruba** und **Curaçao** können bis zu elf Jahre Gewinnsteuererleichterungen – Mindestsatz: 2 Prozent – und eine Befreiung von Importzöllen und Grundsteuern erhalten. Dafür müssen sie mindestens 140 000 Euro auf **Curaçao** und 85 000 Euro auf den anderen Inseln investieren und für mindestens fünf Einheimische Arbeitsplätze schaffen.

Gesellschaften: Steuervergünstigungen sind praktisch nur für die Naamloze Vennootschap (N.V.) erhältlich, die sich als Investment-, Holding-, Finanz-, Immobilien-, Captive-, Versicherungs- oder Patent- und Lizenzgesellschaft betätigen kann.

Gründungsdauer: wegen der komplizierten Gründungsformalitäten mehrere Wochen

Gründungskosten: rund 2500 bis 3000 Euro

Laufende Kosten: rund 1000 Euro

Gesellschaftsrechtliche Besonderheit – die Stichting (Stiftung): Die Stichting unterliegt keiner Steuer auf die eingebrachten Vermögenswerte, auf den nachfolgenden Wertzuwachs der Vermögenswerte oder auf deren Verteilung an nicht-ortsansässige Nutznießer, beispielsweise den Gründer.

Weitere Informationen und Ansprechpartner:

Botschaft des Königreichs der Niederlande
Klosterstraße 50
D-10179 Berlin
Tel.: 030-20 95 60
Fax: 030-20 95 64 41

Deutsch-Niederländische
Handelskammer
Tersteegenstraße 19–31
D-40474 Düsseldorf
Tel.: 0211-4 98 72 0

Curaçao Chamber of Commerce and Industry
Kaya Junior Salas 1, P.O. Box 10, Willemstad, Curaçao
Tel.: 005999-4 61 14 51, Fax: 005999-4 61 56 52

Puerto Rico

- Fläche: 8959 qkm einschl. der Inseln Vicques 133,9 qkm, Mona 50,5 qkm, Culebra 28,5 qkm
- Währung: USD
- Inflation: 1,5 Prozent
- Einwohner: 3,71 Millionen
- Hauptstadt: San Juan
- Sprachen: Spanisch, Englisch
- BIP je Einwohner: 24 198 USD
- Arbeitslosigkeit: 14,2 Prozent
- Abkommen: OECD-Informationsaustausch

Die 160 Kilometer lange und 56 Kilometer breite Insel liegt knapp 1700 Kilometer südöstlich von **Miami/Florida** in der **Karibik.**

Puerto Rico ist mit den **USA** assoziiert. Doch die Hassliebe zum nördlichen Amerika und die Zuneigung zu **Süd-** und **Mittelamerika** formt und zerreißt die Insel: Die Einwohner träumen davon, die materielle Freiheit der Nordamerikaner und die verschlafene Nonchalance der Südamerikaner zu vereinen – das ist nicht immer einfach.

Das übervölkerte **Puerto Rico** ist ein assoziierter Freistaat innerhalb der **USA** und keine Steueroase im eigentlichen Sinne. Die Insel ist nur für Dienstleistungs- und Industrieunternehmen geeignet, denen – allerdings nur für einen Zeitraum von zehn bis 25 Jahren – bei allen lokalen, staatlichen und Gemeindesteuern erhebliche Steuerrabatte eingeräumt werden. Der tatsächliche Steuersatz liegt während der ersten fünf Jahre bei nur 2,5 Prozent und steigert sich bis auf 28 Prozent im 25. Jahr. Darüber hinaus können 5 Prozent der Lohnsumme vom zu versteuernden Gewinn abgesetzt werden. Der direkte Zugang **Puerto Ricos** zum **US**-Festland kann die Insel für alle jene, die auf dem **US**-Markt Fuß fassen wollen, zu einem interessanten Standort machen. Neben landwirtschaftlichen Produkten wie Zuckerrohr, Kaffee, Ingwer oder Tabak ist die Insel weltweit bekannt für ihren *Bacardi*-Rum. Zunehmender Devisenbringer ist der Tourismus, über fünf Millionen Besucher jährlich, vor allem **US**-Amerikaner schätzen die karibische Insel als Urlaubsdomizil.

Eigene Steuerhoheit: Umfangreiche Vergünstigungen für arbeitsplatzbeschaffende und exportorientierte Unternehmen. Steuerbefreite Freihandelszonen, kurze Abschreibungszeiträume, zollbefreite Einfuhr von Gütern und Rohstoffen.

Weitere Informationen und Ansprechpartner:

Botschaft der Vereinigten Staaten von Amerika
Pariser Platz 2, D-10117 Berlin
Tel.: 030-8 30 50, Fax: 030-83 05 10 50

Chamber of Commerce of Puerto Rico
100 Calle Tetuán, San Juan
Tel.: 001-7 87-7 21 60 60, Fax: 001-7 87-7 23 18 91

St. Kitts und Nevis

- Fläche: 269 qkm,
  davon Saint Kitts 168,4 qkm,
  Nevis 93,2 qkm
- Hauptstadt: Basseterre
- BIP je Einwohner: 13 364 USD
- Abkommen: OECD-Informations-
  austausch, DBA-Amtshilfe und Auskunftsaustausch

- Einwohner: 48 000
- Sprache: Englisch
- Währung: Ostkarib. Dollar (EC-$)
- Inflation: 0,5 Prozent
- Arbeitslosigkeit: 4,5 Prozent
- Staatsverschuldung: 90,0 Prozent

Saint Kitts and Nevis besteht aus den beiden Inseln **Saint Kitts** und **Nevis**. Zuckerrohr- und Obstplantagen sowie Tourismus sind die wichtigsten Devisenbringer. **Nevis** verfügt über Autonomierechte, die es der Insel erlauben, sich vom Föderationspartner **Saint Kitts** abzuheben. Das Parlament der Insel hat diese Rechte genutzt, um die *Nevis Business Corporation Ordinance* zu erlassen.

Nevis gesellschaftsrechtlich

Die aus Steuerüberlegungen einzig mögliche Geschäftsform ist die International Corporation. Sie ist von allen Steuern befreit, was auch für die Folgejahre von Regierungsseite garantiert wird. Zudem unterliegt sie keinen Devisenkontrollen. Die International Corporation ist nicht offenlegungspflichtig.

Über 20 000 Gesellschaften, viele davon aus **Panama** herübergewechselt, machen davon Gebrauch. Dazu kommen etwa 3000 steuerlich befreite Trusts und weitere 3000 Gesellschaften mit beschränkter Haftung. Aber auf den Inseln fehlen renommierte Banken und Anwälte sowie vernünftige Verkehrsverbindungen. Hinzu kommen politisch instabile Verhältnisse.

1999 wurde auf **Nevis** eine International Exempt Trust Ordinance (Verordnung zur Steuerbefreiung internationaler Trusts) nach dem Vorbild der entsprechenden Gesetzgebung der **Cook Islands** verabschiedet, die Möglichkeiten zum Vermögensschutz für Trusts bietet. Trusts, Limited Partnerships und Companies Acts ähneln der Gesetzgebung der **Channel Islands** und treffen sowohl auf **St. Kitts** als auch auf **Nevis** zu. **Nevis** verfügt über eine gesonderte *Limited Liability Company Ordinance*.

Griechische Verhältnisse in der Karibik

Über 200 Prozent des Bruttoinlandsprodukts betrug die Verschuldung auf **St. Kitts und Nevis** Anfang 2012. Besonders dabei: Zusammen mit den anderen Antilleninseln **Anguilla**, **Antigua and Barbuda**, **Dominica**, **Grenada**, **Montserrat**, **St. Lucia** sowie **St. Vincent und die Grenadinen** bildet sie eine Währungsunion. Seit 1965 nutzen diese Staaten gemeinsamen den Ostkaribischen Dollar.

Gemeinsam ist den Antilleninseln auch, dass sie heute fast alle im Wesentlichen vom Tourismus leben. Auf **St. Kitts und Nevis** war aber jahrzehntelang die Zuckerherstellung die Haupteinnahmequelle. Allerdings fuhren die staatlichen Hersteller schon seit Jahren nur noch Verluste ein, wodurch die enorme Schuldenlast aufgetürmt wurde. Mit einem Schuldenschnitt im Frühjahr 2012 wurde die Schuldenlast auf rund 90 Prozent des BIP gesenkt. Dabei gibt es noch eine weitere Ähnlichkeit mit dem Fall **Griechenland**: Auch in **St. Kitts und Nevis** wurden jene Gläubiger, die nicht zustimmten, durch eine sogenannte *Collective Action Clause (CAC)* zur Teilnahme gezwungen.

Anders als in **Europa** haben die Schuldenprobleme in der **Karibik** aber nicht die gesamte Währungsunion in Probleme gestürzt. Dazu ist sie letztlich für die weltweiten Kapitalmärkte zu bedeutungslos. Zudem ist der Kurs fest an die **US**-Währung gebunden, bei 2,70 Ostkaribischen für einen US-Dollar.

Diese Verordnung verschaffte **Nevis** einen Vorteil im Wettbewerb zwischen Finanz- und Handelsoasen in der **Karibik**. Danach müssen neu gegründete Offshore-Gesellschaften ihr Einkommen und Vermögen aus Fremdquellen nicht versteuern.

Nevis erhebt weder Quellensteuer noch Kapitalertrag-, Erbschaft-, Immobilien- und Schenkungsteuer. Ausländer (aliens), die auf **Nevis** arbeiten wollen, müssen eine Arbeitserlaubnis haben, Kosten: 1000 EC-$. Auf die von **Nevis** ausgezahlten Gehälter zahlen sie 20 Prozent Fremdenbeschäftigungssteuer. Einkommen aus dem Ausland sind dagegen steuerfrei. Offshore-Unternehmen sind von der Gewinnsteuer befreit, müssen jedoch für eine Geschäftslizenz jährlich rund 200 US-Dollar bezahlen. Einkommen- und Vermögensteuer fallen nicht an. Die Registrierung zählt zu den preiswertesten der **Karibik**. **Nevis** bietet das Konstrukt *„Multiform Foundations Ordinance"* an. Dadurch können Spender Stiftungen gründen, die für eine jährliche Gebühr von 1000 US-Dollar in **Nevis** steuerpflichtig und je nach Ausgestaltung als Trust, als normales Unternehmen oder als Stiftung behandelt werden. Die Steuer beträgt 1 Prozent des Nettogewinns.

Weitere Informationen und Ansprechpartner:

Botschaft der Föderation St. Kitts und Nevis
10, Kensington Court; GB-London W8 5 DL
Tel.: 0044-20 79 37 95 22, Fax: 0044-20 79 37 55 14

St. Kitts-Nevis Chamber of Industry and Commerce
Horsford Road, P.O. Box 332, Fortlands, Basseterre
Tel.: 001-8 69-4 65 29 80, Fax: 001-8 69-4 65 44 90

Internet: www.stkittsnevis.net

St. Lucia

- Fläche: 619,15 qkm
- Hauptstadt: Castries
- BIP je Einwohner: 6884 USD
- Arbeitslosigkeit: 20 Prozent
- Abkommen: OECD-Informationsaustausch, DBA Amtshilfe und Auskunftsaustausch

- Einwohner: 176 000
- Sprache: Englisch
- Währung: Ostkarib. Dollar (EC-$)
- Inflation: 2,1 Prozent
- Staatsverschuldung: 7,7 Prozent

Keiner anderen Insel der **Karibik** wurden seit ihrer Entdeckung Anfang des 17. Jahrhunderts so viele Komplimente gemacht wie **Saint Lucia**, doch keines wird der Insel mehr gerecht als: „Simply beautiful." Traumhafte Strände, einsame Buchten, tropischer Regenwald mit Orchideen, Riesenfarnen und dem nur hier vorkommenden Green-Parrot, geschäftige Märkte in der Hauptstadt **Castries**, malerische Fischerdörfer, eine unberührte Unterwasserwelt, eine ausgezeichnete kreolische Küche und *Pointe Seraphine* – das größte karibische zollfreie Einkaufszentrum. **Saint Lucia** repräsentiert die ungeschminkte **Karibik**. Doch wer den wahren Charakter der Insel ergründen will, der verirrt sich am besten in ihren Urwäldern und badet in ihren heißen Schwefelquellen. Anders als einige ihrer karibischen Schwestern, die vor allem mit Strand und Sonne locken, liegen **St. Lucias** Reize in ihrem unwegsamen Innern. Landschaftlich eine der schönsten Inseln der Erde. Die Insel ist seit 1979 unabhängig.

Im Jahr 2000 neu erlassene Gesetze machen die Insel heute zu einem der modernsten Offshore-Finanzzentren der **Karibik**. Der Offshore-Finanzbereich ist von der Körperschaftsteuer befreit, IBCs können ganz von der Einkommensteuer befreit oder mit einem Satz von 1 Prozent besteuert werden. IBCs genießen Anonymitätsschutz.

Die Insel bemüht sich mit Steuerbefreiungen zwischen zehn und 15 Jahren ausländische Investoren für Industrie- und Dienstleistungsbereiche zu gewinnen, um so die Arbeitsmöglichkeiten der Einwohner zu verbessern. Diese leben vor allem vom Tourismus und dem Export von Bananen, Mehl und Reis.

Für ausländische Investoren ist die International Business Company (IBC) als Gesellschaftsform geeignet. Es bestehen keine Devisenbeschränkungen.

Segelparadies St. Lucia

Bekannt ist **St. Lucia** für seine Segelregatten, die zu den beliebtesten der Welt gehören. Der früher verschlafene Küstenort **Rodney Bay** wird dann zur karibischen Partymeile. Die vielen Segler aus dem Ausland bringen Geld auf die **Kleinen Antillen**, viele von ihnen kaufen Land, rund um die Bucht entstehen Villen. Die Regierung investiert in die Infrastruktur. Es gibt einen Direktflug von **St. Lucia** nach **Frankfurt/Main** *(Condor)*. Wer sein Boot in der **Karibik** lässt, weiß das zu schätzen.

Weitere Informationen und Ansprechpartner:
Botschaft von Saint Lucia
(Embassies of Eastern Caribbean States)
42, Rue de Livourne
B-1000 Brüssel
Tel.: 0032-25 34 26 11, Fax: 0032-25 39 40 09

Chamber of Commerce of Saint Lucia
Vide Bouteille, P.O. Box 482, Castries
Tel.: 001-7 58-4 52 31 65, Fax: 001-7 58-4 53 69 07
Internet: www.stlucia.org

St. Vincent und die Grenadinen

- Fläche: 389,3 qkm, davon Saint Vincent 344 qkm, Grenadinen 45,3 qkm
- Hauptstadt: Kingstown
- BIP je Einwohner: 6291 USD
- Abkommen: DBA Amtshilfe und Informationsaustausch, OECD-Informationsaustausch
- Einwohner: 121 000
- Sprache: Englisch
- Währung: Ostkarib. Dollar (EC-$)
- Inflation: 3,7 Prozent
- Arbeitslosigkeit: 22 Prozent
- Staatsverschuldung: 74,9 Prozent

Eine Inselgruppe, die sich aus zwölf Inseln zusammensetzt und knapp 200 Kilometer westlich von **Barbados** liegt. Hier findet man noch die unverfälschte Karibik mit Bilderbuchstränden ohne Massentourismus. Im Inneren erheben sich bis zu 900 Meter hohe, erloschene Vulkankegel, die von urtümlichem Dschungel und verwilderten Gewürzplantagen bedeckt sind. **St. Vincent** ist die Heimat der schwarzen Kariben. Ein Schiff aus **Afrika** soll einst auf den Riffen der Insel zerschellt sein, die Schwarzen sollen sich mit den einheimischen Karibenindianern vermischt haben. Sie leben heute noch auf traditionelle Weise vor allem vom Fischfang an der Küste. Das Land ist zu großen Teilen von Dschungel bedeckt, bis hoch hinauf zu den Gipfeln der Vulkane. Die **Grenadinen** bestehen aus winzigen Inseln mit weißen Stränden und wiegenden Palmen, aufgereiht wie Perlen an einer Kette. Hier findet man die typische **Karibik** wie aus dem Bilderbuch. **St. Vincent** und die **Grenadinen** sind noch immer der Geheimtipp in der karibischen Inselwelt.

Auch **Saint Vincent** hatte zu Beginn der Steueroasen-Gründungen einen schlechten Ruf, da jedes Offshore-Unternehmen mangels eines Bankgesetzes praktisch als „Bank" agieren konnte. Entsprechend viele Schein- und Pleitebanken wurden gegründet. Trotz verschärfter Regelungen werden von der *Saint Vincent Trust Authority Limited* nach wie vor Bankenzulassungen an Möchtegern-Banker verkauft. Einzige Voraussetzung: Ein Grundkapital von einer Million East Caribbean Dollar, wovon die Hälfte eingezahlt werden muss. Sie profitieren von einer 25-jährigen Steuerbefreiung. Steuerbefreiung für alle Offshore-Unternehmen: Bevorzugt kommt dabei die Trust-Rechtsform zum Einsatz, deren Treuhänder auf **Saint Vincent** ansässig sein muss.

Vorteilhafteste Gesellschaftsform: Limited Liability Offshore-Company

Weitere Informationen und Ansprechpartner:

Honorarkonsulat von St. Vincent und den Grenadinen
Fluggenstraße 5, D-80639 München
Tel.: 089-17 80 35 20, Fax: 089-17 64 81

Saint Vincent and the Grenadines Chamber of Industry and Commerce
Halifax Street, P.O. Box 134, Kingstown
Tel.: 001-7 84-4 57 14 64, Fax: 001-7 84-4 56 29 44

Trinidad und Tobago

Auf den beiden Inseln „unter dem Wind" ist man stolz auf seine Regenbogengesellschaft mit schwarzafrikanischen, indischen und europäischen Wurzeln. Ansonsten sind **Trinidad** und **Tobago** Inseln der Gegensätze: Pulsierendes Leben, überwältigende Natur und wildromantische Strände. Auf engstem Raum konzentriert sich hier die südamerikanische Tier- und Pflanzenwelt. Während sich **Tobago** auf den Tourismus konzentriert, ist das ölreiche **Trinidad** die am stärksten industrialisierte Insel der **Karibik.**

Mit liberalen Rahmenbedingungen und umfangreichen Steuererleichterungen lockt vor allem **Trinidad** ausländische Investoren. Die für sie interessanten Business Companies sind steuerfrei. Es fehlt jedoch die notwendige Offshore-Infrastruktur einer funktionierenden Finanz- und Beraterindustrie. Aus steuerlicher Sicht hat die **Karibik** Besseres zu bieten.

Weitere Informationen und Ansprechpartner:
Botschaft der Republik Trinidad und Tobago
42, Belgrave Square; GB-London SW1 X 8NT
Tel.: 0044-20 72 45 93 51, Fax: 0044-20 78 23 10 65

Turks- und Caicos-Islands

- Fläche: 497 qkm, über 30 Inseln, davon 7 bewohnt
- Hauptstadt: Cockburn Town
- Währung: USD
- Inflation: 2,2 Prozent
- Abkommen: DBA Amtshilfe und Auskunftsaustausch, OECD Informationsaustausch

- Einwohner: 39 200
- Sprache: Englisch
- Arbeitslosigkeit: 10,0 Prozent
- BIP je Einwohner: 11 500 USD
- Staatsverschuldung: 42,5 Prozent

Von den 30 südlich der **Bahamas** liegenden Inseln sind nur sieben bewohnt. Sie dienten in der Vergangenheit als Stützpunkt des Drogenschmuggels. Das besserte sich, nachdem die **US**-Drogenfahnder 1986 Zugang zu Bankinformationen auf der Insel erhielten. Hing die Wirtschaft der **Turks- und Caicos-Islands** früher vom Salz ab, sind es heute Fischfang, Tourismus und das Offshore-Geschäft. Die Inseln sind einmalig unter den Offshore-Zentren, weil ihre Entwicklung zur Steueroase 1970 von der britischen Regierung ausdrücklich empfohlen wurde.

Die **TCI** zählen zu den ersten Staaten, die Vermögensschutz-Trusts ermöglicht haben. Diese dienen zur Abwehr hoher Haftungsansprüche aus Schadensersatz-Prozessen vor allem in den **USA**. Besonders beliebt: Captives in der Form der Rückversicherer, mit denen Konzerne Kreditrisiken absichern. Mehr als 2000 Captives sind auf den Inseln registriert. Auch Unternehmen aus **Osteuropa** und der ehemaligen **Sowjetunion** haben auf den **Turks- und Caicos-Islands** Versicherungsunternehmen errichtet. Sie dienen dazu, Gewinne aus internationalen Handelsgeschäften in harter Währung anzulegen. So entgehen die Händler den Devisenkontrollen ihrer Heimatländer.

Im April 2013 hat das Mutterland **Großbritannien** beschlossen, dass künftig jedoch die Inhaber sowohl der TCIs als auch anderer auf den **Turks- und Caicos-Islands** registrierten Offshore-Gesellschaften im nationalen Unternehmensregister offengelegt werden müssen. Gleiches gilt für die Inhaber von Bankkonten. Diese An-

Am Vorbild **Jerseys** orientiert sich das Trustrecht der Inseln, das bereits über 30 000 Firmen nutzen. Es garantiert neben einer unkomplizierten Gesellschaftsgründung innerhalb von 24 Stunden Steuerfreiheit und absolute Anonymität, denn Trusts müssen weder Bilanzen einreichen noch die Namen der Geschäftsführer und Aktionäre mitteilen. Für die Inseln spricht auch, dass sie, nicht zuletzt wegen der hohen Arbeitslosenquote unter den knapp 8000 farbigen Einwohnern, ausländisches Kapital mit offenen Armen empfangen. Die Geschäftsmöglichkeiten, insbesondere im aufblühenden Touristikbereich, sind günstig. Zudem sind die Gründungs- (650 US-Dollar) und laufenden Kosten (300 US-Dollar) einer Oasenfirma auf den Inseln noch sehr niedrig. 2001 traten nach Kritik der *Financial Action Task Force* einige Änderungen in Kraft. Nicht genug: 2009 beschloss **Großbritannien**, das Ruder auf den Karibikinseln zu übernehmen, massiv gegen Korruption vorzugehen und forderte weitreichende Änderungen der Unternehmensgesetze auf der Inselgruppe. Firmen, Trusts und ihre Treuhänder müssen heute „ihre wahren Nutznießer und Eigentümer und alle betroffenen Interessen" veröffentlichen. Über diese soll in der Vergangenheit unter anderem viel russisches Geld auf der Inselgruppe geparkt worden sein. Mit 10 Prozent aller laufenden Einnahmen ist der Finanzbereich eine wichtige staatliche Einnahmequelle.

gaben stehen auch den *EU*-Ländern **Deutschland, Frankreich, Italien** und **Spanien** zur Verfügung.

Es gibt ein britisches Schiffsregister, das für Schiffe bis zu 150 Tonnen offen ist – ein Zufluchtsort für steuerfreies Yachten in einem attraktiven Segelrevier. Die für die Inseln typische „Hybrid-Gesellschaft" – sie gibt Aktien aus, doch ist die Haftung durch Nachschusspflicht beschränkt – kann als Alternative zum Trust gewählt werden, indem ihre Mitglieder zu „Begünstigten" werden, während die Aktionärsvorstände als „Treuhänder" fungieren.

IBCs, deren Gründung etwa 350 US-Dollar kostet (Jahresgebühr 300 US-Dollar), können „von der Stange" gekauft werden und zahlen 20 Jahre keine Steuern.

Weitere Informationen und Ansprechpartner:

Botschaft des Vereinigten Königreichs	Chamber of Commerce
Großbritannien und Nordirland	P.O. Box 148, Grand Turk
Wilhelmstraße 70	Tel.: 001-6 49-9 46 23 68
D-10117 Berlin	Fax: 001-6 49-9 46 23 65
Tel.: 030-2 04 57-0	
Fax: 030-2 04 57-5 71	

US Virgin Islands

- Fläche: 349 qkm
- Hauptstadt: Charlotte Amalie
- Währung: USD
- Inflation: 1,6 Prozent
- Abkommen: OECD-Informationsaustausch
- Einwohner: 108 700
- Sprache: Englisch
- BIP je Einwohner: 21 622 USD
- Arbeitslosigkeit: 8,1 Prozent

Die **US Virgin Islands** mit den Hauptinseln **St. Thomas** (80,3 qkm), **St. Croix** (215 qkm) und **St. John** (51 qkm) liegen ca. 70 km östlich von **Puerto Rico** und unterstehen der Rechtsprechung der **USA**. Sie bieten eine attraktive steuerliche Förderung für Unternehmen, vor allem für Offshore-Investments außerhalb der **USVI** und den **USA**. Dabei profitieren diese vom **US**-amerikanischen Netzwerk von Investitionsschutzabkommen. Für Unternehmen, die auf den Inseln von der Steuer befreit sind, ist lediglich eine jährliche Konzessionsabgabe von 1000 US-Dollar zu entrichten. Die Aktien und das daraus resultierende Vermögen unterliegen weder der örtlichen Erbschaftsteuer noch der **US**-Grundsteuer. Die Steuervorteile gelten für 20 Jahre.

Für eine Investition von 50 000 US-Dollar in ein Unternehmen, das mindestens zehn Personen der **US Virgin Islands** anstellt, gibt es besondere Steueranreize: Reduzierung des Einkommensteuersatzes auf 4 Prozent, keine Quellensteuer auf Zinsen, eine Quellensteuer von 4 Prozent auf Dividendenzahlungen an Privatpersonen und 4,4 Prozent an Unternehmen.

Wichtig: Der **US**-Gerichtshof darf keine Steuerfälle anhören, die unter die Einkommensteuergesetze der **US Virgin Islands** fallen, die Inseln gehören auch nicht zum **US**-Zollgebiet.

Weitere Informationen zu Mittelamerika und zur Karibik:

Cámara de Comercio e Industria Alemaña Regional
para Centroamerica Yel Caribe
6a Avenida 20-25 Zona 10

Edificio Plaza Marítima Oficina 3-3
01010 Guatemala City, Guatemala C. A.
Tel.: 00502-2 36 75 55 52-23 85 00 43
Fax: 00502-23 33 70 44

Fluch der Karibik

Wundersame Geldvermehrung und verschwundene Millionen: Bei spektakulären Pleiten und dubiosen Anbietern haben Tausende Anleger ihr Geld verloren – häufig über Firmenkonstrukte in der **Karibik**. So wie im Fall des seinerzeit in **Deutschland** vertriebenen *K1 Fund* des Würzburger Anlagebetrügers *Helmut Kiener* mit Sitz auf den **British Virgin Islands**. Statt 883 Prozent in zehn Jahren 600 Millionen Euro Totalverlust. Wie beim *K1 Fund* sind viele Firmennetzwerke meist so verschachtelt, dass kaum zu durchblicken ist, wo der Firmensitz tatsächlich ist und in wie viele Untergesellschaften oder Fonds das Geld fließt. Aber nicht nur der Fall *Kiener*, auch die Milliardenpleiten von *Bernard Madoff, Allan Stanford, Lehman Brothers,* der *BCCI (Bank of Credit and Commerce International)*, des US-Versicherers AIG oder des Hedgefonds *Long Term Capital Management* wurden über Offshore-Gesellschaften in der **Karibik** gesteuert.

Wichtig: Bei Firmensitzen in Steueroasen lohnt sich für Investoren ein genauerer Check. Hellhörig werden sollten sie, wenn es in den Offerten heißt: „Aus Wettbewerbsgründen" könne man keine näheren Angaben machen, wie die angeblichen Traumrenditen erzielt werden. Am Ende bleibt meist nichts übrig.

Die Inseln der **Karibik** waren perfekte Urlaubsziele für reiche Steuervermeider. Sie boten schöne Strände und ein noch schöneres Bankgeheimnis. Doch mit den paradiesischen Zuständen soll jetzt Schluss sein. Auf Druck von *OECD* und *EU* sollen die Inseln künftig für mehr Transparenz sorgen und im Kampf gegen Steuerhinterziehung enger mit den Hochsteuerländern zusammenarbeiten. Geplant ist die Einführung von öffentlichen Unternehmensregistern, aus denen die Besitzverhältnisse von Briefkastenfirmen hervorgehen. Denn die Länder der **Karibik** sind vor allem ein Ansiedlungsort für Schatten- und Scheinfirmen, in denen Vermögenswerte geparkt und Steuern hinterzogen werden.

Vor- und Nachteile ausgewählter Finanz- und Steuerplätze in der Karibik und den Bermudas

Wichtig: Fast alle Steueroasen in der **Karibik** haben zugesagt, die *OECD*-Informationsstandards bei Steuerhinterziehung und -betrug umzusetzen. Vielfach geschieht das bereits seit Anfang 2010. Für Steuersünder mit schwarzen Kassen wird die Karibik damit als Fluchtadresse für Vermögenswerte zunehmend uninteressant.

Staat	Vorteile	Nachteile	Steuern
Bahamas	EU-Standard; entsprechend ist der Finanzsektor reguliert; EU-Geldwäsche-Richtlinie entsprechende Sorgfalts- und Meldepflichten; hohe Stabilität; kürzeste Flugverbindung; hohe Lebensqualität	Seit 2006 Rechtshilfe in Steuersachen, allerdings nicht spontan und automatisch, sondern nur auf Anfrage; DBA Rechts- und Amtshilfe und Auskunftsaustausch, OECD-Informationsaustausch; Bankgeschäfte sind nicht mit steuerbegünstigter IBC möglich; bei Wohnsitznahme müssen mindestens 150 000 B\$ im Land investiert werden	Keine Einkommen-, Körperschaft-, Veräußerungsgewinn-, Quellen-, Schenkung- oder Erbschaftsteuer für dort ansässige Personen und Gesellschaften
Barbados	Keine Devisenbeschränkungen, umfangreiche Zollvergünstigungen	Informationsaustausch-Abkommen mit der OECD seit 2006, DBA Amtshilfe und Auskunftsaustausch, Erfassung anfänglich eingeführter Gelder erforderlich	Non-Residents zahlen eine Einkommensteuer von 1–2,5 %; keine Kapitalertrag-, Erbschaft-, Schenkung-, Grund- oder Quellensteuer auf Dividenden und Zinsen. Eine IBC zahlt, sofern sie zu 100 % einem Nichtansässigen gehört, 2,5 % Körperschaftsteuer; Firmen, die auf Barbados produzieren, sind davon befreit.

Karibik – Vergleich ausgewählter Finanz- und Steuerplätze

Bermuda	Klassische Steueroase für Gesellschaften; steuerbefreite Trusts dürfen während 100 Jahren ihre Erträge/Einkommen kumulieren	Mitglied der OECD-Gruppe „Global Forum Working Group on Effective Exchange of Information"; DBA Amtshilfe und Auskunftsaustausch, OECD-Informationsaustausch, Devisenkontrollen; praktisch keine Aufenthaltsgenehmigung für Ausländer; Immobilienerwerb praktisch unmöglich, extrem hohe Lebenshaltungskosten	Keine Einkommen-, Körperschaft- oder Quellensteuer; Veräußerungsgewinne bleiben steuerfrei
British Virgin Islands	Keine Devisenrestriktionen; gesetzlich verankertes Bankgeheimnis; führender Offshore-Standort unter den IBCs; Anti Money Laundering-Gesetzgebung nach EU-Standard; einfache Firmengründung	„all crimes legislation", DBA Amtshilfe und Auskunftsaustausch, OECD-Informationsaustausch; Lebenshaltungskosten entsprechen US-Niveau bei reizlosem Ambiente	Einkommensteuer zwischen 3 und 20 %, Körperschaftsteuer 15 % für auf den B.V.I. generierte Erträge; Auslandseinkünfte bleiben steuerfrei
Cayman Islands	Höchste Bonitätsstufe; fünftgrößter Bankenplatz weltweit; EU-Standard entsprechende Regulierung des Finanzsektors; hohe politische Stabilität; keine Kontrollen ausländischer Bankaufsichtsbehörden; höchstes BIP in der Karibik	Informationsaustausch-Agreement in Steuersachen mit OECD, Steuerstrafsachen seit 2004, Besteuerungsverfahren seit 2006; Mitglied der OECD-Gruppe „Global Forum Working Group on Effective Exchange of Information"; bei Wohnsitznahme ist ein Investment von mindestens 180 000 USD fällig, Lebenshaltungskosten 20 % über US-Niveau	Echte Null-Steuer-Oase
Niederländische Antillen, Aruba und Curaçao	DBA mit den Niederlanden erlaubt die steuergünstige Verlagerung von Gewinnen auf die Antillen, einfache Gründung der Rechtsform N.V.; Vielzahl steuerrechtlicher Gesellschaftskonstruktionen	Infoaustausch-Abkommen mit der OECD seit 2006, Mitglied der „Global Working Group on Effective Exchange of Information", kein gesetzlich geregeltes Bankgeheimnis, hohe Besteuerung ansässiger juristischer Personen	Non-Residents zahlen für auf den NL-Antillen generierte Einkünfte 2,4 bis 3 % Einkommensteuer. Keine Vermögen-, Erbschaft-, Schenkung- sowie Quellensteuer auf Dividenden und Zinsen. Offshore-Gesellschaften bis 2020 5,5 %, „Besonders Freigestellte Gesellschaften" zahlen weden Körperschaft- noch Kapitalertragsteuer, Gesellschaften, die auf den NL-Antillen investieren, zahlen 2 % Ertragssteuern; die zur Vermögensverwaltung eingesetzte „Stichting" ist steuerbefreit

3. Atlantik

Vor dem amerikanischen Kontinent locken einige wenige, teils unwirtliche Inseln mit Steuerfreiheiten. Bis auf die **Bermudas** lohnen sich für Europäer Investments vor Ort und Vermögensverlagerungen dorthin nicht. Mit Steuervorteilen locken auf halbem Weg zwischen dem afrikanischen **Angola** und **Brasilien** die zu **Großbritannien** gehörende Vulkaninsel **Ascension,** auf der Yachten und Schiffe nur in Notfällen vor Anker gehen dürfen, sowie die Gruppe der **Falkland Islands** an der Spitze **Südamerikas.** Hier schlummern große Tiefseeöl- und Gasreserven, weshalb **Argentinien** seit Jahren versucht, die Inseln zurückzubekommen. Die **Falkland-Inseln** mögen zwar Tausende Meilen von **Großbritannien** entfernt sein, doch sie sind britisch durch und durch. Das bestätigt auch das Referendum vom März 2013: 92 Prozent der 1649 Wahlberechtigten wollen den politischen Status als ein Überseeterritorium des Vereinigten Königreichs beibehalten.

Fast zwei Tage dauert allein die Anreise von **Deutschland** auf die kargen Inseln, die sich selbst gern als „Tor zur Antarktis" bezeichnen. Neben 480 000 Schafen und einer Million Vögel scharen sich Tausende Pinguine an den einsamen weißen Stränden. Nach jahrelangem Dornröschenschlaf soll nun der Fremdenverkehr einziehen. Doch seit der kommerzielle Flughafen im Falklandkrieg 1982 bombardiert wurde, existiert nur noch die Landebahn der britischen Militärbasis. Einmal pro Woche verwandelt die sich in einen „International Airport": Dann landen nicht nur Truppentransporter, sondern auch Touristenjets im militärischen Sperrgebiet. Doch es gibt ein Problem: Weil die Militärbasis nicht als Flughafen gelistet ist, erkennen ihn viele Buchungssysteme nicht. Und schafft man es doch und kommt auf den Inseln an, fühlt man sich wie auf dem Mond. Ein Ort, an dem man die Zeit vergessen kann.

Der einzige Direktflug aus Europa zu den **Fakland-Inseln** startet von der Militärbasis **Brize Norton** im englischen **Oxfordshire** mit einem Flugzeug der *Royal Air Force*; Hin- und Rückflug kosten rund 2550 Euro: www.raf.mod.uk/rafbrizenorton

In **Stanley** bietet das *Malvina House Hotel* eine einfache, aber bequeme Unterkunft, Übernachtung mit Frühstück im DZ ab 80 Euro.

Weitere Informationen und Ansprechpartner:

Botschaft des Vereinigten Königreichs
Großbritannien und Nordirland
Wilhelmstraße 70, D-10117 Berlin
Tel.: 030-2 04 57-0, Fax: 030-2 04 57-5 71

Bermuda

- Fläche: 53,3 qkm, rund 360 Inseln, über 20 bewohnt
- Hauptstadt: Hamilton
- Währung: Bermuda-Dollar (BD-$)
- Inflation: 6,9 Prozent
- Abkommen: DBA Amtshilfe und Auskunftsaustausch
- Einwohner: 64 700
- Sprache: Englisch
- BIP je Einwohner: 96 800 USD
- Arbeitslosigkeit: 2,1 Prozent
- Britisches Überseegebiet
- Staatsverschuldung: 8,6 Prozent

In der Grauzone zwischen Wahrheit und Fiktion kann einem einiges abhanden kommen – Firmengelder, manchmal sogar komplette Schiffe, Flugzeuge und so mancher Piratenschatz. *„Verschollen im Bermuda-Dreieck"* – dabei sind die **Bermudas** bei näherer Betrachtung eine völlig harmlos wirkende Welt, die man ausschließlich in rosaroten Farben sehen kann – auch ohne Brille. Die Häuserfassaden leuchten im Sonnenlicht vorzugsweise in Rosa. Der Strand erscheint durch Reste winziger Meereslebewesen in unwirklichem Pink. Die öffentlichen Busse sind rosarot und die Modemutigsten unter den Einheimischen tragen rosafarbene Bermuda-Shorts. Eine idealisierte Welt, gebaut wie für eine Filmkulisse. Man wird den Eindruck nicht los, die Inseln seien ein riesiges Urlaubsresort, eine heile Welt ohne Armut und Kriminalität.

Dass dies der Realität ziemlich nahekommt, bestätigt ein Blick auf die Wirtschaftsstatistik: Lebensstandard und Beschäftigungsgrad zählen weltweit zu den höchsten, die Schuldenquote hingegen zu den niedrigsten. Das Pro-Kopf-Einkommen der Bermudianer ist mit über 95 000 US-Dollar eines der höchsten weltweit. Über 80 Prozent des Regierungsbudgets werden für Sozialleistungen und Bildung ausgegeben. Rekordverdächtig sind auch die Immobilienpreise. Ein durchschnittliches Drei-Zimmer-Cottage kostet zwei bis drei Millionen US-Dollar. Die größte Golfplatzdichte weltweit beschert den Inseln obendrein sündhaft teure Rasen als einzig verbleibende Grünflächen.

Die **Bermudas**, eine Inselgruppe mit 15 durch Brücken verbundenen Hauptinseln und weit über 300 kleineren Inseln und Riffs, gehört nicht, wie oft fälschlich vermutet, zur **Karibik**. Mehr als 300 Jahre waren die **Bermudas** eine britische Kolonie. Heute wird der kühle Einfluss der Briten durch die unbekümmerte Wesensart der Amerikaner ausgeglichen, die mit einem kurzen Flug auf die Inselgruppe im Atlantik jetten. Doch viel weiter entfernt vom amerikanischen Festland als die Karibikinseln, wurde **Bermuda** für den Tourismus erst interessant, als 1946 die ersten Linienmaschinen aus **New York** landeten. Heute ist der Tourismus mit 40 Prozent des BIP der wichtigste Wirtschaftszweig. 90 Prozent der Touristen kommen aus den **USA**, zunehmend auch aus **Westeuropa**.

Doch **Bermuda** wollte mehr als nur Touristendollars. Deshalb erklärte man sich zur Steueroase. Sehr zum Wohl der Insel hat sich anschließend eine merkwürdige Ökonomie entwickelt. Obwohl nur etwa über 65 000 Menschen auf der Insel wohnen, haben rund 25 000 Firmen hier ihren Sitz. Die Inselgruppe gilt vor allem bei Rückversicherungsgesellschaften als Steueroase. Heute sind die **Bermudas** das drittgrößte Rückversicherungszentrum weltweit. Für ausländisches Kapital haben sich die **Bermudas** mit Stiftungen, Trusts und Treuhandgesellschaften fest als Zufluchtsort etabliert.

Klassische Steueroase für Gesellschaften

Das kleine Land, formal immer noch eine britische Kronkolonie, hat – vor allen anderen Steueroasen – ein Abkommen zum fallweisen Informationsaustausch bei mutmaßlicher Steuerhinterziehung mit den **USA** abgeschlossen und setzt die *OECD*-Vorschriften über Auskünfte bei Steuerhinterziehung und -betrug um. Dazu kommen

Steuer- und Informationsaustausch mit den **USA** und **Deutschland**. Mit anderen Worten: Die **Bermudas** sind heute keine Steueroase für Privatleute mehr, sondern eine für international operierende Firmen.

So sind es denn auch nicht die Banken, die das Bild der Hauptstadt **Hamilton** prägen. Moderne Verwaltungsgebäude am Rand der 2000-Einwohner-Stadt und die Büros der Anwaltskanzleien mit hunderten von Messingplatten von rund 25 000 Briefkastenfirmen dominieren das Bild. Doch nur etwa 3500 Unternehmen sind tatsächlich auf der Insel tätig. Hinter den Fenstern solcher Kanzleien spielt sich, unsichtbar für Touristen, ein großer Teil des Wirtschaftslebens in **Hamilton** ab. Einen Hauch davon bekommen Außenstehende allenfalls beim *Registrar of Companies*, das heißt dem Büro des Handelsregisters, mit. Selbst Freitag nachmittag herrscht dort mehr Leben als an den Stränden ein paar Kilometer weiter.

Die verbreitetsten Unternehmensformen auf den **Bermudas** sind Gesellschaften mit beschränkter Haftung, Personengesellschaften und Trusts. Einheimische Gesellschaften mit beschränkter Haftung müssen zu mindestens 60 Prozent im Besitz von Bürgern der Ber-

---

Finanz- und Juristen-Akrobatik

Der Großteil des Versicherungs-Booms auf den **Bermudas** geht auf trickreiche Konstruktionen zurück, für die es noch nicht einmal ein deutsches Wort gibt. Die Fachleute sprechen von „Alternativem Risiko-Transfer (ART)".

Das zweite Schlüsselwort – und es bedeutet praktisch das Gleiche – heißt „captives", zu Deutsch „Gefangene". Es sind Versicherungen, die nur für ihre Muttergesellschaft tätig sind. Man kann sie sich ungefähr vorstellen wie Betriebskrankenkassen, die nur die Belegschaft eines Unternehmens versichern. Für diese Art der Versicherung gibt es in vielen Fällen handfeste organisatorische und betriebswirtschaftliche Gründe. Die meisten „captives" domizilieren der Nullsteuern wegen in Steueroasen. Allein die **Bermudas** kommen auf 30 Prozent Weltanteil, gefolgt von der Kanalinsel **Guernsey** und von **Luxemburg**.

mudas sein. Zudem gibt es „Permit Companies", die im Ausland registriert sind, aber von den **Bermudas** aus ihre Geschäfte betreiben. Diese Gesellschaftsform wird vor allem von Schiffseignern gewählt, rund 500 Reedereien sind registriert. Das Minimumkapital beträgt 12 000 BM-$ und muss voll einbezahlt sein. Trusts sind für 100 Jahre steuerfrei gestellt. Ein Bermuda-Trust kann jede Art von weltweitem Vermögen für jeden Begünstigten halten und beugt Erbauseinandersetzungen vor.

Rund 18 000 bis 28 000 US-Dollar beträgt die jährliche Registergebühr für ausländische Firmen, je nach Kapital. Im Gegenzug gibt es auf den **Bermudas** keine Einkommen- oder Körperschaftsteuer auf einbehaltene Firmengewinne, ebenso keine Mehrwertsteuer.

Bermudas – gesellschaftsrechtlich

Kapitalgesellschaften mit einem Mindestkapital von 12 000 BD-$ müssen zu weniger als 60 Prozent im Besitz von Bürgern **Bermudas** sein. Aktien ohne Nennwert und Inhaberaktien sind nicht erlaubt. Es müssen mindestens zwei auf den Bermudas ansässige Geschäftsführer bestellt werden; jeder von ihnen muss mindestens einen wesentlichen Anteil haben. Zudem muss ein eingetragenes Büro auf den Bermudas unterhalten werden, wo auch die Bücher zu führen sind.

Steuerbefreite Personengesellschaften können seit 1958 gegründet werden. Hier sind ein ansässiger Geschäftsführer und ein Büro auf den **Bermudas** zwingend vorgeschrieben. Steuerbefreite Trusts dürfen in einem Zeitraum von 100 Jahren ihr Einkommen akkumulieren. Darüber hinaus kennen die **Bermudas** steuerbefreite Versicherungsgesellschaften, steuerbefreite Investment Holdings sowie steuerbefreite Reedereien. Da die **Bermudas** verdecktes Eigentum an Schiffen zulassen, zählen sie zu den Billigflaggen-Ländern.

Gründungsdauer: bis zu drei Monate

Gründungskosten: Stempelgebühr: 0,25 Prozent des ausgewiesenen Aktienkapitals; Konzessionsgebühr: 800–1500 BD-$; Gebühren der örtlichen Berater: ca. 2000 BD-$.

Laufende Kosten: Konzessionssteuer: 1200–2250 BD-$; Berater: 2000–3000 BD-$.

Das macht den wirklichen Reiz der Insel für ausländische Unternehmen aus. Es sind nicht mehr die Touristen, sondern die internationalen Finanzdienstleistungen, speziell die Versicherungen, die heute den Wohlstand bringen.

Das könnte sich jetzt ändern. Denn auf Druck **Großbritanniens** müssen die **Bermudas** künftig die tatsächlichen Eigentümer der bei ihnen registrierten Offshore-Gesellschaften sowohl gegenüber dem Mutterland als auch gegenüber den *EU*-Ländern **Deutschland, Frankreich, Italien** und **Spanien** offenlegen. Gleiches gilt für die Inhaber von Bankkonten und deren Kontenaktivitäten. Die sich daraus für die Steueroase **Bermuda** ergebenden Folgen sind noch gar nicht auszudenken.

Die **Bermudas** selbst bezeichnen sich als „den größten Offshore-Versicherungsplatz der Welt". Dabei geht es um gewaltige Summen: An die 1700 Versicherungsgesellschaften sind in **Hamilton** registriert. Zusammen kommt die Branche auf ein jährliches Brutto-Prämienvolumen von umgerechnet rund 30 Milliarden Euro und Vermögenswerten von über 120 Milliarden Euro. Tatsächlich ist von diesen Summen natürlich in keinem Tresor der Insel etwas zu sehen. Vielmehr wird das Geld nur auf den **Bermudas** verbucht und liegt damit steuerrechtlich auf der Insel. Die Inselgruppe ist verfassungsmäßig an **Großbritannien** gebunden, jedoch westwärts orientiert. So bestehen enge soziale und wirtschaftliche Beziehungen zu den rund 1000 Kilometer entfernten **USA**.

Devisenkontrollen: Ja, Steueroasengesellschaften und Vermögenstrusts sind jedoch befreit.

Fiskalische Auslieferungsabkommen: keine

Politische Risiken: Solange die **Bermudas** eine britische Kolonie sind, bestehen keine politischen Risiken für Offshore-Gesellschaften.

Rechtssystem: Englisches Common Law. Das Gesellschaftsrecht basiert mit einigen Ergänzungen – The Companies Act von 1971, Bermuda Trustee Act von 1876, Trustee Investment Act von 1961.

Patentrecht: Es gelten die britischen Vorschriften.

> **Wohnsitznahme:** Es gibt praktisch keine Aufenthalts- und Arbeits-
> bewilligung für Ausländer. Der Erwerb einer Immobilie für Nichtan-
> sässige ist praktisch unmöglich. Nicht ansässige Privatpersonen und
> Firmen (restricted persons) müssen eine Genehmigung der Regierung
> beantragen, wenn sie Land oder eine Immobilie kaufen oder länger
> als fünf Jahre leasen wollen. „Restricted Persons" müssen mindestens
> zehn Jahre auf den Bermudas gelebt haben, ehe sie als „ortsansässig"
> gelten. Pro Grundstück ist auf den Inseln nur ein Auto zugelassen – es
> gibt keine kommerzielle Autovermietung.

Steuern: Die **Bermudas** kennen weder Einkommen-, Körper-
schaft- noch Steuern auf Veräußerungsgewinne oder Quellensteuern, erheben aber Verwaltungsabgaben, Gebühren, Lohnsteuer
und Touristikabgaben. Daneben gibt es hohe Zölle. Privat eingeführte Waren werden mit 20 Prozent besteuert. Im Zuge der internationalen Maßnahmen gegen Steueroasen setzte seit 2008 ein
massiver Wegzug internationaler Unternehmen von **Bermuda** ein.
Innerhalb weniger Monate verlegten 2009 mit *Accenture, ACE Limited, Cooper Industries, Covidien, Forster Wheeler, Ingersoll-Rand,
Tyco Electronics, Tyco International* und *Weatherford International*
allein bei börsennotierten Konzernen neun der einst zwölf umsatz-
stärksten Unternehmen in **Bermuda** ihren Sitz in andere Länder.

Doppelbesteuerungsabkommen: in begrenztem Umfang mit
den **USA**

Lebenshaltungskosten: aufgrund der hohen Importzölle extrem
hoch

Gesellschaften: Das Firmengesetz von 1981 regelt Gründung, Verwaltung und Auflösung steuerbefreiter Offshore-Unternehmen.

Wichtigste Gesellschaftsform: Exempted Company

Weitere Informationen und Ansprechpartner:

Botschaft des Vereinigten Königreichs
Großbritannien und Nordirland
Wilhelmstraße 70, D-10117 Berlin
Tel.: 030-2 04 57-0, Fax: 030-2 04 57-5 71

Bank of Bermuda
Tel.: 001-4 41-2 95 40 00
Fax: 001-4 41-2 99 65 26

4. Afrika – Boom oder Untergang?

Aufschwung oder Niedergang – nirgendwo auf der Welt liegen sie so nahe beieinander wie in **Afrika.** Wer heute über den Kontinent nachdenkt, dem kann schwindeln, so verwirrend sind die Kontraste. Aber die Gegensätze helfen auch, alte Stereotype abzulösen. Das Zerrbild vom allgegenwärtigen Schrecken zerbröselt jeden Tag ein wenig mehr.

Das ist vor allem der aufsteigenden Weltmacht **China** zu verdanken. Der Vorstoß Pekings nach **Afrika** öffnet vielen die Augen. Wie immer man **Chinas** Afrika-Politik bewerten mag – sie hat anderen Staaten gezeigt, dass man diesen Kontinent nicht nur mit Almosen füttern, sondern auch als Geschäftspartner umwerben kann. Der ökonomische Boom, der **Afrika** nun vielerorts erfasst, wird zweifellos neue Probleme bringen – für Mensch und Umwelt. Aber wahr ist auch, dass im Zuge dieses raschen Wachstums eine afrikanische Mittelklasse heranreift. Sie sprießt im Westen und im Osten, in **Ghana, Kenia** und anderen Staaten, die vom Unheil des Krieges verschont geblieben sind.

Doch es wäre naiv zu glauben, dass der Aufschwung allein überall den lang ersehnten Frieden bringen wird. **China** trägt kaum etwas zum Krisenmanagement bei. Aber auch die klassischen Versuche der Staatengemeinschaft, zerfallene afrikanische Staaten wieder aufzubauen, sind weitgehend missglückt. Die alten Abgründe **Afrikas** sind oft vermessen worden, der **Kongo** ist einer von ihnen. Die anderen heißen **Sudan, Somalia** und seit Ende 2012 **Mali. Afrika** ist noch immer ein Ort, wo ganze Staaten in kurzer Zeit implodieren. Auch wenn viele Volkswirtschaften wachsen, sind die inneren Spannungen auf dem Kontinent oft groß, die Länder anfällig für Rebellionen und Umstürze.

Die Vorstellung, dass es die Welt schon irgendwann richten wird in **Afrika**, ist aus mehreren Gründen abwegig:

- Erstens fehlte den reichen Staaten die Entschlossenheit, sich der großen Konflikte in **Afrika** langfristig anzunehmen – es ist zu mühsam. Ihre Aufmerksamkeit gilt den Krisen in **Nahost**.

- Zweitens haben sie häufig gar keine starken Hebel, um die kämpfenden Akteure zur Raison zu bringen – sie sind ohnmächtig. Häufig fällt den reichen Ländern nichts Besseres ein, als mit der Streichung von Entwicklungshilfe zu drohen.

Aber so wie **Afrikas** Führer ihre Herrschaft organisiert haben, stürzen sie nicht gleich, wenn die Hilfszahlungen ausfallen. Die Armen leiden, die Mächtigen bleiben.

Weil weder der Westen noch die aufsteigenden Länder **Asiens** als Ordnungsmächte in **Schwarzafrika** taugen, sind die Staaten dort auf sich selbst gestellt. Und sie unternehmen doch manche Anstrengung, Brandherde in ihrer Nachbarschaft auszutreten – etwa in **Somalia** am **Horn von Afrika**. Doch dazu brauchen sie künftig finanzielle Hilfen der reichen Staaten.

Afrika – dieser Kontinent, so scheint es, ist zu allem fähig: boomen, wachsen, glänzen – aber auch taumeln, zerfallen, untergehen. Die Welt wird sich wohl an das doppelte Gesicht, den afrikanischen Janus, gewöhnen müssen.

Afrika – Kontinent der Visionen

- Über die Hälfte der 600 Millionen Afrikaner leben in Armut, mehr als 40 Prozent gingen nie zur Schule. Doch eine Reihe afrikanischer Staaten verzeichnete spürbare Erfolge im Kampf gegen die Armut. 16 Länder **Afrikas** haben nach Angaben der Weltbank seit Mitte der 1990er-Jahre Wachstumsraten von mehr als 4,5 Prozent jährlich aufzuweisen. Eine unverzichtbare Voraussetzung für die Verringerung der Armut auf dem Kontinent.

- Nach dem von der *Weltbank* für 2010 ermittelten Pro-Kopf-Einkommen liegen immerhin acht afrikanische Nationen vor **China**, darunter sechs südlich der **Sahara** gelegene und sechs weitere Staaten mit minimalem Abstand nahezu gleichauf. Zudem lockt speziell das **Afrika** südlich der **Sahara** mit einem rasanten Wachs-

Fortsetzung: Afrika – Kontinent der Visionen

tum, das durch die Zusammensetzung der Bevölkerung erheblich stabiler ist als **Indien** und **China**, potenzielle Langfrist-Investoren.

- Das reale Wirtschaftswachstum lag seit der Jahrtausendwende über 5 Prozent, die Armut geht zurück.

- Die Anzahl der autoritären Regime hat sich seit 1980 halbiert, mehr als 60 Prozent der Afrikaner leben heute in Ländern mit demokratisch legitimierten Regierungen.

- Die makroökonomischen Daten vieler afrikanischer Staaten sind 2013 so gut wie nie zuvor. Die Inflation ist in einstellige Bereiche gesunken, die Haushaltsdefizite sind um zwei Drittel reduziert.

- Die ausländischen Direktinvestitionen haben sich in **Afrika** seit dem Jahr 2000 verfünffacht – auf mittlerweile 50 Milliarden Dollar pro Jahr.

- Reformen in den Wirtschafts- und Finanzpolitiken, verbesserte Bedingungen für die Privatwirtschaft und steigende Weltmarktpreise für Rohstoffe wirken sich positiv auf die Entwicklung aus. Nicht zuletzt stiegen die Steuereinnahmen auf dem gesamten Kontinent von 141 Milliarden Dollar im Jahr 2000 auf 416,3 Milliarden in 2010.

- Der Schwarze Kontinent hat weltweit die jüngste Bevölkerung. Damit wachsen immer mehr arbeitsfähige Menschen heran, die den Konsum und Wohlstand vorantreiben.

- Immer mehr Afrikaner steigen zur Mittelschicht auf. Nach einer Studie von *McKinsey* gibt es bereits jetzt in **Afrika** mehr private Haushalte, die zur Mittelschicht zählen (Jahreseinkommen 20 000 Dollar), als in **Indien**. In der Liga darunter, Haushalte mit jährlich mindestens 5000 Dollar Jahreseinkommen, wird sich die Zahl bis Ende 2014 auf rund 105 Millionen erhöhen. Langfristig soll die afrikanische Mittelklasse gar **China** überflügeln. *Goldman Sachs* prognostiziert für das Jahr 2050, dass die Mittelklasse mit einem jährlichen Einkommen von 6000 bis 30 000 Dollar größer sein wird als im Reich der Mitte.

- Doch **Afrika** ist nicht gleich Afrika. Mit 54 Ländern und einer Fläche von 30,3 Millionen qkm ist der Kontinent kein einheitlicher Wirtschaftsraum. Mittendrin als Katalysator **West-** und **Zentralafrika** mit seinen riesigen Rohstoffvorkommen. Manche Experten

Steueroasen auf dem Prüfstand

Fortsetzung: Afrika – Kontinent der Visionen

sehen an der ölreichen Westküste bereits eine afrikanische Golfregion entstehen. Viele Staaten wie etwa der **Kongo** haben sich stabilisiert, ihre Wirtschaft reformiert und ihren Markt geöffnet.

■ Auch in **Ostafrika** floriert die Wirtschaft, vor allem in **Kenia**. Wagemutige Unternehmer stürzen sich ins Geschäftsleben, gründen Unternehmen, erschließen neue Märkte und geben dem Wort „Risikofreude" seine ursprüngliche Bedeutung zurück. Das betriebswirtschaftliche Wissen ist meist da, die Märkte entstehen und auch der Wille, die versäumten Jahre des Stillstands aufzuholen. Allein das Kapital fehlt. Ausländische Investoren sind gefragt wie nie. Unternehmen aus **China**, **Indien**, **Malaysia**, **Indonesien** und **Thailand** dominieren mittlerweile die Wirtschaft **Ostafrikas**, vor allem **Kenias**.

■ Die Länder **Nordafrikas** gelten als wichtige Wirtschaftsregion. Doch Wirtschaftsdaten bilden nicht die ganze Wirklichkeit ab, sonst hätte sich die Welt nicht über Jahre vom Wirtschaftswachstum Nordafrikas blenden lassen. In **Tunesien**, **Ägypten**, **Libyen** und **Marokko** war zwar das Einkommen je Einwohner seit 2005 in jedem Jahr um knapp 4 Prozent gestiegen, doch fegten in **Tunesien** und **Ägypten** Volkserhebungen die seit Jahrzehnten herrschenden Staatschefs weg. Das Ausmaß an Ungleichheit hat Empörung ausgelöst, denn bisher waren nur politische Beziehungen der sichere Weg zum Wohlstand. Eine unabhängige wirtschaftliche Elite konnte sich nicht bilden. Die Nähe zum europäischen Heimatmarkt, noch niedrigere Löhne als in **Osteuropa** und die Errichtung von Freihandelszonen hatten zuletzt immer mehr Unternehmen in die Region gelockt. Experten warnen jedoch vor den langfristigen Effekten der Unruhen für die Wirtschaftspolitik (s. Ägypten S. 462)

■ In **Südafrika** lebt noch jeder zweite der fast 50 Millionen Einwohner in bitterer Armut. Doch Analysten sagen dem Land eine glänzende Zukunft voraus. So listet die Investment Bank *Barclays Capital* beispielsweise **Südafrika** unter den zehn führenden aufstrebenden Märkten, die auf ein „stabiles und solides Wachstum" zusteuern. Andere warnen dagegen vor dem sozialen Sprengstoff, der in der hohen Arbeitslosigkeit steckt. Denn trotz guter Prognosen und des Reichtums an Bodenschätzen grassiert die Arbeitslosigkeit (24 Prozent). Fünf Millionen neue Jobs sollen daher in den nächsten zehn Jahren entstehen.

Fortsetzung: Afrika – Kontinent der Visionen

- Obwohl der Schwarze Kontinent in **Europa** inzwischen als Hort der großen Hoffnung gilt, ist **Afrika** von einem Wirtschaftswunder noch weit entfernt. Die Wirtschaftsleistung des gesamten Kontinents entsprach im Jahr 2012 der von Ländern wie **Indien** oder **Kanada**. Gemessen an den Möglichkeiten, die dieser weite Kontinent hat, ist das viel zu wenig. Immerhin verfügen die 54 Länder, **Nordafrika** eingeschlossen, gemeinsam über 30 bis 40 Prozent der weltweiten Rohstoffreserven und 60 Prozent des noch ungenutzten Ackerlandes.

- Am Ackerland sind neben westlichen Investoren vor allem Länder wie **China** und **Indien** interessiert. Während westliche Investoren ihren Anlegern Renditen von bis zu 25 Prozent versprechen, wollen **China** und **Indien** mit dem Erwerb von Ackerflächen vor allem in **Afrika** den Nahrungsmittelbedarf ihrer Bevölkerung absichern. Die Nutzung dieser Flächen erfolgt ausschließlich mit großindustriellem Einsatz. Das bedeutet: Riesige Monokulturen, ein hoher Pestizid- und Düngemitteleinsatz sowie ein gewaltiger Wasserverbrauch. Und das zum Teil in Ländern, die schon heute unter extremer Trockenheit leiden.

Land Grabbing in Afrika	
Größte Käufer/Pächter von Landflächen (in Mio. Hektar)	
USA	4,1
Malaysia	3,4
Großbritannien	3,1
Indien	3,0
Südkorea	2,7
Anteil der von ausländischen Investoren genutzten Fläche der landwirtschaftlichen Nutzflächen (in Prozent)	
Kongo	48,8
Mosambik	21,1
Uganda	14,6
Sambia	8,8
Äthiopien	8,2

Quelle: This is Africa, FAOSTAT

Fortsetzung: Afrika – Kontinent der Visionen

Afrikanische Schätze	
Aluminium:	Südafrika, Mosambik
Bauxit:	Guinea
Chrom:	Südafrika, Simbabwe
Diamanten:	Botswana, Kongo (Dem.), Südafrika
Eisenerz:	Südafrika, Mauretanien, Ägypten
Gold:	Südafrika, Ghana, Mali, Tansania, Guinea
Kobalt:	Kongo (Dem.), Marokko, Südafrika
Kupfer:	Sambia, Südafrika
Phosphat:	Marokko, Tunesien, Südafrika, Senegal
Rohöl:	Nigeria, Libyen, Algerien, Angola
Zink:	Marokko, Südafrika, Namibia, Tunesien

Quelle: WITS STIC

- Aber auch die Nachfrage nach Bodenschätzen ist vor allem aus **China** und **Indien** unersättlich. Das bescherte **Afrika** in den vergangenen Jahren ein Wirtschaftswachstum von knapp 6 Prozent im Jahr. **China** ist im letzten Jahrzehnt zum wichtigsten Partner und Geldgeber des Schwarzen Kontinents geworden. Wurde im Zeitraum 2001 bis 2003 gerade einmal eine Milliarde Dollar investiert, so schätzt die *Weltbank*, dass chinesische Unternehmen heute jährlich Verträge über Infrastrukturprojekte im Wert von 50 Milliarden Dollar unterzeichnen. Das Handelsvolumen machte 2012 rund 200 Milliarden Dollar aus. Am deutlichsten wird **Chinas** Interesse an **Afrika**, wenn es um den Griff nach strategisch bedeutsamen Bodenschätzen geht. Dabei verarbeitet **China** keinen der in **Afrika** gewonnenen Rohstoffe (Öl, Kupfer, Eisenerz) an Ort und Stelle; zu wenig Mehrwert bleibt dadurch auf dem Schwarzen Kontinent.

Dass **China** afrikanische Rohstoffe mit Infrastruktur bezahlt, ist noch der beste Teil der inzwischen sehr einseitigen Handelsbeziehungen. Schließlich bekommt **Afrika** dafür zum ersten Mal in seiner Geschichte einen Mehrwert für seine Rohstoffe. Dass **China** aber gleichzeitig **Afrika** mit seinen Billigprodukten überschwemmt und damit jede heimische Produktion abwürgt, ist der weniger

Fortsetzung: Afrika – Kontinent der Visionen

schöne Teil der Geschichte. **Chinas** Handelsvolumen mit **Gesamt-afrika** betrug allein 2012 annähernd 200 Milliarden Dollar. Ein Ende dieses Wachstums ist nicht in Sicht. Von langfristigen Investitionen etwa in Produktionsstätten, die helfen würden, die Arbeitslosigkeit auf dem Schwarzen Kontinent zu senken, ist kaum die Rede. Der Zentralbankchef **Nigerias**, *Lamido Sanusi*, bringt es auf den Punkt: *„Wir sollten uns von der romantischen Idee verabschieden, dass* **China** *als Entwicklungsland uns anderen Entwicklungsländern solidarisch hilft.* **China** *ist heute verantwortlich für das Sterben heimischer Industrie und das Andauern bitterer Armut in* **Afrika**.*"* Mit anderen Worten: **China** betreibt in **Afrika** eine neue Form der Kolonisierung.

■ Der Zufluss ausländischer Direktinvestitionen in **Afrika** ist nach Angaben der *UN*-Handelsorganisation *Unctad* 2012 um 63 Prozent auf 88 Milliarden Dollar gestiegen. **Afrika** zieht in absoluten Zahlen zwar immer noch weniger Kapital an als andere Weltregionen. Doch um Rohstoffe ist ein intensiver Wettbewerb entbrannt. Wenn **Afrika** aus seinem Reichtum an Bodenschätzen etwas machen will, müssen die Länder auch Industriebetriebe gründen und den innerafrikanischen Handel ausbauen.

■ **Afrikas höchstverschuldete Staaten: Burkina Faso, Äthiopien, Ghana, Madagaskar, Mali, Mosambik, Niger, Ruanda, Senegal, Tansania, Uganda, Sambia**

■ **Afrika** kann sich selbst ernähren, wenn es die Handelsbarrieren zwischen den Ländern für Nahrungsmittel abbaut und seine Lebensmittelmärkte für mehr Wettbewerb öffnet. Zu diesem Schluss kommen Ökonomen der *Weltbank* in einer Studie. Danach kann der Kontinent rund 20 Milliarden Dollar zusätzliche Einkommen hervorbringen, wenn sich die Regierungen auf eine umfassende Marktöffnung einigen könnten. Das ist umso wichtiger, weil sich der Bedarf an Nahrungsmitteln bis 2020 verdoppeln wird. Derzeit kommen nach der Studie nur 5 Prozent der von afrikanischen Staaten eingeführten Nahrungsmittel aus anderen afrikanischen Ländern. Während sich andere Entwicklungsländer in **Süd-** und **Ostasien** seit 1990 zu Nettoexporteuren von Nahrungsmitteln entwickelt haben, steigt in **Afrika** die Nahrungsmitteleinfuhr aus Ländern außerhalb des Kontinents.

Fortsetzung: Afrika – Kontinent der Visionen

■ **Wirtschaftsblöcke in Afrika**

– *Wirtschaftliche Gemeinschaft Westafrikanischer Staaten*, gegründet 1975, Mitglieder: 15

– *Entwicklungsgemeinschaft des Südlichen Afrika*, gegründet 1980, Mitglieder: 15

– *Ostafrikanische Gemeinschaft*, gegründet 2000, Mitglieder: 5

■ Neue Ölfelder in Afrika: **Sierra Leone** war bislang vor allem durch seinen Bürgerkrieg und seine „Blutdiamanten" bekannt. Künftig aber wird das kleine westafrikanische Land einer der neuen Ölproduzenten auf dem afrikanischen Kontinent sein, denn überall dort ist man auf der Suche nach dem flüssigen Gold. Öl, so scheint es, findet man inzwischen auf dem ganzen Kontinent. Mittlerweile zählen auch **Liberia** und **Côte d'Ivoire** zu den Ölnationen, in **Tansania** und **Äthiopien** wurden erste Gasfelder entdeckt. In **Madagaskar**, vor den **Seychellen** und in **Kenia** wird nach Öl gebohrt. Gegenwärtig trägt **Afrika** knapp 13 Prozent zur weltweiten Ölproduktion bei. In den kommenden Jahren aber wird damit gerechnet, dass alleine der Schwarze Kontinent für ein Drittel des Wachstums in dieser Industrie verantwortlich sein wird.

Für Investoren ist das moderne **Afrika** eine lohnenswerte Herausforderung, **Afrika** gehört die Zukunft.

Weitere Informationen und Ansprechpartner:

■ Afrika-Verein der deutschen Wirtschaft e.V.: www.afrikaverein.de

■ Weltbank: www.worldbank.org

■ African Development Bank Group: www.infrastructureafrica.org

Afrikas Steueroasen – was (noch) nicht ist …

Aus Steueroasensicht zählt der Schwarze Kontinent zu den unterentwickelten Regionen unseres Erdballs. Obwohl einst doch **Tanger**, Afrikas Tor zu **Europa**, Schmuggler, Abenteurer und Millionäre magisch anzog. Von 1923 bis 1956 erlebte die Stadt an der

Nordspitze **Marokkos** ihre letzte Blütezeit als internationale Zone, in der die Bars keine Türen hatten, weil sie Tag und Nacht geöffnet waren. Hier soll es mehr Nachtclubs als in **Paris** gegeben haben und mehr Gold als in der **Schweiz**. **Tanger** – eine Legende.

Dennoch gibt es für Steuersparer auf Unternehmensebene auch heute erfreuliche Ansätze, insbesondere auf den Inseln und Inselgruppen im **Indischen Ozean**. Ein Kontinent voller Hoffnung. Prüfenswert sind die spanischen Exklaven **Ceuta** und **Melilla**, **Dschibuti**, **Liberia** sowie die **Malediven**, **Mauritius**, **Réunion**, die **Seychellen** und **Tunesien**. Mit dem Königreich **Bafokeng** könnte schon bald ein neuer Stern am südafrikanischen Steueroasenhimmel aufleuchten. Abzuwarten bleibt, wie sich die politischen Veränderungen in **Nordafrika** auf die künftige Steuerkultur einzelner Länder auswirken werden. Bei einer stärkeren Öffnung der Märkte und möglichen Privatisierungen werden die Regierungen bei ihrer Suche nach Auslandsinvestoren mit Steuervorteilen nicht geizen.

Königreich Bafokeng

- Fläche: rund 2000 qkm
- Hauptstadt: Phokeng
- Arbeitslosigkeit: 30–40 Prozent
- Einwohner: 300 000
- BIP je Einwohner: 5381 USD
- Inflation: 11,6 Prozent

Das Königreich **Bafokeng (Royal Bafokeng Nation)** ist das ethnische Heimatgebiet des südafrikanischen Stammes der Bafokeng. Das Gebiet umfasst rund 2000 qkm in der **Nordwest-Provinz** von **Südafrika**. Die Bafokeng gelten als reichster Stamm **Afrikas** mit den größten bekannten Platinvorräten der **Erde**. Im Bemühen, die Exporte der Region auszuweiten und die wirtschaftliche Abhängigkeit von der Platinförderung (prognostizierter Abbau bis etwa 2040) zu überwinden, siedeln die Bafokeng gegenwärtig weiterverarbeitende Industrien an und bauen den Tourismusbereich aus.

Das traditionell geführte Königreich will sich zu einer Boom-Region nach dem Vorbild **Singapurs** entwickeln – umfangreiche Steuervergünstigungen bis hin zu Nullsteuern für ausländische Investoren inklusive. Um sich bis 2035 mit **Singapur** auch messen zu können, sollen die Bafokeng nicht nur lebenslang lernen, sondern laut König *Kgosi Leruo Molotlegi* auch das Träumen nicht verlernen: „Große Träume zu haben kostet nicht mehr als kleine Träume zu haben." Nun, bis aus Träumen Wirklichkeit wird, bedarf es im Land noch erheblicher Anstrengungen.

Ungewöhnlich ist nicht nur die Geschichte, sondern auch die Unternehmenspolitik. Der König wirbt damit, die Erträge aus den Beteiligungen seinen Untertanen zukommen zu lassen – nicht über Dividenden, sondern über Investitionen in bessere Infrastruktur wie den Bau von Schulen, Krankenhäusern und Straßen.

Weitere Informationen:

Botschaft der Republik Südafrika
Tiergartenstraße 18, D-10785 Berlin
Tel.: 030-22 07 30, Fax: 030-22 07 31 90
www.suedafrika.org

Dschibuti

Die Kommunikations- und Finanzdrehscheibe am **Horn von Afrika** hat aufgrund seiner geostrategisch günstigen Lage zwischen **Rotem Meer** und **Indischem Ozean**, zwischen **Afrika** und der **Arabischen Halbinsel** mittelfristig Entwicklungspotenzial. Die derzeitigen Steuervergünstigungen für Investoren in der Sonderwirtschaftszone reichen da aber nicht, um als „Steueroase" ernst genommen zu werden. Steuerlich bleibt **Dschibuti** unter Beobachtung. Noch sind 89 Prozent der Landesfläche Ödland und Wüste, und **Dschibuti-Stadt** ist mit einer Jahresdurchschnittstemperatur von 30,1 Grad der heißeste bewohnte Ort der Welt. Unter einer Oase stellt man sich eigentlich etwas anderes vor – unter einer Steueroase auch.

Weitere Informationen und Ansprechpartner:

Botschaft der Republik Dschibuti
Kurfürstenstraße 84, D-10787 Berlin
Tel.: 030-26 39 01 57, Fax: 030-26 93 41 65

Liberia

- Fläche: 111 370 qkm
- Hauptstadt: Monrovia
- BIP je Einwohner: 340 USD
- Arbeitslosigkeit: ca. 85 Prozent
- Abkommen: DBA Einkommen und Vermögen

- Einwohner: 4,1 Millionen
- Sprache: Englisch
- Währung: Liberian. Dollar
- Inflation: 8,1 Prozent
- Staatsverschuldung: 3,3 Prozent

Das westafrikanische **Liberia** war ursprünglich ein Projekt zur Ansiedlung ehemaliger afroamerikanischer Sklaven aus den **Vereinigten Staaten** und einer der ersten unabhängigen Staaten auf dem afrikanischen Kontinent. Konflikte zwischen den Nachkommen ehemaliger afroamerikanischer Sklaven und ansässigen Ethnien prägen das Land bis heute. Nach zehnjährigem Bürgerkrieg ist das Land seit 2006 in ruhigerem Fahrwasser. Als Steueroase hat sich **Liberia** vor allem für Schifffahrtsgesellschaften hervorgetan. Sie sind steuerbefreit. An Bruttoregistertonnen gemessen hat **Liberia** dadurch heute die zweitgrößte Flotte der Welt, die auch zu den sichersten weltweit gehört. Sitz des Schifffahrtsregisters ist **New York**. Im Schiffsregister sind Ende 2011 3655 Handelsschiffe mit insgesamt 118,88 Millionen Bruttoregistertonnen erfasst. Auch Unternehmen, deren Handels- und Geschäftsaktivitäten außerhalb des Landes sind, zahlen keine Steuern. Geheimhaltung wird zugesichert, Devisentransaktionen sind nicht beschränkt.

Die Menschen in **Liberia** brauchen dringend neue Einnahmen und Arbeit, denn das Land zählt zu den 18 ärmsten Ländern der Erde. Rund 80 Prozent der Einwohner müssen mit nur einem Dollar am Tag auskommen. **Liberia** gehört derzeit nicht in den Kreis ernst zu nehmender Steueroasen, sondern ist nur als Domizil für Offshore-Unternehmen und Reedereien interessant.

Das westafrikanische Land gilt nach Einschätzung der *OECD* nach wie vor als nicht kooperationsbereite Steueroase und als verdächtig, als Waschanlage für illegale Gelder vor allem vom afrikanischen Kontinent zu dienen. Die Intransparenz des Bankensektors schreckt seriöse Investoren ab.

Weitere Informationen und Ansprechpartner:

Botschaft der Republik Liberia
Kurfürstenstraße 84, D-10787 Berlin
Tel.: 030-26 39 11 94, Fax: 030-26 39 48 93
Internet: www.liberiaemb.org

Liberia Chamber of Commerce
P.O. Box 92, Monrovia
Tel.: 00231-6 80 04 73

Malediven

Ein Inseltraum im **Indischen Ozean**, der keine Steuern kennt. Es ist den **Malediven** in den letzten Jahren jedoch nicht gelungen, sich trotz Nullsteuern auf der Steueroasenbühne für Investoren aus dem Ausland als Offshore-Platz hervorzutun. Die dafür erforderliche Infrastruktur mit Banken, Anwälten und Steuerberatern fehlt. Auch verspricht die Zukunft für die **Malediven** nichts Gutes: 80 Prozent der rund 2000 Inseln liegen weniger als einen Meter über dem Meeresspiegel. Der *UN*-Klimabericht verheißt für die in das tiefe Blau des Ozeans hineingetupften Eilande mit ihren weißen Korallenstränden und türkisfarbenen Lagunen in wenigen Jahrzehnten „Land unter".

Weitere Informationen und Ansprechpartner:

Botschaft der Malediven
Chemin Louis Dunant 15 B
CH-1202 Genf
Tel.: 0041-2 27 32 63 37, Fax: 0041-2 27 32 63 39

Mauritius

- Fläche: 2040 qkm
- Hauptstadt: Port Louis
- BIP je Einwohner: 14 948 USD
- Arbeitslosigkeit: 7,8 Prozent
- Abkommen: DBA Einkommen und Vermögen

- Einwohner: 1,29 Millionen
- Sprache: Englisch
- Währung: Mauritius-Rupie (MR)
- Inflation: 3,1 Prozent
- Staatsverschuldung: 65,4 Prozent

Neben den Korallenriffs, Zuckerrohrfeldern, Bananen- und Teeplantagen sowie vulkanischen Bergmassiven prägt **Mauritius** seine Bevölkerungsdichte, die nach den Stadtstaaten höchste auf dem Erdball (629 Einwohner pro qkm). Die kleine Insel in der Unendlichkeit des **Indischen Ozeans** beweist, dass Kulturen nicht unausweichlich zusammenprallen müssen – ganz im Gegenteil: Nur ihr wechselseitiges Geben und Nehmen garantiert eine stabile, lebenswerte Welt. In dem dicht besiedelten Land ist Toleranz pure Notwendigkeit, um zu überleben. Nur die Kultur des Miteinanders hat überhaupt die Erfolgsgeschichte der Insel ermöglicht.

Erst vor 30 Jahren wurde die jahrhundertealte Monokultur des Zuckers ergänzt durch Textilwirtschaft, Kleinindustrie und einen Tourismus, dem es gelang, die Insel mit hochpreisigen Hotelanlagen als Luxusziel zu vermarkten. Nie ersetzte dabei eine Industrie die andere. Vielmehr kam es zu Diversifizierungen, wie niemand sie für möglich gehalten hätte, da die Insel über keine Rohstoffe verfügt und fernab aller Handelsrouten und Märkte liegt. Dann hielt das Internet Einzug und mit ihm *Cyber City*, die mit indischem Geld und Technologietransfer vor wenigen Jahren mitten in Zuckerrohrfelder gebaut wurde. Schon jetzt arbeiten hier 15 000 Menschen.

Und jetzt kommt **Afrika**, der letzte Wachstumsmarkt. Jedoch ein unsicheres Stück Welt, weshalb große Unternehmen nur allzu gern das stabile **Mauritius** als Eingangstor zu dem Kontinent benutzen. Sie profitieren von Steuervorteilen, mit denen ihnen **Mauritius** entgegenkommt, und von einfachen Zollvorschriften, die **Mauritius** als Mitglied der afrikanischen Handels- und Entwicklungsabkommen *Comesa* und *SADC* genießt. Vor allem aber machen es den Mauritiern ihre bis heute engen Verbindungen zu den Herkunftsländern leicht, sich auf Investoren einzustellen. Einerlei, ob diese aus **Frankreich** kommen, aus **Großbritannien, Indien** oder aus **China**, man kennt die Mentalität, spricht die Sprache, und wenn gewünscht, errichtet man den Geschäftspartnern auch einen eigenen Stadtteil wie jetzt das neue *China Town* von **Port Louis**. **Mauritius** denkt global, für alles andere ist das Land zu klein.

Mauritius liefert mit 1,3 Millionen Tonnen Zucker 38 Prozent der *EU*-Einfuhrquote. Doch die drastische Senkung des Garantiepreises hat in den letzten Jahren zur Stilllegung ineffizienter Zuckermühlen geführt. Viele hauptsächlich indischstämmige Kleinbauern sind dadurch in ihrer Existenz bedroht. Gleichzeitig leidet die Textilindustrie nach dem Ende des weltweiten Importquotensystems unter der chinesischen Konkurrenz. **Mauritius** gilt als demokratischer Vorzeigestaat **Afrikas**. Das Land hat eines der höchsten Pro-Kopf-Einkommen **Afrikas**.

Mauritius bietet maßgeschneiderte Voraussetzungen für eine breite Palette von Offshore-Geschäften, einschließlich Versicherungen, Fondsmanagement, Geschäftszentralen, Beratungsfirmen, Reedereien, Flugzeugfinanzierung und -leasing. Dazu gehören neben Steuerbegünstigungen auch Finanzanreize und eine Devisenkontrollfreiheit. **Mauritius** versteht sich als Offshore-Finanzzentrum, eine klassische Steueroase will man eigentlich nicht sein. Dennoch wurde in den neunziger Jahren ein Paket von Steueranreizen verabschiedet, um die Offshore-Gesetzgebung zu verbessern. Die niedrigen Steuern haben erheblich zur Entwicklung der Offshore-Finanzdienstleistungen beigetragen, dasselbe gilt für die

---

Steuervergünstigungen

Mauritius ist eines jener Länder, die ein kodifiziertes Trustgesetz als Bestandteil ihrer Gesetzgebung für Offshore-Finanzgeschäfte eingeführt haben. Nach dem „Trust Act" von 2001 darf ein Trustgründer kein auf Mauritius Ansässiger sein. Offshore-Trusts werden steuerlich wie eine Global Business Company (GBC) behandelt, die pauschal mit 15 Prozent Körperschaftsteuer veranlagt wird (Flat Tax). In bestimmten Fällen werden Gewinne aus Immobilienverkäufen mit einer Spekulationssteuer zwischen 20 und 30 Prozent belegt.

Reedereien steht der Status einer steuerbegünstigten GBC-Gesellschaft offen, wenn sie ihren Aktivitäten ausschließlich außerhalb von **Mauritius** nachgehen. Zu den Steuererleichterungen gehört auch die vollständige Befreiung der Einkünfte von Mitgliedern einer Schiffscrew.

Expatriates haben einen Anspruch auf einen Rabatt von 50 Prozent auf ihre Einkommensteuer. Nicht ansässige Experten, die auf **Mauritius** weniger als 183 Tage im Jahr arbeiten, können von der Steuer ganz befreit werden.

Mauritius für Investoren

Auf **Mauritius** gibt es zwei Typen von Offshore-Unternehmen: steuerfreie und einfache Offshore-Gesellschaften. Die steuerbefreiten zahlen 1000 US-Dollar Einrichtungsgebühr und eine jährliche Lizenzgebühr von 1000 US-Dollar. Einfache Offshore-Unternehmen bezahlen 2000 US-Dollar Einrichtungsgebühr sowie eine Jahresgebühr von 3000 US-Dollar. Banken und Versicherungen sowie Gesellschaften mit einem eingezahlten Kapital von einer Million US-Dollar und mehr müssen als einfache Offshore-Gesellschaften arbeiten. Sie können auf die Steuerbefreiung verzichten und einen Steuersatz aushandeln, der für sie in Bezug auf Steuerabkommen besonders günstig ist.

Die einfachen Offshore-Gesellschaften müssen den Jahresabschluss bei der *Mauritius Business Authority* einreichen, steuerbefreite Unternehmen nicht. Ausländische Investoren dürfen Kapitalrückführungen einschließlich der Kapitalerträge ohne Devisenkontrollbescheinigungen der *Bank von Mauritius* durchführen.

Außerdem bietet **Mauritius** die Gründung von Offshore-Trusts an. Um als Offshore-Trust zu gelten, muss der Verfügende, der durch einen von der *Mauritius Business Authority* genehmigten Treuhänder vertreten wird, außerhalb von **Mauritius** ansässig sein.

Mit Ausnahme von Investitionen in Immobilien auf **Mauritius** oder auf Bankkonten in Mauritius-Währung darf der Trust in alle durch das Gesetz geregelten Anlagen investieren. Strikte Geheimhaltung wird – außer im Gerichtsfall – von den Behörden zugesichert.

Für Offshore-Trusts wird als einzige Steuer eine Gebühr von 250 US-Dollar bei Eintragung fällig. Die laufenden Kosten müssen jährlich mit etwa 1000 US-Dollar angesetzt werden. Inhaber von Export-Service-Unternehmen können hohe Abschreibungen geltend machen und günstige Finanzierungen von der *Development Bank of Mauritius* in Anspruch nehmen.

Ausländer können Non-Resident-Konten einrichten, von denen sie jederzeit Beträge in unbegrenzter Höhe transferieren können. Die Ein- und Ausfuhr von Fremdwährungen ist für Ausländer in unbegrenzter Höhe möglich.

Tourismus- und Exportbranche. 2012 kam knapp eine Million Touristen.

Alle Angelegenheiten des Offshore-Geschäfts werden zentral von der *Mauritius Offshore Business Authority* in **Port Louis** geregelt. Es gibt im Vergleich zu vielen anderen Steueroasen strenge Prüfvorschriften. Ist die Hürde genommen, winkt die Befreiung von Einkommensteuern auf Offshore-Unternehmergewinne. Darüber hinaus gibt es weder Quellensteuer, Kapitalertragsteuer noch Vermögensteuer.

Trotz Steuervergünstigungen nicht am Pranger

Mauritius hat mit vielen Staaten, unter anderem mit **Deutschland**, Steuerabkommen geschlossen und stand trotz erheblicher Steuervergünstigungen auf keiner *OECD*-Liste. Interessierten bietet **Mauritius** ausgezeichnete Dienstleistungen, wie zum Beispiel Anwälte oder zweisprachiges Büropersonal (E/F). Dazu kommen eine gute Kommunikation und regelmäßige Flugverbindungen zu den wichtigsten Zentren **Europas**, **Afrikas** und **Asiens**.

Mauritius – Steuerliches Sprungbrett für Investitionen in Indien

Für jeden deutschen Investor stellt sich bei einer Auslandsinvestition die Frage, ob durch ein sogenanntes „Treaty Shopping" die gesamte steuerliche Belastung auf die Investition optimiert werden kann. Als „Treaty Shopping" bezeichnet man die zulässige Implementierung einer internationalen Unternehmensstruktur in einem oder mehreren Ländern, um die Vergünstigung vom DBA in Anspruch zu nehmen, die bei einer Direktinvestition nicht wahrgenommen werden könnte. Im Falle einer Investition in Indien bietet sich **Mauritius** als steuerliches Sprungbrett für ein „Treaty Shopping" an. Es hat als eines von weltweit nur fünf Ländern ein vorteilhaftes DBA im Hinblick auf Veräußerungsgewinne und Ausschüttungen bei Kapitalgesellschaften abgeschlossen. Die Kombination der günstigen innerstaatlichen Besteuerung in **Mauritius** und dem Schutz durch das mit **Deutschland** bestehende DBA ermöglicht eine optimierte Unternehmensstruktur.

Fortsetzung: Mauritius – Steuerliches Sprungbrett für Investitionen in Indien

Dies soll am Beispielfall der Veräußerung eines Anteils an einer nicht börsennotierten indischen Kapitalgesellschaft verdeutlicht werden, bei der die Investition in der ersten Alternative direkt über eine deutsche Kapitalgesellschaft und in der zweiten Alternative über eine mauritische Zwischengesellschaft erfolgt. Dabei wird unterstellt, dass die indische Gesellschaft nicht den Regelungen des deutschen Außensteuergesetzes unterliegt.

Beteiligung über eine deutsche Kapitalgesellschaft/ Direktinvestition

Bei einer Veräußerung der Beteiligung unterliegt der Gewinn der indischen Ertragsteuer, da für diesen Fall Indien aufgrund der Regelungen des Art. 13 Abs. 4 des DBA mit **Deutschland** das Besteuerungsrecht hat. Die Steuer beträgt für den Fall, dass die Beteiligung

- unter einem Jahr gehalten wurde: 41,82 Prozent
- länger als ein Jahr gehalten wurde: 20,91 Prozent

In **Deutschland** wird der Veräußerungsgewinn zu 100 Prozent freigestellt, was zur Folge hat, dass die gezahlte indische Steuer mangels deutscher Steuerbelastung nicht in **Deutschland** auf die Steuerschuld angerechnet werden kann und die Belastung aus der indischen Steuer in voller Höhe bestehen bleibt.

Beteiligung über eine mauritische Kapitalgesellschaft/ Treaty Shopping

Im Fall der Veräußerung der Beteiligung durch die mauritische Gesellschaft bleibt der Veräußerungsgewinn steuerfrei, da Art. 13 des DBA zwischen Indien und Mauritius **Indien** kein Besteuerungsrecht einräumt und **Mauritius** den Veräußerungsgewinn nach derzeitiger Lage trotz Besteuerungsrecht nicht besteuert. Die steuerfreien Gewinne aus der mauritischen Gesellschaft müssen zur Weiterleitung nach **Deutschland** nunmehr ausgeschüttet werden. Nach Art. 10 des DBA Deutschland/Mauritius werden für diese Ausschüttungen in **Mauritius** 5 Prozent Quellensteuer einbehalten. Das Besteuerungsrecht für diese Ausschüttungen hat grundsätzlich **Deutschland**, das wiederum diese Ausschüttungen von der Körperschaftsteuer freistellt und die mauritische Quellensteuer nicht anrechnet. Im Ergebnis be-

Steueroasen auf dem Prüfstand

Fortsetzung: Mauritius – Steuerliches Sprungbrett für Investitionen in Indien

trägt die steuerliche Vorbelastung der Gewinne auf Ebene der deutschen Gesellschaft damit 5, statt wie im ersten Fall zwischen 20,91 und 41,82 Prozent.

Übersicht

Investition über	Steuerbelastung Indien	Steuerbelastung Mauritius	Steuerbelastung gesamt
Deutschland direkt	20,91 % – 41,82 %	–	20,91 % – 41,82 %
via Mauritius	–	5 %	5 %

Ausblick

Unter den derzeitigen steuerlichen Rahmenbedingungen ist in vielen Fällen der Umweg über **Mauritius** nach **Indien** nahezu konkurrenzlos. Es bleibt aber abzuwarten, ob **Indien** nicht mittelfristig diese Situation zu seinen Gunsten ändern wird. **China** ist diesen Schritt bereits 2006 gegangen und hat das für **Mauritius** ähnlich günstige DBA modifiziert und sich das Besteuerungsrecht für bestimmte Veräußerungsgewinne gesichert.

Weitere Informationen:
Bayern Treuhand WP
Widenmayerstraße 27
D-80538 München, Tel.: 089-21 12 12 0, Fax: 089-21 12 12 12

Weitere Informationen und Ansprechpartner:

Botschaft der Republik Mauritius
Kurfürstenstraße 84, D-10787 Berlin
Tel.: 030-2 63 93 60, Fax: 030-26 55 83 23

Mauritius Offshore Business Activities Authority
5th Floor Block A, Barkly Wharf Le Caudan, Old Pavillon St, Port Louis, Mauritius
Tel.: 00230-2 10 70 00, Fax: 00230-2 12-94 59

Chamber of Commerce and Industry
3, Royal Street; Port Louis, Mauritius
Tel.: 00230-2 08-33 01, Fax: 00230-2 08 00 76

Mauritius Industrial Development Authority
BAI Building, 25 Pope Hennessy Street, Port Louis, Mauritius
Tel.: 00230-2 08 77 50, Fax: 00230-2 08 59 65

Sansibar

- Fläche: 2654 qm
- Hauptstadt: Zanzibar-Stadt
- Staatsverschuldung:
  30,5 Prozent des BIP
- Arbeitslosigkeit: 23,8 Prozent

- Einwohner: 1,16 Millionen
- Staat: Tansania
- BIP je Einwohner: 1 600 USD
- Inflation: 6,0 Prozent

Das ehemalige Sultanat **Sansibar** mit den Inseln **Sansibar**, **Unguja**, **Pemba** und **Lotham** liegt im **Indischen Ozean**, unweit der Küste **Ostafrikas**. Sansibar ist als Gewürzinsel bekannt. Touristen (750 000 jährlich) finden dort türkisblaues Meer, schneeweißen Sand und die Schätze der reichen *Swahili*-Kultur. Geschichte und die Mischung aus arabischen, afrikanischen und portugiesischen Traditionen geben **Sansibar** ein einmaliges Lebensgefühl, eine einzigartige Küche und ein Kaleidoskop unterschiedlicher Architekturstile. Die Altstadt von **Stonetown** gehört seit 1999 zum Weltkulturerbe der *UNESCO*. Unter politischem Druck schloss sich das Sultanat 1964 mit dem unabhängigen **Tanganjika** zum neuen Staat **Tansania** zusammen. Als Teilstaat innerhalb der Volksrepublik **Tansania** hat **Sansibar** eine eigene Regierung, ein Parlament und einen Präsidenten. Sein höchstes Gericht untersteht nicht der Gerichtsbarkeit **Tansanias**.

Doch das Leben der Bevölkerung ist von paradiesischen Zuständen weit entfernt. Im Kampf gegen Armut und Arbeitslosigkeit ist die größte Hoffnung heute neben dem Tourismus die Algenzucht. Rotalgen sind für viele Frauen und ihre Familien Lebensgrundlage. Inzwischen bauen fast 10 000 Frauen Rotalgen an.

Seit 1992 bietet sich **Sansibar** für ausländische Unternehmen als Sprungbrett nach **Ost-** und **Zentralafrika** an. Dazu wurden drei Freihandelszonen errichtet, die mit Zollfreiheit und umfangreichen Steuervergünstigungen locken. Ausländer können Unternehmensanteile zu 100 Prozent besitzen und Gewinne steuerfrei in die Heimat transferieren. Arbeitskräfte sprechen Englisch. Sansibar wird vom wirtschaftlichen Aufschwung in **Ost-** und **Zentralafrika** profitieren. Die Korruption auf den Inseln ist deutlich niedriger als im Gesamtstaat **Tansania**.

Weitere Informationen:

ZIPA – Zanzibar Investment Promotion Authority
P.O.Box 22 86, Zanzibar
Tel.: 00255-2 42 23 30 26, Fax: 00255-24 2 23 27 37
E-Mail: zipa@zanzinet.com

Botschaft der Vereinigten Republik Tansania
Eschenallee 11, D-14050 Berlin
Tel.: 030-3 03 08 00, Fax: 030-30 30 80 20
www.tanzania-gov.de

Seychellen

- Fläche: 455 qkm
- Einwohner: 90 000
- Sprachen: Kreolisch, Englisch, Französisch
- Arbeitslosigkeit: 8,3 Prozent
- Abkommen: OECD-Informationsaustausch

- Hauptstadt: Victoria
- BIP je Einwohner: 10 800 USD
- Währung: Seychellen-Rupie
- Inflation: 31,8 Prozent
- Staatsverschuldung: 202 Prozent, eine der höchsten weltweit

Kenner sagen, hier müsse der Garten Eden gewesen sein. Eines ist sicher: Die paradiesischen Inseln der **Seychellen** zählen auch heute noch zu den schönsten Archipelen der Welt. Die rund 90 000 Einwohner leben auf 21 der 115 Inseln im Indischen Ozean, etwa 1500 Kilometer von **Madagaskar, Mauritius** und **Kenia** entfernt. Mit einem BIP pro Kopf von über 10 800 US-Dollar stehen die **Seychellen** an der Spitze der afrikanischen Länder.

Als der Urkontinent **Gondwana** vor 200 Millionen Jahren zerbrach, blieben im Indischen Ozean einige Splitter zurück – Naturschönheiten, deren Flora und Fauna einzigartig sind. Damit dieses kostbare Erbe in seiner Ursprünglichkeit erhalten bleibt, stehen 50 Prozent der Landfläche unter Naturschutz. Es sind überwiegend zahlungskräftige Urlauber, die sich an einigen der schönsten Strände der Welt (etwa *Anse Source d'Argent* auf **La Digue** oder *Anse Georgette* auf **Praslin**) eine Auszeit vom Alltag gönnen. Und wer ganz für sich sein will, wählt **Frégate Island**, dessen *Anse Victorin* mehrfach zum weltweit schönsten Strand gekrönt wurde.

Prognosen, die **Seychellen** würden sich innerhalb weniger Jahre zu einer Spielwiese für steuerunwillige Einwanderer entwickeln, haben sich bislang nicht bestätigt, denn die Regierung hat klargestellt, dass sie nicht beabsichtige, Siedler anzulocken. Nichtsdestotrotz kann man hier nach einem Erlass aus dem Jahr 1978 gegen eine geringe Gebühr steuerbefreite Unternehmen gründen. Diese Gesellschaften sind darüber hinaus von allen Devisenkontrollen befreit, solange sie nur vom Ausland aus operieren. Der Erlass erlaubt auch die Gründung von „Foundations". Die erfreuen sich seit einigen Jahren vor allem bei Schweizer Treuhändern großer Beliebtheit. Ende 2012 wurden von den Banken in **Victoria** für Ausländer bereits über 2,5 Milliarden Euro verwaltet – Tendenz steigend.

Beide Unternehmensformen zahlen eine Eintragungsgebühr von je 400 US-Dollar; hinzu kommt eine Jahresgebühr von 980 US-Dollar und eine Domizilabgabe von 750 US-Dollar.

Die **Seychellen** erheben weder eine persönliche Einkommen- oder Kapitalertragsteuer, noch gibt es eine Grund- und Schenkungsteuer. Für ausländische Investoren wurden zusätzliche Anreize in Form von zinsgünstigen Darlehen und ermäßigten Einfuhrzöllen geschaffen. Die Versuche der Regierung, verstärkt internationale Banken mit Offshore-Niederlassungen auf die Inseln zu holen, waren bislang nicht erfolgreich.

Die Regelungen für Offshore-Unternehmen ähneln der Rechtsprechung auf den **British Virgin Islands** und anderen **Karibik**-Staaten. Die Eintragungsgebühr und die jährlichen Gebühren liegen zwischen 100 US-Dollar für ein genehmigtes Kapital bis zu 5000 US-Dollar und 1000 US-Dollar bei einem Kapital von über 50 000 US-Dollar. Offshore-Unternehmen sind steuerbefreit. Die internationale Handelszone (ITZ) bietet eine vollständige steuerliche Befreiung aller Aktivitäten im Freihafen und für den Export. Die Steuerbefreiung gilt auch für dort beschäftigte Ausländer.

Steueroasen auf dem Prüfstand

Weitere Informationen und Ansprechpartner:

Botschaft der Republik Seychellen
Boulevard Saint-Michel 28, box 5
B-1040 Brüssel
Tel.: 00322-7 33 60 55
Fax: 00322-7 32 60 22

Chamber of Commerce
Ebrahim Bldg., 2nd Floor
P.O. Box 1399, Victoria
Tel.: 00248-32 38 12
Fax: 00248-32 14 22

Internet: www.seyco.de

Ministry of Finance
Liberty House, P.O. Box 313
Victoria, Mahé; Seychelles
Tel.: 00248-38 20 00
Fax: 00248-22 52 65

Small Enterprise Promotion Agency
P.O. Box 537
Victoria, Mahé
Tel.: 00248-32 31 51
Fax: 00248-32 41 21

Steueroasen-Mythos Tanger

Afrikas erste Steueroase war von 1923 bis 1956 die 380 qkm große *Internationale Zone* von **Tanger. Marokko** sicherte den Status **Tangers** als Freihandels- und Freiwährungsgebiet mit Erreichen seiner Unabhängigkeit 1957 zu, um ihn für den wirtschaftlichen Aufbau des Landes zu nutzen. Für Bewohner und ansässige Unternehmen in der Zone galten umfangreiche Steuerprivilegien – keine Einkommen oder Vermögensteuern. Anfang 1957 machten sich das über 80 Banken und rund 6000 Offshore-Gesellschaften zunutze. Der Hafen war zudem zollfrei, Schmuggel ein einträgliches Geschäft. Berüchtigt war die Stadt aber auch wegen ihrer Bordelle und der Unmengen von Haschisch, das im 100 Kilometer entfernten **Rif-Gebirge** angebaut wurde. **Tanger** war zu dieser Zeit ein Anziehungspunkt für Schmuggler, Glücksritter, Reiche, Aussteiger und Sinnsucher. Danach galt **Tanger** als Steueroase ein Auslaufmodell.

Jahrzehntelang lag **Tanger** im Dornröschenschlaf. Doch in den letzten Jahren hat es sich nach **Casablanca** zu **Marokkos** zweitwichtigstem Wirtschaftszentrum entwickelt. Der verruchte alte Hafen wird zu einer schicken Anlegestelle für Yachten umgebaut. Am Strand entstehen Fünfsternehotels und überall neue Stadtviertel – Luxusquartiere. Die früheren Arbeiterviertel wurden ins Landesinnere verlegt, dort, wo die Stadt immer weiter in Richtung Industriezone wächst. 300 internationale Firmen haben sich dort in den letzten Jahren angesiedelt. An der Küste wurden neun Kilometer Strand innerhalb kürzester Zeit in den größten Hafen **Afrikas** umgewandelt. Und die **Bucht von**

Fortsetzung: Steueroasen-Mythos Tanger

Tanger scheint nach dem Vorbild der **Costa del Sol** oder der **Costa Brava** entwickelt zu werden. Abends kann man von hier aus die Lichter **Gibraltars** so hell herüberleuchten sehen, als läge **Europa** nur am anderen Ufer eines überschaubaren Sees.

Jetzt soll **Tanger** auch als Steueroase im Zuge des „Plan Azur" wiederbelebt werden. Der sieht eine touristische Aufwertung aller marokkanischen Küsten und eine Verdopplung der jährlichen Touristenzahlen auf 10 Millionen vor. Zudem soll mit umfangreichen Steuererleichterungen ausländisches Kapital angelockt werden. *OECD*-Abkommen in Steuerangelegenheiten sind hier (noch) unbekannt. Der „Arabische Frühling" hat die Touristenzahlen in den letzten drei Jahren jedoch einbrechen lassen, auch hinken die angedachten steuerlichen Lockvögel für ausländische Investoren dem Zeitplan hinterher. **Tanger** – als Steueroase derzeit noch ein nordafrikanischer Wunschtraum unter Beobachterstatus.

Doch es ist längst nicht nur **Tanger,** das sich verändert. Mit dem Arabischen Frühling ist ganz **Marokko** in Bewegung geraten. Im revolutionären Frühling 2011 wurde hier jeden Tag demonstriert. Der König ließ eine neue Verfassung erarbeiten, das Familienrecht wurde erneuert und im November 2011 fanden Wahlen statt. In **Marokko** hat sich eine neue Dynamik entwickelt.

Weitere Informationen:

Botschaft des Königreichs Marokko
Niederwallstraße 39
D-10117 Berlin
Tel.: 030-2 06 12 40, Fax: 030-2 06 12 42
www.botschaft-marokko.de

Viele afrikanische Volkswirtschaften haben der globalen Krise besser getrotzt als die entwickelte Welt. Zog in der Vergangenheit vor allem der Rohstoffreichtum ausländische Investoren nach **Afrika**, fließt ausländisches Kapital jetzt immer stärker in die weiterverarbeitenden Wirtschaftszweige. Gleichzeitig haben sich auch viele afrikanische Regierungen den Ausbau der Wirtschaft auf die Fahnen geschrieben, um Arbeitsplätze zu schaffen und die Abhängigkeit von Rohstoffen zu verringern. **Afrika** macht große Fortschritte – häufig aus eigener Kraft.

5. Naher und Mittlerer Osten

Sorgen am Golf

Die arabischen Staaten der Krisen und Konflikte ziehen die Blicke der Welt auf sich: In **Syrien** nimmt das Blutvergießen kein Ende, **Ägypten** verschleißt sich in einem Machtkampf. Aus dem Sichtfeld fallen die kleinen **Golfstaaten**. Unverändert schreiben sie aber als Erfolgsmodelle arabische Geschichte. **Dubai** hat an das Wachstum vor dem Ausbruch seiner Immobilienkrise angeknüpft, zieht wieder mit seiner Offenheit Talent und Kapital der arabischen Krisenländer an. **Katar** ist mit Blick auf die Fußballweltmeisterschaft im Jahr 2022 zur Boom-Stadt am Golf aufgestiegen und hat seine Hände in vielen Konflikten im Spiel: In **Ägypten** unterstützt es die Muslimbrüder, in **Syrien** die Rebellen.

Als größte Gefahr für die **Vereinigten Arabischen Emirate (VAE)** gilt das iranische Atomprogramm. Dabei können die **Golfstaaten** die Ereignisse nicht beeinflussen. Besorgt sind die **VAE**. über die Vorgänge in **Nordafrika** und in der **Levante**. In **Syrien** sind die Bedingungen für eine politische Lösung nicht mehr vorhanden. Sorge bereitet auch ein instabiles **Ägypten**. In den Emiraten leben über 300 000 Ägypter. Die Muslimbrüder gelten als die größte Gefahr für die Emirate. Denn in den Emiraten sind mehr Frauen als Männer tätig, und junge Frauen haben leitende Positionen inne. Für arabische Frauen sind die Emirate ein Traum. Sie stehen für Chancen und für das Privileg, mit fast 200 Nationen zusammenzuleben.

Es fällt auf, dass die reichen Öl-Monarchien auf der **Arabischen Halbinsel** und am **Golf**, sieht man von **Bahrain** ab, nicht in größere Turbulenzen geraten sind. Neben dem teilweise großen Wohlstand und manch kleinen Zugeständnissen hat dies offenkundig auch mit der althergebrachten beduinischen Kultur zu tun, deren Herrschaftsstrukturen von der Bevölkerung als weniger erdrückend empfunden werden. Den Rest kann einstweilen (noch) das Scheckbuch regeln.

Doch das Unbehagen, das in den Golf-Monarchien angesichts der arabischen Revolution herrscht, ist deutlich sichtbar. So half der *Golf-Kooperationsrat* dem sunnitischen Herrscherhaus in **Bahrain**, die Proteste der benachteiligten schiitischen Bevölkerungsmehrheit niederzuschlagen. Den Transformationsprozessen in der revolutionären Nachbarschaft können sich die **Golfstaaten** nicht entziehen.

Saudi-Arabien ist von den Revolten doppelt bedroht. Zum einen steht das Herrscherhaus in immer stärkerem Gegensatz zu einer Jugend, die schnelle Reformen will und sich neue Freiräume im Internet sucht. Zum anderen stellt der Aufstieg der *Muslimbrüder* und anderer gemäßigter islamistischer Gruppen eine große Herausforderung für den wahhabitischen saudischen Staatsislam dar. Sollte es in **Ägypten** dem politischen Islam gelingen, sich mit den Forderungen der Bevölkerung nach Freiheit und Demokratie zu arrangieren, dann würde nach Hoffnung saudischer Oppositioneller das saudische Staatsverständnis in Frage gestellt. Es bleibt also auch weiterhin unruhig in der Region.

Finanziell gesehen können die Staaten **Kuwait**, **Katar** sowie das Emirat **Abu Dhabi** ohne Sorgen in die Zukunft blicken. Ihre einheimischen Bevölkerungen sind klein, Bodenschätze, Aktienpakete und Bankguthaben dagegen groß. Es gibt aber auch **Bahrain** und **Oman** sowie die nördlichen Scheichtümer der **VAE** und **Dubai**, deren Quellen in wenigen Jahren versiegen. Und das große Königreich **Saudi-Arabien** hat auf der einen Seite eine kleine und unermesslich reiche Elite, auf der anderen Seite aber eine relativ große, rapide wachsende und in weiten Teilen sehr bescheiden lebende Bevölkerung, die im Zuge der arabischen Revolution zunehmend aufbegehrt. Die saudi-arabische Regierung investiert zwar Milliarden in Bildung, Infrastruktur und neue Arbeitsplätze. Ob das aber reicht, um die Stabilität zu wahren?

Die rationalen Gründe, in der Region etwas zu bewegen, sind nachvollziehbar. Bei den Entwicklungsprojekten der Golfländer geht es aber um mehr: Um nationale Ehre und internationales Prestige, um Fantasien und Visionen. Die Herrscher der **Golfstaa-**

ten wollen sich selbst, ihren Untertanen und der ganzen Welt etwas beweisen, dafür werden grandiose Türme und futuristische Sandinseln gebaut. Dabei werden die Grenzen des Mach- und Finanzierbaren auch schon mal überschritten. **Dubai** ist ein markantes Beispiel dafür.

Diversifizierung – es bleibt viel zu tun

Obwohl in der Vergangenheit große Diversifizierungsanstrengungen unternommen wurden, sind die *GCC*-Ökonomien nach wie vor von den Ölpreiserträgen, wenn auch in unterschiedlichem Ausmaß, abhängig. In der Vergangenheit wurden die erzielten Überschüsse mehr im Ausland angelegt und weniger im eigenen Land investiert.

Der starke Anstieg des Ölpreises in den letzten Jahren hat zu „windfall-profits" in einer Größenordnung von rund 1 500 Milliarden US-Dollar geführt. Anders als viele Länder der Emerging Markets befinden sich die *GCC-Staaten* heute in der komfortablen Situation, auf die in den vergangenen Jahren angelegten „Speckvorräte" zurückgreifen zu können. Milliardenschwere Investitionen sollen die Region mittelfristig auf ein breites ökonomisches Fundament stellen. Auch internationale Investoren engagieren sich zunehmend in den Golf-Ländern. Sie werden mit attraktiven Steuererleichterungen angelockt.

Die **Golfstaaten** entwickeln sich rasant, denn die Länder rund um den Persischen Golf investieren ihre Einnahmen aus Öl und Gas gezielt in andere Wirtschaftssektoren. So wollen sie sich von den Bodenschätzen unabhängiger machen und für eine Zukunft rüsten, in der Öl und Gas nicht mehr so reichlich vorhanden sind. Vor allem in Finanzdienstleistungen, Logistikzentren für den globalen Handel und die Industrie wird investiert. Die Volkswirtschaften der sechs ölproduzierenden Staaten auf der arabischen Halbinsel summieren sich bereits auf 1000 Milliarden US-Dollar, was der Größe **Indiens** entspricht. In den kommenden zehn Jahren wird eine Verdoppelung des BIP der *GCC-Staaten* auf 2000 Milliarden US-Dollar erwartet.

Der Graben wird tiefer

Europa und der **Nahe Osten** sind Nachbarn. Was beim einen geschieht, hat Auswirkungen auf den anderen. Doch die innere Distanz zwischen beiden nimmt zu. Nichts illustriert das treffender als das Gerangel um das Freihandelsabkommen, über das die **EU** und der **Golfkooperationsrat (GCC)** bereits seit 1991 verhandeln. Noch immer ist es nicht unterzeichnet. Dabei würde ein solches Abkommen zumindest den Austausch von Waren zwischen den Nachbarn auf eine neue Grundlage stellen. Die **Golfstaaten** fühlen sich von der *EU* zwar als interessanter Markt, nicht aber als wirklichen Partner behandelt.

Die Regierungen zeigen fiskalische Disziplin. Alle arabischen Golfstaaten wollen in den kommenden Jahren mehr als 700 Milliarden US-Dollar in Infrastruktur investieren. Der „Gemeinsame Markt", den die sechs *GCC-Staaten* Anfang 2008 eingeführt haben, liegt in der Rangliste der größten Volkswirtschaften auf Rang 13. **Dubais** Nachbarn haben längst mit der Aufholjagd begonnen. **Abu Dhabi**, das größte und reichste Emirat der **VAE**, will Kulturhauptstadt der Region werden und hat den *Louvre* und das *Guggenheim-Museum* an den Golf gelockt. In **Katars** Hauptstadt **Doha**, bislang ein größeres Fischerdorf, wachsen Hochhaustürme in den Himmel, der Hafen wird ausgebaut. **Bahrain** hat ein neues Finanzzentrum errichtet, **Kuwait** und **Oman** schütten künstliche Inseln auf.

Die angestrebte Diversifizierung vom Öl zu anderen Industriezweigen, dem Tourismus und der Baubranche, und auch dank einer allgemein soliden wirtschaftlichen Grundlage sollte kräftig zum künftigen Wachstum in dieser Region beitragen. Diese Investment-Möglichkeiten werden von der Diversifizierung vom Öl zum Gas verstärkt. Bis zu 40 Prozent der weltweiten Reserven lagern im **Nahen Osten**, doch Gas trägt erst 5 Prozent zum globalen Gashandel bei.

Die Golfregion an der Nahtstelle zwischen **Europa, Afrika** und **Ostasien** soll nach dem Willen ihrer Monarchen zur neuen Weltwirtschaftsmacht werden. Möglich ist das Wunder am Golf aber nicht nur wegen des Reichtums der Investoren, sondern auch mithilfe eines Millionenheers billiger Arbeitskräfte. Jenseits der Glitzerwelt leben Migrantenmassen aus **Indien, Pakistan, Bangladesch**, den **Philippinen** und **China** in Wohnheimen, die ihre Arbeitgeber an den staubigen Stadtrand gestellt haben. Ein Ende des Hungers an Arbeitskräften ist nicht abzusehen.

Steueroasen Nahost

Bahrain

- Fläche: 665 qkm
- Hauptstadt: Manama
- BIP je Einwohner: 23 500 USD
- Arbeitslosigkeit: 15 Prozent
- Abkommen: Amtshilfe und Auskunftsaustausch

- Einwohner: 1,24 Millionen
- Sprache: Hocharabisch
- Währung: Bahrain-Dinar
- Inflation: 2,0 Prozent
- Staatsverschuldung: 36,7 Prozent

Bahrain hatte 1932 als erstes arabisches Land Öl gefördert, als erstem geht ihm jetzt auch das Öl aus. Das Land fördert heute nur noch 152 000 Barrel Rohöl am Tag. Gas und Öl tragen nur noch 14 Prozent zum BIP bei. Arbeitsplätze soll auch die Industrie schaffen, wobei eine große Aluminiumschmelze die Vorreiterrolle spielt.

Die verarbeitende Industrie trägt heute 16 Prozent zum BIP bei. Mit einem Anteil von 27 Prozent ist die Finanzbranche jedoch der größte Wirtschaftsbereich des Königreichs. Nicht zuletzt wegen der Diversifizierung hat **Bahrain** die Finanzkrise besser als die meisten seiner Nachbarn überstanden. In den nächsten zehn Jahren sollen 100 000 neue Arbeitsplätze geschaffen werden. Besonders die hohe Jugendarbeitslosigkeit macht dem Land zu schaffen.

Bahrain will zudem weitere ausländische Investoren anziehen. Aufgrund der geringen Ölvorkommen und dem Mangel an Petrodollars ist **Bahrain** darauf angewiesen, allein mit seinem Gewerbefleiß gegenüber den reicheren Nachbarstaaten den Wohlstand zu erhalten. Als erstes Land der golfarabischen Staaten hat **Bahrain** daher die Vorschrift abgeschafft, dass ein Investor einen einheimischen Partner (Sponsor) braucht. Das *Fraser Institute* bescheinigt **Bahrain** den liberalsten Arbeitsmarkt überhaupt.

Mit der Diversifizierung will **Bahrain** weitere Unternehmen ansiedeln, wie es bereits in der Finanzbranche geschehen ist, in der mehr als 400 meist internationale Finanzinstitute ihre Dienstleistungen anbieten. Die Finanzbranche bedient vor allem **Saudi-Arabien** und hat sich mit dem *Islamic Banking* eine schnell wachsende Nische gesichert. **Bahrain** will sich als Tor in andere arabische Länder, etwa **Saudi-Arabien**, behaupten und vor allem Dienstleistungsunternehmen ansiedeln. Dafür spricht auch, dass die Lebenshaltungs- und Betriebskosten niedriger sind als in den Nachbarstaaten.

Mit **Saudi-Arabien** ist **Bahrain** über eine 26 Kilometer lange Brücke verbunden, sodass die Fahrt in die saudische Ölprovinz eine halbe Stunde dauert. 2013 wird eine Brücke in das gasreiche **Katar** fertig gestellt. Eine Rivalität mit **Dubai** fürchtet **Bahrain** nicht, ist es doch seit 40 Jahren in den Golfstaaten Vorreiter in der Bankenaufsicht. **Bahrain** ist in der arabischen Welt der wichtigste Standort für *Islamic Banking*, das von der globalen Krise weit weniger als die konventionellen Banken getroffen worden ist. **Bahreins** Volkswirtschaft ist dienstleistungsorientiert und lockt ausländische Investoren mit enormen Ausgaben für die örtliche Infrastruktur, nahezu Steuerfreiheit und einem jährlichen Wirtschaftswachstum von 6 Prozent und mehr. Neugründungen von Gesellschaften erfolgen innerhalb von 90 Minuten. Wie in den **VAE** verzichtet man auch hier auf Steuereinnahmen von Unternehmen, vorausgesetzt, dass sie keine Geschäfte innerhalb **Bahrains** tätigen.

Ein entscheidender Nachteil sind jedoch die Kosten einer Unternehmensgründung. Einschließlich der von der Regierung vorgeschriebenen Bankeinlage, die für die Dauer der Gesellschaft blockiert ist, kommt die Gründung einer BESC (entspricht einer „Limited Company") auf rund 100 000 US-Dollar.

Bahrain hat damit das Privileg, teuerste Steueroase weltweit zu sein. Null Einkommen-, Körperschaft- und Ertragsteuern sind da nur ein schwacher Trost.

Weitere Informationen und Ansprechpartner:

Botschaft des Königreichs Bahrain
Klingelhöferstraße 7
D-10785 Berlin
Tel.: 030-86 87 77 77, Fax: 030-86 87 77 88

Economic Development Board
Manama
Tel.: 00973-17 58 99 99, Fax: 00973-17 58 99 00

Iran

Auf der Suche nach ausländischen Investoren hat die islamische Republik auf die bereits zu Schah-Zeiten lancierte Idee von Freihandelszonen zurückgegriffen. Auf der Insel **Qeshm** ist daher eine Freihandelszone in beeindruckenden Dimensionen entstanden. Weitere Freihandelszonen gibt es auf der Nachbarinseln **Kish** und in **Chabahar** im Südosten **Irans**. Auch können Auslandsbanken Geschäfte ohne Restriktionen abwickeln, für fremde Währungen sind Wechselkurse nicht festgeschrieben.

Doch trotz Sondergesetzen für ausländische Investoren ist die Rechtssicherheit instabil. Nullsteuern und Zollfreiheiten locken da nicht. Der **Iran** – eine „Steueroase" mit vielen in die Zukunft gerichteten Fragezeichen.

Weitere Informationen und Ansprechpartner:

Botschaft der Islamischen Republik Iran
Podbielskiallee 67, D-14195 Berlin
Tel.: 030-84 35 33 99, Fax: 030-84 35 30

Internet: www.iranbotschaft.de

Katar

- Fläche: 11 437 qkm
- Hauptstadt: Doha
- BIP je Einwohner: 106 395 USD
- Inflation: 2,0 Prozent
- Arbeitslosigkeit: 0,4 Prozent
- Erdölreserven: 14,2 Milliarden Barrel
- Liquified Natural Gas (LNG)-Produktion: 24 Millionen Tonnen jährlich

- Einwohner: 1,87 Millionen
- Sprache: Hocharabisch
- Währung: Katar-Riyal
- Rohölproduktion: 780 000 Barrel pro Tag
- Erdgasreserven: 910 000 Milliarden cbf (Kubikfuß)
- Staatsverschuldung: 29,8 Prozent

Neu im weltweiten Steueroasen-Orchester ist **Katar**. Keine Volkswirtschaft wächst derzeit so stark wie der Kleinstaat am arabischen Golf. 2012 stieg das BIP um 6,8 Prozent. In wenigen Jahren will **Katar** erreichen, wofür andere Länder Jahrzehnte gebraucht haben. Anders als in **Dubai** ist man darauf bedacht, eine Mischung zu finden, die den Anschluss an die Moderne herstellt, aber auch die arabische Tradition bewahrt. Liberalität und Offenheit werden trotz strenger Auslegung des Islam groß geschrieben.

Katar will sich nicht allein als Gasversorger einen Namen machen. Das kleine Land ist auch Sitz des Fernsehsenders *Al Dschazira*, zudem lockt es mit Erfolg amerikanische Universitäten und Forschungseinrichtungen an, in **Katar** Filialen einzurichten. Das Land will sich als Bildungs- und Forschungszentrum der Golfregion etablieren. Im Gegensatz zu den Nachbarländern **Bahrain, Oman** oder **Saudi-Arabien** ist Unterbeschäftigung in **Katar** kein Thema.

Seit 1995 setzt **Katar** auf die Technologie zur Verflüssigung des vorhandenen Naturgases. **Katar** ist nach **Indonesien** der zweitgrößte Lieferant von verflüssigtem Erdgas (LNG) weltweit. Doch das ist erst der Anfang. 2011 verdreifachte **Katar** die Gas-Lieferung auf 77 Millionen Tonnen. 2012 hat das Land die weltweit höchste Erdgas-Förderquote erbracht. Dafür wurden in den letzten Jahren über 50 Milliarden US-Dollar investiert. Nach Angaben von *QuatarPetrol* besitzt das Land 900 Trillionen Kubikmeter Gasreserven. Die tägliche Förderung von Erdöl wurde auf eine Million Barrel erhöht. Das Füllhorn der Petrodollars ergießt sich über einen Teil der Einwohner. Von diesen hat nur ein Viertel die Staatsangehörigkeit **Katars**, die anderen sind meist billige Arbeitskräfte aus **Asien**.

Für den Ausbau des kleinen Staates, der fast nur aus Wüste besteht, wurden rund sieben Milliarden US-Dollar in Straßen sowie in die Erneuerung der Wasser- und Abwasserversorgung investiert. Zudem wollen private Investoren in **Doha** rund 200 Hochhäuser für Büroraum und Wohnungen bauen. 40 von ihnen sind allein in den vergangenen zwei Jahren an der *West Bay* von **Doha**, das sich zum neuen Geschäftsviertel der Hauptstadt entwickelt, in die Höhe geschossen. **Doha** hat den Quantensprung vom beschaulichen Fischerdorf zu einer Boomstadt geschafft. Es ist bereits auf einem Niveau, das **Dubai** vor zehn oder 15 Jahren hinter sich gelassen hat. Als Vorteil gegenüber **Dubai**, das jeden Tag Öl und Gas im Wert von zehn Millionen US-Dollar aus dem Emirat **Abu Dhabi** bezieht, hat **Katar** eigene Energievorräte im großen Umfang.

Die Zeiten sind vorbei, in denen nur wenige wussten, wo **Katar** liegt. Aus der ganzen Welt klopfen Investoren an, um einmal mehr am Arabischen Golf ihr Glück zu machen. Denn dort erwirtschaftete Gewinne bleiben steuerfrei. *OECD*-Abkommen in Steuerangelegenheiten sind unbekannt.

Der Emir von **Katar** möchte sein Land modernisieren, ohne dass dabei die alten Traditionen verlorengehen. Der Spagat gelingt erstaunlich gut.

Katars Stärken und Schwächen	
Stärken	**Schwächen**
+ Riesige Öl-/Gasvorkommen	– Abhängigkeit von ausländischen Arbeitskräften
+ Große Gasverflüssigungskapazitäten	– Mangelnde Beschäftigung der Bevölkerung
+ Boomende Wirtschaft	– Wenig diversifizierte Wirtschaftsstruktur
+ Gute Infrastruktur	
+ Hohes Bevölkerungswachstum	

Weitere Informationen:

Germany Trade & Invest
Friedrichstraße 60, D-10117 Berlin
Tel.: 030-2 00 09 90, Fax: 030-2 00 09 91 11, www.gtai.de

Botschaft der Bundesrepublik Deutschland
12, Al Jazira Al Arabiya Street; P.O.Box 3064; Doha, Katar
Tel.: 00974-44 08 23 00, Fax: 00974-44 08 23 33, www.doha.diplo.de

Kuwait

- Fläche: 17 818 qkm
- Hauptstadt: Kuwait
- BIP je Einwohner: 53 419 USD
- Arbeitslosigkeit: 2,1 Prozent
  (hohe verdeckte Arbeitslosigkeit
  aufgrund eines dualen Ausbil-
  dungssystems)
- Abkommen: DBA Einkommen
  und Vermögen

- Einwohner: 2,82 Millionen
- Sprache: Hocharabisch
- Währung: Kuwait-Dinar
- Inflation: 4,1 Prozent
- Staatsverschuldung: 7,24 Prozent
  (Kuwait zählt damit weltweit zu
  den Ländern mit der geringsten
  Staatsverschuldung)

Das Emirat am Persischen Golf grenzt im Norden an den **Irak** und im Osten an den **Iran** – auch in den kommenden Jahren ist für Spannung gesorgt. Verglichen mit anderen Ländern der Region haben die Kuwaitis keinen Grund zum Aufstand. Das Land ist dank seiner Ölvorkommen so reich, dass niemand Steuern zahlen muss. Doch die Auseinandersetzungen 2012 sind Teil eines sich verschärfenden Konflikts zwischen der Herrscherfamilie *Sabah* und dem Parlament. Der Konflikt blockiert wichtige Entscheidungen. **Kuwaits** Regierung greift bei Demonstrationen hart durch. Die „Wüstensöhne" leben vom Erdölexport und der Ausfuhr raffinierter Erdölprodukte. Der Wüstenstaat verfügt über ein Zehntel des weltweiten Ölvorkommens. Die Einnahmen aus der Erdölproduktion, aus Auslandsanlagen und Investitionen haben **Kuwait**, gemessen am Pro-Kopf-Einkommen, zu einem der reichsten Staaten der Welt gemacht: mit einem beispiellosen Sozialsystem und einem Wohlstand, der sich besonders in der modernen und imposanten Architektur der Hauptstadt widerspiegelt, die von den drei Kuwait-

Kuwait steuerlich

Da der Geldzufluss aus dem Verkauf des schwarzen Goldes auf die nächsten Jahrzehnte nicht versiegen wird, verzichtet der Staat darauf, persönliche Einkommensteuern, Quellensteuern, Steuern auf Veräußerungsgewinne sowie Vermögen- und Erbschaftsteuern zu erheben. Ausnahmen gelten nur für Erdölgesellschaften sowie für ausländische Teilhaber an kuwaitischen Unternehmen, deren anteilige Jahresgewinne zwischen 5 und 55 Prozent besteuert werden.

Da es im Emirat zudem keine Devisenbeschränkungen gibt, die Serviceleistungen sowie Kommunikationsbedingungen vor Ort optimal sind und **Kuwait** im Luftverkehr täglich mit allen wichtigen Finanz- und Wirtschaftszentren in Ost und West verbunden ist, bietet sich der Wüstenstaat geradezu als Steueroase an – wenn man nur eine Aufenthaltsbewilligung bekäme.

Internationale Wirtschafts- und Finanzinstitute kritisieren die mangelnde Bereitschaft des kuwaitischen Parlaments zu durchgreifenden Wirtschaftsreformen. Die Nationalversammlung wehrt sich insbesondere gegen die Öffnung der Wirtschaft für Auslandsinvestitionen und gegen die Privatisierung von Staatsunternehmen.

Towers überragt wird. Versierten Bankexperten hat **Kuwait** es zudem zu verdanken, dass es heute zu einem bedeutenden Finanzzentrum im **Nahen Osten** aufgestiegen ist.

Weitere Informationen und Ansprechpartner:

Botschaft des Staates Kuwait
Griegstraße 5–7, D-14193 Berlin
Tel.: 030-89 73 00-0, Fax: 030-89 73 00 10

Internet: www.kuwait.diplo.de

Libanon

- Fläche: 10452 qkm
- Hauptstadt: Beirut
- BIP je Einwohner: 10425 USD
- Arbeitslosigkeit: 10 Prozent
- Staatsverschuldung: 141 Prozent

- Einwohner: 4,0 Millionen
- Sprache: Hocharabisch
- Währung: Libanes. Pfund
- Inflation: 6,7 Prozent

Steueroase **Libanon** – das war einmal. Zwar gibt es ganze Straßenzüge, in denen sich über Häusern im Stil des alten **Beirut** moderne Wolkenkratzer erheben und deren kühle Fußgängerzonen zum Flanieren einladen. **Beirut** erinnert an **Berlin** nach der Wende: Nichts ist fertig, aber die Stadt strotzt vor Kraft. Auf der *Hamra*, der wichtigsten Einkaufsstraße **West-Beiruts**, kann man den Boom **Beiruts** sehen und hören. Spektakuläre Architektur mit Luxusboutiquen, wo einst in Souks, Hotels und Nachtclubs das orientalisch bunte Leben tobte. Doch nirgendwo liegen ausgelassenes Feiern und die Angst vor dem Morgen näher beieinander als hier.

Beirut ist wieder in. Die Touristenströme kommen zurück, die teuren Hotels sind voll. Neben **Dubai** ist **Beirut** wichtigstes Ziel arabischer Touristen. Der Aufschwung spült Devisen ins Land – hat aber auch seinen Preis. **Beirut** hat **Dubai** als teuerste Stadt der arabischen Welt abgelöst. Viele Touristen wohnen mittlerweile in eigenen Häusern oder Apartments. Die *UN*-Handelsorganisation *Unctad* schätzt, dass 2012 der Zufluss von ausländischen Direktinvestitionen in den **Libanon** knapp zehn Milliarden US-Dollar betrug. Neben **Katar** gehört der **Libanon** zu den einzigen Ländern im **Nahen Osten** und **Nordafrika** mit einem Nettozufluss.

Der **Libanon** hat eine lange Tradition als Handelsnation. Dabei kommt dem Land seine liberale Wirtschaftsordnung ebenso zu-

---

Libanon steuerlich

Um künftige Geschäfte wieder anzukurbeln, gelten für Holding- und Offshore-Gesellschaften Steuervorteile. So sind Holding-Gesellschaften von der Steuer auf gewerbliche Einkünfte befreit, dazu zahlen sie keine Quellensteuer auf Dividenden, Zinsen und Tantiemen. Auch Offshore-Gesellschaften sind einkommensteuerfrei, sie zahlen lediglich eine jährliche Steuerpauschale von 660 US-Dollar. Für ausländische Angestellte gilt ein 30-prozentiger Repräsentationsaufwand bei ihren Gehältern. Auf das restliche Gehalt zahlen sie zwischen 2 und 20 Prozent Einkommensteuer; die Mehrwertsteuer beträgt 10 Prozent. Das libanesische Pfund ist an den US-Dollar gekoppelt.

---

gute wie die vielfältigen Verbindungen ins Ausland – vor allem aufgrund der zahlreichen Auslandslibanesen. Das BIP-Wachstum lag 2012 bei 7 bis 8 Prozent – unter anderem weil der Tourismus alle Erwartungen übertraf. Einen wesentlichen Beitrag zum hohen Wachstum leisten aber auch die libanesischen Banken. Sie halten Einlagen von rund 280 Prozent des BIP. Größtes Problem für die Wirtschaft ist die hohe Staatsverschuldung von über 150 Prozent.

Aber längst nicht allen Libanesen geht es gut. Viele Familien verlassen sich auf die Überweisungen ihrer Angehörigen im Ausland. Dort leben zwölf Millionen Libanesen, in der Heimat nur vier Millionen. Die Auslandslibanesen haben 2012 ihre Überweisungen in die Heimat um 25 Prozent auf 10 Prozent des BIP aufgestockt, das auf 60 Milliarden US-Dollar wuchs.

„Beirut is back" – heißt es auf unzähligen Plakaten an Bauzäunen. Die Libanesen sind stolz darauf, ihre Stadt und ihre Kultur wieder herzeigen zu können. Zudem ist man bemüht, Ausländern wieder steuerliche Anreize für Investitionen bieten zu können. Das gilt vor allem für wohlhabende Türken und Ägypter. Das Zeug zu einer Steueroase im östlichen Mittelmeer hat **Beirut**. Im Gegensatz zu vielen anderen Destinationen auf dem Globus eine kommende Oase zum Wohlfühlen. Das Nützliche mit dem Angenehmen zu verbinden war schon immer die Stärke der Stadt. Gute Banken, gute Infrastruktur, mondäne Wohnviertel, mediterranes Dolce Vita und eine Lässigkeit, die vor allem Vermögende aus dem arabischen Raum in ihren Heimatländern nicht kennen.

Doch das Land muss aufpassen. Die Gewalt im benachbarten **Syrien** hat den **Libanon** erreicht. Längst bilden hier die Konfliktstränge des **Nahen Ostens** ein unentwirrbares Knäuel. *Sunniten* und *Schiiten* wollen offene Rechnungen begleichen. Beide Seiten sind bereit, sich in den syrischen Konflikt hineinziehen zu lassen. Das Land gleicht einem Pulverfass – ein Funke könnte ausreichen, um es zur Explosion zu bringen. Gegen den Willen der Schiiten-Miliz geht in **Libanon** 2013 kaum mehr etwas. Investoren sollten daher die Entwicklung im Auge behalten.

474

Weitere Informationen und Ansprechpartner:
Botschaft der Libanesischen Republik
Berliner Straße 127
D-13187 Berlin
Tel.: 030-4 74 98 60, Fax: 030-47 48 78 58

Oman

- Fläche: 309 500 qkm
- Hauptstadt: Muscat
- BIP je Einwohner: 25 930 USD
- Arbeitslosigkeit: 12–15 Prozent
- Staatsverschuldung: 3,8 Prozent
- Einwohner: 2,85 Millionen
- Sprache: Hocharabisch
- Währung: Rial Omani
- Inflation: 2,2 Prozent

Hätte *Scheherazade* in der tausendundzweiten Nacht ihrem König *Scharyâr* eine weitere Geschichte erzählt, hätte diese vom Sultanat **Oman** gehandelt, von seinen weiten Stränden, seinen einsamen Wüsten, seinen schroffen Gebirgen, seiner kulturellen Vielfalt und seiner Toleranz. Atemberaubende Natur, spannende Geschichte und eine 5000 Jahre alte Zivilisation. Ein Treffpunkt der Kulturen, ein ehemals internationaler Handelsdrehpunkt. Souks und Moderne – arabisches Leben in vielen Facetten.

Der regierende Sultan *Qabus ibn Said* hat sein Land binnen 30 Jahren aus dem Mittelalter in größten Wohlstand geführt, hervorragende Infrastruktur geschaffen – und ist dennoch bei den arabischen Wurzeln geblieben. Seine simple Formel lautet: Wohlstand? Gern. Rekordjagd? Nein. Übermorgenland? Nein. Natur schützen, authentische Kultur pflegen. Arabische Identität pflegen? Unbedingt. Und trotzdem weltoffen sein – das ist **Oman** heute. Betrug das jährliche Durchschnittseinkommen der Omaner 1970 noch 343 US-Dollar, sind es heute nach Berechnungen des *IWF* knapp 26 000 US-Dollar. Die Einheimischen der Oberschicht aus **Abu Dhabi**, **Dubai** und den anderen Emiraten suchen ein solches Land, sie sehnen sich nach dieser Stille.

Das Sultanat **Oman** zählt zu den wenigen Ländern, welche die Weltwirtschafts- und Finanzkrise weitgehend unbeschadet überstanden haben. Die Banken waren nicht betroffen, und die Realwirtschaft litt in erster Linie unter dem starken Rückgang des Öl-preises. Doch Erdöl ermöglicht den Ausbau des Wohlfahrtsstaates. Denn durch höhere Sozialausgaben erkauft sich das Sultanat nach den Protesten Anfang 2012 derzeit seine Stabilität. 52 000 neue Arbeitsplätze wurden 2012 im öffentlichen Dienst geschaffen, 22 000 in der Privatwirtschaft. Dadurch hat sich die Zahl der arbeitslosen Omaner um drei Viertel verringert. Auch wurde mit der Wahl von Stadträten der Gesellschaftsvertrag zwischen dem Sultan und den Bürgern ausgebaut. 30 Jahre sollen die Ölvorräte noch reichen. Gas soll dann Omans Zukunft sein. Bereits jetzt werden täglich 4 Milliarden Kubikfuß Naturgas produziert, das überwiegend in verflüssigter Form nach **Japan**, **Korea** und **Spanien** geliefert wird. Der laufende Fünfjahresplan sieht ein jährliches Wirtschaftswachstum von 6 Prozent vor. Auch der Tourismus entwickelt sich gut.

Oman ist ein Anti-**Dubai**: mit sauberer Luft und Baugesetzen, die Harmonie mit der traditionellen Architektur vorschreiben. Der Sultan will, dass sein Volk so wirtschaftet, dass es dem Land nützt. Dazu soll der Anteil des Ölsektors am BIP bis 2020 auf 9 Prozent sinken. Neue Kraft will **Oman** künftig aus Handel, Industrie und Dienstleistungen schöpfen. Bis zu 100 000 neue Arbeitsplätze sollen allein im Hafen von **Sohar** entstehen. In der Stadt, aus der Sindbad, der Seefahrer stammen soll, wächst ein riesiger Komplex aus Raffinerien, Logistikzentren und einer Aluminiumschmelze. **Oman** wird in den kommenden fünf Jahren rund 30 Milliarden US-Dollar in den Ausbau der Häfen stecken. Das Sultanat zählt zu den attraktivsten Ländern der arabischen Golfregion. Vergleichsweise früh hat **Oman** damit begonnen, seine Grenzen für internationale Investoren und den weltweiten Handel zu öffnen.

Im Norden des Landes, in **Sohar**, ist ein großer Industriehafen entstanden, der derzeit um eine 4000 Hektar große Freihandelszone erweitert wird. **Sohar** liegt vor der Straße von Hormus, damit außerhalb einer der geopolitisch volatilsten Regionen der Welt, des Persischen Golfes, aber in Nähe zum indischen Subkontinent. **Sohar** ist das Tor zur **Arabischen Halbinsel**, von hier aus können rasch die benachbarten Emirate **Dubai** und **Abu Dhabi** bedient werden.

Nur in einer Hinsicht will **Oman** seinem protzigen Nachbarn **Dubai** folgen: Das Sultanat öffnet sich dem Tourismus. Im Norden von **Muscat** entsteht für 750 Millionen US-Dollar „The Wave" mit 700 luxuriösen Strandvillen, weiter nördlich wird die Tourismusstadt „Blue City" mit zahlreichen Fünf-Sterne-Hotels gebaut. Neue Chancen für arbeitsuchende Omaner: Im Tourismussektor stehen ihnen 60 Prozent der Jobs offen. Zu bieten hat **Oman** viel: Zeugnisse arabischer Kultur, attraktive Wüsten- und Bergregionen und nicht enden wollende Sandstrände.

Steuerrecht

Natürliche ausländische und omanische Personen sind von jeglicher Einkommensteuerpflicht befreit. Juristische Personen sind hingegen einkommen-/körperschaftsteuerpflichtig. Die Körperschaftsteuer beträgt seit 2003 einheitlich 12 Prozent. Zweigniederlassungen ausländischer Unternehmen unterliegen je nach Gewinnhöhe einer Besteuerung zwischen 5 und 30 Prozent. Steuerfrei bleiben die Gewinne der Zweigniederlassungen von Firmen aus *GCC-Staaten*. Realisierte Spekulationsgewinne aus Wertpapieren, die an der Muskater Börse *(Muscat Security Market)* gehandelt werden, bleiben steuerfrei. Schifffahrtsgesellschaften sind von der Körperschaftsteuer befreit. Ein DBA mit **Deutschland** liegt zwar in paraphierter Form vor, die endgültige Unterzeichnung des Abkommens steht aber noch aus. Tritt das DBA in Kraft, lassen sich für deutsche Investoren erhebliche Steuervorteile erzielen. Das *OECD*-Informationsaustauschabkommen in Steuerangelegenheiten wird (noch) nicht umgesetzt.

Weitere Informationen:

Oman Chamber of Commerce and Industry
P.O. Box 1400, Postal Code 112, Ruwi
Tel.: 00968-24 76 37 00; Fax: 00968-24 70 84 97; www.chamberoman.com
Delegiertenbüro der Deutschen Wirtschaft Oman
Muscat, Sultanate of Oman
Tel.: 00968-24 69 29 92, Fax: 00968-24 69 41 11, info@ahkoman.com
Schlüter Graf & Partner
Dubai/VAE; Tel.: 00971-4-4 31 30 60; Fax: 00971-4-4 31 30 50
dubai@schlueter-graf.com

Saudi-Arabien

Erdöl ist das Schmiermittel der saudischen Wirtschaft. Täglich werden 10 Millionen Barrel gefördert. Das Land hat die größten Erdölreserven weltweit. In kein anderes Land der arabischen Welt fließen mehr Direktinvestitionen. Mit Reformen und attraktiven Steuervorteilen will **Saudi-Arabien** das Interesse ausländischer Investoren wecken. Im laufenden Fünfjahresplan investiert die Regierung in den Ausbau der Infrastruktur und die Diversifizierung der Wirtschaft 400 Milliarden Dollar. Weitere 110 Milliarden Dollar werden in den Ausbau erneuerbarer Energien investiert.

Langfristig hängen die Stabilität des Landes und der Fortbestand der Monarchie entscheidend davon ab, ob die begonnenen zaghaften Reformen nicht nur fortgesetzt, sondern beschleunigt werden. Denn der Druck aus dem Volk nimmt zu. Es will nicht mehr lange auf Änderungen warten. **Saudi-Arabien** ist zwar der größte Erdölproduzent der Welt, das Einkommen je Einwohner liegt aber unter dem in den arabischen Golfstaaten als arm geltenden benachbarten Königreich **Bahrain**.

Steuervorteile alleine machen noch keine Steueroase – dazu muss **Saudi-Arabien** noch einen langen Weg gehen. Das gilt vor allem für den Auf- und Ausbau einer offshore-gerechten Infrastruktur.

Weitere Informationen:
Botschaft des Königreichs Saudi-Arabien
Tiergartenstraße 33–34, D-10785 Berlin
Tel.: 030-8 89 25 00, Fax: 030-88 92 51 76

Vereinigte Arabische Emirate mit Abu Dhabi und Dubai

- Fläche: 82 880 qkm
- Hauptstadt: Abu Dhabi
- BIP je Einwohner: 69 799 USD
- Arbeitslosigkeit: 3,5 Prozent, bei Einheimischen ca. 10 Prozent
- Abkommen: DBA Einkommen und Vermögen

- Einwohner: 7,89 Millionen
- Sprache: Hocharabisch
- Währung: Dirham
- Inflation: 2,5 Prozent
- Staatsverschuldung: 44,9 Prozent

Die **Vereinigten Arabischen Emirate (VAE)** bilden mit den Einzelemiraten **Abu Dhabi, Dubai, Ajman, Sharjah, Umm al Qaywayn, R'as al Khaymah** und **Al Fujayrah** eine bizarre Mischung aus archaischem Leben in Oasen und Beduinendörfern und modernen orientalisch-prunkvollen Metropolen. Mehr als zwei Drittel des Staatsgebietes sind von Wüste bedeckt, die in Golfnähe in salzige Sandmarschen übergeht. Das Gros der Einwohner lebt in den fruchtbaren Gebieten im Nordosten.

Die Föderation der Emirate, die seit 1971 besteht, ist bis heute noch kein einheitliches Staatsgebilde. Die einzelnen Emirate handeln meist selbstständig. Den größten Einfluss hat **Abu Dhabi,** das gleichzeitig das reichste dieser Erdölländer ist. Fast 90 Prozent des BIP werden von den Emiraten **Abu Dhabi**, **Dubai** und **Sharjah** erwirtschaftet. Die kleineren Emirate **R'as al Khaymah, Ajman, Al Fujayrah** und **Umm al Qaywayn** sind auf Zuwendungen aus dem wirtschaftlich und politisch bedeutendsten Emirat **Abu Dhabi** angewiesen. Sie entwickeln jedoch erfolgreich eigene Ansätze zur wirtschaftlichen Entwickung. Ein hoher Ölpreis und ein dauerhafter Bauboom bescherten den **VAE** in den letzten Jahren fortgesetzt hohe Wachstumsraten (2011 bis 2013 jährlich durchschnittlich 4 Prozent). Die ohne eigenes Zutun erzielten Erträge fließen zum einen vorrangig in den Ausbau des Bildungssystems und des Gesundheitswesens, zum anderen in die Ansiedlung eigener Industrien. Während **Abu Dhabi** und **Dubai** in den Himmel wachsen, sind die anderen fünf der **Vereinigten Arabischen Emirate** durchaus noch ausbaufähig.

Die Unruhen in der arabischen Welt nimmt man in den **VAE** zwar mit Sorge, aber aus der gepflegten Distanz des Beobachters wahr. Warum auch sollten die Einheimischen protestieren, wo sie doch am großen Reichtum ihres Landes partizipieren? Regiert werden die Emirate wie Familienunternehmen. Hier denkt man nicht in Wahlperioden, sondern in Dynastien. Die Einheimischen, die nur 20 Prozent der Bevölkerung ausmachen, halten mehrheitlich die Eigentumsrechte an ihren Firmen. Die meisten Emiratis sind Visitenkartenarbeiter, das heißt, sie entscheiden. Die Arbeit erledigen Beschäftigte aus **Indien** oder **Bangladesch** – zwei Millionen allein aus **Indien**. Aber auch 20 000 indische Unternehmer gehen in den Emiraten ihren Geschäften nach und prägen die wichtigen Branchen **Dubais**. Zehn der 14 Milliardäre Dubais sind Inder.

Die **VAE** erzielen heute nur noch 32 Prozent ihres BIP aus der Ölindustrie, zum Export trägt das Öl lediglich 40 Prozent bei. Nach **Bahrain** ist die Föderation damit am Golf die am weitesten diversifizierte Volkswirtschaft. Für die **VAE** und hier insbesondere **Dubai** stellt die aktuelle Situation daher eine besondere Herausforderung dar, da diejenigen Wirtschaftszweige, die am meisten dazu beigetragen haben, die Abhängigkeit vom Öl zu verringern, angesichts der Wirtschaftskrise ebenfalls in Mitleidenschaft gezogen wurden. Hierzu gehören der Immobilien- und Baubereich, die Finanzdienstleistungen und der Tourismus. Dennoch: Von allen Krisen der Vergangenheit hat **Dubai** profitiert und ist dadurch gewachsen. Immer hat **Dubai** als Ort der Stabilität und guter Rahmenbedingungen Menschen und Kapital angezogen. Innovativ und mit neuen Ideen baut das Emirat seine Stellung innerhalb der **VAE** weiter aus. Positiv werden die Aussichten in **Abu Dhabi** eingeschätzt, da der Markt für Immobilien anders als in **Dubai** weniger spekulative Züge aufweist und auch der Banken- und Finanzdienstleistungssektor weniger stark immobilienlastig sind.

Abu Dhabi stabilisiert die Emirate

Bereits seit Jahren verschiebt sich das Machtgleichgewicht unter den Golfemiraten zugunsten von **Abu Dhabi**. Die Krise 2009 in **Dubai** hat diesen Prozess beschleunigt und das Emirat verändert. Innerhalb der **VAE** deutet sich mittelfristig eine Verlegung des Finanzmarktzentrums von **Dubai** nach **Abu Dhabi** an. Auf der Insel **Sowah** baut **Abu Dhabi** die Infrastruktur dafür auf. Dann könnte es zu einer gemeinsamen Börse kommen, was Anfang der neunziger Jahre geplant war, bevor **Dubai** vorpreschte und seine eigene Börse gründete. Je mächtiger **Abu Dhabi** wird, desto mehr wird sich **Dubai** auf seine Kernkompetenzen konzentrieren müssen als Drehscheibe für Logistik mit seinem Freihafen **Jebel Ali** und als Standort internationaler Unternehmen.

Gutes Investitionsklima lockt an

Das Investitionsklima in den **VAE** hat sich in den vergangenen Jahren wegen der zunehmenden Öffnung des Marktes für ausländische Beteiligungen (nicht im Ölsektor) und Immobilienprojekte deutlich verbessert. Besonders die zahlreichen Industrie- und Freihandelszonen sind für ausländische Investoren attraktiv. Ansonsten

---

Das Wachstum der Staatsfonds

Mit Ausnahme der chinesischen Staatsfonds speisen sich die meisten großen Weltfonds aus Rohstoff- und Öleinnahmen. Angeführt werden sie von der *Abu Dhabi Investment Authority*, die mit einem zu verwaltenden Kapital von 627 Milliarden Dollar den größten Staatsfonds der Welt bildet. Von den 42 Fonds, die der globale Verband *Sovereign Wealth Funds Institute* aufführt, geht mit 2818 Milliarden Dollar mehr als die Hälfte des verwalteten Kapitals auf Einnahmen aus der Öl-, Gas- und Rohstoffbranche zurück. Ihre Entwicklung ist damit auch abhängig von den Rohstoffpreisen. Insgesamt verwalteten die Staatsfonds Anfang 2012 knapp 5 Billionen Dollar.

Wichtige Beteiligungen arabischer Staatsfonds
Anteile in Prozent

Abu Dhabi		Katar	
Banque de Tunesie et des Emirates	50	Harrods (GB)	100
Apollo Alternative Assets (NL)	40	J. Sainsbury (GB)	28
Union Cement Assets (VAE)	20	Volkswagen (D)	17
Gatwick Airport (GB)	15	London Stock Exchange	15
Arab International Bank (Ägypten)	13	Barclays (GB)	7
Hyatt International Hotels (USA)	11	Credit Suisse (CH)	6
HDFC Bank (Indien)	2	Tiffany (USA)	5

Quelle: Goldman Sachs

---

stellen die gute Infrastruktur, die flexible Arbeitsmarktpolitik sowie die niedrigen Energiekosten entscheidende Investitionsanreize in den **VAE** dar. Dazu freier Handel, geringe Importzölle, Koppelung des **VAE**-Dirham an den US-Dollar. Im Vergleich zu den anderen *GCC*-Staaten ziehen die **VAE** den größten Anteil von Auslandsinvestitionen an. Sie werden auf 22 Prozent des BIP geschätzt; ein guter Indikator für die positiven Standortbedingungen. Neben **Katar** sind nur die **VAE** als arabische Länder unter den Top 25 der weltweit bewerteten Investitionsstandorte zu finden. Investoren haben von diesem Wirtschaftsknoten aus schnellen Zugriff auf **Zentral-Asien**, den **indischen Kontinent** und **Afrika** und somit zu zwei Milliarden Verbrauchern.

Dubai hat sich zu einem Zentrum des weltweiten Seehandels entwickelt. Jetzt lockt das Emirat Reedereien, ihren Hauptsitz in die

---

VAE-Netzwerk

Um die Diversifizierung weiter voranzutreiben, haben die **VAE** eine *„Hohe Kommission für Wirtschaftspolitik"* gegründet. Sie soll auf Ebene der Föderation die Wirtschaftspolitiken der sieben Emirate koordinieren und strategisch ausrichten. Wettbewerb unter den Emiraten ist gut, heißt es, er soll aber nicht zu Konflikten führen. Immer mehr Emirate folgen dem Vorbild **Dubais** und wollen Touristen anlocken. Schrittmacher im Werben um industrielle ausländische Direktinvestitionen ist indessen **Abu Dhabi**. Nicht Kapital braucht man, sondern Kenntnisse in Produktion, Management und Marketing.

Seit 2006 ist es Ausländern erlaubt, sich an Unternehmen auch mehrheitlich zu beteiligen. Bisher ist dies nur in den Freizonen gestattet, in denen sich bereits mehr als 5000 ausländische Unternehmen niedergelassen haben. Die **VAE** entwickeln ihre Märkte, gleichzeitig öffnen sie diese für Ausländer. Teil der Öffnung ist es, zu den bestehenden Freihandelsabkommen weitere abzuschließen. Bereits heute können ausländische Investoren aus den **VAE** Güter in 16 arabische Staaten zollfrei ausführen, in denen rund 300 Millionen Verbraucher leben. Die **VAE** sind **Deutschlands** wichtigster Handelspartner in der arabischen Welt.

Region zu verlegen. Die Bedingungen sind traumhaft: 50 Jahre sollen Reedereien und andere Transportunternehmen keinerlei Steuern zahlen.

Verwaltet werden diese Offshore-Gesellschaften von der *Jebel Ali Free Zone Authority*. Gründungsdauer etwa ein bis zwei Wochen. Einmalige Gründungsgebühr 2000 AED, jährliche Lizenzgebühr 1500 AED.

Attraktiv für ausländische Investoren sind Änderungen im Gesellschaftsrecht, die seit 2006 gelten. Sie können in vielen Branchen bis zu 100 Prozent Anteile halten, in manchen jedoch künftig um bis zu 70 Prozent.

Zahlreiche Steuerfreiheiten

Mit Ausnahme der steuerpflichtigen Erdölgesellschaften und Banken gibt es für natürliche Personen oder Unternehmen keinerlei Steuern. Insoweit sind die Emirate eine Steueroase. Dazu kommen Kapital- und Zollfreiheit. Allerdings müssen Ausländer, die dort Offshore-Gesellschaften gründen, einen einheimischen „Partner" mit mindestens 25, besser jedoch mit 51 Prozent Firmenanteil an Bord nehmen. Das bedeutet am Jahresende auch, an diesen Partner dann – ohne finanzielles Engagement – 25 oder gar 51 Prozent des Gewinns ausschütten zu müssen. Darüber hinaus gibt es kein geschriebenes Gesetz. Die Gründung einer Gesellschaft erfolgt durch Urkunde, welche vom jeweils örtlichen Herrscher unterzeichnet werden muss.

Um ausländische Unternehmen verstärkt anzulocken, wurde in **Jebel Ali** eine Freihandelszone geschaffen. Firmen, die sich dort niederlassen wollen, benötigen eine Free Zone Establishment Licence. Sie wird erteilt, wenn das Unternehmen seine Geschäfte auf die Freihandelszone und das Ausland beschränkt. Die hier angesiedelten Offshore-Gesellschaften können sich zu 100 Prozent in ausländischem Besitz befinden und sind für einen Zeitraum von 15 Jahren von jeglicher Körperschaftsteuer befreit. Kapital- und Gewinntransfers sind frei. Dazu kommen die Freihandelszonen *Dubai Health Care City* und *Dubai International Financial Center*, weitere Freihandelszonen sind im Entstehen.

Fortsetzung: Zahlreiche Steuerfreiheiten

Die **VAE** und das **Emirat Dubai** erheben grundsätzlich keine Umsatzsteuer, Grund- und Grunderwerbsteuer, Vermögen- und Wertzuwachssteuer, Veräußerungsgewinnsteuer sowie Erbschaftsteuer. Vermietungen und Verpachtungen von Immobilien sind steuerfrei.

Offshore-Gesellschaften in den **VAE** können jeder Tätigkeit nachgehen. Ausnahmen: Betätigung im Bank-, Finanz- und Versicherungswesen. Das Halten von Immobilien ist zwar grundsätzlich verboten, Ausnahmeregelungen sind jedoch möglich. Daher kann vor dem Hintergrund des jetzt auch für Ausländer in bestimmten Grenzen offenstehenden Immobilienmarktes das Gründen einer Offshore-Gesellschaft interessant sein. Eine Offshore-Gesellschaft ist verpflichtet, eine Kontaktadresse über einen registrierten Vertreter (Registered Agent) zu unterhalten. Visa für Mitarbeiter werden nur bei Anmietung von Büroräumen erteilt. Offshore-Gesellschaften sind in den **VAE** steuerbefreit.

Freihandelszonen in den Vereinigten Arabischen Emiraten

Die meisten Emirate der **VAE** haben aufgrund eigener Hoheitsrechte Freihandelszonen eingerichtet. Diese sind als ein gesondertes Gebiet innerhalb der **VAE** zu verstehen, in denen die Bundes- und Emiratsgesetze nur insoweit Anwendung finden, als die jeweilige Freihandelszone keine eigenständigen gesetzlichen Regularien verabschiedet hat. Bei einem Import in eine Freihandelszone und einem sich anschließenden Re-Export von Waren in andere Länder als die **VAE** fällt kein Einfuhrzoll an. Im Gegensatz zu Niederlassungen innerhalb der **VAE**, die grundsätzlich den Regelungen des **VAE**-Gesellschaftsgesetzes unterliegen, sind Freihandelszonen von den dort verankerten Vorschriften befreit. Die Niederlassung in einer Freihandelszone bietet dem ausländischen Investor somit die Möglichkeit, eine 100-prozentige eigene Handels-, Dienstleistungs- oder Produktionsniederlassung zu gründen.

Unterschiede gegenüber einer Niederlassung innerhalb der VAE

Sämtlichen Niederlassungsformen im Bereich Handel, Dienstleistungen oder industrielle Produktion ist eine aktive Teilnahme am Wirtschaftsleben erlaubt, es können ungehindert Waren importiert und

Fortsetzung: Freihandelszonen in den Vereinigten Arabischen Emiraten

exportiert werden. Die folgenden Investitionsanreize sind für nahezu alle Freihandelszonen der **VAE** typisch: 100 Prozent ausländische Beteiligung an Kapitalgesellschaften – kein Importzoll – zwischen 15 und 50 Jahre garantierte Steuerbefreiung – freier Kapital- und Gewinntransfer – modernste Kommunikationseinrichtungen – günstige Strom- und Wassergebühren – umfassende Dienstleistungsangebote – Personalvermittlung – gute Infrastruktur – Unterbringungsmöglichkeiten für Personal auf dem Gelände der Freihandelszone.

Einige Freihandelszonen bieten die Möglichkeit des Erwerbs von Immobilienflächen, die bislang in den Freihandelszonen nur angemietet werden konnten. Dieser Investitionsanreiz wird in Zukunft auch von anderen Freihandelszonen angeboten werden. Einige der im Aufbau befindlichen Freihandelszonen vergeben bereits Lizenzen. Die Befreiung der in den Freihandelszonen ansässigen Niederlassungen von den Vorschriften des **VAE**-Gesellschaftsgesetzes hat keine völlige Aushebelung der in den **VAE** geltenden Rechtsgrundsätze zur Folge. Die von den Freihandelszonen erteilten Lizenzen beschränken sich grundsätzlich nur auf das Gebiet der jeweiligen Freihandelszone. Dies hat zur Folge, dass zum Export in die **VAE** ein Handelsvertreter, Importeur oder auch ein Joint Venture in Form einer Vertriebsgesellschaft benötigt wird, sofern der Endabnehmer nicht über eine entsprechende Lizenz verfügt, die den Import aus einer Freihandelszone ermöglicht.

Tätigkeiten außerhalb einer Freihandelszone, das heißt innerhalb der **VAE**, bedürfen der Genehmigung der jeweiligen Freihandelszone, wobei sich diese Tätigkeiten grundsätzlich auf Begleittätigkeiten zu den von der Niederlassung ausgeführten Aktivitäten beschränken, etwa Schulungs-, Instandsetzungs- oder Reparaturtätigkeiten. Sofern der Geschäftszweck eines Unternehmens ausschließlich die Erbringung von Dienstleistungen beinhaltet, können diese auch außerhalb einer Freihandelszone erbracht werden. Die Anmietung von Büroflächen außerhalb einer Freihandelszone ist mit der von einer Freihandelszone erteilten Lizenz nicht möglich. Grundsätzlich kann sich jedoch eine in einer Freihandelszone niedergelassene Kapitalgesellschaft an anderen Kapitalgesellschaften in den **VAE** beteiligen.

Die Entscheidung, eine Niederlassung innerhalb der **VAE** oder in einer der Freihandelszonen anzusiedeln, hängt damit wesentlich vom angestrebten Zielmarkt ab. Erstreckt sich dieser über die Grenzen der VAE

Steueroasen auf dem Prüfstand

Fortsetzung: Freihandelszonen in den Vereinigten Arabischen Emiraten

hinaus, stellt die Niederlassung in einer Freihandelszone eine überlegenswerte Alternative zu einem Standort innerhalb der **VAE** dar.

Die Möglichkeit der Gründung einer Offshore-Company bieten die Freihandelszonen **Jebel Ali** in **Dubai** und die **R'as Al Khaimah Free Trade Zone** in **R'as Al Khaimah**. Offshore-Gesellschaften sind im Gegensatz zu Onshore-Gesellschaften von der Erbringung eines Stammkapitals oder Kapitalnachweises befreit, Büroräume können, müssen aber nicht angemietet oder Personal eingestellt werden. Die Gründung einer Offshore-Gesellschaft stellt keine Alternative zu einer Onshore-Gesellschaft in den **VAE** dar, sofern der Zielmarkt des Investors die **VAE** sind. Das Mindeststammkapital dieser Gesellschaften variiert in den verschiedenen Freihandelszonen.

Die Freihandelszonen in den nördlichen Emiraten der **VAE** stellen alternative Standorte zum hochpreisigen **Dubai** dar. Das sind: *Sharjah Airport International Free Zone – Hamriyah Free Zone – Ajman Free Zone – Fujairah Free Zone – R'as Al Kaimah Free Zone*

Weitere Informationen:

RA Jörg Seifert, Partner Al Sharif Advocates & Legal Consultants, Dubai, Tel.: 00971-4-26 28 222, Fax: 00971-4-26 28 111, seifert@dubai-lawyer.com

---

Weitere Informationen und Ansprechpartner:

Botschaft der Vereinigten Arabischen Emirate
Hiroshimastraße 18–20, D-10785 Berlin
Tel.: 030-51 65 16, Fax: 030-51 65 19 00

The German Industry & Commerce Office Dubai
Dubai, Tel.: 00971-44 47 01 00, Fax: 00971-4-397 01 01
E-Mail: info@ahkuae.com

Hamt & Associates Chartered Accountants
Dubai, Tel.: 00971-43 27 77 75, Fax: 00971-43 27 76 77
www.hlbhamt.com

Berater vor Ort:
Schlüter Graf & Partner
Business Bay – The Citadel Tower
20th Floor, Offices 2001–2005, P.O. Box 29337, Dubai, United Arab Emirates
Tel.: 00971-4-4 31 30 60, Fax: 00971-4-4 31 3050

Steuer- und Investitionsvergleich
Bahrain – Katar – Oman – Dubai

Bahrain

Investitionsmöglichkeiten

Aufgrund seiner politischen und wirtschaftlichen Stabilität, seiner Steuervorteile, der gut entwickelten Infrastruktur und Telekommunikation, seiner niedrigen Betriebs- und Energiekosten sowie seiner Nähe zu den bedeutenden regionalen Märkten wird **Bahrain** als attraktiver Wirtschaftsstandort eingeschätzt. Eine Viezahl an Investitionsanreizen wie Steuerfreiheit, freiem Kapital- und Gewinntransfer, freiem Handel, geringem Importzoll, Koppelung des Bahrain-Dinar an den US-Dollar, moderner Infrastruktur, niedrigen Lohn- und Lohnnebenkosten, geringen Energiekosten, sorgen in **Bahrain** für ausländische Investoren ein günstiges Investitionsklima. Seit 2001 besteht für diese zudem die Möglichkeit, Immobilien zu erwerben. Verglichen mit anderen Staaten der Region, benötigen ausländische Investoren bei der Gründung einer Niederlassung nicht zwingend einen lokalen Partner, der einen Mindestanteil des Gesellschaftskapitals halten muss. Erforderlich ist jedoch die Genehmigung des bahrainischen Handelsministeriums. Ausländische Beteiligungen an bahrainischen Unternehmen sind mit wenigen Ausnahmen bis zu 100 Prozent möglich. Weitere Vergünstigungen: Bereitstellung von Bauland, subventionierte Energiekosten und Steuerfreiheit.

Steuerrecht

Da **Bahrain** weder Einkommen-, Körperschaft- noch anderweitige Steuern auf im Inland erzielte Einkünfte erhebt, gilt es als Steueroase. Aufgrund des im deutschen Recht geltenden Prinzips des Welteinkommens unterliegen Einkünfte deutscher Niederlassungen in **Bahrain** sowie Beteiligungen an bahrainischen Unternehmen der deutschen Körperschaftsteuer. Ein DBA zwischen **Deutschland** und Bahrain besteht derzeit nicht, sodass in Deutschland eine Besteuerung der in Bahrain erwirtschafteten Einkünfte vorgenommen wird.

Katar

Investitionsmöglichkeiten

Vor dem Hintergrund, dass **Katar** in vielen Bereichen auf Importe angewiesen ist, bieten sich gute Absatzchancen für Importgüter jegli-

Fortsetzung: Steuer- und Investitionsvergleich Bahrain – Katar – Oman – Dubai

cher Art. Investitionsanreize, wie freier Handel, geringer Importzoll, Koppelung des katarischen Rial an den US-Dollar, moderne Infrastruktur, niedrige Lohn- und Lohnnebenkosten, freier Kapital- und Gewinntransfer sowie geringe Energiekosten, stellen eine günstige Ausgangsbasis dar. Grundsätzlich sind ausländische Beteiligungen in allen Bereichen nur bis zu einer Höhe von 49 Prozent möglich. Demzufolge benötigt der ausländische Investor bei der Gründung einer Niederlassung in **Katar** einen lokalen Partner, der – sofern es sich um die Gründung einer Gesellschaft mit beschränkter Haftung handelt – mindestens 51 Prozent des Gesellschaftskapitals halten muss. Bei Gründung einer Zweigniederlassung ist eine behördliche Handelslizenz erforderlich.

Steuerrecht

Im Unterschied zu anderen Golfstaaten erhebt **Katar** auf Gewinne von juristischen und natürlichen ausländischen wirtschaftlich tätigen Personen Körperschaft- und Einkommensteuer. Handelt es sich um eine Niederlassung mit in- und ausländischer Kapitalbeteiligung, findet eine Besteuerung des Gewinns des ausländischen Gesellschafters statt. Die Steuersätze liegen je nach Gewinnhöhe zwischen 10 und 35 Prozent. Steuerbefreiungen sind auf Antrag bei Projekten, denen ein Vertragsverhältnis mit der katarischen Regierung zugrunde liegt, möglich. Da zwischen **Deutschland** und **Katar** kein DBA existiert, werden die in Katar erwirtschafteten Einkünfte eines deutschen Unternehmens auch in Deutschland besteuert. Dabei werden die in **Katar** bereits gezahlten Steuern angerechnet.

Oman

Wirtschaftslage – Investitionsmöglichkeiten

Für seine Wirtschaftspolitik, die ökonomische Öffnung nach außen und seine Privatisierungsmaßnahmen erhält **Oman** gute Noten von internationalen Wirtschaftsbeobachtern. Die innenpolitischen Verhältnisse sind stabil. Obgleich das Land eine absolutistische Regierungsform hat, ist der Herrscher des Landes, Sultan *Qabus bin Said*, stets darum bemüht, seinen Staat im Konsens mit wichtigen Stammesführern, einflussreichen Geschäftsleuten, führenden Militärs und Intellektuellen zu regieren. Für ausländische Beteiligungen an omani-

Fortsetzung: Steuer- und Investitionsvergleich Bahrain – Katar – Oman – Dubai

schen Unternehmen gelten keine festen Regeln. Es kann 100-prozentige ausländische Beteiligungen geben, sofern die Investition von besonderer wirtschaftlicher Bedeutung für die Entwicklung des Landes ist. Ausländische Investoren erhalten überdies Einfuhr- und Steuererleichterungen.

Steuerrecht

Grundsätzlich unterliegen die Einkünfte aller im **Oman** tätigen Unternehmen, unabhängig von ihrer gesellschaftsrechtlichen Form, der Körperschaftsteuer. Dies schließt Zweigniederlassungen, die wirtschaftlich im **Oman** aktiv sind, aber auch Unternehmen ein, die keine rechtliche Repräsentanz, jedoch Einkünfte im Oman aus beispielsweise Lizenzgebühren, Vermietung oder sonstigen Bezügen von einem in Oman ansässigen Unternehmen haben. Bei Gesellschaften findet eine umfassende Besteuerung statt. Die neue Körperschaftsteuer beträgt einheitlich 12 Prozent des Einkommens. Ein DBA mit **Deutschland** existiert derzeit noch nicht in abschließender Form. Oman plant die Einführung einer Mehrwertsteuer.

Dubai

Investitionsmöglichkeiten

Politische Stabilität, eine liberale Wirtschaftspolitik, hervorragende Infrastruktur und Kommunikationseinrichtungen lassen auch in Zukunft ein anhaltendes Wirtschaftswachstum erwarten. Weitere Investitionsanreize bieten Steuerbefreiung, Niedrigzollpolitik, Freihandelszonen, Offshore-Gesetzgebung, unbeschränkten Kapital- und Gewinntransfer, Erwerb von Immobilien, Koppelung der Währung an den US-Dollar, ein modernes Gesundheits- und Schulwesen, weitgehende soziale und religiöse Toleranz sowie einen hohen Lebensstandard. Arbeitskräfte sind in ausreichender Anzahl und zu geringen Lohnkosten vorhanden.

Steuerrecht

Dubai ist zwar grundsätzlich dem Bundesrecht der **VAE** unterworfen. Diese kennen aber kein bundeseinheitliches Steuerrecht, die Steuergesetzgebung ist den einzelnen Emiraten vorbehalten. Die Mehrheit der Emirate sieht die Erhebung von Steuern vor, in der Praxis werden die meisten dieser Vorschriften jedoch nicht angewandt. Einkommen-

Fortsetzung: Steuer- und Investitionsvergleich Bahrain – Katar – Oman – Dubai

steuer wird für natürliche (inländische und ausländische) Personen im Regelfall nicht erhoben. Die für juristische Personen vorgesehene Einkommen- beziehungsweise Körperschaftsteuer wird bislang nur von Unternehmen, die in der Förderung und Verarbeitung von Öl, Gas und petrochemischen Produkten tätig sind, sowie von in- und ausländischen Banken erhoben.

In den diversen Freihandelszonen garantiert die jeweilige Emiratsregierung eine Steuerbefreiung von mindestens 15 bis 50 Jahren mit einer entsprechenden Verlängerungsoption.

Seit Juni 1996 gilt zwischen den **VAE** und der Bundesrepublik Deutschland ein bilaterales Abkommen zur Vermeidung der Doppelbesteuerung. Dieses DBA bindet die Vertragsstaaten nur hinsichtlich der Vermeidung von Doppelbesteuerung. Besteuerungsgrundlagen werden in dem DBA nicht geregelt, insoweit gilt nationales Steuerrecht. Das Abkommen eröffnet allerdings eine Vielzahl von Möglichkeiten zur Vermeidung der Besteuerung von Dividenden/Gewinnen, die in den VAE anfallen und sodann nach **Deutschland** transferiert werden sollen. Das DBA wurde Anfang 2010 verlängert.

Bahrain, **Katar**, **Oman** und die **VAE/Abu Dhabi/Dubai** setzen die *OECD*-Abkommen bei Auskunftsersuchen in Steuerangelegenheiten von Drittstaaten nicht um.

Weitere Informationen:

Kanzlei Schlüter Graf & Partner, Dubai
Tel.: 00971-4-4313060, Fax: 00971-4-4313050, www.schlueter-graf.de

---

Syriens Bürgerkrieg gefährdet nicht nur die Nachbarländer im **Nahen Osten**. Eskaliert die Situation, wird dies auch zu einer Zuspitzung der Banken-Schulden-Wirtschaftskrise in **Europa** führen, deren Ausgang noch nicht abgeschätzt werden kann.

6. Asien

Asien rückt enger zusammen

Asien bleibt auch 2014 der Hoffnungsträger der Weltwirtschaft. Doch spürt die Region die Krisen im Westen immer stärker. Die einseitige Fokussierung auf den Export hat **Asien** abhängig und verletzlich gemacht. Die bisherigen Exportnationen müssen den heimischen Konsum ankurbeln und zugleich die wachsenden Ansprüche der Menschen befriedigen. **Asiens** zentrale Herausforderung ist es, die soziale Frage anzugehen. Und **Asien** braucht mehr innerasiatischen Handel. Damit stehen die Regierungen in den nächsten Jahren vor Mammutaufgaben.

Die Schuldenkrise im Westen treibt Asiaten dazu, ihre eigenen Volkswirtschaften besser zu schützen. Dazu haben sich die Staaten mit einem Netz von Freihandelsabkommen aneinander gekettet. So planen beispielsweise die zehn Länder des südostasiatischen Staatenbundes *ASEAN* bis 2015 eine Wirtschaftsgemeinschaft mit Zollfreiheit untereinander.

Experten der *OECD* erwarten, dass die *ASEAN*-Länder in den nächsten fünf Jahren mit rund 7,4 Prozent eine wirtschaftliche Wachstumsrate halten können, die nur geringfügig unter derjenigen vor Beginn der Weltfinanzkrise liegt: *„Die heimische Nachfrage, insbesondere die private Nachfrage und private Investitionen, werden der wichtigste Wachstumstreiber werden, die Wachstumsrate wird weniger exportabhängig sein."* Gestützt wird die Region vor allem von der guten Entwicklung in **Indonesien**, das im Durchschnitt mit 6,4 Prozent jährlich bis 2017 wachsen wird. Dies wäre eine höhere Rate, als **Asiens** drittgrößte Volkswirtschaft **Indien** derzeit vorlegt. Die **Philippinen** werden jährlich um 5,5 Prozent zulegen, **Malaysia** und **Thailand** um etwa 5,1 Prozent, der Stadtstaat **Singapur** um 3,1 Prozent, so die Schätzungen der *OECD*.

Das größte Risiko liegt in den weiterhin hohen Kapitalzuflüssen aus dem Westen. Sie stellen aus Sicht der *OECD* „bedeutende ma-

kroökonomische Herausforderungen für die Länder Südostasiens dar". Trotz der relativ guten Aussichten bekommen die exportorientierten Länder **Asiens** die Krisen in **Europa** und den **USA** zu spüren: Die chinesische Sonderverwaltungszone **Hongkong** rechnet für 2013 nur noch mit einer Wachstumsrate von 1 Prozent, **Singapur** mit 1,5 Prozent. Die Wirtschaftsleistung **Malaysias** stieg 2012 um 5,2 Prozent. **Malaysia**, **Thailand** und die **Philippinen** fördern das Wirtschaftswachstum stark. Und **Japan** drängt in die Nachbarländer.

Macht **Asien** seine Hausaufgaben, stehen die drei großen Wachstumsregionen **China**, **Indien** und die *ASEAN* Staaten *(ACI)* vor einer rosigen Zukunft, sagen die Ökonomen der *Asiatischen Entwicklungsbank (ADB)* voraus. Sie sprechen von einer *„großen Transformation bis 2030"*: Standen sie 2010 für 47 Prozent der Weltbevölkerung und 23,5 Prozent der globalen Wirtschaftsleistung, sollte sich ihr Anteil bis 2030 auf 40 Prozent erhöhen.

Erreichen die Länder ihre Ziele, wird die Anzahl der extrem armen Asiaten, die mit weniger als 1,25 Dollar täglich ihr Leben fristen, von 600 Millionen auf wenige zig Millionen schrumpfen. Die Löhne **Asiens** würden sich im Durchschnitt bis 2030 verdreifachen, das regionale Gefälle bliebe aber auch weiterhin enorm. Das asiatische Trio wäre 2030 die größte Quelle und der größte Abnehmer internationalen Kapitals.

Der Anteil der *ACI*-Länder an den weltweiten Investitionen werde von 24 auf 38 Prozent steigen, derjenige am weltweiten Konsum stiege von 11 auf 27 Prozent und derjenige der Spareinlagen von 24 auf 44 Prozent. Die Mittelschicht wüchse enorm: *„Statt 420 Millionen Menschen werden 2030 in den ACI-Ländern 2,65 Milliarden Menschen zur Mittelschicht zählen (tägliches Einkommen zwischen 10 und 100 Dollar)."* Um dies zu erreichen, müssen die Länder ihre Wachstumsmodelle ändern: *„Die ACI-Länder werden sich mehr auf ihre eigenen Märkte, Investitionen und Institutionen verlassen müssen."*

Asiens Reiche profitieren überdurchschnittlich vom Wirtschaftswachstum

In **Asien** bereitet vor allem die immer tiefer werdende Kluft zwischen den Armen und den Wohlhabenden große Sorgen. In den vergangenen Jahrzehnten ist das Einkommen der reichen Haushalte überdurchschnittlich gestiegen. Im Schnitt erwirtschafteten die obersten 5 Prozent der Haushalte 20 Prozent des gesamten Einkommens. Doch *„hohe und wachsende Ungleichheit kann das gesamtwirtschaftliche Wachstum belasten, weil sie das Sozialgefüge angreift, die Qualität von Führung unterminiert und den Zug hin zu ineffizienter, populistischer Politik verstärkt"*, warnt die Bank. Technischer Fortschritt, die Globalisierung und rein marktorientierte Reformen helfen den ausgebildeten, kapitalstarken Menschen in den Städten mehr als den Armen auf dem Land. Wer zu diesen Grundlagen keinen Zugang hat, bleibt immer weiter zurück.

Für eine Kursänderung schlägt die *Asiatische Entwicklungsbank* vor, soziale Sicherungssysteme in **Asien** auszubauen. Zudem könnte Armen Geld zugewiesen werden, um die Kinder zur Schule zu schicken.

Die Studie der *Asiatischen Entwicklungsbank* zeigt auch, dass derzeit eine halbe Milliarde Menschen in **Asien** un- oder unterbeschäftigt sind. Sie machen ein Drittel der gesamten arbeitsfähigen Bevölkerung von 1,7 Milliarden Menschen in der Region aus. Und die Krise wird sich verschärfen, weil der **Ferne Osten** eine junge Region ist: 245 Millionen werden im nächsten Jahrzehnt neu auf den dortigen Arbeitsmarkt strömen. Finden sie keine Ausbildung oder Anstellung, wächst das Heer der Armen.

Fehlende Infrastruktur in Ostasien

Insbesondere **Ostasien** muss seine Infrastruktur enorm verbessern, will es seine Wachstumsgeschwindigkeit halten. Jährlich müssen die 21 Staaten der Region nach Berechnungen der ADB mehr als 200 Milliarden US-Dollar investieren, um Straßen, Telekommunikation, Häfen, Kraftwerke und Eisenbahnen zu pflegen und auszubauen. Langfristig positiv für **Asien** wird sich in jedem Fall die südostasiatische Staatengemeinschaft *ASEAN* (**Burma, Brunei, Indonesien, Kambodscha, Laos, Malaysia**, die **Philippinen, Singapur, Thailand** und **Vietnam**) auswirken.

ASEAN-Fakten

Gesamtbevölkerung: 575 Millionen

Bevölkerungswachstum: 1,5 Prozent

Fläche: 4,47 Millionen qkm

Bevölkerungsdichte: 127 Einwohner/qkm

Bruttoinlandsprodukt: 1,1 Billionen US-Dollar

BIP pro Kopf i. Durchschnitt: 1890 US-Dollar

Reales BIP-Wachstum: 5,8 Prozent

Außenhandelsvolumen: 1,4 Billionen US-Dollar

Ausl. Direktinvestitionen: 52 Milliarden US-Dollar

Hauptlieferländer: Japan 14,1 %; VR China 10,6 %; USA 10,6 %; EU 10,3 %

Hauptabnehmer: ASEAN 25,1 %; USA 11,5 %; Japan 11,4 %; VR China 10,0 %

ASEAN-Durchschnitt BIP pro Kopf: 2521 US-Dollar

Asien altert

Asien zählt zu den am schnellsten alternden Regionen der Welt, angeführt von **Japan, China**, **Korea, Taiwan, Singapur** und **Hongkong.** Auch **Thailand, Indonesien** und **Vietnam** ergrauen schnell. Nach einer Studie der Bank *HSBC „verflüchtigt sich die demographische Dividende einer jungen und wachsenden Bevölkerung, die vor allem das Wachstum in China im vergangenen Jahrzehnt vorangetrieben hat, schnell."* Bis zum Jahr 2030 wird die Zahl der Senioren über 65 in **Asien** von derzeit 300 auf 580 Millionen steigen. 2050 wird es dann rund eine Milliarde Alte in **Asien** geben.

Längst ist klar, dass die Staaten die Kosten der Alterung nicht allein werden schultern können. Beispiel **Südkorea:** Die staatlichen Ausgaben für Renten dürften nach Berechnungen des *IWF* von aktuell 1,7 Prozent des BIP auf 12,5 Prozent im Jahr 2050 hochschnellen.

Dramatische Folgen für die Volkswirtschaften

Eine alte Bevölkerung bietet weniger Arbeitskräfte. Damit sinken die Wachstumsraten, werden sie nicht durch sprunghafte Produktivitätsfortschritte vorangetrieben. Zugleich dürfte das Konsumwachstum schrumpfen, die klassischen Kaufschichten sind zwischen 20 und 40 Jahre alt. Senioren hingegen sind im mit Versicherungen und Pensionen unterversorgten **Asien** gezwungen, ihr Erspartes aufzulösen. Damit ändern sich auch die Kosten für Kapital, Investitionen könnten versiegen. Alte Menschen verlangen nach Absicherung, nach anderen Produkten, nach anderen Häusern und Wohnungen, nach Betreuung. Das kostet Geld. Damit werden gleichzeitig die öffentlichen Haushalte belastet. Somit fehlt Geld, die Voraussetzungen für die Produktivität zu verbessern. Auffangen kann man die Forderungen einer alternden Bevölkerung allenfalls durch höhere Abgaben derjenigen, die Geld verdienen. Die dann aber weniger konsumieren – ein Teufelskreis.

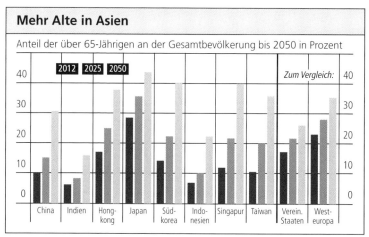

Mehr Alte in Asien

Anteil der über 65-Jährigen an der Gesamtbevölkerung bis 2050 in Prozent

Quelle: UNPD; HSBC

Experten schätzen, dass die Ausgaben für Alte allein in **Südkorea** und **China** bis 2030 um 7,8 Prozent beziehungsweise 4,1 Prozentpunkte des Bruttoinlandsprodukts steigen werden. Die Länder der betroffenen Regionen haben eine demografische Zeitbombe. Sie haben bislang aber kein Mittel gefunden, sie zu entschärfen.

Der Gigant China steckt in der Sackgasse

Das **China** der vergangenen 30 Jahre ist eine Erfolgsgeschichte. Die Volksrepublik ist wohlhabender denn je, ihre Bürger sind in ihrem Privatleben freier, als sie es jemals waren. Doch das wirtschaftliche Wachstum ist längst kein nachhaltiges mehr.

Für mehr Wohlstand, Stabilität und internationale Macht hetzte **China** oft blind den Zahlen hinterher. Bis 2008, als die Finanzkrise offenkundig machte, dass das jahrzehntelange Wachstum mit einer riesigen Verschwendung und Schuldenmacherei einhergegangen war. Neue Krisenherde haben sich aufgetan. Denn Konsumwachstum und teure Prestigeobjekte wurden zulasten eines bezahlbaren Gesundheits- und Bildungssystems durchgeboxt.

Hinzu kommt, dass den Chinesen eine Demokratisierung nach wie vor verweigert wird. Zu groß ist die Angst der politischen Führung vor einem Zerfall des Riesenreichs. Soziale Spannungen sind die Folge. Vetternwirtschaft und Korruption halten das Land zusammen. Doch wie lange noch? Und welche Rolle soll die zweitgrößte Wirtschaftsmacht künftig auf der internationalen Bühne spielen? **China** wird nur erfolgreich bleiben, wenn es eine Antwort auf diese Schwächen findet.

Das letzte Jahrzehnt – die *Hu-Wen-Ära* – hat dem Land zwar jährliche Wachstumsraten von 10 Prozent beschert, notwendige Reformen wurden jedoch nicht angepackt. Doch das neue **China** wird nicht herumkommen, notwendige Reformen anzugehen. Die seit Ende 2012 installierte neue Regierung betritt hier Neuland. Der alte Peking-Konsens wird nicht mehr funktionieren. Der Gigant **China** steckt in der Sackgasse.

Um umverteilen zu können, muss der Staat seine Ausgaben mindern und seine Einnahmen steigern. Der Staatsrat hat deshalb Ende 2012 ein umfassendes Paket verabschiedet. Sein Kern ist die bessere Absicherung der ganz überwiegenden Mehrheit der Chinesen. Dafür werden die Wohlhabenden, aber auch die Staatsbetriebe zur Kasse gebeten. Geplant ist die größte Umverteilungsaktion **Chinas** nach dem Ende der *Mao-Zeit*:

Und wer die Armut bekämpfen will, muss die Landwirtschaft fördern. Um die Abhängigkeit von Lebensmitteleinfuhren zu verringern – sie macht derzeit 12 Prozent des Verbrauchs aus –, soll die Landwirtschaft produktiver werden. Dazu sollen größere landwirtschaftlicher Betriebe geschaffen sowie modernes Saatgut und neue Pflanzenschutzmittel genutzt werden. Die Regierung will weiter Reis, Baumwolle, Zucker oder Sojabohnen aufkaufen, um die Preise für die Bauern zu stützen. Auch will **Peking** Warentermingeschäfte zulassen. Dagegen sollen Schmuggel und Einfuhr „sensibler" Agrargüter unterbunden werden.

Fakten China	
Fläche: 9 572 419 qkm	Einwohner: 1,345 Milliarden
Hauptstadt: Peking	Währung: Yuan
BIP: 7,3 Billionen USD	BIP je Einwohner: 6645 USD
Devisenreserven: 3400 Milliarden USD	Chinas Export: 1578 Milliarden USD
Direktinvestitionen nach China: 105,7 Milliarden USD	Chinas Import: 1395 Milliarden USD
Direktinvestitionen aus China: 68,8 Milliarden USD	Zahl der chinesischen Unternehmen unter den 500 umsatzstärksten der Welt: 54
Zahl der Banken unter den zehn weltweit größten: 4	
Zahl der Armen: 28,2 Millionen (offiziell)	Zahl der Haushalte mit über 100 Mio. Dollar: 648
	Zahl der Milliardäre: 113
Zahl der Millionärshaushalte: 1,432 Millionen	Hochschulabschlüsse: 5,3 Millionen

Steueroasen auf dem Prüfstand

Noch leben 128 Millionen Chinesen auf dem Land unter der Armutsgrenze mit einem Jahreseinkommen von 2300 Yuan (270 Euro). Ziel der Reformen ist es, die Durchschnittseinkommen bis 2020 zu verdoppeln. Bis 2015 sollen 80 Millionen Menschen aus der Armut geführt werden. Die Umsetzung braucht Zeit. Zeit, die China bei der Kluft zwischen Arm und Reich eigentlich nicht (mehr) hat.

Yuan für die Welt – China greift an

In vielen Köpfen ist **China** noch immer die Werkstatt der Welt, in der Waren billig hergestellt werden. Dass **China** auch Weltfinanzmacht werden will, wissen nur wenige. Dabei arbeitet das Land beharrlich an diesem Ziel. Jüngster Schritt: **China** und **Südkorea** zahlen im bilateralen Handel mit Yuan und Won statt mit Dollar. Wenn das Beispiel Schule macht, gerät der Status der US-amerikanischen Leitwährung ins Wanken.

Doch bislang gibt es in **China** Kapitalverkehrskontrollen und ein rigides Wechselkurssystem, der Yuan ist somit nicht frei konvertibel. Um den Kurs der chinesischen Währung international niedrig halten, kauft die Notenbank in großem Stil US-Dollar auf. Dadurch hat der Yuan in den letzten Jahren gegenüber dem US-Dollar jeweils rund 3 Prozent aufgewertet. Auf dem Weg in eine freie Währung soll die Schwankungsbreite des Yuan sukzessive auf 1,5 bis 2 Prozent ausgeweitet werden.

Doch das Geschäft in lokaler Währung soll wachsen. Nicht nur mit **Korea,** sondern weltweit. Deshalb haben die Chinesen mit einer Reihe von Ländern einen Währungspakt geschlossen. Darunter **Argentinien, Japan** und **Weißrussland**. Der Erfolg dieser Politik zeigt sich in der Statistik: Inzwischen werden 11,4 Prozent des Handels in Yuan beglichen – mit steigender Tendenz.

Weitere Verträge wurden im März 2013 mit den *BRICS*-Ländern und im April mit **Australien** geschlossen. Dabei hat **China** ein besonderes Interesse daran, dass die *BRICS*-Gemeinschaft eine größere Unabhängigkeit von den Dollar- und Euro-dominierten Finanzmärkten und den ebenfalls amerikanisch und europäisch bestimmten Institutionen *Weltbank* und *IWF* erlangt. Die fünf größten Schwellenländer der

Fortsetzung: Yuan für die Welt – China greift an

Welt wollen deshalb auch eine gemeinsame Entwicklungsbank mit einem Startkapital von 50 Milliarden Dollar gründen. Sie soll Schwellenländer fördern. Die *BRICS*-Staaten wollen außerdem einen Teil ihrer Währungsreserven zu einer Summe von bis zu 100 Milliarden Dollar zusammenlegen, um damit im Krisenfall Kredite an notleidende Länder vergeben zu können. Das würde die Dominanz des *Internationalen Währungsfonds* in solchen Situationen brechen.

Zugleich öffnet **China** seinen Aktien- und Anleihenmarkt für Yuan-Besitzer in Übersee. Seit Kurzem können auch deutsche Anleger Yuan-Anleihen kaufen, etwa von *Volkswagen, Lanxess* oder *Bosch Siemens Haushaltsgeräte*. Die Renditen liegen über denen von Bundesanleihen. Hinzu kommt die Hoffnung, dass der Yuan aufwertet.

Wenn alles nach Plan läuft, wird der Yuan in zehn Jahren zu einer der drei global akzeptierten Reservewährungen aufsteigen. Der Yuan wird dem US-Dollar seine Rolle streitig machen, ihn aber nicht ersetzen. Noch macht der US-Dollar 60 Prozent aller Währungsreserven aus. Nicht einmal 1 Prozent des weltweiten Devisenhandels wird in Yuan abgerechnet, 85 Prozent dagegen in US-Dollar. Denn eine Flucht in Sicherheit bedeutet heute immer noch eine Flucht in US-Dollar.

Unabhängig aller internen Probleme befindet sich **China** Mitte 2013 wirtschaftlich auf dem besten Weg, die **USA** als größte Handelsnation der Welt abzulösen. Das angepeilte jährliche BIP-Wachstum von 7,5 Prozent über die kommenden zehn Jahre und die Erwartungen im Hinblick auf das Bevölkerungswachstum dürften für einen deutlichen Anstieg des Konsums sorgen. Dies ist im Interesse der offiziellen Politik, die Wirtschaft auf ein breiteres Fundament zu stellen. Der Anteil des Binnenkonsums am Wirtschaftswachstum soll gesteigert werden. Auch scheint sich der Urbanisierungstrend fortzusetzen und immer mehr Menschen einen Zugang zu sozialen Sicherungssystemen zu gewähren.

In **China** gibt es 49 Millionen-Städte. Im Süden des Landes sollen jetzt neun Metropolen zusammengelegt werden. Mit dann 42 Millionen Einwohnern entstünde damit die größte Metropole der Welt.

Chinas größte Städte – jeweils reines Stadtgebiet in Millionen Einwohnern	
Shanghai	13,8
Peking	7,8
Chongquing	4,6
Xian	4,5
Wuhan	4,3
Chengdu	3,9
Tianjin	3,7
Shenyang	3,5
Harbin	3,4
Nanjing	3,3

Quelle: Chinanetz

China ist kein Billigstandort mehr

Steigende Arbeitskosten machen der chinesischen Wirtschaft zu schaffen. Immer häufiger können die Produktivitätsfortschritte die wachsenden Aufwendungen nicht ausgleichen, sodass immer mehr Unternehmen eine Verlagerung ihrer Werke erwägen. Einer Umfrage der Bank *Standard Chartered* zufolge planen in der Industriehochburg des Perlflussdeltas in **Südchina** 30 Prozent der Unternehmen einen Umzug ins kostengünstigere Landesinnere, weitere 9 Prozent wollen **China** ganz verlassen. Der bevorzugte Standort im Ausland ist **Kambodscha**, wo die Löhne um 10 bis 30 Prozent niedriger sind, gefolgt von **Bangladesch** und **Vietnam**.

Asien ist mehr als China

Um unabhängiger von seinen Hauptmärkten **Nordamerika** und **Europa** zu werden, strebt **China** das größte Freihandelsabkommen in **Asien** an – ein Wirtschaftsraum für 1,3 Milliarden Menschen.

Gleichzeitig arbeiten *ASEAN* und **Indien** an einem Abkommen über den Austausch von Dienstleistungen und Investitionen, das auch für den Handel gelten soll. Bis 2015 wollen die zehn *ASEAN*-Länder die Wirtschaftsgemeinschaft *ASEAN Community* bilden, ohne allerdings ihre Souveränität aufzugeben. Zu *ASEAN* zählen

Brunei, **Indonesien, Kambodscha, Laos, Malaysia, Myanmar,** die **Philippinen, Singapur, Thailand** und **Vietnam.**

China hat Freihandelsverträge mit *ASEAN* und seinen Sonderverwaltungszonen **Hongkong** und **Macao** sowie mit **Chile, Neuseeland, Pakistan, Peru** und **Singapur.** Die **USA** haben Freihandelsverträge in **Asien** mit **Singapur,** die *EU* ebenfalls.

Tokios Versuch, eine *East-Asian Community* zu gründen, scheint jedoch gescheitert. Auf lange Sicht könnten die **Pazifikstaaten** über ihre *Asia-Pacific Economic Cooperation (APEC)* mit der *Free Trade Area of the Asia Pacific (FTAAP)* die größte Freihandelszone der Welt gründen. Nach Abschluss eines solchen Vertrags mit der Südostasiatischen Staatengemeinschaft ASEAN und mit **Taiwan** wenden sich die Chinesen aktuell **Japan** und **Südkorea** zu. Die Verhandlungen sind für 2013 geplant. Das geplante Freihandelsabkommen soll dazu dienen, die Abhängigkeit von den westlichen Märkten zu verringern, indem es die asiatischen Handels- und Investitionsströme vergrößert. Das Abkommen wäre angesichts der Wirtschaftskraft der Länder die drittgrößte Freihandelszone der Welt nach der *EU* und der nordamerikanischen **Nafta.**

Wachstumsraten gegenüber dem Vorjahr in Prozent			
	2012	**2013**	**2014**
Ostasien	6,5	7,1	7,1
China	7,8	8,2	8,0
Südkorea	2,0	2,8	3,7
Südasien	5,0	5,7	6,2
Indien	5,0	6,0	6,5
Südostasien	5,5	5,4	5,7
Indonesien	6,2	6,4	6,6
Malaysia	5,6	5,3	5,5
Singapur	1,3	2,6	3,7
Thailand	6,4	4,9	5,0
Pazifikinseln	7,3	5,2	5,5
Zentralasien	5,6	5,5	6,0

Quelle: ADB

Asiens Steueroasen

Brunei Darussalam

- Fläche: 48 636 qkm
- Hauptstadt: Bandar Seri Begawan
- BIP je Einwohner: 31 300 USD
- Arbeitslosigkeit: 2,7 Prozent
- Abkommen: DBA Amtshilfe und Auskunftsaustausch

- Einwohner: 415 000
- Sprache: Malaysisch
- Währung: Brunei-Dollar
- Inflation: 0,5 Prozent
- Staatsverschuldung: 0,0 Prozent

Das kleine Land im Norden der Insel **Borneo** ist erst seit Mitte der 1980er-Jahre unabhängig. Seinen Wohlstand verdankt es seinen Öl- und Gasvorkommen. Doch ziemlich spät hat man im reichen **Brunei** gemerkt, dass Öl und Gas nicht ewig zur Verfügung stehen. **Brunei** soll sich daher jetzt zunehmend zum Servicezentrum für die umliegende Region – **Philippinen**, **Malaysia**, **Indonesien** – entwickeln, ähnlich wie **Singapur**. Für die Einwohner des südostasiatischen Zwergstaates ist Armut ein Fremdwort. Ihr Sultanat ist der real existierende Super-Wohlfahrtsstaat: Bildung, Gesundheitsversorgung, lebenslange Rente – alles kostenlos. Ein Schlaraffenland, vor dessen Küste es – noch – alles im Überfluss gibt: vor allem Öl und Gas. Einen Teil der bruneiischen Rohstoffeinnahmen legt der Staatsfonds *Brunei Investment Agency* an. Sein verwaltetes Vermögen liegt bei 30 Milliarden Dollar. Zu den Beteiligungen zählen unter anderem eine Reihe von Nobel-Hotels wie etwa *The Dorchester*, **London**, *The Berly Hills Hotel*, **Los Angeles** oder das *Principe di Savoia*, **Mailand**. Ausländische Investoren sind willkommen.

Vorteile eines Engagements in **Brunei** sind die Steuerfreiheit auf Einkommen und Umsatzerlöse sowie die Zollbefreiung für Investitionsgüter. Nach dem Vorbild **Singapurs** wurden Förderprogramme für sogenannte Pionierunternehmen aufgelegt. Vor allem kleine und mittelgroße Unternehmen werden unterstützt. Die mit der Investitionsförderung beauftragte *Brunei Investment Agency* wirbt für Investitionen im Hightechpark von **Brunei**. Das Sultanat verfügt über eine gut ausgebaute Infrastruktur, die Dienstleistungsunternehmen gute Transport- und Kommunikationsmöglichkeiten bietet. Der internationale Handel läuft über die Häfen **Muara** und **Kuala Belait** sowie den internationalen Flughafen **Bandar Seri Begawan**.

Brunei: Stärken und Schwächen	
Stärken	**Schwächen**
+ Stabile politische Rahmenbedingungen	− Arbeitnehmer bevorzugen öffentlichen Dienst
+ Junge, relativ gut ausgebildete Bevölkerung	− Volkswirtschaft hängt vom Rohstoffverkauf ab
+ Geringe Steuer- und Abgabenlast	− Zu kleiner Binnenmarkt
+ Reichliche finanzielle Ressourcen	− Vergleichsweise schwieriges Geschäftsumfeld
	− 116 Tage zum Gründen einer Firma sind zu lange

Zwischen **Brunei** und **Deutschland** besteht ein Investitionsschutzabkommen. Eine wichtige Einschränkung bei Investitionen ist die Einbindung eines örtlichen Partners sowohl beim Kapital als auch im Management. Hier gilt eine Mindestrichtschnur von 30 Prozent. Gängigste Gesellschaftsform ist die Company Limited by Shares sowie Unterformen. Diese kann als private oder öffentliche Gesellschaft gegründet werden.

Brunei kennt keine individuelle Einkommensteuer, Entsprechendes gilt für Personengesellschaften. Die Unternehmenseinkommensteuer beträgt 30 Prozent. Auf Zinsen fällt eine 20-prozentige Quellensteuer an. Ein DBA besteht nur mit **Großbritannien**. Mit **Deutschland** besteht seit 2011 ein Amtshilfe- und Austauschabkommen in Steuerangelegenheiten.

Das südostasiatische Sultanat liegt in einer tropischen Klimazone mit großer Hitze (durchschnittlich 27° Celsius), hoher Luftfeuchtigkeit und viel Regen. Die Lebenshaltungskosten sind selbst für die Petrokratie zu hoch. Keine vernünftigen Voraussetzungen, sich dort nur wegen der Steuerfreiheiten niederzulassen.

Weitere Informationen und Ansprechpartner:

Botschaft von Brunei Darussalam
Kronenstraße 55–58
D-10117 Berlin
Tel.: 030-20 60 76 00
Fax: 030-20 60 76 66

Brunei Industrial Development Authority
Km 8, Jalan Perindustrian
Bandar Seri Begawan, BE1118
Negara Brunei Darussalam
Tel.: 00673-2-44 41 00
Fax: 00673-2-42 33 00

Hongkong

- Fläche: 1104 qkm
- Sprachen: Englisch, Chinesisch
- Arbeitslosigkeit: 3,4 Prozent
- Inflation: 3,0 Prozent
- Abkommen: OECD-Informations-austausch
- Einwohner: 7,16 Millionen
- Währung: Hongkong-Dollar
- BIP pro Einwohner: 46 503 USD
- Staatsverschuldung: 45,6 Prozent

Hongkong, die Zwitterstadt aus Insel und Festland, aus **Hong Kong Island** und dem gegenüberliegenden Festlandsquartier **Kowloon**, lebt aus der immerwährenden Spannung zwischen seinen beiden Teilen, die der ewig von Schiffen und Booten aufgewühlte Meeresarm trennt und zugleich verbindet. Am stärksten entfaltet sich der doppelte Zauber dieser einzigartigen Lage **Hongkongs** von oben, von den Hochhäusern oder den umliegenden Bergen oder vom Hubschrauber aus. Die Millionenstadt hat die wirtschaftliche Krise der ersten Jahre unter chinesischer Flagge hinter sich gelassen und erlebt trotz Finanzkrise einen robusten Aufschwung.

In den letzten Jahren übertrafen die BIP-Zuwächse deutlich die Prognosen – durchschnittlich 6 Prozent jährlich. Ursprung des Wachstums ist mit einem Anteil von 90 Prozent an der gesamtwirtschaftlichen Leistung der Servicesektor. Das verarbeitende Gewerbe wurde mittlerweile fast vollständig auf das Festland verlagert. Hongkonger Händler versorgen die Fabriken im nahe gelegenen Perlflussdelta mit Investitionsgütern aus der ganzen Welt und beliefern die Konsumenten in den **USA, Europa** und **Japan** mit Produkten „made in China". Fast 95 Prozent der Warenausfuhren **Hongkongs** entfallen auf solche Re-Exporte.

Hongkong, die freieste Marktwirtschaft der Welt, lockt Unternehmen mit niedrigen Steuern und wenig Sozialabgaben. Gesundheitsversorgung und Schulen sind kostenfrei, für soziale Dienste sind Kirchen und Hilfsorganisationen zuständig. Das war schon unter der Kolonialherrschaft so und hat sich während der chinesischen Herrschaft nicht geändert. **China** regiert die Region mithilfe der Superreichen. Die Hongkonger Tycoons pflegen engste Beziehungen zu den Führern in **Peking**.

2012 hat sich jedoch die Stimmung verändert. Es ist der wachsende Unterschied zwischen Arm und Reich, der die Hongkonger verändert. **Hongkong** gab in der jüngeren Vergangenheit 5 bis 7 Prozent des Bruttosozialprodukts für Soziales aus – der *OECD*-Durchschnitt liegt bei jährlich 19 Prozent. Diese Diskrepanz und die Tatsache, dass viele in menschenunwürdigen Behausungen leben, schafft Ärger. **Hongkong** ist teuer geworden. In der vergangenen Dekade ist die Wirtschaft um 50 Prozent gewachsen, doch die untersten Schichten profitierten davon nicht. Die ärmsten 10 Prozent der Bevölkerung erhalten nur 3 Prozent des gesamten Einkommens. Die reichsten 20 Prozent beziehen 50 Prozent des Einkommens der berufstätigen Bevölkerung.

Die südchinesische Metropole hat sich als Finanzdrehscheibe Asiens etabliert und will diese Position weiter ausbauen. Die Finanzindustrie ist kapitalstark und belastbar, bei den Börsengängen belegt sie Platz eins weltweit. Die Sonderverwaltungszone ist nicht nur marktwirtschaftliches Testlabor der Volksrepublik, die größeren Freiheiten dort sollen auch ausländische Investoren anlocken. **Hongkong** ist der Brückenkopf in den Westen, denn die Stadt ist der wichtigste Finanzplatz **Chinas** und genießt bei ausländischen Investoren eine hohe Akzeptanz. Die 592 an der *Börse Hongkong* notierten Unternehmen aus der Volksrepublik erreichen mit 1,2 Billionen Euro rund 60 Prozent der gesamten Marktkapitalisierung. **Hongkong** ist nach der Volksrepublik auch wichtigster Finanzplatz für Transaktionen mit der chinesischen Währung Yuan. Ausländische Direktinvestitionen tätigen chinesische Unternehmen größtenteils über **Hongkong**. Nach Schätzungen der *Unctad* war **Hongkong** 2012 mit rund 70 Milliarden US-Dollar das drittgrößte Empfängerland ausländischer Direktinvestitionen weltweit.

Spekulationsobjekt ist der Hongkonger Immobilienmarkt. Zwar sind davon primär Luxusimmobilien mit einem Verkehrswert von mindestens 1,2 Millionen Euro betroffen, aber der Preisanstieg setzt sich in den unteren Segmenten fort. Eine Folge sind steigende Mietpreise. Die Regierung bekämpft die Immobilienspekulation mit Steuern und strengen Kreditlimits. Kaufen Ausländer Immobilien, wird eine Sondersteuer von 15 Prozent des Kaufpreises fällig. Gleichzeitig wurde die Frist der bereits bestehenden Steuer auf Immobilienverkäufe von zwei auf drei Jahre erhöht. Grund für beide Maßnahmen sind die massiven Immobilienkäufe von Chinesen, die nicht in **Hongkong** leben. Sie haben in den letzten Jahren 40 Prozent aller Neubauwohnungen gekauft. Folge: Allein 2012 sind die Immobilienpreise um 20 Prozent in die Höhe gegangen.

Das anhaltend hohe Wirtschaftswachstum geht vor allem auf die wertschöpfungsintensiven Sparten des Servicesektors zurück, auf die sich die Sonderverwaltungsregion zunehmend spezialisieren muss. Der Vorsprung vor dem Finanzplatz **Shanghai** ist nach Einschätzung von Landeskennern noch groß. Der Hafen spürt hingegen

---

Was Investoren erwartet

Die in **Hongkong** übliche Gesellschaftsform ist die AG-ähnliche „Private Company Limited by Shares". Es ist kein Mindestkapital vorgeschrieben; es gibt keine Inhaber-, sondern Namensaktien, die aus Anonymitätsgründen auf Nominees eingetragen werden sollten; alle Direktoren und Aktionäre können Ausländer beziehungsweise im Ausland Ansässige sein; die Gesellschaften können sowohl innerhalb als auch außerhalb Hongkongs tätig und für die meisten Geschäftsbetriebe eingesetzt werden. Ausnahme: Bankgeschäfte, für die eine besondere Lizenz erforderlich ist.

Gründungsdauer: Genehmigung des Gesellschaftsnamens etwa eine Woche, die Gründung selbst acht bis zehn Wochen.

Fortsetzung: Was Investoren erwartet

Gründungskosten: Gründungsformalitäten: 400 bis 500 US-Dollar; Honorar für Inlandsvertreter: 250 bis 500 US-Dollar; jährliche Registrierungsgebühr: 295 US-Dollar; Bereitstellung von zwei nominellen Direktoren: 1 500 bis 2 000 US-Dollar.

Laufende Kosten: Jährliche Registrierungsgebühr: 295 US-Dollar; Bereitstellung von zwei nominellen Direktoren: 1500 bis 2000 US-Dollar; laufende Sekretariatskosten: 500 bis 1000 US-Dollar.

Im Vergleich zu den meisten Industrieländern weist **Hongkong** paradiesisch anmutende Steuersätze auf. Der Steuersatz auf Unternehmensgewinne liegt zwischen null und maximal 17,5 Prozent. Gewinne, die außerhalb **Hongkongs** erwirtschaftet werden, bleiben ebenso wie Zinsen aus Bankguthaben gänzlich steuerfrei. Damit fällt kaum ins Gewicht, dass zwischen **Deutschland** und **Hongkong** kein DBA besteht. Das mit **China** bestehende Abkommen wird im Vergleich mit **Hongkong** nicht angewendet. Darüber hinaus sind die Regelungen zur Abzugsfähigkeit von unternehmerisch verursachten Kosten sehr großzügig und führen in der Praxis zu einer Gesamtsteuerbelastung, die in der Regel erheblich unter dem Höchststeuersatz liegt. Weitere Vorteile: hohe Rechtssicherheit und Englisch als Amts- und Gerichtssprache. Für ausländische Investoren ist gerade diese Tatsache, insbesondere im Vergleich zur Volksrepublik, von so großer Bedeutung, dass Kooperations- und Investitionsverträge, die die Zusammenarbeit mit chinesischen Partnern regeln, bevorzugt unter dem Recht Hongkongs abgeschlossen werden. Damit gelangt man zusätzlich in den Genuss des bevorzugten Zugangs zum chinesischen Markt aufgrund des sogenannten *CEPA*-Freihandelsabkommens. Die Einkommensteuer bei natürlichen Personen beträgt 15 Prozent, wobei bei der Besteuerung Kapitalgewinne, Dividenden und ausländische Einkünfte zusätzlich von der Besteuerung ausgenommen werden. Dazu kommen weitere persönliche Freibeträge. Umsatz- oder Mehrwertsteuer kennt man in **Hongkong** nicht.

Erbschaftsteuer für Vermögenswerte ab zwei Millionen Hongkong-Dollar zwischen 10 und 18 Prozent (Vermögenswerte ab vier Millionen Hongkong-Dollar). Dividenden und Kapitalerträge sind steuerbefreit. Zölle und Kapitalverkehrskontrollen gibt es nicht.

die preiswertere Konkurrenz der benachbarten chinesischen Termi-
nals zunehmend. Mit einfachen Transportdienstleistungen lässt sich
in **Hongkong** kaum noch Geld verdienen. Gefragt sind komplette
Logistikangebote mit einem schnellen und zuverlässigen Service.

Noch immer zählt die Stadt zu den wettbewerbsfähigsten Wirt-
schaftsstandorten weltweit, dominiert der Rechtsstaat, kann eine
Firma innerhalb weniger Tage registriert werden. **Aber: Hongkongs** politisches und wirtschaftliches Schicksal ist unentwirrbar
mit dem Geschehen in **China** verbunden. Solange die Stadt Drehscheibe für **Chinas** Finanz- und Handelstransaktionen mit dem
Rest der Welt ist, bleibt ihre Sonderstellung in **Asien** erhalten.

Markteinstieg in China: Firmen, die einen besonders qualifizierten
Service für ihre Geschäftsaktivitäten in **China, Hongkong** und
Vietnam suchen, bietet das von Industrie- und Handelskammern und
den Delegiertenbüros der Deutschen Wirtschaft in China gemeinsam
entwickelte Konzept „PRO CONTACT CHINA" eine umfassende
Markteinstiegshilfe.

Delegiertenbüro der Deutschen Wirtschaft
25/F China Fortune Tower, 1568 Century Avenue, Pudong District
200122 Shanghai, China
Tel.: 0086-21 50 81 22 66, Fax: 0086-21 50 81 20 09
E-Mail: office@ahksha.com

Rund 1000 deutsche Unternehmen sind in der Sonderverwaltungszone mit Niederlassungen vertreten. Viele deutsche Einkäu-
fer schalten beispielsweise eine Hongkong-Firma ein, um über
diese, unter Einschaltung einer Zwischenholding in einem Drittland, Produkte aus **Südostasien** und **China** zu kaufen. Der Gewinn wird dann in **Hongkong** gemacht. Viele Hongkonger Firmen
werden daher mit dem einzigen Zweck betrieben, Gelder in **Hongkong** steuerfrei zu parken und zu verwalten. Um die Vorteile der
Hongkonger Steuersituation auszunutzen, ist eine Firmengründung notwendig. Deutsche Unternehmen mit einer Hongkong-
Niederlassung müssen allerdings nach deutschen Steuergesetzen
einen aktiven Geschäftsbetrieb nachweisen können.

Hongkong vs. Singapur

In internationalen Rankings rangieren die beiden asiatischen Metropolen ganz vorn. Zwischen der Republik **Singapur** und der Sonderverwaltungsregion (SVR) **Hongkong** hat sich eine Rivalität im Wettbewerb um den Standort entwickelt. Dabei liegen die beiden Stadtstaaten tausende Kilometer voneinander entfernt. Nachteile Hongkongs: schlechte Luft, horrende Mieten. Die Sonderverwaltungszone punktet durch die räumliche Nähe zum chinesischen Festland, einen der weltweit größten Containerhäfen, durch Rechtssicherheit und keinerlei Kapitalverkehrskontrollen. Mit der nahezu vollständigen Verlagerung der Industrie in das benachbarte Perlflussdelta hat sich **Hongkong** zu einem Dienstleistungsstandort gewandelt. Das produzierende Gewerbe trägt nur noch knapp 3 Prozent zum BIP bei.

Ganz anders **Singapur**. Der Stadtstaat positioniert sich als Handelsdrehscheibe für die *ASEAN*-**Region**, verfügt aber im Gegensatz zu **Hongkong** über eine eigene Industrie, die zu rund 28 Prozent am BIP beteiligt ist. Um einer Abwanderung der Industrie vorzubeugen, setzt **Singapur** auf Hightech und Export. Die Ausgaben für Forschung und Entwicklung liegen bei 3 Prozent des BIP, der Exportwirtschaft stehen 13 Freihandelsabkommen zur Verfügung. **Hongkongs** Regierung versucht derweil, mehr Firmen der Handels-, Logistik- und Finanzsparte anzulocken. Dazu wurde der Einkommen- und Unternehmenssteuersatz auf 15 beziehungsweise 16 Prozent gesenkt, der Körperschaftsteuersatz auf 18 Prozent. Ausländische Fachkräfte werden mit unbürokratischen Aufenthaltsgenehmigungen und späterer Staatsbürgerschaft gelockt. Die Infrastruktur ist besser als in **Hongkong**, der Umweltschutz erstklassig. Doch es herrscht Wohnungsknappheit. Wer in **Hongkong** investiert, ist am chinesischen, wer in **Singapur** investiert, am südostasiatischen Markt interessiert.

	Hongkong	Singapur
BIP	269 Milliarden USD	222,7 Milliarden USD
Importe	433,1 Milliarden USD	311 Milliarden USD
davon aus Deutschland	7,4 Milliarden USD	8,9 Milliarden USD
Exporte	199 Milliarden USD	351,9 Milliarden USD
Deutsche Unternehmen	ca. 1000	ca. 900

Grundsätzlich kennt **Hongkong** für ausländische Investoren keine steuerlichen Sonderanreize. Damit unterscheidet es sich deutlich von **Singapur** oder den steuerlichen Vergünstigungen innerhalb der Volksrepublik **China**.

Weitere Informationen und Ansprechpartner:

Botschaft der Volksrepublik China
Märkisches Ufer 54, D-10179 Berlin
Tel.: 030-2 75 88-0; Fax: 030-2 75 88-2 21

The Delegate of German Industry and Commerce
German Business Association of Hong Kong
3601 Tower One, Lippo Centre, 89 Queensway, Hongkong
Tel.: 00852-25 26 54 81; Fax: 00852-28 10 60 93

North Asia Corporate Services Ltd.
Suite 1005, Albion Plaza, 2–6 Granville Road, Tsimshatsui, Kowloon, Hongkong
Tel.: 00852-27 24 12 23; Fax: 00852-27 22 43 73

Hongkong Trade Development Council – Niederlassung Deutschland
60439 Frankfurt/M.
Tel.: 069-9 57 72-161; Fax: 069-9 57 72-200

Indien auf dem Weg zur globalen Weltmacht

Indien ist keine Steueroase, auch wenn derzeit das Steuersystem umgekrempelt und das Land für ausländische Investoren steuerlich und durch Sonderwirtschaftszonen attraktiver gemacht wird. Wegen seiner künftigen Bedeutung in der **Asien**-Region dennoch einige Anmerkungen zu dem Land, in dem über 1,2 Milliarden Menschen leben.

■ Fläche: 3 287 590 qkm	■ Einwohner: 1,24 Milliarden
■ Hauptstadt: Neu-Delhi	■ Sprachen: Hindi, Englisch
■ BIP je Einwohner: 1592 USD	sowie 17 gleichberechtigte
■ Währung: Indische Rupie	Regionalsprachen
■ Arbeitslosigkeit: 9,9 Prozent offiziell	■ Inflation: 7,8 Prozent
■ Staatsverschuldung: 51,6 Prozent	■ BIP-Wachstum: 5,7 Prozent
■ Alphabetisierungsrate: 63 Prozent	■ Anzahl Hochschulen: 22 535

Die Erwartungen an das bald bevölkerungsreichste Land der Erde haben sich gelegt. Mit Enttäuschung wird registriert, dass das formal demokratische **Indien** im Wettrennen mit dem autoritären **China** an Boden verliert. *„Indien ist keine Supermacht und wird es auch in absehbarer Zukunft nicht werden"*, lautet das Resümee einer Studie, die jüngst von der *London School of Economics* herausgegeben wurde. Dennoch: **Indien** hat in vielerlei Hinsicht mehr erreicht, als noch in den 1990er-Jahren denkbar erschien:

- **Indien** ist – nach Kaufkraftparität – zur zweitstärksten und real zur drittstärksten Volkswirtschaft **Asiens** aufgerückt.

- **Indien** nimmt einen festen Platz in den *G-20-Staaten* ein und hat bei globalen Fragen ein gewichtiges Wort mitzureden.

- Militärisch gehört der Atomwaffenstaat zu den drei größten Rüstungsexporteuren sowie zu den zehn größten Militärmächten.

- Zudem hat das Land – mehr noch als **China** – eine eigene „softpower" entwickelt. Menschen in anderen Teilen der Welt fällt zu **Indien** mehr ein als zu anderen Ländern der Region: von Bollywood über die großen indischen Romane bis hin zu Punjabi-Musik und Chicken Tandoori.

Dies ist allerdings noch lange nicht gleichbedeutend mit einer Weltmacht. Wer seinen Fuß auf indischen Boden setzt, betritt ein Entwicklungsland. Der kräftige Wirtschaftsaufschwung der vergangenen Jahre hat sich in der Gesellschaft nicht sichtbar umgesetzt. Es mangelt an elementarer Infrastruktur; an Energie und an Wasser, von intakter Umwelt ganz zu schweigen. Und **Indien** kämpft damit, die Ernährung der Einwohner sicherzustellen. 2010 ernteten indische Farmer rund 250 Millionen Tonnen Getreide, im Jahr 2020 müssen es rund 350 Millionen Tonnen sein. Zu diesem Zeitpunkt dürfte **Indien** in der Einwohnerzahl **China** übertrumpfen. Die indische Landwirtschaft muss dann ein Fünftel der Weltbevölkerung ernähren – allerdings auf weniger als 9 Prozent der weltweiten Ackerflächen.

Dabei schwindet die Anbaufläche. Im vergangenen Jahrzehnt ging eine Million Hektar Ackerfläche verloren. Der Monsun erscheint immer unregelmäßiger und wegen der anhaltenden Landflucht fehlen Arbeitskräfte auf den Feldern. 40 Prozent der Lebensmittel verderben in **Indien**, bevor sie überhaupt die Märkte erreichen. **Indiens** Landwirtschaft steht vor einer neuen Ära – der Mechanisierung. Gegenwärtig erreicht der Mechanisierungsgrad des indischen Nahrungsmittelanbaus kaum 10 Prozent.

Die milliardenschweren Sozialprogramme haben ihre Ziele verfehlt und überwiegend korrupten Beamten genutzt. Gemessen am Wirtschaftswachstum – und vor allem im Vergleich zu **China** –, entkommen zu wenig Inder der Armut. Mehr als 70 Prozent (700 Millionen) müssen mit weniger als zwei Dollar täglich auskommen. Die sozialen Spannungen nehmen zu. **Indiens** ethnische und religiöse Vielfalt ist nicht nur ein Quell von Kreativität geworden, sondern auch eine Belastung für den Zusammenhalt des Staates. Ansprüche einzelner Bundesstaaten – selbst einzelner Kasten – haben das nationale Gemeinwohl in den Hintergrund gedrängt.

Nicht nur die Lust der Auslandsinvestoren lässt langsam nach. Auch die Stimmung der Inder verschlechtert sich. Das Wachstum rutschte von 9 auf knapp 6 Prozent, was für ein Schwellenland kaum ausreicht, um die nachdrängenden Generationen in den Arbeitsprozess einzugliedern. Dazu kommen Verantwortungslosigkeit, Raffgier und kriminelle Praktiken der politischen Klassen und Entscheidungsträger. Seit 2004 sollen dem Staat durch Korruption in Regierungskreisen rund 300 Milliarden Dollar an Einnahmen entgangen sein. Ausländische Unternehmen, die in **Indien** engagiert sind, klagen vor allem über die Korruption. Inder, im weltweiten Vergleich die Könige des Schwarzgelds, schafften in den letzten Jahren rund eine Billion ins Ausland. Die Kunden mit den höchsten Summen auf Schweizer Konten kommen aus dem Subkontinent. Das weltoffene und wettbewerbsfähige **Indien** gedeiht bislang nur in den Nischen einiger IT-Schmieden und ausgewählter urbaner Subsysteme der Mittelschicht.

In die Bedeutungslosigkeit wird **Indien** deswegen jedoch nicht mehr zurückkehren. Seine geografische Lage an der Schnittstelle der weltpolitischen Brennpunkte – der islamischen Welt im Westen und **China** im Nordosten – sichert dem Land eine Sonderstellung in diesem Jahrhundert zu. Aber bevor **Indien** seine natürliche Rolle als globale Macht übernehmen kann, wird es sich stärker auf sich selbst besinnen müssen, auf seine gewaltigen inneren Verwerfungen. Denn die indische Krise ist hausgemacht, ihre Wurzel liegt im Stillstand der Politik.

Verschärft sich die Krise, wird das indische Handelsdefizit rasch wachsen. Das Land wird Mühe haben, Geld für dringend benötigte Investitionen aus dem Ausland anzuziehen. Angedachte Steuervergünstigungen alleine reichen da nicht. Das Land laviert zwischen weiterer Liberalisierung und einer Form von Protektionismus, die ausländische Investoren abschreckt. Erst im Fiskaljahr 2016/17 will **Indien** bei seinem Ziel eines Defizits von 3 Prozent ankommen. Um das zu erreichen, plant die Regierung unter anderem, Inder mit einem Jahreseinkommen von mehr als 10 Millionen Rupien (141 700 Euro) für ein Jahr mit einem Steueraufschlag von 10 Prozent zu belasten. Dieser Kreis umfasst allerdings nur 42 800 Menschen. Zudem verstehen es gerade reiche Inder, ihr Einkommen zu verschleiern. Nur 3 Prozent der gut 1,2 Milliarden Inder zahlen überhaupt Steuern.

Indiens Stärken und Schwächen	
Stärken	**Schwächen**
+ wachsende, konsumfreudige Mittelschicht	– geringes Pro-Kopf-Einkommen
+ hohes Wirtschaftswachstum	– mangelnde Infrastruktur
+ Englisch als Geschäftssprache verbreitet	– ausgeprägte Bürokratie
+ viele qualifizierte Hochschulabsolventen	– niedriges berufliches Ausbildungsniveau
	– Korruption in der öffentlichen Verwaltung

Weitere Informationen und Ansprechpartner:

Botschaft der Republik Indien
Tiergartenstraße 17, D-10785 Berlin
Tel.: 030-2 57 95-0, Fax: 030-2 57 95-1 02

Indonesien mit Steueroase Batam

- Fläche: 904 569 qkm
- Sprache: Indonesisch
- Hauptstadt: Jakarta
- Währung: Rupiah
- Staatsverschuldung: 24,5 Prozent
- Wirtschaftswachstum: 6,3 Prozent

- Einwohner: 248,0 Millionen
- BIP je Einwohner: 3800 USD
- Arbeitslosigkeit: 6,6 Prozent
- Inflation: 4,6 Prozent
- Armutsrate: 27 Prozent

Alle reden über **China** und **Indien**. Dabei entwickeln sich in **Asien** im Schatten dieser längst andere Staaten, die das Potenzial haben, künftig in der Region zu Großmächten zu werden. **Indonesien**, Asiens unentdeckte Schatzkammer, gehört dazu. Bis 2030 wird **Indonesien** nach einer Studie des Beratungsunternehmens *McKinsey* in den Kreis der sieben größten Volkswirtschaften vordringen. Dann zähle das Land mindestens 90 Millionen Menschen mit mehr als 3000 Dollar Monatseinkommen.

Wer **Indonesien** hört, dem kommen Vulkane, Hindu-Tempel und Sandstrände in den Sinn. Kaum jemand denkt daran, dort zu investieren. Aber Menschen und Rohstoffe sind der Reichtum des Inselreichs. Um daraus eine Wachstumsstory zu machen, braucht **Indonesien** Investoren aus dem Ausland. Mit Steuervergünstigungen und wirtschaftlichen Sonderzonen – wie **Batam** – sollen diese ins Land geholt werden. Damit ist **Indonesien** – wie **China** und **Indien** – keine Steueroase. Wegen seiner künftigen wirtschaftlichen Bedeutung, vor allem in der *ASEAN*-Zone, soll an dieser Stelle dennoch ein kurzer Überblick gegeben werden.

Innerhalb der *ASEAN* ist **Indonesien** die größte Volkswirtschaft. Mit rund 17 500 Inseln, die sich auf 5 000 Kilometer Breite und 2000 Kilometer von Nord nach Süd erstrecken, ist **Indonesien** das viertgrößte Land der Erde sowie das größte muslimische Land – und eines der fruchtbarsten mit den vielversprechendsten Rohstoffen: größter Produzent von Palmöl, drittgrößter Anbauer von Kakao. Dazu Zinn (Platz 2), Kupfer (4), Nickel (5). Wegen der reichen Bodenschätze, aber auch des großen Binnenmarktes wittern Investoren ihre Chance. Mit 248 Millionen Einwohnern ist der Inselstaat das bevölkerungsreichste Land der *ASEAN*-Gruppe. Dass die Wirtschaft in den vergangenen Jahren durchschnittlich um fast 6 Prozent zugelegt hat, ist vor allem dem privaten Konsum zu verdanken (70 Prozent der Wirtschaftsleistung). Künftig dürfte es mehr werden, denn erst 18 Millionen Indonesier zählen zur kaufkräftigen Mittelschicht. 30 Millionen leben täglich noch von weniger als 1,25 US-Dollar. Daneben gibt es die reichen Familienclans und einige Gründer, die es zu Milliarden gebracht haben. Die 40 reichsten Indonesier besitzen ein Zehntel des gesamten BIP.

In die bislang vernachlässigte Infrastruktur sollen bis 2025 rund 465 Milliarden US-Dollar fließen. Dabei favorisiert die Regierung zunehmend Public-Private-Partnership-Vorhaben und stärkt die Rolle des Privatsektors. In der Industrie ist der Bedarf an Rationalisierung immens: Moderne Maschinen und mehr Effizienz sollen die Produktivität steigern. In der Petrochemie und Ölraffinierung stehen Großprojekte auf dem Plan. Mit Steuererleichterungen fördert die Regierung den privaten Konsum, der 70 Prozent des BIP ausmacht.

Der Nachholbedarf ist groß. Die politische Stabilität sowie die positiven makroökonomischen Daten sollten internationale Investoren ermutigen. Das BIP-Wachstum der kommenden Jahre wird auf 6 bis 7 Prozent geschätzt. Die vergleichsweise niedrige Verschuldung der Haushalte und der Unternehmen sowie der stabile Bankensektor bilden gute Grundlagen für ein gesundes Wachstum.

Indonesien hatte lange kein gutes Image: Korruption, Vetternwirtschaft und eine überbordende Bürokratie hafteten dem Inselstaat an. Die Eröffnung eines Betriebes dauerte 105 Tage. Inzwischen wurden neue Gesetze erlassen, die unter anderem die Gleichstellung von in- und ausländischen Investoren sicherstellen. Die Ratingagenturen haben **Indonesien** den Investmentstatus zugesprochen. Unter dem Strich wird das Billiglohnland wegen hoher Transport-, Verwaltungs- und Bestechungskosten zu einem relativ teuren Standort für Investoren.

Batam – Eiland der Versuchung

Der Stadtstaat **Singapur** und sein Nachbar **Indonesien** bauen gemeinsam Billigfabriken auf zollfreien Inseln. Sie wollen der chinesischen „Fabrik der Welt" die Stirn bieten. Auf **Batam**, einer Insel des Riau-Archipels, lebten vor wenigen Jahren knapp 6 000 Fischer. Heute arbeiten hier mehr als eine Million Menschen. Seit Mitte 2004 bilden die Inseln **Batam, Bintan** und **Karimun** mit ein paar wenig besiedelten Inseln eine eigene indonesische Provinz; günstig gelegen am meist befahrenen Schifffahrtsweg der Erde, der Straße von Malakka. Seit Anfang 2009 bilden sie zusammen mit **Singapur** eine eigene Freihandelszone. Mehrwertsteuer und Zollgebühren wurden gestrichen, Einfuhrsteuern gibt es nicht und den Welthafen Singapur erreichen ihre Produkte in 24 Stunden.

Wichtig: Die Indonesier brauchen Arbeit, deshalb sind sie billig zu haben. Liegen die Bruttoarbeitskosten in **Singapur** bei mehr als 450 US-Dollar, in **Shanghai** bei 241 US-Dollar, in **Saigon** in **Vietnam** noch 142 US-Dollar, liegt der Wert für **Batam** und die Nachbarinseln bei 130 US-Dollar. Der Mindestlohn auf Batam beträgt rund 100 US-Dollar, derjenige auf der Nachbarinsel **Bintan** bei 85 US-Dollar. Allein die Miete für eine Fabrikhalle kostet nach Berechnungen der japanischen Außenhandelsorganisation etwa ein Drittel weniger als in **Singapur**.

Mehr als tausend ausländische Unternehmen lassen schon auf **Batam** produzieren, mehr als 10 000 heimische Unternehmen nutzen die Vorteile. Rund 15 Milliarden US-Dollar Direktinvestitionen aus dem Ausland flossen **Batam** seit 2010 zu. Damit der Strom ausländischen Kapitals nicht abreißt, werden Fabrikhallen ausländischen Investoren mietfrei zur Verfügung gestellt. Für Golfbegeisterte gibt es nach getaner Arbeit auf der Insel unzählige Clubs und einen Golfplatz mit Villen.

Ein Freihandelsabkommen zwischen der *EU* und **Indonesien** soll für Verbesserungen sorgen. **Europa** fürchtet, in der Weltwirtschaft gegenüber den **USA** und **China** ins Hintertreffen zu geraten. Entsprechend groß ist das Interesse speziell der exportorientierten deutschen Wirtschaft an einem Abschluss mit dem 240-Millionen-Einwohner-Land. Das könnte nicht nur in beiden Ländern Wachstum fördern, sondern auch neuen Schwung in die stockenden Verhandlungen zwischen der *EU* mit der südostasiatischen Staatengemeinschaft *ASEAN* bringen.

Steuern: Die unternehmensbezogenen Steuern erreichen maximal 30 Prozent, sie sollen jedoch durch eine Steuerreform auf 28 Prozent abgesenkt werden. Die individuelle Einkommensteuer liegt zwischen 5 und maximal 35 Prozent. Bei Nichtresidenten fällt eine 20-prozentige Quellensteuer auf Dividenden, Zinszahlungen, Lizenzen und Dienstleistungsgebühren an. Die Regierung fördert die Modernisierung in der Industrie unter anderem durch Steuer- und Zollerleichterungen. In bestimmten Bereichen gibt es zudem finanzielle Förderungen.

Das DBA mit **Deutschland** reduziert die Quellenbesteuerung auf 15 beziehungsweise 10 Prozent bei Dividenden, auf 5, 10 beziehungsweise 7,5 Prozent auf Zinsen sowie auf 10 Prozent auf Zinszahlungen an die Regierung.

Indonesien: Stärken und Schwächen	
Stärken	**Schwächen**
+ große und junge Bevölkerung	− schwache Infrastruktur
+ umfangreiches Mineralien- und Agrarpotenzial	− verbreitete Korruption
+ niedrige Lohnkosten	− geringe Rechtsstabilität
+ Standortvorteil durch ASEAN-Mitgliedschaft	− niedrige Arbeitsproduktivität
+ politische Stabilität	− relativ geringe Kaufkraft

Weitere Informationen und Ansprechpartner:

Botschaft der Republik Indonesien
Lehrter Straße 16–17
D-10557 Berlin
Tel.: 030-47 80 70, Fax: 030-44 73 71 42

Deutsch-Indonesische Industrie- und Handelskammer
Jl. Haji Agus Salim No. 115, Jakarta 10310
Tel.: 006221-3 15 46 85, Fax: 006221-3 15 52 76

Indonesia Investment Coordinating Board
Jalan Jend. Gatot Subroto 44, P.O. Box 3186, Jakarta 12190
Tel.: 0062-2 15 25 20 08, Fax: 0062-2 15 20 20 50, www.bkpm.go.id

Japan

- Fläche: 377 915 qkm
- Hauptstadt: Tokio
- BIP per Einwohner: 46 973 USD
- Arbeitslosigkeit: 4,2 Prozent
- Staatsverschuldung: 245 Prozent

- Einwohner: 127,9 Millionen
- Sprache: Japanisch
- Währung: Yen
- Inflation: 0,5 Prozent

Japan ist zwar keine Steueroase, das Land spielt in der **Asien**-Region jedoch eine wichtige Rolle. Und Japan spielt anders. Während die westlichen Länder versuchen, mittels Sparsamkeit ihre Schuldenberge abzubauen, hat die neue Regierung Anfang 2013 ein Konjunkturprogramm von 10,3 Billionen Yen (116 Milliarden Dollar) aufgelegt. Damit soll das Wachstum um 2 Prozent erhöht und 600 000 neue Jobs geschaffen werden. Um den Kurs des Yen zu drücken und japanische Exporte zu erleichtern, werden die Währungsreserven eingesetzt und Anleihen des *Europäischen Stabilitätsfonds* gekauft. Gleichzeitig hat die *Bank von Japan* eine aggressive Geldpolitik eingeschlagen. Damit will man die Inflation von derzeit 1 Prozent auf 2 Prozent erhöhen. Mitte 2013 scheint **Japans** Wirtschaft die Rezession hinter sich lassen zu können.

Wie gewagt dieser Schritt ist, zeigt ein Blick auf die japanischen Staatsfinanzen. Die drittgrößte Volkswirtschaft der Welt hat einen Schuldenberg aufgebaut, der dem Zweieinhalbfachen seiner Wirtschaftsleistung (245 Prozent) entspricht. Rechnet man die Unternehmens- und Privatschulden dazu, steckt **Japan** mit 600 Prozent seiner Jahres-Wirtschaftsleistung in den roten Zahlen. Das hat es noch nie gegeben. Gleichzeitig liegt das Haushaltsdefizit bei 7 Prozent. Zum Vergleich: In **Griechenland** sind es 180 Prozent, in den **USA** 110, in **Deutschland** 82. Es gibt historisch kein Beispiel dafür, dass eine solche Schuldenlast ohne schwere Verwerfungen aufgebaut werden kann. Erfahrungsgemäß dämpfen Schulden von mehr als 80 Prozent das Wirtschaftswachstum.

Japans Krise begann 1991 mit dem Platzen einer Spekulationsblase mit Aktien und Immobilien. Danach bahnte sich eine schwere Rezession an. Seither lebt **Japan** am Rande der Deflation, die Preise stagnieren oder gehen leicht zurück. Der Leitzins liegt seitdem bei null. Während Milliarden in die Wirtschaft gepumpt wurden, wurden die Banken so marode gelassen wie sie waren. Auch im politischen System und bei

Fortsetzung: Japan

den Staatsfinanzen unterbliebene Reformen. Zum Schuldenberg beigetragen hat aber auch das miserable japanische Steuersystem.

Doch mit Steuererhöhungen allein ist es nicht getan. Viel wichtiger wäre es, dass all jene Japaner, die Steuern und Abgaben schulden, diese auch tatsächlich zahlen. Denn Japan kennt bis heute kein System der Umsatzsteuer-Nummern auf Rechnungen: Nach Schätzungen gehen dem Fiskus deshalb jährlich 27 Milliarden Euro an Mehrwertsteuer verloren. Doch die wird jetzt von 5 auf 10 Prozent verdoppelt. Es gibt in **Japan** auch keine persönliche Steuernummer, das kostet den Staat geschätzte weitere 45 Milliarden Euro an entgangenen Einnahmen. Überdies zahlen von 2,7 Millionen japanischen Unternehmen nur 1,7 Millionen Beiträge in die staatliche Rentenversicherung ein. Und während Japans Firmen stets über die hohe Unternehmenssteuer klagen, zahlt in Wirklichkeit nur ein Drittel Steuern. Insgesamt werden so jährlich mehr als 100 Milliarden Euro fällige Steuern nicht beglichen. Dies kommt einer Steueroase dann doch schon sehr nahe.

Die *EU* plant eine Freihandelszone mit **Japan**. Davon verspricht sie sich 0,8 Prozent mehr Wachstum und rund 400 000 neue Jobs. In fünf Jahren soll es so weit sein. Auch den Pazifik-Anrainerstaaten will sich Japan für einen Freihandel öffnen.

Weitere Informationen:

Botschaft von Japan
Hiroshimastraße 6, D-10785 Berlin
Tel.: 030-21 09 40, Fax: 030-21 09 42 22, www.de.emb-japan.go.jp

Macao

- Fläche: 28,2 qkm, mit den Inseln Coloane 7,6 qkm, Taipa 6,2 qkm
- Sprachen: Portugiesisch, Chinesisch, Englisch
- Staatsverschuldung: 17,0 Prozent
- Einwohner: 556 000
- Währung: Pataca (Pat.)
- Arbeitslosigkeit: 2,9 Prozent
- Inflation: 6,2 Prozent
- BIP je Einwohner: 39 098 USD

Die Glücksspielindustrie, damit einhergehend Investitionen im Bausektor und gewaltige Besucherströme – 2012 rund 30 Millionen –, sorgten in den letzten zehn Jahren für einen Wirtschaftsboom in **Chinas** Steueroase **Macao**. 40 Prozent des Bruttoinlandsprodukts stammen aus dem Glücksspiel. **Macao** ist heute – noch vor **Las Vegas** – das größte Glücksspielzentrum der Welt. 45 000 Menschen arbeiten in der Branche, an über 600 Tischen wird gespielt.

Doch Macao steckt in einem Dilemma: Es ist nicht so billig wie **China**, bringt aber auch nicht so viel Wertschöpfung wie das 70 Kilometer entfernt liegende **Hongkong**. Obwohl die Lohnkosten immer noch weit niedriger sind als in **Hongkong**, ist **Macao** im Vergleich zu **China** unterlegen. In **Macao** erhält ein Arbeiter durchschnittlich knapp 500 US-Dollar monatlich, in **Hongkong** sogar mehr als 1300 US-Dollar, aber in Shenzen nur weniger als 200 US-Dollar und in **Zhu Hai** sogar nur knapp 100 US-Dollar.

Bei der Suche nach neuen Arbeitsgebieten setzt **Macao** daher verstärkt auf Humankapital und versucht, sich verstärkt ausländischen Investoren zu öffnen. Dennoch: Mit einem Pro-Kopf-Einkommen von rund 40 000 US-Dollar des BIP zählt **Macao** zu den reichsten Volkswirtschaften **Asiens**.

Die für Investoren interessanteste Rechtsform ist die der Private Limited Company (PLC). Das Mindestkapital beträgt 10 000 Pat., es sind mindestens zwei Anteilseigner erforderlich und die Gesellschaft muss über einen in **Macao** ansässigen eingetragenen Agenten nebst Büro verfügen.

Persönliche Einkommen werden mit bis zu 15 Prozent versteuert, zuzüglich einer Verwaltungsgebühr von 5 Prozent der zu zahlenden Steuer, wenn das zu versteuernde Einkommen 260 000 Pat. (32 350 US-Dollar) übersteigt. Firmen werden mit dem gleichen Satz besteuert, erreichen den Höchstsatz aber erst mit 300 000 Pat. Die jährliche Körperschaftsteuer liegt zwischen 500 Pat. (62,50 US-Dollar) und 180 000 Pat. bei Offshore-Banken. Eine Quellensteuer auf Dividenden, Zinsen oder Veräußerungsgewinne gibt es nicht.

Es gibt keine Devisen-, Kapital- oder Gewinntransferbeschränkungen. Das Bankgeheimnis ist eingeschränkt, da es gegenüber den Finanzbehörden nicht verfassungsrechtlich abgesichert ist.

Macao auf dem Sprung

Macao, einst ein verschlafener Ort, der nur mit der Fähre von **Hongkong**, auf Straßen durch das Gebiet der Volksrepublik **China** oder mit dem Hubschrauber zu erreichen war, hat seinen Dämmerzustand beendet: Ein Flughafen wurde gebaut, der sich mittlerweile zu einem Transportknotenpunkt für die südliche Region Chinas mit den steuerbegünstigten Industriezonen **Zuhai, Shenzen, Shantou** und **Xiamen** entwickelt; zwei lange Brücken, die **Macao** mit den vorgelagerten Inseln **Coloane** und **Taipa** verbinden; ein Container-Hafen und ein Terminal für Schnellboote nach **Hongkong**. Und nun wird sogar am Projekt einer Brücke nach **Hongkong** gearbeitet – mit mehr als 70 Kilometern Länge.

Kommen die in Aussicht gestellten attraktiven Steuerkonstruktionen für Oasengesellschaften hinzu, wird sich **Macao** zu einem interessanten Steuerparadies im asiatischen Raum mausern.

Weiter unternimmt die Regierung Anstrengungen, wohlhabende ausländische Privatpersonen nach **Macao** zu locken. Sie können sich für rund 250 000 US-Dollar ein Wohnrecht erkaufen. Dabei sind ihre im Ausland verdienten Gelder einkommensteuerfrei.

Weitere Informationen und Ansprechpartner:

Botschaft der Volksrepublik China
Märkisches Ufer 54
D-10179 Berlin
Tel.: 030-2 75 88-0
Fax: 030-2 75 88-2 21

Macao Trade and Investment
Promotion Institute
918, Av da Amizade, World Trade
Centre Building, 1st & 4th Floors, Macao
Tel.: 00853-28 71 03 00
Fax: 00853-28 59 03 09

Macao Economic Services
Rua Dr. Pedro José Lobo 1–3
Macao
Tel.: 00853-28 56 26 22
Fax: 00853-28 71 56 33

North Asia Corporate Services Ltd.
Suite 1005, Albion Plaza
2–6 Granville Road
Tsimshatsui, Kowloon, Hong Kong
Tel.: 00852-27 24 12 23
Fax: 00852-27 22 43 73

Malaysia mit Iskandar und Labuan

- Fläche: 329 758 qkm
- Hauptstadt: Kuala Lumpur
- BIP je Einwohner: 14 790 USD
- Arbeitslosigkeit: 3,1 Prozent
- Abkommen: DBA Einkommen und Vermögen

- Einwohner: 29,3 Millionen
- Sprache: Malaysisch, Englisch
- Währung: Malaysischer Ringgit
- Inflation: 2,5 Prozent
- Staatsverschuldung: 53,5 Prozent

Das üppig-grüne Tropenland über dem Äquator hat sich mit dem Fleiß seiner Einwohner einen für **Asien** relativ hohen Lebensstandard geschaffen. Dank eines florierenden Exports von Erdöl, Zinn, Kautschuk, Gewürzen und Holz zählt das Land zu den wohlhabendsten **Südostasiens**.

Die frühere Kronkolonie ist heute eine institutionelle Monarchie. Sie erstreckt sich über eine Halbinsel und besitzt mit **Sabah** und **Sarawak** zwei rohstofffreiche Provinzen auf der Insel **Borneo**, eine Flugstunde entfernt. 60 Prozent der Malaysier sind Muslime, der Rest glaubt an alle Götter des Himmels. In der Wirtschaft führt die chinesische Minderheit, die 24 Prozent der Bevölkerung stellt. Die junge Bevölkerung, deren Durchschnittsalter bei 23,3 Jahren liegt, hofft vor allem auf eine Stärkung des Bildungssektors.

Doch **Malaysia** will – dank eines Milliarden-Förder- und Investitionsprogramms – nach oben und bis 2020 ein Industrieland sein. In den nächsten zehn Jahren will **Südostasiens** drittgrößte Volkswirtschaft weitere 440 Milliarden US-Dollar in den Aufbau des Landes stecken. Rund 60 Prozent der Summe sollen Privatinvestoren einbringen. Doch um hohe Wachstumsraten dauerhaft zu stabilisieren, muss **Malaysia** grundlegende politische Reformen vornehmen. Spätestens 2020 will es vom Schwellenland den Status eines entwickelten Staates erreichen.

Die Umsetzung des neuen Investitionsprogramms soll dazu führen, dass sich das BIP **Malaysias** von derzeit 414 Milliarden auf 520 Milliarden US-Dollar im Jahr 2020 erhöht. Dazu soll das Land in den kommenden fünf Jahren um durchschnittlich 6 Prozent wachsen, indem es zum Beispiel ausländische Investoren anlockt. Das

wirtschaftliche Wachstum soll von fünf regionalen Entwicklungskorridoren vorangetrieben werden, darunter der Entwicklungs-
zone *Iskandar Malaysia*.

Entwicklungszone Iskandar

Doppelt so groß wie die chinesische Sonderverwaltung **Hongkong**
und viermal so groß wie der reiche Kleinstaat **Singapur** soll Iskandar
werden. So wie die Wirtschaftsmetropole Hongkong von der benachbarten Retortenstadt **Shenzhen** lebt, wo die Hongkonger Geschäfts-
leute ihre Fabriken haben, so will **Malaysias** Süden zum Hinterland für die Wachstumsinsel **Singapur** werden. Im Hochpreisstandort
Singapur sitzen die Firmenzentralen, im malaysischen **Iskandar**
wird gearbeitet. Bis 2015 sollen auf der Spitze der Halbinsel mehr als
drei Millionen Menschen leben, die Zahl der Arbeitskräfte soll sich auf
1,5 Millionen erhöhen, das Bruttoinlandsprodukt je Einwohner von
derzeit 14 790 auf gut 31 000 US-Dollar steigen. Anfang 2013 standen die Investitionszusagen bei 26 Milliarden Euro, 26 Prozent davon
aus dem Ausland. Investoren können Land kaufen, statt es nur zu
pachten, brauchen mehr als zehn Jahre lang keine Unternehmenssteuern zahlen und müssen vor allem nicht mehr die üblichen 30 Prozent Malaien beschäftigen.

Malaysia, bis auf seine regionalen Sonder-Wirtschaftszonen und
Labuan eigentlich ein Hochsteuerland, bietet ausländischen Investoren neben den Steuervorteilen in den Entwicklungskorridoren für
Arbeitsplatzbeschaffung und den Aufbau von Produktionsstätten
eine Reihe von Vergünstigungen. Dazu zählen Freizonen mit Indus-
triegelände zu Sonderpreisen, Arbeitskräfte mit niedrigen Löhnen,
Steuervergünstigungen in den ersten zehn Jahren und eine Garantie, Gewinne und eingesetztes Kapital auch repatriieren zu können.
Das wesentliche Element der steuerlichen Förderung in der Verlei-
hung des sogenannten „Pionierstatus", eines weiteren Investments, ist die Einräumung von Steuerfreibeträgen – bis zu 60 Prozent der getätigten Investitionssumme. Beim Pionierstatus werden
nur 30 Prozent der Gewinne mit 10 Prozent besteuert. Weitere Vorteile für Investoren: relativ geringe Geschäfts- und Lohnstückkos-

ten, ausreichende Verfügbarkeit von Arbeitskräften, gute Infrastruktur und ausreichende Rechtssicherheit.

Im Vergleich zu den südostasiatischen Nachbarländern bietet **Malaysia** Qualitäten, die auch als Sprungbrett dienen können: politische Stabilität, ein guter Ausgangsstandort für Investitionen in **China**, ein berechenbares Geschäftsumfeld, die weitgehend englischsprachige Bevölkerung und ein angenehmes Leben. *Standard & Poors* stellte dem Land jüngst ein glänzendes Zeugnis aus: *„**Malaysia** hat eine offene, diversifizierte und wettbewerbsfähige Volkswirtschaft, gestärkt von einem flexiblen Arbeitsmarkt, einer gut entwickelten Infrastruktur, einem ausreichenden industriellen Umfeld und hohen Sparraten. Auch die Regierungspolitik ist grundsätzlich pragmatisch und marktfreundlich."*

Malaysia: Stärken und Schwächen	
Stärken	**Schwächen**
+ verbreitete Englischkenntnisse	– Fehlallokation von Ressourcen durch Politik
+ junge, gut ausgebildete Bevölkerung	– Abhängigkeit von Rohstoffverkäufen
+ geringe Lohn- und Geschäftskosten	– abnehmende politische Stabilität
+ wettbewerbsfähige Exportindustrien	– unterentwickeltes Umweltbewusstsein

Wie pragmatisch und investorenfreundlich das Land vorgeht, zeigt **Malaysias** Steueroase **Labuan:**

Labuan	
■ Fläche: 92 qkm	■ Einwohner: 73 700
■ Sprache: Malaysisch	■ Währung: Malaysischer Ringgit
■ Hauptstadt: Bandar Labuan	■ Inflation: 6,3 Prozent
■ Arbeitslosigkeit: 3,7 Prozent	■ BIP je Einwohner: 32 167 USD

Die 92 qkm große Insel vor der Küste von **Sabah** ist **Malaysias** Steuerparadies. Durch ein umfangreiches Steuergesetzpaket wurde die

Fortsetzung: Labuan

Insel 1986 zum International Offshore Financial Centre erklärt. Mit umfangreichen Steuervergünstigungen für Offshore-Gesellschaften, Trusts, Banken und Versicherungen will **Malaysia** so internationales Kapital aktivieren, um den Sprung in ein voll industrialisiertes 21. Jahrhundert zu schaffen.

Labuan hat eine hochentwickelte Wirtschaft. Hier kreuzen sich die Hauptluft- und -seewege der asiatischen Region. Es liegt in gleicher Entfernung von den größten Städten Südostasiens: **Bangkok, Hongkong, Jakarta, Kuala Lumpur, Manila** und **Singapur**. Die Infrastruktur ist gut, die Kommunikationsmittel sind ausgezeichnet. Erstklassiges Bankgeheimnis, keine Devisen- und Kapitalbeschränkungen sind beste Voraussetzungen dafür, dass diese Oase im **Südchinesischen Meer** im Kampf um die Reichen aus dem Orient für den ostasiatischen Raum dieselbe wirtschaftliche Bedeutung erlangen wird wie die **Karibikinseln** für die **USA** oder die **Channel Islands** für die Staaten der *Europäischen Union*. Ende 2012 waren knapp 15 000 Offshore-Gesellschaften und 600 Offshore-Banken registriert. Da **Labuan** keinerlei *OECD*-Abkommen in Steuerangelegenheiten geschlossen hat, ist das Bankgeheimnis auch für Ausländer intakt.

Labuan-Gesellschaft: Die frühere Freihandelszone **Labuan** ist in ein internationales Offshore-Zentrum mit einem besonders günstigen steuerlichen Umfeld umgewandelt worden. Offshore-Unternehmen können nur ohne Beteiligung von in **Malaysia** ansässigen Personen gegründet werden. Auch dürfen keine Handelsbeziehungen zu ansässigen Unternehmen erfolgen. **Labuan** macht die Besteuerung der Offshore-Geschäfte von der Art der Handelsgeschäfte abhängig, die Banken, Versicherungen, Management und Lizenzvergabe sowie Nichthandel von Holdinggesellschaften für Investments, Wertpapiere und Immobilien einschließen. So kann eine Offshore-Handelsgesellschaft zwischen einer jährlichen Pauschalgebühr von 20 000 Malaysischer Ringgit (RM) (rund 8000 US-Dollar) oder einem Steuersatz von 3 Prozent auf Nettogewinne wählen.

Eine Nichthandelsgesellschaft ist von allen Steuern und Gebühren freigestellt. Darüber hinaus sind alle Erträge aus Dividenden, Zinsen, Lizenzen und Veräußerungen von der Quellensteuer befreit. Es gibt keine Vermögen-, Erbschaft- oder Schenkungsteuer, ebenso sind Erträge aus Grundbesitz steuerfrei. Die liberale Gesetzgebung im Ge-

Fortsetzung: Labuan

sellschaftsrecht trägt maßgeblich zur positiven Wirtschaftsleistung von **Labuan** bei.

Weitere Informationen und Ansprechpartner:

Botschaft von Malaysia
Klingelhöferstraße 6
D-10785 Berlin
Tel.: 030-88 57 49-0, Fax: 030-88 57 49-50

Malaysian-German Chamber of Commerce and Industry
Suite 47.01, Level 47 Menara AMBank, 8 Jalan Yap Kwan Seng
50450 Kuala Lumpur, Malaysia
Tel.: 00603-92 35 18 00, Fax: 00603-20 72 11 98

Noblehouse International Trust Ltd.
Level 1, Lot 7, Block F, Saguking, Commercial Building Jalan Patau-Patau,
87000 Labuan F.T., Malaysia
Tel.: 006087-41 07 45, Fax: 006087-41 97 55

Neu auf der Steueroasenbühne: Myanmar

- Fläche: 676 600 qkm
- Hauptstadt: Nay Pyi Taw
- BIP je Einwohner: 1535 USD
- Währung: Kyat
- Inflation: 5,0 Prozent
- Einwohner: 59,1 Millionen (offiziell)
- Sprachen: Myanmar (70 %) u. Minoritäten
- Arbeitslosigkeit: 5,5 Prozent
- Staatsverschuldung: 16,6 Prozent

Nach Jahrzehnten der Isolation öffnet sich **Myanmar** der Welt. Investoren wittern ein neues Eldorado. Das ehemalige **Burma** durchläuft derzeit einen gewaltigen politischen Wandel und verspricht großartige Chancen. Das südostasiatische Land, das bis 2011 nahezu sechs Jahrzehnte unter der Kontrolle von Militärs abgeschnitten vom Rest der Welt war, steht am Anfang eines politischen und ökonomischen Transformprozesses. Seit das fixe Wechselkursregime abgeschafft und die Restriktionen für Kapitaleinfuhren gelockert wurden, sind die Hotels von Investoren und Unternehmen ausgebucht, die Anlagemöglichkeiten in **Myanmar** sondieren. Denn klar ist: Die Unterentwicklung des Landes, das mit einem Pro-

Kopf-Einkommen von rund 1500 US-Dollar pro Jahr zu den ärmsten der Welt zählt (jeder vierte Einwohner lebt unter der Armutsgrenze, drei von vier Menschen haben keinen Zugang zu Elektrizität, 70 Prozent der Arbeitsplätze hängen an der Landwirtschaft), ist die Folge von 60 Jahren Isolation und nicht das Ergebnis fehlenden Potenzials. Das ist beträchtlich.

Myanmar ist reich an Bodenschätzen und fruchtbarem Land. Neben hochwertigem Jade und Edelsteinen gibt es reiche Silber-, Eisenerz- und Erdgasvorkommen. Auch gehört das Land zu den größten Reisproduzenten weltweit. Die geografische Lage zwischen **Indien** und **China** und der Zugang zu den Küsten bieten Chancen, zu einem Zentrum für den Seeverkehr und zu einem wichtigen internationalen Handelsplatz aufzusteigen. Es gibt ein respektables Arbeitsreservoir, um eine physische Infrastruktur und eine industrielle Basis im Land aufzubauen. Kulturschätze und Natur machen **Myanmar** überdies mit beeindruckenden Landschaften, Ethnien mit teilweise noch sehr traditioneller Lebensweise, der Tempelstadt **Bagan** und der *Shwedagon-Pagode* von **Rangun** zu einem attraktiven Touristenziel, was sich auch positiv auf den Immobilienmarkt auswirkt.

Schuldenerlasse in Milliardenhöhe sollen helfen, die Wirtschaft des Landes in Schwung zu bringen. Bereits für 2013 wird eine Wachstumsrate des Bruttoinlandsprodukts von 6 bis 7 Prozent erwartet – mittelfristig soll das Wachstum entsprechend hoch bleiben. Um ausländische Investoren ins Land zu holen, sind umfangreiche Steuervergünstigungen in Vorbereitung. **Myanmar** ist auf dem besten Weg, in **Südostasien** als neuer Stern am Steueroasen-Himmel aufzugehen.

Dennoch sollte man die politischen Risiken nicht unterschätzen. Auch 2013 kommt es im Landesinneren immer wieder zu gewaltsamen Zusammenstößen zwischen Buddhisten und der muslimischen Minderheit. 2015 stehen Parlamentswahlen an, bei denen das Demokratieversprechen von Präsident *Thein Sein* auf die Probe gestellt wird.

Weitere Informationen:
Botschaft der Republik der Union Myanmar
Thielallee 19
D-14195 Berlin
Tel.: 030-2 06 15 70, Fax: 030-2 06 15 720
www.botschaft-myanmar.de

Philippinen

- Fläche: 300 000 qkm
- Hauptstadt: Manila
- Sprachen: Philipino, Englisch
- Währung: Philippin. Peso
- Abkommen: DBA Einkommen und Vermögen

- Einwohner: 94,8 Millionen
- BIP je Einwohner: 2345 USD
- Arbeitslosigkeit: 7,0 Prozent
- Inflation: 4,0 Prozent
- Staatsverschuldung: 49,4 Prozent

Auf der ostasiatischen Inselwelt mit 7107 Inseln (etwa 880 bewohnt) leben über 90 Millionen Philippinos in dem einzigen, vorwiegend katholischen Staat Asiens derzeit noch zwischen Steinzeit und Moderne. Tief verwurzelt in den Traditionen der Volksstämme, Kulturen und Religionen, die auf den Inseln des riesigen Flächenstaates zwischen **Pazifik**, **Südchinesischem Meer** und **Sulusee** noch vieles ihrer ursprünglichen Individualität bewahrt haben. Daneben die westlich, vor allem amerikanisch orientierte Millionenstadt **Manila**, die heute zu den bedeutendsten Metropolen **Asiens** zählt.

Die Geschicke des Landes werden seit Jahrzehnten von den gleichen etwa 100 Familien bestimmt. Sie dominieren die Politik, weil sie die Wirtschaft dominieren, und umgekehrt. In einer aktuellen Untersuchung wurde festgestellt, dass bei 70 Prozent der Abgeordneten im Kongress familiäre Verbindungen zu ehemaligen Abgeordneten und Mitgliedern lokaler Regierungen bestehen. Dies ist ein Problem, da auch ein Zusammenhang zwischen der Vorherrschaft dieser Dynastien und der hohen Armut sowie der sozialen Ungleichheit erkennbar ist. Gleichzeitig haben die größten Grundbesitzer rund 49 Prozent der gesamten landwirtschaftlichen Anbauflächen an Ausländer verkauft beziehungsweise verpachtet, darunter allein 17 Prozent an **Saudi-Arabien**.

Die **Philippinen** waren eines der ersten Länder in **Asien**, die Exportverarbeitungszonen einrichteten, anfangs nur als verlängerte Werkbank. Von 16 Sonderwirtschaftszonen (Peza) im Jahr 1994 stieg die Zahl auf 235 im Jahr 2012, die Zahl der Beschäftigten von 92 000 auf 700 000. Die Peza-Zonen sind korruptionsfrei. Die Steuervorteile können sich sehen lassen: So wird Unternehmen, die mindestens 70 Prozent ihrer Produktion exportieren, eine Einkommensteuerbefreiung von vier Jahren gewährt, die auf acht Jahre verlängert werden kann. Danach ist eine Sondersteuer in Höhe von 5 Prozent auf das Bruttoeinkommen zu entrichten. Außerdem sind die Unternehmen von Zöllen und Steuern auf importierten Gütern befreit. Ausländische Investoren und deren direkte Verwandte erhalten Sondervisa, ausländische Staatsbürger können in den Firmen leicht angestellt werden. Ein weiteres Plus der **Philippinen** sind die qualifizierten Arbeitnehmer, zu deren Stärken vor allem gute Englischkenntnisse, ein relativ hoher Ausbildungsstand und die historisch bedingte Vertrautheit mit der westlichen Kultur zählen.

Investitionsanreize: Die philippinische Investitionsförderung beruht auf dem *Omnibus Investments Code* von 1987, dem Foreign Investment Act von 1991 und dem *Special Economic Zone Act* von 1995. Für die Gewährung von Investitionszuschüssen sind das *Board of Investments*, die Philippinische *Economic Zone Authority*, die *Subic Bay Metropolitan Authority* und die *Clark Development Corporation* zuständig.

Steuerliche Anreize: Befreiung von der Einkommensteuer für die ersten vier Jahre. Vier- beziehungsweise sechsjährige Befreiung von allen nationalen und lokalen Steuern, steuerwirksamer Abzug von Lohnkosten über fünf Jahre mit bis zu 50 Prozent. Weitere Steuervergünstigungen werden bei Investitionen in wenig entwickelte Regionen gewährt.

Das Land, das einst als der dauernde Nachzügler in **Asien** galt, beginnt abzuheben. Investitionszuflüsse sollen nachhaltig eingesetzt werden. Insgesamt flossen in den letzten Jahren rund 15 Milliarden US-Dollar an ausländischen Direktinvestitionen ins Land. Angepeilt ist ein jährliches BIP-Wachstum von 8 Prozent. Für 2013 werden 5,5 Prozent erwartet. Die **Philippinen** haben in den letzten fünf

Jahren ein starkes und verlässliches Wachstum erzielt. Doch noch spüren die Menschen davon nicht viel. Fast ein Drittel der knapp 100 Millionen Einwohner lebt unterhalb der Armutsgrenze. Das Durchschnittseinkommen liegt gerade mal bei 2600 US-Dollar. Die **Philippinen** leben zu weiten Teilen von den Überweisungen der im Ausland als Hausmädchen oder Krankenschwestern arbeitenden philippinischen Frauen. Ihre Gelder stehen für rund 8 Prozent der Wirtschaftsleistung.

Investitionswillige sollten wissen, dass die Rechtssicherheit auf den **Philippinen** zu einem großen Teil darin besteht, besser als andere zu schmieren. Fraglich ist, ob dabei die Vergünstigungen der Freihandelszonen und die bestehenden DBA die möglichen Risiken einer Investition ausgleichen.

Manila wird zum Casino-Zentrum

Während Investoren in der Regel versuchen, Risiken zu vermeiden, gehen Spieler diese bewusst ein. Vor allem wohlhabende Spieler aus **China.** Auf die sind neue glitzernde Glücksspielhäuser in **Manila** ausgerichtet. In **Asien** wächst damit eine Konkurrenz für **Macao** und **Singapur.** Bis 2015 soll der Umsatz der neuen Casinos in **Manila** rund 3 Milliarden US-Dollar erreichen. Arbeiten alle vier Häuser, dürften sie die Spielpaläste von **Singapur** mit rund 6 Milliarden Dollar Umsatz jährlich übertreffen – 2017 sollen es schon 10 Milliarden sein. Das wäre ein knappes Viertel des Umsatzes in der chinesischen Sonderverwaltungszone **Macao.** Investoren rechnen in **Manilas** Glücksspielindustrie mit rund 30 Prozent Ertrag auf ihr eingesetztes Geld. Deshalb drängen die Superreichen in das Geschäft. Bieten Investionen in die Glücksspielindustrie für sie doch auch Möglichkeiten, Schwarzgeld zu waschen.

Weitere Informationen und Ansprechpartner:

Botschaft der Republik Philippinen
Uhlandstraße 97
D-10715 Berlin
Tel.: 030-8 64 95 00, Fax: 030-8 73 25 51

European Chamber of Commerce of the Philippines
19/F Axa Life Center, Sen. Gil Puyat Avenue corner Tindalo Street,
Makati City, Metro Manila, 1200 Manila
Tel.: 00632-8 45 13 24, Fax: 00632-8 45 13 95

Singapur

- Fläche: 710,2 qkm
- Sprachen: Malaisch, Chinesisch, Tamilisch, Englisch
- Arbeitslosigkeit: 2,1 Prozent
- Staatsverschuldung: 118,2 Prozent
- Einwohner: 5,2 Millionen
- BIP je Einwohner: 63 342 USD
- Währung: Singapur-Dollar
- Inflation: 4,3 Prozent
- Ausländische Direktinvestitionen: 518,6 Millionen USD

Singapur ist kaum mehr als ein winziger Fleck auf der Weltkarte, irgendwo im Inselgewirr zwischen den Landmassen **Asiens** und **Australiens**. Wirtschaftlich ist das Land jedoch ein unübersehbarer Gigant, Musterbeispiel einer Wirtschaftsrevolution, die mit Kreativität, Engagement und typisch asiatischer Disziplin aus den Resten einer ehedem britischen Kolonie das flächenkleinste Wirtschaftswunderland Asiens werden ließ. Der Stadtstaat zählt zu den am stärksten deregulierten und privatisierten Volkswirtschaften der Welt.

Singapur ist bestrebt, ein biotechnologisches Zentrum in **Asien** zu werden. Es hat große Bedeutung als internationaler Finanzplatz sowie im Warenhandel: Der Hafen ist einer der modernsten und größten Umschlagplätze der Welt. Dazu wurden in den zurückliegenden Jahrzehnten nicht nur die ehemaligen Slums abgerissen und durch uniforme Wohnsilos ersetzt, auch die älteren kolonialzeitlichen Stadtviertel mit ihren zwei- bis dreigeschossigen Häusern mussten höherer Bebauung weichen. Ganze Straßenzüge bestehen heute nur noch aus Shopping Malls. Die neue Architektur **Singapurs** ist durch eine postmoderne Vorstellung geprägt. Alles hat im Vergleich zu den umliegenden Ländern im südostasiatischen Raum größer, effizienter, perfekter zu sein. Die Mieten und Immobilienpreise steigen zweistellig im Jahr.

Singapur ist dabei, Tummelplatz für **Asiens** Reiche zu werden. Der Stadtstaat treibt seine Wirtschaft weg vom Produktionsstandort hin zu Tourismus und Finanzdienstleistungen. In **Singapur** entstehen Yachthäfen und Kasinos gleich neben eindrucksvollen Hochhäusern, in denen Privatbanken residieren. Das sichert den Zustrom wohlhabender Ausländer – und eine schnell wachsende Nachfrage nach Luxuswohnungen und edlen Geschäftsräumen. Als Finanzplatz hat der Stadtstaat Zukunft und ist eine erstklassige Alternative zu **Schweiz, Luxemburg & Co**. **Singapur** eignet sich vor allem für große Vermögen. Und Vermögende finden hier noch ein Bankgeheimnis, das seinen Namen verdient. Die Casinos nehmen Bargeld, Schweizer Banken bieten hier noch Nummernkonten und Luxusimmobilien locken mit Wertzuwachs.

Um den überteuerten Immobilienmarkt nicht weiter ausufern zu lassen, gelten für ausländische Immobilienkäufer seit Anfang 2013 neue Bestimmungen: Die Grunderwerbsteuer erhöht sich von bislang 13 auf 18 Prozent, der Eigenanteil bei der Finanzierung von Zweitimmobilien erhöht sich von 10 auf jetzt 25 Prozent. Für Industrieimmobilien erhebt der Wirtschaftsstandort erstmals eine Verkaufssteuer von 15 Prozent im ersten Jahr. Davon unbeeindruckt soll sich die Zahl der Millionäre im Stadtstaat von heute 183 000 bis Ende 2016 auf geschätzte 408 000 erhöhen.

Während Millionäre im Stadtstaat willkommen sind, soll es künftig für das Heer der Gastarbeiter schwerer werden, in der Millionärsmetropole sesshaft zu werden. Sie machen ein Drittel aller Arbeitskräfte im Stadtstaat aus und haben bislang entscheidend zum Wachstum der Stadt beigetragen. Künftig aber sollen die Abgaben für Gastarbeiter drastisch erhöht werden. Die Singapurer fürchten eine wachsende Wohnungsnot und weiter steigende Preise.

Singapur liegt mit seiner gut ausgebildeten Erwerbsbevölkerung und erstklassigen Infrastruktur ganz vorne in der Region. Auch die ausgeprägte Offenheit für Direktinvestitionen und eine äußerst liberale Handelspolitik sind Gründe dafür, dass sich ausländische Industrie- und Dienstleistungsfirmen gerne dort niederlassen. Etwa

Singapur im Wettbewerb

Der Stadtstaat will sich noch wettbewerbsfähiger machen. Dazu fördert die Regierung gezielt Hochtechnologien und Fortbildungsprogramme als Investitionen in die Zukunft. Der Erfolg **Singapurs** verbindet sich mit einem Kürzel: *EDB*. Der *Economic Development Board*, die Investitionsbehörde des Stadtstaates, genießt in Singapur Kultstatus. Die EDB gilt in Industriekreisen rund um den Erdball als eine der entschlossensten und am besten vorbereiteten Investitionsförderer. Der Erfolg kann sich weltweit sehen lassen: seit 1965 rund 300 Milliarden USD. Hochgepäppelt mit Milliarden aus der Staatskasse, schafft **Singapur** neue „Cluster", die Nachfolgeinvestitionen bringen. Denn ihre Mitarbeiter bringen ausländische Unternehmen – vom Mittelständler bis zum Weltkonzern – dazu, auf der Tropeninsel zu investieren. Damit sorgen sie dafür, dass Arbeitsplätze entstehen, die Wirtschaft wächst und soziale Spannungen erst gar nicht entstehen können.

Sprungbrett für China: Immer mehr Unternehmen aus der chinesischen Nachbarschaft nutzen über Niederlassungen in **Singapur** den Weg der Internationalisierung einzuschlagen. Auch nutzen sie für ihre Produkte den Markenbegriff „Made in Singapore" als Qualitätszeichen und den besseren Zugang zu den Weltmärkten von dort. Auch wenn die Fertigung in **China** bleibt, nimmt **Singapur** an der rasanten Entwicklung seines großen Nachbarn teil.

Gleichzeitig forciert **Singapur** die Zusammenarbeit mit **Indonesien**. Bislang bestehen auf zwei Inseln des indonesischen Riau-Archipels voll funktionierende Industrieparks. Auf 500 Hektar entstanden dabei 34 000 Arbeitsplätze, überwiegend in der Elektroindustrie.

Ein wichtiges Element der Wirtschaftspolitik ist die Form des Operational Headquarters (OHQ). Eine Gesellschaft, die als OHQ anerkannt ist, erhält besondere Steuervergünstigungen, Briefkastenfirmen sind davon ausgeschlossen.

Singapurs Containerhafen zählt heute zu den größten weltweit. 2012 wurden über 30 Millionen Containereinheiten umgeschlagen. **Singapur hat das beste Wirtschaftsklima:** Im asiatischen Stadtstaat ist das Wirtschaftsklima so gut wie in keinem anderen Land der Erde. Eine geringe Regulierungsdichte und eine unbürokratische Verwaltung, ein starker Schutz der Eigentumsrechte und ein guter Zugang zu Krediten machen Unternehmern in **Singapur** das Leben so leicht wie nirgendwo sonst.

7000 Niederlassungen multinationaler Konzerne und 10 000 Tochtergesellschaften mittelständischer Unternehmen bereichern inzwischen die Unternehmenslandschaft, darunter rund 1200 aus
Deutschland.

Die Regierung propagiert ihre 18 bilateralen Freihandelsabkommen als „Superhighways", die den Standort mit großen Volkswirtschaften und neuen Märkten verbinden. **Singapurs** Exporteure
genießen in den Partnerländern somit eine Reihe von Vorteilen wie
Zollpräferenzen, einen erleichterten Marktzugang und besseren
Schutz ihrer Urheberrechte. Ende 2012 haben die *EU* und **Singapur** ein Freihandelsabkommen geschlossen. Mit gut 75 Milliarden
Euro erweisen sich die Europäer auch als Singapurs wichtigste Auslandsinvestoren. Ein Drittel seines gesamten Handels mit **Südostasien** wickelt **Europa** über **Singapur** ab.

Singapur gilt als die sauberste Stadt in ganz **Asien**. Auch das So-
zialwesen gilt als das beste auf dem Kontinent, doch das hat seinen Preis. Singapur ist ein autoritäres System mit vielen Verboten,
Restriktionen, Zensur und Tabus.

Nach einer Studie der *Weltbank* bietet **Singapur** weltweit die besten Bedingungen, um Unternehmen zu gründen und Geschäfte zu
betreiben. Der Inselstaat will zum Handelsplatz für **Asien** mit Rohstoffen wie Gas, Gold und Öl werden.

Singapur hat geschafft, was bisher nur wenigen Steueroasen
gelungen ist: Der Staat gilt als attraktiver Finanzplatz, der auf das
Bankgeheimnis pocht, sich aber vehement gegen Betrug und
Korruption stemmt. Der Stadtstaat hat kein Interesse, ein Geld-
wäschezentrum zu sein; gegen Steuerbetrüger wird hart vorge-
gangen.

Singapur steuerlich

Eine wichtige Rolle bei der Entwicklung spielen die günstigen
Steuerregelungen des Stadtstaates. Mit einem zehnprozentigen
Standardsatz der Körperschaftsteuer für eine breite Palette von
Offshore-Finanzservice-Angeboten eroberte **Singapur** innerhalb

weniger Jahre einen Großteil des Asiendollar-Marktes. Die Regelung gilt für Gold- und Finanztransaktionen, Offshore-Versicherungen und -Rückversicherungen, Fondsmanagement, Ölhandel und sonstigen internationalen Handel. Konsortialanleihen, Reedereien und produzierende Betriebe sind sogar gänzlich steuerfrei. Zudem ist **Singapur** in eine Reihe internationaler Steuerabkommen eingebunden, bietet einen freien Devisenmarkt. Kapitalgewinne sind steuerfrei, der Steuersatz beträgt derzeit 17 Prozent – einer der niedrigsten weltweit. Bei Altgesellschaften werden die ersten 300 000 SG-Dollar Gewinn mit einem effektiven Satz von 8,36 Prozent besteuert.

Singapur weicht das Bankgeheimnis auf

Unter dem Druck der internationalen Gemeinschaft sieht sich auch **Singapur** gezwungen, sein Bankgeheimnis aufzuweichen. Künftig ist es möglich, dass die Singapurer Finanzbehörden ausländischen Steuerbehörden auf Anfrage Auskunft über die Zins- und Kapitalerträge von Ausländern in **Singapur** geben. Mit **Deutschland** wird derzeit über ein neues DBA verhandelt. Damit soll vor allem der Informationsaustausch in Steuerangelegenheiten verstärkt werden. Bereits 2009 verpflichtete sich der Stadtstaat zur Einhaltung der *OECD*-Richtlinien und passte in einem ersten Schritt das eigene Einkommensteuerrecht Ende 2011 an die *OECD*-Vorgaben an. Ziel des Steuerabkommens mit **Deutschland** ist das Erfassen aller Steuerarten. Auch soll der Informationsaustausch nicht mehr davon abhängen, ob der Steuerpflichtige in einem der beiden Vertragsstaaten ansässig ist. Weiter will man den ersuchten Staat auch dann zur Informationsbeschaffung verpflichten, wenn er die erbetenen Informationen nicht selbst für steuerliche Zwecke benötigt.

Mit Vertrags-Ratifizierung könnten Deutsche mit Vermögenswerten in **Singapur** in den Fokus der Informationsbeschaffung durch deutsche Behörden geraten und sollten dafür Vorsorge tragen. Die Regierung **Singapurs** ist ernsthaft bemüht, **Singapur** als seriösen Finanzplatz zu erhalten. Dazu hat es in den vergangenen Jahren auch den rechtlichen Rahmen geschaffen, der die Banken zur Abfrage umfangreicher steuerlich relevanter Daten ihrer Kunden verpflichtet.

Singapur-Gesellschaften

Private Limited Companies (Pte. Ltd.) bieten sowohl als Holding-wie auch als Handelsgesellschaften attraktive Lösungen und können innerhalb Stunden gegründet werden. Sie entsprechen der kontinental-europäischen AG. Das Kapital der Gesellschaft definiert sich ausschließlich über die Anzahl der ausgegebenen Aktien, das Minimumkapital beträgt einen SG-Dollar. Während die Aktionäre international sein können, muss jede Singapur-Gesellschaft zwingend mindestens einen lokal ansässigen Direktor und Company Secretary haben, Bücher führen und einen Jahresabschluss vorlegen. Sie ist revisionspflichtig, wenn sie juristische Personen unter ihren Aktionären hat oder mehr als fünf Millionen SG-Dollar Umsatz erzielt.

Gesellschaften werden grundsätzlich nur auf den in **Singapur** erzielten Einkünften besteuert. Im Ausland erzielter Gewinn wird dann besteuert, wenn die Gesellschaft nicht nachweisen kann, dass der ausländische Gewinn durch eine Zweigniederlassung oder eine Betriebsstätte erzielt worden ist. Dividendenerträge werden nicht besteuert, sofern sie nicht nach **Singapur** zurückgeführt werden (Remittance Rule). Die Besteuerung entfällt, sofern der Gewinn der Beteiligungsgesellschaft bereits mit einem Mindestsatz von 15 Prozent besteuert wurde.

Über 60 DBA sorgen überdies für Klarheit in grenzüberschreitenden Konstellationen. Neu gegründete Gesellschaften kommen während der ersten drei Jahre in den Genuss weitgehender Steuererleichterungen, die den effektiven Steuersatz für die ersten 300 000 SG-Dollar steuerbarer Gewinn auf einen effektiven Steuersatz von 5,76 Prozent senken.

Weitere Informationen: Tao Trust Group, Singapur, www.taotrust.com

Gründungskosten einer Singapore Company: ca. 3000 US-Dollar

Laufende Kosten: Büro/Sekretariat: 1500 US-Dollar. Honorar für einen nominellen Direktor: 2000 bis 2500 US-Dollar

Unternehmen mit Pionierstatus sind für die ersten fünf Jahre steuerbefreit. Erweiterungsinvestitionen von mehr als zehn Millionen US-Dollar können auf bis zu fünf Jahre steuerbefreit werden. Wird ein Unternehmen als Exportgesellschaft anerkannt, können 90 Prozent des aus dem Export stammenden Gewinns von der Steuer befreit werden. Grundsätzlich können 50 Prozent des getätigten Investments von der Ertragsteuer befreit werden. Zinsen sind von der Quellensteuer befreit.

Der Schmelztiegel am südlichen Zipfel der malaysischen Halbinsel eignet sich zum einen zur Ansiedlung kapitalintensiver und exportorientierter Industriebetriebe, zum anderen für Offshore-Geschäfte von Banken und Finanzgesellschaften.

Weitere Informationen und Ansprechpartner:

Botschaft der Republik Singapur
Voßstraße 17
D-10117 Berlin
Tel.: 030-22 63 43-0
Fax: 030-22 63 43 75

International Enterprise Singapore Board
Goethestraße 5
D-60313 Frankfurt/Main
Tel.: 069-9 20 73 50
Fax: 069-92 07 35 22

Singaporean-German Chambers of Industry and Commerce
25 Int. Business Park; 03-105 German Centre; Singapore 60 99 16
Tel.: 0065-64 33 53 30, Fax: 0065-64 33 53 59

EDB Economic Development Board, Tel.: 0069- 27 39 93 0

Spezialisiert auf Firmengründungen: Vallerton Marketing PTE LTD, www.vallerton.com

Internet: www.gov.sg

Sri Lanka: Indiens Brückenkopf?

Eigentlich ist **Sri Lanka** ein Paradies für Geschäftsmöglichkeiten. Die Insel hat das Potenzial für **Indien** das zu werden, was **Hongkong** für **China** oder **Singapur** für **Südostasien** ist.

Abgesehen von den Freizonen und Steuervorteilen für Banken gibt es unter anderem eine volle Befreiung von der Einkommensteuer für Ausländer, die einen Vertrag mit der Regierung von **Sri Lanka** oder einer vom Finanzministerium genehmigten Gesellschaft schließen oder Investitionen tätigen. Ausländische Fachkräfte, wie Wissenschaftler oder Techniker, werden ebenfalls von der Einkommensteuer befreit. Ausländer, die sich auf **Sri Lanka** niederlassen, werden ebenfalls von der Steuer befreit, immer vorausgesetzt, dass sie monatlich auch Devisen ins Land schaffen.

Um neue Arbeitsplätze zu schaffen, versucht die *Greater Colombo Economic Commission* durch steuerliche Anreize Unternehmen in die

Steueroasen auf dem Prüfstand

Fortsetzung: Sri Lanka: Indiens Brückenkopf?

Sri-Lanka-Freihandelszonen zu holen. Im Gegensatz zu vielen Nachbarländern hat die Regierung in den letzten Jahren erfolgreich Hemmnisse für ausländische Investoren abgebaut. Dazu kommen für produzierende Betriebe niedrige Lohnkosten. Größte Hindernisse für Investoren sind heute die schlechte Infrastruktur, vor allem Energie und Transport, und der Zugang zum Finanzsektor.

Da die Lebenshaltungskosten auf **Sri Lanka** extrem niedrig sind und die Baukosten für einen großen Bungalow am Strand mit mehreren Schlafzimmern und Diensträumen 10 000 Euro nicht übersteigen, zieht es immer mehr Aussteiger dorthin.

Sri Lanka hat alle Voraussetzungen, ein Musterstaat in **Asien** zu werden: eine strategische Position an wichtigen Schifffahrtsstraßen, kostenlose Bildung und eine deregulierte Wirtschaft. Mit Erfolg, denn heute bekommt sie von ausländischen Investoren die Note „ziemlich gut". Entscheidend ist, ob der Frieden hält.

Weitere Informationen und Ansprechpartner:

Botschaft der Demokratischen Sozialistischen Republik Sri Lanka Niklasstraße 19, D-14163 Berlin Tel.: 030-80 90 97-49 Fax: 030-80 90 97-57	Ceylon Chamber of Commerce 50 Navam Mawatha P.O. Box 274, Colombo 2 Tel.: 0094-11 24 21 74 57 Fax: 0094-1 12 43 74 77

Südkorea öffnet sich

- Fläche: 99 720 qkm
- Hauptstadt: Seoul
- BIP je Einwohner: 24 560 USD
- Arbeitslosigkeit: 3,3 Prozent
- Staatsverschuldung: 33,6 Prozent

- Einwohner: 49,8 Millionen
- Sprache: Koreanisch
- Währung: Won
- Inflation: 1,4 Prozent
- Gesamtexport: 399 Mrd. EUR

Südkorea ist keine Steueroase. Das Land versucht jetzt aber, mit umfangreichen Steuererleichterungen und Subventionen in Sonderwirtschaftszonen ausländische Investoren ins Land zu holen.

Anfang 2013 boomt die Wirtschaft und eilt von Rekord zu Rekord. Doch nur einige Großkonzerne bilden die Basis des wirtschaftlichen Erfolgs, die bis heute von den Gründerfamilien der *Park*-Ära kontrol-

538

Fortsetzung: Südkorea öffnet sich

liert werden. Die 60 großen Konglomerate (*Chaebol*) des Landes erwirtschaften mehr als zwei Drittel des südkoreanischen Bruttoinlandsprodukts, beschäftigen aber nur ein Zwanzigstel der Erwerbstätigen. Doch die *Chaebol*, von denen *Samsung* und *Hyundai* wohl die im Westen bekanntesten sind, garantieren bis heute den wirtschaftlichen Aufstieg **Südkoreas.** Kein Land ist so gut durch die internationale Finanzkrise gekommen wie **Südkorea.** Die viertgrößte Volkswirtschaft **Asiens** nach **China, Japan** und **Indien** wächst stärker als die meisten vergleichbaren Länder. Noch immer sind Produkte aus **Südkorea** über den Preis attraktiv, doch auch qualitativ unterscheiden sie sich nicht mehr.

Doch der südkoreanische Erfolg wirft gewaltige Schatten. In den *Chaebol* ballen sich riesige politische Macht und immenser Reichtum. Diese Wirtschaftselite tut alles, um Wettbewerb auf dem Heimatmarkt zu verhindern. Das soll sich mithilfe ausländischer Investitionen und Unternehmensansiedlungen ändern. Die Macht der Unternehmerdynastien will man fortan beschneiden.

Subventionen und Sonderwirtschaftszonen sollen die Konjunktur weiter ankurbeln. Gleichzeitig wurde die Mehrwertsteuer auf ein Dutzend Produkte gestrichen, die Einkommensteuer zurückgedreht und Risikokapitalgebern das Investieren steuerlich erleichtert. Darüber hinaus will die Regierung Teile der Devisenreserven des Landes zum Aufbau einer leistungsstarken nationalen Industrie der Vermögensverwaltung nutzen. Dazu wurde die *Korea Investment Corp.* gegründet und mit 20 Milliarden US-Dollar ausgestattet.

Mehr als die Hälfte der Koreaner zwischen 25 und 34 Jahren hat einen Hochschulabschluss. In der *OECD* weisen solche Quoten nur noch **Japan** und **Kanada** aus. 7,2 Prozent der koreanischen Wirtschaftsleistung werden für Bildung ausgegeben. Arbeitsamkeit und Strebsamkeit der Bevölkerung belegt eine andere Statistik: Mit durchschnittlich 2357 Stunden im Jahr arbeiten die Koreaner im *OECD*-Vergleich so viel wie sonst niemand.

Südkoreas *Bureau of Foreign Investment Promotion* hat in den letzten Jahren mehrere Industrieansiedlungszonen geschaffen, unter anderem die **Marau Free Zone** an der Südküste, um ausländische Investoren ins Land zu holen. Alle Industriezonen sind verkehrsmäßig erschlossen und haben die erforderliche Struktur. Als Investitionsan-

Steueroasen auf dem Prüfstand

Fortsetzung: Südkorea öffnet sich

reize für Ansiedlungen in diesen Zonen werden eine fünfjährige Steuerbefreiung ab Projektbeginn sowie für weitere drei Jahre ein 50-prozentiger Steuernachlass geboten. Ausländische Arbeitskräfte sind fünf Jahre von der koreanischen Einkommensteuer befreit.

Voraussetzung ist jedoch die Aufnahme eines koreanischen Gesellschafters. Nur im Einzelfall werden Joint Ventures mit einem Auslandsanteil von über 50 Prozent genehmigt: Zum einen für exportorientierte Projekte, die den bestehenden inländischen Unternehmen auf Exportmärkten keine Konkurrenz machen und zur technologischen Verbesserung in dem betreffenden Industriezweig beitragen, zum anderen bei technologisch fortgeschrittenen Projekten, die als Zulieferer für Exportprodukte oder Import ersetzende Produkte benutzt werden können und für die koreanische Wirtschaft wichtig sind. Hinzu kommen Projekte multinationaler Gesellschaften, die der Nutzung von Patenten und Fabrikationsmethoden dienen und von nationalem Interesse sind.

Zugelassen sind somit Projekte, die aufgrund der fortgeschrittenen Technologie und des hohen Kapitalaufwands außerhalb der Möglichkeiten koreanischer Investoren liegen, sowie solche Investitionen aus Ländern, die bisher wenig oder keine Investitionen in **Korea** getätigt haben, die voraussichtlich weitere Investitionen in Korea nach sich ziehen werden. Spezielle Vergünstigungen sollen insbesondere Firmen aus dem Hochtechnologiebereich, dem industrienahen Dienstleistungssektor sowie Forschungs- und Entwicklungseinrichtungen locken: Die Unternehmenssteuer und Einkommensteuer ausländischer Mitarbeiter werden erheblich reduziert. Die Gemeindesteuer wird für 15 Jahre erlassen.

In Anbetracht eingeschränkter prozentualer Kapitalbeteiligungen (maximal 50 Prozent) an koreanischen Firmen sind die Steuervergünstigungen derzeit jedoch kaum Anreiz, sich dort zu engagieren. Da hat der asiatische Raum interessantere Alternativen zu bieten, beispielsweise **Taiwan**.

2011 hat die **EU** ein Freihandelsabkommen mit **Südkorea** geschlossen. **Südkorea** ist mittlerweile nach **China** und **Indien** der drittgrößte Handelspartner der *EU* in **Asien**. Von einer zollfreien Zone werden vor allem deutsche Exporteure in Asien profitieren, die den Löwenanteil der *EU*-Ausfuhren ausmachen.

Fortsetzung: Südkorea öffnet sich

Weitere Informationen und Ansprechpartner:

Botschaft der Demokratischen Volksrepublik Korea
Glinkastraße 5–7, D-10117 Berlin
Tel.: 030-2 29 31 89, Fax: 030-2 29 31 91

Korean-German Chamber of Commerce and Industry
8th Floor Hannam Plaza Dokseodang-ro 85, Yongsan-gu
Seoul 140-884
Tel.: 00822-37 80 46 00, Fax: 00822-37 80 46 37

Taiwan

- Fläche: 35 801 qkm
- Hauptstadt: Taipeh
- BIP je Einwohner: 37 700 USD
- Arbeitslosigkeit: 4,4 Prozent
- Staatsverschuldung: 34,9 Prozent
- Einwohner: 23,2 Millionen
- Sprache: Chinesisch
- Währung: Neuer Taiwan-Dollar
- Inflation: 3,0 Prozent

Im Gegensatz zu **Südkorea** hat die Finanzkrise das exportorientierte **Taiwan** stärker getroffen als jede andere Volkswirtschaft in **Ostasien**. Auch **Taiwan** ist keine Steueroase, der Inselstaat stellt sich aber den Herausforderungen. Umfangreiche Steueranreize für ausländische Investoren unterstützen das. So wendet **Taiwan** bei der Besteuerung zum Beispiel das Territorialprinzip an, womit Steuern auf Einkommen nur aus Taiwan-Quellen anfallen. Damit könnte sich **Taiwan** in den kommenden Jahren auch zu einer Basis für außerhalb Taiwans tätige Oasengesellschaften entwickeln.

Daneben gibt es sogenannte „High-Priority"-Industrien, die wahlweise eine fünfjährige Körperschaftsteuerbefreiung oder eine beschleunigte Abschreibungsmöglichkeit auf Anlagevermögen sowie Zollfreiheit für Rohmaterialien, die für die Produktion von Exportgütern bestimmt sind, erhalten. Nach deren zeitlichem Auslaufen gilt für weitere fünf Jahre ein ermäßigter Steuersatz von 25 Prozent, der durch zusätzliche Abschreibungsmöglichkeiten ergänzt wird.

Ausländer können sich unbeschränkt bis zu 100 Prozent an Unternehmen beteiligen beziehungsweise diese selbst gründen. Die daraus erzielten Gewinne können unbeschränkt transferiert, und das eingesetzte Kapital kann zwei Jahre nach seiner Investition mit jährlich 15 Prozent repatriiert werden.

Mit **Chinas** Beitritt zur Welthandelsorganisation (WTO) wurde auch **Taiwan** *WTO*-Mitglied. Die Insel ist mit einem Anteil von 80 Prozent des BIP am internationalen Handel der heimliche Gewinner von Chinas Öffnung. Gleichzeitig wird die *WTO*-Mitgliedschaft den bilateralen Handel zwischen **China** und **Taiwan** stärken. Statt wie in der Vergangenheit die Transporte über **Hongkong** abzuwickeln, können diese jetzt direkt erfolgen.

Taiwan hat sich innerhalb weniger Jahre zum Elektronikschwergewicht entwickelt. Branchen wie Halbleiter, Optoelektronik und Informationstechnologie werden auch künftig eine Hauptrolle spielen. **Taiwan** ist Weltspitze bei OEM und ODM, das heißt beim kostensenkendem Optimieren von Produktionsprozessen. Künftig kommt es aber vor allem darauf an, durch verstärkte Forschung mehr wissensintensive Produkte zu entwickeln.

Taiwan: Stärken und Schwächen	
Stärken	**Schwächen**
+ Wissenschafts- und Technologieparks	– scharfer Wettbewerb um Spitzenkräfte
+ Bildungssystem	– bürokratische Verwaltung
+ Hightech-Cluster	– Fehlen forschender Großunternehmen
+ Hightech-Förderung durch die Regierung	– Defizite beim Schutz geistigen Eigentums
+ gut ausgebildete Arbeitskräfte	– relativ kleiner Binnenmarkt
+ flexible Unternehmerschaft	– zu hohe Exportabhängigkeit
+ Nähe und gute Beziehungen zu **China**	– hohe Abhängigkeit von Energie- und Rohstoffimporten

Weitere Informationen:

Taipei Wirtschafts- und Kulturbüro
Markgrafenstraße 35
D-10117 Berlin
Tel.: 030-20 36 10
Fax: 030-20 36 11 01

German Trade Office
International Trade Bldg. 19F-9,
No. 333, Keelung Road, Sec. 1
Taipei 11012, Taiwan
Tel.: 008862-87 58 58 00
Fax: 008862-87 58 58 33

Internet: www.taipeh.diplo.de

Asiens Schwellenländer rücken zusammen

Stärker denn je gelingt es **Südostasien** derzeit, an seine beiden großen Nachbarn **China** und **Indien** heranzurücken. Damit gewinnt der größte Wirtschaftsraum der Erde allmählich Gestalt: Zwei Eisenbahnlinien sollen **Südchina** mit der malaysischen Peninsula verbinden, eine Brücke über den Mekong **Thailand** und **Laos**. Derweil dringt **Indien** von Westen nach **Südostasien** vor und unterzeichnete milliardenschwere Handels- und Investitionsabkommen mit **Indonesien**.

Doch **Südostasien** ist nicht nur eine wichtige Quelle für Rohstoffe, Arbeit und Lohnfertigung. Auch seine Bedeutung als Konsummarkt nimmt rasch zu. In den sechs führenden Staaten wächst schnell eine Mittelschicht heran. Legt man die Schwelle von 3000 US-Dollar Jahreseinkommen als Eintrittshürde an, wird sich dieses Segment der Bevölkerung bis 2014 auf 300 Millionen Menschen erhöhen – mehr als in **Indiens** Mittelschicht.

Betrachten die Chinesen bei ihrer Annäherung an **Indonesien**, die größte Volkswirtschaft **Südostasiens**, zunächst diesen Absatzmarkt, ringen die Inder um Kohle. Es gibt viele Ähnlichkeiten zwischen **Indien** und **Indonesien**. Die Chancen für Investitionen sind in beiden Ländern groß und die Bodenschätze in **Indonesien** locken. **Indien**, im Rennen um Kohle und Erz weit hinter seinem Rivalen **China** zurückgeblieben, muss seine Versorgung sichern.

Steueroasen auf dem Prüfstand

Hilfreich dabei ist, auf einen ähnlichen Entwicklungsstand beider Länder zu verweisen. Das Handelsvolumen zwischen **Indien** und **Indonesien** soll sich bis 2015 auf 25 Milliarden US-Dollar mehr als verdoppeln.

Gleichwohl wissen die Südostasiaten, dass es ohne eine weitere Annäherung an **China** nicht geht. Das Zusammenwachsen soll daher vorangetrieben werden. Die Verbindung untereinander wird

Ausgewählte asiatische Destinationen im Steuervergleich

Land	Einkommensteuer	Körperschaftsteuer	Mehrwert-/Verkehrs- und Verbrauchsteuer
Hongkong	16 % Steuerbefreiung für Kapitalgewinn, Dividenden und ausländische Einkünfte Gewährung von weiteren persönlichen Freibeträgen	0 %–17,5 % Steuerbefreiung für Gewinne, die außerhalb Hongkongs erzielt werden, und Zinsen aus Bankguthaben	Kein Doppelbesteuerungsabkommen
Singapur	max. 21 % (ITA) Steuerbefreiung für Veräußerungsgewinne, Dividenden und ausländische Einkünfte für besonders qualifizierte Personen mit (Steuer-) Wohnsitz Singapur im Rahmen sog. Ruling 10 % verhandelbar	20 % (ITA) bei Neugründung von dort ansässigen Firmen die ersten drei Jahre vollständige Steuerbefreiung (Full Tax Exemption) bei bestehenden Unternehmen bis zu einem Einkommen von 90 000 $ Steuerbefreiung für Hälfte des Einkommens	5 % (GST) für Güter und Dienstleistungen Doppelbesteuerungsabkommen
Shanghai/China	5 %–45 % abhängig von Einkunftsart 5 %–45 % Löhne und Gehälter 5 %–35 % gewerbliches Einkommen 20 % Zinsen und Dividenden	derzeit 33 % nach Steuerreform in 2006: geplant 24 %–28 % bei gleichzeitigem Wegfall der wichtigsten Steuervergünstigungen	3 %–17 % (Mehrwertsteuer) für Verkauf und Import von Waren 13 % (Mehrwertsteuer) für lebenswichtige Güter (Wasser etc.) zusätzlich für Luxusgüter (Auto etc.) Doppelbesteuerungsabkommen
Indien	30 %	7 %	0 %–50 % (Umsatzsteuer) 12,5 % (Umsatzsteuer Standard) 10,2 % Service Tax (für Dienstleistungen) Doppelbesteuerungsabkommen mit Deutschland

Quelle: Bayern Treuhand Obermeier & Kilger, München

noch enger werden, wenn *ASEAN* 2015 eine Staatengemeinschaft wird. Seit 2010 gilt nun das Freihandelsabkommen zwischen **China** und **Südostasien**. Die „Greater Mekong Subregion", ein Entwicklungszusammenschluss der Nachbarländer **Vietnam**, **Kambodscha**, **Laos**, **Thailand** und **Burma** mit Chinas Südprovinz **Yunnan**, führt ein Parallelleben. Grundlage für eine Annäherung ist hier die Infrastruktur, die über Schienen ausgebaut werden soll.

Auf dem Sprung: Die Länder Zentralasiens

In Zentralasien, einem toten Winkel der Weltwirtschaft, sind auch die Sorgen der Weltwirtschaft klein. Während die Euro-Schuldenkrise und die Nachwehen der Finanzkrise 2013 den globalen Ausblick trüben, prognostiziert der *IWF* **Kasachstan, Kirgistan, Tadschikistan, Turkmenistan** und **Usbekistan** für 2013 eine Zunahme des BIP von 5,7 Prozent (**Kasachstan**) bis 8,5 Prozent (**Kirgistan**). Die Herausforderung ist jedoch, in den intransparent und zumeist autoritär regierten Staaten Strukturreformen anzustoßen. Der Beitritt **Tadschikistans** zur *WTO* im Januar 2013 ist da nur ein kleiner Schritt.

Alle Länder drängen auf **Asiens** Steueroasen-Bühne. Mit umfangreichen Steuererleichterungen und sprudelnden Ertragsaussichten wetteifern sie um ausländische Investoren. Das Schwergewicht unter den Energieexporteuren ist **Kasachstan**, das rund 1,6 Millionen Fass Erdöl pro Tag fördert. **Turkmenistan** und **Usbekistan** erzeugen ihre Einnahmen mit Erdgas. **Turkmenistan** hält die viertgrößten Reserven der Welt (12 Prozent), produziert etwa 60 Milliarden Kubikmeter pro Jahr und exportiert einen Teil über eine Pipeline via **Usbekistan** und **Kasachstan** nach **China.** Das 57 Milliarden Kubikmeter pro Jahr fördernde **Usbekistan** hat ebenfalls begonnen, Gas in diese Leitung einzuspeisen. Dagegen sucht **Kirgistan** die Nähe zu **Russland.**

Steueroasen auf dem Prüfstand

Länder und Fakten

	Kasachstan	Kirgistan	Tadschikistan	Turkmenistan	Usbekistan
Fläche:	2 247 000 qkm	199 900 qkm	143 100 qkm	488 100 qkm	447 400 qkm
Bevölkerung:	16,7 Millionen	5,6 Millionen	8,0 Millionen	5,6 Millionen	29,4 Millionen
Hauptstadt:	Astana	Biskek	Duschanbe	Asgabat	Tashkent
Währung:	Tenge	Kirg.-Som	Somoni	Manat	Usbekistan-So'm
BIP je Einwohner:	12 021 USD	1060 USD	912 USD	5961 USD	1753 USD
Inflation:	7,1 Prozent	2,6 Prozent	6,5 Prozent	10 Prozent	15–18 Prozent
Arbeitslosigkeit:	5,5 Prozent	18 Prozent	2,2 Prozent offiziell	60 Prozent	7–30 Prozent
Staatsverschuldung:	15,5 Prozent	k. A.	30,3 Prozent	k. A.	8,4 Prozent
Besonderheiten:	■ Hohe Währungs-Reserven (50 % BIP) ■ Erdöl (40 % der Staatseinnahmen) ■ großes Anti-Krisenpaket	■ WTO-Mitglied ■ Goldvorkommen ■ Schattenwirtschaft (40 Prozent des BIP) ■ Korruption ■ Armutsrate 31,8 Prozent	■ ärmstes Land der Region	■ 36 Prozent Alphabetisierungsquote ■ 12,2 Prozent BIP-Wachstum	■ WTO-Mitglied

7. Ozeanien

Der Pazifik begeistert mit vielen Facetten: Oasen im Meer beeindrucken durch ihre einzigartige Landschaft und ihre üppige Flora. Kaum vorstellbar, dass brodelnde Vulkane der Ursprung dieser prachtvollen Natur sind. Wo früher heiße Lava floss, blühen heute Orchideen, Hibisken und Bougainvillee. Bei Atollen wie **Tahiti** oder **Bora Bora** künden nur Krater und Riffe von der Existenz längst erloschener Vulkane. Genauso faszinierend ist der Anblick der farbenfrohen Unterwasserwelt: Korallen, die tropischen Regenwälder unter Wasser.

Inseln zum Träumen und Aussteigen, die als Schlupfwinkel für steuerunwillige Besserverdiener und Investoren weltweit ins Gerede gekommen sind. Allerdings machen fehlende Finanz- und Serviceangebote oder Verkehrsanbindungen so manchen Nullsteuertraum zunichte. Zum Beispiel die Anbindung nach **Palau:** Von **München** geht es über **Zürich** nach **Seoul** – und von dort zum *Koror Babelthuap Airport* in **Palau.** Dauer: 30 Stunden und 20 Minuten. Zurück über **Guam** im **Westpazifik** und **Chicago** wieder nach **München** in 39 Stunden und 25 Minuten–- und das für 5000 Euro.

Hinzu kommt, dass sich der südpazifische Raum für „Steuersparer" in den letzten Jahren nicht so entwickelt hat, wie man das angesichts des boomenden asiatischen Marktes zunächst erwartet hatte. Die „Steueroase" **Nauru** ist pleite, die Staatsfinanzen in **Papua-Neuguinea** sind angeschlagen, auf den Salomonen herrschen bürgerkriegsähnliche Zustände und die **Fidschiinseln** werden von ethnischen Spannungen erschüttert.

Mit Steuervorteilen und -befreiungen locken **Fidschi**, **Französisch Polynesien**, die **Marshall Islands**, **Mikronesien-Palau**, die **Pitcairn Islands**, **Nauru**, **Samoa** und **Tonga**. Doch was nützen Nullsteuern, wenn vor Ort die Infrastruktur mit Banken, Anwälten und Treuhändern fehlt. Mit traumhaft weißen und schwarzen Stränden, türkisfarbenen Lagunen, kristallklarem Wasser, unberührten

Landschaften, alten Kulturen, gastfreundlichen Menschen. Dazu die unendliche Weite des **Pazifischen Ozeans**. Die Schönheit der Inselwelt sprengt jede Vorstellungskraft. Das Glück auf diesen Inseln ist kaum auszuhalten. Wer den Rausch der **Südsee** einmal erlebt hat, hat Angst vor der Rückkehr ins „wahre" Leben.

Fazit: Aus Investorensicht keine Region, die Vertrauen schafft.

Ernsthafte Steueroasen vor allem für Vermögende und Unternehmen aus dem asiatischen Raum sind die **Cook Islands** und **Vanuatu/Neue Hebriden**. Für Europäer ist allein die Anreise dorthin mit 20 Stunden Flug ein Handicap.

Cook Islands

- Fläche: 242 qkm, davon Südliche Cook Islands mit 212,1 qkm u. Nördliche Cook Islands mit 28 qkm
- Hauptstadt: Avarua
- Arbeitslosigkeit: 13,0 Prozent
- Inflation: 2,1 Prozent
- Einwohner: 18 600
- Sprachen: Englisch, Maori
- BIP je Einwohner: 9100 USD
- Währung: Cookisland-Dollar, Neuseeland-Dollar
- Abkommen: OECD-Informationsaustausch

Die 15 im Herzen der Südsee gelegenen Inseln verteilen sich auf eine Fläche von über zwei Millionen qkm. Die gesamte Landfläche zusammengenommen erreicht aber gerade mal die Größe der Stadt **Köln**, auch wenn das Staatsgebiet in etwa so groß ist wie **Westeuropa**. Unentdeckt in ihrer tropischen Schönheit bestechen die Inseln mit ihrer offenen Gastfreundschaft. Eine hervorragende Hotellerie und Gastronomie sowie die unberührte Landschaft machen die **Cooks** zu einem der interessantesten Ziele in der Südsee – auch steuerlich.

Ein Geheimtipp ist die Lagune der Insel **Aitutaki**, die Kapitän *Bligh* 1789 mit der *Bounty* entdeckte, kurz bevor seine Mannschaft jene berühmte Meuterei anzettelte. Die Lagune zählt zu den schönsten im gesamten Pazifik. Die **Cook Islands** sind seit 1965 unabhängig und unterhalten zu dem rund 2500 Kilometer entfernten **Neusee-**

Steueroase für Südostasien

Die **Cook Islands** bemühen sich, unter den erstklassigen Steueroasen als Alternative im **Südpazifik**, insbesondere für den asiatischen Raum, anerkannt zu werden. Den Rahmen zum Aufbau eines Offshore-Zentrums bildet ein ganzes Paket von Gesetzen, das Anfang der 1980er-Jahre in Kraft trat. Danach zahlen Offshore-Banken und -Versicherungen, internationale Kapital- sowie befreite Personengesellschaften und Trusts keine Einkommensteuer, keine sonstigen Abgaben und unterliegen (außer bei Geschäften mit Neuseeland-Dollars) keinen Devisenkontrollen. Allen Offshore-Gesellschaften wird Anonymität und Geheimhaltung zugesichert.

Die Eintragungs- und Lizenzgebühren liegen bei internationalen Unternehmen anfangs bei 1000 US-Dollar und später bei jährlich 500 US-Dollar, Offshore-Versicherungen zahlen 2000 beziehungsweise 500 US-Dollar und Offshore-Banken müssen je nach Kategorie für eine Lizenz zwischen 6000 und 10 000 US-Dollar ausgeben.

Der offizielle Sitz der Gesellschaft muss sich bei einem von der Regierung zugelassenen Treuhänder befinden.

Steuern: Offshore-Kapitalgesellschaften, -Banken, -Versicherungen sind weitestgehend steuerbefreit.

land besonders enge Beziehungen. So gelten beispielsweise die neuseeländische Staatsbürgerschaft und der Neuseeland-Dollar automatisch auch für die Cook-Insulaner, von denen etwa die Hälfte in **Avarua** auf der Halbinsel **Rarotonga** lebt.

Die administrativen und kommerziellen Aktivitäten konzentrieren sich in **Avarua**. Die Verbindungen zur **Welt** via **Neuseeland**, **Fidschi** oder **Tahiti** sind ebenso gut wie das internationale Kommunikationsnetz. Das Offshore-Geschäft ist gesetzlich geregelt. Es steht unter Aufsicht der *Financial Supervisory Commission*.

Das Offshore-Angebot der **Cook Islands** wird vom Markt angenommen. Über 1000 Gesellschaften haben sich dort bereits niedergelassen, darunter über 20 Banken und etwa 300 Trusts. Letztere profitieren von der vorbildlichen Gesetzgebung, die zwischenzeitlich von anderen Offshore-Zentren wie **Mauritius** oder **Malta** übernommen wurde. Man kann davon ausgehen, dass die **Cook Islands** schon bald einen festen Platz innerhalb der wichtigen Steueroasen für den asiatischen Raum, **Australien** und **Neuseeland** einnehmen werden.

Weitere Informationen und Ansprechpartner:

Botschaft von Neuseeland	Chamber of Commerce
Friedrichstraße 60, D-10117 Berlin	P.O. Box 242, Rarotonga
Tel.: 030-2 06 21-0	Tel.: 00682-2 09 25
Fax: 030-20 621114	Fax: 00682-2 09 69

Vanuatu/Neue Hebriden

- Fläche: 12 190 qkm
- Hauptstadt: Port Vila
- BIP je Einwohner: 2963 USD
- Inflation: 3,0 Prozent
- Arbeitslosigkeit: 1,7 Prozent
- Einwohner: 246 000
- Sprachen: Bislama, Englisch, Französisch
- Währung: Vatu

Die 12 190 qkm große Republik im **Südpazifik** besteht aus zwölf Haupt- und 70 Nebeninseln mit aktiven Vulkanen, primitiven Stämmen, modernen Hotelanlagen, Kopraplantagen und Rinderzucht. Unter den rund 240 000 Einwohnern sind 98 Prozent melanesische Ureinwohner, die mit der modernen Zivilisation kaum in Berührung gekommen sind. Eine Studie der britischen *New Economic Foundation (NEF)* bewertet das Glück der Insulaner im weltweiten Vergleich am höchsten.

Für wirtschaftliche Aktivitäten bietet **Vanuatu** mehrere Gesellschaftsformen an, von denen für Steueroasenzwecke jedoch nur die „Exempted Company Limited by Shares" infrage kommt: Sie kann als Holding, private Investment- oder Handelsgesellschaft eingesetzt werden. Das Aktienkapital besteht aus mindestens zwei Aktien mit je einem australischen Dollar Nennwert; einer der Direktoren der Gesellschaft muss eine auf Vanuatu ansässige natürliche Person sein; die jährliche Hauptversammlung muss auf Vanuatu abgehalten werden, dabei können sich ausländische Direktoren von auf Vanuatu ansässigen Kollegen vertreten lassen; die Gründungsdauer beträgt etwa zwei Wochen. Die Gründungskosten liegen für Eintragungsgebühr, örtlichen Helfer und Stellung des örtlichen Direktors bei etwa 1000 US-Dollar; die Jahreskosten belaufen sich auf rund 850 bis maximal 2000 US-Dollar.

Neben der *Hongkong & Shanghai Banking Corporation (HSBC)* unterhalten auch andere asiatische Großbanken in der Hauptstadt **Port Vila** Niederlassungen. Örtliche Treuhandgesellschaften bieten ein breit gefächertes Leistungsspektrum, zudem sind genügend Anwälte vorhanden: **Vanuatu** konnte sich zwischenzeitlich als verheißungsvolle Nische unter den Schifffahrtsoasen der Welt etablieren. Seit 1981 gibt es Register für die internationale Schifffahrt. Die Eintragungsgebühr liegt bei 200 US-Dollar, die jährlichen Gebühren betragen 0,25 US-Dollar pro Nettotonne.

Angelockt durch das günstige Steuerklima – weder Einkommen- oder Körperschaftsteuern noch Quellen-, Kapitalertrag-, Schenkungs-, Grund- oder Erbschaftsteuer – und ein strenges Bankgeheimnis haben sich bereits über 100 Banken auf **Vanuatu** niedergelassen. Keine Devisenbeschränkungen, freier Kapitalverkehr. Besonderheit: Ausländer können eine Aufenthaltserlaubnis kaufen: fünf Jahre für 200 000 US-Dollar, 15 Jahre für eine Million US-Dollar. Diese kann erneuert werden. Nach zehn Jahren kann man die Staatsbürgerschaft beantragen.

Fazit: Als Steueroase bietet sich **Vanuatu** vor allem für Vermögende und Unternehmen aus **Asien** an.

Weitere Informationen und Ansprechpartner:

Financial Centre Association of Vanuatu
Port Vila
Tel.: 00678-2 21 59
Fax: 00678-2 72 72

Vanuatu Chamber of Commerce & Industry
Port Vila; Tel.: 00678-2 75 43, Fax: 00678-2 75 42

International Finance Trust
Port Vila
Tel.: 00678-2 21 98
Fax: 00678-2 37 99

Internet: www.tourismvanuatu.com

8. Steueroasen auf See

The World: Ein Zimmer mit täglich wechselnder Aussicht auf alle Sehenswürdigkeiten dieser Welt, wer wünscht sich das nicht? Zu genießen auf dem Luxusschiff „The World". Sie schippert unter der Steuerhoheit der **Karibik**. Die erste Hochsee-Residenz bietet auf zwölf Decks einer exklusiven Gemeinschaft die Annehmlichkeiten eines Luxus-Ressorts, kombiniert mit der Mobilität eines Kreuzfahrtschiffes. Ein Wohnsitz auf See für Käufer mit einem nachweisbaren Nettovermögen von mindestens fünf Millionen US-Dollar, die den harten Steuerrealitäten an Land dauerhaft entfliehen wollen.

Doch damit das Schiff als Hauptwohnsitz vom Fiskus hierzulande überhaupt anerkannt wird, muss ein deutscher Passagier mindestens 183 Tage nachweisbar an Bord verbringen.

Steuerlich kommt es auf das Wohnsitzprinzip an

In den meisten nationalen Steuerrechtsordnungen gilt das Wohnsitzprinzip. Die Bewohner des Schiffs behalten in der Regel ihren Wohnsitz in ihrem jeweiligen Herkunftsland und bleiben deshalb dort auch unbeschränkt steuerpflichtig. Die abschirmende Wirkung von DBA entfällt aus naheliegendem Grund: Mit Niemandsländern werden solche Verträge nicht geschlossen.

Brisanter ist die Frage, wie Unternehmen auf dem Schiff ihre Einkünfte zu versteuern haben. Die Steuern werden prinzipiell dort erhoben, wo das Unternehmen als juristische Person seinen Sitz hat oder wo die Geschäftsleitung die Geschäfte steuert. Das dürfte auf den Schiffen schwer zu ermitteln sein und zeigt das Dilemma des internationalen Steuerrechts: Das Sitzprinzip ist in der globalisierten Welt antiquiert. Die Frage, wo virtuelle Unternehmen zu besteuern sind, ist damit kaum noch zu beantworten.

Weitere Informationen und Ansprechpartner:

The World: www.aboardtheworld.com

9. Steueroasen-Vergünstigungen im Überblick

Steueroasen für Privatpersonen	
Was sie bieten:	Wo:
Vergünstigungen im Gesellschaftsbereich	
■ Vermögens-verwaltungen	Bermudas, British Virgin Islands, Cayman Islands, Gibraltar, Hongkong, Isle of Man, Channel Islands, Liechtenstein, Mauritius, Monaco, Nauru, Panama, Turks- & Caicos-Islands, Vanuatu, Zypern
■ Inhaberaktien	Anguilla, Bahamas, Barbados, British Virgin Islands, Cayman Islands, Cook Islands, Costa Rica, Gibraltar, Hongkong, Isle of Man, Liberia, Liechtenstein, Luxemburg, Mauritius, Nauru, Niederlande, Niederländische Antillen, Panama, Schweiz, Seychellen, Saint Kitts and Nevis, Turks- & Caicos-Islands, Vanuatu, Zypern
Steuervergünstigungen	
■ keine Einkommensteuer	Andorra, Anguilla, Antigua, Bahamas, Bahrain, Bermudas, Brunei, Campione, Cayman Islands, Monaco, Nauru, Norfolk, Oman, Turks- & Caicos-Islands, Vanuatu
■ niedrige Einkommensteuer	British Virgin Islands, Hongkong, Isle of Man, Channel Islands, Liechtenstein, Malta, Mauritius, Schweiz, Zypern
■ Steuer auf überwiesenes Einkommen	British Virgin Islands, Gibraltar, Seychellen, Singapur, Zypern
■ keine Erbschaftsteuer	Andorra, Anguilla, Antigua, Bahamas, Bahrain, British Virgin Islands, Campione, Cayman Islands, Isle of Man, Channel Islands, Mauritius, Nauru, Panama, Turks- & Caicos-Islands, Vanuatu
■ Steuerbefreiung	British Virgin Islands, Ciskei, Costa Rica, Irland, Sri Lanka, Zypern

Steueroasen für Unternehmen

Was sie bieten:	Wo:
Gesellschaftsformen	
■ Holdinggesellschaften	Cayman Islands, Gibraltar, Hongkong, Isle of Man, Channel Islands, Labuan, Libanon, Liechtenstein, Nauru, Niederlande, Niederländische Antillen, Schweiz, Turks- & Caicos-Islands, Vanuatu
■ Management-Gesellschaften	Belgien, Gibraltar, Luxemburg, Mauritius, Monaco, Niederlande, Niederländische Antillen, Panama, Schweiz, Zypern
■ Offshore-Unternehmen	Anguilla, Azoren, Barbados, Bermudas, Cayman Islands, Cook Islands, Gibraltar, Hongkong, Isle of Man, Channel Islands, Labuan, Libanon, Liechtenstein, Madeira, Mauritius, Monaco, Nauru, Panama, Schweiz, Seychellen, Saint Kitts and Nevis, Turks- & Caicos-Islands, US Virgin Islands, Zypern
■ Investmenttrusts	Bahamas, Barbados, Bermudas, Cayman Islands, Hongkong, Isle of Man, Channel Islands, Luxemburg, Madeira, Mauritius, Nauru, Niederländische Antillen, Turks- & Caicos-Islands, Vanuatu
■ Captive-Versicherungen	Anguilla, Bahamas, Barbados, British Virgin Islands, Cayman Islands, Colorado, Gibraltar, Hongkong, Isle of Man, Channel Islands, Mauritius, Niederländische Antillen, Panama, Zypern
■ Offshore-Banken	Bahrain, Barbados, British Virgin Islands, Cayman Islands, Cook Islands, Hongkong, Isle of Man, Channel Islands, Labuan, Liberia, Luxemburg, Macao, Madeira, Marshall Islands, Mauritius, Nauru, Niederländische Antillen, Panama, Puerto Rico, Singapur, Turks- & Caicos- Islands, Saint Vincent, Vanuatu, Zypern

Fortsetzung: Steueroasen für Unternehmen

Was sie bieten:	Wo:
■ Schiffsregister und -verwaltung	Bahamas, Barbados, Bermudas, British Virgin Islands, Cayman Islands, Costa Rica, Gibraltar, Hongkong, Isle of Man, Liberia, Madeira, Malta, Mauritius, Monaco, Niederländische Antillen, Panama, Singapur, Sri Lanka, Saint Vincent, Vanuatu, Zypern
Steuervergünstigungen	
■ Steuerbefreiungen	Antigua, Barbados, Belize, Channel Islands, Cook Islands, Dschibuti, Gibraltar, Grenada, Isle of Man, Katar, Labuan, Libanon, Mauritius, Niederländische Antillen, Schweiz, Seychellen, Saint Vincent, Zypern
■ niedrige Steuer mit Abkommensermäßigung	Barbados, British Virgin Islands, Grenada Irland, Labuan, Mauritius, Montserrat, Niederlande, Niederländische Antillen, Panama, Singapur, Saint Vincent, Zypern
■ keine Steuer auf Fremdquelleneinkommen	Brunei, Ciskei, Costa Rica, Hongkong, Kuwait, Katar, Liechtenstein, Seychellen
■ keine Steuer auf Veräußerungsgewinne	Andorra, Anguilla, Azoren, Bahamas, Bermudas, Cayman Islands, Madeira, Malediven, Nauru, Schweiz, Turks- and Caicos-Islands, Vanuatu
niedrige nominale Steuerbelastung	Estland, Irland, Lettland, Litauen, Malta, Österreich, Schweiz, Slowakei, Slowenien, Ungarn, Zypern

Das problematische Thema Steueroasen ist seit Jahrzehnten bekannt. Doch erst der Ankauf der Steuer-CDs und die weltweiten Offshore-Leaks-Veröffentlichungen haben den Druck auf viele Länder, die im Ruf stehen, Ausländern bei der Steuerflucht zu helfen, massiv erhöht. Wer als Steuerpflichtiger den illegalen Weg wählt und heimlich Offshore-Firmen in nahen oder entlegenen Steueroasen gründet, wird es künftig schwerer haben. Aber auch der legale Weg – und das ist eine Entwicklung der jüngsten Zeit – ist in vielen Hochsteuerländern mittlerweile gesellschaftlich nicht mehr akzeptiert.

Totgesagte leben länger

Gut fünf Jahre sind vergangen, seit aus Sicht der Steueroasen-Welt eine Krise begann, die jetzt voll durchschlägt. In **Köln** durchkämmten im Februar 2008 Staatsanwälte und Steuerfahnder die Villa des damaligen *Deutsche Post*-Chefs *Klaus Zumwinkel*. Er hatte Schwarzgeld in der Steueroase **Liechtenstein** gebunkert – wie Tausende andere auch. Ein Mitarbeiter der Fürstenbank *LGT* verkaufte deren Kundendaten an die jeweiligen Herkunftsländer. Seither macht die halbe Welt Jagd auf Steuerhinterzieher mit Geldverstecken in Steueroasen. Denn angesichts Billionen Staatsschulden besteht für Hochsteuerländer Handlungsbedarf.

Nach **Liechtenstein** erwischte es die **Schweiz.** Die knickte nicht nur bei ihrem legendären Bankgeheimnis ein. Ihre Banken gaben Kundendaten an die **US**-Finanzbehörden weiter und *Wegelin & Co.,* die älteste Schweizer Privatbank, musste wegen Beihilfe zum Steuerbetrug sogar schließen. Weitere Banken stehen noch am Pranger. Andere Steueroasen versuchten sich mit bilateralen Steuerabkommen von den schwarzen und grauen Listen der *OECD* „freizukaufen". Nicht nur in **Europa**, auch in der **Karibik.** Nach **Panama** haben deshalb jetzt auch die **Cayman Islands** angekündigt, ihre Firmendatenbank öffentlich zu machen. Und es wird in Hochsteuerländern wie **Deutschland** weiterhin Käufe von CDs mit steuerrelevanten Daten geben.

Die Offshore-Leaks-Affäre …

Doch dann brach im April 2013 mit „Offshore-Leaks" ein Ungewitter über die Offshore-Welt herein, wie es die Geschichte zuvor noch nicht erlebt hatte. Millionen geheimer Dokumente ließen erstmals einen tiefen Blick in die Schattenwelt der Steueroasen zu und legten die Mechanik der Offshore-Industrie offen. Erstmals erfuhr die breite Öffentlichkeit, was die Reichen in den Steueroasen machen und welch illustre Namen sich dort häufig hinter Offshore-Gesellschaften verbergen. Diese konnten oder wollten nicht wirklich erklären, weshalb sie in die Steueroasen gegangen waren. Damit begann die Hatz auf die Reichen – der Druck auf die Steueroasen nahm zu.

Jetzt gilt es für immer mehr Steueroasen, die Rechnung für die Sünden der Vergangenheit zu zahlen. Denn Anonymität, Bankgeheimnis, Diskretion der Privatsphäre und Steuerfreiheiten hatten nur einen Zweck: Kapitalkräftige Ausländer und Unternehmen anzulocken und ihnen im Gegenzug ihre Art der Beihilfe bei Steuerhinterziehung und Steuerbetrug in der Heimat zu leisten. Schamlos hatten das alle Beteiligten für ihre Zwecke ausgenutzt.

Doch in Zeiten, in denen Staatshaushalte aus den Fugen geraten, bekommen aufgedeckte und steuerrelevante Offshore-Geschäfte als zusätzliche Einnahmequelle für Finanzminister ein immer größeres Gewicht. Der Krieg gegen Offshore-Finanzplätze eröffnet ihnen neue Einnahmequellen. Das de facto bankrotte **Zypern**, das illegale russische Vermögen und Gelder aus korrupten Geschäften beherbergte, kam da gerade recht. Zumindest, um erst einmal Steuersünder und Steuernutznießer an den notwendig gewordenen Zuschüssen zur Vermeidung des drohendes Staatsbankrotts zu beteiligen.

… und die Folgen

Doch Geld ist scheu wie ein Reh. Im Gefolge der Steueroasen-Krise zogen Anleger von den Banken in den Offshore-Zentren zig Milliarden Euro ab. Manchem Offshore-Klassiker kehrten sie sogar ganz den Rücken. Neue Kunden sind für sie trotz propagierter Weißgeldstrategie nicht in Sicht. All das schlägt in den Steueroasen auf die Kassen durch: Haushaltslöcher, Steuererhöhungen, Wohlstandsverlust. Bereits jetzt ist die Stabilität einzelner Steueroasen in Gefahr. Denn Löcher im Staatshaushalt zu stopfen, wie in vielen Ländern üblich, kommt für sie meist nicht infrage. Steueroasen, häufig Kleinstaaten, erhalten an den internationalen Finanzmärkten nur schwer Kredite, und wenn doch, sind diese im Verhältnis zu großen Staaten mit großen Volkswirtschaften unverhältnismäßig teuer. Damit nimmt der Druck auf sie noch weiter zu.

Um ihre leeren Staatskassen zu füllen, werden Hochsteuerländer überall auf dem Globus nach Geld suchen. Dabei sollten sie jedoch akzeptieren, dass auch Steueroasen Rechtsstaaten sind, die sich rechtsstaatlich an Regeln halten müssen. Bilateraler Informationsaustausch bei Steuerhinterziehung und Steuerbetrug muss sein. Dazu gehört auch, dass Banken keine unversteuerten Gelder mehr annehmen. Doch die Politiker in den Hochsteuerländern dürfen nicht davon ausgehen, dass Steueroasen ausländisches Recht übernehmen.

Jedes Land soll im Wettbewerb machen, was es am besten kann. Und wenn kleine Länder mit weniger Steuern auskommen, sollte ihnen das niemand verbieten. Sie sollten dabei nur nicht – wie **Irland** oder **Zypern –** auf die Pleiten-Solidarität der Staatengemeinschaft schielen. Oder wie seinerzeit **Liechtenstein** und die **Schweiz** und heute noch **Panama** ihr Geschäftsmodell vollumfänglich auf Steuerhinterziehung und Steuerbetrug von Ausländern ausrichten. Das ist vorbei. Steuerhinterziehung hat keine Zukunft mehr.

Steuerparadies USA

Und dann sind da noch die **Vereinigten Staaten.** Während sie ihr Möglichstes tun, die Steuerflucht ihrer eigenen Bürger zu bekämpfen, werden sie für ausländische Steuerflüchtlinge immer attraktiver. Einerseits sind Geldwäscher und Steuersünder nicht ernsthaft gezwungen, Schwarzgeld zu versteuern – nur die Erträge daraus –, andererseits wird die Privatsphäre ausländischer Bankkunden stark geschützt. Auf Amtshilfe der **USA** zur Offenlegung von Schwarzgeld und Aufklärung von Steuerbetrug warten andere Länder derzeit vergeblich.

Dieser Schutz in bester schweizerischer Tradition ermöglicht es vor allem Steuersündern aus **Europa** mit guter Planung, Vermögen über Jahrzehnte in amerikanischen Banken mit relativ geringer Besteuerung der Erträge nicht nur aufzubewahren, sondern auch zu waschen. Während andere Steueroasen „ausradiert" werden, überrascht es daher nicht, dass das **US**-Außenministerium 2013 eine Rekordzahl an Anträgen für sogenannte Investorenvisa erwartet. Hat **Zypern** da vielleicht etwas falsch gemacht?

Steuervorteile weiterhin nutzen

Dennoch: Die Offshore-Welt bietet für private Steuersünder immer weniger Möglichkeiten, Schwarzgelder vor den Steuerbehörden ihrer Heimatländer im Ausland „sicher" zu parken. Was künftig bleibt, sind Steuersparmöglichkeiten für reiche Privatpersonen und Unternehmen. Sie profitieren vom Steuerwettbewerb der Länder, den über 3000 bilateralen Doppelbesteuerungsabkommen und den Lücken in den Steuergesetzen ihrer Heimatländer. Mithilfe hochbezahlter Steuerspezialisten finden sie trotz eines verschärften Informationsaustausches und verstärkter Kontrollmaßnahmen rund um den Globus genügend legale Möglichkeiten, attraktive Steuervorteile für sich und ihre Vermögenswerte zu nutzen. Vererben gehört ebenfalls dazu.

Nutznießer sind künftig vor allem aber international operierende Unternehmen. Sie lagern Marken-, Patent- oder Nutzungsrechte und Gewinne auf Tochtergesellschaften in jene Länder aus, in denen nur für die daraus anfallenden Erträge geringe oder gar keine Steuern erhoben werden. Steuererosion mittels Gewinnverlagerung ist das Problem. Für Fiskalfuchser wie *Apple, Google & Co.* soll es zwar ungemütlich werden – wenn da nur die *EU*-Zersplitterung und Uneinigkeit sowie die speziellen **US**-Interessen nicht wären. Doch wer internationale Verhandlungen mit unterschiedlichen Interessenslagen kennt, weiß auch, wie langsam solche Prozesse vorangehen.

Schon die Frage, was schädlicher Steuerwettbewerb überhaupt ist, wird von den einzelnen Ländern höchst unterschiedlich gesehen. Jede fiskalische Finesse hat schließlich ihre besondere Berechtigung. Und nationale Regeln, die isoliert betrachtet harmlos erscheinen, erhalten aufgrund der internationalen Vernetzung eine potenzierende Wirkung. Ausgefuchste Steuergestalter wissen das zu nutzen. Nur: Wer Steuern hinterzieht, kann sich künftig nirgendwo auf der Welt mehr sicher fühlen. **Liechtenstein** war nur der Anfang. „Offshore-Leaks" sind für Steuersünder und Steueroasen der Fluch der digitalen Zeit. Vor allem dann, wenn die Daten – wie jetzt erfolgt – in die Hände der Steuerbehörden geraten.

Fiskalische Selbstbestimmung

Steuern gehören zur nationalen Identität, die fiskalische Selbstbestimmung ist höchster Ausdruck staatlicher Souveränität. Das gilt auch für Steueroasen. National ist der Kampf gegen die Offshore-Welt nicht zu gewinnen. Und mit der Kavallerie reitet man nur gegen die Wand. Steueroasen sind staatlich zugelassen oder werden sogar gefördert. Die **USA** und die *EU* könnten die Offshore-Zentren austrocknen, wenn sie wollten. Stattdessen gäbe es dann immer noch die Geldwäscheparadiese **Delaware** und **Nevada.** Auch **Großbritannien** hat sie im eigenen Hoheitsgebiet. Damit hat sich das Vereinigte Königreich in den vergangenen Jahrzehnten zu einer *„Insel der Seligen für Steuerhinterziehung und Geldwäsche"* entwickelt. Und es spielt ein doppeltes Spiel: Während sich **Großbritannien** gemeinsam mit **Frankreich, Deutschland, Italien** und **Spanien** als internationaler Vorreiter im Kampf gegen Steuerhinterziehung und Geldwäsche geriert, wird auf den Inseln und in den Überseegebieten weiter gemauschelt. Öffentliche Firmenregister will man dort nicht. Wenn aber von **Zypern** verlangt wird, Trusts zu verbieten, sollte das Gleiche auch für **Großbritannien** und seine Inseln in **Europa** und in Übersee gelten.

Zu den Akteuren in der Offshore-Welt zählen daher neben Banken, Anwälten, Unternehmen und Vermögenden auch Staaten. Da bringt es nichts, einzelne Personen oder Unternehmen an den Pranger zu stellen, wenn das Problem systemisch ist. Die Ursache liegt nicht bei denen, die das Geld in die **Karibik** schicken, sondern bei den Staaten, die das zulassen. Schließlich müssten sie das nicht. Unternehmen und Reiche nutzen nur die legalen Möglichkeiten, die ihnen der weltweite Steuerunterbietungswettlauf der Länder bietet. Kann man ihnen das verdenken?

Wichtige Zusammenarbeit

Das Vorgehen gegen Steueroasen lässt sich nur gewinnen, wenn die Staaten es untereinander ernst meinen mit der inhaltlichen Koordination ihrer Besteuerungsansprüche, mit einer gemeinsamen Haltung zur Grenze zwischen gesundem und schädlichem Steuerwettbewerb und mit einem vertrauensvollen Austausch von Informationen. Die Zukunft der internationalen Steuerpolitik steht in einer Reihe mit der Bankenregulierung oder den Schuldenbremsen – sie wird damit zum Testfall für die Kraft der politischen Instanzen, das rechte Maß zwischen Konkurrenz und Koordination zu finden.

Es hat den Anschein, als versprächen sich die Oasenstürmer über Nacht eine staatsschuldenfreie Zukunft, wenn erst mal das Festland von Schlupflöchern gesäubert ist, einschlägige Inseln versenkt werden und am Ende im Steuereintopf gerührt wird. Allein die deutsche Staatsschuld beträgt 2100 Milliarden Euro, weltweit sind es 38000 Milliarden. Es ist kaum anzunehmen, dass die Staaten die erhofften Steuermehreinnahmen aus den Steueroasen zur Schuldentilgung nutzen werden. Stattdessen werden sie sich neue Ausgaben einfallen lassen. Ein wenig von der aufbrausenden Welle gegen die reichen Steuersünder und trickreichen Unternehmen wünscht man sich daher auch gegenüber dem legalen „Steuerbanditen Staat".

Selbst das beste Steuerrecht nützt nichts, wenn sich Bürger und Unternehmen dem legal entziehen, indem sie ihren Sitz ins Ausland verlegen beziehungsweise dorthin ihre Gewinne verschieben. Und wenn es sein muss, zieht es sie dafür auch in den letzten Winkel der Erde. So ist der Mensch: Da, wo er nicht ist, vermutet er das Glück – Steueroasen gehören dazu.

Quellenverzeichnis

Banken, Institutionen und Unternehmen

Accenture – African Development Corporation – Agence France-Press (AFP) – Allianz Global Investors – Allianz Group Economic Research – Amazon – Amt für Volkswirtschaft Liechtenstein – Apple – Arge – Asian-Development-Bank (ADB) – Attac – Auswärtiges Amt – Julius Bär – Bank Austria Creditanstalt – Bank für internationalen Zahlungsverkehr – Bankhaus Jungholz – Bankhaus Spängler-Basic Food and Agriculture Statistics – Bank of America – Barclays Capital – Bayern Treuhand Obermeier & Kilger WP – bbw – Belgische Nationalbank – Berufsverbände der Kriminalpolizei – Charles Beat Blankart – bfai – bfai-markets – BGR – BILANZ – BIS – Kilian Bizer – Bloomberg – BÖRSE ONLINE – Booz Allen Hamilton – Boston Consulting Group – BP – BP Statistical Review – BP World Energy Review – Otto Bruderer – Brunei Investment Agency – Bund der Steuerzahler – Bundesanstalt für Geowissenschaften und Rohstoffe – Bundesfinanzhof – Bundesministerium der Finanzen – Bundesnachrichtendienst – Bundesrechnungshof – Bundesverband der deutschen Gas- u. Wasserwirtschaft – Bundesverfassungsgericht – Bundeszentralamt für Steuern – Bureau of Economic Analysis – Capital – CDU/CSU – Census & Statistics Dep. Hong Kong – Central Bank of Seychelles – Central Statistics Office Ireland – Cepal – Chinanetz – Chiquita Brands International – CIA – Citygroup – Coface – Columbia University – Commerzbank Private Banking – Controle Consultoria – Coutts – Credit Suisse – Cushman & Wakefield – Datev – DEG – Deloitte, Rödl & Partner – Department of Treasury – Der Fischer Weltalmanach 2008 – DER SPIEGEL – Destatis – Deutsch-Britische Industrie- und Handelskammer – Deutsche Bank Research – Deutsche Bundesbank – Deutsche Gesellschaft für Technische Zusammenarbeit – Deutsche Investitions- und Entwicklungsgesellschaft – Deutsche Steuergewerkschaft – Deutscher Industrie- und Handelskammertag – Deutsches Institut für Wirtschaft (DIW) – de Volkskrant – Die Presse – DSL Exhibitions – Economiesuisse – ECONOMIST – Energy Information Administration – Eric R. Fasten – Erklärung von Bern – Ernst & Young WPG – ETLA – Eurobarometer – Euro am Sonntag – Eurogas – Europäische Investitionsbank – Europäische Kommission – Europäische Zentralbank (EKZ) – Europäischer Rat – European Economic Advisory Group – Europäisches Parlament – Europäisches Statistikamt (Eurostat) – EXCLUSIV – ExxonMobil – FAO – F.A.Z.-Institut – FDP – Feri Euro Rating Service – Financial Action Task Force – Financial Security Index – Financial Times – Financial Times Deutschland –

Quellenverzeichnis

Finanzwelt – finest.finance! – Flick Gocke Schaumburg – Florida Bankers Association – Forbes – Frankfurter Allgemeine Sonntagszeitung – Frankfurter Allgemeine Zeitung – Fraser Institute – Freedom House – Freie Universität Berlin – GEO-News – Georgetown-University – German Trade & Invest – Gesellschaft für Stiftungsforschung – Global Financial Integrity – GLOBOGATE – Globus – Go Ahead Limited – Goldman Sachs – Google – Michael Göring – Oswald Grübel – GUS – Hafen Hamburg – Handelsblatt – Hayek-Stiftung – Helaba Trust – Helbling-Gruppe – Heritage Foundation – Hochschule St. Gallen – Klaus Hochstetter – Hohl & Associés – HP Henley & Partners – HSBC – Humboldt Universität Berlin – Hurun Wealth Report – HWWI – Hypo Investment Bank – IEA – ifo Institut – IHS – IMAA – IMD World Competitiveness Yearbook – IMF Research Department – IMK – impulse – IndexMundi – Institut der deutschen Wirtschaft – Institut Destatis – Institut für Angewandte Wirtschaftsforschung (iaw) – Institut für Höhere Studien (HIS) – Institut für Weltwirtschaft – Institut für Wirtschaftsforschung – Institut of International Finance – Instituto Nacional de Estadistica – International Monetary Fund – International Revenue Service – Internationaler Währungsfonds – Irisches Finanzministerium – IWF Economic Outlook – A.T. Kearney – Paul Kirchhof – Horst Köhler – Kölner Forschungsstelle für Sozialökonomie – KPMG International – Robert Kracht – Simos Kuznets – Leisner Rechtsanwälte – Leitner + Leitner WP – Claus Lemaitre – Le Matin/Helvea – LGT Treuhand – London School of Economics – Oliver Löwe-Krahl – Merrill Lynch – Malta Development Corporation – Mancur Olsen – Markets – Markt und Mittelstand – Massachusetts Institut of Technology – McKinsey – Mercer – Angela Merkel – Microsoft – mmmm ABOGADOS – Morgan Stanley – Dr. Mutter & Kollegen – Nascom – Friedrich Naumann Stiftung – Neue Zürcher Zeitung – Nomura – Norges Bank Investment Management – Sando Nücken – OECD – Office of Management and Budget – OF Wirtschaftsinformationen – Österreichische Nationalbank – Österreichisches Institut für Wirtschaftsforschung – Osteuropabank – Jürgen Pinne – Postbank – PricewaterhouseCoopers – Princeton-University – Prognos-Institut – PWC – Quatar Central Bank – QuatarPetrol – RCM – Reed Collage – Rödl & Partner – Astrid Rossenschon – RP Richter & Partner – Bert Rürup – Schaetze & Partner – Christine Scheel – Schlüter Graf & Partner – Schmidt Schuran & Partner – Schweizer Handelszeitung – Schweizerische Bankiervereinigung – Manmohan Singh – Smith Barney – Société Générale – Sovereign Wealth Fund Institute – Spängler Family Office – Standard & Poors – Statistics Canada – Statistics Iceland – Statistics Ireland – Statistics Singapore – Statistische Ämter Estlands, Litauens u. Lettlands – Statistisches Bundesamt – Peer

Steinbrück – Süddeutsche Zeitung – SWF-Institute – Swiss Administration Centre – Tax Foundation – Tax Justice Network – Taylor Wessing – Teledata – The Banker – The CityUK – The Economicst – The New York Times – Thomson Datastream – Trade Union Congress – Transparency Int. – UBS – UNCTAD – UNDP – UNHCR – Unicredit – Universität Basel – Universität Linz – Universität Yale – US Census Bureau – US-Finanzministerium – US Geological Survey – US-Repräsentantenhaus – Vereinte Nationen – Virmani – Wegeling & Co. – Welt am Sonntag – Weltbank – Weltwirtschaftsforum – Weltwoche – Friedrich Graf von Westphalen – Josef Wieland – Wiener Institut für Internationale Wirtschaftsvergleiche (WIIW) – Wikipedia – Wirtschaftsförderung Thurgau – Wirtschaftswoche – WITS STIC – World Economic Forum – World Taxpayers Association – WTO – Oliver Wyman – Zentrum für Europäische Reform (CER) – Zentrum für Europäische Wirtschaftsforschung (ZEW) – Zypriotische Zentralbank

Länderindex

WALHALLA Fachbuch

Das Standardwerk
Bereits im 20. Jahrgang

Jetzt die neue Ausgabe bestellen:

STEUEROASEN
Ausgabe 2015

Mehr unter www.WALHALLA.de E-Mail: WALHALLA@WALHALLA.de

☐ **JA,** übersenden Sie mir sofort
nach Erscheinen die neue Auflage

STEUEROASEN
Ausgabe 2015

_____
Name, Vorname

_____
Straße

_____
PLZ, Ort

_____
Kundennummer

X
_____
Datum, Unterschrift

Adressdaten werden elektronisch gespeichert
und selbstverständlich vertraulich behandelt.

Hinweis:
Die Preise verstehen sich inkl. der
gesetzl. Mehrwertsteuer, zzgl.
Versandkosten. Bestellen Sie ohne
Risiko, Sie haben 14 Tage Wider-
rufsrecht.
Unsere AGB finden Sie unter:
www.WALHALLA.de/agb

Ihre Adressdaten werden zur Auf-
tragsverarbeitung elektronisch
gespeichert und selbstverständlich vertraulich behandelt. Wir
informieren Sie zudem regelmäßig
über aktuelle Produkte. Sollten
Sie dies nicht wünschen, können
Sie der Nutzung Ihrer Daten zu
Werbezwecken jederzeit widersprechen. Eine kurze Mitteilung
an den Verlag genügt.

Erhältlich
in Ihrer Buchhandlung.
Nähere Informationen bei

WALHALLA Fachverlag
Haus an der Eisernen Brücke
93042 Regensburg
Tel.: 0941 5684-0
Fax: 0941 5684-111

Lieferung zzgl. Porto und Verpackung!

E-Book inklusive: Lesen wo und wann Sie wollen

Ihr Code zum Download des E-Books

> # KTY-ZHN-BYC

Mit diesem Code können Sie das E-Book (PDF-Format) von unserer Homepage herunterladen:

- Gehen Sie zu **www.walhalla.de/inklusive**
  oder nutzen Sie den nebenstehenden QR-Code.
- Geben Sie den Code und dann Ihre E-Mail-Adresse ein.
- Der Link zum Download wird Ihnen in einer E-Mail zur Verfügung gestellt.

Wir setzen auf Vertrauen
Das E-Book wird mit dem Download-Datum und Ihrer E-Mail-Adresse in Form eines Wasserzeichens versehen. Weitere Sicherungsmaßnahmen (sog. Digital Rights Management – DRM) erfolgen nicht; Sie können Ihr E-Book deshalb auf mehrere Geräte aufspielen und lesen.

Wir weisen darauf hin, dass Sie dieses E-Book nur für Ihren persönlichen Gebrauch nutzen dürfen. Eine entgeltliche oder unentgeltliche Weitergabe an Dritte ist nicht erlaubt. Auch das Einspeisen des E-Books in ein Netzwerk (z.B. Behörden-, Bibliotheksserver, Unternehmens-Intranet) ist nicht erlaubt.

Sollten Sie an einer Serverlösung interessiert sein, wenden Sie sich bitte an den WALHALLA Kundenservice; wir bieten hierfür attraktive Lösungen an (Tel. 09 41/56 84 210).

Bitte sorgen Sie mit Ihrem Nutzungsverhalten dafür, dass wir auch in Zukunft unsere E-Books DRM-frei anbieten können!